FACHWERK
BIOLOGIE

Baden-Württemberg 7–9

Cornelsen

FACHWERK
BIOLOGIE

Autorinnen und Autoren:
Ulrike Dörflinger, Dr. Udo Hampl, Isabelle Kunst, Andreas Marquarth, Andreas Miehling, Anke Pohlmann

Teile dieses Buches beruhen auf Arbeiten von:
Marianne Hermann, Kathrin Janik, Birgit Lange, Katrin Oberschelp, Dr. Peter Pondorf, Dorothea Ratke, Reinhold Rehbach, Matthias Ritter, Alexandra Schulte, Ingmar Stelzig, Ulrike Tegtmeyer, Steffen Wachs, Josef Johannes Zitzmann

Redaktion: Dr. Sabine Klonk, Yvonne Schanzenbächer

Bildrecherche: Angelika Piller, Moritz Vennemann

Illustration, Grafiken und Karten: Christine Faltermayr; Eva Langhorst; Liselotte Lüddecke; Atelier Tigercolor, Tom Menzel; www.biologiegrafik.de; Peter Kast; Jörg Mair; Karin Mall; Heike Möller; diGraph; Matthias Pflügner; Ingrid Schobel; Walther-Maria Scheid; Detlef Seidensticker; Andreas Steinig; Werner Wildermuth; Jan Wünsche

Umschlaggestaltung: Zweimanns Grafik, Michaela Müller für agentur corngreen, Leipzig

Layoutkonzept: Farnschläder & Mahlstedt, Hamburg

Layout und technische Umsetzung: Marion Schneider, Studio SYBERG

Begleitmaterialien zum Lehrwerk für Lehrerinnen und Lehrer

E-Book des Schülerbuches	ISBN 978-3-06-010491-8
Lösungen zum Schülerbuch	ISBN 978-3-06-014888-2
Handreichungen für den Unterricht	ISBN 978-3-06-015867-6
mit Gefährdungsbeurteilungen	
Begleitmaterial auf USB-Stick	ISBN 978-3-06-015870-6
mit Unterrichtsmanager und E-Book auf scook	

www.cornelsen.de

Dieses Werk enthält Vorschläge und Anleitungen für Untersuchungen und Experimente. Vor jedem Experiment sind mögliche Gefahrenquellen zu besprechen. Beim Experimentieren sind die Richtlinien zur Sicherheit im Unterricht einzuhalten.

1. Auflage, 2. Druck 2017

Alle Drucke dieser Auflage sind inhaltlich unverändert und können im Unterricht nebeneinander verwendet werden.

© 2017 Cornelsen Verlag GmbH, Berlin

Druck: Firmengruppe APPL, aprinta Druck, Wemding

ISBN 978-3-06-014886-8

PEFC zertifiziert
Dieses Produkt stammt aus nachhaltig
bewirtschafteten Wäldern und kontrollierten
Quellen.
PEFC
PEFC/04-32-0928   www.pefc.de

Inhalt

Ernährung

Bau und Funktion der Atmungsorgane

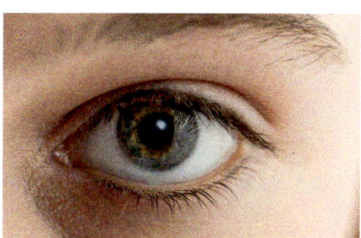

Mensch und Umwelt

Partnerschaft und Verantwortung 282

Zellen und ihre Lebensvorgänge

Zellen von Pflanze und Tier

Wenn man Bestandteile von Lebewesen durch ein Mikroskop betrachtet, kann man erkennen, dass alle Lebewesen aus kleinsten Bausteinen, den *Zellen*, bestehen. Diese Zellen sind unterschiedlich aufgebaut und können sehr spezialisiert sein wie die Brennhaarzellen bei der Brennnessel.

Aufbau von Pflanzenzellen

Jede Pflanzenzelle besitzt eine *Zellwand*. Sie verleiht ihr Stabilität. Dicht an der Zellwand befindet sich die *Zellmembran*, eine dünne Haut. Gemeinsam bilden sie die äußeren Begrenzungen der Zelle. Durch winzige Löcher in der Zellwand, die *Tüpfel*, können angrenzende Zellen Stoffe austauschen. Alle Zellen sind mit *Zellplasma*, der Zellflüssigkeit, gefüllt. Darin liegen die *Zellorganellen*. Sie haben unterschiedliche Aufgaben. Eine Zellorganelle ist der *Zellkern*. Er enthält die Erbinformation und steuert die Vorgänge in der Zelle. Im Zellplasma aller grünen Pflanzenteile gibt es *Chloroplasten*, die den grünen Blattfarbstoff Chlorophyll enthalten, der die Sonnenenergie zur Fotosynthese nutzen kann. Bei älteren Pflanzenzellen haben sich im Innern *Vakuolen* gebildet, in denen gelöste Salze und Farbstoffe gespeichert werden.

1 Brennnessel mit Brennhaar

Spezialisierte Pflanzenzellen

Pflanzenzellen sind in Gestalt und Funktion an unterschiedliche Aufgaben angepasst. Es gibt eine Vielzahl an verschiedenartigen Zelltypen. Dazu gehören Zellen, die besondere Stoffe, ätherische Öle oder Farbstoffe speichern. Weitere Beispiele sind Fortpflanzungszellen und Zellen zum Schutz der Pflanze. Die Brennnessel besitzt auf der Oberseite des Blattes spezialisierte Pflanzenzellen, die Brennhaarzellen. Diese winzigen Nadeln tragen an der Spitze ein kleines Köpfchen. Bei Berührung bricht es ab und die Nadel bohrt sich in die Haut. Dabei entleert sich eine ätzende Flüssigkeit, die hautreizend ist.

2 Zellen der Wasserpest

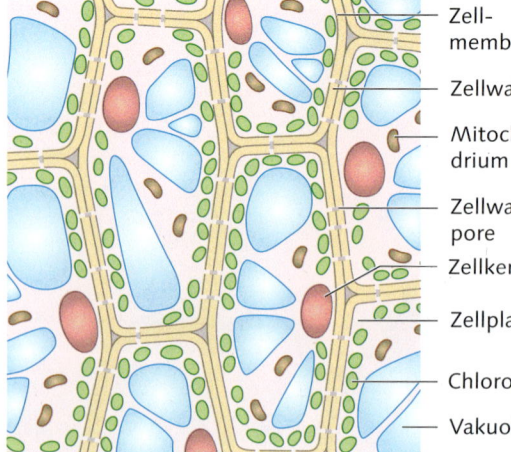

3 Aufbau der Pflanzenzelle

Zell-membran
Zellwand
Mitochondrium
Zellwandpore
Zellkern
Zellplasma
Chloroplast
Vakuole

Aufbau von Tierzellen

Der Grundbauplan von tierischen und menschlichen Zellen ist gleich. Sie haben keine Zellwand und sind daher verformbar. Nach außen sind sie nur durch eine Zellmembran abgegrenzt. Das Innere der tierischen Zelle ist mit Zellplasma gefüllt, in dem sich Zellorganellen befinden. Außerdem werden im Zellplasma viele Nährstoffe und Enzyme gespeichert oder weitergegeben. Im Gegensatz zu pflanzlichen Zellen sind in den Zellen von Mensch und Tier keine Chloroplasten und keine Vakuolen vorhanden. Sie können deshalb keine Fotosynthese betreiben.

Spezialisierte Tierzellen

Wie Pflanzenzellen sind Tierzellen an unterschiedliche Funktionen angepasst. Nervenzellen besitzen zum Beispiel einen Zellkörper und lange Fortsätze, die zur Weiterleitung dienen. Leberzellen können Stoffe wie Zucker oder Fette speichern und Giftstoffe abbauen. Die Haut besteht aus verschiedenen Zellschichten mit unterschiedlichen Funktionen. Die oberste Schicht, die *Epidermis,* schützt vor Umwelteinflüssen. Darunter liegt sich die Lederhaut, in der sich die Schweißdrüsen und Talgdrüsen befinden. Diese Drüsenzellen produzieren Talg oder Schweiß, den sie nach außen durch die Epidermis absondern. Hier verdunstet er und kühlt dadurch die Körperoberfläche ab.

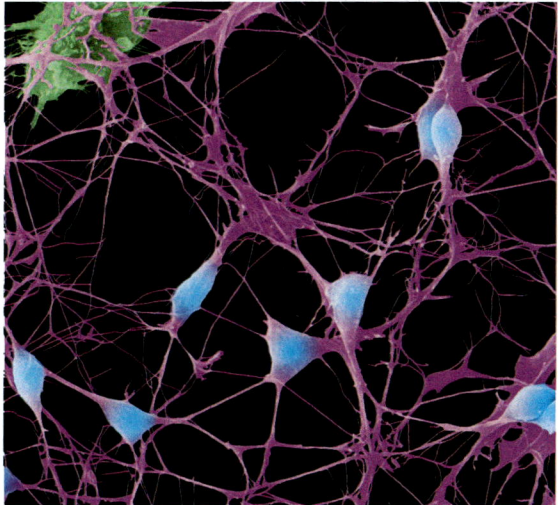
5 Miteinander vernetzte Nervenzellen

In Kürze
Alle Zellen besitzen eine Zellmembran, Zellplasma und einem Zellkern. Pflanzenzellen haben zusätzlich eine Zellwand, meist Chloroplasten und eine Vakuole.

Aufgaben
1 ☐ Nenne spezialisierte Pflanzen- und Tierzellen.
2 ☑ Vergleiche die Pflanzen- und die Tierzelle. Stelle dies in einer Tabelle dar.
3 ☑ Beschreibe die Aufgaben des Zellkerns und der Zellmembran.
4 ■ Im mikroskopischen Bild kann man die Umrisse einer Pflanzenzelle leichter erkennen als die der Zellen von Tier und Mensch. Erkläre.

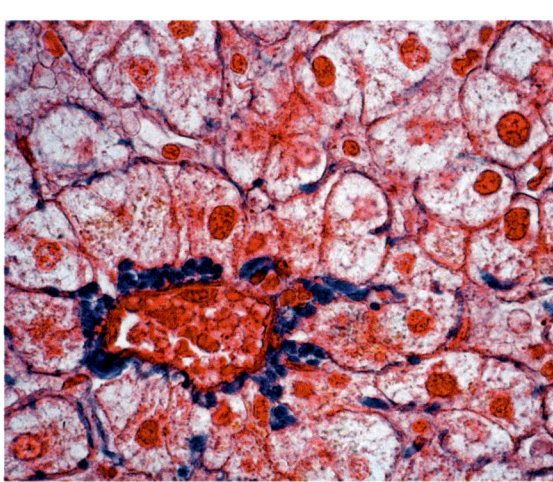
4 Leberzellen

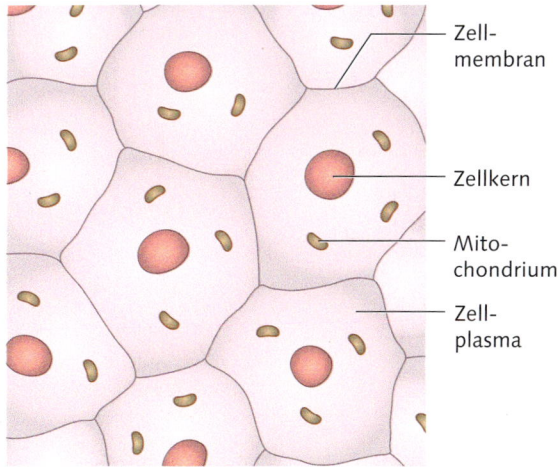
6 Aufbau der Tierzelle

Zell-membran
Zellkern
Mito-chondrium
Zell-plasma

Mikroskopieren

Mit dem Mikroskop kannst du Dinge erkennen, die für das bloße Auge unsichtbar sind. Dabei unterscheidet sich das Mikroskop von der Lupe, weil das Bild zweimal vergrößert wird – zunächst durch das Objektiv und anschließend durch das Okular. In Kriminallabors werden Mikroskope eingesetzt, um winzige Beweise sichtbar zu machen. Für Biologen ist das Mikroskop ein wichtiges Werkzeug, um die kleinsten Strukturen von Lebewesen zu untersuchen. Du kannst mit dem Mikroskop zum Beispiel den Aufbau eines Moosblättchens betrachten. Dabei gehst du folgendermaßen vor:

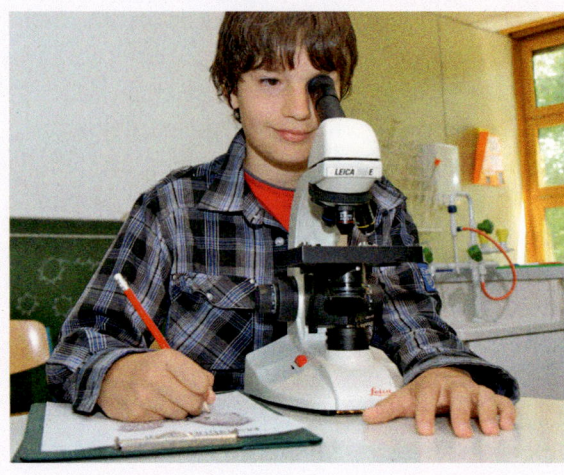

1 Schüler beim Mikroskopieren

1 Präparat herstellen Gib auf einen sauberen Objektträger mit der Pipette einen Tropfen Wasser. Lege ein Moosblättchen mit der Pinzette vorsichtig auf den Wassertropfen. Stelle ein sauberes Deckgläschen schräg an den Rand des Wassertropfens und senke es vorsichtig ab. Sauge herausquellendes Wasser mit dem Löschpapier ab.

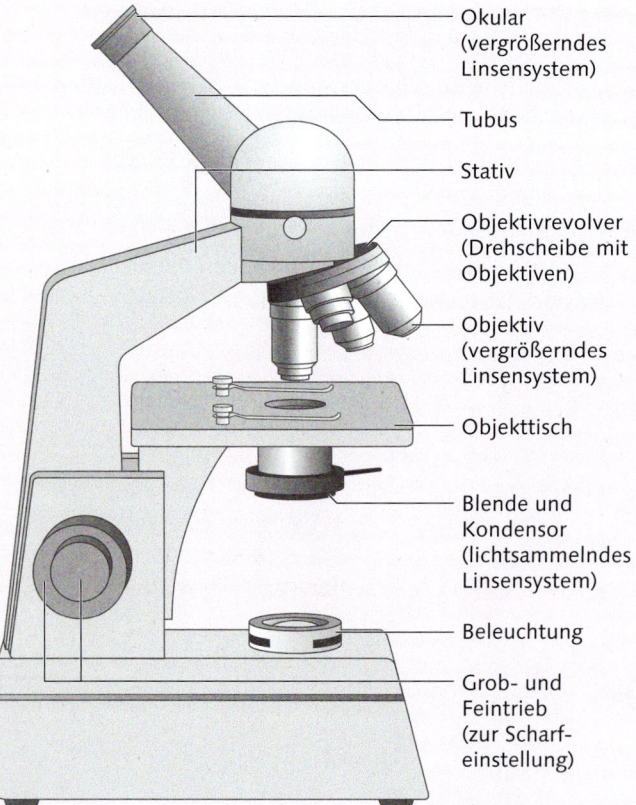

Okular
(vergrößerndes
Linsensystem)

Tubus

Stativ

Objektivrevolver
(Drehscheibe mit
Objektiven)

Objektiv
(vergrößerndes
Linsensystem)

Objekttisch

Blende und
Kondensor
(lichtsammelndes
Linsensystem)

Beleuchtung

Grob- und
Feintrieb
(zur Scharf-
einstellung)

2 Schemazeichnung Mikroskop

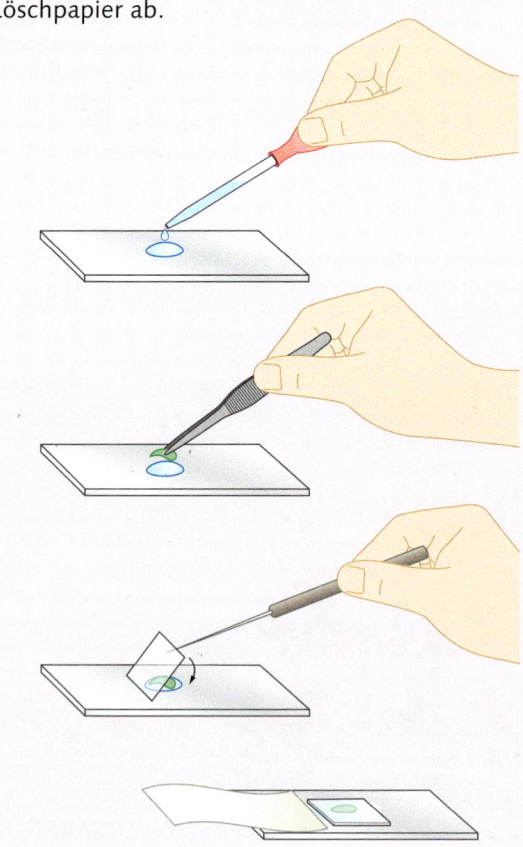

3 Herstellung des Präparats

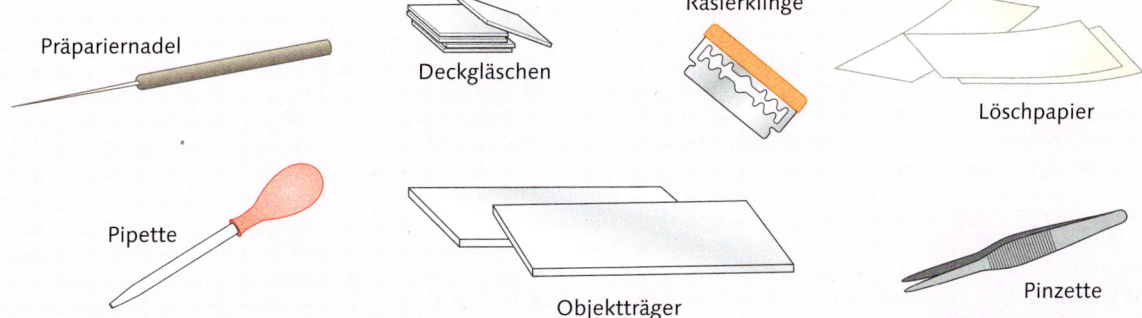

Präpariernadel

Rasierklinge

Deckgläschen

Löschpapier

Pipette

Objektträger

Pinzette

4 Material zum Mikroskopieren

2 Grundeinstellung   Fahre den Objekttisch mit dem Grobtrieb ganz nach unten. Stelle die kleinste Vergrößerung ein. Schalte die Lampe ein und schließe die Blende zu einem Drittel.

3 Präparat auflegen   Lege das Objekt so auf den Objekttisch, dass es über dem durchleuchteten Tischloch liegt.

4 Überblick verschaffen   Drehe unter seitlicher Beobachtung den Objekttisch vorsichtig nach oben, bis sich Deckglas und Objektiv gerade noch nicht berühren. Schaue nun durch das Okular und bewege den Objekttisch mit dem Feintrieb langsam nach unten, bis das Bild scharf ist.
Mit der kleinsten Vergrößerung verschaffst du dir zunächst einen Überblick über das Präparat.

Nun kannst du eine besonders schöne Stelle genauer ansehen. Schiebe sie dazu in die Mitte des Bildes.

5 Vergrößern und Scharfstellen   Nachdem du eine Stelle in die Mitte geschoben hast, die du stärker vergrößern möchtest, kannst du die nächste Vergrößerung einstellen. Achte darauf, dass das Objektiv nicht das Objekt berührt.

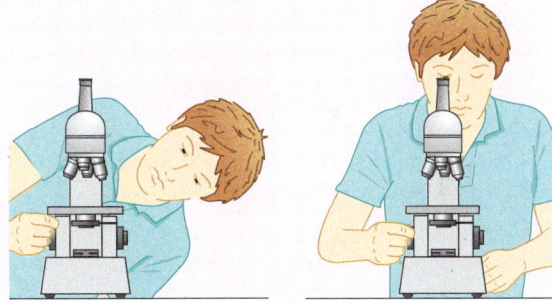

5 Scharfstellen des Bildes

6 Mikroskopische Bilder zeichnen   Zeichne das Bild, das du im Mikroskop siehst, mit Bleistift auf weißes Papier. Die Einzelheiten sollten immer möglichst groß und genau zu erkennen sein. Jedes Bild erhält eine Überschrift mit dem Namen des Objekts. Auch Datum und Vergrößerung müssen auf dem Blatt vermerkt werden.

Aufgaben

1 ☐ Stelle ein Frischpräparat eines Moosblättchens her und mikroskopiere es.
2 ◢ Fertige eine Zeichnung des Moosblättchens an. Gib auch die Vergrößerung an.

Regeln zum Umgang mit dem Mikroskop

- Trage das Mikroskop immer nur am Stativ und stütze es mit der zweiten Hand von unten.
- Achte darauf, dass der Objekttisch zu Beginn ganz nach unten gedreht ist
- Drehe immer am Objektivrevolver, nie am Objektiv.
- Stelle das Bild zunächst mit dem Grobtrieb, dann erst mit dem Feintrieb scharf.
- Achte darauf, dass das Objektiv niemals das Objekt berührt.
- Berühre nie Okular- und Objektivlinsen mit den Fingern.
- Stelle nach dem Mikroskopieren wieder die kleinste Vergrößerung ein.

Zeichnen von mikroskopischen Bildern

Beim Mikroskopieren kann man interessante Kleinstorganismen oder Bestandteile in Zellen entdecken. Um sich später noch daran zu erinnern und sie richtig benennen zu können, fertigt man mikroskopische Zeichnungen an. Beim Anfertigen von mikroskopischen Zeichnungen geht man nach folgenden Schritten vor:

1 Material bereitstellen   Für das Zeichnen benötigst du weißes DIN-A4- oder DIN-A5-Papier, einen gespitzten Bleistift (Härtegrad 2B oder 3B) und einen Radierer. Stelle an deinem Arbeitsplatz das Mikroskop und alle anderen Materialien bereit.

2 Mikroskop richtig einstellen   Um eine gute Vorlage für die Zeichnung zu erhalten, musst du sorgfältig mikroskopieren. Wähle eine Vergrößerung, in der du das Objekt groß und scharf erkennst. Halte möglichst beide Augen offen. So kannst du mit einem Auge in das Mikroskop, mit dem anderen auf das Zeichen-blatt blicken. Die Blende hilft, ein kontrastreiches Bild zu erhalten.

3 Genau betrachten   Eine genaue Betrachtung des mikroskopischen Präparats ist eine wichtige Voraussetzung für das Gelingen der Zeichnung. Achte auf den Grundaufbau und die Größenverhältnisse des Originals. Finde interessante Detailbereiche.

4 Erstellen einer Übersichtsskizze   Die Übersichtsskizze sollte so groß sein, dass sie das Blatt weitgehend ausfüllt. Skizziere alle Grundformen mit einem feinen, aber durchgängigen Strich. Radiere wenig und male nichts aus. Dies gilt auch für Fertigpräparate, die oft angefärbt sind, um den unterschiedlichen Aufbau der Strukturen zu betonen und deutlich zu machen.

5 Details auswählen   Je nach Arbeitsauftrag zeichnest du nun einzelne Details ein. Dazu kannst du eine stärkere Vergrößerung wählen. Achte darauf, dass du nur wenige, dafür aber typische Feinheiten für deine Zeichnung auswählst. Zeichne keine Zufälligkeiten ein, die nicht zu dem Präparat gehören, zum Beispiel Luftblasen.

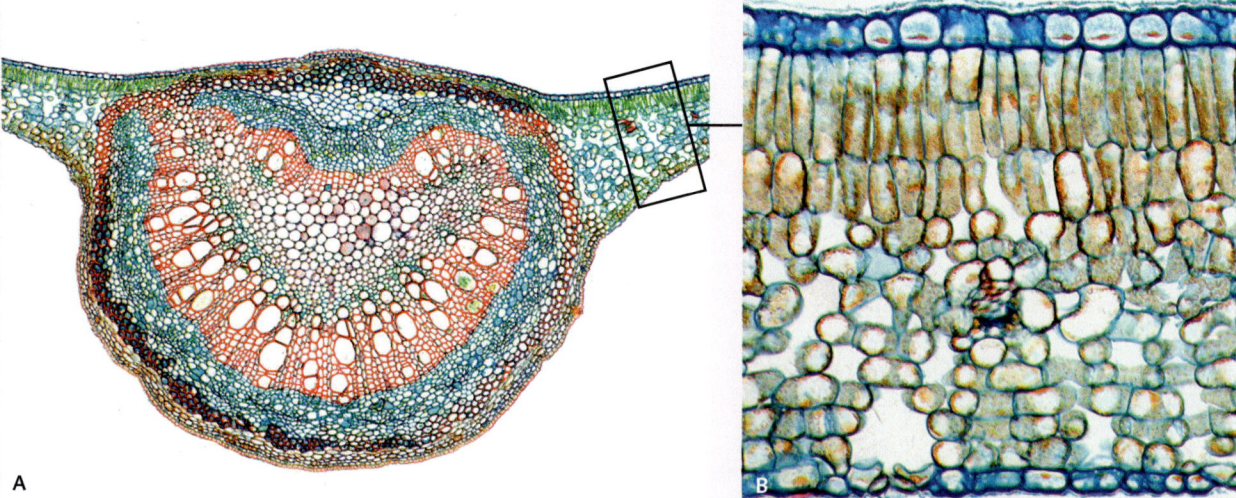

A   B

1 Mikroskopisches Bild eines Laubblattquerschnitts in 100-facher (A) und in 240-facher (B) Vergrößerung

6 Details ergänzen Wenn du einen typischen Ausschnitt gefunden hast, beginne mit der Zeichnung. Achte darauf, die richtige Anzahl und die Größenverhältnisse der verschiedenen Details korrekt abzubilden. Sind Zellen erkennbar, so reicht es, von jedem Zelltyp nur einige Zellen genau zu zeichnen. Weitere müssen nur angedeutet werden. Wichtig ist, dass du die Zahl der unterschiedlichen Gewebe erkennst und richtig wiedergibst.
Zeichne die typischen Formen und Anordnungen von einzelnen Bestandteilen. Schwierige Bereiche kannst du auf einem Notizblatt erst einmal zur Probe zeichnen. Vergleiche deine Zeichnung, während du zeichnest, immer wieder mit dem mikroskopischen Bild.

7 Vergleich mit einer Schemazeichnung
In deinem Schulbuch, in Bestimmungsbüchern oder auch im Internet findest du Schemazeichnungen von dem mikroskopischen Präparat. Versuche nun die von dir gezeichnetenDetails wiederzuerkennen und den Abbildungen in den Büchern zuzuordnen.

2 Zeichenmaterialien

8 Zeichnungen beschriften Beschrifte die Zelltypen, die Gewebe oder die Organe, indem du mit einem Lineal dünne, waagerechte Linien ohne Pfeilspitzen ziehst. Die Beschriftungen werden auch mit Bleistift gut lesbar eingetragen. Im oberen Bereich notierst du bei jeder mikroskopischen Zeichnung deinen Namen, das Datum und Informationen zum Objekt.

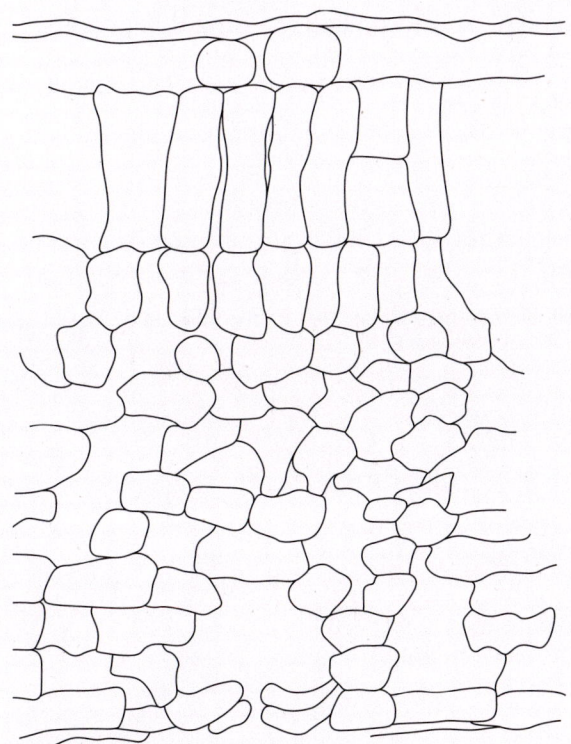

3 Laubblatt (Querschnitt)

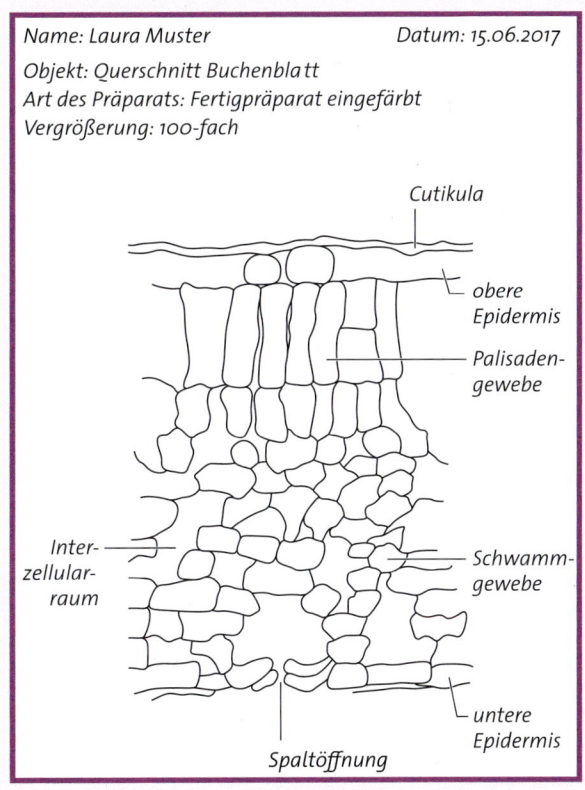

Name: Laura Muster   Datum: 15.06.2017
Objekt: Querschnitt Buchenblatt
Art des Präparats: Fertigpräparat eingefärbt
Vergrößerung: 100-fach

Cutikula
obere Epidermis
Palisadengewebe
Interzellularraum
Schwammgewebe
Spaltöffnung
untere Epidermis

4 Fertige Zeichnung mit Beschriftung

Mikroskopieren

A Wasserpest

Material Pinzette, Wasserpest, Pipette, Objektträger, Deckgläschen

Durchführung Gib mit der Pipette einen Tropfen Wasser auf die Mitte des Objektträgers. Lege ein Blättchen der Wasserpest auf den Wassertropfen und bedecke es mit einem Deckglas. Sauge das überschüssige Wasser am Rand des Deckglases vorsichtig mit etwas Küchenpapier ab. Mikroskopiere das Präparat zunächst mit der kleinsten Vergrößerung. Suche einen Ausschnitt am Rand des Blättchens. Stelle danach die nächste Vergrößerung ein. Zeichne nun einen Ausschnitt des mikroskopischen Bildes.

Auswertung Beschrifte deine Zeichnung der Pflanzenzellen.

B Zwiebelhaut

Material Küchenzwiebel, Pipette, Objektträger, Deckgläschen

Durchführung Gib mit der Pipette einen Tropfen Wasser auf die Mitte des Objektträgers. Schneide mit dem Messer ein Gittermuster in das dünne Häutchen an der Innenseite der Zwiebelschuppe. Löse mit der Pinzette vorsichtig ein Stück des Häutchens und lege es in den Wassertropfen. Bedecke das Häutchen mit einem Deckglas. Mikroskopiere das Präparat zunächst mit der kleinsten Vergrößerung. Stelle erst danach die nächste Vergrößerung ein. Zeichne nun einen Ausschnitt des mikroskopischen Bildes.

Auswertung Beschrifte deine Zeichnung der Pflanzenzellen.

C Mundschleimhautzellen

Material Strohhalm, Methylenblaulösung (GHS07), Pipette, Objektträger, Deckgläschen

Durchführung Gib mit der Pipette einen Tropfen Wasser auf die Mitte des Objektträgers. Schabe vorsichtig mit dem Ende des Strohhalms an der Innenseite deiner Wange entlang. Streiche das Abgeschabte in den Wassertropfen auf dem Objektträger. Entnimm einen Tropfen Methylenblaulösung (Schutzbrille) und gib ihn hinzu. Bedecke alles mit einem Deckglas. Mikroskopiere das Präparat. Zeichne nun einige Zellen.

Auswertung
1 Beschrifte deine Zeichnung.
2 Vergleiche diese Zellen mit den pflanzlichen Zellen.

1 Präparation der Wasserpest

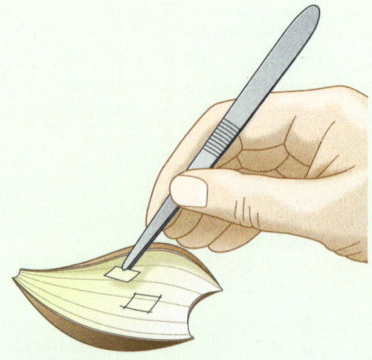

2 Präparation der Zwiebelhaut

3 Abschaben von Mundschleimhaut

Zellen betrachten mit Lupe und Mikroskop

1 Vergrößerungen von Zellen

Eine Lupe vergrößert mit nur einer Linse. Um Einzelheiten von Tier- und Pflanzenzellen zu erkennen, benötigt man ein Mikroskop. Mit einem Mikroskop kann man eine höhere Vergrößerung als mit einer Lupe erreichen, da es mehrere Linsen enthält. Zuerst wird das Bild der Zelle mit dem Objektiv vergrößert, dann mit dem Okular. Um die Gesamtvergrößerung zu erhalten, werden beide Vergrößerungen multipliziert.

a ☐ Nenne Unterschiede zwischen einer Lupe und einem Mikroskop.

b ☐ Ordne die Vergrößerungen in Bild 2 der Lupe oder dem Mikroskop zu.

c ☑ Übertrage die Tabelle 1 in dein Heft und berechne die leeren Felder.

Okular	× Objektiv	= Gesamtvergrößerung
10-fach	4-fach	
10-fach		100-fach
	10-fach	200-fach
15-fach	40-fach	

1 Berechnung der Gesamtvergrößerung

2 Tier- oder Pflanzenzelle

Alle Pflanzen und Tiere sowie der Mensch sind aus Zellen aufgebaut. Die Pflanzenzelle und die Tierzelle sind ausgefüllt mit Zellplasma, darin liegt der Zellkern. Bei der Pflanzenzelle findet man auch Chloroplasten und Vakuolen im Zellinnern. Der Zellinhalt jeder Zelle wird nach außen durch ein zartes Häutchen, die Zellmembran, abgegrenzt. Betrachtet man die Pflanzenzelle mit dem Mikroskop, stellt man fest, dass diese außerdem eine Zellwand besitzt.

a ☐ Zeichne jeweils eine Tier- und eine Pflanzenzelle in dein Heft und beschrifte sie.

b ☑ Ordne die Beispiele aus Bild 2 nach Tier- und Pflanzenzelle und begründe deine Zuordnung.

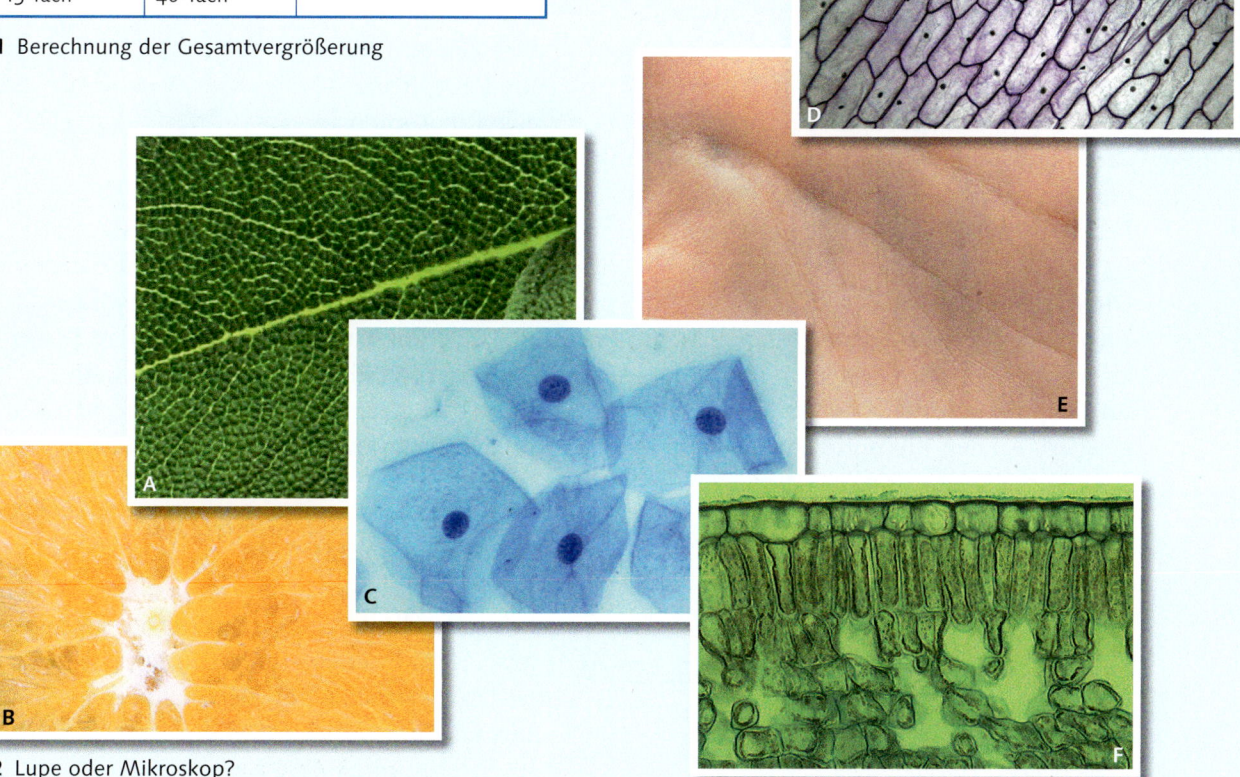

2 Lupe oder Mikroskop?

Die Zellbestandteile

Mit Hilfe des Elektronenmikroskops können Objekte sehr viel stärker vergrößert abgebildet werden als mit dem Lichtmikroskop. Dadurch werden auf Bildern von Zellen auch deren innere Bestandteile sichtbar.

Die Zellorganellen

Der Begriff *Organell* leitet sich vom griechischen Wort Organon für Werkzeug ab. Zellorganellen sind abgegrenzte Bereiche in Zellen, die spezielle Funktionen erfüllen – wie ein Organ in einem Organismus.

Die Zellmembranen

Membranen sind vergleichbar mit Häutchen, die verschiedene Bereiche voneinander trennen. Jede Zelle ist von einer Zellmembran umgeben, ebenso die meisten Zellorganellen. Obwohl die Membranen fast undurchlässig sind, können kleine Moleküle hindurchdiffundieren. Größere Stoffe werden aktiv mit Hilfe von besonderen Proteinen durch die Membranen transportiert.

Der Zellkern

Der *Zellkern* enthält die Erbinformation mit dem Bauplan des Organismus und dem Funktionsplan der Zelle. Von hier aus werden die Lebensvorgänge in der Zelle gesteuert.

Die Ribosomen

Ribosomen sind sehr kleine Organellen, die aus zwei Untereinheiten bestehen. Man findet sie im Zellplasma verteilt oder an Membranen angelagert. An den Ribosomen werden Proteine nach Vorlage der Erbinformation gebildet.

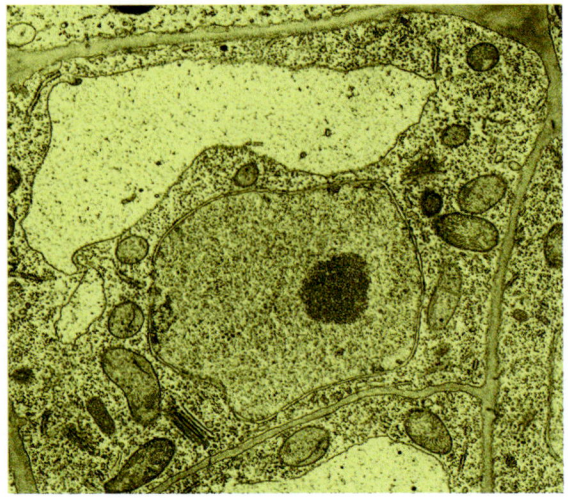

1 Zelle (elektronenmikroskopisches Bild)

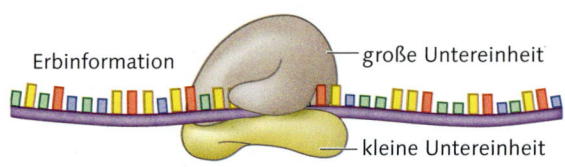

Erbinformation — große Untereinheit

kleine Untereinheit

2 Ribosom mit Erbinformation

Das Endoplasmatische Reticulum

Viele Zellen sind von langen röhren- oder lamellenförmigen Membranen durchzogen, die einem Labyrinth ähneln. Diese Membrangebilde nennt man *Endoplasmatisches Reticulum* oder kurz *ER*. Es wird von der Kernmembran gebildet und ist mit dem Zellkern verbunden. Oft sind viele Ribosomen an die Membran des ER angelagert.

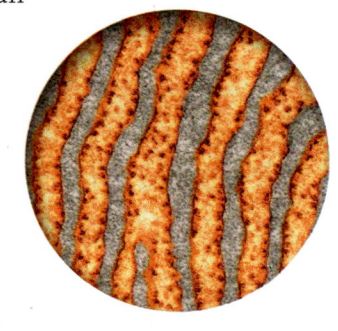

Am ER werden verschiedene Stoffe produziert. Dazu gehören Proteine und Bausteine für die Membranen. Auch Kohlenhydrate und Calcium werden hier gespeichert. Diese Stoffe werden über das ER transportiert und in der Zelle verteilt. Dies geschieht auch durch Abschnürung von kleinen Kugeln, den *Vesikeln*.

Der Golgi-Apparat

In flachen Scheiben, den *Dictyosomen*, werden die Stoffe, die das ER produziert, gesammelt, gelagert und weiterverteilt. Die Gesamtheit der Dictyosomen einer Zelle nennt man *Golgi-Apparat*. Die Stoffe werden durch Vesikel an ihre Bestimmungsorte transportiert.

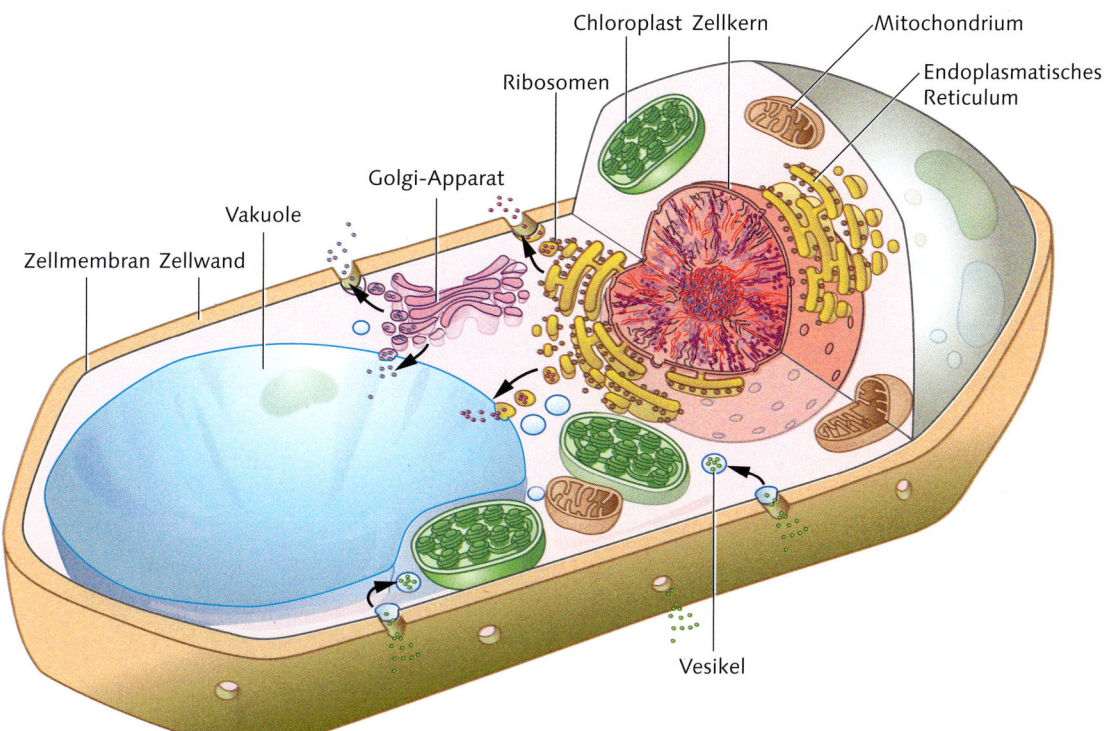

Chloroplast Zellkern Mitochondrium

Ribosomen Endoplasmatisches Reticulum

Golgi-Apparat

Vakuole

Zellmembran Zellwand

Vesikel

3 Pflanzenzelle mit Zellorganellen

Die Mitochondrien

Man nennt die *Mitochondrien* auch Kraftwerke der Zelle, weil hier durch Umsetzung von Glucose mit Sauerstoff Energie bereitgestellt wird. Durch die Einfaltung einer inneren Membran wird deren Oberfläche vergrößert.

innere Membran

äußere Membran

Die Chloroplasten

Nur Pflanzenzellen enthalten *Chloroplasten,* hier findet die Fotosynthese statt. In ihrem Innern befinden sich Membranen, die wie gestapelte Geldstücke aussehen. Dadurch wird die innere Oberfläche der Chloroplasten vergrößert. Die Chloroplasten enthalten den Farbstoff Chlorophyll und erscheinen dadurch grün.

Die Vakuole

Im Innern von älteren Pflanzenzellen befinden sich *Vakuolen.* Sie werden im Laufe der Zeit größer und können alte Zellen fast aus-

füllen. In ihnen sammeln sich Salze, Proteine, Zucker, Gift- und Farbstoffe ebenso wie Abfallprodukte des Zellstoffwechsels. Außerdem reguliert die Vakuole in der Pflanzenzelle den Wasserhaushalt und stabilisiert die Zelle.

Die Zellwand

Alle Pflanzenzellen sind nach außen von einer *Zellwand* aus Cellulose umgeben. Sie gibt der Zelle ihre Form und schützt den Inhalt.

In Kürze

Zellorganellen sind abgegrenzte Bereiche, die unterschiedliche Aufgaben erfüllen. Dazu zählen Zellkern, Ribosomen, ER, Golgi-Apparat und Mitochondrien. Pflanzenzellen besitzen zusätzlich Chloroplasten, Vakuolen und eine Zellwand.

Aufgaben

1 ☐ Stelle in einer Tabelle die Zellorganellen und deren jeweilige Funktion dar.
2 ◪ Beschreibe die Zusammenarbeit von ER und Golgi-Apparat.
3 ■ Erläutere die Bedeutung von Chloroplasten und Mitochondrien für die Umsetzung von Energie in Pflanzenzellen.

Zellen

A Aufbau der Zellwand

Material Stängelstücke der Waldrebe, Holundermark, Wasser, Ethanol (96 %), verdünnte Lugol'sche Lösung (GHS08), Skalpell, Objektträger, Deckgläschen, Filterpapier, Mikroskop, Zeichenmaterial

Durchführung Lege einen Stängelabschnitt einen Tag in Ethanol ein. Fertige einen dünnen Querschnitt an wie in Bild 1 dargestellt. Lege das Präparat auf den Objektträger in einen Wassertropfen und bedecke es mit einem Deckgläschen. Mit einem Stück Filterpapier kannst du nun einen Tropfen verdünnte Lugol'sche Lösung (Schutzbrille) durch das Präparat saugen. Mikroskopiere und zeichne das Präparat. Betrachte die Zellwand genau.

Auswertung Beschrifte deine Zeichnung.

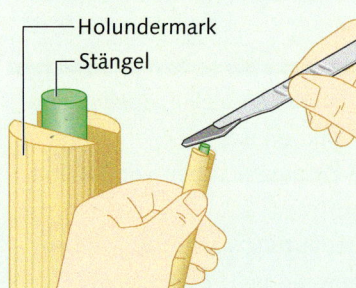
1 Herstellung eines Querschnitts

B Farbstoffe in Zellen

Material rote Zwiebel, Karotte, Wasser, Skalpell, Pinzette, Objektträger, Deckgläschen, Filterpapier, Mikroskop, Zeichenmaterial

Durchführung Schneide in die äußere Haut einer Zwiebelschuppe Quadrate. Ziehe vorsichtig mit der Pinzette ein Quadrat der Epidermis ab, sodass kein Fruchtfleisch daran haftet. Lege das Stück in einen Wassertropfen auf dem Objektträger und bedecke es mit dem Deckgläschen. Mikroskopiere und zeichne das Präparat.
Halbiere die Karotte. Fertige einen möglichst dünnen Längsschnitt an. Lege den Schnitt in einen Wassertropfen auf einem Objektträger und bedecke ihn mit einem Deckgläschen. Mikroskopiere und zeichne das Präparat.

Auswertung Beschrifte deine Zeichnungen.

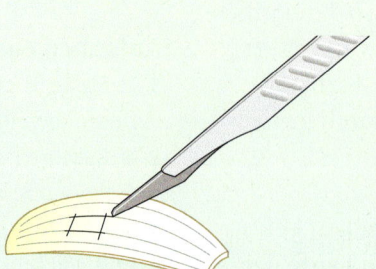
2 Präparation der Zwiebelepidermis

C Milchsäurebakterien

Material Joghurt, Glasstab, Methylenblaulösung (GHS07), destilliertes Wasser, Objektträger, Deckgläschen, Filterpapier, Mikroskop, Brenner, Zeichenmaterial

Durchführung Verrühre mit einem Glasstab etwas Joghurt in einem Tropfen Wasser auf dem Objektträger und verteile es dünn Ziehe den Objektträger danach mehrfach vorsichtig, mit dem Tropfen nach oben, durch die Brennerflamme.
Entnimm einen Tropfen Methylenblaulösung (Schutzbrille) und gib ihn auf das Gemisch. Spüle nach 3 Minuten das Präparat mit destilliertem Wasser ab und bedecke es mit einem Deckgläschen. Mikroskopiere und zeichne.

Auswertung Beschrifte deine Zeichnung.

3 Bakterienausstrich

Das Elektronenmikroskop

Ernst Ruska, ein deutscher Physiker, entwickelte 1931 das erste Elektronenmikroskop. Mit solchen Mikroskopen können Objekte bis zu 100 000-fach vergrößert abgebildet werden. Somit kann man Objekte, zum Beispiel ein Bakterium, sehr viel genauer untersuchen. Auch der innere Aufbau von Zellen und Viren, die 1000-mal kleiner als Bakterien sind, können so sichtbar gemacht werden.

Elektronen als Strahlenquelle

Elektronenmikroskope arbeiten mit Elektronenstrahlen und magnetischen Linsen anstatt mit Lichtstrahlen und Glaslinsen. Es können keine lebenden Objekte untersucht werden, da sie in einem Vakuum liegen und nur ein zehntausendstel Millimeter dick sein dürfen. Ein Computer verarbeitet die Strahlendaten zu einem Bild. Mit Bildbearbeitungsprogrammen werden heute sogar dreidimensionale und bunte EM-Aufnahmen hergestellt.

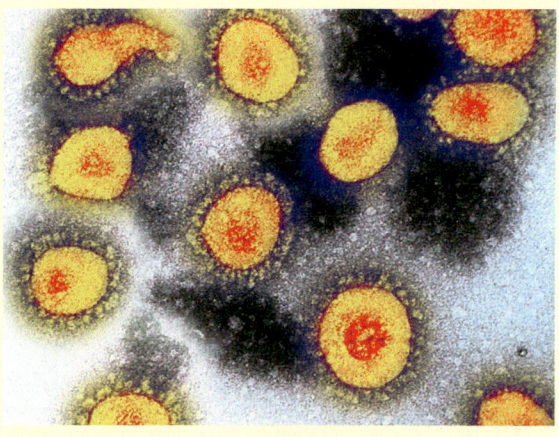

1 Viren im Elektronenmikroskop

Bedeutung für die Wissenschaft

Durch die Erfindung des Elektronenmikroskops konnten unter anderem der innere Aufbau von Zellen und deren Funktionsweisen genau untersucht werden. In vielen Bereichen der Wissenschaft stellt das Elektronenmikroskop ein unverzichtbares Hilfsmittel dar. Inzwischen kann sogar die Oberfläche von Atomen sichtbar gemacht werden.

2 A Elektronenmikroskop und EM-Aufnahmen von: B roten Blutkörperchen; C Bärtierchen; D Zebrafischlarven; E Brennnesselhaaren (z. T. koloriert)

Zelle, Gewebe, Organ, Organsystem

Der Mensch ist ein *Organismus,* der aus etwa 50 Billionen Zellen besteht. Diese arbeiten auf sehr verschiedene Arten zusammen. Nehmen die Nervenzellen der Haut Kälte wahr, ziehen sich kleine Muskeln in der Haut zusammen und richten die Härchen auf. Du bekommst eine Gänsehaut.

Lebewesen bestehen aus Zellen

Die Zelle ist die kleinste lebende Einheit aller Organismen. Jede Zelle ist ein durch Membranen abgegrenzter Raum. Zellen sind in der Lage, Nährstoffe aufzunehmen und durch Stoffwechsel Energie umzusetzen. Sie vermehren sich durch *Zellteilung.* Dabei entstehen aus einer Mutterzelle zwei Tochterzellen. Die Größe von Zellen ist sehr unterschiedlich. Die größte menschliche Zelle ist die Eizelle. Man kann sie gerade mit dem bloßen Auge erkennen. Nervenzellen haben lange, dünne Fortsätze, die in alle Körperteile reichen.

Das Pantoffeltierchen ist ein *Einzeller.* Es besteht aus einer einzelnen Zelle, die alle Kennzeichen von Lebewesen aufweist.

Alle größeren Organismen bestehen aus vielen Zellen. Diese haben sich meist spezialisiert und erfüllen bestimmte Aufgaben. Solche *differenzierten Zellen* sind außerhalb eines Organismus meist nicht überlebensfähig.

1 Verschiedene Zellen lassen eine Gänsehaut entstehen.

Gewebe bestehen aus vielen gleichen Zellen

In vielzelligen Organismen bilden Ansammlungen von gleichartigen differenzierten Zellen ein Gewebe. Die Zellen eines Gewebes zeigen den gleichen Aufbau und erfüllen die gleichen Funktionen. Beispielsweise ist ein Skelettmuskel aus Zellen aufgebaut, die sich zusammenziehen können. Sie besitzen eine besondere, lang gezogene Form. Nur viele Muskelzellen gemeinsam können durch Zusammenziehen eine Bewegung hervorrufen. Sie bilden zusammen ein Muskelgewebe.

Weitere Gewebearten sind das Bindegewebe und das Nervengewebe. In Pflanzen findet man ebenfalls unterschiedliche Gewebearten. Das Palisadengewebe der Blätter besteht beispielsweise aus länglichen Zellen mit sehr vielen Chloroplasten. Im lockeren Schwammgewebe werden Gase ausgetauscht.

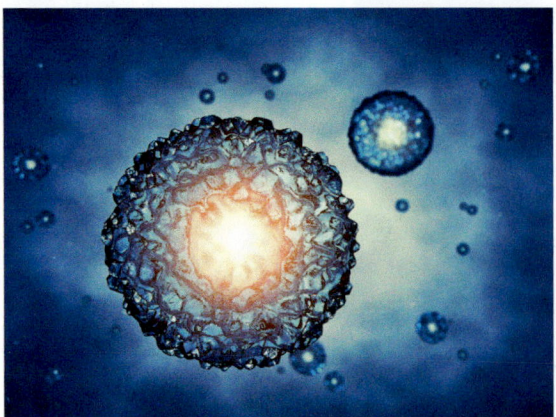

2 Eizelle

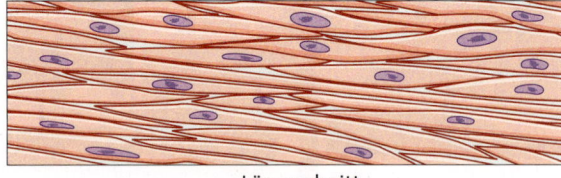

Längsschnitt

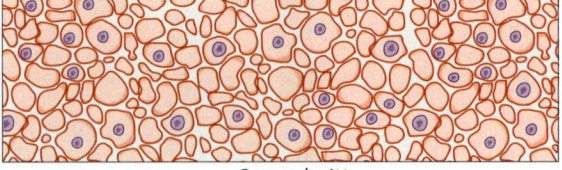

Querschnitt

3 Muskelzellen

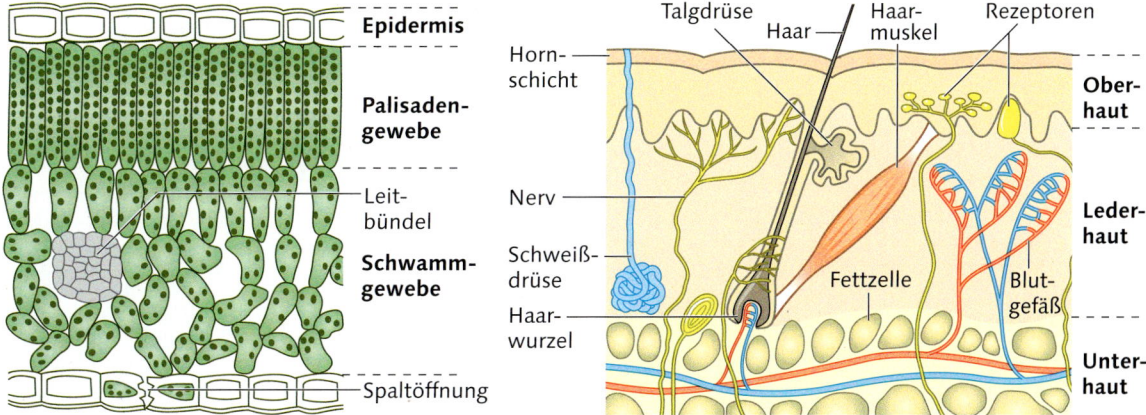

4 Blätter von Pflanzen und die Haut des Menschen sind Organe.

Organe übernehmen spezielle Aufgaben

Das Blatt einer Pflanze ist ein *Organ*. Organe bestehen aus mehreren Gewebearten und bilden eine Funktionseinheit. Die Epidermis schützt das Blatt, das Palisadengewebe betreibt hauptsächlich Fotosynthese, das Schwammgewebe ermöglicht den Gasaustausch und das Leitgewebe übernimmt den Stofftransport durch die gesamte Pflanze. Die Funktionen der unterschiedlichen Gewebe ergänzen sich. Die Haut ist ebenso ein Organ, in dem mehrere Gewebearten eine Funktionseinheit bilden. Die Oberhaut grenzt den Körper ab und schützt vor äußeren Einflüssen, die Lederhaut enthält die meisten Sinneszellen, die Muskeln und die Talgdrüsen. Die Unterhaut besteht aus Fettzellen, den Blutgefäßen und den Nervenbahnen.

Organe bilden Organsysteme

Das Verdauungssystem besteht aus mehreren Organen, die zusammen eine Einheit bilden. Die Funktionen sind aufeinander abgestimmt. Eine solche funktionell zusammengehörende Gruppe von Organen bezeichnet man als Organsystem. Jeder Organismus ist aus bestimmten Organsystemen aufgebaut.

In Kürze

Ein Organismus besteht aus Organsystemen, die aus mehreren Organen zusammengesetzt sind. Jedes Gewebe besteht aus Zellen, den kleinsten Funktionseinheiten eines Organismus.

Aufgaben

1 ☐ Beschreibe drei Organe und ihre Aufgaben.
2 ◪ Begründe, weshalb die Haut ein Organ ist.

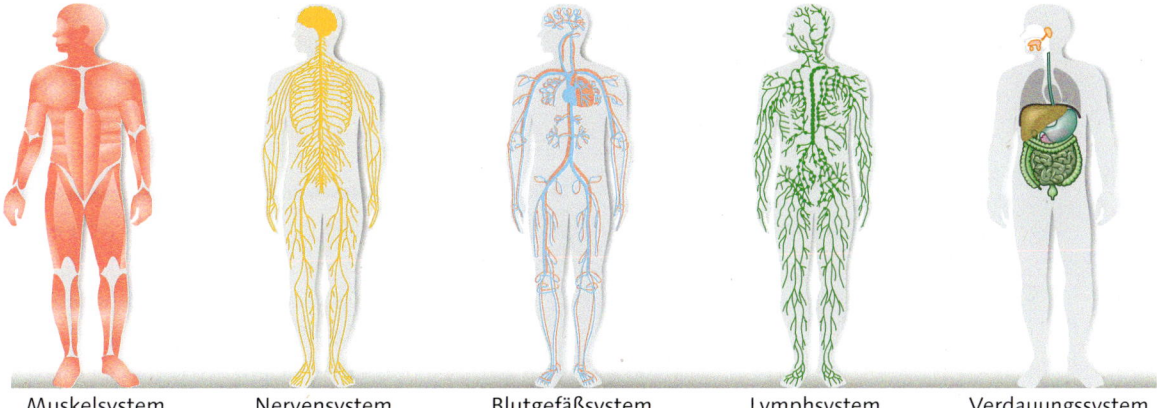

5 Verschiedene Organsysteme des Menschen, die aus unterschiedlichen Organen und Gewebearten bestehen

Zellen wandeln Energie um

Du kennst das bestimmt: In den ersten beiden Stunden stand Mathe auf dem Programm. Nicht nur, dass der Kopf raucht, auch dein Magen knurrt. Du hast Hunger! In der Pause freust du dich auf dein Wurstbrot, um die verbrauchte Energie wieder aufzufüllen.

Glucose als Energielieferant

Pflanzen sind in der Lage, mit Hilfe der Fotosynthese Sonnenenergie in Form von Glucose zu speichern. Pflanzen nutzen diese als Betriebsstoff, um Energie für alle Lebensvorgänge bereitzustellen. Sie können die Glucose zu anderen Nährstoffen umbauen. Man nimmt diese mit der Nahrung auf, um den Körper in Betrieb zu halten oder den Organismus aufzubauen.

Energieumwandlung im Körper

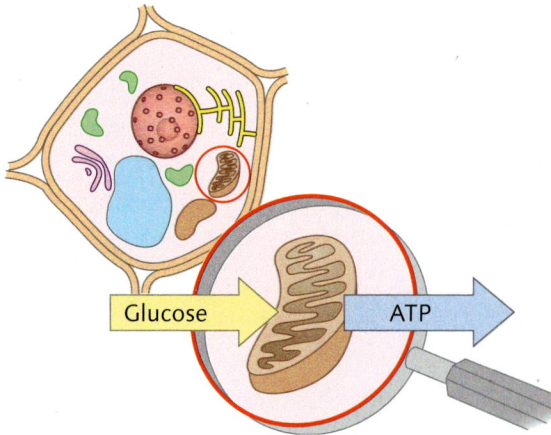

Glucose wird von allen Lebewesen benötigt, um Energie daraus freizusetzen. Die Mitochondrien, kleine Zellorganellen, sind die Orte der Energieumwandlung. In ihnen wird die energiereiche Glucose mit Hilfe von Sauerstoff zu *ATP* umgewandelt. Das ist ein universeller Energiespeicher, der zur Aufrecht-

2 Energieumwandlungen in den Mitochondrien

1 Denken erfordert Energie.

erhaltung aller Körperfunktionen genutzt werden kann. Bei der Umwandlung entsteht Energie, die unter anderem den Körper erwärmt. Der Energiestoff ATP kann innerhalb und zwischen Zellen ausgetauscht werden.

Alle Lebensvorgänge benötigen Energie

ATP zerfällt an den Stellen im Körper, an denen Energie benötigt wird. Dadurch wird die Energie für den Körper nutzbar. In den Muskelzellen liefert ATP die Energie für die Bewegung des Muskels. Beim Denken sorgt es für die Weiterleitung von elektrischen Impulsen zwischen den Nervenzellen. Beim Aufbau neuer Stoffe, zum Beispiel für das Wachstum, wird ATP benötigt.

In Kürze

Pflanzen binden Sonnenenergie in Form von Glucose. Alle Lebewesen setzen aus Glucose Energie frei, die sie für ihre Lebensvorgänge benötigen. In den Mitochondrien wird beim Abbau von Glucose der universelle Energiestoff ATP gebildet.

Aufgaben

1 ☐ Beschreibe, was mit der Glucose im Körper geschieht.
2 ■ Begründe die Bedeutung der Fotosynthese für das Leben auf der Erde.
3 ■ Erkläre, weshalb ein Gerichtsmediziner anhand der Körpertemperatur einer Leiche den Todeszeitpunkt feststellen kann.

Wasserbewegung in Zellen

1 Isotone Lösungen

Sportler verlieren durch Schwitzen viel Wasser. Deshalb trinken sie isotone Getränke. Der Begriff *isoton* bezieht sich in der Medizin auf den gleichen Salzgehalt von Zellen und deren Umgebung.

   a ☐ Erläutere, was die Bezeichnungen hyperton, isoton und hypoton bedeuten. Nutze dazu die Tabelle in Bild 1.

   b ☐ Beschreibe anhand von Bild 2, in welche Richtung sich das Wasser durch den Vorgang der Osmose bewegt.

   c ☑ Leitungswasser ist zwar gesund, allerdings für aktive Sportler nicht geeignet, den Durst zu löschen. Es wird zu den hypotonen Lösungen gezählt. Begründe.

   d ☑ Legt man verschrumpelte Radieschen in Wasser, werden sie wieder knackig. Erkläre.

   e ☑ Streut man Salz auf eine Gurkenscheibe, löst es sich in der Feuchtigkeit der Schnittstelle. Nach kurzer Zeit sammelt sich dort immer mehr Wasser an. Erkläre.

   f ☑ Bei Schnupfen soll eine hypertone Nasenspülung die Nasenschleimhaut abschwellen lassen. Begründe.

2 Blutspende

In Deutschland werden täglich 15 000 Blutspenden benötigt, um Menschenleben zu retten. Das Blut wird beispielsweise bei Operationen verwendet. Bei hohem Blutverlust muss den Patienten Blut übertragen werden. Dies ist zum einen notwendig, um den Flüssigkeitsverlust auszugleichen und den Blutfluss sicherzustellen. Zum anderen enthält das Blut besondere Zellen, die roten Blutkörperchen. Diese transportieren den Sauerstoff durch den Körper. Sie werden durch die Blutspende gewonnen. Damit die Blutkörperchen lange haltbar sind, werden sie vom übrigen Blut abgetrennt und in eine isotone Lösung gegeben.

   a ☐ Eine isotone Lösung wird im Labor angesetzt. Beschreibe deren Herstellung.

   b ☐ Versehentlich wurden die roten Blutkörperchen in destilliertes Wasser gegeben. Dieses enthält gar kein Salz. Erkläre, weshalb die Blutkörperchen für eine Blutspende nun unbrauchbar geworden sind.

   c ☑ Unfallpatienten wird eine isotone Salzlösung über eine Infusion verabreicht. Erkläre.

	Lösungen				Zellen		
	Hypertone Salzlösung	Isotone Salzlösung	Hypotone Salzlösung	Leitungswasser	Radieschenzellen	Menschliche Zellen	Gurkenzellen
Salzgehalt in Gramm pro Liter	20 g/l	9 g/l	4 g/l	2,5 g/l	11 g/l	9 g/l	10 g/l

1 Salzgehalt

Osmose

Trennt man eine Salzlösung von reinem Wasser mit einer halbdurchlässigen Membran, findet ein Konzentrationsausgleich statt. Die Wasserteilchen wandern durch die winzigen Poren der Membran in die Salzlösung und verdünnen diese. Die Salzteilchen passen nicht durch die Poren der Membran. Dadurch steigt das Volumen der Salzlösung. Diesen Vorgang des Konzentrationsausgleichs durch eine halbdurchlässige Membran nennt man *Osmose*.

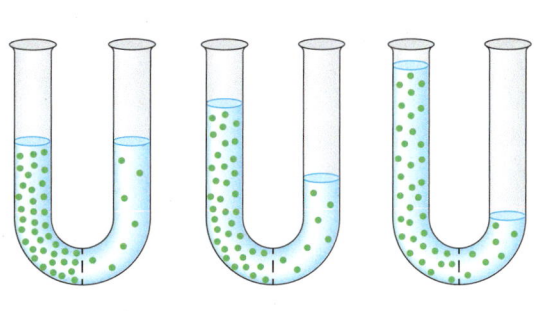

2 Wasserbewegung durch Osmose

Aufbau von energiereichen Stoffen

Im Frühsommer hängen die Kirschbäume voller roter, knackiger Kirschen. An vielen Obstbäumen wachsen jedes Jahr süße Früchte, die Menschen und vielen Tieren als Nahrung dienen. Woher aber kommt der Zucker in den Früchten, der diese so lecker macht?

Pflanzen bauen energiereichen Zucker auf
Durch die Fotosynthese wird in allen grünen Pflanzenteilen energiereicher Zucker aufgebaut. Das Sonnenlicht liefert die dazu benötigte Energie. Die Pflanzen stellen aus Wasser und Kohlenstoffdioxid Traubenzucker, die Glucose, her. Der Prozess findet in den Blättern statt. Dabei wird Sauerstoff freigesetzt.

Chloroplasten sind Orte der Fotosynthese
Unter der oberen Epidermis des Blattes befindet sich das Palisadengewebe. Es besteht aus eng aneinanderliegenden Zellen, die sehr viele

1 Kirschen schmecken süß.

Chloroplasten enthalten. Diese enthalten den grünen Blattfarbstoff *Chlorophyll*, mit dessen Hilfe aus Wasser und Kohlenstoffdioxid energiereiche Glucose hergestellt wird. Die Lichtenergie der Sonne wird dabei in chemische Energie umgewandelt und in der Glucose gespeichert. Das benötigte Wasser gelangt von der Wurzel durch die Gefäße der Leitbündel in das Blatt.

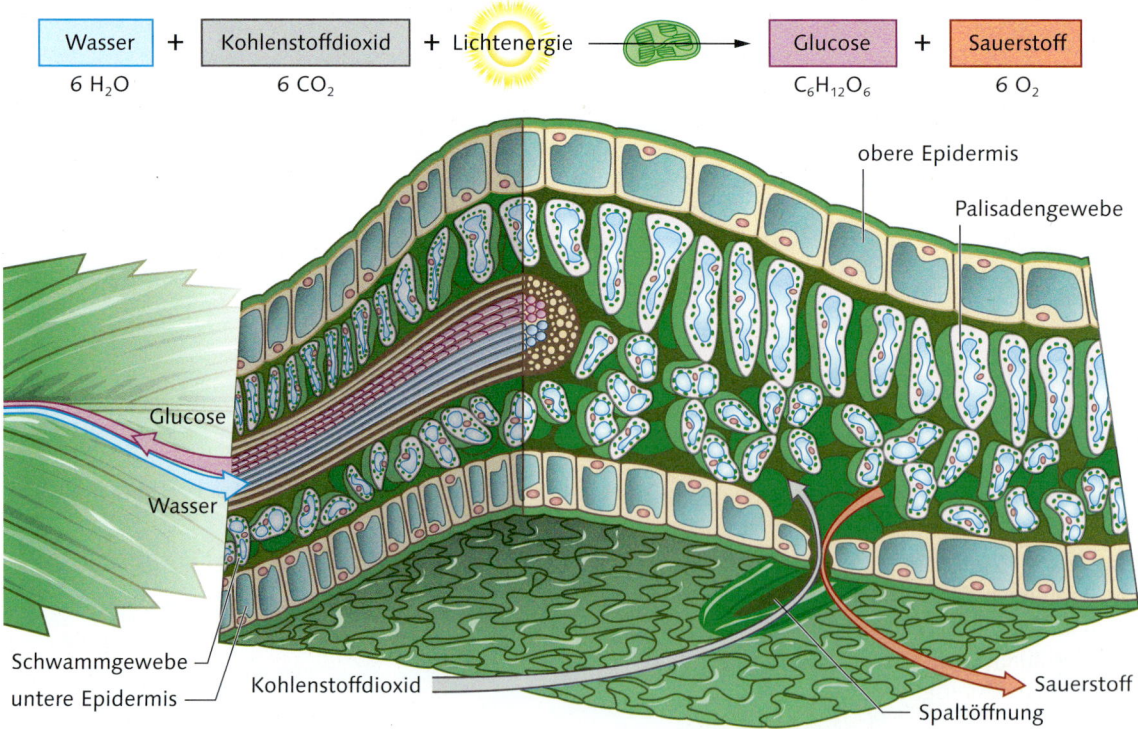

Wasser	+	Kohlenstoffdioxid	+ Lichtenergie	→	Glucose	+	Sauerstoff
$6\ H_2O$		$6\ CO_2$			$C_6H_{12}O_6$		$6\ O_2$

obere Epidermis
Palisadengewebe
Glucose
Wasser
Schwammgewebe
untere Epidermis
Kohlenstoffdioxid
Sauerstoff
Spaltöffnung

2 Laubblatt als Ort der Fotosynthese

Gasaustausch durch Spaltöffnungen

Das zur Fotosynthese benötigte Kohlenstoffdioxid stammt aus der Luft. Durch die Spaltöffnungen gelangt es in das Schwammgewebe der Blätter. Hier kann es sich zwischen den locker angeordneten Zellen verteilen.

Der bei der Fotosynthese freigesetzte Sauerstoff wird durch die Spaltöffnungen nach außen an die Luft abgegeben.

Die Spaltöffnungen bestehen aus zwei bohnenförmigen *Schließzellen*. Bei Feuchtigkeit sind sie prall mit Wasser gefüllt und lassen in ihrer Mitte einen Spalt frei. Bei Trockenheit verlieren sie Wasser. Dadurch schließt sich der Spalt zwischen ihnen. So kann aus dem Blatt weniger Wasser verdunsten und die Pflanze ist vor Austrocknung geschützt. Auf der Blattoberseite verhindert eine dünne Wachsschicht, die *Cuticula*, die Wasserverdunstung.

Weiterverarbeitung der Glucose

Die entstandene Glucose wird direkt in Stärke umgewandelt oder durch die Siebröhren der Leitbündel in der Pflanze verteilt. Stärke besteht aus langen Ketten, die aus Glucosebausteinen zusammengesetzt sind. Einen großen Teil der Glucose wandelt die Pflanze in Speicherstoffe, Baustoffe und Farbstoffe um. Dazu werden zusätzliche Mineralstoffe benötigt. Die gebildeten Nährstoffe werden zum Teil in Samen gespeichert und zum Beispiel für deren Keimung benötigt. In Früchten dienen sie als Lockmittel für Tiere.

In Kürze

Pflanzen bauen in den Chloroplasten aus Wasser und Kohlenstoffdioxid mit Hilfe von Sonnenlicht energiereiche Glucose auf. Die Stoffverteilung findet über die Leitbündel in der Pflanze statt. Der Gasaustausch erfolgt über die Spaltöffnungen an der Blattunterseite. Die Glucose wird zu vielen weiteren Stoffen verarbeitet.

Aufgaben

1 ☐ Ordne den Bestandteilen des Blattes aus Bild 2 ihre jeweiligen Funktionen zu.

2 ■ Erkläre die Tatsache, dass in stark belichteten Blättern Stärke nachgewiesen werden kann.

3 Pflanzen speichern Glucose in unterschiedlichen Formen.

Auch Pflanzen atmen

Hummeln siehst du bereits im zeitigen Frühjahr an den Blüten einiger Frühblüher. Sie sammeln bevorzugt warmen Nektar. Woher bekommen manche Pflanzen die Energie, um ihren Nektar aufzuwärmen?

Zellatmung setzt Energie frei

Pflanzen benötigen für ihr Wachstum und ihre Stoffwechselvorgänge Energie. Hierzu nutzen sie Glucose, die sie während der Fotosynthese hergestellt und als Stärke gespeichert haben. Die gespeicherte Stärke wird zunächst wieder in Glucose zerlegt. Mit Hilfe von Sauerstoff wird die Glucose in den Zellen umgesetzt. Bei diesem Vorgang werden Kohlenstoffdioxid und Wasser freigesetzt. Man nennt ihn *Zellatmung*. Er findet in den *Mitochondrien* statt. Das sind die Kraftwerke der Zellen. Zwischen Zellatmung und Fotosynthese besteht ein enger Zusammenhang. Die Ausgangsstoffe des einen sind die Endprodukte des anderen und umgekehrt. Die bei der Zellatmung freigesetzte Energie nutzen die Lebewesen für ihre Lebensprozesse.

1 Hummeln mögen warmen Nektar.

Nachts überwiegt die Atmung

Tagsüber, wenn die Sonne ausreichend scheint, stellen die Pflanzen mehr Stärke und Sauerstoff her als sie bei der Zellatmung verbrauchen. In der Nacht können Pflanzen keine Fotosynthese betreiben. Daher findet nachts nur die Zellatmung statt, bei der Stärke verbraucht wird. Man kann nachweisen, dass grüne Blätter abends mehr Stärke enthalten als morgens. Nachts geben sie mehr Kohlenstoffdioxid ab als am Tag.

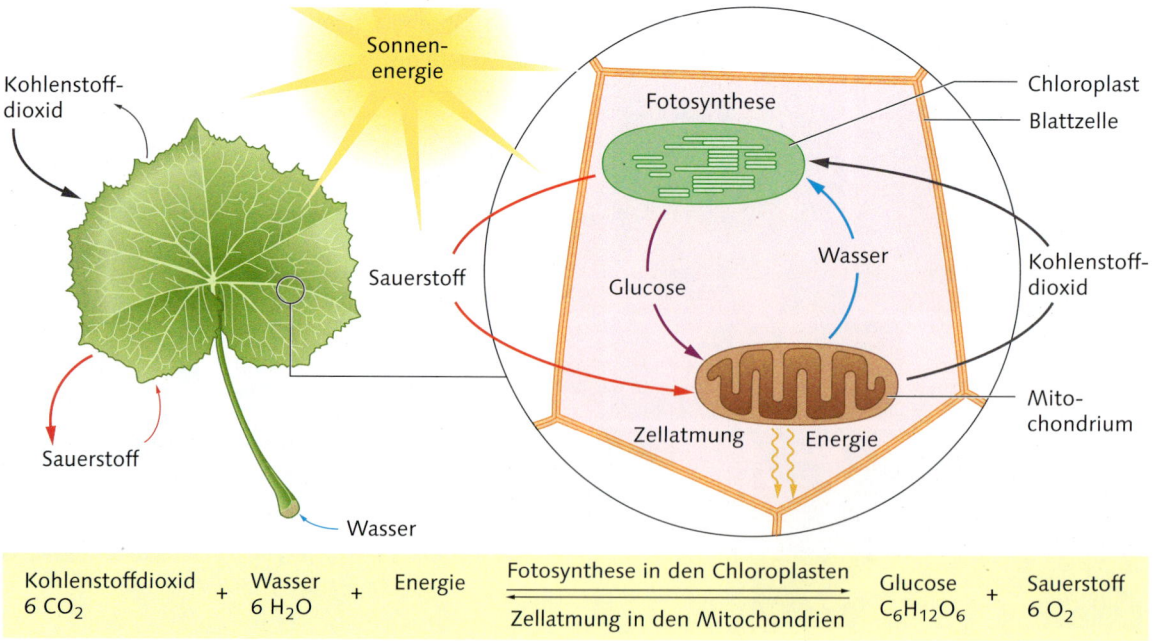

Kohlenstoffdioxid $6\ CO_2$	+	Wasser $6\ H_2O$	+	Energie	Fotosynthese in den Chloroplasten Zellatmung in den Mitochondrien	Glucose $C_6H_{12}O_6$	+	Sauerstoff $6\ O_2$

2 Fotosynthese und Zellatmung

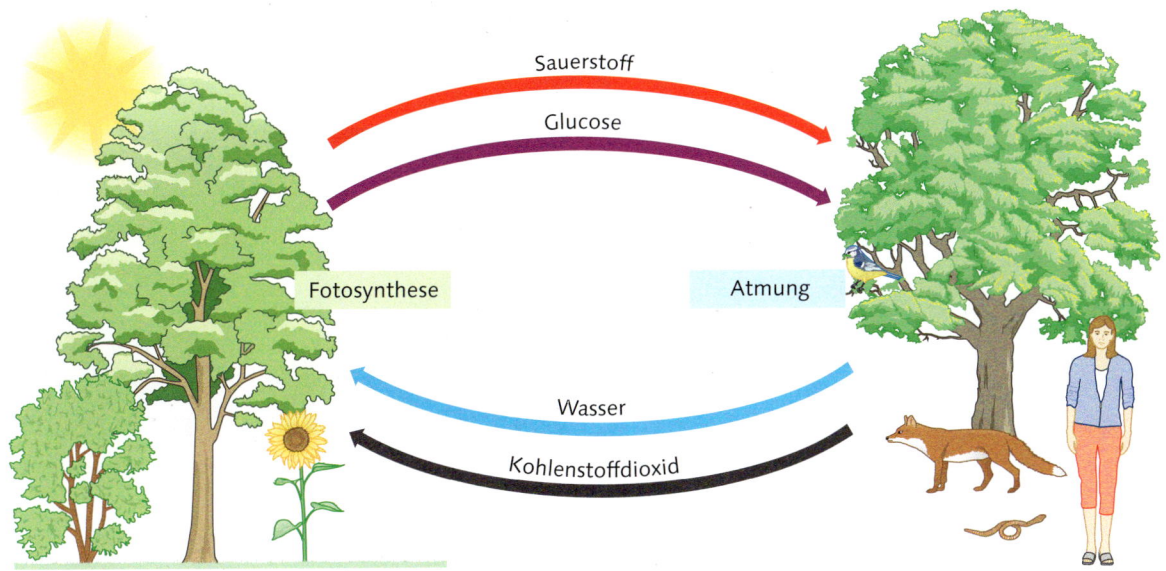

Sauerstoff

Glucose

Fotosynthese

Atmung

Wasser

Kohlenstoffdioxid

3 Stoffkreislauf

Auch Wurzeln atmen

Die Wurzeln der meisten Pflanzen befinden sich unter der Erde und können somit keine Fotosynthese betreiben. Aber auch die Wurzelzellen setzen Energie bei der Zellatmung frei. Die Glucose wurde zuvor in den oberirdischen Pflanzenteilen gebildet und zur Wurzel transportiert. Den benötigten Sauerstoff nehmen die Wurzelzellen aus dem Boden auf. Deshalb wachsen Pflanzen am besten in lockerem, gut durchlüftetem Boden. Steht nicht genügend Sauerstoff zur Verfügung, wie bei einer Sumpfpflanze, bilden diese spezielle *Atmungswurzeln* aus.

4 Mangroven mit Atmungswurzeln

Zellatmung bei Menschen und Tieren

Auch die Tiere und der Mensch erhalten die Energie für alle Stoffwechselvorgänge durch Zellatmung. Die Energie benötigen sie zum Beispiel für die Bewegung. Durch die Nahrung nehmen sie energiereiche Stoffe wie Kohlenhydrate und Fette auf. Diese Energieträger werden in Glucose umgewandelt. Mit Hilfe von Sauerstoff, der über die Atemwege aufgenommen wird und mit dem Blut zu den Zellen gelangt, wird in den Mitochondrien Energie freigesetzt. Dabei entstehen Kohlenstoffdioxid und Wasser, die an die Umwelt abgegeben werden. Hier schließt sich der Kreis. Pflanzen nutzen diese Stoffe wiederum, um Fotosynthese zu betreiben.

In Kürze

Lebewesen setzen durch die Zellatmung Energie frei. Dazu wird Glucose mit Sauerstoff zu Kohlenstoffdioxid und Wasser umgesetzt.

Aufgaben

1 ☐ Beschreibe den in Bild 3 dargestellten Zusammenhang zwischen Zellatmung und Fotosynthese.

2 ◪ Stelle die Vorgänge der Zellatmung in einem Flussdiagramm dar.

Die Entdeckung der Fotosynthese

Leben und Werk

Joseph Priestley wurde 1733 in Yorkshire in
England geboren. Als Junge war er kränklich
und litt an einem Sprachfehler. Aber er
zeichnete sich durch Begabung und Fleiß aus.
Priestley studierte Sprachen und Philosophie
und wurde Geistlicher. Mit den Naturwis-
senschaften befasste er sich im Studium nie.

1776 lernte er den amerikanischen Naturforscher und Diplomaten Benjamin Franklin
kennen. Priestley beschäftigte sich daraufhin
mit der Elektrizität und Optik.

Neben seiner Pfarrei in Leeds war eine
Brauerei. Priestley interessierte sich für das
Gas, das bei der alkoholischen Gärung ent-
steht. Er untersuchte die Eigenschaften des
Kohlenstoffdioxids, leitete es in Trinkwasser
ein und erfand so sprudelndes Mineralwasser.
Er entdeckte ein Gas, das von dem Franzosen
Antoine de Lavoisier später als Sauerstoff be-

1 Joseph Priestley (1733–1804)

nannt wurde. Er fand auch heraus, dass Mäuse Luft »verbrauchen«. Pflanzen dagegen geben der Luft ihre Frische zurück. Er untersuchte daraufhin, wie man der »verbrauchten«
Luft ihre »Frische« zurückgeben kann.

Untersuchungen zur Verbesserung der Luft

In einem Brief an Benjamin Franklin vom
1. Juli 1772 beschreibt Priestley seine Versuche:

»Ich habe mich gänzlich davon überzeugt,
dass Luft, die durch Atmung in höchstem
Grad schädlich geworden ist, durch Minze-
zweige, die darin wachsen, wiederhergestellt
wird. Sie erinnern sich vielleicht noch an den
Zustand, in welchem Sie eine meiner Pflanzen sahen. Am Samstag, nachdem Sie gegan-
gen waren, brachte ich eine Maus in den Luft-
raum, in dem die Pflanze wuchs. Das war sieben Tage, nachdem die Pflanze hineingebracht
worden war. Die Maus hielt es hier ohne das
geringste Anzeichen von Unbehagen fünf
Minuten aus und war ausgesprochen stark
und lebhaft, als sie herausgeholt wurde.
Dagegen starb eine Maus, die nicht einmal
zwei Sekunden in einem anderen Teil der
ursprünglichen Luftmenge verbracht hatte,
welche an derselben Stelle gestanden hatte,
aber ohne Pflanze darin. Auch die Maus, der
es in der wiederhergestellten Luft wohlergan-
gen war, konnte nur mit knapper Not wieder-
belebt werden, nachdem sie für weniger als
eine Sekunde in der anderen Luft gewesen
war ...«

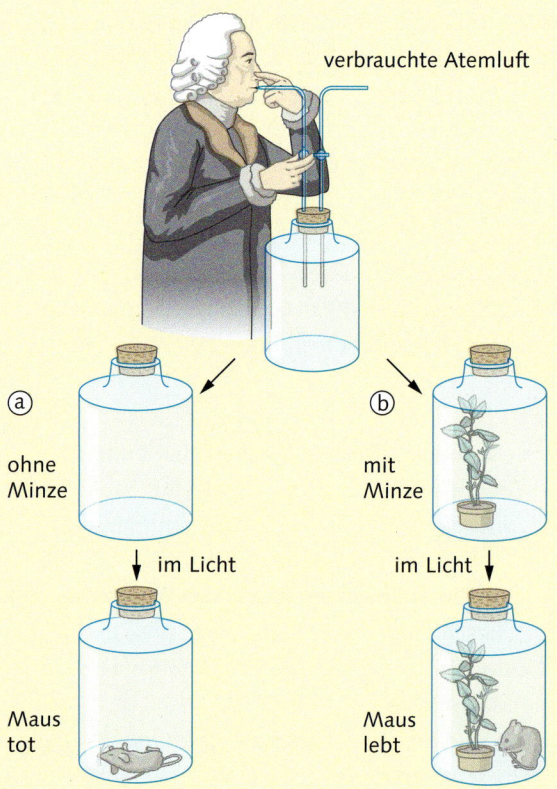

verbrauchte Atemluft

ⓐ ohne Minze
ⓑ mit Minze

im Licht

Maus tot
Maus lebt

2 Priestleys Versuche mit verbrauchter Luft

Fotosynthese und Zellatmung

A Nachweis von Glucose

Material Blütenpflanze, Obst, Gemüse, grüne Blätter, Glucoseteststreifen

Durchführung Schneide das Gemüse und das Obst quer durch. Halte einen Teststreifen an die Schnittfläche, sodass er vom Saft benetzt wird.
Warte etwa 2 Minuten, bis der Streifen sich verfärbt hat. Vergleiche seine Farbe mit der Farbskala auf der Verpackung.
Führe den Versuch auch mit den Bestandteilen der Blütenpflanzen und mit den grünen Blättern durch. Zerreibe sie, sodass Flüssigkeit austritt.
Protokolliere deine Beobachtungen.

Auswertung
1 Beschreibe die Entstehung der Glucose.
2 Erläutere, wie die Glucose in diese Pflanzenteile gelangt.

B Einfluss von Licht und Kohlenstoffdioxid

Material Wasserpest, Reagenzglas, Glasstab, Bindfaden, Messer, starke Lichtquelle, destilliertes Wasser, Mineralwasser

Durchführung Fülle das Reagenzglas mit destilliertem Wasser. Schneide einen Spross der Wasserpest frisch an, binde ihn an den Glasstab und stelle diesen in das Reagenzglas. Beleuchte die Pflanze.
- Zähle die Gasbläschen, die aus dem Spross pro Minute aufsteigen.
- Verringere die Helligkeit und zähle erneut.
- Tausche das destillierte Wasser gegen Mineralwasser und zähle wieder.
- Trage deine Beobachtungen in eine Tabelle ein.

Auswertung Erläutere den Einfluss von Licht und Kohlenstoffdioxid auf die Fotosynthese.

C Zellatmung

Material ungeschälte Trockenerbsen, 3 Standzylinder mit Deckel, Kerze, Draht, Streichhölzer

Durchführung Fülle 2 Standzylinder mit jeweils 200 Gramm Trockenerbsen. Gib in einen der beiden ca. 0,5 Liter Wasser hinzu. Fülle den dritten Standzylinder mit der gleichen Menge Wasser. Lege die Deckel auf die Standzylinder und lass sie 2 Tage lang stehen.
Stecke die Kerze auf ein Drahtende. Zünde die Kerze an und halte sie nacheinander in die Gläser. Die Kerze erlischt, wenn kein Sauerstoff vorhanden ist. Protokolliere deine Beobachtungen.

Auswertung
1 Erläutere deine Beobachtungen.
2 Begründe, weshalb Erbsen Zellatmung betreiben.

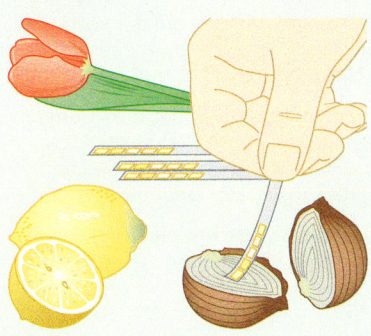

1 Versuchsaufbau

Lichtquelle:
größerer Abstand
geringere Helligkeit

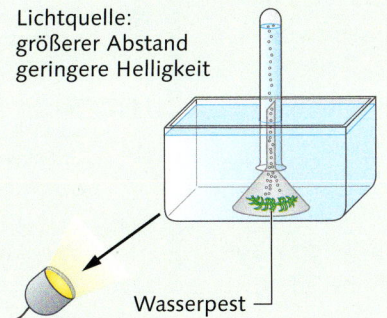

Wasserpest

2 Versuchsablauf

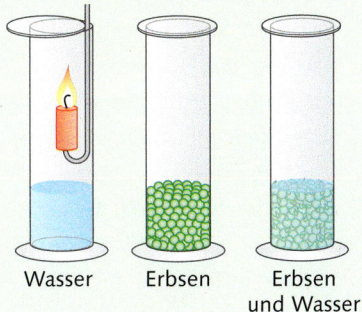

Wasser   Erbsen   Erbsen und Wasser

3 Versuchsaufbau

Fotosynthese und Zellatmung

1 Wachstum durch Fotosynthese

Der niederländische Naturforscher Johan Baptista van Helmont lebte vor über 350 Jahren. Bei seinen Untersuchungen stellte er sich die Frage, wovon sich Pflanzen ernähren. Um dies zu beantworten, pflanzte er einen Weidenzweig in einen Topf mit getrockneter Erde. Von beidem bestimmte er zuvor die Masse. Der Topf wurde ins Freie gestellt und fünf Jahre lang mit Regenwasser gegossen. Nach den fünf Jahren war die Weide mehr als 70 Kilogramm schwerer und die Masse der Erde hatte sich um 75 Gramm verringert.

nach 5 Jahren

	Pflanze	Erde
Beginn	2,5 kg	100 kg
nach 5 Jahren	78,7 kg	99,25 kg
Differenz	76,3 kg	0,75 kg

1 Van Helmonts Versuchsergebnisse

a ☑ Versetze dich in van Helmonts Situation vor dem Versuch und stelle Hypothesen zu den möglichen Ergebnissen auf.

b ☑ Fertige ein Protokoll zu van Helmonts Weidenversuch an.

c ■ Begründe, warum die Erde vor und nach dem Versuch zunächst getrocknet wurde.

d ■ Überprüfe mit Hilfe der Versuchsergebnisse deine in Teil a aufgestellten Hypothesen.

e ■ Erläutere das Versuchsergebnis mit deinem Wissen über die Fotosynthese.

2 Entdeckungen zur Fotosynthese

Jegliches Wissen der Biologie zur Fotosynthese wurde in den letzten Jahrhunderten nach und nach von vielen Forschern zusammengetragen. Die jeweils neuen Erkenntnisse bauen auf dem Wissen der älteren Forscher auf.

a ☐ In Bild 2 sind die Entdeckungen zur Fotosynthese in der Reihenfolge durcheinandergeraten. Ordne sie den Jahreszahlen wieder richtig zu, sodass eine logische Reihenfolge entsteht.

b ■ Plane einen Versuch, mit dem Jan Ingenhousz nachweisen konnte, dass Pflanzen nur im Licht Fotosynthese betreiben.

1600

ca. 1640 *Henri Dutrochet* entdeckte den Zusammenhang zwischen Chlorophyll und der Fotosynthese.

1771 *Jan Ingenhousz* zeigte durch Versuche mit Pflanzen, dass diese nur im Licht Sauerstoff herstellen und im Dunkeln Kohlenstoffdioxid abgeben.

1777 *Antoine de Lavoisier* folgerte aus vielen chemischen Versuchen, dass Luft neben anderen Gasen auch Sauerstoff enthält. Durch genaues Wiegen bewies er, dass sich der Sauerstoff bei einer Verbrennung mit diesen Stoffen verbindet und dabei verbraucht wird.

1779 *Jean Senebier* wies durch Versuche nach, dass Pflanzen zur Herstellung von Sauerstoff Kohlenstoffdioxid benötigen.

1783 *Nicolas de Saussure* bewies, dass Pflanzen aus Wasser und Kohlenstoffdioxid Zucker und Sauerstoff herstellen.

1804 *Robert Meyer* erkannte, dass bei der Fotosynthese die Sonnenenergie als chemische Energie in Zucker gespeichert wird.

1837 *Joseph Priestley* untersuchte die Auswirkungen von Pflanzen auf die Luft. Er erkannte, dass Pflanzen und Tiere nur gemeinsam in einem geschlossenen Luftsystem überleben können.

1845 *Van Helmont* untersuchte mit einem Weidenbaum, wovon sich Pflanzen ernähren.

1850

2 Entdeckungen zur Fotosynthese

3 Beeinflussung der Fotosynthese

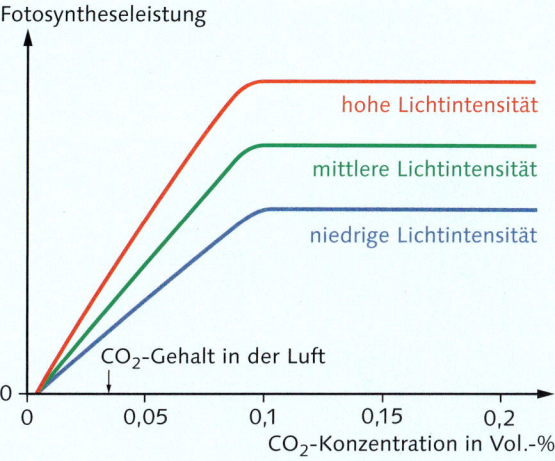

Fotosyntheseleistung

hohe Lichtintensität

mittlere Lichtintensität

niedrige Lichtintensität

CO$_2$-Gehalt in der Luft

CO$_2$-Konzentration in Vol.-%

3 Abhängigkeit der Fotosynthese von Kohlenstoffdioxid

Mit verschiedenen Versuchen kann man die Intensität der Fotosynthese bei unterschiedlichen Bedingungen messen. Die Faktoren Licht, Temperatur und Kohlenstoffdioxid können verändert werden.

a ☐ Beschreibe die in den Diagrammen dargestellten Ergebnisse.

b ☑ Ziehe aus den Werten Schlussfolgerungen über die Beeinflussbarkeit der Fotosyntheserate.

c ■ Plane einen Versuch, mit dem die Abhängigkeit der Fotosyntheserate von der Temperatur untersucht werden kann. Erstelle hierfür ein Versuchsprotokoll.

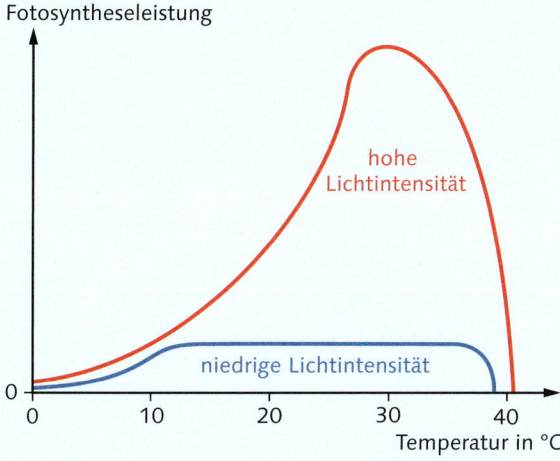

Fotosyntheseleistung

hohe Lichtintensität

niedrige Lichtintensität

Temperatur in °C

4 Abhängigkeit der Fotosynthese von der Temperatur

4 Geschlossene Ökosysteme

Bereits vor über 20 Jahren begann die NASA mit der Entwicklung eines geschlossenen, sich selbst erhaltenden Ökosystems. Dieses sollte in der Raumfahrt genutzt werden. Inzwischen kann man es als Dekoration kaufen.

In einer luftdicht verschlossenen Glaskugel befindet sich Meerwasser, in dem Lebewesen wie Algen und kleine Garnelen oder Fische gemeinsam leben. In diesem geschlossenen System ist kein Wasseraustausch oder eine Fütterung wie in einem Aquarium nötig.

a ☐ Beschreibe den Kreislauf des Kohlenstoffs in diesem Mini-Ökosystem.

b ☑ Begründe, weshalb sowohl Pflanzen als auch Tiere in dem Glas leben müssen.

c ☑ Nenne den Faktor, der dem Ökosystem von außen zugefügt werden muss. Begründe.

d ■ Benenne wichtige Faktoren, auf die bei der Befüllung der Glaskugel geachtet werden muss.

e ■ Man kann auch in einem Marmeladenglas ein Mini-Ökosystem mit feuchter Erde, Moosen und kleinen Bodentieren selbst bauen. Beschreibe den Kreislauf des Kohlenstoffs in einem solchen System.

f ■ Nach ein bis zwei Tagen ist das Glas von innen beschlagen. Erläutere diese Beobachtung.

5 Mini-Ökosystem

Zellen und ihre Lebensvorgänge

1 Die Zelle

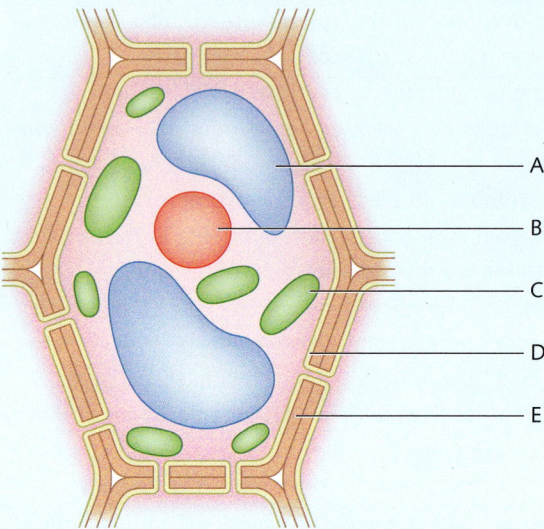

1 Bau einer Zelle

a ☐ Benenne die gekennzeichneten Bestandteile.
b ☑ Handelt es sich um eine Tier- oder eine
Pflanzenzelle? Begründe deine Entscheidung.
c ☑ Beschreibe von mindestens vier Zellbe-
standteilen die Aufgaben. Fertige dazu eine
Tabelle an.

2 Mikroskopierregeln

☑ Nenne mindestens
sechs Regeln zum
Mikroskopieren und
verwende dabei die
Fachbegriffe.

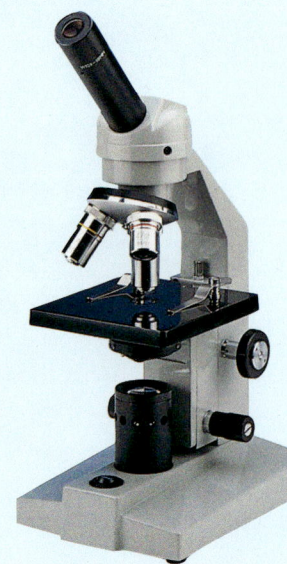

3 Vergrößern

☑ Du sollst ein
Präparat mit einer
400-fachen Gesamtver-
größerung betrachten.
Welche Einstellungen
musst du vornehmen?
Begründe.

4 Bausteine der Organismen

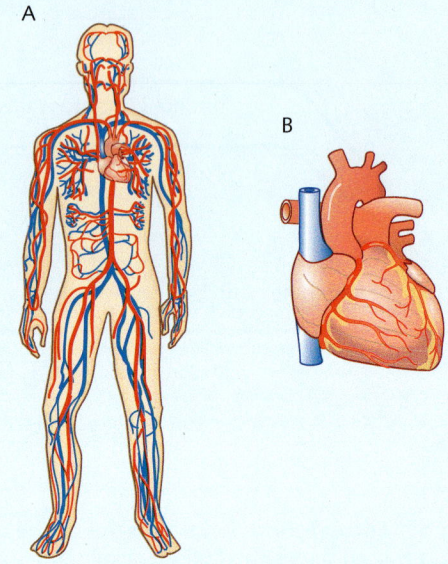

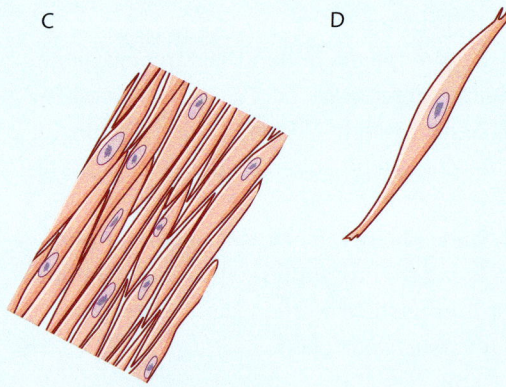

2 Systeme in der Natur

a ☐ Ordne den Buchstaben A–D folgende
Begriffe zu: Zelle, Organismus, Gewebe und
Organ.
b ☑ Ordne die Begriffe in einer sinnvollen
Reihenfolge.
c ■ Erläutere die Begriffe Zelle, Gewebe, Organ
und Organsystem am Beispiel eines Baumes.

5 Laubblatt

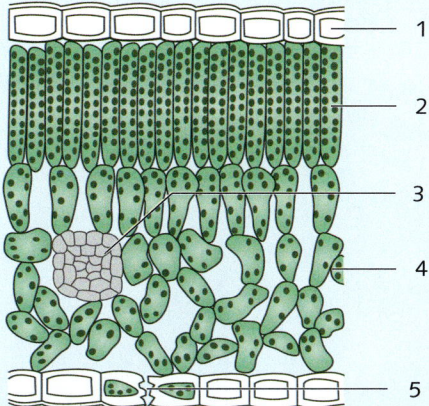

3 Laubblatt (Querschnitt)

a □ Ordne den Ziffern 1–5 in Bild 3 folgende Begriffe zu: Spaltöffnung mit Schließzellen, Schwammgewebe, Palisadengewebe, Cuticula, Leitbündel.

b ☑ Ordne den Bestandteilen des Blattes in einer Tabelle die jeweiligen Funktionen zu.

6 Fotosynthese und Zellatmung

a □ Stelle die Wortgleichung für die Fotosynthese und für die Zellatmung auf.

b □ Nenne die Zellbestandteile, in denen die Fotosynthese und die Zellatmung stattfinden.

c ☑ Erkläre, warum die Fotosynthese eine der wichtigsten Reaktionen für das Leben ist.

d ☑ Beschreibe den Zusammenhang von Zellatmung und Fotosynthese anhand von Bild 4.

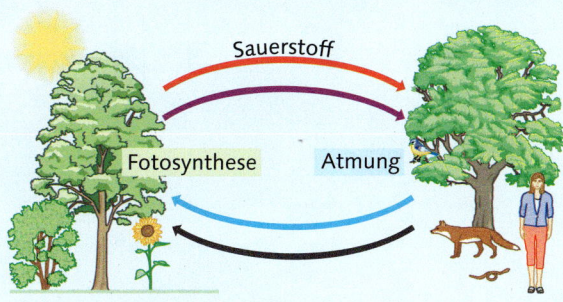

4 Stoffkreislauf

Zellen und ihre Lebensvorgänge

■ Zellen sind die Grundbausteine der Lebewesen. Man kann sie mit Hilfe des Mikroskops betrachten.

■ Alle Zellen besitzen einen Zellkern, Zellplasma und sind von einer Membran umgeben. Pflanzliche Zellen verfügen zusätzlich über Chloroplasten, Vakuolen und eine stabile Zellwand.

■ Alle größeren Organismen bestehen aus vielen Zellen. Gleichartige Zellen bilden ein Gewebe. Verschiedene Gewebe bilden Organe. Organsysteme bestehen aus mehreren Organen, die zusammenwirken.

■ Die Fotosynthese findet in den Chloroplasten statt. Dabei werden Wasser und Kohlenstoffdioxid umgesetzt. Mit Hilfe der Sonnenenergie entstehen Glucose und Sauerstoff.

■ Die Zellatmung findet in den Mitochondrien statt. Hierbei wird die Glucose mit Hilfe von Sauerstoff umgewandelt. Dabei wird Energie freigesetzt und es entstehen Wasser und Kohlenstoffdioxid.

Körperbau
und Bewegung

Knochen bilden das Skelett

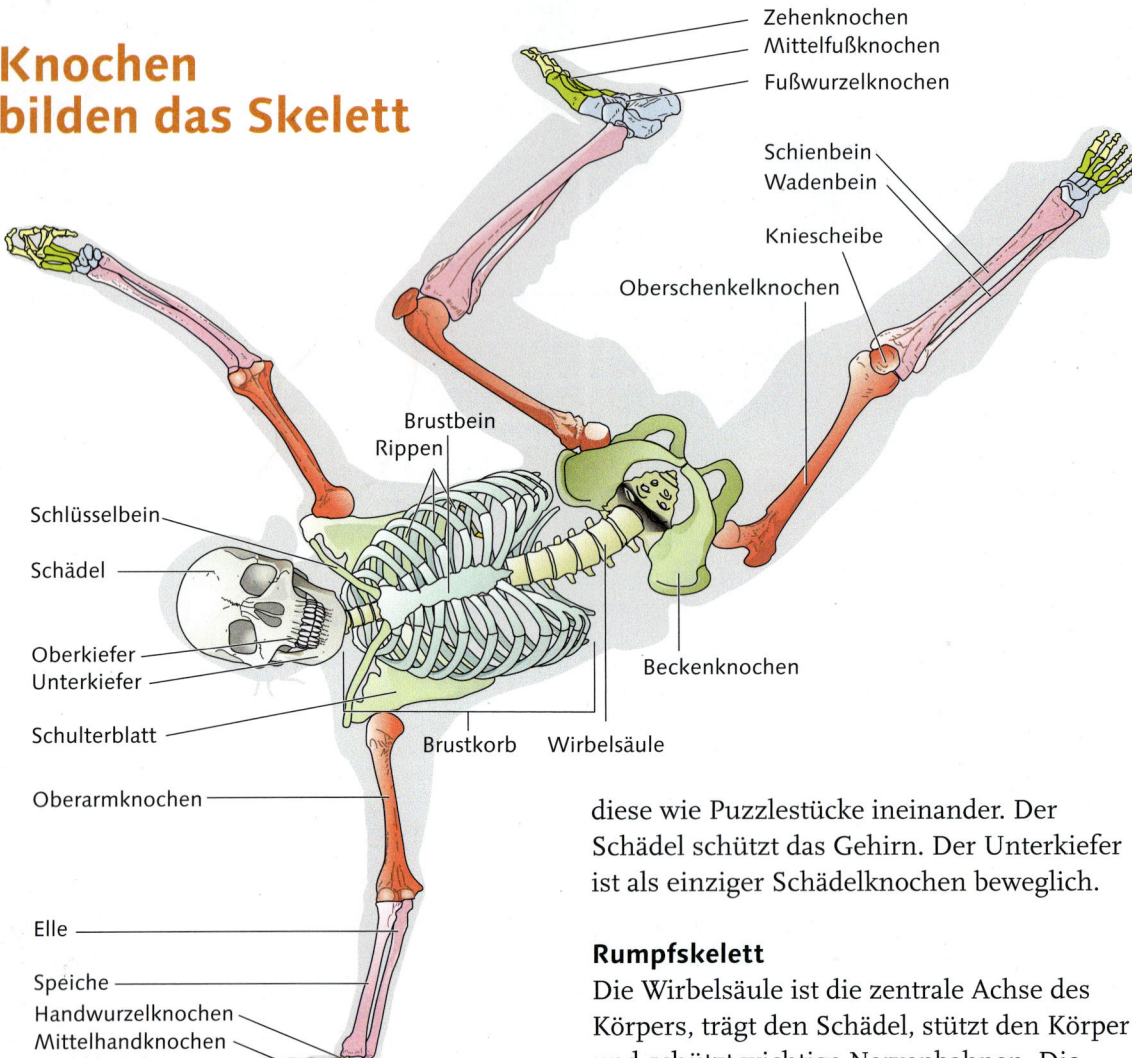

Zehenknochen
Mittelfußknochen
Fußwurzelknochen

Schienbein
Wadenbein

Kniescheibe

Oberschenkelknochen

Brustbein
Rippen

Schlüsselbein

Schädel

Oberkiefer
Unterkiefer

Schulterblatt

Oberarmknochen

Beckenknochen

Brustkorb   Wirbelsäule

Elle

Speiche
Handwurzelknochen
Mittelhandknochen
Fingerknochen

1 Skelett eines Menschen

Der Körper des Menschen lässt sich in Schädel, Rumpf und Gliedmaßen unterteilen. Mit über 220 Knochen stützt das Skelett den Körper und schützt die inneren Organe.

Knochen und ihre Aufgaben

Am Bau der Knochen lassen sich deren Aufgaben erkennen: Röhrenförmige Knochen halten großen Belastungen stand. Die flachen, plattenartigen Knochen schützen wichtige Organe. Die kleinen, unregelmäßig geformten Knochen sind besonders beweglich.

Schädelskelett

Der Schädel ist aus einzelnen Knochenplatten zusammengesetzt. An den Nahtstellen greifen diese wie Puzzlestücke ineinander. Der Schädel schützt das Gehirn. Der Unterkiefer ist als einziger Schädelknochen beweglich.

Rumpfskelett

Die Wirbelsäule ist die zentrale Achse des Körpers, trägt den Schädel, stützt den Körper und schützt wichtige Nervenbahnen. Die Rippen sind mit der Wirbelsäule und dem Brustbein verbunden und umschließen schützend die inneren Organe. Der Brustkorb ist nicht starr und lässt dadurch Atembewegungen zu. Der *Schultergürtel* besteht aus Schulterblättern und Schlüsselbeinen. Er verbindet das Rumpfskelett mit dem Armskelett. Der *Beckengürtel* wird aus Beckenknochen, Kreuzbein und Steißbein gebildet. Sie sind alle miteinander verwachsen und stützen die Organe des Bauchraums. Am Beckenknochen setzt das Beinskelett an.

Arme und Beine – die Gliedmaßen

Armskelett und *Beinskelett* sind stabil und sehr beweglich. Sie ähneln sich in ihrem Aufbau und bestehen überwiegend aus Röhrenknochen.

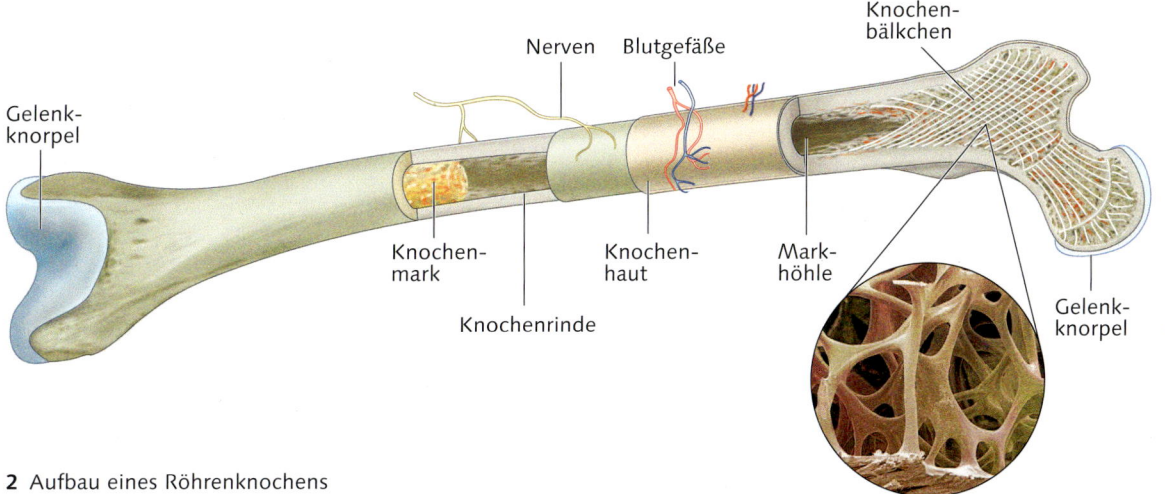

2 Aufbau eines Röhrenknochens

Aufbau von Knochen

Knochen sind hart, ohne dabei spröde zu sein.
Sie bestehen aus Knorpelmasse, in die Kalk
eingelagert ist. An den Enden sind die
Knochenbälkchen zu erkennen. Ihre Anord-
nung ähnelt einem Baugerüst. Die
Knochenenden sind sehr stabil.

Im Innern eines Röhrenknochens befindet
sich die *Markhöhle,* gefüllt mit *Knochenmark.*
In manchen Bereichen des Knochenmarks
werden Blutzellen gebildet. Den Randbereich,
wo der Knochen massiv erscheint, nennt man
Knochenrinde.
Hier liegen die Knochenbälkchen sehr dicht
zusammen. Die stabile Knochenrinde ist umgeben von einer dünnen *Knochenhaut.* Sie ist
mit Blutgefäßen und *Nerven* durchzogen.

Knochen sind lebendig

Die Knochen von Kindern und Jugendlichen
wachsen noch. Aber auch bei Erwachsenen
wird täglich altes Knochenmaterial abgebaut
und erneuert. Durch Sport werden die
Knochen stärker beansprucht. Als Folge lagert
sich vermehrt Kalk ein, sodass die Knochen
kräftiger werden. Damit dies ohne Probleme
funktioniert, muss der Knochen ernährt
werden. Deshalb befinden sich im Knochen
Blutgefäße, sodass er über das Blut mit Nährstoffen versorgt wird.

Knochenbrüche verheilen

Die Heilung eines Knochenbruchs ist ein
komplizierter Vorgang. Der Arzt überprüft die
Bruchenden auf ihre Lage und korrigiert sie
gegebenenfalls. Ein Gipsverband fixiert die
Bruchstelle. So kann der Knochen wieder gerade zusammenwachsen.

In Kürze

Das Skelett ist die Stütze des Körpers. Es ist
mit seinen unterschiedlichen Knochen sehr
beweglich und schützt die inneren Organe.
Knochen sind sehr stabil und elastisch.
Sie sind lebendig und werden ständig
umgebaut.

Aufgaben

1 ☐ Nenne die Aufgaben von Röhrenknochen
und Plattenknochen.
2 ◪ Begründe anhand von zwei Merkmalen, dass
Knochen lebendig sind.

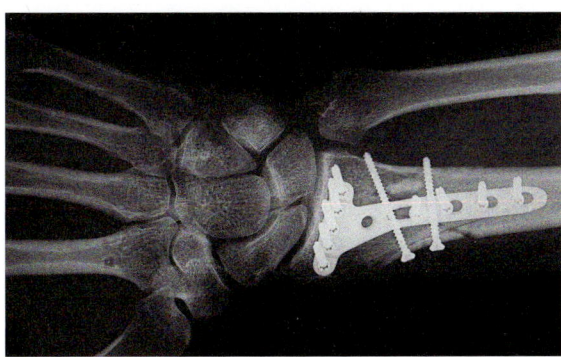

3 Röntgenbild eines operierten Knochenbruchs

Die Wirbelsäule stützt den Körper

Drehen, recken, beugen – bei fast jeder Aktivität deines Körpers bewegt sich deine Wirbelsäule in verschiedene Richtungen mit.

Aufbau und Funktion

Die Wirbelsäule wird aus den beweglichen *Wirbelknochen,* dem *Kreuzbein* und dem *Steiß-bein* gebildet. Sie sind durch Bänder und Muskeln verbunden und ermöglichen die Beweglichkeit. Die Wirbelsäule bildet seitlich gesehen eine *Doppel-S-Form.* Dadurch kann sie Erschütterungen gut abfedern. Am oberen Ende der Halswirbelsäule sitzt der Schädel. Mit der Brustwirbelsäule sind die Rippen beweglich verbunden. Zusammen mit der Lenden-wirbelsäule stützt sie den Rumpf. Das Kreuzbein besteht aus fünf zusammengewach-senen Wirbeln. Den unteren Abschluss der Wirbelsäule bildet das Steißbein.

Wirbelknochen näher betrachtet

Die Wirbelknochen be-stehen aus einem Wirbel-körper und einem Kno-chenring mit einer run-den Öffnung. Durch die Stapelung der Wirbelkör-per entsteht eine Röhre, der *Wirbelkanal.* Im Wirbel-kanal verläuft das empfind-liche *Rückenmark.* Die seitlichen *Querfortsätze* schützen die austretenden *Nerven* und bilden die gelenkigen Verbindun-gen der Wirbelkörper untereinander und zu den Rippen. Auf der Rückseite des Wirbels

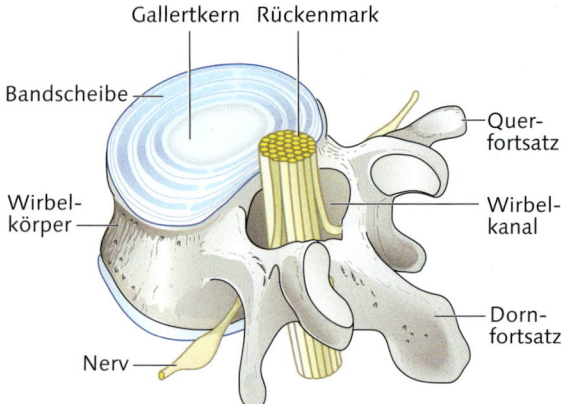

1 Aufbau eines Wirbelknochens

liegt der *Dornfortsatz.* Er bildet mit den Quer-fortsätzen die Ansatzpunkte für Bänder und Muskeln.

Bandscheiben sind »Stoßdämpfer«

Zwischen den Wirbelknochen liegen die *Bandscheiben.* Sie verhindern, dass die Wirbel aufeinanderreiben. Bandscheiben bestehen aus elastischem Knorpel und enthalten viel Wasser. Bei Belastung wird ein Teil des Wassers herausgepresst. Beim Liegen, also vor allem nachts, saugen die Bandscheiben die verlorene Flüssigkeit wieder auf.

Haltungsfehler und Haltungsschäden

Durch dauernde einseitige Belastung wirkt auf die Wirbelsäule enormer Druck ein. Die Band-scheiben verformen sich dauerhaft. Haltungs-fehler und Haltungsschäden können die Fol-gen sein, besonders bei Jugendlichen, die noch in der Wachstumsphase sind.

In Kürze

Die Wirbelsäule ist die zentrale Stütze des Körpers. Die Wirbel schützen das Rückenmark. Die Bandscheiben und die Doppel-S-Form federn Erschütterungen ab.

Aufgaben

1 ☐ Nenne die einzelnen Abschnitte der Wirbel-säule.

2 ☑ Begründe, weshalb du morgens knapp zwei Zentimeter größer bist als abends.

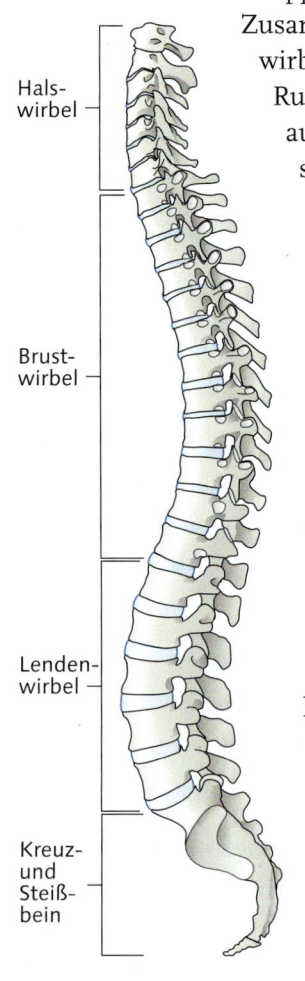

Halswirbel

Brust-wirbel

Lenden-wirbel

Kreuz-und Steiß-bein

2 Die Wirbelsäule

Der Bandscheiben-vorfall

Sophia geht gemeinsam mit ihrer Mutter zum Einkaufen. Sie kaufen Lebensmittel und Getränke ein. Beim Einladen ins Auto lehnt die Mutter Sophias Hilfe ab und hebt die Sprudelkiste allein ins Auto. Plötzlich krümmt sie sich vor Schmerzen.

1 Ein plötzlicher Schmerz

Entstehung eines Bandscheibenvorfalls

Plötzlich auftretende starke Rückenschmerzen, die ins Bein, oder Nackenschmerzen, die in den Arm ausstrahlen, können auf einen Bandscheibenvorfall hinweisen. Die Beschwerden unterscheiden sich, je nachdem welcher Teil der Wirbelsäule betroffen ist. Die Funktion der Bandscheiben lässt sich mit der eines Stoßdämpfers vergleichen. Ist eine Bandscheibe dauerhaft fehlbelastet oder unterversorgt, reißt die äußere Hülle, der Faserring. Im Innern sitzt ein gallertartiger Kern, der bei einem Bandscheibenvorfall austreten und in den Wirbelkanal drücken kann. Es kommt zum Bandscheibenvorfall.

Ursachen und Risikofaktoren

Starke Belastungen für die Wirbelsäule, wie Übergewicht, sowie das Heben schwerer Lasten fördern das Verrutschen der Bandscheiben bei bereits geschwächtem Faserring.

Auch dauerhafte Fehlbelastungen der Wirbelsäule, zum Beispiel durch langes Sitzen am Schreibtisch, im Auto oder vor der Spiel-konsole, können zu einem frühzeitigen Verschleiß der Bandscheiben führen und somit die Gefahr eines Bandscheibenvorfalls deutlich erhöhen. Fehlende Aktivität ist einer der Hauptgründe für Bandscheibenprobleme. Denn Bewegung sorgt dafür, dass die Bandscheiben mit dem nötigen Wasser und wichtigen Nährstoffen versorgt werden.

Behandlungsmöglichkeiten

In vielen Fällen lässt sich ein Bandscheibenvorfall durch die Linderung der Schmerzen sowie das Training der Muskeln durch Krankengymnastik und Massagen behandeln. Nur in seltenen Fällen ist eine Operation nötig, beispielsweise wenn der Patient starke Lähmungen in Armen und Beinen hat.

In Kürze

Wenn die äußere Hülle der Bandscheibe reißt und der gallertartige Kern austritt und in den Wirbelkanal drückt, spricht man von einem Bandscheibenvorfall. Bewegung und eine gute Körperhaltung schützen vor einem Bandscheibenvorfall.

Aufgaben

1 ☐ Nenne zwei wichtige Ursachen für die Entstehung eines Bandscheibenvorfalls.
2 ◢ Begründe, weshalb langes Sitzen schädlich für die Bandscheiben ist.

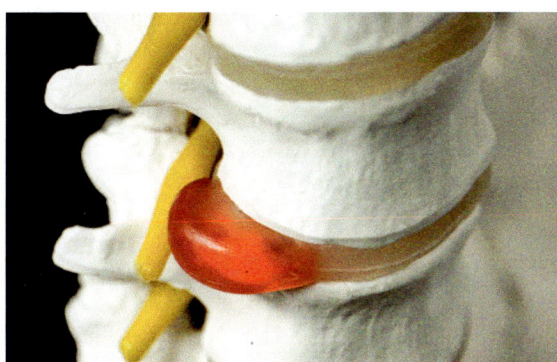

2 Bandscheibenvorfall

Arbeiten mit Modellen

Biologische Objekte und Vorgänge werden oft durch Modelle veranschaulicht. Daran lassen sich der Bau und die Funktion lebender Systeme gut erfassen und begreifen. Modelle können zum Beispiel die Struktur einer Niere oder die Funktion einer Lunge oder eines Auges darstellen. Beim Umgang mit solchen Struktur- und Funktionsmodellen sollte dir aber stets bewusst sein: Modelle sind Vereinfachungen, die das Original nie ganz genau nachbilden können. Sie enthalten Abweichungen vom Original, die du kennen solltest, um das Modell zu verstehen. Oftmals werden zur besseren Übersicht auch Teile des Originals weggelassen.

A Mit Strukturmodellen arbeiten

Ein Strukturmodell ist die künstliche Nachbildung eines natürlichen Objekts, zum Beispiel eines Gelenks. Das Betrachten solcher Modelle führt zu einer besseren Vorstellung über den Bau der biologischen Objekte.

1 Das Strukturmodell gut sichtbar aufstellen
Stellt das Modell so auf, dass es jeder gut betrachten und eventuell mit Abbildungen im Buch oder auf dem Arbeitsblatt vergleichen kann.

2 Das Strukturmodell betrachten Schaut euch das Modell zuerst einmal genau an. Stellt fest, welche Bauteile unterscheidbar sind.

3 Fachbegriffe zuordnen Ordnet nun den einzelnen Bauteilen des Modells mit Hilfe des Biologiebuchs, einer Anleitung oder einer Begriffsliste die entsprechenden Fachbegriffe zu. So könnt ihr die unterscheidbaren Bauteile eindeutig benennen.

4 Funktionen zuordnen Ordnet den einzelnen Bauteilen des Modells entsprechende Funktionen zu. Nutzt dazu die Texte in eurem Schülerbuch.

5 Modell und Original vergleichen Vergleicht das Modell mit dem Original, das es nachbilden soll. Das kann eine Zeichnung im Schülerbuch oder – falls möglich – auch das natürliche Objekt sein. Stellt fest, welche Details übereinstimmen und welche abweichen. Versucht, Abweichungen zu erklären.

6 Das Gelernte überprüfen Um die Fachbegriffe zu festigen, zeigt einander abwechselnd auf einzelne Bauteile des Modells und benennt diese und ihre Funktion, ohne abzulesen.

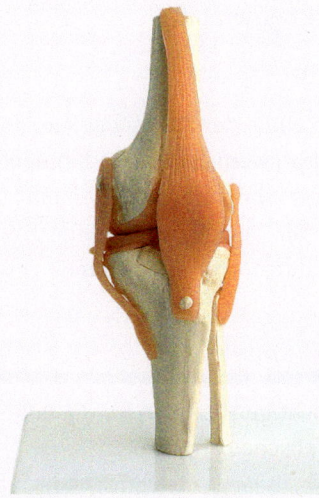

1 Strukturmodell des Kniegelenks

2 Strukturmodell der Wirbelsäule

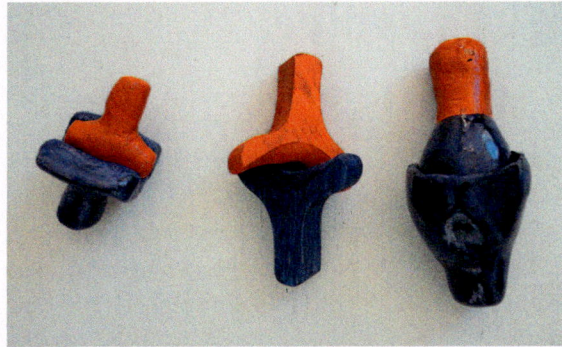

3 Einfache Funktionsmodelle von Gelenken

B Mit Funktionsmodellen arbeiten

Mit einem Funktionsmodell lassen sich biologische Vorgänge darstellen und somit besser verstehen. Wie Gelenke funktionieren, kann man zum Beispiel an einem vorgefertigten oder selbst gebauten Funktionsmodell für Gelenktypen lernen.

1 **Anleitung lesen** Die Elemente innerhalb eines Funktionsmodells sind sehr stark vereinfacht. Um diese eindeutig zuordnen zu können, lest die Anleitung. Mit der Anleitung verschafft ihr euch einen ersten Überblick über den Aufbau des Modells. Darüber hinaus bringt ihr in Erfahrung, was man an diesem Modell erkennen kann und wie man es bedienen muss.

2 **Teile des Modells zuordnen** Vergleicht das Modell mit dem Original, das es abbilden soll. Ordnet die einzelnen Teile des Modells den entsprechenden Teilen des Originals zu.

3 **Funktionalität ausprobieren** Versucht nun, das Funktionsmodell nach Anleitung auszuprobieren. Beobachtet, was passiert. Diesen Vorgang könnt ihr mehrmals wiederholen.

4 **Beobachtungen beschreiben** Beschreibt genau, was ihr beobachtet. Oft ist jede Einzelheit wichtig, um den Vorgang verstehen zu können.

5 **Beobachtungen erläutern** Versucht die beobachteten Vorgänge zu beschreiben und zu erläutern. Wenn ihr nicht weiterkommt, lest

4 Funktionsmodell der Bandscheiben

im Biologiebuch nach oder lest die Anleitung nochmals Schritt für Schritt durch.

6 **Funktionsweise des Modells diskutieren** Vergleicht die Funktionsweise des Modells mit der des natürlichen Objekts. Nehmt die Texte aus dem Biologiebuch zu Hilfe. Diskutiert miteinander, ob das Funktionsmodell dabei helfen kann, die Funktionsweise des Originals besser zu verstehen.

Ein eigenes Modell bauen

Wenn man sich bereits mit verschiedenen Modellen beschäftigt hat, bietet es sich an, selbst ein Modell auf der Grundlage der gewonnenen Vorstellung von einem Objekt oder Vorgang zu bauen. Dazu muss man zunächst überlegen, was genau das Modell nachbilden soll und wie es dazu aufgebaut sein muss. Auch die Wahl der richtigen Materialien ist wichtig. Mit Skizzen kann man sich eine erste Vorstellung von dem Modell machen, bevor man darangeht, es zu bauen. Meist sind einige Anläufe notwendig, bevor man ein funktionstüchtiges Modell hat.

Knochen, Wirbelsäule und Fußgewölbe

A Knochen sind elastisch und stabil

Material   3 ausgekochte Geflügelknochen, ein Stück Eierschale, Becherglas, Essigessenz (GHS07), Gasbrenner, Tiegelzange, Messer, Schutzbrille

Durchführung   Der erste Knochen bleibt unbehandelt. Lege den zweiten Knochen und die Eierschale in das Einmachglas und gib Essigessenz hinzu. Entnimm beide nach 3 Tagen. Spüle mit viel Wasser und trockne sie. Halte den dritten Knochen in eine Flamme, bis er nicht mehr glüht.

> Sicherheitshinweis:
> Setze die Schutzbrille auf und arbeite unter dem Abzug!

Auswertung   Vergleiche die drei Knochen hinsichtlich Biegsamkeit, Druck- und Schnittfestigkeit. Erkläre.

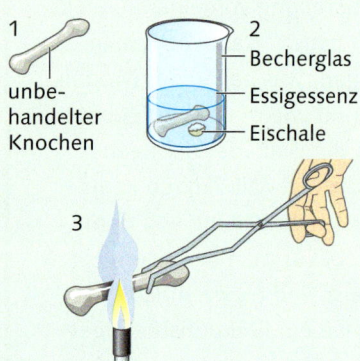

1 Bearbeitung der Geflügelknochen

B Untersuchungen der Wirbelsäulenform

Material   3 Holzplatten gleicher Größe, dicker Blumendraht, Reißzwecke, 90 Büroklammern, Zange, Hammer

Durchführung   Schneide mit der Zange drei 30 Zentimeter lange Drahtstücke ab. Biege an jedem Drahtstück je ein Ende zu einem Haken, das andere Ende zu einer Öse. Befestige mit der Reißzwecke und dem Hammer je einen Draht auf einer Holzplatte. Bringe die Drähte wie in Bild 2 in Form. Lege die Höhe der Haken fest und notiere sie. Hänge an jeden Haken 30 Büroklammern. Miss, wie sich die Höhe jedes Drahtstücks verändert.

Auswertung   Gib an, welches Modell der Wirbelsäule des Menschen entspricht. Begründe.

C Wozu besitzt der Fuß ein Gewölbe?

Material   2 gleich dicke Bücher, 1 Zeichenkarton (150 g Masse), Schulskelett

Durchführung   Führe den abgebildeten Versuch durch und notiere deine Beobachtungen.

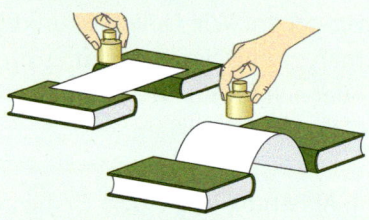

3 Modell zum Fußgewölbe

Auswertung

1 Beschreibe, was der Versuch mit dem Zeichenkarton veranschaulicht.
2 Vergleiche die Form des Fußskeletts mit dem oben dargestellten Versuch. Nenne Gemeinsamkeiten und Unterschiede.
3 Nenne die Vorteile, die die Gewölbeform des Fußes hat.

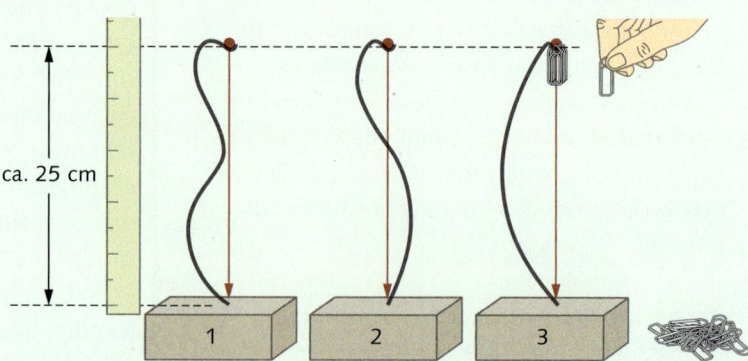

ca. 25 cm

2 Wirbelsäulenmodelle

Die Bandscheiben

1 Die Körpergröße ändert sich

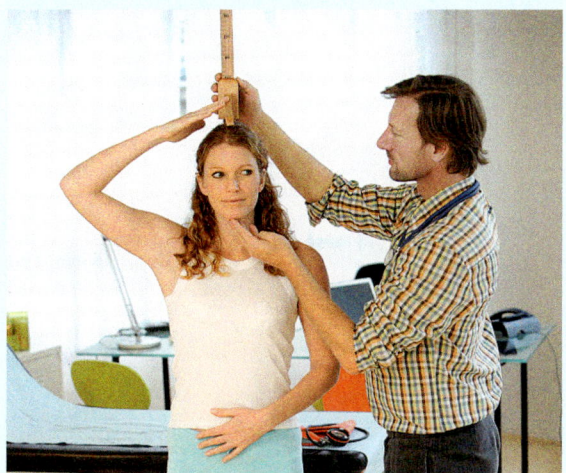

1 Messen der Körpergröße

2 Bandscheibenvorfall

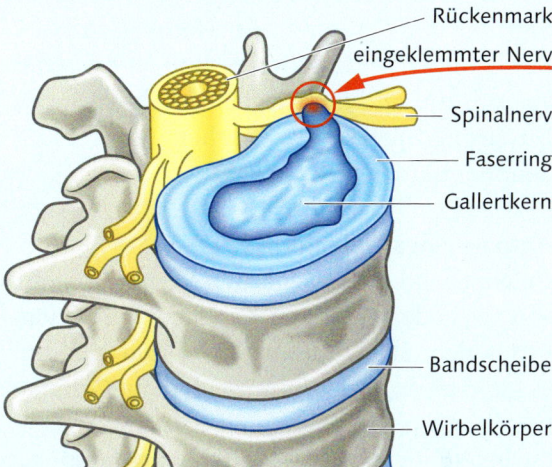

Rückenmark
eingeklemmter Nerv
Spinalnerv
Faserring
Gallertkern
Bandscheibe
Wirbelkörper

2 Bandscheibenvorfall

Im Personalausweis und im Reisepass ist jeweils die persönliche Körpergröße angegeben. Beim Nachmessen kann man aber eine Überraschung erleben. Es ist nämlich nicht unwichtig, ob man am Abend oder kurz nach dem Aufstehen die Körpergröße misst.
Die Wirbelsäule setzt sich aus 33 Wirbeln zusammen. Davon sind 24 mit Bandscheiben als »Stoßdämpfer« leicht beweglich miteinander verbunden. Ihre durchschnittliche Dicke beträgt etwa 5 Millimeter.

a ☑ Eine andere Bezeichnung für Bandscheiben lautet »Zwischenwirbelscheiben«. Erläutere.

b ☑ Durch die Belastungen während des Tages werden die Bandscheiben zusammengedrückt und etwa um 20 Prozent schmaler. Berechne den dadurch entstehenden Unterschied der Körpergröße morgens und abends.

c ☑ Beim Schlafen nehmen die entlasteten Bandscheiben wieder Wasser auf. Allerdings läuft dieser Prozess relativ langsam ab. Astronauten, die längere Zeit im All waren, sind nach ihrer Rückkehr bis zu 6 Zentimeter größer. Erläutere.

d ■ Jemand behauptet, dass ältere Menschen wieder schrumpfen. Stimmt diese Behauptung? Begründe deine Antwort.

Jede der 23 Bandscheiben besteht aus einem festen Faserring, der den weichen, elastischen Gallertkern umschließt und zusammenhält. Nachts saugen die Bandscheiben Wasser und Nährstoffe aus den umgebenden Geweben auf. Unter Belastung geben sie die Flüssigkeit tagsüber wieder ab. Mit zunehmendem Alter kann der Faserring porös werden und reißen. Die Bandscheibe »fällt vor«. Das ist meist der Fall, wenn sie durch häufige Belastungen aus früheren Jahren vorgeschädigt ist.

a ☐ Beschreibe mit Hilfe von Bild 2, was man unter einem Bandscheibenvorfall versteht.

b ☑ Erläutere, weshalb der oben dargestellte Bandscheibenvorfall Schmerzen verursacht.

c ☑ Der Ort der Schmerzen kann dem Arzt die mögliche Stelle des Bandscheibenvorfalls aufzeigen. Erkläre.

d ☑ Es gibt Menschen, die jahrelang mit einem Bandscheibenvorfall leben, ohne ihn zu bemerken. Suche nach einer Erklärung.

e ■ Begründe, weshalb Bandscheibenvorfälle im Jugendalter relativ selten sind.

f ■ Die meisten Bandscheibenvorfälle treten im Bereich der Lendenwirbelsäule auf. Suche nach einer Begründung, weshalb im Kreuz- und Steißbeinbereich sowie bei den beiden obersten Wirbeln keine Bandscheibe vorfällt.

Beweglich durch Gelenke und Muskeln

Tim zeigt dem Publikum atemberaubende Sprünge und Figuren in der Halfpipe. Alle Bewegungen seines Körpers sind aufeinander abgestimmt und nur möglich durch das gute Zusammenspiel seiner Knochen, Muskeln, Sehnen, Bänder und Gelenke.

Aufbau eines Gelenks

Gelenke sind die beweglichen Verbindungen von zwei oder mehreren Knochen. Sie ermöglichen dem Skelett Bewegungen und müssen es gleichzeitig fest zusammenhalten. Gelenke bestehen aus *Gelenkkopf* und *Gelenkpfanne,* die genau ineinanderpassen. Schützender *Gelenkknorpel* umgibt beide Enden und verhindert, dass sie aneinanderreiben und sich abnutzen. Die feste *Gelenkkapsel* und die *Gelenkbänder* sorgen dafür, dass diese Verbindung stabil bleibt. Im *Gelenkspalt* befindet sich die *Gelenkschmiere.* Sie verbessert die Beweglichkeit des Gelenks.

Verschiedene Gelenktypen

Gelenke lassen sich nicht in alle Richtungen gleich bewegen. Je nach ihrer Lage und der Anordnung ihrer Knochen gibt es verschiedene Gelenktypen. *Kugelgelenke,* zum Beispiel das Hüftgelenk oder das Schulter-

1 Snowboarder mit Gelenkschützern

gelenk, lassen besonders viele Bewegungen zu. Die Gelenke im Knie oder Ellenbogen können nur in zwei Richtungen bewegt werden. Man kann sie mit Türscharnieren vergleichen. Deshalb nennt man diese Gelenke auch *Scharniergelenke.* Es gibt im Körper noch weitere Gelenktypen. Meist treten sie in Kombination mit anderen Gelenktypen auf.

Muskeln bewegen den Körper

Der menschliche Körper besitzt über 600 *Skelettmuskeln,* mit denen er verschiedene Bewegungen ausführt. Zudem wirken sie zusammen mit den Gelenken als *Hebel.* Dadurch kann zum Beispiel der Unterarm sehr schnell beschleunigt werden. Bei einem Wurf wird die Hand bis zu 100 Stundenkilometer schnell.

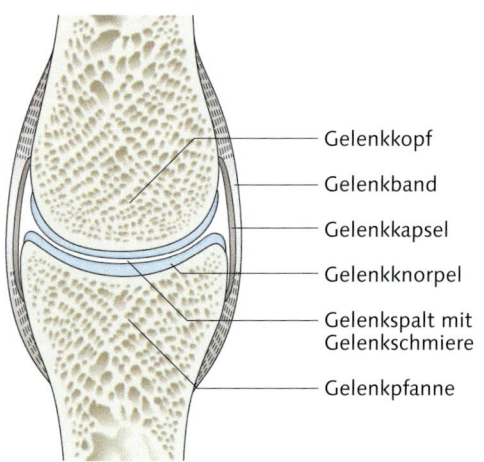

- Gelenkkopf
- Gelenkband
- Gelenkkapsel
- Gelenkknorpel
- Gelenkspalt mit Gelenkschmiere
- Gelenkpfanne

2 Feinbau eines Gelenks

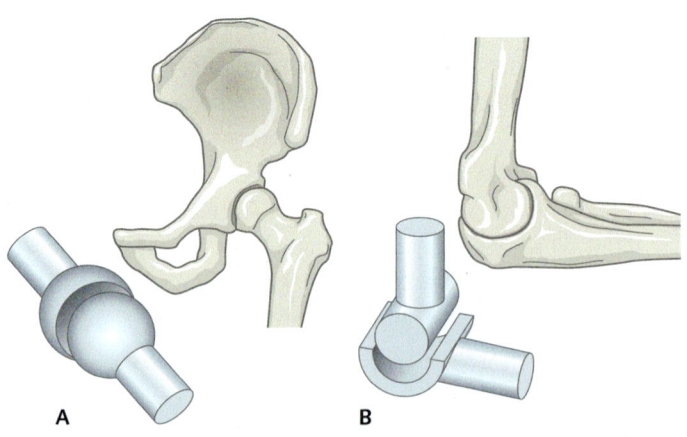

A   B

3 Verschiedene Gelenktypen: A Kugelgelenk; B Scharniergelenk

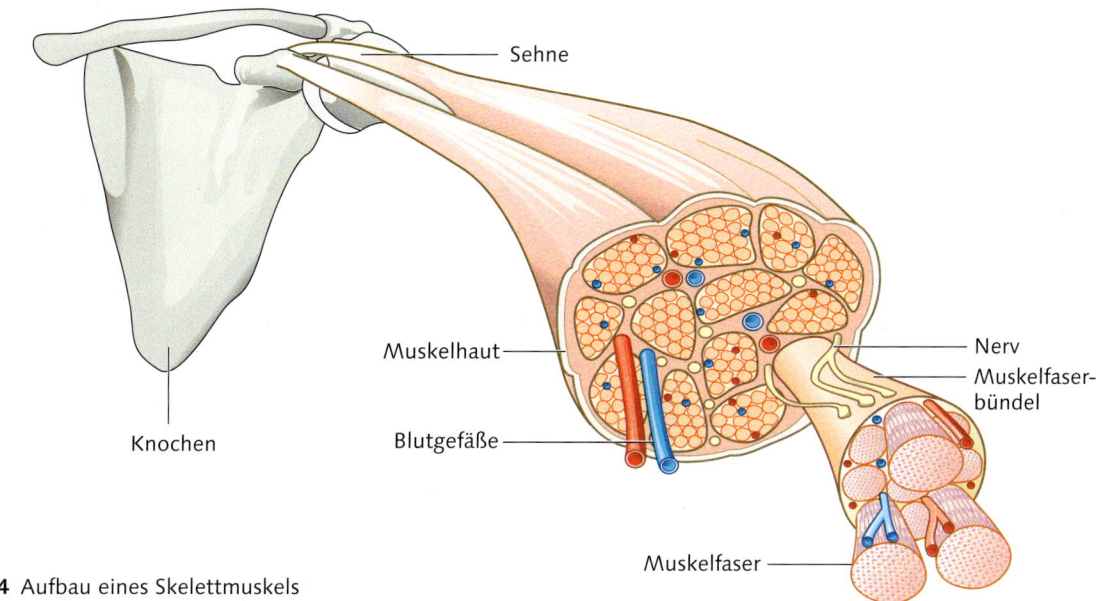

Sehne

Muskelhaut

Knochen

Blutgefäße

Nerv

Muskelfaser-
bündel

Muskelfaser

4 Aufbau eines Skelettmuskels

Aufbau eines Skelettmuskels

Muskeln bestehen aus vielen dünnen *Muskel-
fasern,* die zu *Muskelfaserbündeln* zusammen-
gefasst sind. Mehrere Muskelfaserbündel
bilden einen Muskel. Er wird von einer festen
Muskelhaut umschlossen. Über *Sehnen* ist der
Muskel mit den Knochen verwachsen. Die
Sehnen übertragen die Muskelkraft auf die
Knochen.

Muskeln arbeiten zusammen

Um einen Arm zu beugen und wieder zu
strecken, werden verschiedene Muskeln
benötigt. Muskeln können sich nur *zusammenziehen* und sich nicht selbstständig strecken.
Wird der Oberarmmuskel oder Bizeps
angespannt, ziehen sich seine Muskelfasern
zusammen und der Arm wird am
Ellenbogengelenk gebeugt. Den Bizeps nennt
man deshalb *Beuger.* Auf der Unterseite des
Oberarms liegt der Trizeps. Ist der Arm
gebeugt, ist dieser Muskel gedehnt. Zum Strecken des Armes wird der Trizeps angespannt.
Gleichzeitig wird der Bizeps gedehnt. Man bezeichnet den Trizeps auch als *Strecker.* Beuge-
und Streckmuskeln arbeiten paarweise und
abwechselnd zusammen. Da sie
in entgegengesetzter Richtung,
arbeiten, sind es *Gegenspieler.*

In Kürze

Gelenke und Muskeln ermöglichen die Beweglichkeit des Körpers. Durch Bänder und Sehnen
sind sie mit den Knochen verbunden. Muskeln
können sich nur zusammenziehen und arbeiten
nach dem Gegenspielerprinzip.

Aufgaben

1 ☐ Nenne zwei Gelenktypen und gib jeweils ein
Beispiel an.

2 ◪ Begründe, weshalb Bizeps und
Trizeps Gegenspieler sind.

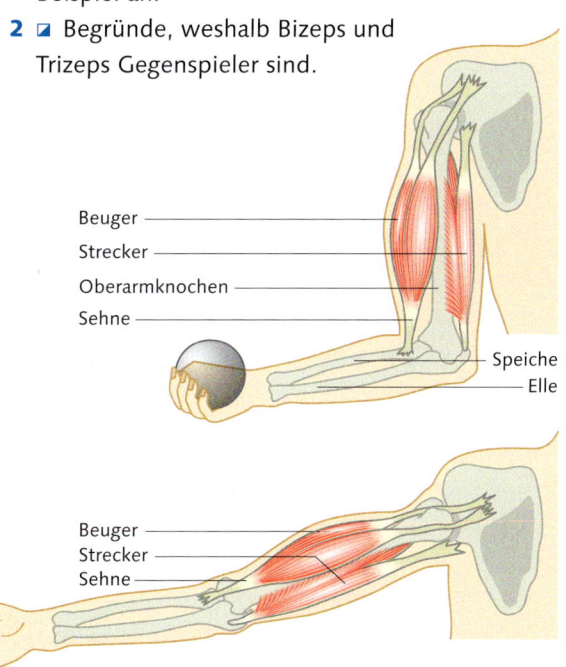

Beuger
Strecker
Oberarmknochen
Sehne

Speiche
Elle

Beuger
Strecker
Sehne

5 Unterarmbeuger und Unterarmstrecker sind Gegenspieler.

Gelenke und Muskeln

A Beuger- und Streckermodell

Material 2 Holzlatten (etwa 30 cm lang, 4 cm breit und 2 cm stark), Holzbohrer, Hammer, 1 Holzschraube, 1 Schraubenmutter, Nägel (2 cm lang), 2 Luftballons, 4 etwa gleich lange (20 cm) Schnüre

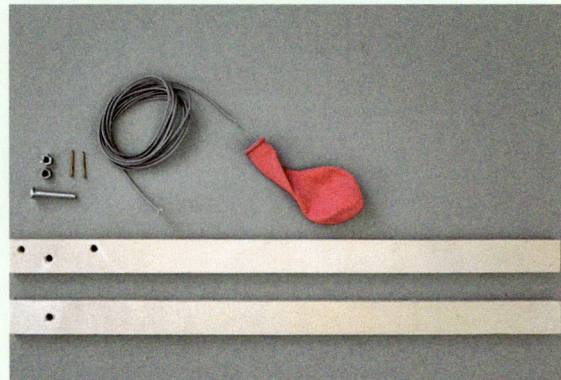

1 Material

Durchführung

- Bohre vier Löcher in die beiden Holzlatten wie auf Bild 1.
- Puste etwas Luft in die Luftballons und befestige an den Enden der beiden Ballons eine Schnur wie in Bild 2 gezeigt.
- Lege die Holzlatte wie in Bild 3 mit einem Loch im rechten Winkel auf das Ende der anderen Holzlatte und befestige beide Holzlatten mit Mutter und Schraube.
- Nimm nun den Hammer und befestige oben an der Holzlatte die beiden Nägel.
- Positioniere die Luftballons in der Mitte und knote die Enden der Schnüre oben an den Nägeln und unten an den gebohrten Löchern fest.
- Bewege die Holzlatten so, dass sie wie die beiden Zeiger einer Uhr auf »15 Uhr« stehen.
- Protokolliere deine Beobachtungen.

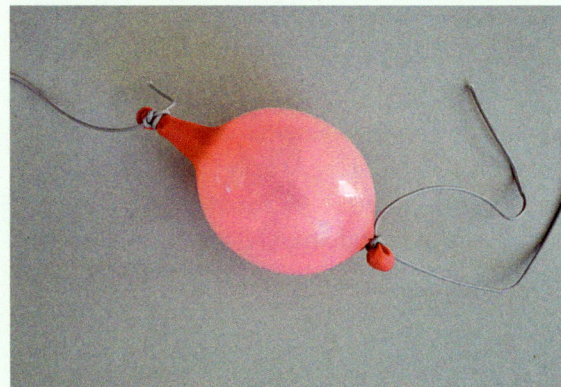

2 Befestigung am Luftballon

Auswertung

1. Erkläre deine Beobachtungen.
2. Übertrage das im Versuch gefundene Ergebnis auf den menschlichen Körper.
3. Ordne den Teilen des Modells die entsprechenden Organe deines Körpers zu.
4. Überprüfe die Richtigkeit deiner Vermutungen mit Hilfe des Modells.
5. Ein Modell stellt nie die Wirklichkeit dar, sondern es hilft, ein Phänomen zu verstehen. Inwiefern stimmt das Modell nicht mit der Wirklichkeit überein?
   Wie könnte man das Modell verbessern?

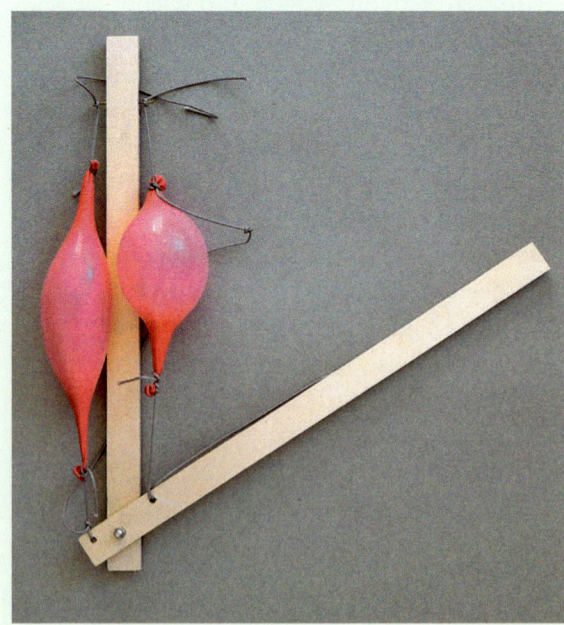

3 Das fertige Modell

B Warum Gelenke nicht knautschen

Material feuerfeste Unterlage, 2 Stück Kreide, Stift, Kerze, Öl, Streichhölzer, Schutzbrille

Durchführung

Versuch 1

Lege die feuerfeste Unterlage auf den Tisch. Betrachte die Kreideenden genau und beschreibe sie.
Reibe die Enden der beiden Kreidestücke aneinander und notiere anschließend deine Beobachtungen.

Versuch 2

- Zünde die Kerze an.
- Tropfe 4–5 Tropfen Kerzenwachs auf ein Ende jedes Kreidestücks und puste die Kerze wieder aus.
- Beschreibe das Aussehen der Kreideenden.
- Reibe die beiden Wachsenden der Kreidestücke vorsichtig aneinander und notiere anschließend wieder deine Beobachtungen. Vergleiche.

Versuch 3

Öffne das Ölgefäß, tauche die Spitze eines Stiftes in das Öl und betupfe damit die mit Wachs überzogenen Enden der Kreide. Beschreibe das Aussehen der Kreideenden. Reibe sie erneut aneinander und beschreibe anschließend wieder ihr Aussehen.

Auswertung

1 Übernimm die Tabelle in dein Heft und fülle die Lücken aus.
2 Welches Problem haben die Gelenke in Versuch 1? Begründe.
3 Sammle Vorschläge, wie das Modell verbessert werden kann, damit es der Wirklichkeit näherkommt.

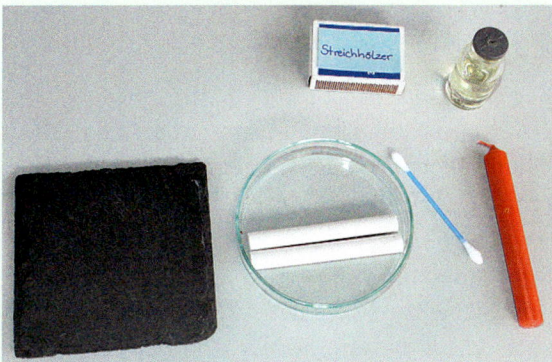

4 Material

5 Wachs aufbringen

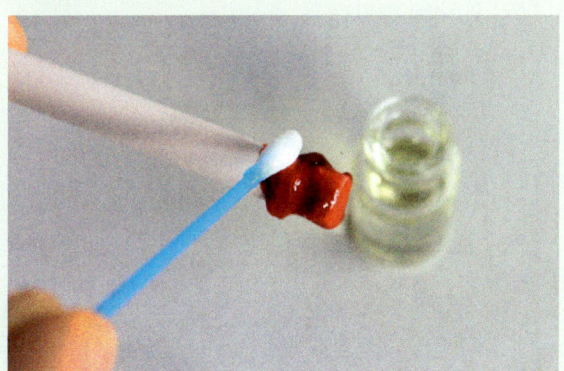

6 Öl auftragen

Wirklichkeit	Modell
Gelenkkopf	
Knorpel	
Gelenkpfanne	
Gelenkspalt mit Gelenkschmiere	

Bewegung fördert die Gesundheit

Konrad und seine Freunde nehmen begeistert am Citylauf teil. Gemeinsam haben sie in den letzten Wochen viel trainiert. Die Jungs sind schon gespannt, wie sie abschneiden werden.

Sport macht Spaß

Sport ist keine Frage des Alters. Jeder kann sportlich aktiv sein. Körperliche Bewegung fördert die Gesundheit und die Ausschüttung von Glückshormonen. So fühlt man sich wohl und schlechte Laune wird vertrieben. Gemeinsam mit mehreren Menschen aktiv zu sein stärkt Beziehungen. Beim sportlichen Spiel

1 Gemeinsamer Citylauf mit Jung und Alt

kann man auch lernen, in einem Team zu spielen und zu arbeiten.

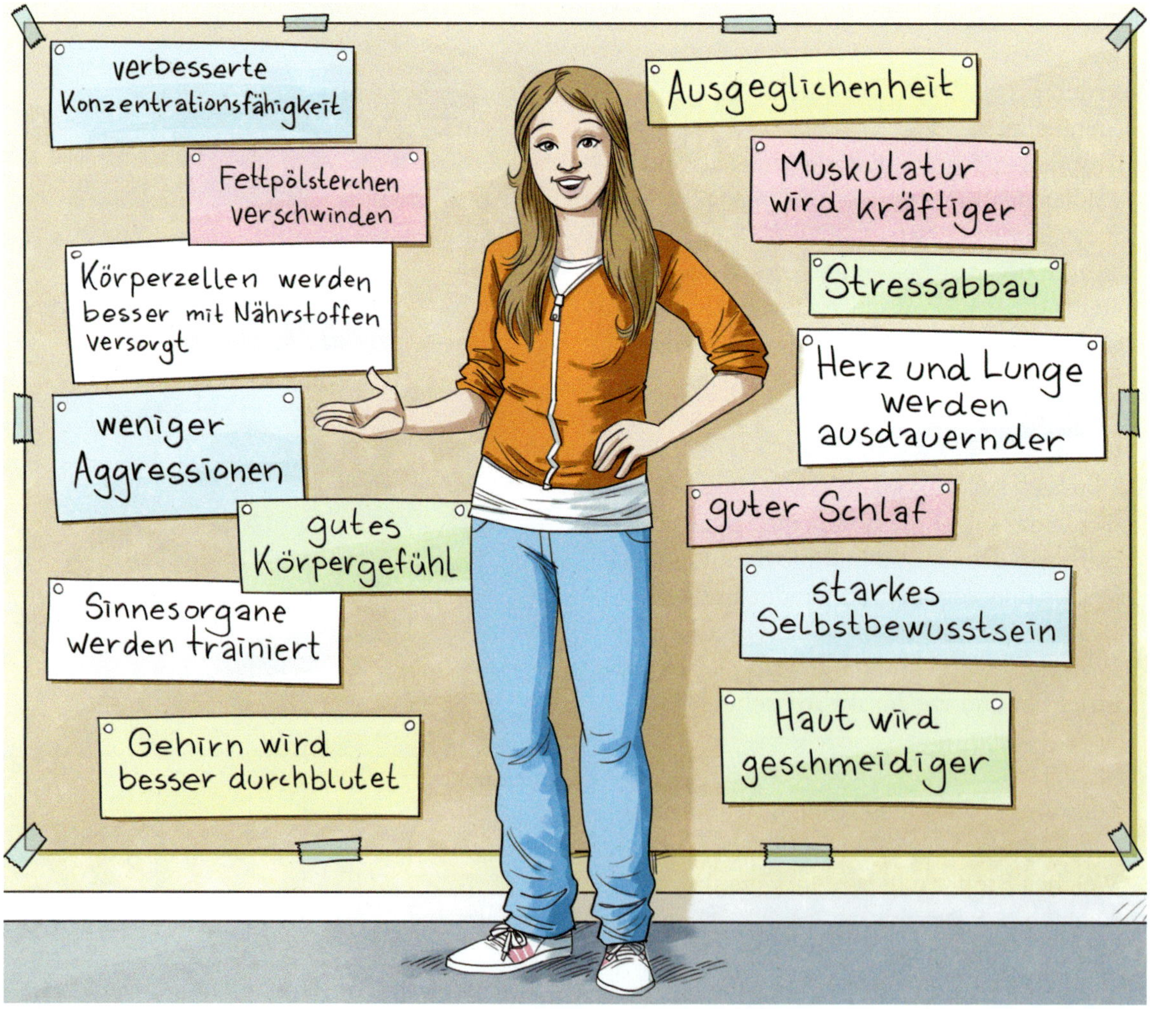

verbesserte Konzentrationsfähigkeit

Fettpölsterchen verschwinden

Körperzellen werden besser mit Nährstoffen versorgt

weniger Aggressionen

gutes Körpergefühl

Sinnesorgane werden trainiert

Gehirn wird besser durchblutet

Ausgeglichenheit

Muskulatur wird kräftiger

Stressabbau

Herz und Lunge werden ausdauernder

guter Schlaf

starkes Selbstbewusstsein

Haut wird geschmeidiger

2 Einflüsse auf die Gesundheit

Sport fördert die Gesundheit

Regelmäßiges Training, vor allem Ausdauer-
sportarten wie Laufen, Schwimmen, Radfah-
ren und Rudern, hält unser Herz-Kreislauf-
System gesund. Sport führt zu erhöhtem
Stoffwechsel in den Zellen, das bedeutet,
Energie wird umgewandelt, Muskeln werden
auf- und Fett wird abgebaut.

Sport als Ausgleich

Heutzutage müssen die Menschen immer
weniger körperlich arbeiten. Vieles wird von
Maschinen verrichtet. Dies hat zur Folge,
dass die körperliche Leistungsfähigkeit sinkt.
Sport kann dem entgegenwirken.
Bereits 30 Minuten Sport am Tag helfen, den
Körper fit zu halten. Viele Menschen machen
heute Sport als Ausgleich zur beruflichen
Arbeit.

Wahl der richtigen Sportart

Für welche Sportart man sich interessiert,
ist von Mensch zu Mensch unterschiedlich.
An erster Stelle bei der Wahl einer Sportart
sollte immer der Spaß stehen. Nicht jede
Sportart ist für jeden gleich gut geeignet. Bei
der richtigen Sportwahl sollten einige Aspekte
im Vorfeld beachtet werden: Bei Kindern und
Jugendlichen ist die körperliche Entwicklung
noch nicht abgeschlossen. Sie sollten sport-
liche Überlastung deshalb vermeiden.
Sport soll die Gesundheit fördern und
nicht gefährden.

Extra Rückblick in die Vergangenheit

Während der Steinzeit waren Ausdauer, Kraft,
Schnelligkeit und Beweglichkeit wichtige
körperliche Fähigkeiten der Menschen. Als
Jäger und Sammler waren sie einen großen Teil
des Tages auf langen Strecken zu Fuß unterwegs, um Nahrung zu beschaffen. Erbeutete
Tiere wurden auf dem Rücken ins Lager transportiert, da es kraftsparende Transportmittel
noch nicht gab. Auch auf der Flucht vor gefährlichen Tieren mussten die Menschen
schnell und oft lange laufen. Diese Lebensweise erforderte eine hohe körperliche Leistungsfähigkeit.

In Kürze

Sport hält Körper und Geist fit, vor allem
Ausdauertraining fördert unsere Gesundheit.
Bei der Auswahl der geeigneten Sportart sollte
neben dem Spaß die Gesundheit im Vordergrund stehen. Für viele Menschen stellt Sport
einen Ausgleich zur Arbeit dar.

Aufgaben

1 ☐ Beschreibe, inwiefern körperliche Bewegung
die Gesundheit fördert.

2 ☐ Sprecht über Sportarten, die ihr gerne macht,
und begründet, warum sie für euch die
»richtigen« sind.

3 Sport macht Spaß und ist
gesund.

Fitness für die Wirbelsäule

A Richtiges Sitzen

Durch eine aufrechte Sitzposition und regelmäßige Bewegung beugst du Haltungsschäden vor.

Material Stuhl, 1,50 Meter lange Schnur, Radiergummi, Biologiebuch

Durchführung Arbeitet zu zweit. Tauscht nach einem Durchgang eure Rollen.

- Setze dich gerade und aufrecht auf den Stuhl und kippe dein Becken etwas nach vorne. Stelle die Füße mit der ganzen Sohle auf den Boden. Strecke den Hals nach oben.
- Dein Partner befestigt den Radiergummi an einem Ende der Schnur und hält diese Schnur neben deinen Körper. Überprüft, ob die Sitzposition wie in Bild 3 im Lot ist.
- Lege dein Biologiebuch auf den Stuhl und setze dich darauf. Balanciere deine Hüfte so aus, dass du das Gefühl einer gleichmäßigen Gewichtsverteilung hast.
- Strecke dich zwischendurch und nimm eine etwas andere Sitzposition ein. Dein Partner überprüft zwischendurch immer die Sitzposition mit dem Lot.

Auswertung Erläutere, wie sich richtiges Sitzen positiv auf die Wirbelsäule und die Bandscheiben auswirkt.

B Aktivierung der Wirbelsäule

Damit die Muskeln der Wirbelsäule beweglich bleiben, solltest du sie regelmäßig dehnen und strecken.

Material Stuhl

Durchführung

- Setze dich gerade und aufrecht auf den Stuhl. Ober- und Unterschenkel bilden einen rechten Winkel. Die Füße berühren mit der ganzen Sohle den Boden und zeigen nach vorne.
- Beuge dich langsam nach vorne, beginne mit dem Kopf, dann Wirbel für Wirbel langsam nach unten beugen. Kurz verharren und wieder Wirbel für Wirbel strecken. Die Arme hängen locker herunter.
- Lege die Hände nun übereinander auf die Brust. Drehe den Schultergürtel langsam nach links, kurz in Endposition bleiben, dann nach rechts. Wichtig: Der Kopf bleibt dabei nach vorn gerichtet!
- Drücke die Handflächen vor der Brust fest gegeneinander. Halte die Spannung eine halbe Minute. Anschließend verhake die Finger und ziehe sie auseinander.

Auswertung Erläutere, welche Muskelgruppen besonders trainiert werden.

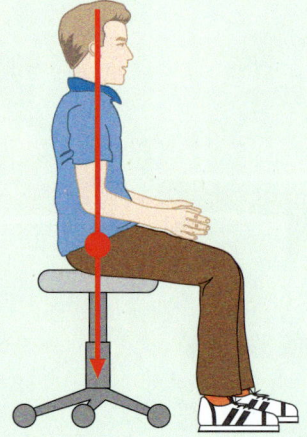

1 Richtige Sitzposition

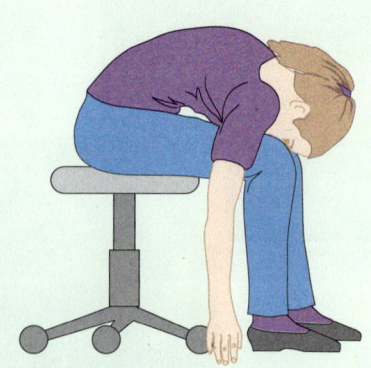

2 Der Katzenbuckel lockert Muskeln.

C Kräftigung der Rückenmuskulatur

Die Wirbelsäule wird von vielen Muskeln gehalten und gestützt. Eine Kräftigung kannst du durch folgende Übungen erreichen:

Material Turnmatte

Durchführung

- Begib dich in den Vierfüßerstand wie in Bild 3 A gezeigt.
- Hebe nun den linken Arm und das rechte Bein hoch und strecke sie waagerecht aus. Halte diese Position für 2 – 3 Sekunden.
- Wiederhole die Übung nun mit dem rechten Arm und dem linken Bein.
- Lege dich mit dem Rücken auf den Boden. Stelle dabei die Füße mit der ganzen Sohle auf den Boden, sodass die Beine angewinkelt sind.
- Hebe nun das Gesäß langsam in die Luft. Halte die Spannung 10 Sekunden und atme dabei gleichmäßig weiter.
- Drehe dich auf den Bauch und strecke die Arme nach vorne.
- Spanne Bauch, Rücken und Gesäß an und hebe Arme und Oberkörper nach oben.
- Führe diese Übungen dreimal täglich durch.

Auswertung Erläutere, welche Muskelgruppen besonders trainiert werden.

D Bewegungspausen

Bei längerem Sitzen sind Bewegungspausen für die Konzentration und die Entlastung der Wirbelsäule sehr wichtig.

Material Stuhl, Radiergummi, langes Lineal, Schultasche, Heft

Durchführung

- Setze dich wie in Bild 3 B gerade auf den Stuhl, rutsche mit dem Gesäß und den Füßen nach vorne und halte dich mit den Händen an der Sitzfläche fest. Hebe deinen Bauch nach oben, sodass dein Körper gestreckt ist. Wiederhole die Übung fünfmal.
- Setze dich wie in Bild 3 C gerade auf deinen Stuhl. Lege dir ein Heft auf den Kopf. Stehe so auf, dass das Heft nicht herunterfällt. Setze dich mit dem Heft auf dem Kopf wieder hin.
- Stelle dich gerade neben deinen Stuhl. Nimm ein langes Lineal in beide Hände und steige darüber, ohne eine Seite des Lineals loszulassen.
- Setze dich gerade auf deinen Stuhl. Lege dir einen Radiergummi auf den Kopf, stehe auf und steige über deine Schultasche, ohne dass der Radiergummi herunterfällt.

Auswertung Nenne Situationen, in denen solche Bewegungspausen sinnvoll sind.

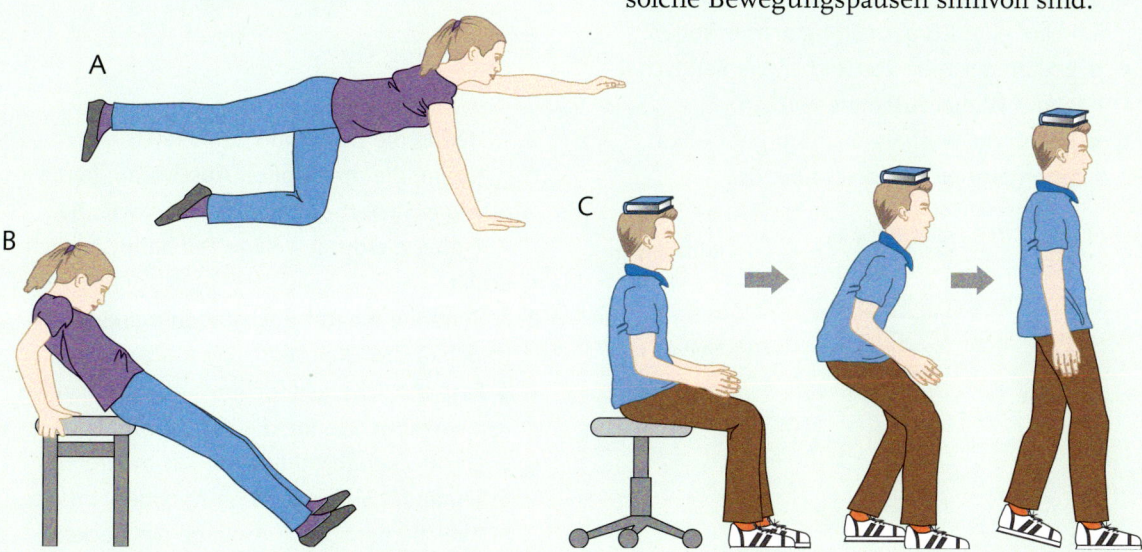

3 A Vierfüßerstand; B und C Bewegungspausen

Körperbau und Bewegung

1 Knochen

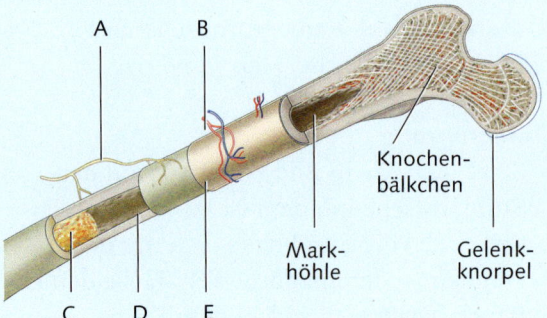

1 Aufbau des Oberschenkelknochens (Ausschnitt)

a ☐ Man kann drei verschiedene Gruppen von Knochen unterscheiden. Nenne die Bezeichnung des Knochens, der in Bild 1 dargestellt ist.

b ☑ Benenne die mit Buchstaben gekennzeichneten Bauteile in Bild 1.

c ☑ Erkläre, weshalb in der Knochenrinde keine Knochenbälkchen eingezeichnet sind.

d ■ Begründe, woran man in Bild 1 erkennen kann, dass Knochen lebendig sind.

2 Wirbelsäule und Bandscheiben

a ☑ Aus der Form der Wirbelsäule kann man eine ihrer Aufgaben erkennen. Erläutere.

b ☑ Erläutere, weshalb besonders Jugendliche auf eine gute Körperhaltung achten sollen.

c ■ Erkläre mit Hilfe von Bild 2, wie Bandscheiben und Wirbel zusammenwirken.

d ■ Begründe, weshalb man morgens etwa 2 Zentimeter größer ist als abends.

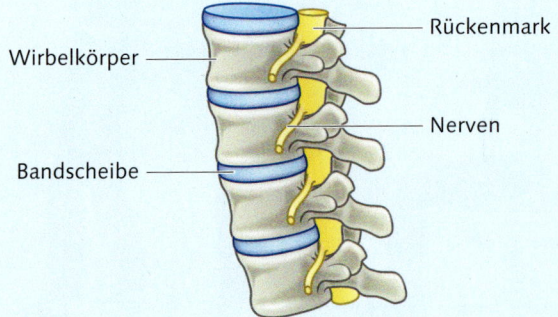

2 Wirbelsäule mit Rückenmark (Ausschnitt)

3 Skelett

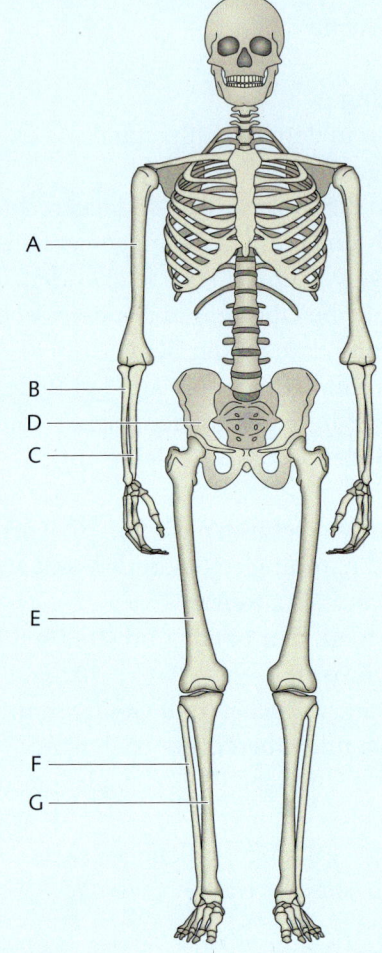

3 Skelett des Menschen

a ☐ Nenne die Definition von Skelett.

b ☐ Nenne die drei großen Abschnitte, in die man das Skelett einteilen kann, sowie die Aufgabe, die der jeweilige Teil hauptsächlich erfüllt.

c ☐ Benenne die mit Buchstaben markierten Knochen des Skeletts.

d ☑ Fast alle Schädelknochen sind miteinander fest verzahnt. Nenne die Ausnahme. Erkläre.

e ☑ Der Beckengürtel besteht aus mehreren miteinander verwachsenen Knochen. Erläutere, welche besondere Aufgabe der Beckengürtel beim Menschen hat.

4 Beweglichkeit

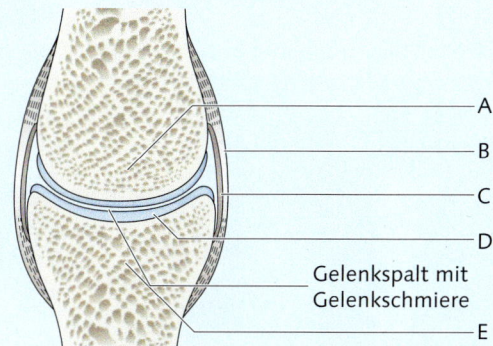

A
B
C
D
Gelenkspalt mit
Gelenkschmiere
E

4 Gelenk (Schema)

a ☐ Benenne die in Bild 4 mit Buchstaben gekennzeichneten Teile eines Gelenks.

b ◪ Erkläre, um welchen Gelenktyp es sich in Bild 4 handelt. Nenne ein Beispiel beim Menschen.

c ◪ Begründe, weshalb Röhrenknochen an ihren Enden jeweils von einer Knorpelschicht, dem Gelenkknorpel, bedeckt sind.

d ■ Bei älteren Menschen schmerzen mitunter die Gelenke. Suche nach möglichen Gründen.

e ◪ Nenne drei Gründe, dass regelmäßige Bewegung die Gesundheit fördert.

5 Muskeln

a ☐ Beschreibe kurz den Aufbau eines Muskels.

b ☐ Benenne in Bild 5 Beuger und Strecker.

c ◪ Beschreibe mit Hilfe von Bild 5, wie Beuger und Strecker zusammenarbeiten, um einen Korbwurf beim Basketball zu erzielen.

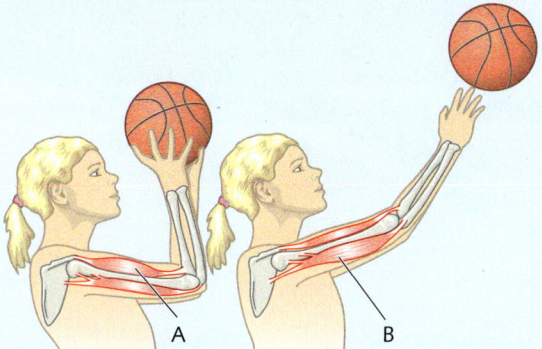

A   B

5 Zusammenspiel von Beuger und Strecker

Körperbau und Bewegung

- Knochen sind fest und bis zu einem gewissen Grad elastisch. Nach ihrer Form unterscheidet man Röhrenknochen, Knochenplatten und kleine Knochen. Blutgefäße versorgen die Knochen mit Nährstoffen.

- Das Skelett kann man in Schädel-, Rumpf- und Gliedmaßenskelett einteilen. Es stützt den Körper und schützt die inneren Organe. Mit seinen unterschiedlichen Knochen ist es sehr beweglich.

- Die Wirbelsäule setzt sich aus einzelnen leicht beweglichen Wirbeln zusammen. Durch ihre Form federt sie Erschütterungen ab. Bandscheiben zwischen den Wirbeln wirken wie Stoßdämpfer.

- Gelenke sind bewegliche Verbindungen von Knochen. Nach ihrem Aufbau kann man verschiedene Gelenktypen unterscheiden. Gemeinsam mit Muskeln machen sie den Körper beweglich. Muskeln können sich nur verkürzen. Sie arbeiten als Gegenspieler zusammen.

- Regelmäßige Bewegung fördert die Gesundheit sowie die Ausschüttung von Glückshormonen. Schon in jungen Jahren ist es wichtig, auf die richtige Körperhaltung zu achten.

Ernährung

ZUTATEN
56 % Vollkorn-Haferflocken, pflanzliches
Öl, Zucker, ... 8,0 % Weizen-
...trakt, Mage...
Aroma.
Kann Spuren von Schalenfrüchten
(Nüssen) enthalten.

NÄHRWERTINFORMATION

100 g enthalten:		1 Portion (40 g)
Energie	1824 kJ	
	435 kcal	
Eiweiß	10,4 g	...,2
Kohlenhydrate	56,9 g	25...
davon Zucker	14,4 g	
	15,6 g	
...n gesättigte	5,2 g	
Eisen	1...	...**)
		1,4 mg
	(24 % **)	(10 % **)
Magnesium	103 mg	48 mg
	(17 % **)	(13 % **)

Nahrung als Grundlage für den Stoffwechsel

Anna trifft sich mit ihren Freunden zu einer Strandparty. Jeder bringt etwas zu essen mit. Es gibt ein großes Angebot an unterschiedlichen Salaten und Gegrilltem. Das gemeinsame Essen und Beisammensein macht allen besonders viel Spaß.

Antrieb für den Stoffwechsel

Der menschliche Körper braucht Nahrung, um sich zu entwickeln, leistungsfähig und gesund zu bleiben. Die Lebensmittel enthalten Nährstoffe, die der Körper als *Betriebs-* und *Baustoffe* benötigt. Betriebsstoffe wie Kohlenhydrate und Fette liefern Energie für die Muskelarbeit, die Atmung, die Aufrechterhaltung der Körpertemperatur und viele andere Vorgänge des Körpers. Baustoffe wie Eiweiß und Fett werden zum Aufbau von Zellen benötigt. Der Körper muss auch andere Stoffe wie beispielsweise Wasser aufnehmen. Wasser dient im Körper als Lösungs- und Transportmittel oder als Reaktionspartner. Alle chemischen Vorgänge, die dem Aufbau und der Erhaltung des Körpers und der Energiegewinnung dienen, fasst man mit dem Begriff *Stoffwechsel* zusammen. Durch die Verdauung werden die Nährstoffe der Nahrung zerlegt und für den Körper nutzbar gemacht.

1 Strandparty

Verschiedene Energieformen

Licht, Wärme und Bewegung sind unterschiedliche Energieformen. Vereinfacht kann man sagen, dass Energie die Fähigkeit ist, Arbeit zu verrichten. Die Sonne liefert Energie, die für das Leben auf der Erde benötigt wird. Pflanzen stellen mit Hilfe von Licht, Kohlenstoffdioxid und Wasser energiereiche Stoffe her. Diese nehmen Menschen und Tiere über die Nahrung auf und nutzen die gespeicherte Energie für ihren eigenen Stoffwechsel.

Energiebedarf des Körpers

Den Energiebedarf, den der Körper pro Tag in Ruhe für alle Stoffwechselvorgänge aufbringen muss, fasst man als *Grundumsatz* zusammen. Er ist abhängig von Alter, Größe, Gewicht und Geschlecht. Den Energiegehalt von Nährstoffen und den Energiebedarf des Körpers misst man in Joule oder Kalorien.
Der Körper benötigt für jede zusätzliche Aktivität weitere Energie. Je nach Tätigkeit sind die Energiemengen unterschiedlich. Diesen zu-

2 Nahrung ermöglicht den Stoffwechsel.

Alter	Männer	Frauen
15–19 Jahre	1820 kcal/7628 kJ	1460 kcal/6113 kJ
19–25 Jahre	1820 kcal/7628 kJ	1390 kcal/5820 kJ
25–51 Jahre	1740 kcal/7285 kJ	1340 kcal/5610 kJ
51–65 Jahre	1580 kcal/6615 kJ	1270 kcal/5317 kJ

3 Grundumsatz in Abhängigkeit von Alter und Geschlecht

4 Verpackungshinweise geben den Nährstoffgehalt an.

sätzlichen Bedarf bezeichnet man als *Leistungsumsatz*. Der Gesamtumsatz setzt sich aus Grund- und Leistungsumsatz zusammen.

Betriebsstoffe liefern Energie

Kohlenhydrate und Fette sind Betriebsstoffe und liefern dem Körper die benötigte Energie ähnlich wie Kraftstoff einem Auto. Der Energiegehalt von Fett ist dabei deutlich größer als der von Kohlenhydraten. Ein Gramm Fett entspricht 38 Kilojoule, ein Gramm Kohlenhydrate nur 17 Kilojoule. Die Butter auf dem Brötchen kann demnach mehr Energie enthalten als das gesamte Brötchen.

Energiebedarf bei verschiedenen Tätigkeiten (30 min)		
	1300 kJ	320 kcal
mittleres Tempo	1580 kJ	380 kcal
	250 kJ	60 kcal
15 km/h	830 kJ	200 kcal
	1080 kJ	260 kcal
	800 kJ	190 kcal
	380 kJ	90 kcal
	170 kJ	40 kcal

5 Die Tätigkeit bestimmt den Energiebedarf.

Baustoffe bauen auf

Der Körper wird ein Leben lang aufgebaut und erneuert. Eiweiße, auch *Proteine* genannt, sind die Baustoffe für Zellen, aus denen zum Beispiel neue Haut, Haare und Muskeln des Körpers gebildet werden. Auch Hormone oder Enzyme bestehen aus Proteinen. Neben den Eiweißstoffen gehören auch Fette zu den Baustoffen, denn sie bilden mit den Proteinen die Membranen der Zellen. Während der ersten Lebensphase werden sehr viele Baustoffe benötigt, da der Körper wachsen muss. Weitere Baustoffe für den Körper sind Mineralstoffe, die beispielsweise zum Aufbau von Knochen und Zähnen nötig sind.

Inhaltsstoffe unserer Nahrung

Wenn man Lebensmittel kauft, findet man auf den Verpackungen immer Angaben zu den Nährstoffen und zu weiteren Inhaltsstoffen. Unsere Lebensmittel bestehen hauptsächlich aus Kohlenhydraten, Fetten und Proteinen in unterschiedlichen Anteilen. Außerdem enthält die Nahrung die Ergänzungsstoffe Vitamine, Mineralstoffe, Spurenelemente, Ballaststoffe und Wasser. Der Körper benötigt zur Aufrechterhaltung des Stoffwechsels viele verschiedene Stoffe, die nur zum Teil in jedem Nahrungsmittel vorhanden sind.

In Kürze

Nahrung besteht aus Nährstoffen und Ergänzungsstoffen. Die Nährstoffe Fette, Kohlenhydrate und Proteine dienen dem Körper als Betriebs- und Baustoffe.

Aufgaben

1 ☐ Nenne verschiedene Stoffwechselvorgänge.

2 ◪ Jakob fährt jeden Tag 15 Minuten mit dem Rad in die Schule. Berechne mit Hilfe von Bild 5 seinen Energiebedarf für den Schulweg.

3 ◪ Recherchiere den Energiegehalt einer Tüte Chips und vergleiche mit deinem ungefähren Gesamtumsatz von etwa 8000 Kilojoule.

4 ◪ Menschen, die lange nichts gegessen haben, fühlen sich matt, müde und frösteln. Erläutere.

Kohlenhydrate

Patrick will heute Abend an einem großen Sportevent teilnehmen. Dazu isst er mittags eine große Portion Nudeln. Sie sind aus Getreide hergestellt und enthalten viele Kohlenhydrate, die dem Körper lang anhaltend Energie liefern.

Unterschiedliche Kohlenhydrate

Unter dem Begriff Kohlenhydrate werden Einfachzucker wie Glucose und Fructose, Zweifachzucker wie Lactose und Maltose sowie Mehrfachzucker wie Stärke zusammengefasst. Manche Lebensmittel, zum Beispiel Obst, Süßigkeiten oder Honig und Marmelade, enthalten besonders viel Zucker. Aber nicht nur süße Produkte, sondern auch Milch und Milchprodukte enthalten Zucker. Der Stoff Stärke ist ein Kohlenhydrat, das nicht süß schmeckt und in Kartoffeln, Getreide und Nudeln reichlich vorhanden ist.

1 Kohlenhydratreiche Lebensmittel

Traubenzucker liefert schnell Energie

Glucose, auch Traubenzucker genannt, ist ein Einfachzucker und liefert schnell Energie. Er ist wasserlöslich und kann direkt ins Blut aufgenommen und zu den Zellen transportiert werden. Dort wird durch Zellatmung Energie freigesetzt. Diese Energie kann zum Beispiel von den Zellen im Gehirn bei Klassenarbeiten umgehend genutzt werden.

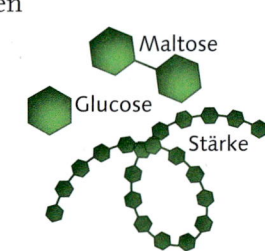

Lang anhaltende Energie aus Stärke

Stärke liefert dem Körper nur langsam Energie. Stärkemoleküle sind lange Ketten aus Glucose. Der Körper muss sie erst spalten, bevor die Einfachzucker ins Blut aufgenommen werden können. Stärke dient Sportlern deshalb als zusätzliche Energiereserve. Die Energie aus überschüssigen Kohlenhydraten, die der Körper nicht sofort benötigt, nutzt er zum Aufbau von Fett.

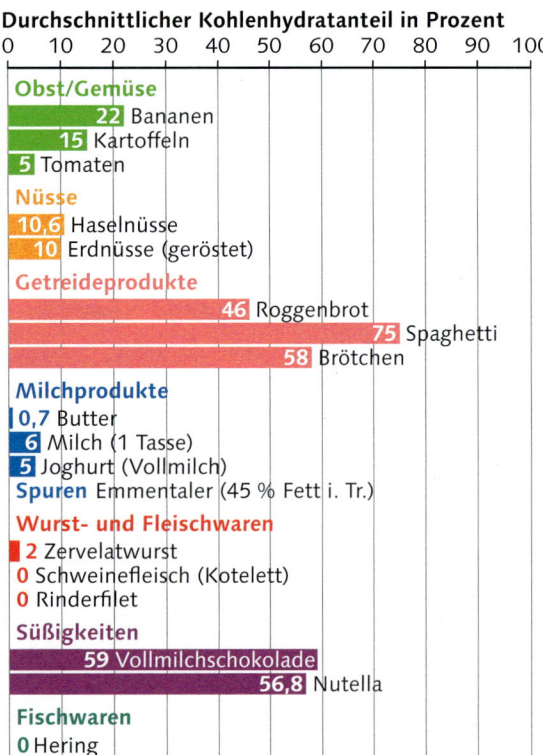

Durchschnittlicher Kohlenhydratanteil in Prozent

Obst/Gemüse
- 22 Bananen
- 15 Kartoffeln
- 5 Tomaten

Nüsse
- 10,6 Haselnüsse
- 10 Erdnüsse (geröstet)

Getreideprodukte
- 46 Roggenbrot
- 75 Spaghetti
- 58 Brötchen

Milchprodukte
- 0,7 Butter
- 6 Milch (1 Tasse)
- 5 Joghurt (Vollmilch)
- Spuren Emmentaler (45 % Fett i. Tr.)

Wurst- und Fleischwaren
- 2 Zervelatwurst
- 0 Schweinefleisch (Kotelett)
- 0 Rinderfilet

Süßigkeiten
- 59 Vollmilchschokolade
- 56,8 Nutella

Fischwaren
- 0 Hering
- 0 Forelle

2 Kohlenhydratanteil in Lebensmitteln

> **In Kürze**
> Zucker und Stärke sind Kohlenhydrate, die dem Körper Energie liefern.

Aufgaben

1. ☐ Nenne Unterschiede zwischen Zucker und Stärke.
2. ◩ Begründe, weshalb viele Sportler am Abend vor Wettkämpfen Nudeln essen. Nutze das Diagramm.

Fette

Anna bereitet sich mittags einen leckeren Salat mit Tomaten, Paprika, Gurken und Schafskäse zu. Zum Abschluss mischt sie ihn mit einem Dressing aus Olivenöl und Essig. Ohne Dressing schmeckt ein Salat häufig fad. Öl ist aber nicht nur ein Geschmacksträger.

Fette liefern Energie

Fette besitzen den höchsten Energiegehalt aller Nährstoffe. Viele Lebensmittel enthalten Fette, die man nicht sehen kann. Das führt dazu, dass viele Menschen zu viel Fett und damit zu viel Energie zu sich nehmen. Überschüssiges Fett, das der Körper nicht in Energie umwandelt, speichert er als Depotfett im Fettgewebe. Wenn man also mehr Kalorien zu sich nimmt, als man mit seinem Gesamtumsatz nutzt, wird man schnell übergewichtig. Dies begünstigt Krankheiten wie Bluthochdruck, Diabetes und den Herzinfarkt.

1 Fetthaltige Lebensmittel

Aufbau von Fetten

Fette sind große Moleküle, die aus einem Glycerin- und drei Fettsäuremolekülen zusammengesetzt sind. Man unterteilt Fettsäuren nach ihrem Aufbau in gesättigte und ungesättigte Fettsäuren. Besonders Pflanzenöle und Fette von Fischen enthalten viele gesunde ungesättigte Fettsäuren.

Lebensnotwendige Fette

Viele ungesättigte Fettsäuren sind für den Körper essenziell. Das bedeutet, dass er sie nicht selbst aus den zerlegten Nährstoffen aufbauen kann, sie aber für die Stoffwechselvorgänge und die Gesunderhaltung des Körpers benötigt. Sie sind wichtig für den Aufbau von Hormonen und zur Zellerneuerung. Außerdem sind Fette Lösungsmittel für fettlösliche Vitamine.

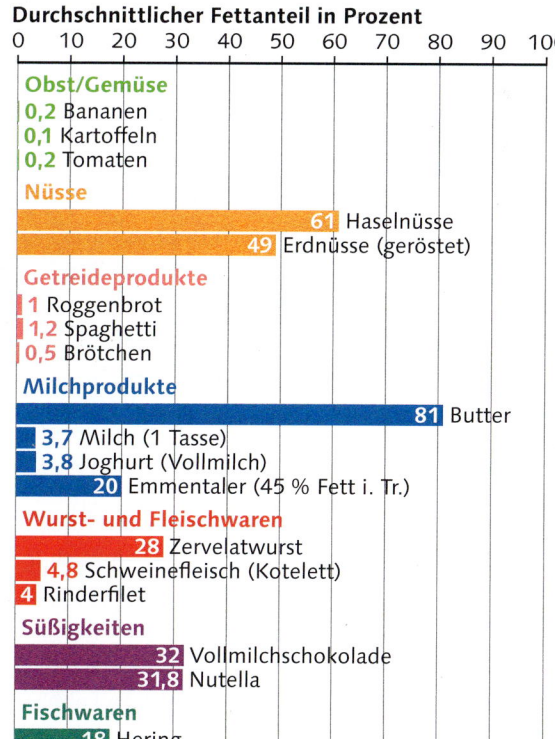

Durchschnittlicher Fettanteil in Prozent

Obst/Gemüse	
0,2	Bananen
0,1	Kartoffeln
0,2	Tomaten
Nüsse	
61	Haselnüsse
49	Erdnüsse (geröstet)
Getreideprodukte	
1	Roggenbrot
1,2	Spaghetti
0,5	Brötchen
Milchprodukte	
81	Butter
3,7	Milch (1 Tasse)
3,8	Joghurt (Vollmilch)
20	Emmentaler (45 % Fett i. Tr.)
Wurst- und Fleischwaren	
28	Zervelatwurst
4,8	Schweinefleisch (Kotelett)
4	Rinderfilet
Süßigkeiten	
32	Vollmilchschokolade
31,8	Nutella
Fischwaren	
18	Hering
2	Forelle

2 Fettanteil in Lebensmitteln

In Kürze

Fette liefern dem Körper viel Energie. Fettreiche Nahrung kann zu Übergewicht führen. Einige ungesättigte Fettsäuren sind lebenswichtig für den menschlichen Körper.

Aufgaben

1 ☐ Nenne die Bedeutungen von Fetten für den menschlichen Körper.

2 ◪ Erkläre, weshalb Fette lebenswichtig, aber auch mit Vorsicht zu genießen sind.

Proteine

Max freut sich am Wochenende auf das gemeinsame Grillen mit der Familie. Sein Vater will für alle leckere Steaks, Würstchen und Bauchfleisch grillen.

Proteine sind Baustoffe
Fleisch, Fisch, Eier und Milchprodukte enthalten ebenso wie Getreide und Hülsenfrüchte viele Proteine. Sie sind Baustoffe für unseren Körper. Proteine sind die Grundbausteine von Muskeln, Organen, Haut, Haaren, Blut und Hormonen. Sie geben nicht nur Struktur, sondern ermöglichen viele Funktionen. Zum Beispiel werden alle Stoffwechselvorgänge von Proteinen reguliert oder ermöglicht. Jugendliche benötigen mehr Proteine, da sie sich im Wachstum befinden. Aber auch bei Erwachsenen werden die Zellen des Körpers ständig erneuert, weil sie eine begrenzte Lebensdauer haben.

1 Proteinhaltige Lebensmittel

Aufbau von Proteinen
Proteine sind aus verschiedenen Aminosäuren aufgebaut, die lange Ketten bilden. Diese Ketten sind zusätzlich zu bestimmten Strukturen verknüpft. Dadurch entstehen dreidimensionale Gebilde. Während der Verdauung werden Proteine in die einzelnen Aminosäuren zerlegt. Von den verschiedenen Aminosäuren kann der Körper die meisten selbst herstellen. Neun von ihnen müssen aber mit der Nahrung aufgenommen werden. Man nennt sie essenzielle Aminosäuren.

Pflanzliche und tierische Proteine
Der Tagesbedarf an Proteinen liegt je nach Alter zwischen 50 und 60 Gramm pro Tag. Fleisch, Fisch und Milchprodukte liefern tierische Proteine. Pflanzliche Proteine sind beispielsweise in Getreide, Hülsenfrüchten und Nüssen enthalten.

In Kürze
Proteine sind wichtige Baustoffe für unseren Körper. Sie sind sowohl in tierischer als auch in pflanzlicher Nahrung enthalten.

Aufgaben
1 ☐ Ordne in einer Tabelle proteinhaltige Lebensmittel nach tierischen und pflanzlichen Quellen.
2 ◪ Begründe, weshalb mit zunehmendem Alter der Proteinbedarf abnimmt.

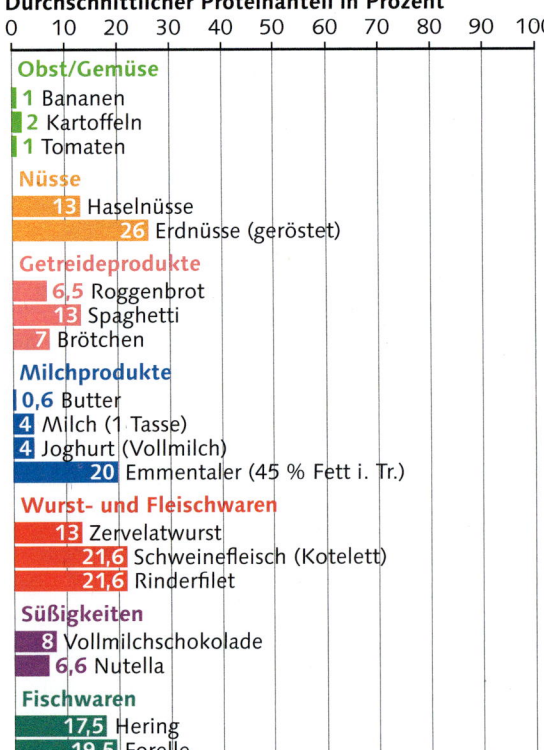

Durchschnittlicher Proteinanteil in Prozent

0 10 20 30 40 50 60 70 80 90 100

Obst/Gemüse
1 Bananen
2 Kartoffeln
1 Tomaten

Nüsse
13 Haselnüsse
26 Erdnüsse (geröstet)

Getreideprodukte
6,5 Roggenbrot
13 Spaghetti
7 Brötchen

Milchprodukte
0,6 Butter
4 Milch (1 Tasse)
4 Joghurt (Vollmilch)
20 Emmentaler (45 % Fett i. Tr.)

Wurst- und Fleischwaren
13 Zervelatwurst
21,6 Schweinefleisch (Kotelett)
21,6 Rinderfilet

Süßigkeiten
8 Vollmilchschokolade
6,6 Nutella

Fischwaren
17,5 Hering
19,5 Forelle

2 Proteinanteil in Lebensmitteln

Nährstoffe

1 Täglich Lebertran?

1 Lebertran als Nahrungsergänzung

Lebertran ist ein Öl, das aus der Leber von Dorschen gewonnen wird. Es enthält viel Fett mit ungesättigten Fettsäuren, außerdem Vitamin A und D. Allerdings enthält es auch Schadstoffe, die die Fische in den Weltmeeren aufnehmen und in der Leber speichern.

a ☑ Stelle Vermutungen an, weshalb Lebertran in der Nachkriegszeit Kindern verabreicht wurde.

b ☑ Begründe, weshalb es heute in Deutschland nicht mehr nötig ist, dass Kinder Lebertran einnehmen.

c ☑ Heute ist es eher schädlich, regelmäßig Lebertran zu nehmen. Begründe.

2 Proteindrinks im Fitnessstudio

Die Deutsche Gesellschaft für Ernährung legt die empfohlene Menge an Protein auf 0,8 Gramm pro Kilogramm Körpergewicht als Tageszufuhr fest. Eine höhere Proteinzufuhr kann zu Nierensteinen führen. Viele Sportler haben aufgrund des erhöhten Muskelaufbaus einen höheren Proteinbedarf.

a ☑ Begründe den erhöhten Proteinbedarf von Leistungssportlern mit der Bedeutung von Proteinen für den menschlichen Körper.

b ☑ Ermittle mit Hilfe der Nährwerttabellen auf Lebensmittelverpackungen deine tägliche Proteinzufuhr. Vergleiche deinen Proteinbedarf mit deiner individuellen Zufuhr.

3 Energieumsätze berechnen

Der Grundumsatz ist diejenige Energiemenge, die der Körper bei völliger Ruhe während eines Tages zur Aufrechterhaltung seiner Funktionen benötigt. Dazu gehören beispielsweise die Atmung und die Regulierung der Körpertemperatur.

Der Leistungsumsatz ist die Energiemenge, die der Körper innerhalb eines Tages benötigt, um Arbeit wie alltägliche Bewegung oder Sport verrichten zu können. Als Leistungsumsatz wird dabei die Energie bezeichnet, die über den Grundumsatz hinausgeht.

Mit der »Harris-Benedict-Formel« kann man den Grundumsatz in kcal/24 h ungefähr berechnen:

Männer: Grundumsatz = 66,5 + (14 × Gewicht in kg) + (5 × Größe in cm) – (6,8 × Alter)

Frauen: Grundumsatz = 655 + (9,6 × Gewicht in kg) + (1,8 × Größe in cm) – (4,7 × Alter)

a ☐ Berechne deinen persönlichen Grundumsatz mit der Harris-Benedict-Formel.

b ☐ Berechne deinen Leistungsumsatz für einen Tag mit Hilfe von Bild 2.

c ☑ Erkläre, weshalb du einen anderen Grundumsatz hast als deine Mitschüler, deine Lehrerin oder dein Vater.

Aktivität	Anzahl Stunden	Faktor	Gesamt
Schlaf		1,2	
Unterricht		1,5	
Sport		2,2	
Chillen		1,4	
normale Bewegung		1,7	
Summe	24	–	

2 Ermittlung des Leistungsumsatzes
Die Anzahl der Stunden wird zunächst mit dem jeweiligen Faktor multipliziert. Die Ergebnisse werden zusammengezählt und durch 24 dividiert.
Dieser Faktor wird mit dem Grundumsatz multipliziert, um den Gesamtumsatz zu erhalten.

Nährstoffe nachweisen

Erstelle eine Tabelle, in der du alle getesteten Lebensmittel sowie die Versuchsergebnisse einträgst. Protokolliere deine Beobachtungen.

Lebensmittel	Stärke	Fett	Eiweiß
Milch			
Nudeln			

1 Dokumentation der Versuchsergebnisse

A Stärkenachweis

Material Petrischalen, Pipette, verdünnte Lugol'sche Lösung (GHS08), Milch, Butter, Kartoffeln, Reis, Nudeln, Linsen (alle gekocht), Weißbrot, Salami, Käse, Gurke, Apfel

Durchführung Gib jeweils 2 Tropfen verdünnte Lugol'sche Lösung auf die zu testenden Lebensmittel.

Auswertung Stärke verfärbt die Lösung dunkelviolettblau.

B Fettnachweis

Material Papier, Haarföhn, Stift, Milch, Butter, Kartoffeln, Nudeln, Linsen (beide gekocht), Salami, Käse, Nüsse, Gurke, Apfel

Durchführung Drücke und reibe das Testmaterial auf ein Blatt Papier. Markiere die Stelle mit einem Kreis und schreibe auf, welches Material du getestet hast. Lass die Proben trocknen. *Tipp:* Trockne die Proben rasch mit einem Föhn.

Auswertung Fett hinterlässt auf Papier einen bleibenden durchscheinenden Fleck.

C Eiweißnachweis

Material Reagenzgläser, Glasstab, Pipette, Essigessenz (GHS07), Wasser, Milch, Apfelsaft, Sojamilch, Linsen (gekocht, püriert und filtriert)

Durchführung Fülle die Reagenzgläser 4 cm hoch mit dem Testlebensmittel. Gib jeweils 10–15 Tropfen Essigessenz (GHS07) hinzu und rühre mit dem Glasstab um.

Auswertung Eiweiße verklumpen nach Zugabe von Essig. Dabei entstehen kleine Flocken in der Flüssigkeit.

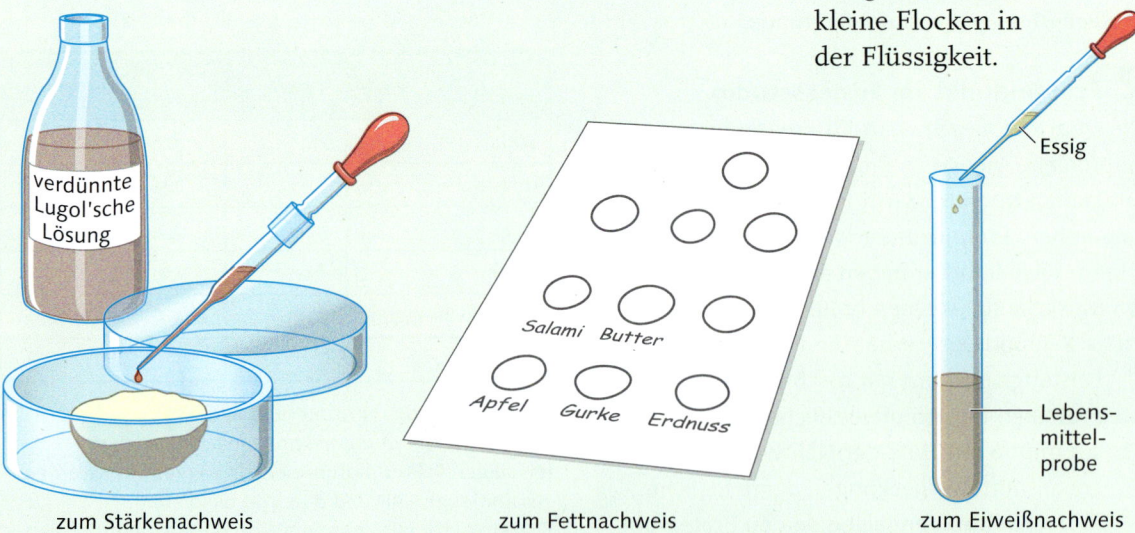

zum Stärkenachweis

zum Fettnachweis

zum Eiweißnachweis

2 Versuchsmaterialien

Nährwerttabellen geben wichtige Informationen

Bewusste Ernährung beginnt heute schon beim Einkauf. Nur wer weiß, was in Lebensmitteln enthalten ist, kann sich ausgewogen und gesunderhaltend ernähren.

Nährwerttabellen geben Informationen

Nährwerttabellen enthalten die Zusammensetzung der Nahrung sowie die Energiemenge bezogen auf 100 Gramm. Besonders wichtig ist die Angabe des Energiegehalts. So kann man abschätzen, ob die empfohlene tägliche Energiemenge bereits erreicht ist oder gar überschritten wird. Viele Hersteller geben weitere wichtige Informationen wie Vitamine, Mineralstoffe und Ballaststoffe an. Kohlenhydrate und Fette werden in den Untergruppen Zucker und gesättigte Fettsäuren aufgegliedert. So kann man eine zu große Aufnahme von Zucker und bestimmten Fetten, die nicht gesundheitsförderlich sind, verhindern.

Eine Vielzahl von Darstellungsformen

Die Darstellung der Nährwertkennzeichnung ist nicht vorgeschrieben. Oft ist sie sehr klein und an wenig auffälligen Stellen, zum Beispiel auf der Seite, der Rückseite oder dem Boden der Verpackung, abgebildet. Einen schnellen Überblick über den Energiegehalt einer Portion des Lebensmittels geben die Kurzinforma-

1 Ein prüfender Blick beim Einkauf

tionen. Wichtig ist hier die gewählte Portionsgröße, die manchmal sehr gering sein kann. Zudem werden bestimmte, nicht gesundheitsförderliche Inhaltsstoffe wie Zucker oder Natrium genannt. Die Zutatenliste informiert über die enthaltenen Inhaltsstoffe in der absteigenden Reihenfolge ihres Gewichtsanteils.

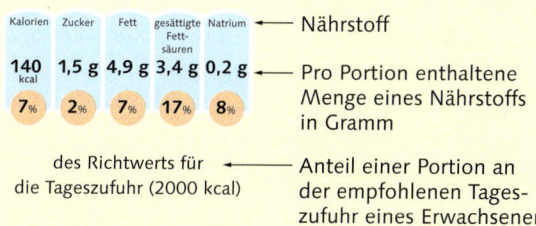

Jede Portion von 250 g enthält ← Portionsgröße

Kalorien	Zucker	Fett	gesättigte Fettsäuren	Natrium
140 kcal	1,5 g	4,9 g	3,4 g	0,2 g
7 %	2 %	7 %	17 %	8 %

← Nährstoff

← Pro Portion enthaltene Menge eines Nährstoffs in Gramm

des Richtwerts für ← die Tageszufuhr (2000 kcal)

← Anteil einer Portion an der empfohlenen Tageszufuhr eines Erwachsenen

3 Kurzinformation

Allergien und unverträgliche Stoffe

Der Verzehr bestimmter Stoffe wie Lactose oder Gluten führt bei vielen Menschen zu Verdauungsproblemen. Solche Lebensmittelunverträglichkeiten, Allergien und Krankheiten wie die Zuckerkrankheit (Diabetes) nehmen immer mehr zu. Die Betroffenen müssen sich streng nach bestimmten Regeln ernähren. Deshalb müssen alle Zutaten, die Allergien oder Unverträglichkeiten auslösen können, in der Zutatenliste fett gedruckt sein, sodass sie deutlich sichtbar sind.

Durchschnittliche Nährwerte	100 g	1 Portion 50 g	GDA pro Portion	GDA*
Brennwert	1438 kJ	719 kJ	9 %	
	341 kcal	170 kcal		2000 kcal
Eiweiß	9,6 g	4,8 g	10 %	50 g
Kohlenhydrate	61,3 g	30,6 g	11 %	270 g
davon Zucker	24,7 g	12,4 g	14 %	90 g
Fett	6,3 g	3,2 g	5 %	70 g
davon gesättigte Fettsäuren	1,1 g	0,6 g	3 %	20 g
Ballaststoffe	7,7 g	3,9 g	15 %	25 g
Natrium	0,065 g	0,033 g	1 %	2,4 g
Kochsalz	0,16 g	0,08 g	1 %	6 g

*GDA: Richtwert für die Tageszufuhr eines Erwachsenen basierend auf einer Ernährung von 2000 kcal. Der persönliche Bedarf variiert nach Alter, Geschlecht und körperlicher Aktivität.

2 Nährwertangaben geben wichtige Verbraucherinformationen.

Ein Diagramm auswerten

Die Zusammensetzung von Lebensmitteln wird oft in Tabellen oder Diagrammen dargestellt. Meist werden die einzelnen Anteile der verschiedenen Nährstoffe für bestimmte Lebensmittel aufgeführt. Um die Zusammensetzung aller Nährstoffe in einem Lebensmittel oder den Anteil bestimmter Nährstoffe herauszufinden, musst du diese Diagramme auswerten. Dabei helfen dir die folgenden Schritte:

1 Thema erfassen Notiere zuerst das Thema des Diagramms. Die Überschrift und der Diagrammuntertitel geben dir Auskunft darüber, was in dem Diagramm dargestellt ist.

2 Beschreiben Beschreibe jetzt die Form der Darstellung. Um welche Art von Diagramm handelt es sich?

3 Legende und Achsen einbeziehen Die Legende liefert weitere Einzelheiten zum Thema und zu den Inhalten des Diagramms. Bestimmte Farben oder Symbole stehen für die einzelnen Inhalte. An den Achsen kannst du die verwendeten Maßeinheiten, zum Beispiel Gewichts- und Zeiteinheiten, ablesen.

4 Ablesen Lies nun die verschiedenen Werte ab. Verwende dazu immer die richtigen Maßeinheiten oder Zeitwerte.

5 Auswerten Bewerte die abgelesenen Daten und vergleiche sie mit anderen Informationen. Stelle einen Bezug zu deinem Vorwissen her. Beachte die vorgegebene Aufgabenstellung.

Mögliche Aufgabenstellungen können sein:
- Beschreibe die Informationen, die du aus der Darstellung gewinnen kannst.
- Benenne die Regelmäßigkeiten oder Abweichungen, die du erkennen kannst.
- Ziehe Schlussfolgerungen aus dem Diagramm und erläutere diese.

Bei der Auswertung eines Diagramms helfen dir vielleicht folgende Satzanfänge:
- Es werden Informationen über …
- In der Legende werden … dargestellt.
- Besonders interessant ist, dass …
- Die höchsten/niedrigsten Werte besitzen …
- Der Vergleich von …
- Folgende Aussage kann man treffen …

1. Thema *Zusammensetzung eines Brötchens bezogen auf Nährstoffe und Wasser*

2. Beschreiben *Es handelt sich um ein Säulendiagramm.*

3. Legende und Achsen erklären *Kohlenhydrate sind in Grün, Eiweiße in Rot, Fette in Gelb und Wasser ist in Hellblau dargestellt. Die verwendete Maßeinheit ist Gramm bezogen auf 100 Gramm Brötchen.*

4. Ablesen *100 Gramm Brötchen enthalten 58 Gramm Kohlenhydrate, 7 Gramm Eiweiße, 1 Gramm Fett und 34 Gramm Wasser.*

5. Auswerten *Durch die Höhen der Säulen wird deutlich, dass ein Brötchen fettarm, aber kohlenhydratreich ist. Kohlenhydrate liefern Energie, daher ist ein belegtes Brötchen zum Frühstück oder als Picknick gut geeignet.*

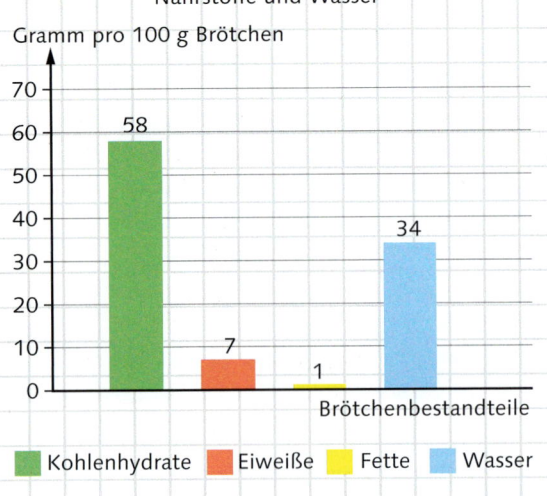

Zusammensetzung eines Brötchens
Nährstoffe und Wasser

Gramm pro 100 g Brötchen

Brötchenbestandteile

■ Kohlenhydrate ■ Eiweiße ■ Fette ■ Wasser

1 So kann eine Auswertung aussehen.

Zusammensetzung verschiedener Lebensmittel
Nährstoffe und Wasser

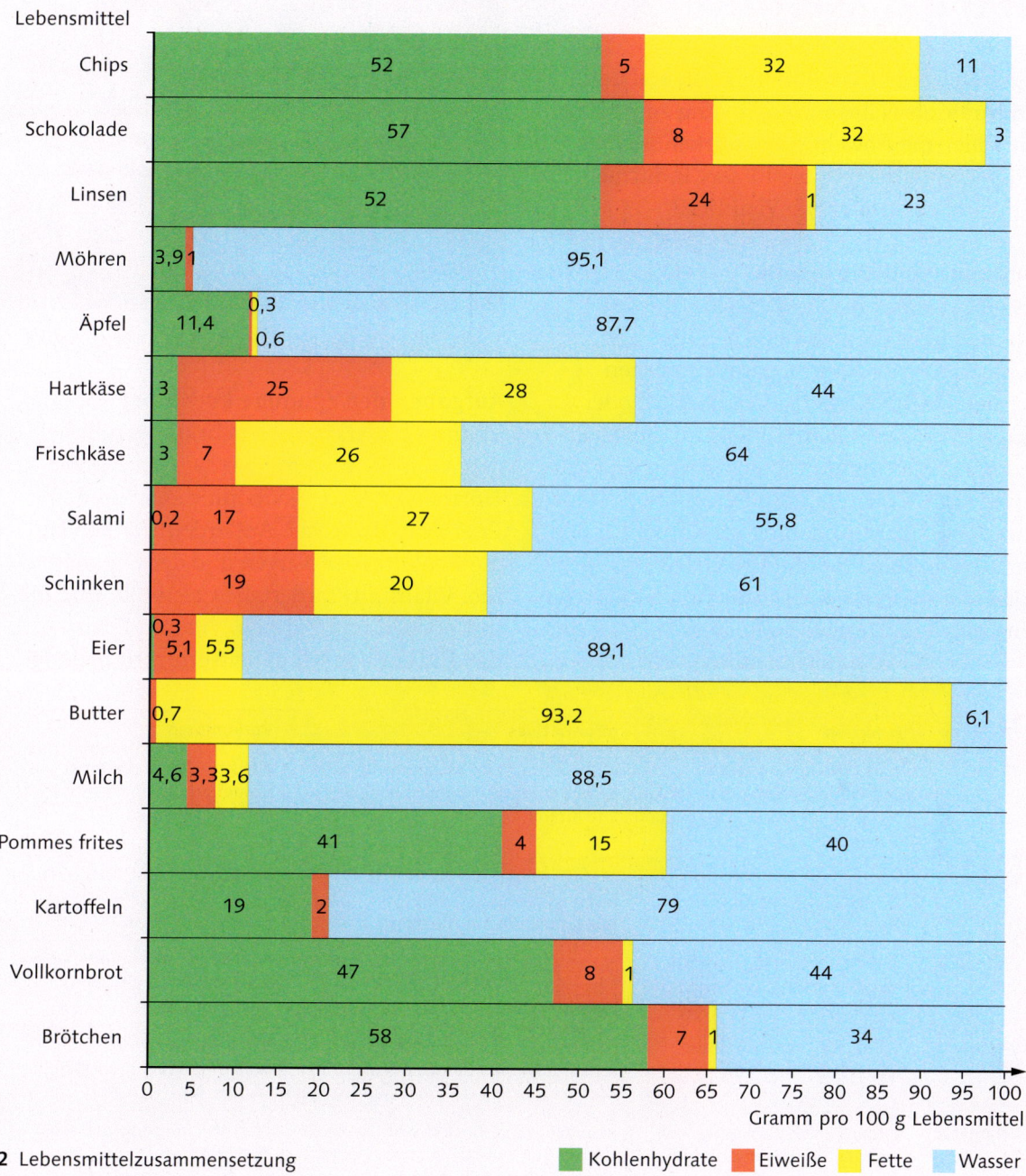

Lebensmittel

Lebensmittel	Werte
Chips	52 / 5 / 32 / 11
Schokolade	57 / 8 / 32 / 3
Linsen	52 / 24 / 1 / 23
Möhren	3,9 1 / 95,1
Äpfel	11,4 / 0,3 / 0,6 / 87,7
Hartkäse	3 / 25 / 28 / 44
Frischkäse	3 / 7 / 26 / 64
Salami	0,2 / 17 / 27 / 55,8
Schinken	19 / 20 / 61
Eier	0,3 / 5,1 / 5,5 / 89,1
Butter	0,7 / 93,2 / 6,1
Milch	4,6 / 3,3 / 3,6 / 88,5
Pommes frites	41 / 4 / 15 / 40
Kartoffeln	19 / 2 / 79
Vollkornbrot	47 / 8 / 1 / 44
Brötchen	58 / 7 / 1 / 34

0   5   10   15   20   25   30   35   40   45   50   55   60   65   70   75   80   85   90   95   100

Gramm pro 100 g Lebensmittel

2 Lebensmittelzusammensetzung

■ Kohlenhydrate ■ Eiweiße ■ Fette ■ Wasser

Aufgabe

1 ☑ Werte das oben stehende Diagramm schriftlich aus. Beachte dabei folgende Aufgabenstellungen:
- Benenne die Lebensmittel, die viele versteckte Fette enthalten.
- Linsen sind ein ganz besonderes pflanzliches Lebensmittel. Erkläre.
- Äpfel und Möhren sind auf einer Wanderung an einem warmen Sommertag eine gute Ergänzung des Picknicks. Begründe.

Vitamine, Mineralstoffe und Ballaststoffe

Vielfach werden Vitamin- und Mineralstoff-präparate als Nahrungsergänzung angeboten. Sie sollen die Abwehrkräfte stärken und die Körperfunktionen unterstützen. Brauchen wir wirklich zusätzliche Vitamine?

Vitamine sind Wirkstoffe

Es gibt 13 verschiedene Vitamine, die der Mensch in kleinen Mengen benötigt. Sie müssen mit der Nahrung aufgenommen werden, da der Körper sie nicht selbst oder nur aus Vorstufen herstellen kann. Beispielsweise kann er Vitamin A aus Carotin und Vitamin D mit Hilfe von Sonnenlicht in der Haut erzeugen. Vitamine sorgen im Körper für den geregelten Ablauf der Stoffwechselvorgänge. Man teilt sie in wasserlösliche und fettlösliche Vitamine ein. Deshalb sollte man zu Salat und Obst auch Fette zu sich nehmen.

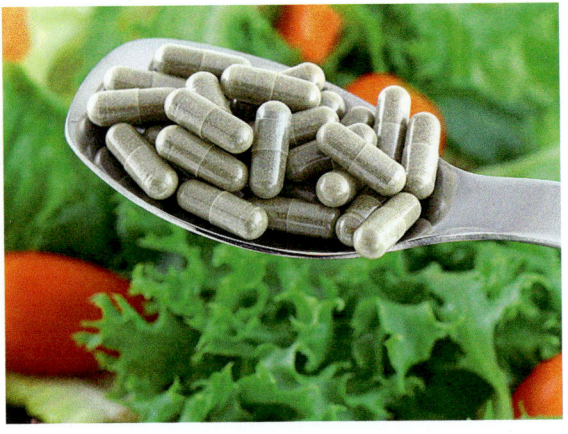

1 Vitamine und Mineralstoffe als Nahrungsergänzung

Aufgaben der Vitamine im Körper

Vitamin C stärkt die Abwehrkräfte, hilft bei der Wundheilung und bei der Bildung von Hormonen. Viele B-Vitamine steigern den Energiestoffwechsel. Außerdem stärken sie die Funktion der Nerven und der Organsysteme. Vitamin D fördert die Calciumaufnahme in Knochen und Zähnen. Vitamin E wird für die Abwehr von Krankheitserregern benötigt.

Vitamin	Funktion	Informatives	Vorkommen
Vitamin C	stärkt die Abwehrkräfte, entzündungshemmend, Aufbau von Bindegewebe, Muskeln und Knochen	Mangel führt zu Skorbut, erhöhter Bedarf bei Rauchern, Schwangeren und älteren Menschen	Zitrusfrüchte, Sanddorn, Holunderbeeren, Hagebutten, Tomaten, Paprika
Vitamin B_1	Verdauung von Kohlenhydraten, unterstützt Funktion der Nerven und des Gehirns	Mangel führt zu Muskel- und Nervenschädigung, schützt in hoher Konzentration vor Mücken	Vollkorngetreide, Naturreis, Leber, Schweinefleisch, Erbsen
Vitamin B_2	wichtig für die Augen, fördert die Verwertung der Nährstoffe und den Sauerstofftransport	Mangel führt zu Erschöpfung, spröden Fingernägeln, Blutarmut, Hornhauttrübung	Fleisch, Milchprodukte, grünes Blattgemüse, Seefisch, Vollkorngetreide
Vitamin B_6	Verdauung von Proteinen, fördert die Entgiftung	hilft bei Menstruationsbeschwerden, schädigt Nerven bei Überdosierung, Mangel führt zu spröden Mundwinkeln	Bananen, Nüsse, Vollkorngetreide, Kartoffeln, Blumenkohl, Karotten
Vitamin B_{12}	Bildung roter Blutkörperchen, wichtig für Nervenfunktion, Zellwachstum	kann nicht überdosiert werden, da der Körper den Überschuss ausscheidet; Mangel führt zu Blutarmut	Eier, Milchprodukte, Fisch, Fleisch
Vitamin D	Knochen- und Zahnaufbau, stärkt Abwehrkräfte	Mangel lässt Knochen erweichen und verkrümmen, wird mit Hilfe von Sonnenlicht aus Vorstufen vom Körper selbst hergestellt	Milch, Eigelb, Butter, Lebertran, Meeresfische, Champignons, Avocado
Vitamin E	stärkt Abwehrkräfte, schützt vor Entzündungen, wichtig für Zellerneuerung und Sauerstoffversorgung	Mangel führt zu Sehschwäche, Muskelschwund und beeinträchtigt die Fortpflanzung	Pflanzenöl, Nüsse, Avocado, Butter, Hering

2 Informationen zu einigen wichtigen Vitaminen

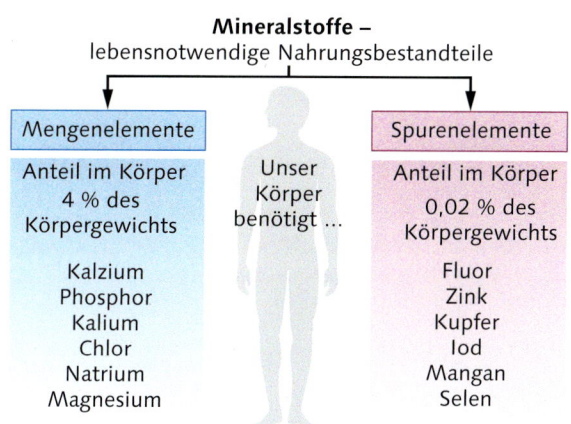

Mineralstoffe –
lebensnotwendige Nahrungsbestandteile

Mengenelemente

Anteil im Körper
4 % des
Körpergewichts

Kalzium
Phosphor
Kalium
Chlor
Natrium
Magnesium

Unser
Körper
benötigt ...

Spurenelemente

Anteil im Körper
0,02 % des
Körpergewichts

Fluor
Zink
Kupfer
Iod
Mangan
Selen

3 Mineralstoffe – Bestandteile der Nahrung

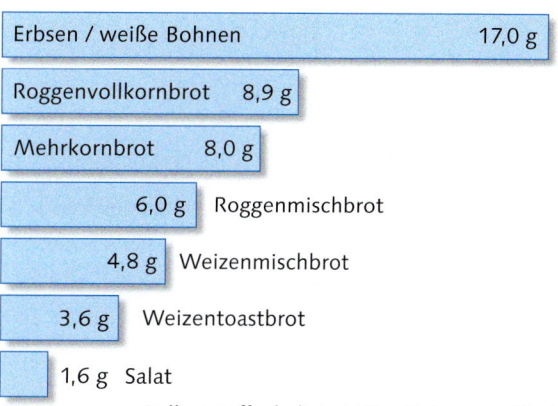

Erbsen / weiße Bohnen — 17,0 g

Roggenvollkornbrot — 8,9 g

Mehrkornbrot — 8,0 g

6,0 g Roggenmischbrot

4,8 g Weizenmischbrot

3,6 g Weizentoastbrot

1,6 g Salat

Ballaststoffgehalt je 100 g Nahrungsmittel

4 Ballaststoffgehalt ausgewählter Nahrungsmittel

Mineralstoffe

Mineralstoffe sind wichtige Bausteine und Regelstoffe für den menschlichen Körper. Sie werden nur in sehr kleinen Mengen benötigt und als Salze, in Wasser gelöst, aufgenommen. Der Bedarf an Mineralstoffen ist abhängig von Alter, Geschlecht, Aktivität, Gesundheitszustand und Lebenssituation. Je nachdem, wie viel der Körper benötigt, teilt man sie in Mengen- und Spurenelemente ein.

Bedeutung von Mineralstoffen

Ob bei Wachstum oder Blutbildung, im Zusammenspiel von Nerven und Muskeln – nichts funktioniert ohne Mineralstoffe. So regulieren beispielsweise Natrium und Kalium den Wasserhaushalt unseres Körpers. Kalzium und Magnesium braucht er zum Knochen- und Zahnaufbau ebenso wie für die Muskel- und Nervenfunktionen. Eisen ist in roten Blutkörperchen enthalten und für den Sauerstofftransport des Blutes verantwortlich. Iod benötigt die Schilddrüse zum Aufbau von Hormonen.

Ballaststoffe regen an

Ballaststoffe sind die unverdaulichen Bestandteile pflanzlicher Nahrung wie Cellulose und Pektin. Sie sind vor allem in Getreide, Kartoffeln, Hülsenfrüchten und Gemüse enthalten. Sie haben eine positive Wirkung auf die Verdauung, weil sie die Bewegung der Verdauungsorgane, insbesondere des Darms, anregen. Außerdem binden sie überschüssige Magensäure und Gallensaft. Insgesamt schützen sie vor Darmerkrankungen.

Extra Zusatzstoffe in der Nahrung

Viele natürliche Produkte verlieren bei der industriellen Verarbeitung ihren Geschmack. Die Produzenten ergänzen ihre Produkte deshalb mit verschiedenen künstlichen Geschmacksstoffen. Auch Konservierungs- und Verdickungsmittel sowie Farbstoffe und Geschmacksverstärker werden den Lebensmitteln zugefügt.

Diese Zusatzstoffe müssen auf der Verpackung gekennzeichnet sein. Sie sind nicht giftig und in den zugelassenen Mengen auch nicht gesundheitsschädlich. Einige können trotzdem zu Durchfall oder Allergien führen.

In Kürze

Vitamine und Mineralstoffe sind lebensnotwendige Stoffe, die den Aufbau und die Funktionen des Körpers unterstützen. Ballaststoffe sind unverdaulich, regen jedoch die Verdauung an.

Aufgaben

1 ☐ Beschreibe eine Ernährungsweise, die dem Körper ausreichend Vitamine, Mineralstoffe und Ballaststoffe zuführt.

2 ☑ Begründe, weshalb einseitige Ernährung auf Dauer zu Mangelerkrankungen führt.

Der Weg der Nahrung durch den Körper

Hast du dir schon einmal überlegt, welchen Weg ein Pausenbrot in deinem Körper zurücklegt? Die Nährstoffe, die du mit dem Pausenbrot aufnimmst, müssen in ihre einzelnen Bestandteile zerlegt werden. Das geschieht bei der Verdauung.

Verdauung beginnt im Mund

Das Kauen zerkleinert die Nahrung und regt die Speicheldrüsen an, sodass mehr Speichel produziert wird. Nahrung und Speichel vermischen sich zu einem schluckbaren Nahrungsbrei. Kaut man das Brot sehr lange, schmeckt es süßlich, weil die Stärke im Brot durch einen Stoff im Speichel teilweise in Zucker zerlegt wird. Solche Stoffe, die andere Stoffe zerlegen, nennt man *Enzyme*.

1 Lexa isst ein Pausenbrot.

Förderband Speiseröhre

Die Speiseröhre ist von Muskeln ringförmig umhüllt. Nach dem Schlucken wird der Speisebrei durch rhythmisches Zusammenziehen der Muskeln in einer wellenförmigen Bewegung in den Magen gedrückt.

Sammelstelle Magen

Der Magen ist ein Hohlmuskel. In den Drüsen der Magenwand wird der Magensaft produziert. Er enthält Enzyme und verdünnte Salzsäure. Durch das Zusammenziehen des Magens werden Nahrung und Magensaft gut durchmischt. Die Magensäure tötet viele mit der Nahrung aufgenommene Krankheitserreger. Außerdem verändert sie die Struktur der Proteine, sodass die Enzyme besser wirken können. Die Magenschleimhaut verhindert, dass die Magensäure die Magenwand angreift.

Aufspaltung im Dünndarm

Portionsweise entlässt der Schließmuskel des Magens, der *Pförtner*, den Nahrungsbrei in den *Zwölffingerdarm*. Dies ist der erste Abschnitt des Dünndarms. Hier münden die Ausführgänge von Gallenblase und Bauchspeicheldrüse. Der Bauchspeicheldrüsensaft neutralisiert zunächst die Salzsäure aus dem Magen. Die Gallenflüssigkeit dient dazu, die wasserunlöslichen Fette in kleinste Fetttröpfchen aufzuteilen. Die Verdauungssäfte der Bauchspeichel-

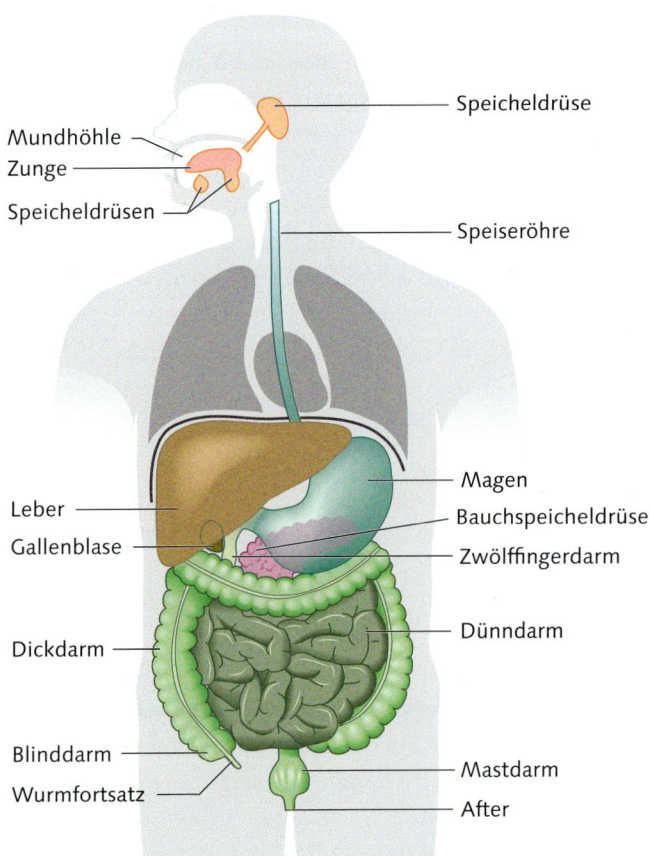

Speicheldrüse

Mundhöhle
Zunge
Speicheldrüsen

Speiseröhre

Leber
Gallenblase

Magen
Bauchspeicheldrüse
Zwölffingerdarm

Dickdarm

Dünndarm

Blinddarm
Wurmfortsatz

Mastdarm
After

2 Verdauungssystem des Menschen

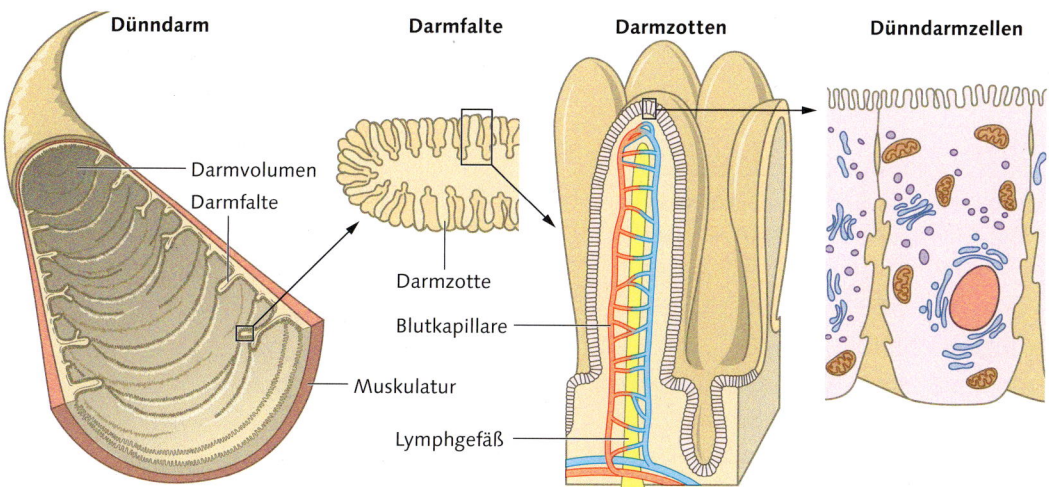

Dünndarm Darmfalte Darmzotten Dünndarmzellen

Darmvolumen
Darmfalte

Darmzotte

Blutkapillare

Muskulatur

Lymphgefäß

3 Oberflächenvergrößerung im Dünndarm

drüse enthalten viele Enzyme, die die Nährstoffe weiter zerlegen.

Durch wellenförmige Bewegungen der Dünndarmwand wird der Speisebrei durch den bis zu sechs Meter langen Dünndarm weiterbefördert. Auf dem Weg werden alle Nährstoffe in ihre kleinsten Bestandteile zerlegt.

Aufnahme ins Blut

Die Innenseite des Dünndarms ist stark eingefaltet. Jede Falte besitzt noch zusätzliche Ausstülpungen, die *Darmzotten,* deren Zellen wiederum von winzigen Ausbuchtungen, den *Mikrovilli,* überzogen sind. Die Oberfläche des Dünndarms vergrößert sich auf ein Vielfaches. Diese Oberflächenvergrößerung ermöglicht eine nahezu vollständige Aufnahme der zerlegten Nährstoffe, Vitamine und Mineralstoffe

Extra Oberflächenvergrößerung

Durch die Faltung der Darmwand, durch Darmzotten und Mikrovilli wird die Oberfläche des Dünndarms sehr stark vergrößert. So ergibt sich eine Oberfläche von über 2000 Quadratmetern auf einer Länge von etwa sechs Metern. Dies entspricht ungefähr der Fläche eines Eishockeyfelds. Je größer eine Oberfläche ist, desto mehr Stoffe können an ihr ausgetauscht werden. Dieses Prinzip findet man bei vielen Organen von Lebewesen verwirklicht.

ins Blut. Der nährstoffarme Nahrungsbrei gelangt anschließend in den Dickdarm.

Wasserentzug im Dickdarm

Auf dem Weg durch den etwa 1,5 Meter langen muskulösen Dickdarm werden Wasser und Mineralstoffe aufgenommen und die unverdaulichen Reste zu Kot eingedickt. Dieser wird bis zu seiner Ausscheidung über den *After* im *Mastdarm* gesammelt. Am Übergang vom Dünndarm in den Dickdarm liegt der Blinddarm, der im Wurmfortsatz endet. Besonders im Jugendalter kann sich der Wurmfortsatz schmerzhaft entzünden und muss dann entfernt werden.

In Kürze

In Mund, Magen und Dünndarm werden die Nährstoffe der Nahrung durch Enzyme in ihre Bausteine zerlegt. Durch die große Oberfläche des Dünndarms können die Nährstoffbausteine fast vollständig vom Körper aufgenommen werden. Im Dickdarm werden den unverdaulichen Resten Wasser und Mineralstoffe entzogen.

Aufgaben

1 ☐ Beschreibe den Weg eines Pausenbrots durch den Körper.

2 ☑ Erkläre die Bedeutung der Magensäure.

3 ☑ Erläutere die Funktion der Bauchspeicheldrüse bei der Verdauung.

Nährstoffe werden verdaut

Wenn du nach Hause kommst und der Duft deines Lieblingsessens dir in die Nase steigt, dann läuft dir das Wasser im Mund zusammen.

Zerkleinerung von Nährstoffen

In den Verdauungsorganen Mund, Magen und Dünndarm werden die in der Nahrung enthaltenen Nährstoffe chemisch umgewandelt und dabei so weit zerkleinert, dass sie durch die dünnen Wände des Dünndarms in das Blut aufgenommen werden können.

Die Zerlegung dieser Nährstoffe übernehmen Enzyme. Das sind große Proteine, die wie Scheren die Nährstoffe in wasserlösliche Bestandteile zerschneiden. Diese Zerlegung nennt man Verdauung. Enzyme fördern und beschleunigen biochemische Prozesse und bleiben unverändert erhalten. Solche Stoffe nennt man auch *Biokatalysatoren*.

Aufbau und Wirkung von Enzymen

Enzyme besitzen Passstellen auf ihrer Oberfläche, sogenannte *aktive Zentren*, an denen die Spaltprozesse ablaufen. Diese aktiven Zentren lassen sich mit unterschiedlichen Schlössern

1 Gemeinsames Essen

vergleichen, von denen jedes durch einen anderen Schlüssel, also einen anderen Stoff, geöffnet wird. Nur wenn Schlüssel und Schloss zusammenpassen, werden sie wirksam. Das führt dazu, dass jedes Enzym nur einen bestimmten Vorgang bewirken kann. Enzyme wirken bei Körpertemperatur am besten. Bei einer Temperatur über 40 °C werden sie zerstört. Daher kann hohes Fieber zum Tod führen. Je kälter die Enzymumgebung ist, desto langsamer wirken sie.

Verdauung von Kohlenhydraten

Die Verdauung von Stärke beginnt bereits im Mund. Der Speichel enthält das Enzym Amylase, das einen Teil der Stärke in den Zweifach-

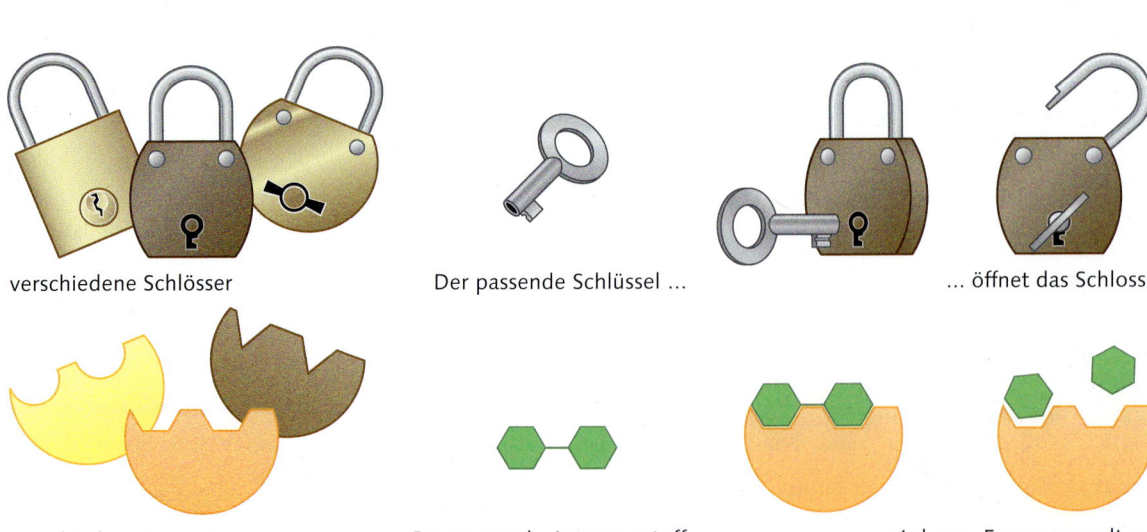

verschiedene Schlösser   Der passende Schlüssel ...   ... öffnet das Schloss.

verschiedene Enzyme   Der passende Ausgangsstoff ...   ... wird vom Enzym gespalten.

2 Schlüssel-Schloss-Prinzip der Enzymwirkung: Ein Enzym spaltet Maltose.

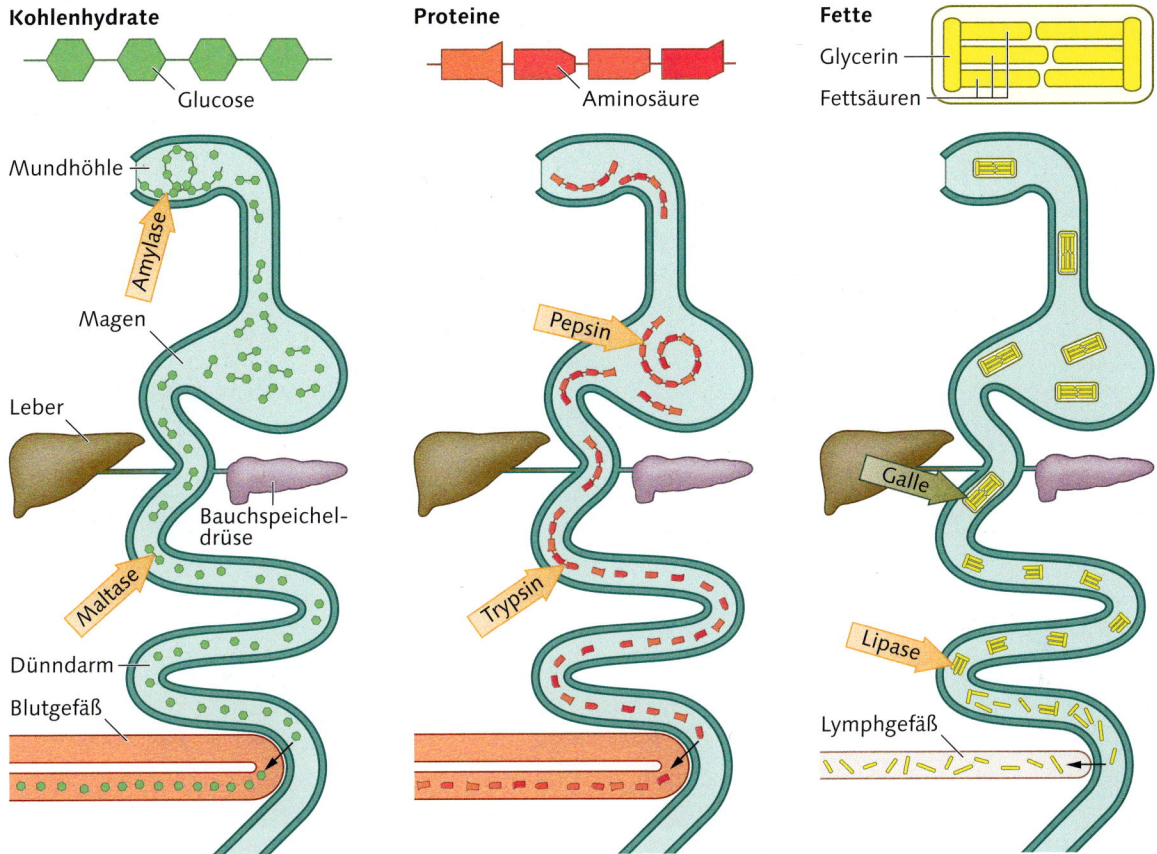

Kohlenhydrate

Glucose

Proteine

Aminosäure

Fette

Glycerin

Fettsäuren

Mundhöhle

Amylase

Magen

Leber

Maltase

Bauchspeicheldrüse

Dünndarm

Blutgefäß

Pepsin

Trypsin

Galle

Lipase

Lymphgefäß

3 Verdauung der Nährstoffe Kohlenhydrate, Proteine und Fette

zucker Maltose zerlegt. Im Dünndarm läuft dieser Prozess weiter. Das Enzym Maltase spaltet dort die Maltose weiter zu Glucose. Erst diese kann über die Darmwand *resorbiert*, also ins Blut aufgenommen werden.

Verdauung von Proteinen

Die Proteinverdauung beginnt im Magen. Die Salzsäure verändert den Aufbau der Proteine und aktiviert das Enzym Pepsin, das die langen Aminosäureketten in kürzere Ketten spalten kann. Im Dünndarm zerlegen die Enzyme Erepsin und Trypsin die Proteine in einzelne Aminosäuren, die ins Blut resorbiert werden.

Verdauung von Fetten

Im Zwölffingerdarm emulgiert zunächst die Gallenflüssigkeit die Fette. Sie zerlegt die großen Fetttröpfchen in kleinere. So kann das fettspaltende Enzym Lipase das Glycerin von den Fettsäuren trennen. Sie können wegen

ihrer Größe nicht ins Blut aufgenommen werden. Durch die Darmwand gelangen sie in die *Lymphe,* die die Fettbestandteile zur Leber transportiert. Die Lymphe ist eine klare, zellenlose Gewebsflüssigkeit. Sie sammelt sich in den Lymphbahnen und transportiert wasserlösliche Stoffe durch den Körper.

In Kürze

Bei der Verdauung werden die Nährstoffe durch Enzyme in ihre kleinsten Bestandteile zerlegt. Diese Grundbausteine werden durch die Darmwand in das Blut und die Lymphe resorbiert.

Aufgaben

1 ☐ Ordne in einer Tabelle den jeweiligen Nährstoffen die entsprechenden Enzyme und ihren Wirkungsort zu.

2 ☑ Manche Menschen produzieren nicht genügend Gallenflüssigkeit. Begründe, welchen Nährstoff sie in der Nahrung reduzieren sollten.

Verdauung von Nährstoffen

A Wirkung der Amylase

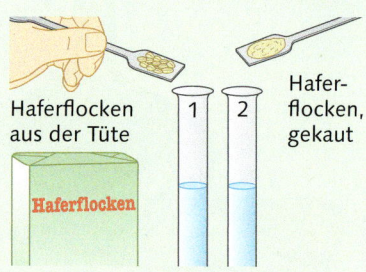

Haferflocken aus der Tüte

Haferflocken, gekaut

Material 2 Reagenzgläser, Spatel, Becherglas (400 ml), Thermometer, Heizplatte, destilliertes Wasser, Benedict-Reagenz (GHS07 und GHS09), Messzylinder, Haferflocken

Durchführung Gib einige Haferflocken in das Reagenzglas 1. Kaue weitere Haferflocken 3 Minuten lang. Gib den entstandenen Brei mit dem Spatel in das Glas 2. Achte darauf, dass du mit dem Spatel nicht zu nah an den Mund kommst. Fülle in beide Gläser 10 ml Wasser sowie je 2 ml Benedict-Reagenz.
Erwärme destilliertes Wasser im Becherglas auf 70 °C und stelle die beiden Reagenzgläser ungefähr 8 Minuten hinein.

Auswertung Protokolliere deine Beobachtungen und werte sie aus.

B Wirkung von Pepsin

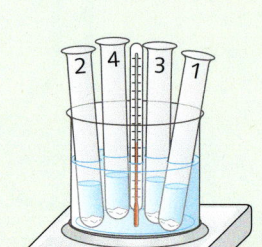

Material 4 Reagenzgläser, Spatel, Teesieb, Becherglas (400 ml), Thermometer, Heizplatte, verdünnte Salzsäure (GHS07), Pepsinlösung (GHS07 und GHS08), destilliertes Wasser, gekochtes Ei

Durchführung Drücke das Eiweiß eines gekochten Eies durch das Teesieb. Gib in jedes Reagenzglas eine Spatelspitze des Eiweißes. Gib Folgendes hinzu (Schutzbrille):
Glas 1:   11 ml Wasser
Glas 2:   1 ml Wasser
              10 ml Pepsinlösung
Glas 3:   1 ml Salzsäure
              10 ml Wasser
Glas 4:   1 ml Salzsäure
              10 ml Pepsinlösung
Stelle die Reagenzgläser für 20 Minuten in ein Wasserbad mit 37 °C.
Protokolliere deine Beobachtungen.

Auswertung Erläutere deine Beobachtungen mit den Vorgängen der Verdauung.

C Wirkung von Gallensaft

Material 2 Reagenzgläser, Ochsengalle, Speiseöl, destilliertes Wasser, 2 Stopfen, Ständer

Durchführung Fülle in ein Reagenzglas 2 ml Speiseöl und 5 ml Wasser. Verschließe das Reagenzglas mit einem Stopfen und schüttle gut. Fülle in das zweite Reagenzglas 2 ml Speiseöl und 5 ml Ochsengallenlösung. Verschließe das Reagenzglas mit einem Stopfen und schüttle gut. Lass beide Reagenzgläser 2–3 Minuten ruhig stehen und vergleiche dann. Protokolliere deine Beobachtungen.

Auswertung
1 Beschreibe die Wirkung der Ochsengalle auf das Öl.
2 Erläutere die Bedeutung dieser Wirkung für die Verdauung von Fett durch Lipase.
3 Ochsengalle ist leicht alkalisch. Stelle Vermutungen auf, welche weitere Wirkung Galle auf den Speisebrei aus dem Magen hat.

Oberflächenvergrößerung

1 Oberflächenvergrößerung im Körper

Eine Oberfläche grenzt im Körper Räume ab und schützt vor äußeren Einflüssen. Durch die Vergrößerung einer Oberfläche wird die Aufnahme und Abgabe von Stoffen vervielfacht. Außerdem wird der Energieumsatz in Zellen gesteigert, da dort die Oberfläche der Zellorganellen vergrößert ist und vermehrt Stoffwechselvorgänge ablaufen können. Man findet das Prinzip der Oberflächenvergrößerung bei vielen Lebewesen. Im menschlichen Körper ist zum Beispiel die Oberfläche der Lunge durch die Einstülpungen der Lungenbläschen auf 50–80 Quadratmeter vergrößert. Eine Oberflächenvergrößerung findet man auch im Darm.

a ☐ Beschreibe die dreistufige Oberflächenvergrößerung des Darms, die in Bild 1 dargestellt ist.

b ☑ Begründe, weshalb die Oberflächenvergrößerung des Darms vorteilhaft ist.

c ☑ Erkläre, weshalb es notwendig ist, dass die Dünndarmschleimhaut sehr stark mit Blutgefäßen bis in die Darmzotten durchzogen ist.

d ☑ Bei Pflanzen findet man vielfältige Vergrößerungen der Oberfläche. So sind die Wurzeln mit vielen feinen Wurzelhärchen überzogen. Beschreibe die Funktion der Wurzelhärchen und begründe die starke Vergrößerung.

2 Die Oberfläche der Nahrung

Es gilt als ungesund, das Essen einfach herunterzuschlingen. Nicht nur, weil man sich dabei verschlucken kann, sondern weil bereits der Speichel mit der Verdauung beginnt.

a ☐ Beschreibe die Prozesse, die bei der Nahrungsaufnahme in der Mundhöhle stattfinden.

b ☑ Beschreibe, wie sich die Oberfläche der Nahrung in der Mundhöhle ändert.

c ☑ Bewerte die Redewendung »Gut gekaut ist halb verdaut.«

d ☑ Hühner sind Körnerfresser. Sie nehmen mit der Nahrung oft Steine auf. Stelle eine begründete Vermutung auf, warum dies notwendig ist.

3 Oberflächenvergrößerung in der Technik

a ☐ Beschreibe die Vergrößerungen der Oberfläche an den in Bild 2 dargestellten Beispielen aus dem Alltag.

b ☑ Beschreibe die Funktionen, die durch diese Vergrößerungen der Oberfläche unterstützt werden.

c ☑ Recherchiere im Internet weitere Beispiele aus der Technik und der Natur, bei denen das Prinzip der Oberflächenvergrößerung umgesetzt wird.

Bindegewebe

Kapillaren

Muskulatur   Dünndarmschleimhaut

1 Dünndarm und Darmzotten

2 Beispiele für Oberflächenvergrößerung in der Technik

Gesunderhaltende Ernährung

Viele Kinder mögen gerne Currywurst mit Pommes oder Döner. Wenn man sich gesund ernähren möchte, sollte das Gericht besser zum Beispiel aus Kartoffeln, viel frischem Gemüse und etwas Fleisch oder Fisch bestehen.

Ausgewogene Ernährung

Eine gesunderhaltende Ernährung sollte aus vielseitigen Nahrungsmitteln bestehen. Dabei ist das ausgewogene Verhältnis der Nährstoffe wichtig, um den täglichen Bedarf an Betriebs- und Baustoffen abzudecken. Dazu zählen Kohlenhydrate, Proteine und Fette. Außerdem spielen Vitamine und Mineralstoffe ebenso wie Ballaststoffe und reichlich Wasser eine wichtige Rolle. Die Deutsche Gesellschaft für Ernährung empfiehlt für Jugendliche eine Nährstoffzufuhr pro Tag und Kilogramm Körpergewicht von 3 bis 4 Gramm Kohlenhydrate, 0,9 Gramm Fett und 0,8 Gramm Protein.

1 Ein gesundes Mittagessen

Vollwertige Ernährung

Zu einer vollwertigen Ernährung gehören hauptsächlich pflanzliche und gering verarbeitete Lebensmittel. Viel Obst und Gemüse, Vollkornprodukte, wie beispielsweise Vollkornreis und Nudeln, regelmäßig Milch und Milchprodukte sowie wenig Fleisch und 1- bis 2-mal pro Woche Fisch sollten in den Speiseplan eingebaut werden. Die richtige Auswahl ist entscheidend, da nur eine vielfältige Kost in der richtigen Zusammensetzung zu Wohlbefinden, Gesundheit und Leistungsvermögen beiträgt.

Alternative Ernährungsformen

Es gibt zahlreiche alternative Ernährungsformen. Die Gründe können religiöser, ethischer und gesundheitlicher Natur sein. Vegetarier essen weder Fleisch noch Wurst. Einige Vegetarier ernähren sich neben pflanzlichen Produkten noch von Milch und Eiern. Andere verzichten auch auf Eier.

Veganer essen keine Lebensmittel, die von Tieren stammen, also weder Milch und Milchprodukte noch Honig. Tierische Proteine müssen somit durch andere Lebensmittel ersetzt werden, zum Beispiel durch Hülsenfrüchte, Samen und Nüsse. Veganer sollten genau auf die Zusammensetzung ihrer Ernährung achten, um Mangelerscheinungen zu vermeiden. Für Säuglinge, Kinder, Schwangere, ältere und kranke Menschen ist eine vegane Ernährung nicht zu empfehlen, da sie einen erhöhten Nährstoffbedarf, vor allem an Proteinen und Vitaminen, haben.

Tipps für eine gesunderhaltende Ernährung

- Ernähre dich abwechslungsreich und vielfältig, um dem Körper die unterschiedlichen Nährstoffe zuzuführen.
- Iss wenig Fett, da dies einen hohen Energiewert hat.
- Vermeide zu viel Salz und ersetze es durch frische Kräuter und Gewürze, da eine hohe Salzmenge dem Körper schadet.
- Wähle Vollkornprodukte, Gemüse, Kartoffeln und Obst, denn sie enthalten ein ausgewogenes Verhältnis von Nährstoffen, Vitaminen, Mineralstoffen und Ballaststoffen.
- Vermeide zu viele Süßigkeiten, denn zu viel Zucker wird vom Körper in Fett umgewandelt und gespeichert.
- Achte auf schonend zubereitete Nahrung, um die Vitamine zu erhalten.
- Lass dir Zeit beim Essen und kaue gründlich, damit sich ein Sättigungsgefühl einstellt.

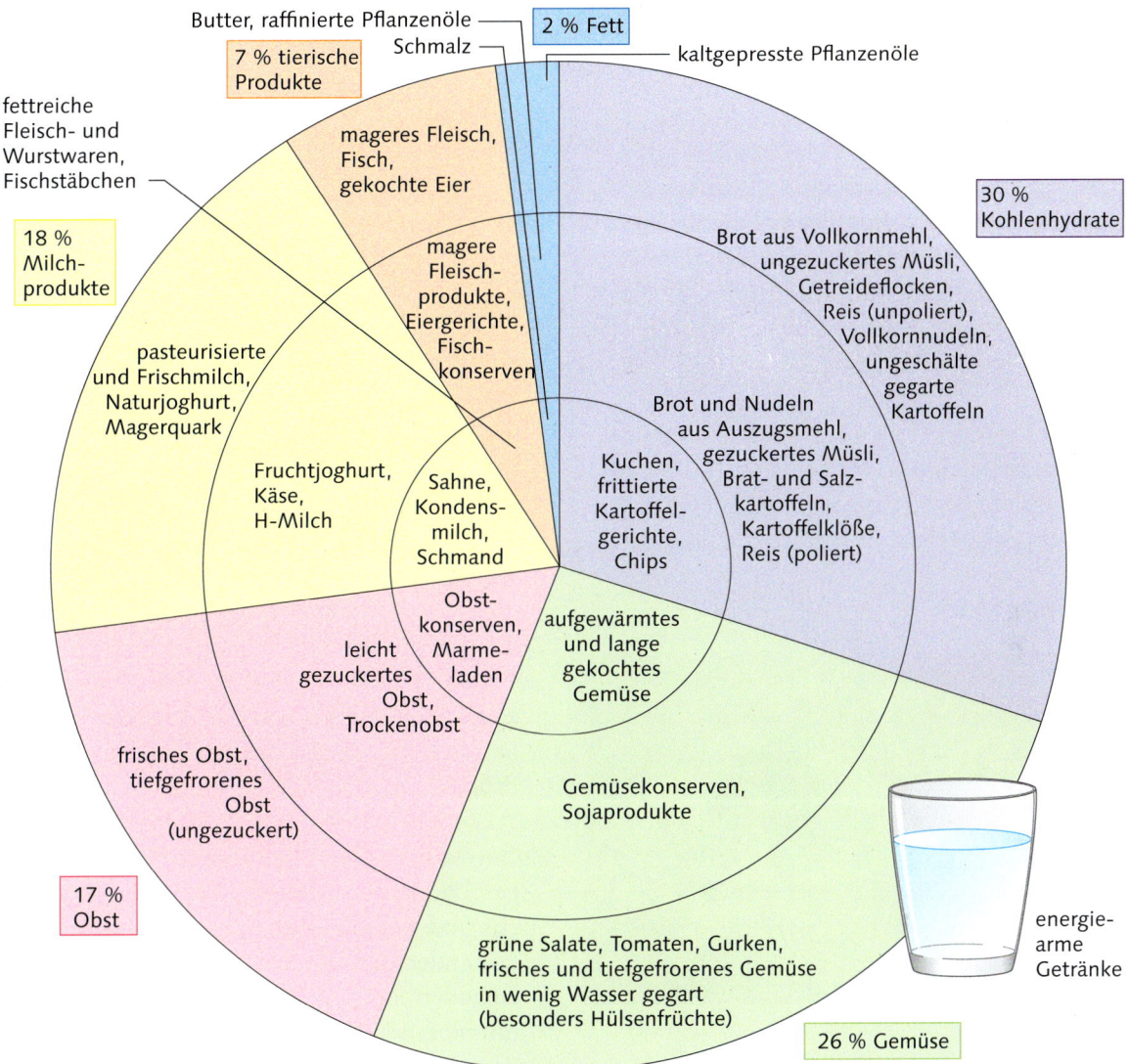

Butter, raffinierte Pflanzenöle
Schmalz

2 % Fett

kaltgepresste Pflanzenöle

7 % tierische Produkte

mageres Fleisch, Fisch, gekochte Eier

fettreiche Fleisch- und Wurstwaren, Fischstäbchen

18 % Milch-produkte

pasteurisierte und Frischmilch, Naturjoghurt, Magerquark

Fruchtjoghurt, Käse, H-Milch

magere Fleisch-produkte, Eiergerichte, Fisch-konserven

Sahne, Kondens-milch, Schmand

30 % Kohlenhydrate

Brot aus Vollkornmehl, ungezuckertes Müsli, Getreideflocken, Reis (unpoliert), Vollkornnudeln, ungeschälte gegarte Kartoffeln

Brot und Nudeln aus Auszugsmehl, gezuckertes Müsli, Brat- und Salz-kartoffeln, Kartoffelklöße, Reis (poliert)

Kuchen, frittierte Kartoffel-gerichte, Chips

leicht gezuckertes Obst, Trockenobst

Obst-konserven, Marme-laden

aufgewärmtes und lange gekochtes Gemüse

frisches Obst, tiefgefrorenes Obst (ungezuckert)

17 % Obst

Gemüsekonserven, Sojaprodukte

energie-arme Getränke

grüne Salate, Tomaten, Gurken, frisches und tiefgefrorenes Gemüse in wenig Wasser gegart (besonders Hülsenfrüchte)

26 % Gemüse

2 Ein Lebensmittelkreis

Der Lebensmittelkreis

Bei der Zusammenstellung von Mahlzeiten hilft der Lebensmittelkreis. Er zeigt eine ideale Zusammenstellung der Anteile der unterschiedlichen Nahrungsmittel in der Ernährung. Je größer ein Segment dargestellt ist, desto mehr sollte von der Nahrungsgruppe gegessen werden. Dazu kommen etwa 1,5 Liter energiearme Getränke wie Mineralwasser oder verdünnte Saftschorlen. Der Lebensmittelkreis ist von außen nach innen eingeteilt. Je weiter innen ein Produkt liegt, desto mehr wurde es bearbeitet und umso weniger sollte man davon essen.

In Kürze

Zu einer gesunderhaltenden Ernährung gehören eine abwechslungsreiche Nahrungsauswahl nach dem Lebensmittelkreis, ausreichend Flüssigkeit und über den Tag gleichmäßig verteilte Mahlzeiten. Nahrungsmittel verlieren die wertvollen Inhaltsstoffe durch starke Verarbeitung.

Aufgaben

1 ☐ Stelle mit Hilfe des Lebensmittelkreises einen Speiseplan mit gesunderhaltenden Mahlzeiten für einen Tag auf.

2 ◪ Eine Einteilung in gesunde und ungesunde Lebensmittel ist nicht einfach. Begründe.

Gesunderhaltende Ernährung

Planung Wie ein guter Start in den Tag aussieht, könnt ihr in der Klasse ausprobieren. Plant ein gemeinsames gesundes Frühstück. Ihr könnt zum Beispiel die beiden Rezepte auf dieser Seite zubereiten. Bevor ihr beginnt, solltet ihr überprüfen, ob ihr alle benötigten Zutaten zur Verfügung habt.

Durchführung Stellt alle Zutaten bereit und wiegt sie nach den Vorgaben ab. Achtet auf die notwendige Hygiene: Wascht euch nach jedem Arbeitsgang gründlich die Hände.

A Kräuterquark

1 Kräuterquark

Zutaten (für vier Portionen) 250 Gramm Magerquark, 2 Becher Joghurt, 2 kleine Zwiebeln, 1 Knoblauchzehe, Schnittlauch, Petersilie, Salz, Pfeffer und Vollmilch

Zubereitung Verrührt Quark und Joghurt miteinander. Gebt Milch dazu, bis eine cremige Masse entstanden ist. Schält die Zwiebeln und schneidet sie in kleine Würfel. Die Knoblauchzehe wird geschält und gepresst. Wascht und schneidet den Schnittlauch. Nun vermischt ihr alle Zutaten und würzt den Quark mit wenig Salz und Pfeffer. Zur Dekoration könnt ihr gewaschene Petersilie auf den fertigen Quark legen.

B Obstsalat

2 Zubereitung von Obstsalat

Zutaten (für vier Portionen) 2 Bananen, 2 Äpfel, 4 Kiwi, ½ Ananas, 10 Erdbeeren, 2 Orangen, Honig, Zitronenmelisse. Je nach Saison oder Geschmack sind auch andere Früchte möglich.

Zubereitung Die Früchte werden gewaschen, geschält und zerkleinert. Presst eine Orange aus und verrührt den Saft mit etwas Honig. Die andere Orange kommt in den Salat. Gebt den Saft über die Früchte und hebt ihn mit einem Löffel unter. Garniert mit Zitronenmelisse.

3 Eine Portion Obstsalat

Haltbarkeit und Aufbewahrung
Die Speisen sollten möglichst sofort verzehrt werden. Die Reste müsst ihr abgedeckt in den Kühlschrank stellen.

Ernährung

Die Werbung vermittelt uns die Vorstellung, dass wir uns mit Fast Food bedenkenlos ernähren können. Aber ist Fast Food tatsächlich so unbedenklich?

1 Fast-Food-Menü

1 Energiebedarf und Ernährung

Ein Fast-Food-Menü besteht aus einem Hamburger, Chicken-Sticks, Pommes frites (mit Ketchup und Mayonnaise), großer Cola, Salat, Obst und Joghurtdrink. Es hat etwa 6700 kJ (1600 kcal).

a ☑ Berechne, wie lange du unten stehende Aktivitäten ausüben musst, um den Energiegehalt dieses Menüs umzusetzen.

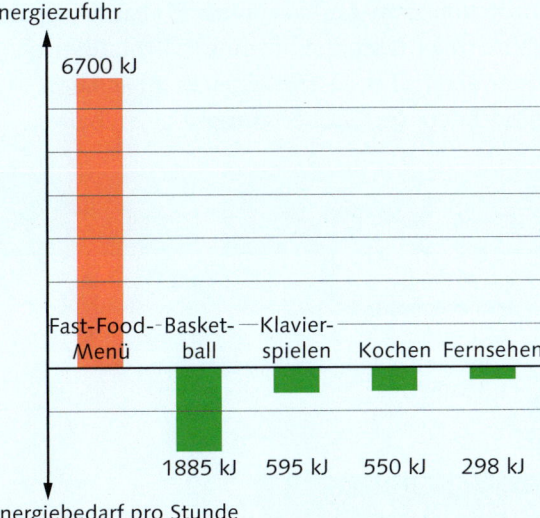

2 Durchschnittlicher Energieumsatz bei verschiedenen Tätigkeiten in einer Stunde

2 Auswirkung der Nahrung und der Essgewohnheiten auf das Befinden

Fast Food und Fertiggerichte enthalten im Vergleich zu Vollkornprodukten deutlich weniger Ballaststoffe.

a ☑ Erläutere mit Hilfe des Diagramms 3, welche Auswirkungen die Aufnahme von Vollkornprodukten auf das Hungergefühl haben. Vergleiche sie mit der Wirkung von ballaststoffarmen Gerichten.

b ☑ Erkläre, warum häufiger Konsum von Fast-Food- und Fertigprodukten das Risiko, übergewichtig zu werden, erhöht.

c ■ Nenne mit Hilfe von Bild 4 zwei mögliche Gründe, warum mehrere kleinere Mahlzeiten am Tag für die Leistungsbereitschaft besser sein könnten als wenige große.

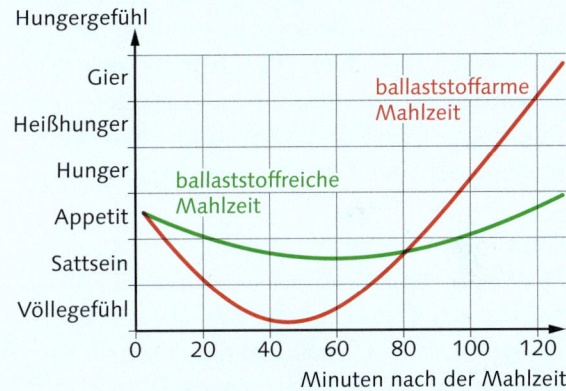

3 Hungergefühl in Abhängigkeit von der Mahlzeit

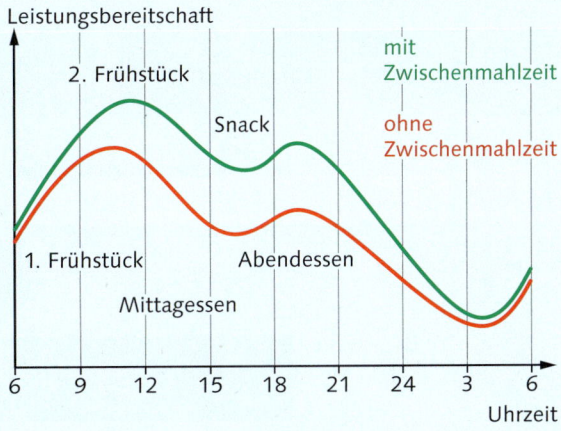

4 Leistungsbereitschaft in Abhängigkeit vom Essverhalten

Qualitätsmerkmale von Lebensmitteln

»Felix, geh doch bitte noch schnell Äpfel einkaufen!« – Jetzt steht er in der Obstabteilung und weiß nicht so recht weiter. Welche Sorte soll er kaufen? »Pink Lady« aus Neuseeland oder doch lieber »Elstar« vom Bodensee. Ist das egal, oder gibt es Qualitätsunterschiede?

1 Apfelsorten im Supermarkt

Qualität – ein vielfältiger Begriff

Die Beurteilung der Qualität eines Lebensmittels kann sehr unterschiedlich ausfallen, je nachdem welche Merkmale bei der Auswahl für einen selbst besonders wichtig sind. Für viele Verbraucher stehen Geschmack und Preis im Vordergrund. Bei der Auswahl sollten aber auch weitere wichtige Kriterien berücksichtigt werden. Bei jeder Kaufentscheidung werden soziale, ökologische und gesundheitliche Aspekte eines Lebensmittels, meist unbewusst, gewichtet. Die Qualität eines Lebensmittels kann durch den Genuss-, Eignungs-, Gesundheitswert und einen sozial-ökologischen Wert ermittelt werden.

Geschmack im Vordergrund

Der Geschmack und das Aussehen sind oft die wichtigsten Kriterien beim Einkauf von Lebensmitteln. Geschmack ist etwas sehr Individuelles. Was dem einen schmeckt, mag die andere nicht. Persönliche Vorlieben und Erfahrungen mit Produkten bestimmen hier das Kaufverhalten. Mit einem appetitlichen, oft makellosen Aussehen wird Frische verknüpft. Frische Lebensmittel haben einen guten Geschmack und besitzen einen hohen Mineralsalz- und Vitamingehalt. Regionale und saisonale Produkte sind besonders frisch. Geschmack, Aussehen, Geruch und Frische beschreiben den *Genusswert* eines Lebensmittels.

Das Lebensmittel muss »passen«

Viele Lebensmittel werden unter dem Aspekt gekauft, ob sie zum eigenen Lebensstil passen. Können zum Beispiel Lebensmittel nicht sofort verbraucht werden, ist die Haltbarkeit wichtig. Fehlt die Zeit für aufwendiges Kochen, sind oft industriell vorgefertigte Lebensmittel wie Fertiggerichte, Kochbeutelreis oder Brötchen zum Aufbacken im Einkaufswagen. Die Streichfähigkeit bei einem Brotaufstrich oder ob ein Lebensmittel leicht zu schälen ist, sind Koch- und Zubereitungseigenschaften,

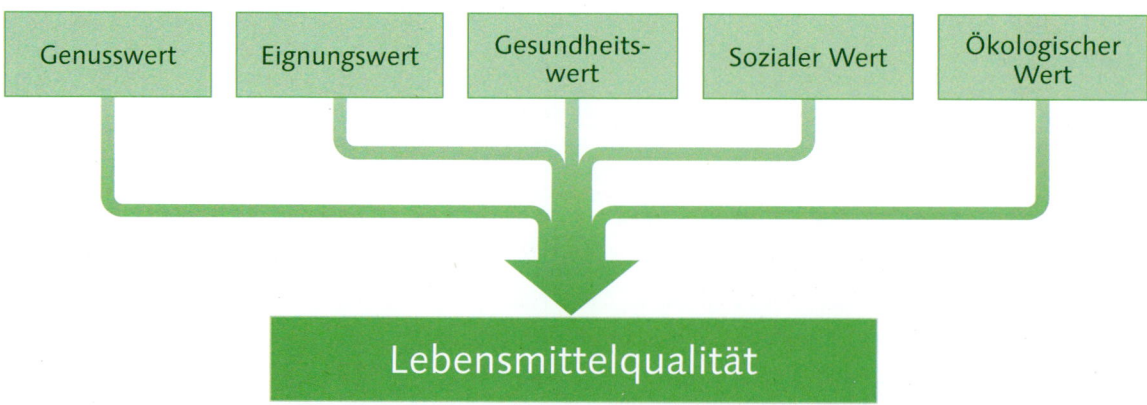

2 Merkmale der Lebensmittelqualität

Genusswert — Eignungswert — Gesundheits-wert — Sozialer Wert — Ökologischer Wert

Lebensmittelqualität

die eine Kaufentscheidung beeinflussen. Haltbarkeit, Kocheigenschaften und Zeitaufwand für Einkauf und Zubereitung beschreiben den *Eignungswert* eines Lebensmittels.

Gesundheit im Blick

Lebensmittel sollen entsprechend den Ernährungsempfehlungen fettarm und ballaststoffreich sein, ein ausgewogenes Verhältnis der Nährstoffe besitzen und viele Mineralstoffe und Vitamine enthalten. Informationen hierzu stehen auf den Produktverpackungen. Die Nährwertkennzeichnung nennt die Zusatzstoffe und Allergene, die enthalten sind. Stark verarbeitete Lebensmittel wie Fertiggerichte schneiden hier im Vergleich zu frischen Lebensmitteln schlechter ab. Der *Gesundheitswert* eines Lebensmittels kann über die Inhaltsstoffe ermittelt werden.

Herstellung – fair und sozial

Arbeits- und Produktionsbedingungen, Löhne, fairer Handel und die Stärkung der kleinbäuerlichen Landwirtschaft sind wichtige Bestandteile, um den sozialen Wert eines Lebensmittels zu beschreiben. Das Fairtrade-Label garantiert eine sozialverträgliche Herstellung, faire Löhne sowie faire Abnahmepreise für die Rohstoffe. Der *soziale*

3 Auswahl fair gehandelter Lebensmittel

Wert beschreibt die Produktionsbedingungen von Lebensmitteln.

Umwelt im Blick

Durch Produktion und Transport eines Lebensmittels kann die Umwelt belastet werden. Ein hoher *ökologischer Wert* bedeutet, dass Lebensmittel so erzeugt, verarbeitet, verpackt und transportiert werden, dass möglichst wenig Rohstoffe verbraucht und Energie eingesetzt werden. Die Herkunft von Rohwaren haben hier eine große Bedeutung. Regionale und saisonale Lebensmittel gelangen durch einen kurzen Transportweg schnell zum Verbraucher. Lebensmittel, die unter besonderer Beachtung des ökologischen Landbaus erzeugt werden, tragen das Biosiegel.

Nachhaltige Entwicklung

Umwelt- und Sozialverträglichkeit sind wichtige Kriterien für die Produktion von Lebensmitteln im Sinne einer nachhaltigen Entwicklung. Der Preis ist für viele Verbraucher sehr wichtig, jedoch eigentlich kein Qualitätsmerkmal, da die Einhaltung sozialer und ökologischer Standards Geld kostet und sich daher auf den Preis auswirkt.

In Kürze

Die Qualität eines Lebensmittels wird durch den Genuss-, Eignungs-, Gesundheitswert und einen sozial-ökologischen Wert bestimmt.

Aufgaben

1 ☐ Suche im Supermarkt drei verschiedene Lebensmittel aus, die ein besonderes Label tragen. Beschreibe deren Bedeutung.

2 ◪ Die Qualität von Lebensmitteln kann aus verschiedenen Blickwinkeln betrachtet werden. Erläutere am Beispiel »Coffee to go«.

3 ◼ Wähle in der Obstabteilung drei Apfelsorten aus. Informiere dich über möglichst viele Qualitätsmerkmale dieser Sorten. Triff eine begründete Kaufentscheidung.

Ernährung

Man isst, um zu leben, und lebt nicht, um zu essen.

Der Bauch ist der Mittelpunkt des Lebens. Hundert Krankheiten haben dort ihr Werden.

Zwischen Essen und Ernähren können Welten liegen.

Wenn das Essen am besten schmeckt, soll man aufhören.

Fresser werden nicht geboren, Fresser werden erzogen.

1 Sprichwörter und Redewendungen zur Ernährung

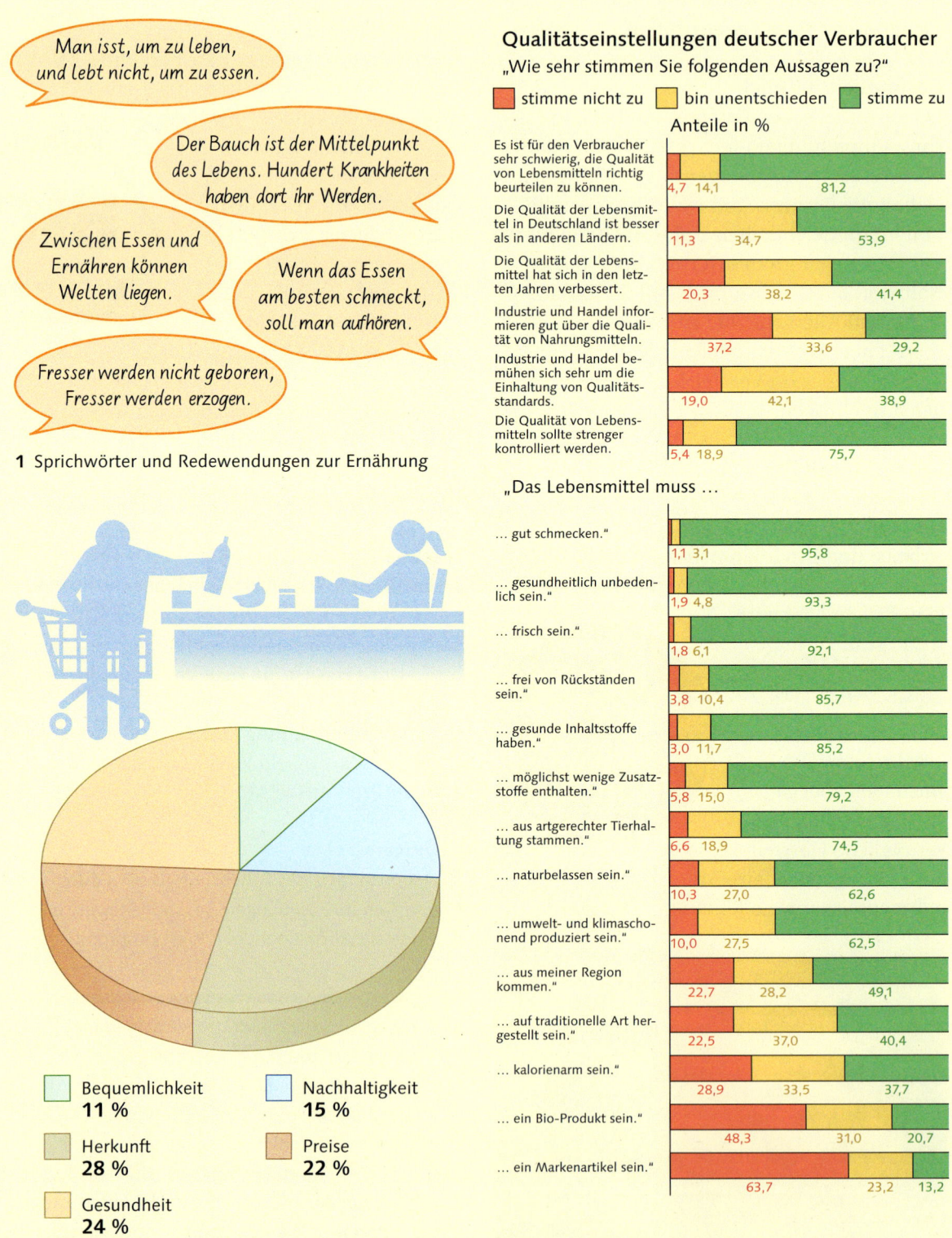

Bequemlichkeit **11 %**

Nachhaltigkeit **15 %**

Herkunft **28 %**

Preise **22 %**

Gesundheit **24 %**

2 Kriterien für den Einkauf von Lebensmitteln

Qualitätseinstellungen deutscher Verbraucher

„Wie sehr stimmen Sie folgenden Aussagen zu?"

■ stimme nicht zu   ■ bin unentschieden   ■ stimme zu

Anteile in %

Aussage	stimme nicht zu	bin unentschieden	stimme zu
Es ist für den Verbraucher sehr schwierig, die Qualität von Lebensmitteln richtig beurteilen zu können.	4,7	14,1	81,2
Die Qualität der Lebensmittel in Deutschland ist besser als in anderen Ländern.	11,3	34,7	53,9
Die Qualität der Lebensmittel hat sich in den letzten Jahren verbessert.	20,3	38,2	41,4
Industrie und Handel informieren gut über die Qualität von Nahrungsmitteln.	37,2	33,6	29,2
Industrie und Handel bemühen sich sehr um die Einhaltung von Qualitätsstandards.	19,0	42,1	38,9
Die Qualität von Lebensmitteln sollte strenger kontrolliert werden.	5,4	18,9	75,7

„Das Lebensmittel muss …

Aussage	stimme nicht zu	bin unentschieden	stimme zu
… gut schmecken."	1,1	3,1	95,8
… gesundheitlich unbedenlich sein."	1,9	4,8	93,3
… frisch sein."	1,8	6,1	92,1
… frei von Rückständen sein."	3,8	10,4	85,7
… gesunde Inhaltsstoffe haben."	3,0	11,7	85,2
… möglichst wenige Zusatzstoffe enthalten."	5,8	15,0	79,2
… aus artgerechter Tierhaltung stammen."	6,6	18,9	74,5
… naturbelassen sein."	10,3	27,0	62,6
… umwelt- und klimaschonend produziert sein."	10,0	27,5	62,5
… aus meiner Region kommen."	22,7	28,2	49,1
… auf traditionelle Art hergestellt sein."	22,5	37,0	40,4
… kalorienarm sein."	28,9	33,5	37,7
… ein Bio-Produkt sein."	48,3	31,0	20,7
… ein Markenartikel sein."	63,7	23,2	13,2

3 Umfrageergebnisse zu Lebensmittelqualität

Aus einer Präsentation zum Thema »Lebensmittelqualität aus Verbrauchersicht« (2012)

Verbraucheraussagen kontra Verbraucherverhalten

Im Internet befürworten 90 Prozent der Beiträge »Natürlichkeit« – beim Lebensmitteleinkauf hat aber industriell produzierte Ware einen Marktanteil von 90 Prozent.

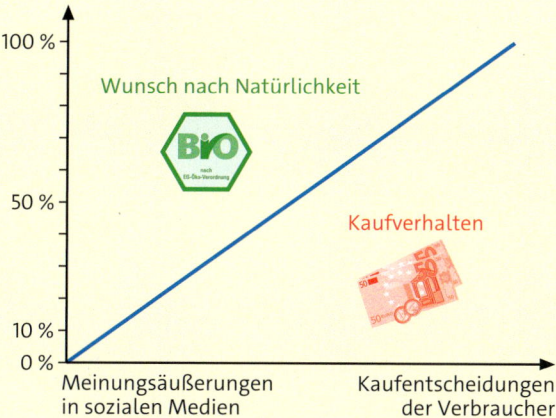

4 Unterschied: Theorie – Praxis

»Generell gilt zwar: Je weiter ein Produkt reisen muss, um auf unserem Tisch zu landen, desto schlechter wird seine Ökobilanz: Ein Apfel aus Chile verbraucht die 520-fache Energie eines regionalen Apfels, der in der Saison geerntet wird. Aber dennoch: Lagert das heimische Obst monatelang im Kühlhaus, bevor es in den Handel kommt, ist der Energieverbrauch möglicherweise höher als der der langen Reise mit dem Containerschiff. Sicher sein kann man bei Lebensmitteln, die per Flugzeug transportiert werden. Sie haben bei der Ökobilanz immer verloren …«

5 Ökobilanz, kritisch betrachtet

Aus Stern: Bio-Obst auf Reisen

Biolebensmittel

Fast 5000 Leser von Sueddeutsche.de haben ihre Beweggründe genannt, weshalb sie Biolebensmittel kaufen.

ICH KAUFE BIOLEBENSMITTEL, WEIL …

… ich mich gesund ernähren möchte	10 %
… mir der Umweltschutz am Herzen liegt	13 %
… sie mir besser schmecken	5 %
… ich keine Medikamente in den Ställen haben möchte	12 %
… ich gegen Gentechnik bin	10 %
… ich die artgerechte Haltung von Nutztieren unterstützen möchte	17 %
… weniger Treibhausgase entstehen	2 %
… sie für mich zu einer bewussten Lebensweise dazugehören	4 %
… ich nachhaltiges Wirtschaften unterstütze	12 %
… ich meine Region stärken möchte	5 %
… mir faire Arbeitsbedingungen wichtig sind	7 %
… ich wissen will, woher mein Essen kommt	6 %

6 Umfrage   *Verändert nach SZ.de (2014)*

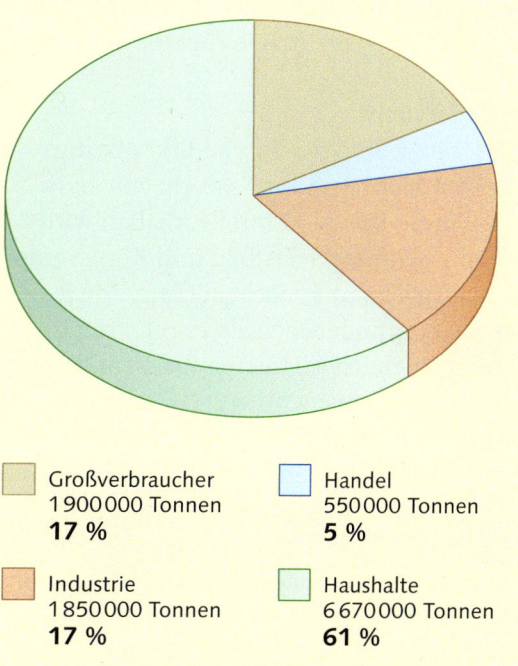

Großverbraucher
1 900 000 Tonnen
17 %

Handel
550 000 Tonnen
5 %

Industrie
1 850 000 Tonnen
17 %

Haushalte
6 670 000 Tonnen
61 %

7 Weggeworfene Lebensmittel in Deutschland (2012)

BMELV, Universität Stuttgart

Wenn Essen zum Problem wird

Malena ist 13 Jahre alt. Jeden Morgen der gleiche Ablauf: Nach einem Blick in den Spiegel fühlt sie sich zu dick. Das Gewicht, das die Waage anzeigt, bestätigt scheinbar ihr Gefühl. Hat sie ihrer Meinung nach einmal zu viel gegessen, denkt sie, alle Leute starren sie an, weil sie zu dick ist.

Störung der Energiebilanz

Eine *Essstörung* liegt vor, wenn Energiezufuhr und Energieumsatz des Körpers nicht ausgeglichen sind. Wird dem Körper mehr Energie zugeführt, als er benötigt, wird er in der Regel übergewichtig. Bekommt er zu wenig oder die falsche Nahrung, führt das zu Gewichtsverlust und Mangelerscheinungen. Auslöser für eine krankhafte Essstörung ist meist eine gestörte Wahrnehmung des eigenen Körpers. Denken und Handeln der Betroffenen drehen sich ständig um das Thema Essen. In einem solchen Fall ist man abhängig oder süchtig. Das bedeutet, dass man dem Verlangen nach einem bestimmten Gefühlszustand nicht widerstehen kann, obwohl man es besser weiß.

Die Magersucht

Magersucht ist eine psychische Erkrankung, bei der die Menschen ihr Essverhalten stark kontrollieren. Dieses Kontrollverhalten wird durch ein gestörtes Selbstbild und Körperempfinden ausgelöst und macht süchtig. Die Betroffenen empfinden sich als zu dick, auch wenn sie erhebliches Untergewicht aufweisen. Der Gewichtsverlust wird zum Inhalt ihres Denkens und Handelns. Diese Krankheit trifft meistens Mädchen und junge Frauen, aber auch immer häufiger Jungen und junge Männer. Magersüchtige hungern, vermeiden hochkalorische oder besonders fetthaltige Speisen, treiben exzessiv Sport und machen alles, um ihr Gewicht zu senken. Häufig ist Magersucht mit hohem Leistungsdenken in allen Lebensbereichen gepaart.

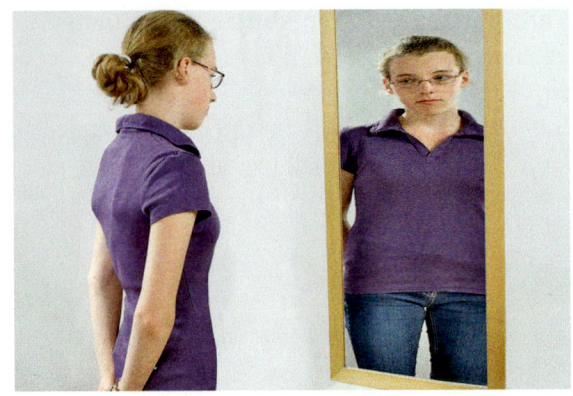

1 Der tägliche Blick in den Spiegel

Die Ess-Brech-Sucht

Bei der Ess-Brech-Sucht oder *Bulimie* haben Betroffene große Angst vor einer Gewichtszunahme. Durch Stress, Einsamkeit oder durch Unzufriedenheit mit sich selbst oder einzelnen Situationen kommt es zu Heißhungerattacken. Dabei hat man das Gefühl, die Kontrolle über sich selbst zu verlieren. Gegen die Gewichtszunahme nach den Heißhungerattacken nehmen die Erkrankten Abführmittel oder erbrechen sich. Die dadurch nach oben beförderte Magensäure führt zu Schäden an der Speiseröhre und den Zähnen. Darüber hinaus beeinträchtigt das ständige Erbrechen den Wasser- und Mineralstoffhaushalt des Körpers. Dies kann zu Herzversagen führen. Im Gegensatz zur Magersucht liegt das Gewicht der Bulimie-Patienten im unteren

Körperliche Folgen der Magersucht und Bulimie:

- Müdigkeit, depressive Verstimmung
- langsames Atmen
- langsam schlagendes Herz, Herzrhythmusstörungen
- Verstopfung
- Verfärbung der Haut, Haarausfall
- niedrige Körpertemperatur
- absichtlicher Gewichtsverlust
- niedriger Blutdruck
- Abnahme der Knochenstabilität
- Störung der Menstruation, Unfruchtbarkeit
- Muskelschwäche

2 Körperliche Folgen der Magersucht und Bulimie

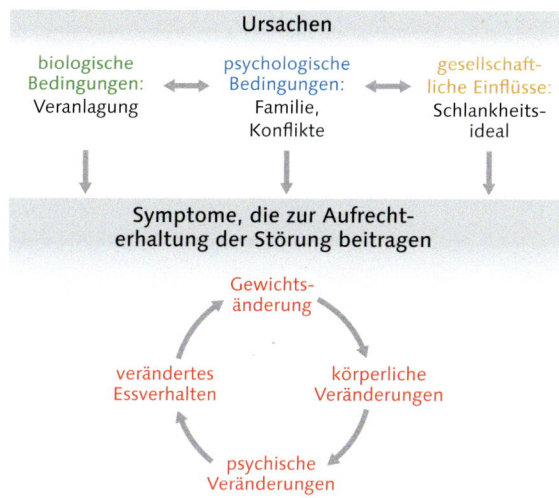

Ursachen

biologische Bedingungen:	psychologische Bedingungen:	gesellschaftliche Einflüsse:
Veranlagung	↔ Familie, Konflikte ↔	Schlankheitsideal

↓ ↓ ↓

Symptome, die zur Aufrechterhaltung der Störung beitragen

Gewichtsänderung → körperliche Veränderungen → psychische Veränderungen → verändertes Essverhalten →

3 Ursachen und Symptome von Essstörungen

Suchtverhalten

Jede Sucht ist eine psychische Abhängigkeit von einem Stoff oder einer Verhaltensweise. Fehlen diese, treten körperliche Entzugserscheinungen auf. Süchte entstehen über einen Prozess, der mit einer ersten positiven Erfahrung beginnt, die häufig wiederholt wird, bis man sich an sie gewöhnt. Der Abhängige befindet sich in einer seelischen Unfreiheit. Er hat das Gefühl, sein Leben ohne das Suchtmittel nicht ertragen zu können. Deshalb ist die Sucht nicht mehr willentlich steuerbar. Sowohl die Wege in die Abhängigkeit hinein als auch hinaus laufen über einen längeren Zeitraum ab.

Normalgewicht oder bei leichtem Untergewicht. Kennzeichnend ist die übergroße Angst vor Gewichtszunahme oder Gewichtsschwankungen.

Esssucht

Menschen, die zwanghaft zu große Mengen essen, leiden an Esssucht, auch Binge eating genannt. Die Folgen dieser Störung sind häufig Übergewicht, wodurch die Gelenke und andere Organe erkranken. Solche Menschen essen oft riesige Mengen Nahrungsmittel und können ihre Essanfälle nicht kontrollieren. Es handelt sich um eine psychische Erkrankung, die zu einem geringen Selbstwertgefühl führt. Erkrankte beschäftigen sich intensiv mit dem Kaloriengehalt von Nahrungsmitteln und sind mit ihrem Körper unzufrieden. Trotzdem essen sie bei Essattacken viel fettreiche und süße Nahrung. Ihr Gewicht schwankt häufig. Anders als im Fall von Bulimie genießen die Erkrankten das Essen und erbrechen trotz Schuldgefühlen danach nicht.

Es gibt Hilfe

Der erste Schritt, etwas gegen eine Essstörung zu tun, ist die Einsicht der Betroffenen, dass sie Hilfe brauchen und diese auch annehmen müssen. Eine Therapie versucht zunächst das Gewicht und das Essverhalten zu normalisieren. Auf der psychologischen Ebene wird versucht, das Selbstwertgefühl zu steigern. Ziel ist es, dass sich die Betroffenen wieder so sehen und akzeptieren, wie sie sind. Eine wichtige Rolle spielen dabei Freunde und Familie. Erste Ansprechpartner können der Hausarzt, eine staatliche Beratungsstelle oder eine Selbsthilfegruppe sein. Es ist jedoch wichtig, dass auch nach der Therapie ständig ein Bewusstsein der Betroffenen und ihrer Umgebung für die weiterhin bestehende Gefährdung der Süchtigen besteht, um einem Rückfall vorzubeugen.

In Kürze

Bei einer Essstörung sind Energieaufnahme und Energieumsatz des Körpers nicht ausgeglichen. Die Betroffenen haben eine gestörte Selbstwahrnehmung und können ihr Essverhalten nicht kontrollieren.

Aufgaben

1 ☐ Nenne die Definition für eine Essstörung.

2 ☑ Finde mit Hilfe des Telefonbuchs die Telefonnummer des Gesundheitsamts oder einer Selbsthilfegruppe heraus.

3 ■ Beschreibe die nötigen Schritte zur Heilung einer Essstörung.

Ernährung

1 Stoffwechsel

a □ Nenne die Definition für den Begriff Stoffwechsel.

b □ Der Körper muss mit der Nahrung Nährstoffe aufnehmen, um die Stoffwechselvorgänge aufrechtzuerhalten. Nenne die Nährstoffe und beschreibe ihre Bedeutung im Körper.

c □ Beschreibe, wie du vorgehen musst, um deine benötigte Energiemenge pro Tag zu berechnen.

d □ Liste die Tätigkeiten an einem Tag auf, die deinen Leistungsumsatz bestimmen.

e ☑ Sportlern wird geraten, am Abend vor großen Wettkämpfen kohlenhydratreiche Nahrung zu sich zu nehmen. Begründe.

f ■ Stelle die Bedeutung von Wasser für den Stoffwechsel des menschlichen Körpers begründet dar.

2 Vitamine, Mineralstoffe, Ballaststoffe

a □ Das Vitamin C in Nahrungsmitteln wird beim Kochen fast zur Hälfte, beim Dämpfen etwa zu einem Fünftel und beim Dünsten zu einem Siebtel zerstört. Ziehe Schlussfolgerungen für die Zubereitung von Gemüse.

b ☑ Der Tagesbedarf an Vitamin D liegt beim Menschen während der Wachstumsphase bei 0,1 Milligramm, beim Erwachsenen bei 0,02 Milligramm. Begründe.

c ☑ Muskelkrämpfe, Müdigkeit und weiche Knochen sind Symptome für Mineralstoffmangel. Erläutere.

d ■ Der Ballaststoffgehalt von Babynahrung ist sehr gering. Stelle Vermutungen über mögliche Gründe auf.

2 Babynahrung

3 Verdauung

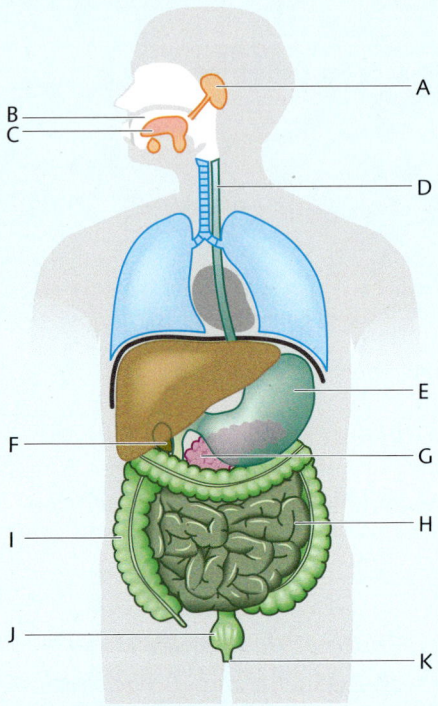

1 Verdauungssystem des Menschen

a □ Benenne die Verdauungsorgane in Bild 1.

b □ Beschreibe, an welchen Stellen die unterschiedlichen Nährstoffe aufgespalten werden.

c ☑ Im Dünndarm werden die Nährstoffe in das Blut aufgenommen. Beschreibe den Vorgang mit Hilfe von Bild 3. Verwende Fachbegriffe.

d ☑ Erläutere das Schlüssel-Schloss-Prinzip am Beispiel der Maltase.

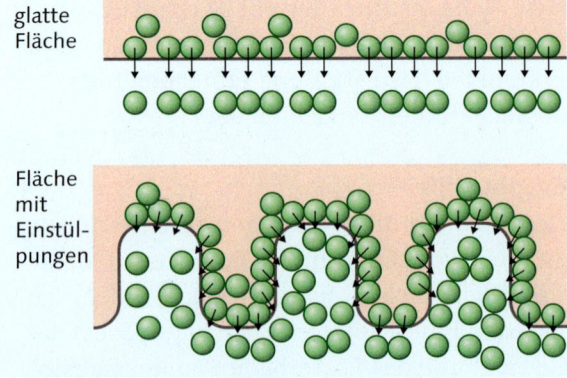

3 Unterschiedliche Flächen

4 Der Ernährungskreis

4 Ein Lebensmittelkreis

a □ Nenne die in dem Ernährungskreis dargestellten Nahrungsmittelgruppen und jeweils
drei typische Beispiele.

b □ Ordne jeder Gruppe Nährstoffe oder andere
für die Ernährung wichtige Stoffe zu, die
besonders reichlich enthalten sind.

c □ Nenne Kriterien für eine gesunde
Ernährung.

d ☑ Begründe mit Hilfe von Bild 5, weshalb
zuckerhaltige Limonade nicht zu einer ausge-
wogenen Ernährung gehört.

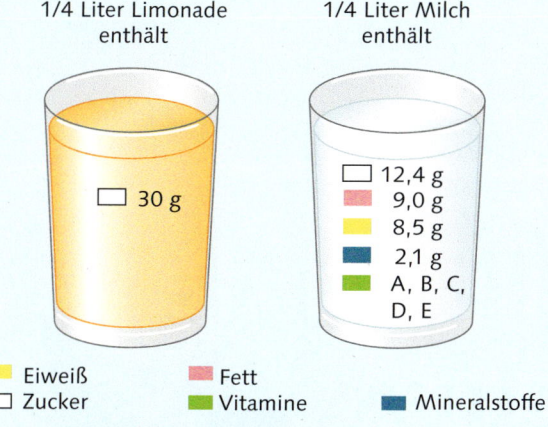

1/4 Liter Limonade enthält	1/4 Liter Milch enthält

□ 30 g

□ 12,4 g
■ 9,0 g
■ 8,5 g
■ 2,1 g
■ A, B, C, D, E

□ Eiweiß   ■ Fett
□ Zucker   ■ Vitamine   ■ Mineralstoffe

5 Inhaltsstoffe von Limonade und Milch

Ernährung

■ Der Körper gewinnt die benötigten
Betriebsstoffe und Baustoffe sowie lebensnotwendige Energie aus der Nahrung.

■ Die Nahrung enthält die Nährstoffe Kohlenhydrate, Fette und Eiweiße, die verdaut
und so für den Körper nutzbar werden.

■ Während der Verdauung werden die Nährstoffe durch Enzyme in die kleinsten Bausteine gespalten. Diese Bausteine werden
durch die Darmwand in Blut und Lymphe
resorbiert und zu den Zellen transportiert.

■ Regelmäßige Bewegung und eine ausgewogene Ernährung fördern die Gesundheit
des Körpers.

■ Jeder Nährstoff kann nur durch spezielle
Enzyme gespalten werden. Jeder Ausgangsstoff passt nur in ein spezielles Enzym
wie ein Schlüssel in ein Schloss.

■ Nach dem Prinzip der Oberflächenvergrößerung ist die Oberfläche des Darms
vergrößert. Dadurch können die zer-
kleinerten Nährstoffe schneller resorbiert
werden.

Bau und Funktion der Atmungsorgane

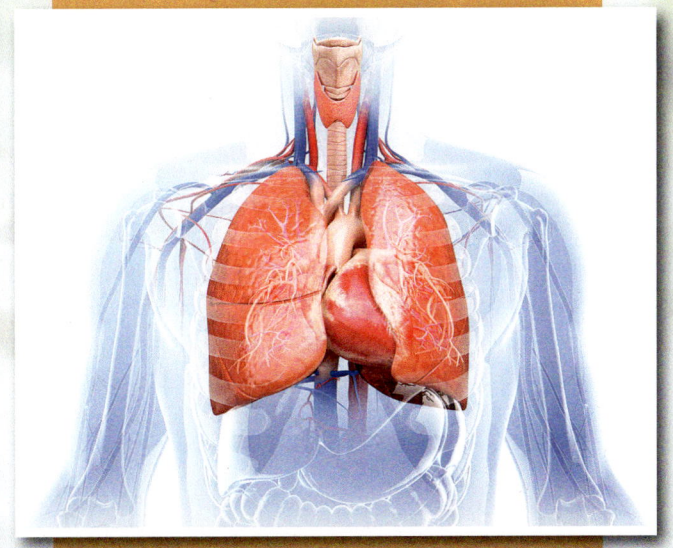

Der Weg der Atemluft

Beim Tauchen musst du immer wieder auftauchen, um Luft zu holen. Die Luft kann nicht sehr lange angehalten werden. Nach kurzer Zeit musst du wieder atmen, ob du willst oder nicht. Du atmest ständig – meist unbe-wusst –, ob du wach bist oder schläfst.

1 Der Schwimmer holt tief Luft.

Der Weg der Luft in die Lunge

Durch die Nase oder den Mund gelangt die Atemluft in den Körper. Die Schleimhaut der *Nasenhöhle* befeuchtet die Luft und wärmt sie an. Außerdem bleiben Staub und Krankheitserreger am Schleim hängen. Dies geschieht in abgeschwächter Form auch in der *Mundhöhle*.

Durch den *Rachen* gelangt die Luft zum *Kehlkopf*. Wenn wir schlucken, wird die Luftröhre vom *Kehldeckel* verschlossen. Die Luftröhre ist ein 10 bis 12 Zentimeter langer Schlauch, der durch Knorpelringe verstärkt und offen gehalten wird. Sie gabelt sich in zwei Äste, die *Bronchien*. Auch sie sind durch Knorpelringe stabilisiert. In der Luftröhre und den Bronchien befinden sich Flimmerhärchen, die Staub und Schleim zum Kehlkopf transportieren, damit er dort abgehustet werden kann. Die beiden Hauptbronchien führen in die beiden Lungenflügel. Hier verzweigen sie sich weiter in immer dünnere Röhrchen, die *Bronchiolen*. Am Ende der Röhrchen sitzen winzig kleine *Lungenbläschen*. Jedes von ihnen ist von einem Netz feinster Blutgefäße, den *Kapillaren,* umhüllt.

Bauchatmung

Die Lunge ist kein Muskel, sodass sie sich nicht selbst weiten und Luft einsaugen kann. Das *Zwerchfell* ist eine Muskelschicht unter der Lunge, die den Brust- und den Bauchraum voneinander trennt. Diese nach oben gewölbte Muskelschicht hat eine kuppelförmige Gestalt. Zieht sie sich zusammen, so flacht sie nach

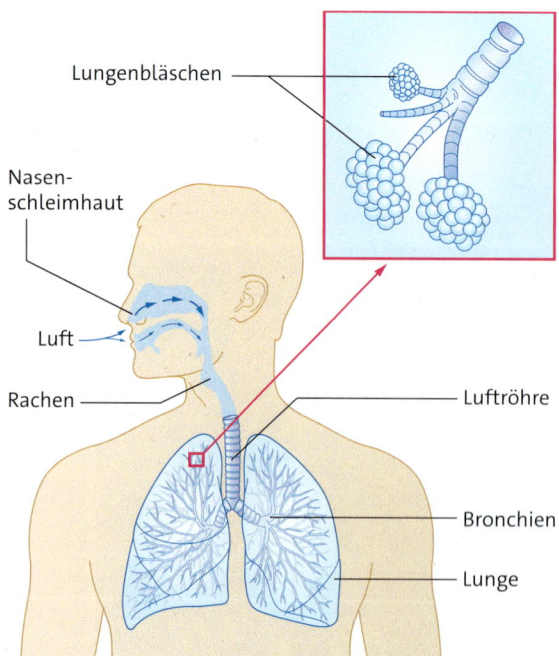

2 Der Weg der Luft in die Lunge

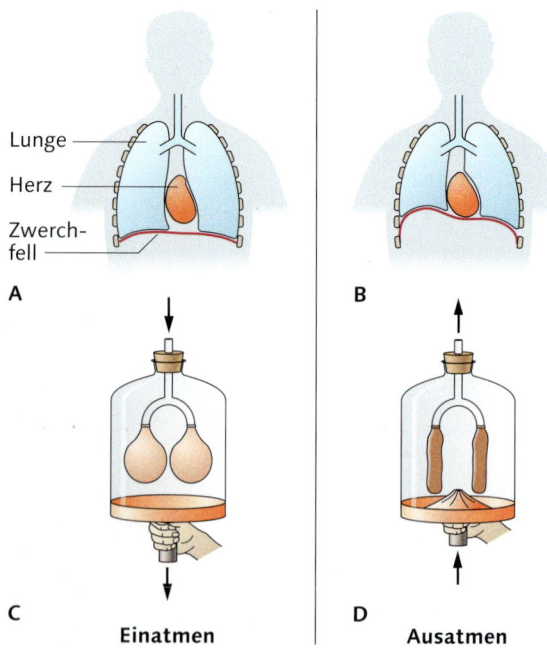

3 Bauchatmung: A, B Schema; C, D Modell

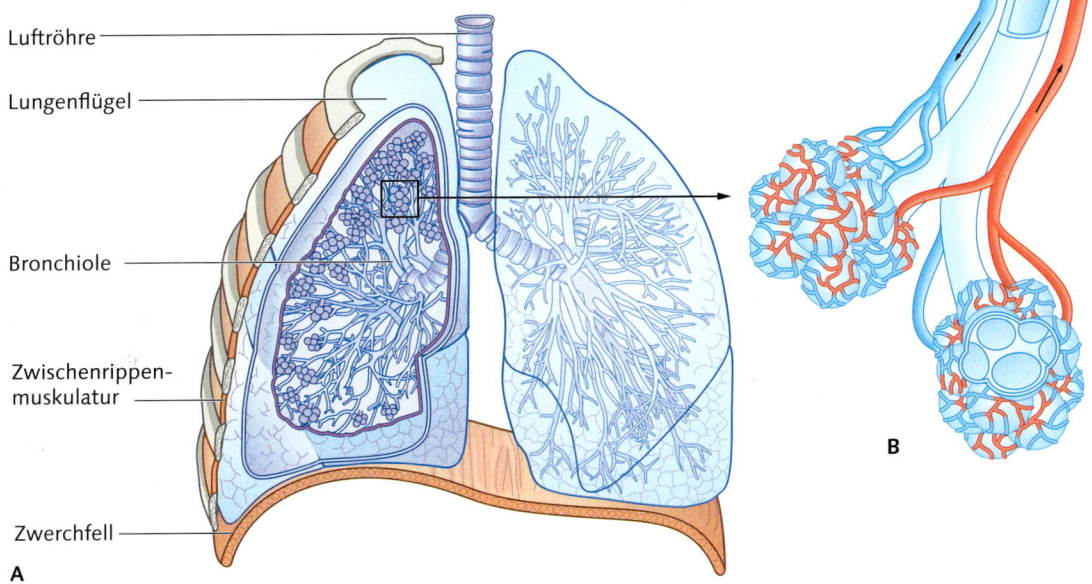

Luftröhre
Lungenflügel
Bronchiole
Zwischenrippen-
muskulatur
Zwerchfell
A
B

4 Atmungsorgane: A Lunge; B Lungenbläschen mit Kapillaren

unten ab. Dadurch wird die Lunge wie ein Blasebalg gedehnt. Es strömt Luft ein. Dabei drückt sich der Bauch nach außen. Beim Ausatmen dehnt sich das Zwerchfell wieder aus und wölbt sich nach oben. Außerdem drücken die Bauchmuskeln den Bauch wieder aktiv flach. Dabei entweicht die Luft aus der Lunge. Diesen Vorgang nennt man *Bauchatmung*.

Brustatmung

Beim Einatmen weitet sich der Brustkorb einerseits durch die Bauchatmung nach vorne oben. Außerdem heben viele kleine Muskeln

zwischen den Rippen, die Zwischenrippenmuskulatur, die Rippen an, indem sie sich verkürzen. Dadurch vergrößern sie den Brustkorb. Auch auf diese Weise wird die Lunge erweitert und Luft strömt ein. Beim Ausatmen erschlaffen diese Muskeln und der Brustkorb senkt sich. Folglich wird die Luft aus den Lungen gedrückt. Diesen Vorgang nennt man *Brustatmung*.

In Kürze
Die Luft wird durch die Bauch- und Brustatmung in die Lunge gesaugt. Dabei gelangt sie durch den Mund und die Nase am Kehlkopf vorbei in die Luftröhre und dann über die Bronchien in die Lungenbläschen.

Aufgaben
1 ☐ Beschreibe den Weg der Luft in die Lungenbläschen stichwortartig.
2 ☑ Vergleiche Mund- und Nasenatmung miteinander.
3 ☑ Stelle Vermutungen über die Vorgänge bei einer Bronchitis in der Lunge an.
4 ☑ Muskeln ziehen sich zusammen und dehnen sich. Beschreibe die Bewegung des Zwerchfells beim Atmen und vergleiche diese Bewegung mit dem Modell in Bild 3.

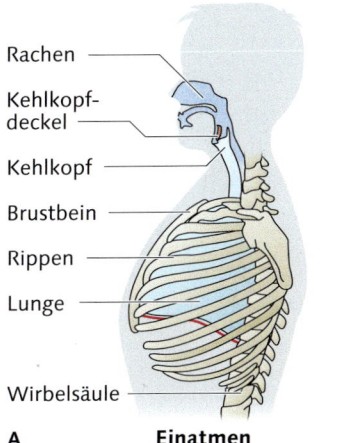

Rachen
Kehlkopf-
deckel
Kehlkopf
Brustbein
Rippen
Lunge
Wirbelsäule
A   **Einatmen**   B   **Ausatmen**

5 Brustatmung (Schema)

Der Gasaustausch in der Lunge

Tiefseetaucher müssen ihre Atemluft in Gasflaschen mitnehmen und über Tauchgeräte atmen. Dadurch sind Tauchgänge über mehrere Stunden möglich. Die meisten Gasflaschen enthalten Druckluft, das heißt, dass die Luft stark zusammengepresst ist. Die ausgeatmete Luft wird über das Tauchgerät an das Wasser abgegeben.

Nichts als Luft
Luft sieht man nicht, denn sie ist farblos und geruchlos. Sie ist ein Gemisch aus verschiedenen Gasen. Unsere Luft besteht zu 78 Prozent aus Stickstoff. Außerdem enthält sie 21 Prozent Sauerstoff und nur weniger als 1 Prozent Kohlenstoffdioxid und andere Gase.

Luft bedeutet Leben
Alle Tiere und der Mensch müssen atmen, um zu leben. Der Körper benötigt Sauerstoff, um in den Zellen vor allem aus Glucose Energie freizusetzen. Dabei entsteht Kohlenstoffdioxid, das ausgeatmet wird.

Aufbau und Funktion der Lungenbläschen
Am Ende der feinen Ästchen der Bronchien, den Bronchiolen, sitzen die Lungenbläschen. Sie bestehen aus vielen kugelförmigen Ausstülpungen, dadurch wird deren Oberfläche sehr stark vergrößert. Die Wände der Lungenbläschen und die der Kapillaren, die sie umgeben, sind hauchdünn. Durch diese dünnen Wände können Sauerstoff- und Kohlenstoff-

1 Tiefseetaucher mit Gasflasche

dioxidmoleküle zwischen der Luft im Lungenbläschen und dem Blut in den Kapillaren ausgetauscht werden. Etwa 250 Millionen Lungenbläschen befinden sich in jedem Lungenflügel. Sie haben einen Durchmesser von 0,25 Millimetern. Ausgebreitet entspricht ihre Fläche der Größe eines Volleyballfelds. Die Oberfläche der Blutkapillaren, die die Lungenbläschen umgeben, ist sogar ungefähr so groß wie ein Fußballfeld. Durch diese Oberflächenvergrößerung wird ein optimaler Gasaustausch ermöglicht.

Gasaustausch in den Lungenbläschen
Beim Einatmen gelangt sauerstoffreiche Luft bis in die Lungenbläschen und der Sauerstoff durch die hauchdünnen Wände der Lungenbläschen in die Kapillaren. Die Sauerstoffmoleküle aus der Luft können durch die dünnen Wände in das Blut übergehen, da ein Konzentrationsgefälle besteht. Das bedeutet, dass in der Luft mehr Sauerstoffmoleküle vorhanden

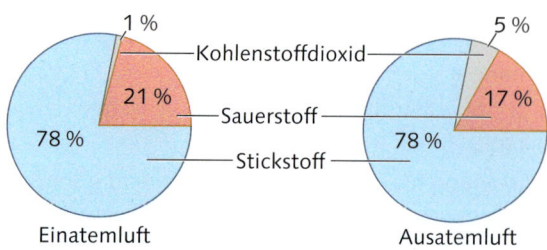

2 Zusammensetzung der Atemluft

Einatemluft: 1 % Kohlenstoffdioxid, 21 % Sauerstoff, 78 % Stickstoff

Ausatemluft: 5 %, 17 % Sauerstoff, 78 % Stickstoff

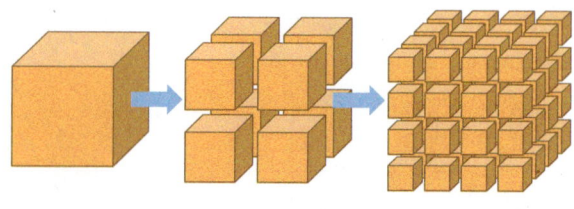

3 Halbierung der Kantenlänge bewirkt Verdopplung der Oberfläche.

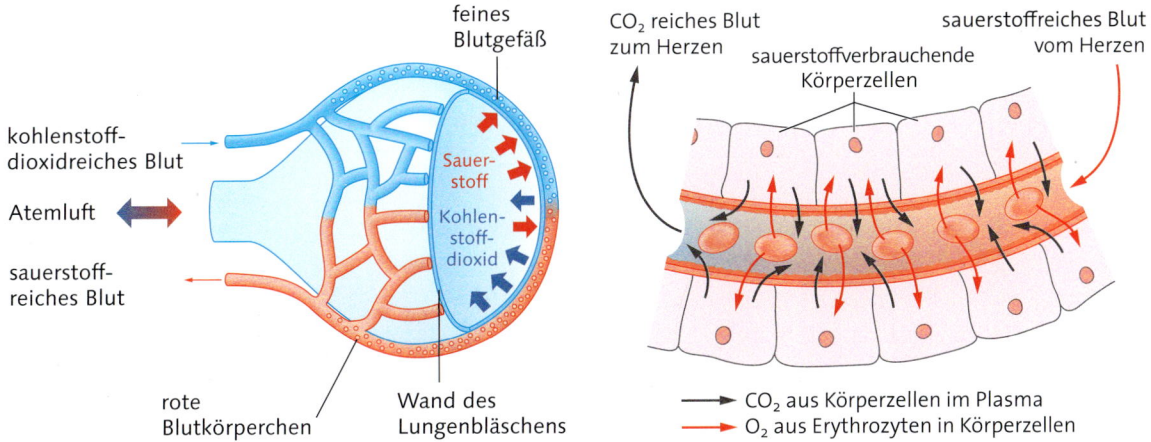

feines
Blutgefäß

CO₂ reiches Blut
zum Herzen

sauerstoffverbrauchende
Körperzellen

sauerstoffreiches Blut
vom Herzen

kohlenstoff-
dioxidreiches Blut

Sauer-
stoff

Atemluft

Kohlen-
stoff-
dioxid

sauerstoff-
reiches Blut

rote
Blutkörperchen

Wand des
Lungenbläschens

CO_2 aus Körperzellen im Plasma
O_2 aus Erythrozyten in Körperzellen

4 Gasaustausch in den Lungenbläschen und im Körpergewebe

sind als im Blut. Die Anzahl der Moleküle auf beiden Seiten wird ausgeglichen. Diesen Vorgang der eigenständigen und gleichmäßigen Verteilung nennt man *Diffusion*. Gleichzeitig ist die Konzentration von Kohlenstoffdioxid im Blut der Kapillaren zunächst höher als die der Luft in den Lungenbläschen. Deshalb diffundieren Kohlenstoffdioxidmoleküle in die Ausatemluft und gleichen so die Konzentration aus. Wenn gleich viel Sauerstoff und Kohlenstoffdioxid diffundiert ist, stoppt der Vorgang. Die kohlenstoffdioxidreiche Luft wird ausgeatmet und sauerstoffreiche Luft wieder eingeatmet.

Konzentrationsausgleich an den Körperzellen

Das sauerstoffreiche Blut wird zu den Zellen des Körpers transportiert. In den Zellen befindet sich wenig Sauerstoff, da dieser bei der Zellatmung in Kohlenstoffdioxid umgesetzt wurde. Das Konzentrationsgefälle zwischen Blut und Zelle wird ausgeglichen, indem Sauerstoffmoleküle aus dem Blut in die Zelle diffundieren. Gleichzeitig ist die Konzentration an Kohlenstoffdioxid in den Zellen größer als im Blut. Kohlenstoffdioxidmoleküle diffundieren also aus den Zellen ins Blut. Das kohlenstoffdioxidreiche Blut fließt wieder zurück zur Lunge, von wo aus das Kohlenstoffdioxid in die Lungenbläschen diffundiert und ausgeatmet wird.

In Kürze

Aus der Einatemluft diffundiert Sauerstoff durch die Wände der Lungenbläschen und der Kapillaren ins Blut und wird zu den Körperzellen transportiert. Dort wird Sauerstoff in die Zellen aufgenommen und Kohlenstoffdioxid an das Blut abgegeben. Über die Lunge wird Kohlenstoffdioxid ausgeatmet.

Aufgaben

1 ☐ Skizziere den Gasaustausch in der Lunge und in den Körperzellen.

2 ◪ Wenn man Sport treibt, muss man schneller atmen. Erläutere.

5 Die Läufer brauchen viel Sauerstoff.

Atmung und Blutkreislauf

A Pulsmessung

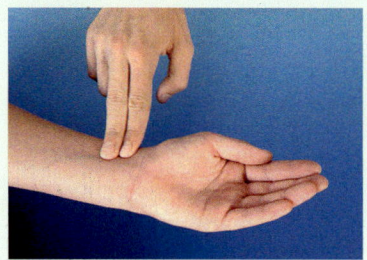

1 Ertasten des Pulses

Material Stoppuhr

Durchführung Setze dich auf einen Stuhl. Zähle eine Minute lang deine Atemzüge. Miss die Zeit mit der Stoppuhr. Protokolliere in einer Tabelle.
Ertaste am Handgelenk deinen Puls mit Zeige- und Mittelfinger. Zähle die Pulsschläge eine Minute lang. Protokolliere die Anzahl. Mache 15 Kniebeugen und miss erneut deinen Pulsschlag und die Anzahl deiner Atemzüge in einer Minute. Halte auch diese Messergebnisse in der Tabelle fest.

	Atemzüge	Pulsschlag
Ruhe		
Belastung		

2 Protokoll der Messergebnisse

Auswertung
1 Stelle die Messwerte in einem Balkendiagramm dar.
2 Vergleiche die Messwerte.
3 Erkläre die unterschiedlichen Messergebnisse.

B Lungenvolumen messen

3 Versuchsaufbau

Material Becherglas (5 l), große Schüssel, Schlauch, Mundstücke, Deckel für Becherglas, Wasser

Durchführung Fülle die Schüssel zur Hälfte und das Becherglas bis zum Rand mit Wasser. Decke das Becherglas ab und stelle es vorsichtig umgekehrt in die Schüssel. Führe das Ende des Schlauchs unter das Becherglas. Hole so tief wie möglich Luft und blase alle Luft durch den Schlauch in das Becherglas. Lies an der Skala ab, wie viel Luft im Becherglas ist. Wiederhole den Versuch. Atme dazu normal ein.

Auswertung
1 Begründe, weshalb es wichtig ist, das Lungenvolumen zu bestimmen.
2 Suche einen Weg, deine täglich verbrauchte Luftmenge zu errechnen.
3 Erkläre, weshalb Ausdauersportler ein größeres Lungenvolumen haben.

C Ein- und Ausatemluft

Gaswaschflasche
klares Kalkwasser

4 Versuchsaufbau

Material Gaswaschflasche, Luftpumpe, Schlauchstück, Strohhalm, Kalkwasser (gesättigte Calciumhydroxid-Lösung, GHS05 und GHS07), Schutzhandschuhe tragen, Schutzbrille

Durchführung Baue den Versuch wie in Bild 4 auf. Schließe zunächst die Luftpumpe an den Schlauch an und sauge mit ihr Luft an. Entferne dann die Luftpumpe und atme mehrere Male in das Mundstück aus. Vorsicht, nicht saugen! Protokolliere deine Beobachtungen.

Auswertung Kalkwasser ist eine klare Flüssigkeit, die sich trübt, wenn Kohlenstoffdioxid hindurchgeleitet wird. Ziehe aus der Veränderung des Kalkwassers bei den beiden Teilversuchen Rückschlüsse auf den Kohlenstoffdioxidgehalt der Ein- und Ausatemluft.

D Brust- und Bauchatmung

5 Bauchatmung

Durchführung Stelle dich aufrecht hin. Lege eine Hand auf den Brustkorb und die zweite Hand auf den Bauch. Atme tief ein und beobachte deine Hände. Protokolliere deine Beobachtungen.

Spanne deine Bauchmuskeln an und atme so ein, dass dein Bauch sich so wenig wie möglich bewegt. Beobachte dabei die Hand auf dem Brustkorb. Protokolliere deine Beobachtungen.

Atme nun aus und dann tief in den Bauch ein, ohne dass sich die Hand auf der Brust bewegt. Beschreibe die Veränderungen an deinem Bauch. Notiere deine Beobachtungen im Protokoll.

Auswertung Erkläre die Funktion der Muskeln bei der Brustatmung und bei der Bauchatmung.

E Zwerchfellübungen

Das Zwerchfell ist der Motor der Stimme. Es drückt die Luft gleichmäßig aus der Lunge in die Luftröhre. Nur wenn es sich locker hebt und senkt, können wir auch im Kehlkopf entspannt unsere Stimme bilden. Mit dieser Übung lernst du, die Aktivität des Zwerchfells bewusst wahrzunehmen. Du kannst spüren, wie das Zwerchfell bei jedem einzelnen Ausatmen auf »P«, »F« oder »Sch« aktiv Luft aus der Lunge drückt.

Durchführung

- Stelle dich aufrecht hin, sodass die Beine etwa schulterbreit auseinanderstehen. Nimm deine Schultern zurück und schließe die Augen. Stelle dir vor, du öffnest mit beiden Händen ein Fenster und atmest tief die frische Luft ein, bis deine Lunge vollständig gefüllt ist. Atme dreimal so tief ein.
- Lege deine Hände über deinen Bauchnabel. Lass zunächst deinen Atem frei fließen und spüre bewusst den Weg der Luft in die Lunge und hinaus. Atme dann mit mehreren leichten »P« aus. Wiederhole diese Übung dreimal.
- Atme tief ein und stelle dir vor, du pustest eine Kerze aus, die einen Meter von dir entfernt steht. Sprich dabei ein »F«. Wiederhole das Auspusten zehnmal. Achte dabei besonders auf die Bewegungen deines Zwerchfells.
- Atme tief ein und hebe deine Arme dabei seitlich, als ob du einen großen Ball im Arm hältst und aufpustest. Atme mit einem »Sch« aus und stelle dir dabei vor, wie du die Luft aus dem Ball drückst. Versuche so lange wie möglich auf dem »Sch« auszuatmen. Wiederhole die Übung dreimal.
- Atme tief aus. Jetzt schnupperst du die Luft wieder in kleinen Stößen ein. Beobachte dabei die Bewegung deines Zwerchfells.

Auswertung

1 Vergleiche die Bewegungen des Zwerchfells beim »Kerze auspusten« und beim »Schnuppern«.

2 Plane mit deinem Nachbarn weitere Atemübungen. Baue dabei unterschiedliche Buchstaben ein. Probiert sie aus und beobachtet euer Zwerchfell genau.

3 Stelle Vermutungen auf, weshalb sich Sänger vor dem Singen die Zeit nehmen, solche Atemübungen zu machen.

Bestandteile und Aufgaben des Blutes

Ein Blutverlust bei einem Unfall kann lebensgefährlich sein. Ein Erwachsener hat etwa fünf Liter Blut im Körper. Bei großem Blutverlust ist eine Transfusion aus Blutspenden notwendig. Damit Blutkonserven zur Verfügung stehen, spenden viele Menschen freiwillig Blut. Dieses Blutspenden kann Leben retten.

Blut als Transportmittel

Der gesamte Körper ist von einem dichten Netz aus Blutgefäßen, den *Adern,* durchzogen. Das Blut transportiert zerlegte Nährstoffe, Vitamine, Mineralstoffe und Sauerstoff zu allen Organen, Kohlenstoffdioxid als ein Stoffwechselendprodukt wird zur Lunge transportiert. Abfallstoffe des Körpers werden im Blut zu den Ausscheidungsorganen gebracht. Auch Wirkstoffe wie Hormone und Enzyme sind im Blut. Darüber hinaus reguliert das Blut die Körpertemperatur. Es verteilt die Wärme, die beim Energiestoffwechsel entsteht.

Zusammensetzung des Blutes

Wenn man frisches Blut in einem Standzylinder eine Zeit lang stehen lässt, setzen sich seine festen Bestandteile, die *Blutzellen,* ab. Darüber kann man eine gelbliche Flüssigkeit, das

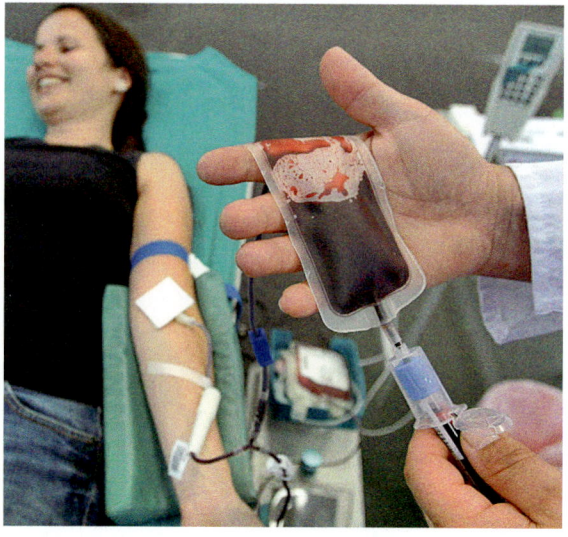

1 Blutspenden rettet Leben.

Blutplasma, erkennen. Es besteht hauptsächlich aus Wasser und enthält unter anderem verdaute Nährstoffe, Mineralstoffe und Vitamine sowie den Gerinnungsstoff *Fibrinogen.* Den flüssigen Anteil des Blutes ohne Fibrinogen bezeichnet man als *Blutserum.*

Rote Blutkörperchen

Die roten Blutkörperchen oder *Erythrozyten* geben dem Blut seine Farbe. Ein Tropfen Blut enthält ungefähr 250 Millionen rote Blutkörperchen. Die scheibenförmigen, eingedellten Zellen haben keinen Zellkern. Sie enthalten den roten Blutfarbstoff *Hämoglobin,* der vor allem Sauerstoff an sich binden kann. Der

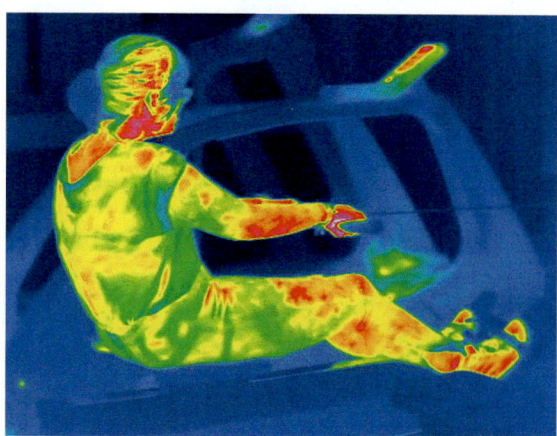

2 Wärmeverteilung durch das Blut, rote Bereiche sind stark durchblutet.

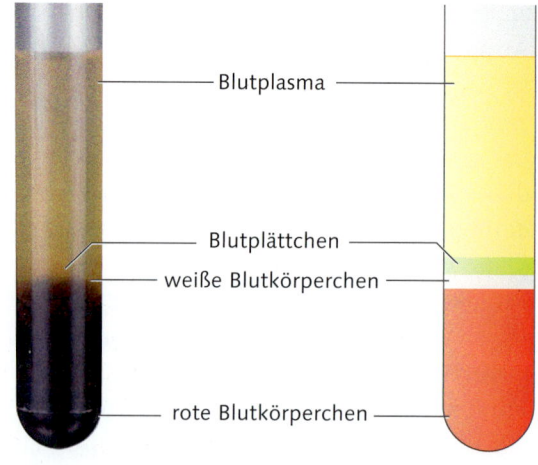

Blutplasma

Blutplättchen

weiße Blutkörperchen

rote Blutkörperchen

3 Abgesetztes oder gestocktes Blut

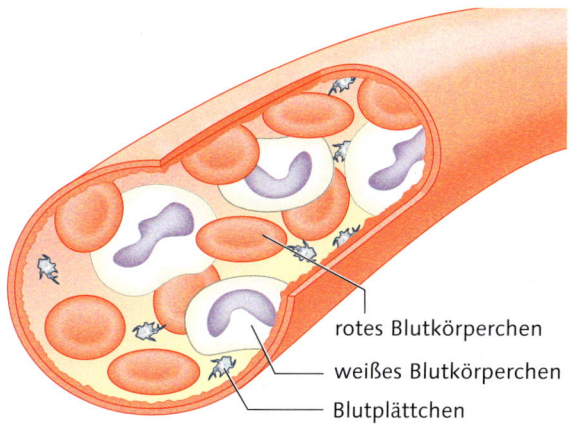

rotes Blutkörperchen

weißes Blutkörperchen

Blutplättchen

4 Blutgefäß mit Blutzellen

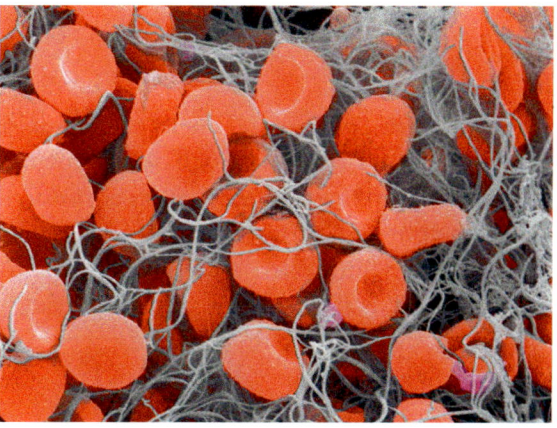

5 Eine Wunde wird verschlossen.

größte Teil des Kohlenstoffdioxids wird gelöst im Blutplasma transportiert. Die Lebensdauer der roten Blutkörperchen beträgt etwa 120 Tage. Bei ihrem Abbau entsteht ein wasserlöslicher Farbstoff, der für die Gelbfärbung des Blutplasmas verantwortlich ist. Im roten Knochenmark werden ständig neue Erythrozyten gebildet.

Weiße Blutkörperchen

Die weißen Blutkörperchen oder *Leukozyten* sind Blutzellen mit einem Zellkern. Im Gegensatz zu den Erythrozyten haben sie keine feste Form. Man unterscheidet verschiedene Arten von Leukozyten, die zusammen die Zellen des Abwehr- oder Immunsystems des Körpers bilden. Einige von ihnen können die Blutbahn verlassen. Auf diese Weise erreichen sie auch Krankheitserreger, die sich außerhalb der Blutbahnen im Gewebe befinden. Leukozyten werden im roten Knochenmark, in den Lymphknoten sowie in der Milz und den Mandeln gebildet. Ihre Lebensdauer kann bis zu einem Jahr betragen.

Blutplättchen und Fibrinogen

Das Blut enthält außerdem viele kleine Abschnürungen von Zellen aus dem Knochenmark, die *Blutplättchen* oder *Thrombozyten*. Sie spielen bei der Blutgerinnung eine wichtige Rolle. Wo eine Blutbahn verletzt wird, verändern sie ihre Form. Sie werden kugelig und

bilden Scheinfüßchen aus, mit denen sie sich gegenseitig verhaken. Zudem entstehen Stoffe, die die Blutgerinnung auslösen. Sie führen unter Beteiligung anderer Wirkstoffe und über mehrere Zwischenstufen zur Bildung eines Enzyms. Das bewirkt, dass aus dem gelösten Fibrinogen dünne Fibrinfäden entstehen. Diese bilden ein Netz über der Wunde, in dem sich die Blutzellen verfangen. Durch diese Verklumpung der Blutzellen wird die Wunde allmählich verschlossen, die Blutung kommt zum Stillstand. Die Lebensdauer der Blutplättchen kann bis zu zwei Wochen betragen.

In Kürze

Blut besteht aus Blutplasma und Blutzellen. Das Blutplasma transportiert viele gelöste Stoffe und reguliert die Körpertemperatur. Die roten Blutkörperchen befördern vor allem den Sauerstoff zu den Zellen. Weiße Blutzellen bilden das Abwehrsystem des Körpers. Blutplättchen tragen dazu bei, dass Wunden verschlossen werden.

Aufgaben

1 ☐ Nenne die Blutbestandteile und ihre Aufgaben.

2 ☑ Begründe, weshalb hoher Blutverlust bei einer Verletzung lebensgefährlich sein kann.

3 ☑ Beschreibe mit Hilfe von Bild 5, wie eine Wunde verschlossen wird.

Herz und Blutkreislauf

Während deines gesamten Lebens schlägt dein Herz und pumpt das Blut durch den Körper. Den Druck, den es dabei erzeugt, kannst du besonders gut an der Innenseite deines Handgelenks als rhythmischen Puls ertasten. Wenn du Sport treibst oder wenn du aufgeregt bist, merkst du, dass sich dein Herzschlag beschleunigt. Das kannst du auch am Puls fühlen – weit vom Herzen entfernt.

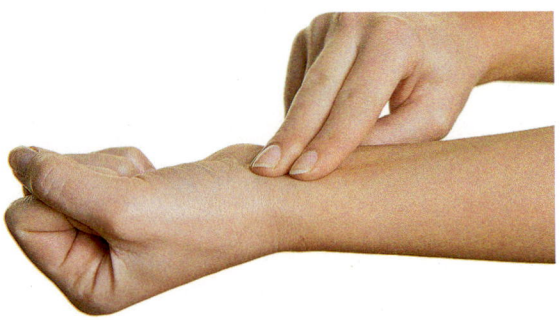

1 Am Puls kann man den Herzschlag fühlen.

Bau des Herzens

Das Herz liegt in der Mitte des Brustkorbs, mit seiner Spitze nach links zeigend. Es ist ein etwa faustgroßer Hohlmuskel, der durch die Herzscheidewand in zwei Hälften geteilt ist. Jede dieser Hälften besteht aus einem Vorhof und einer sich anschließenden Herzkammer. Vorhof und Kammer sind durch die *Segelklappen* voneinander getrennt. Diese wirken wie Ventile, sodass das Blut nur in eine Richtung fließen kann. Entsprechend funktionieren die *Taschenklappen* am Ausgang der Herzkammern.

Das Herz arbeitet wie eine Pumpe. Bei jedem Herzschlag zieht sich der Hohlmuskel zusammen und presst das Blut aus dem Herzen in die *Arterien*. So nennt man die Blutgefäße, die vom Herzen wegführen. Adern, die

zum Herzen hinführen, bezeichnet man als *Venen*.

Pumpen und Saugen

Die dicke Herzscheidewand trennt das sauerstoffreiche Blut der linken Herzhälfte vom kohlenstoffdioxidreichen Blut der rechten Herzhälfte. Beide Hälften arbeiten zusammen und pumpen das Blut gleichzeitig durch den Körper. »Schlägt« das Herz, dann ziehen sich die beiden Herzkammern zusammen, sie verkleinern sich und drücken so das Blut vom Herzen weg in die Arterien. Die geschlossenen Segelklappen bewirken, dass das Blut nicht in die Vorhöfe zurückströmen kann. Gleichzeitig vergrößern sich die Vorhöfe und saugen das Blut aus den Venen an. Sie füllen sich links mit sauerstoffreichem und rechts mit Kohlenstoffdioxid angereichertem Blut. Sind die beiden Herzkammern geleert, erschlafft der Herzmuskel. Jetzt drückt das Blut der Vorhöfe die Segelklappen auf und strömt in die Herzkammern. Gleichzeitig sind die Taschenklappen geschlossen. Dadurch kann das Blut aus den Arterien nicht mehr zurückströmen.

Blutversorgung des Herzens

Der Herzmuskel selbst braucht für seine ununterbrochene Tätigkeit viel sauerstoffreiches Blut. Etwa 5 Prozent des über die *Körperarterie* oder *Aorta* ausgepressten Blutes dienen der Versorgung des Herzmuskels. Dies geschieht über die außen um das Herz verlaufenden Herzkranzgefäße. Sie versorgen jede Herzmuskelfaser mit sauerstoffreichem Blut.

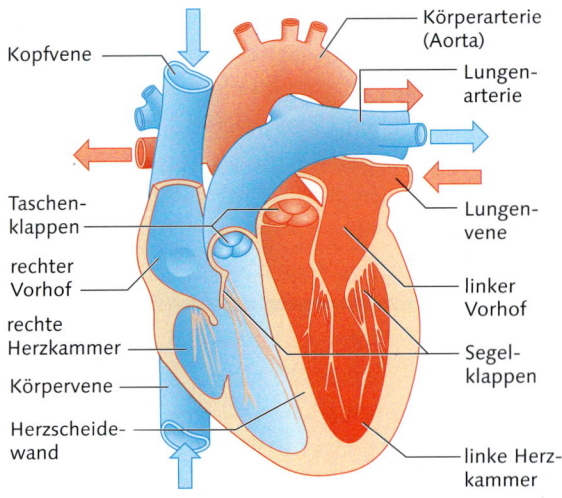

Kopfvene
Körperarterie (Aorta)
Lungenarterie
Taschenklappen
rechter Vorhof
rechte Herzkammer
Körpervene
Herzscheidewand
Lungenvene
linker Vorhof
Segelklappen
linke Herzkammer

2 Der Aufbau des Herzens

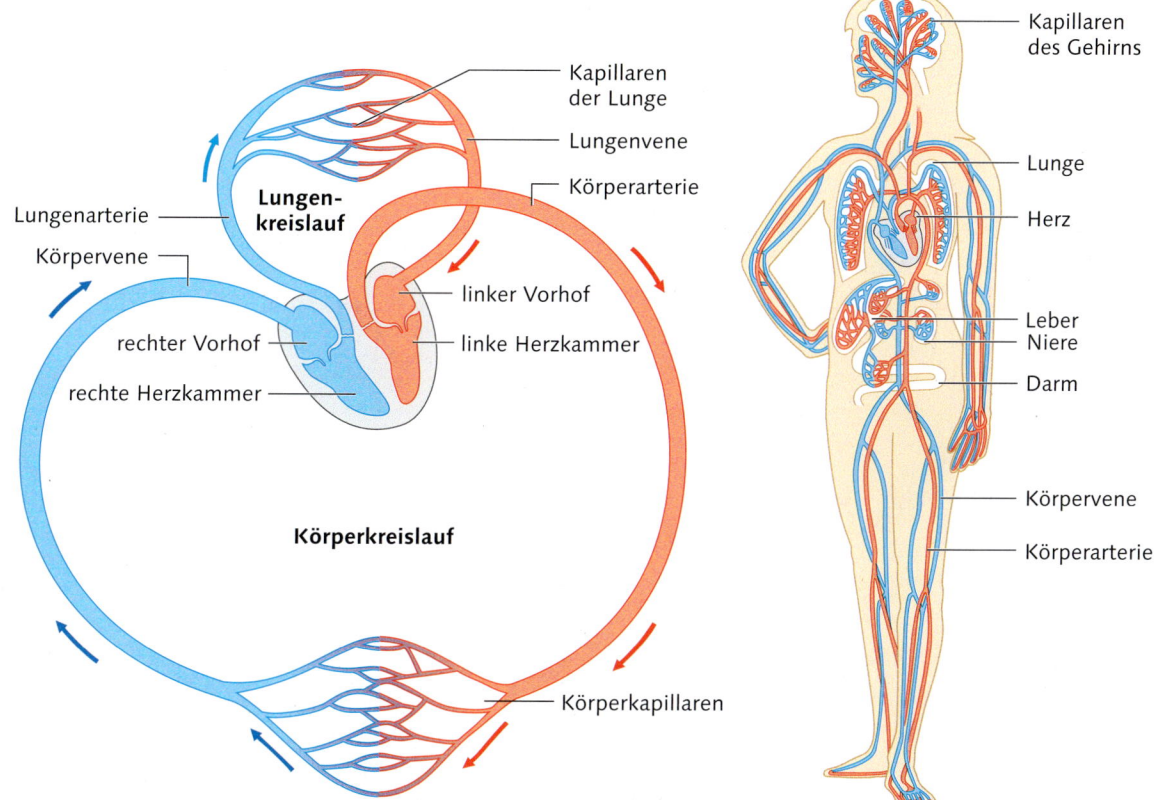

3 Blutkreislauf (Schema)

4 Der Blutkreislauf im Körper

Körperkreislauf

Zieht sich der Herzmuskel zusammen, wird das Blut aus der linken Herzkammer in die *Aorta* gepresst. Auf ihrem Weg durch den Körper verzweigt sie sich in immer dünner werdende Äderchen. Diese führen ins Gehirn, in die Muskeln und zu allen anderen Organen. Hier verzweigen sie sich in ein noch dünneres Adernetz, die Haargefäße oder Kapillaren. Durch ihre sehr dünnen Wände gelangen Nährstoffbausteine und Sauerstoff in die Zellen sowie Kohlenstoffdioxid und andere Abfallstoffe aus den Zellen ins Blut. Das jetzt sauerstoffarme Blut fließt durch die Venen und schließlich durch die Körpervene über den rechten Vorhof zurück in die rechte Herzkammer. Damit ist der Körperkreislauf geschlossen.

Lungenkreislauf

Aus der rechten Herzkammer wird das sauerstoffarme Blut über die Lungenarterie in die Lunge gepumpt. Eine Segelklappe verhindert, dass es in den Vorhof zurückfließt. Das Schließen der Ventilklappen kann man als Herztöne hören. In der Lunge diffundiert das Kohlenstoffdioxid vom Blut in die Lungenbläschen und von dort Sauerstoff in das Blut über. Das nun sauerstoffreiche Blut gelangt über die Lungenvene in den linken Herzvorhof. Damit ist der Lungenkreislauf geschlossen.

In Kürze

Das Herz ist ein Hohlmuskel, der durch die Herzscheidewand in zwei Hälften getrennt ist. Es pumpt das Blut in einem doppelten Kreislauf, in einem Lungen- und in einem Körperkreislauf, durch den Körper.

Aufgaben

1 □ Beschreibe den Weg des Blutes durch den Körper möglichst ausführlich.
2 ☑ »Arterien führen immer sauerstoffreiches Blut«. Nimm zu dieser Behauptung Stellung.
3 ■ Erkläre, weshalb undicht schließende Segelklappen die Herzleistung schwächen.

Untersuchungen am Schweineherzen

A Das Herz von außen

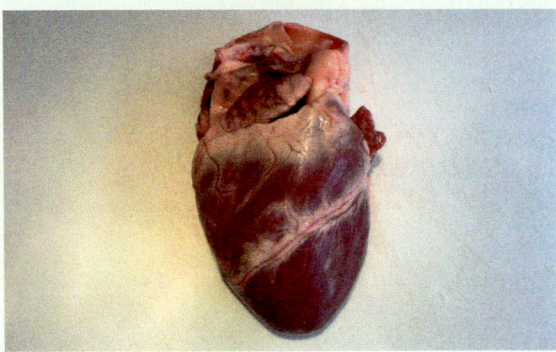

1 Das Herz, von außen betrachtet

Material Papierhandtücher, Schweineherz, Einweghandschuhe, Metallsonde

Durchführung Legt das Herz wie in Bild 1 gezeigt vor euch auf die Papierhandtücher und betrachtet es von außen. Befühlt alle Teile des Herzens, die ihr daran erkennen könnt. Protokolliert eure Beobachtungen.

Auswertung
1 Ordnet folgende Begriffe richtig zu: Herzkranzgefäße, Aorta (Körperarterie), Körpervene, Lungenarterie, Lungenvene, linke und rechte Herzhälfte.
2 Begründet mit Hilfe von Bild 2, weshalb sich die Aorta und die Körpervene so unterschiedlich anfühlen.

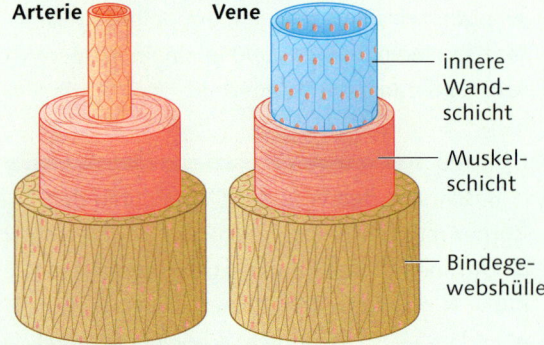

2 Vergleich zwischen Arterie und Vene

B Das Herz von innen

Sicherheitshinweise:
Skalpelle sowie Messer werden nur für den vorgesehenen Zweck eingesetzt und bei Nichtgebrauch sicher verstaut. Eine Lösung aus Wasser und Isopropylalkohol (GHS02, GHS07; nicht in der Nähe von Zündquellen) zur Desinfektion steht bereit.

Material Papierhandtücher, Schweineherz, Messer oder Skalpell, Pinzette, Einmalhandschuhe, Metallsonde, Zahnstocher, Papierstreifen, Klebstoff

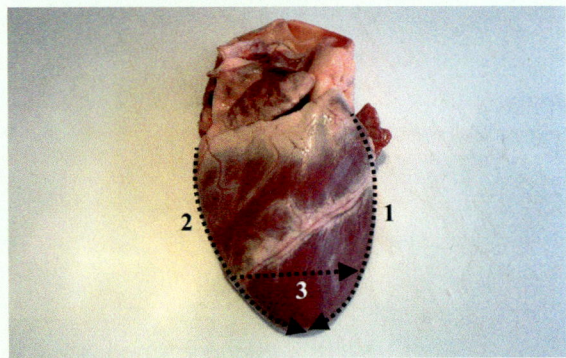

3 Schnittmuster für die Präparation

Durchführung Schneidet das Herz mit Hilfe eines Skalpells oder scharfen Messers der Länge nach auf. Führt den ersten Schnitt wie in den Bildern 3 und 4 gezeigt. Klappt die Schnittflächen auseinander. Identifiziert die dreizipflige Segelklappe zwischen Vorhof und Herzkammer. Protokolliert.

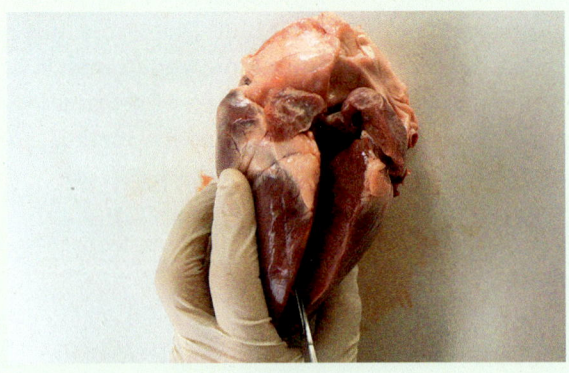

4 Eröffnung der linken Herzkammer

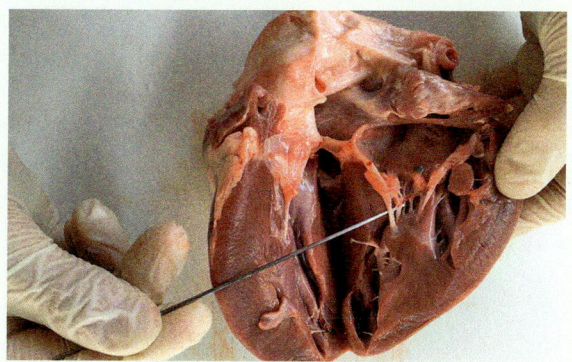
5 Identifikation der Segelklappe

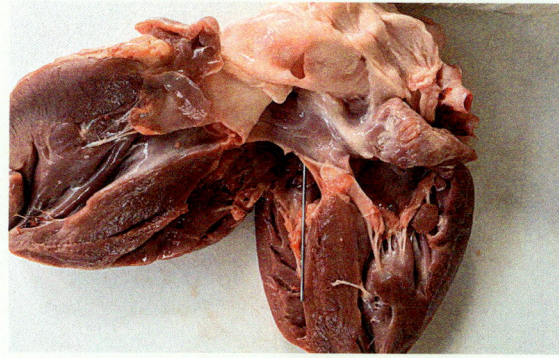
7 Prüfung der Zu- und Abgänge

Schneidet nun entlang der rechten Herzkammer wie in Bild 6 zu sehen. Achtet darauf, die Herzscheidewand nicht vollständig zu durchtrennen, sodass man die beiden Herzkammern miteinander vergleichen kann.

Klappt nun den vorderen Teil auf und betrachtet das Herz von innen. Unterscheidet die einzelnen Kammern.

Verwendet nun die Metallsonde, um die Zu- und Abgänge zu den Kammern zu prüfen. Führt sie durch die Körpervene in das Herz ein. Wiederholt den Vorgang bei Lungenarterie, Aorta und Lungenvene. Protokolliert.

Schneidet zum Schluss die Herzspitze wie in Bild 7 gezeigt ab. Vergleicht die Herzhälften miteinander. Protokolliert.

Auswertung
1 Klebt die Papierstreifen an die Zahnstocher und stellt Fähnchen her. Beschriftet diese mit den folgenden Fachbegriffen:
- Taschenklappen
- Segelklappen
- rechter Vorhof, linker Vorhof
- rechte Herzkammer, linke Herzkammer
- Herzscheidewand

2 Steckt die Fähnchen mit den Fachbegriffen in die entsprechenden Teile des Herzens.

3 Begründet die Unterschiede zwischen linker und rechter Herzkammer.

4 Erläutert die Funktion der Segel- und der Taschenklappen.

Aufräumen Gebt alle Reste mit den Papierhandtüchern und den Einmalhandschuhen in eine Abfalltüte. Reinigt das verwendete Präparierbesteck, wischt den Tisch mit der bereitgestellten Reinigungslösung ab und wascht eure Hände.

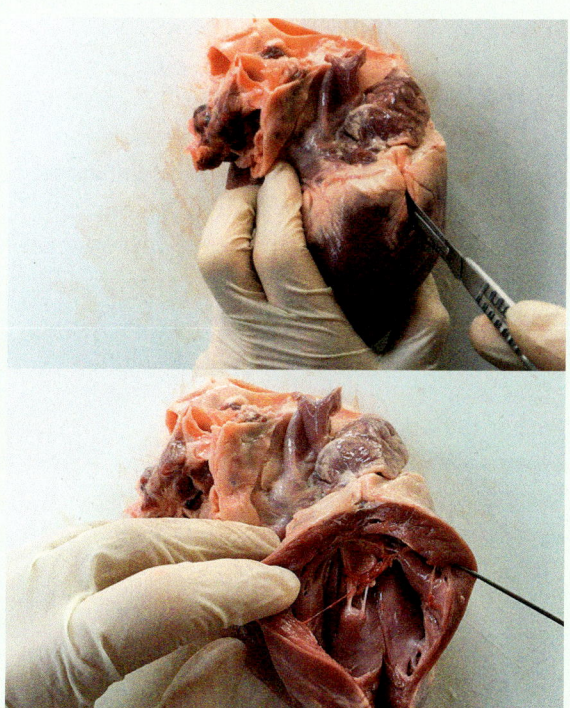
6 Eröffnung der rechten Herzkammer

Erkrankungen des Herz-Kreislauf-Systems

Ein Schlaganfallpatient wird in die Notaufnahme eingeliefert, nun zählt jede Sekunde. Ärzte in sogenannten Stroke-Units, wörtlich übersetzt: Schlaganfallstationen, leisten die lebensnotwendige Erstversorgung für den Schlaganfallpatienten. Herz- und Kreislauferkrankungen sind immer noch eine der häufigsten Todesursachen in Deutschland.

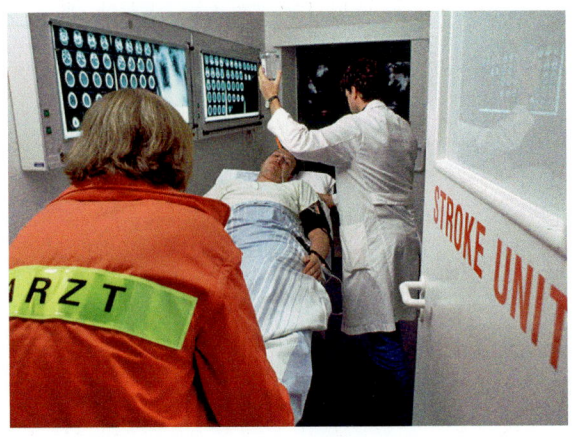

1 Erstversorgung in einer Stroke-Unit

Plötzlicher Herztod

Bei einem plötzlichen Herztod hört das Herz eines Menschen überraschend auf zu schlagen, er verliert sein Bewusstsein und sackt in sich zusammen. Symptome wie Brustschmerzen, Bewusstseinstrübung und Luftnot gelten als Warnsignale und es muss sofort ein Arzt gerufen werden. Besonders gefährdet sind Menschen mittleren und höheren Lebensalters. Ein angeborener Herzfehler kann dazu führen, dass solch ein tragisches Ereignis auch bei einem jungen Menschen auftritt. Ursache ist ein krankhaft verdickter oder entzündeter Herzmuskel. Letzterer kann die Folge eines grippalen Infekts sein.

Herzinfarkt

Ein Herzinfarkt wird durch ein plötzliches vollständiges Verschließen eines oder mehrerer Herzkranzgefäße verursacht. Herzkranz-

gefäße sind für die Versorgung des Herzmuskels zuständig. Kommt es zum Verschluss eines solchen Gefäßes, werden alle dahinterliegenden Herzmuskelbereiche nicht mehr mit Blut versorgt. Die Herzmuskelzellen erhalten keinen Sauerstoff mehr und sterben innerhalb weniger Stunden ab. Ist der betroffene Bereich zu groß, kann das Herz ganz versagen. Nach einem überstandenen Herzinfarkt leidet der Patient häufig an Herzrhythmusstörungen und an verminderter Herzleistung.

Schlaganfall – Infarkt im Gehirn

Ein Schlaganfall entsteht durch eine plötzliche Störung der Blutversorgung des Gehirns. Probleme beim Sprechen, Lähmungen von Gliedmaßen oder Sehstörungen sowie einseitige Gesichtslähmungen deuten auf einen Schlaganfall hin. Treten solche Symptome auf, zählt jede Minute.

Um die Folgen eines Schlaganfalls gering zu halten, ist ein sehr früher Behandlungsbeginn wichtig. Man spricht auch von der »goldenen Stunde« der Schlaganfallversorgung. Diese meint die Bedeutung der sofortigen und richtigen Behandlung in der ersten Stunde. In den Fällen, in denen der Schlaganfall durch die Verstopfung

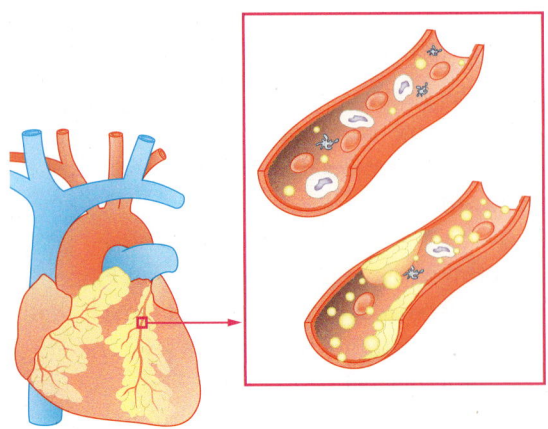

2 Gesundes und verengtes Herzkranzgefäß

eines Blutgefäßes ausgelöst wird, wendet man die *Lysetherapie* an, mit der ein Blutgerinnsel aufgelöst wird. Seit Kurzem gibt es eine neue, vielversprechende Behandlungsmethode, bei der Ärzte das Blutgerinnsel im Gehirn mit Hilfe eines Katheters herausziehen.

Zum jetzigen Zeitpunkt ist bei mehr als der Hälfte der Patienten nach einem Jahr noch eine Behinderung festzustellen. Durch eine gezielte Therapie können sich die Störungen und Beeinträchtigungen nach und nach zurückbilden.

Ursachen und Risikofaktoren

Die häufigste Ursache für einen Herzinfarkt ist die *Arteriosklerose* der Herzkranzgefäße. Dies ist eine Verengung der Blutgefäße durch Ablagerungen. Ungesunde Ernährung und zu wenig Bewegung begünstigen die Entstehung von Arteriosklerose. Zu viel Blutfett, das Cholesterin, lagert sich in den Gefäßwänden ab und behindert den Blutfluss. Es kommt zu Bluthochdruck, da das Herz gegen einen großen Widerstand in den Adern anpumpen muss. Dadurch verdickt sich mit der Zeit der Herzmuskel und verliert an Elastizität. Auch durch die natürliche Alterung verlieren die Blutgefäße an Elastizität. Stress, zu hoher Alkoholkonsum und Rauchen stellen weitere Risikofaktoren dar.

Herz-Kreislauf-Erkrankungen vorbeugen

Schon im Kindes- und Jugendalter wird der Grundstein für ein gesundes Herz gelegt. Regelmäßige Bewegung, besonders Ausdauertraining, gesunderhaltende Ernährung und Entspannung sorgen für einen normalen Blutdruck und halten die Gefäße elastisch. So wird Übergewicht vermieden und das Herz bleibt lange gesund.

In Kürze

Eine Verengung der Blutgefäße durch Ablagerungen stellt ein erhöhtes Risiko für eine Herz-Kreislauf-Erkrankung dar. Eine sofortige Behandlung eines Schlaganfallpatienten kann bleibende Schäden mindern.

Aufgaben

1 □ Beschreibe, wie ein Herzinfarkt entsteht.
2 ◪ Begründe, weshalb die »goldene Stunde« bei der Schlaganfallbehandlung von großer Bedeutung ist.
3 ■ Erkläre, weshalb ungesunde Ernährung und Bewegungsmangel das Risiko von Herz-Kreislauf-Erkrankungen erhöhen.

3 Herzgesunde Lebensweise

Treppe ↑
Aufzug

Organspende und Transplantation

»Ich bin Organpate.« Solche und ähnliche Plakate sieht man häufig an Werbewänden. Aber was verbirgt sich hinter einer Organspende überhaupt?

Organtransplantation

Das Wort Transplantation leitet sich von dem lateinischen Begriff *transplantare* ab und bedeutet verpflanzen. Kranke Organe können mit diesem Verfahren durch gesunde ersetzt werden. Die gesunden Organe stammen von einem Organspender. Da in der Regel mehr Organe benötigt als gespendet werden, müssen Betroffene teilweise sehr lange auf ein Spenderorgan warten. Das am häufigsten verpflanzte Organ ist die Niere.

Hirntod als Voraussetzung

Stirbt ein Mensch, der einen Organspendeausweis besitzt, müssen zwei Ärzte unabhängig voneinander seinen Hirntod feststellen. Dieser wird als Zustand der unumkehrbar erloschenen Gesamtfunktion des Großhirns, des

1 Organspende rettet Leben!

Kleinhirns und des Hirnstamms definiert. Der Hirntod stellt ein sicheres Todeszeichen des Menschen dar. Durch kontrollierte Beatmung können jedoch die Herz-Kreislauf-Funktionen künstlich aufrechterhalten werden.

Vom Spender zum Empfänger

Erst nachdem der Tod des Organspenders festgestellt wurde, werden weitere Schritte eingeleitet. Im Labor bestimmt man die Blutgruppe des Spenders. Das Blut wird außerdem auf Infektionen und Gewebemerkmale untersucht. Diese Daten werden an Eurotransplant weitergeleitet.

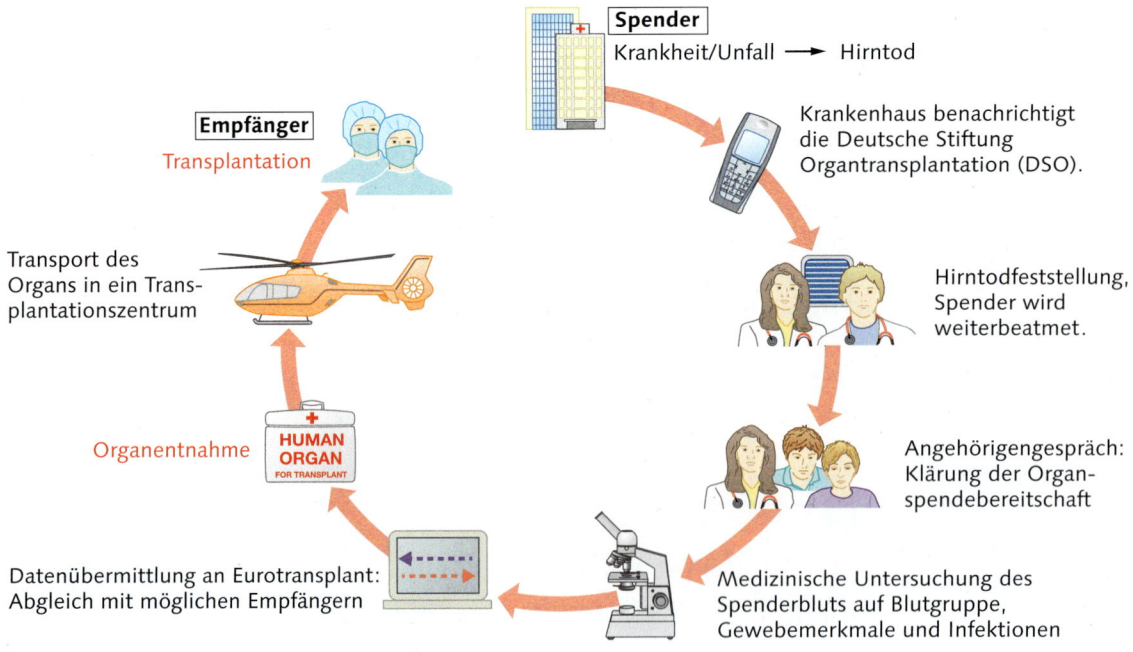

2 Weg eines Organs vom Spender zum Empfänger

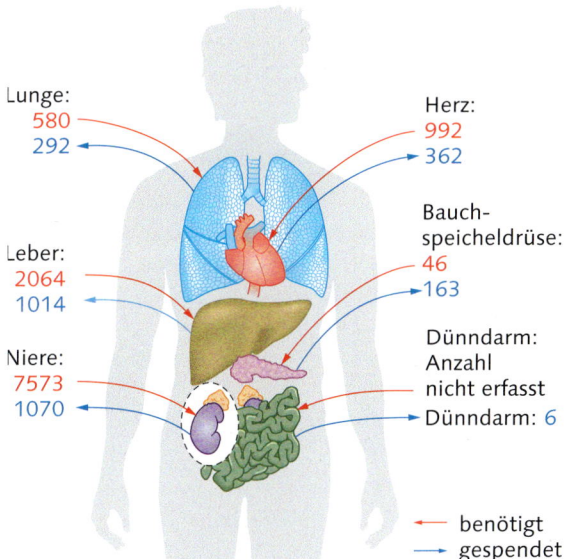

Lunge:
580
292

Herz:
992
362

Leber:
2064
1014

Bauch-
speicheldrüse:
46
163

Niere:
7573
1070

Dünndarm:
Anzahl
nicht erfasst
Dünndarm: 6

⟶ benötigt
⟶ gespendet

3 Anzahl benötigter (rote Pfeile) und gespendeter (blaue Pfeile) Organe in Deutschland (2011)

Eurotransplant ist in einigen europäischen Ländern eine Vermittlungsstelle für Organspenden. Sie ermittelt einen möglichen Empfänger nach Notwendigkeit, Erfolgschancen und Dringlichkeit. Wird dieser gefunden, können die Operationen von Spender und Empfänger vorbereitet werden. Das entsprechende Organ wird entnommen, auf schnellstem Weg zum Empfänger transportiert und diesem eingesetzt. Der Zeitraum zwischen Organspende und Transplantation darf nur wenige Stunden betragen.

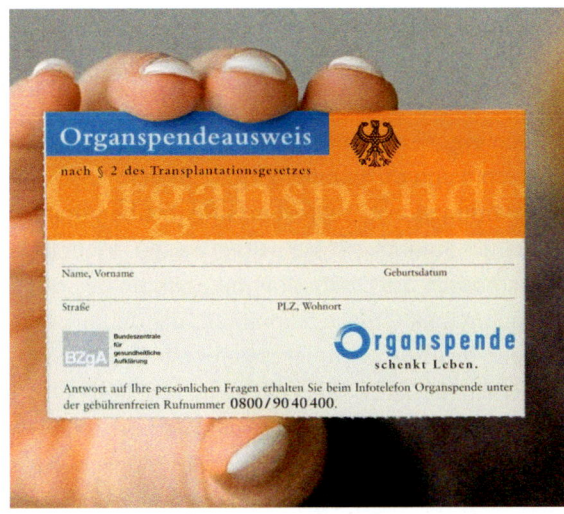

4 Organspendeausweis

Lebendspende

Manche Organe können auch von Lebenden gespendet werden. Dies ist zum Beispiel bei der Niere der Fall, da ein Mensch mit nur einer gesunden Niere im Körper leben kann. Am besten gelingt die Lebendspende bei Verwandten. Da sie sehr ähnliche Gewebemerkmale haben, gibt es hier in der Regel weniger Komplikationen. Der Empfänger erhält das Organ meist ohne Wartezeit, da die aufwendige Suche nach einem passenden Spender entfällt.

Nach der Operation

Trotz Übereinstimmung der Gewebemerkmale kann es nach einer Transplantation zu einer Abstoßungsreaktion beim Empfänger kommen. Dann sieht das Immunsystem das eingesetzte Organ als Fremdkörper an und versucht es abzustoßen. Die Patienten müssen deshalb lebenslang Medikamente zur Schwächung ihres Immunsystems einnehmen.

Entscheidung zur Organspende

Nach dem deutschen Transplantationsgesetz dürfen Jugendliche mit 16 Jahren ihre Bereitschaft zur Organspende erklären. Jeder sollte sich Gedanken über sein Einverständnis zur Organspende machen. Im *Organspendeausweis* kann man seine Zustimmung oder Ablehnung erteilen. Manchmal müssen auch Angehörige nach einem tödlichen Unfall eine schnelle Entscheidung hierzu treffen.

> **In Kürze**
> Bei einer Organtransplantation wird ein krankes durch ein gesundes Organ ersetzt. Dafür muss die Zustimmung vom Organspender oder von seinen Angehörigen vorliegen.

Aufgaben

1 ☐ Beschreibe den Ablauf der Organspende.

2 ◪ Nach der Transplantation muss der Patient ein Leben lang Medikamente zur Schwächung des Immunsystems einnehmen. Zeige die Gefahren für den Patienten auf.

Einen eigenen Standpunkt finden

Organspenden und Impfungen sind Themen, die in der Öffentlichkeit kontrovers diskutiert werden. Um einen umstrittenen Sachverhalt zu bewerten und dazu einen eigenen Standpunkt zu finden, kannst du wie folgt vorgehen:

1 Sich über den Sachverhalt informieren
Sammle zuerst möglichst viele Informationen. Nutze dazu verschiedene Quellen. Da im Internet nicht alle Informationen sachlich korrekt sind, suchst du am besten nach solchen, die von zuverlässigen und allgemein anerkannten Einrichtungen, zum Beispiel der Bundeszentrale für gesundheitliche Aufklärung (BZgA), veröffentlicht wurden. Neben dem Internet bieten auch Fachbücher und Fachzeitschriften aus der Bücherei umfassende Informationen. Du kannst auch Experten befragen. Bitte deine Lehrkräfte, dir zu helfen, einen geeigneten Experten zu finden.

2 Argumente gegenüberstellen
Überlege anhand deiner Informationen nun, welche Gründe für und welche gegen eine bestimmte Entscheidung sprechen. Ordne die Argumente in einer Tabelle nach Pro und Kontra.

3 Argumente einteilen
Manche Aussagen geben Fakten wieder, sie sind beschreibend. Andere Argumente beruhen eher auf einem Gefühl und sind dadurch bewertend.

4 Wertvorstellungen einbeziehen
Werte sind Vorstellungen, die als wünschenswert erachtet werden und dem Menschen eine Orientierung für sein Leben geben. Nicht alle Werte bedeuten jedem Menschen gleich viel. So wird beispielsweise der Wert »Schutz des Lebens« von einigen Menschen höher bewertet als der Wert »Ehrlichkeit«. Andere Werte wie etwa »Freiheit« und »Gerechtigkeit« werden von den meisten Menschen für unverzichtbar gehalten. Damit du eine eigene Bewertung

1 Einen eigenen Standpunkt zu finden ist nicht leicht.

vornehmen kannst, überlegst du dir, welche Wertvorstellungen für dich im Hinblick auf den Sachverhalt wichtig und wie sie mit den jeweiligen Argumenten vereinbar sind.

5 Mögliche Folgen bedenken
Sprich mit deiner Familie oder Freunden über deine Entscheidung. Werden dadurch eventuell wichtige Werte anderer oder sogar deine eigenen verletzt? Wenn du unsicher bist, solltest du dich noch nicht festlegen. Hast du aber ein gutes Gewissen, kannst du zunächst bei deiner Entscheidung bleiben.

6 Eigenen Standpunkt formulieren
Nun kannst du auf Basis deiner Vorüberlegungen eine Entscheidung treffen und deinen Standpunkt formulieren und begründen.

7 Den eigenen Standpunkt stets überdenken
Auch wenn du zu einer Entscheidung gekommen bist, solltest du offenbleiben und deinen Standpunkt stets überdenken. Vielleicht sind durch die Diskussion mit anderen Personen neue Aspekte hinzugekommen, die du vorher noch nicht bedacht hast. Denn mit dem Alter, mit einem Beruf oder durch einen neuen Freundeskreis können sich die Wertvorstellungen ändern. Du hast jederzeit die Möglichkeit, deine eigene Entscheidung zu überdenken und zu verändern.

Organspende

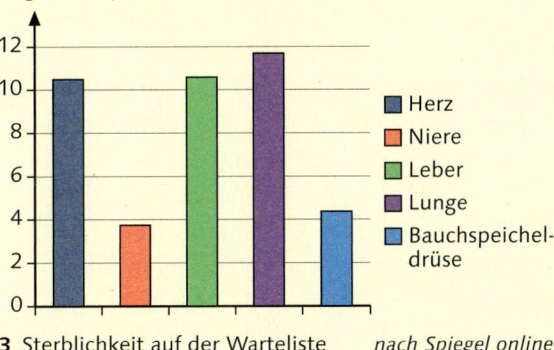

1 Rückseite eines Organspendeausweises

»Wiegt nichts, hat aber trotzdem viel Gewicht!«
Matthias Steiner, Olympiasieger im Gewichtheben

2 Zitat zum Organspendeausweis

Sterblichkeit auf der Warteliste zur Organtransplantation pro Jahr in Deutschland in %

- Herz
- Niere
- Leber
- Lunge
- Bauchspeichel- drüse

3 Sterblichkeit auf der Warteliste   *nach Spiegel online*

Widerspruchregelung: Jeder ist Organspender, es sei denn er widerspricht ausdrücklich. Gültig in Spanien (34,3), Österreich (25,5) und Frankreich (24,1).

Zustimmungsregelung: Jeder, der Organe spenden möchte, muss einen Organspende- ausweis unterschreiben. Gültig in Großbritannien (15,1), Deutschland (14,9) und den Niederlande(13,8).

4 Spender je 1 Million Einwohner mit unterschiedlichen Gesetzesregelungen

nach Spiegel online

»Nicht an der Unversehrtheit des Leichnams hängt die Erwartung der Auferstehung der Toten und des ewigen Lebens, sondern der Glaube vertraut darauf, dass der gnädige Gott aus dem Tod zum Leben auferweckt.«

5 Deutsche Bischofskonferenz / Rat der Evangelischen Kirche in Deutschland 1990

6 Werbeplakat für die Organspende

Grund	Anteil in %
noch nicht ausreichend informiert	36
zu jung/zu alt dafür	11
gesundheitliche Gründe	10
lehne Organspende grundsätzlich ab	6
habe noch keinen Ausweis, lehne aber Organspende nicht ab	5
bisher keine Zeit dafür	5
Angst, vorzeitig für tot erklärt zu werden	4
religiöse und/oder ethische Gründe	3
bin noch unentschieden	3

7 Menschen haben keinen Organspendeausweis, weil …

nach statista.com 2012

»Wenn ich mich zur Organspende bereit erklä- re, befürchte ich, dass die Feststellung meines Todes vorschnell erfolgt. Ich möchte auf keinen Fall als Ersatzteillager angesehen werden.«

8 Zitat aus einer Befragung zur Organspende

Der Weg des Blutes

Den Weg des Blutes durch den Körper könnt ihr auf dem Schulhof nachstellen.

Material   runder grüner Fotokarton (Ø 50 cm), grüner und gelber Fotokarton, grünes Schild »Herzkammer«, runder, gelber Fotokarton (Ø 50 cm), gelbes Schild »Herzkammer«, 2 blaue Schilder »Organ«, 2 rote Schilder »Lunge«, Straßenkreide, 30 rote Sauerstoffkarten, 30 blaue Kohlenstoffdioxidkarten, Trommel

Vorbereitungen

Malt wie in Bild 1 ein mindestens zwei Meter großes Herz auf den Schulhof. Ergänzt darüber einen Kreis, den ihr mit »Lunge« beschriftet. Darunter zeichnet ihr einen Kreis für verschiedene Organe wie zum Beispiel Muskeln oder Gehirn. Fügt dazwischen Blutbahnen hinzu. Achtet darauf, dass diese richtig ins Herz münden. Einzelne Schülerinnen oder Schüler übernehmen folgende Rollen:

- Trommel: schlägt den Takt.
- Linke Segelklappe: erhält grüne, runde Karte.
- Linke Taschenklappe: erhält grüne, eckige Karte.
- Rechte Segelklappe: erhält gelbe, runde Karte.
- Rechte Taschenklappe: erhält gelbe, eckige Karte.
- Herzkammern: Zwei Schüler stehen Rücken an Rücken auf der Herzscheidewand.
- Lunge: steht in der Lunge und nimmt alle Sauerstoffkarten entgegen.
- Organe: stehen in Organen und nehmen alle Kohlenstoffdioxidkarten entgegen.
- Alle übrigen Schülerinnen und Schüler stellen rote Blutkörperchen dar.

Durchführung

Alle Blutkörperchen stellen sich am Eingang zur grünen, rechten Herzhälfte

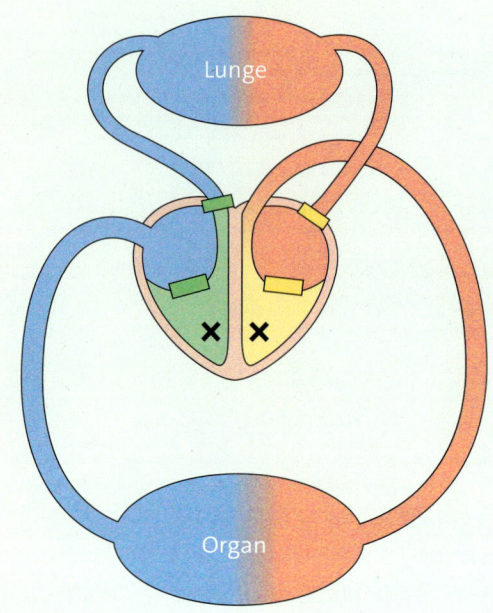

1 Schulhofzeichnung

hintereinander auf. Der Trommler gibt den Takt für das Öffnen und Schließen der Herzklappen an. Die Klappenspieler lassen also im Takt rote Blutkörperchen in die Herzkammer. Wenn sich die Taschenklappen öffnen, schiebt die »Herzkammer« das »Blutkörperchen« hinaus. Dieses geht durch die Ader zur Lunge. In der Lunge erhält es eine rote Sauerstoffkarte. Damit geht es weiter zur gelben, rechten Segelklappe und wartet auf den nächsten Trommelschlag. Mit jedem Trommelschlag wird ein »Blutkörperchen« durch das Herz geschoben. Durch die linke Herzhälfte wird das sauerstoffbeladene »Blutkörperchen« zum Organ geschoben. Dort tauscht es seine Sauerstoffkarte gegen eine Kohlenstoffdioxidkarte. Von dort geht der Weg wieder durch die rechte Herzhälfte zur Lunge, wo die Lungenspieler die Kohlenstoffdioxidkarten einsammeln. Das Spiel ist beendet, wenn alle Kohlenstoffdioxidkarten in der Lunge sind.

Auswertung

Führt eine Modellkritik durch.

Blut und Blutkreislauf

1 Höhentraining und EPO

1968 fanden die Olympischen Spiele in Mexiko-Stadt, auf einer Höhe von 2240 Metern statt. Hier herrscht ein deutlich niedrigerer Luftdruck als in den Heimatländern der meisten Olympioniken. Niedriger Luftdruck bedeutet weniger Luft, und weniger Luft bedeutet weniger Sauerstoff. Sauerstoffmangel führt zu einer erhöhten Ausschüttung des körpereigenen Hormons »Erythropoetin«, kurz EPO. Es bewirkt die erhöhte Produktion von roten Blutkörperchen.

Seit 1983 kann man EPO künstlich herstellen.

a □ Nenne das Problem, mit dem viele Wettkämpfer in Mexiko-Stadt rechnen mussten.

b ◪ Sportler, die aus den Hochländern von Kenia oder Äthiopien kamen, hatten kaum Anpassungsprobleme an die Höhenlage. Begründe.

c ◪ Zur Vorbereitung auf die Spiele absolvierten viele Teilnehmer ein mehrwöchiges Höhenanpassungstraining. Stelle Vermutungen an, wie sich der Körper dabei verändert hat.

d ◪ Begründe, weshalb die Einnahme von synthetisch hergestelltem EPO als Doping gilt.

e ◪ EPO bewirkt, dass das Blut deutlich mehr feste Blutbestandteile enthält. Erläutere, welche große Gefahr mit der dauerhaften Einnahme von EPO verbunden ist.

f ■ Krebspatienten entwickeln nach einer Chemotherapie oft eine Anämie, eine verminderte Produktion von roten Blutkörperchen. Begründe, weshalb in diesen Fällen EPO verabreicht wird.

2 Aktiver und passiver Bluttransport

Der vom arteriellen Blut auf die Wände der Blutgefäße ausgeübte Druck treibt das Blut durch den Körper. Dieser Blutdruck wird in Millimeter-Quecksilbersäule, mmHg, gemessen. Hinter dem aus dem Herzen kommenden Blutschwall zieht sich die Ringmuskelschicht der Arterien zusammen und drückt so das Blut aktiv nach vorne. Nach jedem Zusammenpressen erschlafft der Herzmuskel, bevor er sich wieder zusammenzieht. Das kann man in Bild 1 auf links deutlich sehen.

a □ Bild 1 zeigt einen Ausschnitt des Blutkreislaufs. Begründe, welches Organ fehlt und wo es stehen müsste.

b ◪ Entscheide, ob es sich in Bild 1 um den Körper- oder den Lungenkreislauf handelt. Begründe.

c ◪ Beschreibe den Kurvenverlauf in Bild 1.

d ■ Erkläre mit Hilfe der Bilder 2 und 3, wie das Blut passiv transportiert wird.

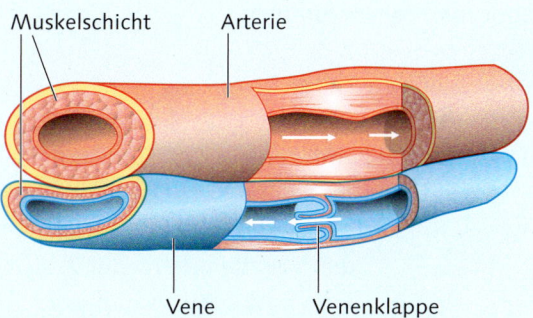

2 Pulswelle der Arterien drückt auf die Venen.

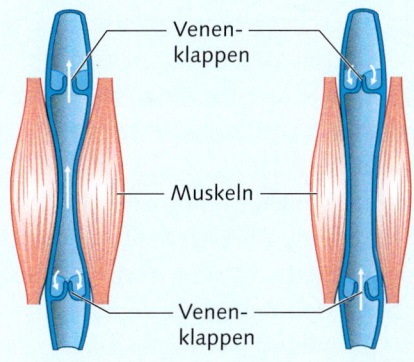

1 Blutdruckverhältnisse in den Blutgefäßen

3 Muskeln drücken von außen auf die Venen.

Wozu atmen wir?

Atmen ist für uns etwas Selbstverständliches, es geschieht automatisch. Wir müssen es nicht bewusst steuern. Die Bedeutung der Atmung wird uns erst in besonderen Situationen bewusst: beim Tauchen, beim Wandern oder beim Sport – wie bei dem Läufer, der nach seinem Sprint völlig ausgepumpt ist und schnell atmend nach Luft ringt.

Äußere und innere Atmung
Atmung umfasst die Aufnahme von Sauerstoff in der Lunge, den Transport zu den Zellen zur Energiefreisetzung sowie die Abgabe des dabei entstehenden Kohlenstoffdioxids. In der Lunge erfolgen die Aufnahme von Sauerstoff und die Abgabe von Kohlenstoffdioxid. Diesen *Gasaustausch* nennt man *äußere Atmung*. Die roten Blutkörperchen transportieren den Sauerstoff zu den Körperzellen und von dort Kohlenstoffdioxid zur Lunge. Die Vorgänge zwischen Zelle und roten Blutkörperchen nennt man *innere Atmung*.

Atmung in den Zellen
Bei der Verdauung werden die Nährstoffe in ihre Grundbausteine zerlegt. Das Blut transportiert sie zu den Körperzellen. Hier erfolgt in den Mitochondrien, den »Kraftwerken« der Zelle, die Energieumwandlung. Dabei werden die Grundbausteine der Nährstoffe mit Hilfe von Sauerstoff schrittweise umgesetzt. Ein Teil dieser Energie wird für die Körpervorgänge wie Herztätigkeit, Atmung und Muskeltätigkeit verwendet. Auch das Gehirn hat einen hohen Energiebedarf. Ein weiterer Teil der Energie wird zur Aufrechterhaltung der Körpertemperatur genutzt oder über die Haut abgegeben. Da in den Zellen für die Energiebereitstellung Sauerstoff benötigt wird, nennt man diesen Vorgang *Zellatmung*.

1 Der Läufer ist außer Puste.

Ohne Sauerstoff kein Leben
Ohne Sauerstoff kann ein Mensch nur wenige Minuten überleben. Bei Sauerstoffmangel besteht höchste Lebensgefahr. Jeder Herzschlag, jeder Atemzug, jeder Schritt und jeder Gedanke, den wir machen, erfordert Energie. Diese kann nur mit Hilfe von Sauerstoff aus Glucose in den Mitochondrien freigesetzt werden.

In Kürze
Den Gasaustausch in der Lunge nennt man äußere Atmung. In den Körperzellen findet die innere Atmung statt. Dabei wird mit Hilfe von Sauerstoff aus Glucose Energie bereitgestellt.

Aufgaben
1 ◪ Erläutere, weshalb man das Klassenzimmer in regelmäßigen Abständen lüften soll.

2 ◪ Beschreibe mit Hilfe von Bild 2, wie sich die Ein- und Ausatemluft unterscheiden. Begründe.

3 ◪ »Ohne Sauerstoff kein Leben.« Erkläre, welche Bedeutung in diesem Zusammenhang die Mitochondrien haben.

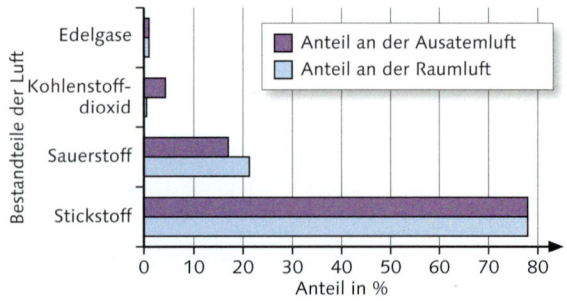

2 Zusammensetzung der Ein- und Ausatemluft

Gesunderhaltung der Atmungsorgane

Atmen ist nicht nur der Austausch von Gasen. Es wirkt entspannend, wenn man zum Beispiel beim Erhalt einer guten Nachricht erfreut auf- oder nach einer Anstrengung erleichtert durchatmet. Bewusstes Atmen kann Krankheiten vorbeugen und auch heilend wirken. Bestimmte Atemübungen können helfen, die Folgen von Stress abzubauen. Waldspaziergänge sind gesund, weil hier die Luft besonders sauber ist.

A Wie sauber ist deine Atemluft?

Material Tasse, durchsichtiger Klebestreifen, Schere, weißes Blatt Papier DIN A5, Lupe

Durchführung Lege zwei durchsichtige Klebestreifen so über die Öffnung der Tasse, dass die Klebefläche nach oben zeigt. Befestige sie am Rand der Tasse mit einem weiteren Klebestreifen, der parallel zum Tassenrand verläuft. Stelle die Tasse ins Freie, zum Beispiel auf ein Fensterbrett oder auf den Balkon. Entferne einen Streifen nach einer, den zweiten nach zwei Wochen. Klebe die Streifen auf ein weißes Blatt Papier. Beschrifte das Blatt mit den Daten von Versuchsbeginn und Versuchsende. Gib auch den Standort an. Untersuche die Streifen mit Hilfe einer Lupe. Protokolliere deine Beobachtungen.

Auswertung
1 Vergleiche die Teststreifen und beschreibe.
2 Vergleicht die Ergebnisse innerhalb der Klasse. Stellt Zusammenhänge zwischen Standorten und Ergebnissen her.
3 Sucht nach möglichen Ursachen der unterschiedlichen Ergebnisse.

B Atemübungen fördern die Gesundheit

Material Decke oder andere weiche Unterlage

Durchführung Beachte diese Grundregeln:
- Beginne mit langsamem Ausatmen durch den Mund.
- Mache nach dem Ausatmen eine kurze Atempause und warte, bis das Einatmen von alleine einsetzt.
- Atme durch die Nase ein, wobei du zuerst den Bauch und dann die Brust mit Luft füllst.

Übung 1
Halte die Arme beim Einatmen angewinkelt vor der Brust, sodass sich die Fingerspitzen berühren. Ziehe nun beim Einatmen die Ellenbogen möglichst weit waagerecht nach hinten. Halte diese Spannung einige Sekunden. Beim anschließenden Ausatmen werden die Ellenbogen langsam nach vorne geführt, bis sich die Finger berühren.

Übung 2
Setze dich wie in Bild 1 auf die Fersen und atme tief aus. Bewege dich mit dem Einsetzen der Einatmung langsam in die Kniestellung. Hebe dabei die Arme langsam mit nach oben. Halte hier die Spannung einige Sekunden, bevor du dich wieder langsam ausatmend zurückbewegst.

1 Bewegungen von Übung 2

Gefahren für die Atmungsorgane

Sie sehen wie kleine Kunstwerke aus, die igel- oder pyramidenförmigen Hinterlassenschaften von »ordentlichen« Rauchern – entstanden nach zahlreichen Zigarettenpausen. Auch wenn der Zigarettenkonsum rückläufig ist, sterben in Deutschland jährlich über 100 000 Menschen an den Folgen des Tabakkonsums. Weltweit sind es etwa 6 Millionen, darunter immer mehr Frauen.

Schadstoffe im Tabakrauch

Mit dem Tabakrauch werden viele giftige Stoffe eingeatmet. Die bekanntesten sind *Teerstoffe* und *Nikotin*. Raucht man regelmäßig Zigaretten, dann reichert sich in der Lunge Teer an. Die zähflüssige Substanz verklebt die Flimmerhärchen auf den Schleimhäuten von Nase, Luftröhre und Lunge. Dadurch können die Härchen kaum noch Schadstoffe aus der Luft filtern. Zusammen mit Krankheitserregern gelangen diese ungehindert in den Körper. Nikotin ist ein Gift, das auf die Nervenzellen im Gehirn wirkt und die Blutgefäße verengt. Zudem macht es abhängig. Nikotin sorgt dafür, dass Raucher immer wieder zur Zigarette greifen und nur schwer von ihrer Sucht loskommen.

Langzeitfolgen des Rauchens

Weltweit sterben jährlich mehrere Millionen Menschen an den Folgen des Tabakkonsums. Langzeitfolgen können chronische Bronchitis und verschiedene Lungenerkrankungen sein. Teerstoffe wirken krebserregend. Lungenkrebs zählt zu den häufigsten Krebsarten. Die Chance auf Heilung ist gering.

Tabakrauch schädigt auch Nichtraucher

In einem Raum, in dem geraucht wird, atmen auch Nichtraucher den schädigenden Tabakrauch ein. Sie rauchen passiv mit. Dadurch können auch bei ihnen Erkrankungen der Atmungsorgane entstehen.

1 Hinterlassenschaften nach Zigarettenpausen

Shisha als Einstieg zum Rauchen

Die Shisha oder Wasserpfeife wird von vielen Jugendlichen als vermeintlich ungefährliche Alternative zur Zigarette geraucht. Sie glauben, dass das Wasser den Tabakrauch von Schadstoffen befreit. Das ist nicht der Fall. Der durch das Wasser abgekühlte und durch Fruchtaromen angereicherte milde Rauch wird länger und tiefer inhaliert als bei einer Zigarette. Dadurch wirken die eingeatmeten Stoffe länger und intensiver in der Lunge.
In der Shisha wird der Tabak nicht verbrannt, er schwelt. Dadurch gelangen Stoffe wie Arsen oder giftige Schwermetalle in die Lunge. Zudem enthält der Tabak Glycerin, um ihn feucht zu halten. Neueste Untersuchungen weisen darauf hin, dass Glycerin beim Rauchen in einen krebserregenden Stoff umgewandelt wird. Auch die nikotinfreien Ersatzstoffe sind gesundheitlich nicht unbedenklich.

2 Shisharaucher

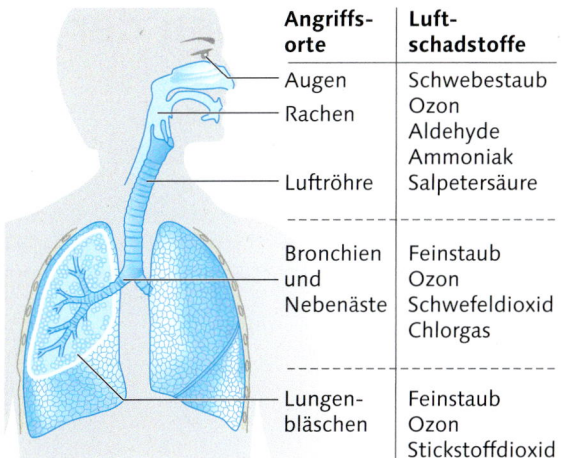

Angriffs- orte	Luft- schadstoffe
Augen Rachen Luftröhre	Schwebestaub Ozon Aldehyde Ammoniak Salpetersäure
Bronchien und Nebenäste	Feinstaub Ozon Schwefeldioxid Chlorgas
Lungen- bläschen	Feinstaub Ozon Stickstoffdioxid

3 Rauchen in der Clique: Dazugehören ist alles?

4 Gefahren durch Schadstoffe aus der Luft

Warum Jugendliche anfangen zu rauchen

Viele Jugendliche wollen zunächst einmal nur ihre Neugier befriedigen. Sie wollen wissen, wie sich das anfühlt: eine Zigarette rauchen. Einige stellen fest, dass es ihnen gar nicht schmeckt, und lassen dann die Finger davon. Andere dagegen rauchen vor allem in ihrer Clique weiter, weil sie dazugehören möchten und dabei ein angenehmes Gefühl empfinden. Sie wollen damit vermutlich auch zeigen, dass sie auf dem Weg sind, die Welt der Erwachsenen zu erobern. Wie diese nutzen sie die Zigarettenpause, um miteinander ins Gespräch zu kommen und Abstand von Arbeit und Stress zu gewinnen. Dabei merken sie oft nicht, wie schnell sie die Kontrolle über ihr Rauchverhalten verlieren und Rauchen schließlich zur Gewohnheit geworden ist.

Schadstoffe in der Luft

Feinstaub besteht aus winzig kleinen, festen Teilchen, die in der Luft schweben und für unsere Augen nicht sichtbar sind. Er ist in der Regel menschengemacht. Hauptverursacher sind Industrie und Straßenverkehr. Untersuchungen zeigen, dass der mit der Atemluft aufgenommene Feinstaub verschiedene Gesundheitsschäden wie Allergien, Atemwegs-beschwerden oder Asthma hervorrufen kann. Menschen, die in Ballungsgebieten oder an verkehrsreichen Straßen leben, sind daher besonders gefährdet. Deshalb wurden in vielen Städten Umweltzonen eingerichtet. Nur Fahrzeuge mit schadstoffarmen Motoren dürfen die Umweltzonen befahren.

Neben Feinstaub kann die Luft weitere Schadstoffe enthalten. Auch sie stammen meist von Kraftfahrzeugen und Industrieanlagen oder sind in Farben, Klebstoffen und besonders im Tabakrauch enthalten.

In Kürze

Rauchen ist immer gesundheitsschädlich, gleichgültig ob als Zigarette oder Shisha. Beim Inhalieren gelangen Giftstoffe in die Lunge. Durch passives Rauchen werden auch Nichtraucher gefährdet. Für Jugendliche kann die Shisha der Einstieg in den Nikotinkonsum sein. Schadstoffe aus der Luft wie Feinstaub wirken schädigend auch auf andere Organe.

Aufgaben

1 ☐ Beschreibe, wie Tabakrauch die Atmungsorgane schädigt.

2 ☑ Erläutere, wie Jugendliche oft ungewollt zu Rauchern werden.

3 ☑ Erkläre, weshalb man in Städten Umweltzonen einrichtet.

4 ■ Begründe, weshalb das Shisharauchen für Jugendliche besonders gefährlich sein kann.

Bau und Funktion der Atmungsorgane

1 Der Weg der Atemluft

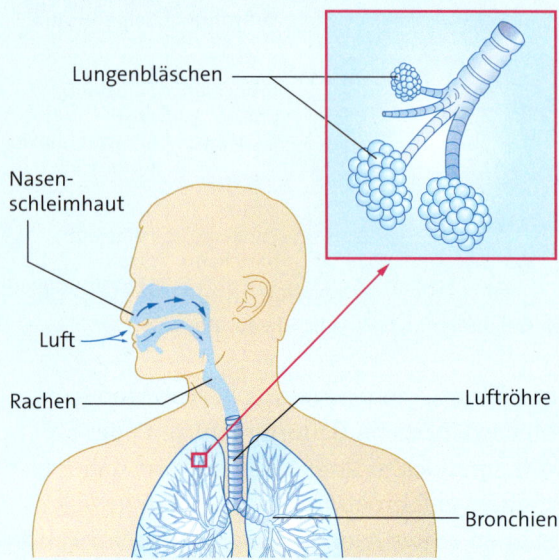

1 Der Weg der Luft in die Lunge

a □ Nenne die beiden Öffnungen, durch die Atemluft in den Körper gelangt. Suche nach einer Begründung, weshalb es hierfür zwei Stellen gibt.

b ☑ In Bild 1 sind die beiden Wege mit unterschiedlich dicken Pfeilen eingezeichnet. Begründe.

c ☑ Beschreibe, welche Bedeutung die Flimmerhärchen in der Luftröhre haben.

2 Blut und seine Bestandteile

a □ Nenne die Aufgaben des Blutes.

b ☑ Nenne und beschreibe die in Bild 2 dargestellten unterschiedlichen Blutbestandteile.

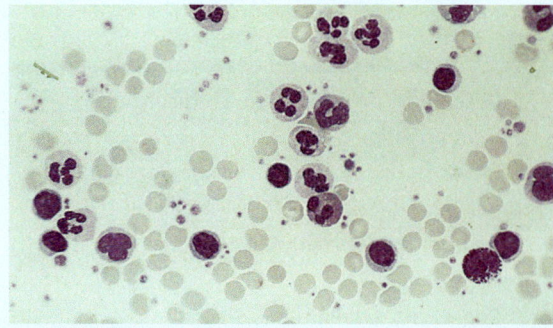

2 Blutzellen im Mikroskop

3 Gasaustausch in der Lunge

a □ Nenne die drei Gase, aus denen sich die Atemluft hauptsächlich zusammensetzt.

b ☑ Vergleiche die Zusammensetzung der eingeatmeten mit der der ausgeatmeten Luft. Nenne Unterschiede. Begründe deine Antwort.

c ☑ Nenne die Voraussetzungen, die einen optimalen Gasaustausch in der Lunge ermöglichen. Begründe deine Antworten.

d ■ Menschen, die in staubreicher Umgebung arbeiten wie Bergleute oder Bäcker, können eine »Staublunge« entwickeln. Versuche zu begründen, wie es zu dieser Krankheit kommen kann und wie sie sich auswirkt. Stelle Vermutungen an, wie man versucht, die Entstehung einer Staublunge zu verhindern.

4 Bau des Herzens

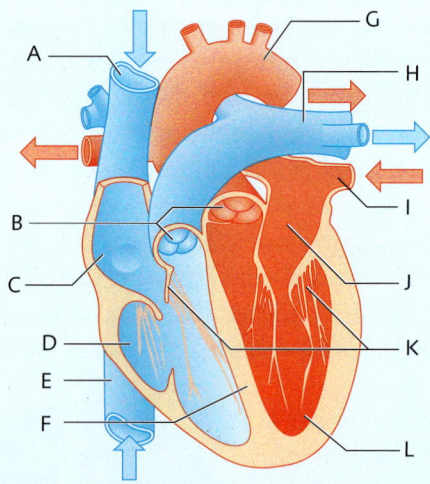

3 Herz des Menschen (Längsschnitt)

a □ Begründe, ob es sich bei der rot dargestellten Herzhälfte in Bild 3 um die rechte oder linke handelt.

b ☑ Ordne den Buchstaben in Bild 3 die entsprechenden Begriffe zu.

c ☑ Vergleiche Arterien und Venen miteinander.

d ☑ Manche Menschen haben von Geburt an ein Loch in der Herzscheidewand. Erkläre, welche Auswirkungen das hat.

5 Blutkreislauf

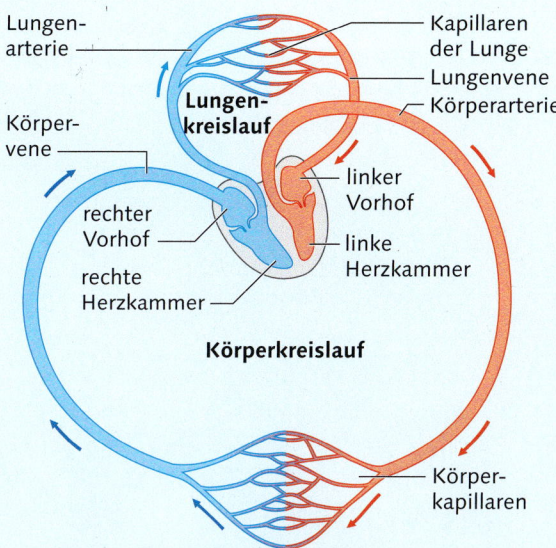

Lungen-arterie

Körper-vene

Lungen-kreislauf

rechter Vorhof

rechte Herzkammer

Kapillaren der Lunge

Lungenvene

Körperarterie

linker Vorhof

linke Herzkammer

Körperkreislauf

Körper-kapillaren

4 Der Weg des Blutes durch den Körper

a ☐ Beschreibe mit Hilfe von Bild 4 den Weg des Blutes durch den gesamten Körper. Unterscheide dabei zwischen den beiden Blutkreisläufen.

b ☑ Man nennt die zwei Blutkreisläufe auch großer beziehungsweise kleiner Blutkreislauf. Begründe diese Bezeichnungen. Ordne sie mit Hilfe von Bild 4 zu.

c ☑ Erläutere, wozu der vom Blut transportierte Sauerstoff dient und woher das enthaltene Kohlenstoffdioxid stammt.

6 Gefahren für die Atmungsorgane

a ☐ Nenne die beiden bekanntesten Giftstoffe, die im Tabakrauch enthalten sind, und wo sie jeweils wirken.

b ☑ Wer täglich Zigaretten raucht, entwickelt meist einen sogenannten Raucherhusten. Erkläre.

c ■ Begründe, weshalb Jugendliche besonders anfällig sind, Raucher zu werden.

d ☑ Mit einer Shisha kann man auch nikotinfreie Stoffe rauchen. Erkläre, weshalb Shisharauchen dennoch gesundheitsschädlich ist.

Bau und Funktion der Atmungsorgane

■ Beim Einatmen gelangt die Luft über Mund oder Nase in die Luftröhre. Diese verzweigt sich über die Bronchien in immer dünnere Röhrchen. Diese Bronchiolen enden in den Lungenbläschen, die je von einem Netz feinster Blutgefäße umhüllt sind.

■ Blut besteht aus Blutzellen und Blutplasma. Die roten Blutkörperchen transportieren Sauerstoff. Die weißen Blutkörperchen sind Teil des körpereigenen Abwehrsystems. Die Blutplättchen tragen mit zur Blutgerinnung bei. Das Blutplasma transportiert gelöste Stoffe wie Kohlenstoffdioxid und Nährstoffbausteine. Zudem verteilt es die Wärme.

■ Beim Gasaustausch in der Lunge diffundiert Sauerstoff ins Blut. Umgekehrt gelangt Kohlenstoffdioxid in die Lungenbläschen und wird ausgeatmet.

■ Das Herz ist ein Hohlmuskel, der das Blut in zwei getrennten Kreisläufen durch den Körper pumpt.

■ Das Rauchen von Tabak oder Tabakersatzstoffen ist gesundheitsschädlich. Beim Inhalieren gelangen krebserregende Stoffe in die Lunge. Nikotin verengt die Blutgefäße.

Informationssysteme

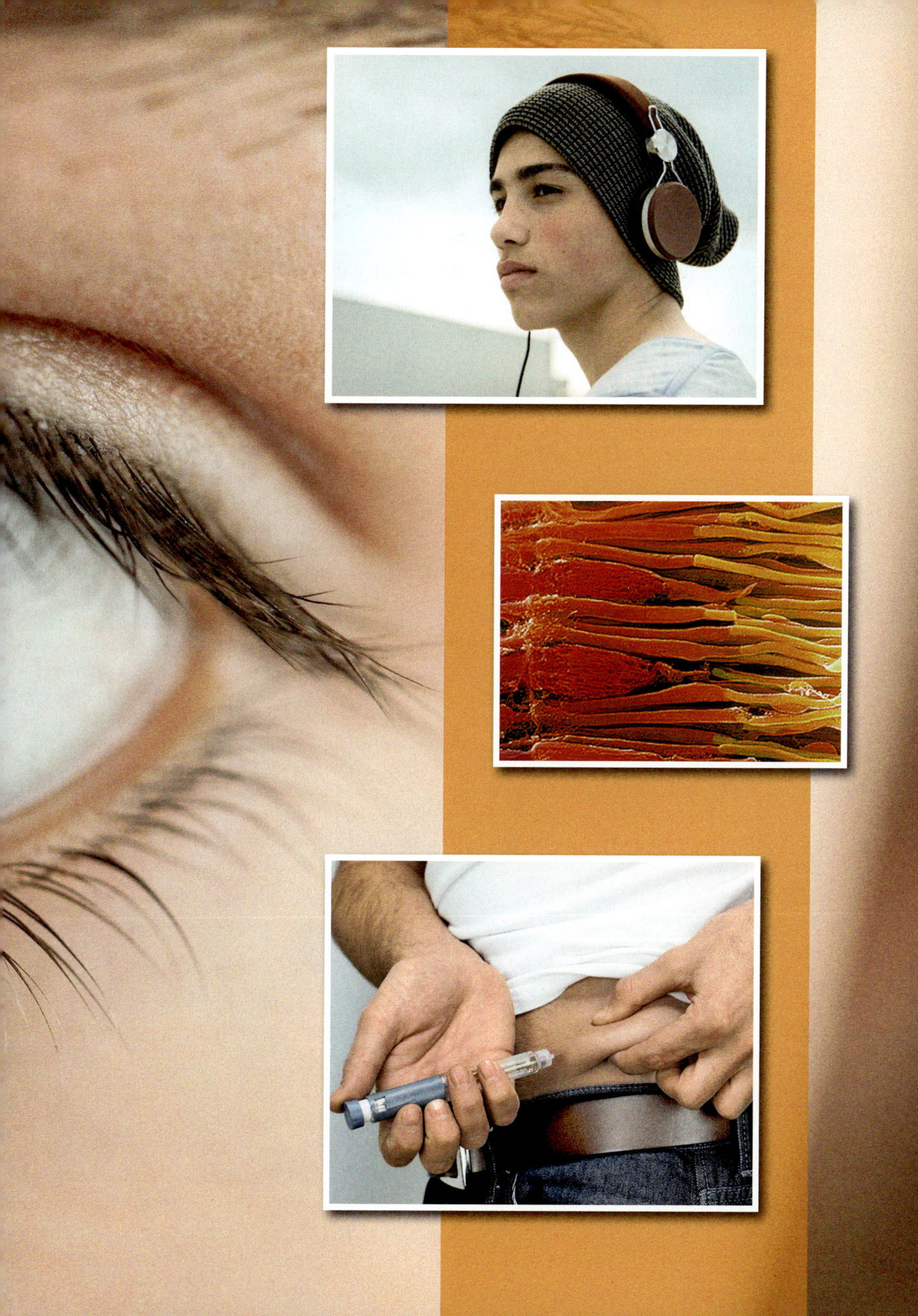

Informationssysteme des Körpers

Beim Fahrrad-Trial muss der Radfahrer sein Rad in jeder auch noch so schwierigen Situation perfekt beherrschen. Bei ihm ist es ein Sportgerät, mit dem er hüpfend und springend die schwierigsten Hindernisse zu überwinden versucht. Körperbeherrschung, Konzentration, Kraft, Gleichgewichtsgefühl, aber auch Mut sind in sehr hohem Maß gefordert, damit er die spektakulären Stunts meistert. Um in solchen Situationen schnell und richtig reagieren zu können, verfügt der Körper über unterschiedliche Informationssysteme.

Leben bedingt Informationen

Alle Lebensvorgänge sind miteinander vernetzt. In jeder Zelle müssen viele verschiedene Vorgänge genau aufeinander abgestimmt erfolgen. Die Informationen hierfür können auf unterschiedliche Art und Weise übermittelt werden. Lebewesen nutzen als Informationsträger vor allem Moleküle, zum Beispiel für die Erbinformation die DNA. Elektrische Impulse sorgen für eine sehr schnelle Informationsweitergabe über die Nervenzellen. Ein weiterer Informationsträger sind die Hormone. Sie werden über das Blut im gesamten Körper verteilt. Störungen bei der Informationsübertragung können das Leben der Betroffenen mehr oder weniger stark beeinflussen.

1 Fahrrad-Trialer in Aktion

Nerven – wenn es schnell gehen muss

Umweltreize müssen schnell erkannt und bewertet werden, um bei Bedarf sofort zielgerichtet darauf reagieren zu können. Das gilt besonders für Reize, die Gefahr bedeuten. Alle Abläufe im Körperinnern müssen stets bewertet und beantwortet werden. Alltägliche Aktivitäten wie sicheres Gehen oder Sitzen sind nur aufgrund der dauernden Kontrolle durch das Nervensystem möglich. Als dichtes Netz zahlloser Nervenzellen durchzieht es den gesamten Körper. Mit Hilfe elektrischer Impulse erfolgt eine sehr schnelle Informationsübertragung von Nervenzelle zu Nervenzelle. Zentrale dieses Netzes ist das Gehirn. Hier kommen Informationen aus dem Körper und der Umwelt zusammen, werden bewertet und verarbeitet, um Antwortreaktionen auszulösen.

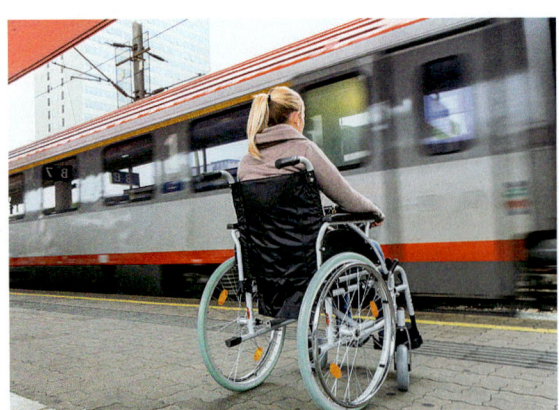

2 Folgen fehlender Informationsübermittlung

3 Das Nervensystem meldet sofort große Gefahr.

4 Vom Kind zum Jugendlichen durch Hormone

Hormonsystem – lang andauernde Wirkung

Hormone sind Botenstoffe, die in bestimmten Zellen gebildet und direkt ins Blut abgegeben werden. Auf diese Weise erreichen sie alle Stellen des Körpers. Aber nur dort, wo sie auf passende Empfangseinrichtungen treffen, entfalten sie ihre jeweilige Wirkung. Hormone wirken bereits in geringsten Mengen. Im Gegensatz zum Nervensystem steuert das Hormonsystem hauptsächlich Entwicklungen, die sich über längere Zeiträume erstrecken. Wachstum und Pubertät sind Beispiele für hormongesteuerte Prozesse, die sich allmählich, über einen längeren Zeitraum vollziehen.

Zwei besondere Hormongruppen

Stresshormone wie Adrenalin wirken im Gegensatz zu den meisten Hormonen innerhalb sehr kurzer Zeit. Sie werden ausgeschüttet, um sehr schnell viel Energie zum Abwehren gefährlicher Situationen bereitzustellen. Glückshormone wie Oxytocin oder Dopamin wirken im Gehirn. Sie lösen angenehme Gefühle aus. Oxytocin wirkt bei Müttern unter anderem beim Stillen. Es stärkt die Bindung zwischen Mutter und Kind. Das Hormon Dopamin lässt Verliebte auf »Wolke 7« schweben.

Weitere Informationssysteme des Körpers

Die vermutlich älteste Form der biologischen Informationsübermittlung ist die Erbinformation. Sie legt den Bauplan jeder einzelnen Zelle und damit des gesamten Lebewesens fest. Diese Informationen können an die Nachkommen weitergegeben, vererbt werden.

Der menschliche Körper verfügt über ein Schutzsystem zur Bekämpfung von Krankheitserregern. Es besteht aus spezialisierten Zellen und Organen, die körperfremde Stoffe erkennen und Abwehrreaktionen auslösen. Dabei bildet das Immunsystem Antikörper, die den jeweiligen Erreger bekämpfen, und Gedächtniszellen, die auf eine erneute Ansteckung durch den gleichen Erreger schnell reagieren.

In Kürze

Der Körper verfügt über verschiedene Informationssysteme. Das Nervensystem ermöglicht durch elektrische Signalübermittlung sehr schnelle Reaktionen. Hormone regeln vor allem Entwicklungsvorgänge. Es gibt auch Hormone wie Adrenalin, die innerhalb sehr kurzer Zeit wirken. Die Erbinformation kann an die Nachkommen weitergegeben werden. Sie legt den Bauplan jeder Zelle fest. Das Immunsystem schützt den Körper vor Krankheitserregern.

Aufgaben

1 ☐ Nenne vier Informationssysteme des Körpers und ihre jeweilige Aufgabe.

2 ◩ Vergleiche Nerven- und Hormonsystem miteinander. Stelle Gemeinsamkeiten und Unterschiede in einer Tabelle dar.

3 ◼ Stelle Vermutungen an, welches Informationssystem bei der in Bild 2 gezeigten jungen Frau gestört ist. Begründe deine Antwort.

Das Nervensystem

Dominik hat seinen Gegner genau im Auge. Als der Aufschlag erfolgt, läuft er schnell dorthin, wo nach seiner Berechnung der Ball hinfliegen müsste. Den Schläger hält und bewegt er so, dass durch seinen gezielten, festen Schlag der Ball für den Gegner unerreichbar zurückfliegt. Dominik freut sich. Er hat gute Nerven bewiesen.

Das Nervensystem und seine Aufgaben

Die Gesamtheit aller Nervenzellen, die unseren Körper durchziehen, fasst man als *Nervensystem* zusammen. Insgesamt sind es über 100 Milliarden Nervenzellen. Würde man sie zusammenknüpfen, so ergäbe das eine Strecke von der Erde zum Mond und wieder zurück. Die Aufgaben des Nervensystems sind vielfältig: Erfassen, Weiterleiten, Verarbeiten und Erkennen sowie Speichern von Informationen. Es steuert außerdem gezielt alle Organe des Körpers, sodass dieser sofort auf äußere und innere Veränderungen reagieren kann.

1 Viele Teile des Nervensystems sind aktiv.

Räumliche Gliederung

Nach seinem räumlichen Aufbau wird das Nervensystem in das *Zentralnervensystem*, kurz *ZNS*, und das *periphere*, »am Rande liegende« *Nervensystem*, kurz *PNS*, eingeteilt. Das ZNS ist die oberste Schalt- und Entscheidungszentrale. Es besteht aus Gehirn und Rückenmark, in ihm befinden sich zahllose Nervenzellen. Die von den Sinnesorganen, den Muskeln sowie von den inneren Organen kommenden Informationen werden hier ausgewertet. Das Gehirn ist der Ort der Wahrnehmung, Erinnerung und Planung. Das Rückenmark verläuft als dickes Nervenbündel geschützt im Innern der Wirbelsäule. Es verbindet das Gehirn mit dem restlichen Körper. *Sensorische* Nerven leiten Informationen von den Sinnesorganen zum ZNS, *motorische* vom ZNS zu den Erfolgsorganen wie den Muskeln oder Drüsen.

Funktionale Gliederung

Über die Sinnesorgane und das Nervensystem kann der Mensch seine Umwelt wahrnehmen und auf sie reagieren. Bewusste Wahrnehmungen und vom Willen beeinflusste Reaktionen werden vom *somatischen Nervensystem* gesteuert. Das *vegetative Nervensystem* dagegen regelt die Funktionen der inneren Organe wie Atmung, Herzschlag oder Verdauung. Es arbeitet selbstständig und unwillkürlich, nahezu automatisch. Vegetatives und somatisches Nervensystem sind im Gehirn miteinander verbunden.

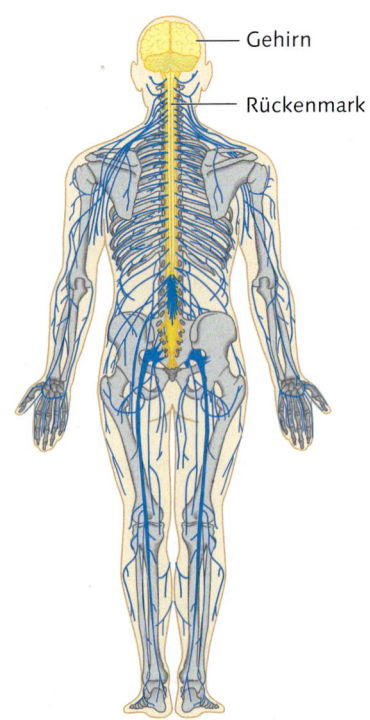

Gehirn

Rückenmark

2 Zentrales und peripheres Nervensystem

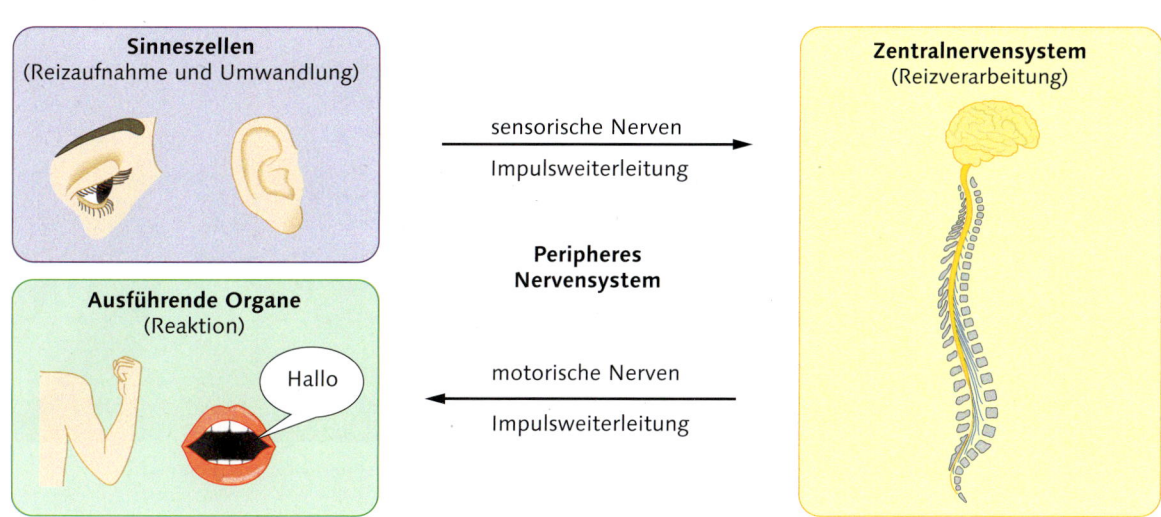

3 Zusammenwirken von peripherem und zentralem Nervensystem

Vom Reiz …

Damit der Tennisspieler so schnell und zielsicher reagieren kann, müssen im Körper und besonders im Nervensystem eine Reihe von Vorgängen ablaufen – und das in Bruchteilen von Sekunden. Als Erstes erfassen Augen und Ohren die vom Gegenspieler ausgehenden Reize. Sie nehmen die Ausholbewegungen der Schlaghand, die Blickrichtung und das Geräusch des Schlages auf und wandeln diese Reize in elektrische Impulse um. Diese werden von den sensorischen Nerven über das Rückenmark zum Gehirn geleitet.

… zur Reaktion

Im Gehirn werden die ankommenden Signale verarbeitet, das bedeutet, sie werden mit gespeicherten Informationen verglichen. In Bruchteilen von Sekunden wird daraus ein »Plan« errechnet, wie der Körper reagieren soll, um den Tennisball möglichst erfolgreich zurückzuschlagen. Über das Rückenmark werden motorische Nerven und damit die ausführenden Organe aktiviert. Die Reaktion erfolgt mit der Muskulatur des gesamten Körpers, hauptsächlich mit der Arm- und Beinmuskulatur. Die weit aufgerissenen Augen und das verzerrte Gesicht zeigen, dass auch die Gesichtsmuskeln aktiv sind. Zudem werden die inneren Organe informiert, dass sie jetzt vermehrt Energie bereitstellen müssen.

Reflexe – meist schneller als ein Gedanke

Manchmal bleibt man beim Gehen an einem kleinen Hindernis hängen. Noch ehe man weiß, was geschehen ist, hat der Körper bereits reagiert. Stößt der Fuß an ein Hindernis, wird der Oberschenkelmuskel ruckartig gedehnt. Diese minimale Dehnung melden die Sinneszellen im Muskel über sensorische Nerven ins Rückenmark. Hier werden die elektrischen Impulse sofort auf den motorischen Nerv übertragen, der zur Beinmuskulatur führt. Das Gehirn ist dabei nicht beteiligt. Der Oberschenkelmuskel zieht sich zusammen, das Bein schnellt nach vorne. Meist wird so ein Sturz verhindert. Schnelle, immer gleich und unbewusst ablaufende Reaktionen zum Schutz des Körpers nennt man *Reflexe*.

In Kürze

Das Nervensystem gliedert sich räumlich in Zentralnervensystem und peripheres Nervensystem. Funktionell unterscheidet man somatisches und vegetatives Nervensystem. Sensorische Nerven leiten elektrische Impulse zum ZNS, motorische von dort zu den Erfolgsorganen. Reflexe sind unbewusste Reaktionen.

Aufgaben

1 ☐ Nenne die Aufgaben des Nervensystems.

2 ◪ Suche nach einer Begründung, weshalb wir zwei unterschiedliche Nervensysteme besitzen.

Sinnesorgane als Fenster zur Welt

Ein Kinobesuch ist etwas Besonderes. Ein guter Film und dazu eine Tüte Popcorn – das macht Spaß. Dabei strömen viele Eindrücke auf dich ein. All diese Informationen, die du mit Hilfe deiner Sinnesorgane aufnimmst, ermöglichen dir erst, dass du den Film sehen, die Geräusche hören und mit deinem Freund darüber reden kannst.

1 Im Kino strömen viele Reize auf dich ein.

Unterschiedliche Reize

Ständig strömen aus der Umwelt viele Informationen auf uns ein. Die Art der Information kann sehr unterschiedlich sein. Im Kino spielt das Licht, das über einen Projektor an die Leinwand geworfen wird, eine große Rolle. Licht ist ein Reiz.

Unter einem *Reiz* versteht man physikalische oder chemische Einwirkungen, die man aufnehmen und verarbeiten kann. Reize sind Licht, Schall, Schwerkraft, Temperatur, Druck und chemische Stoffe. Ultraschall oder Infrarotlicht liegen außerhalb des für uns wahrnehmbaren Bereichs. Sie sind für uns ebenso keine verarbeitbaren Reize wie der Magnetismus oder die Radioaktivität.

Aufgaben der Sinnesorgane

Alle *Sinnesorgane* sind in der Lage, Reize aufzunehmen. Jedes Sinnesorgan ist besonders aufgebaut, damit die passenden Reize empfangen werden können. So reagiert das Auge nur auf Licht an, nicht aber auf Schall.

Die eigentliche *Wahrnehmung* der Reize findet im Gehirn statt. Hier können aber weder Schall noch Licht oder andere Reize direkt verarbeitet werden. Sie werden in den Sinnesorganen in *elektrische Impulse* umgewandelt. Dies geschieht in den jeweiligen *Sinneszellen*. Sinnesorgane besitzen außerdem auch passende Einrichtungen, die helfen, die Reize aufzunehmen.

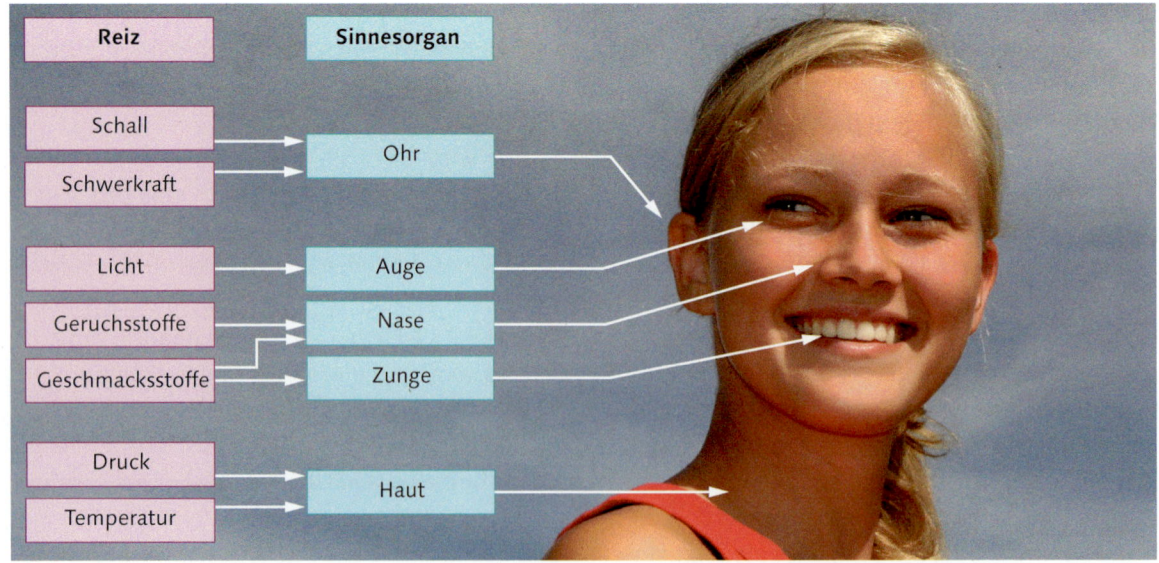

2 Reize und aufnehmende Sinnesorgane

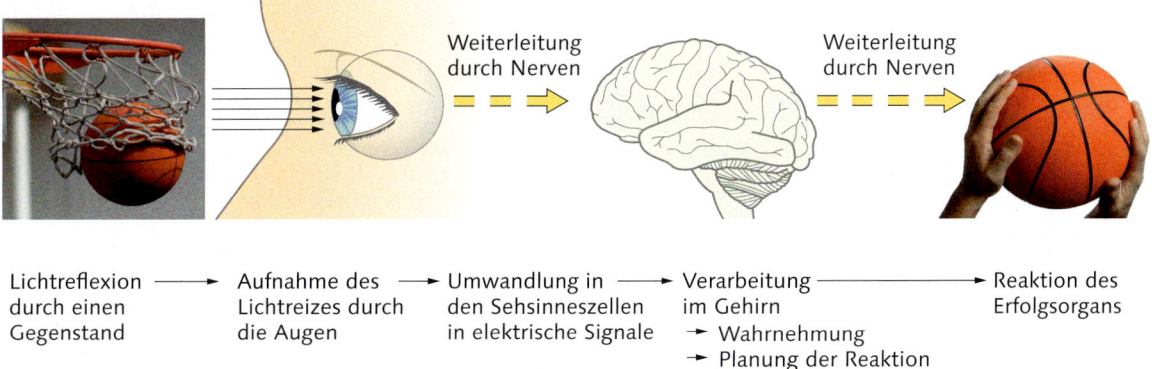

Lichtreflexion → Aufnahme des → Umwandlung in → Verarbeitung → Reaktion des
durch einen   Lichtreizes durch den Sehsinneszellen im Gehirn   Erfolgsorgans
Gegenstand   die Augen   in elektrische Signale → Wahrnehmung
                                                          → Planung der Reaktion

3 Reiz-Reaktions-Schema: Informationsverarbeitung am Beispiel Licht

Wahrnehmung im Gehirn

Nerven leiten die elektrischen Impulse zum Gehirn weiter, wo sie verarbeitet werden. Durch diesen Prozess entsteht die eigentliche Wahrnehmung. Darüber hinaus werden die Informationen mit bereits Bekanntem verglichen und bewertet. Als wichtig erachtete Informationen werden gespeichert. Unwichtiges wird uns gar nicht bewusst oder wir vergessen es sofort wieder.

Antwort auf Reize – die Reaktion

Erfordert ein Reiz eine Reaktion, so wird diese im Gehirn geplant und in Form von elektrischen Impulsen verschlüsselt. Diese Impulse verlassen das Gehirn über andere Nervenbahnen und erreichen das *Erfolgsorgan*. Dieses führt die Reaktion aus. Dieser Vorgang wird als Reiz-Reaktions-Schema bezeichnet. Viele Reaktionen führt der Körper aus, ohne dass wir es merken. So laufen die meisten Bewegungen völlig unbewusst ab.

Die Sinne des Menschen

Der Mensch hat viele Sinne mit denen er Reize wahrnehmen kann. Der Reiz Schall ist der passende Reiz für den Hörsinn. Über das Sinnesorgan Ohr kann man diesen aufnehmen. Im Ohr liegt auch das Gleichgewichtsorgan. Die Augen sind die Sinnesorgane für den Sehsinn, der Reiz ist das Licht.

Chemische Stoffe werden über die Nase und die Zunge aufgenommen. Hier liegen der Riech- und der Geschmackssinn.

Das größtes Sinnesorgan des Menschen ist die Haut. Mit ihrer Hilfe können Druck- und Temperaturreize aufgenommen werden.

Erfahrungen mit allen Sinnen

Wenn man durch einen bestimmten Geruch an eine vertraute Umgebung oder einen Urlaub erinnert wird, fühlt man sich für einen Moment an diesen Ort oder in eine andere Zeit versetzt. Reize beeinflussen unsere Stimmungen und rufen Gefühle hervor. Das Singen eines Vogels oder ein schönes Musikstück können unsere Stimmung ebenso heben wie ein leckeres Essen. Bei Erlebnissen spielen mehrere Sinne zusammen.

In Kürze

Reize werden von den Sinnesorganen aufgenommen und in elektrische Impulse umgewandelt. Diese werden über Nerven zum Gehirn geleitet und dort verarbeitet. Dadurch entsteht die Wahrnehmung. Das Erfolgsorgan führt die Reaktion aus.

Aufgaben

1 ☐ In vielen Berufen spielen Sinne eine große Rolle. Nenne für jedes Sinnesorgan einen Beruf, der auf dieses Organ besonders angewiesen ist.

2 ◪ Ordne die Funktion des Ohrs in ein Reiz-Reaktions-Schema ein. Nimm Bild 3 zu Hilfe.

Aufbau des Auges

Auch wenn deine Augenfarbe der deiner Mutter oder der deines Vaters gleicht, ist doch das Muster in deinen Augen so einzigartig wie ein Fingerabdruck. Dennoch haben die Augen aller Menschen die gleiche Aufgabe: Sie sind die Sinnesorgane für die Aufnahme von Lichtreizen.

Lage der Augen

Die Augen befinden sich an erhöhter Stelle am Körper. Dies stellt einen guten Überblick sicher. Beide Augen blicken nach vorne, sodass räumliches Sehen möglich ist. Die Lage in Knochenhöhlen im Schädel, umgeben von Fettpolstern, schützt die Augen vor Erschütterung und äußerem Druck. Durch Muskeln, die am Augapfel ansetzen, sind die Augen sehr beweglich. Zusammen mit der Beweglichkeit des Kopfes können wir einen großen Bereich sehen, ohne uns von der Stelle zu bewegen. Der Weg der Nerven von den Augen zu unserem Verarbeitungszentrum Gehirn ist kurz.

Äußerer Bau des Auges

Viele der von außen sichtbaren Teile des Auges dienen seinem Schutz. Die Augenbrauen verhindern, dass Schweiß von der Stirn in die Augen gelangen kann. Die Augenlider und die daran befindlichen Wimpern schützen vor dem Eindringen von Fremdkörpern. Sie schließen sich sofort bei Kontakt mit Staub, Rauch, Insekten oder durch einen Luftstoß.

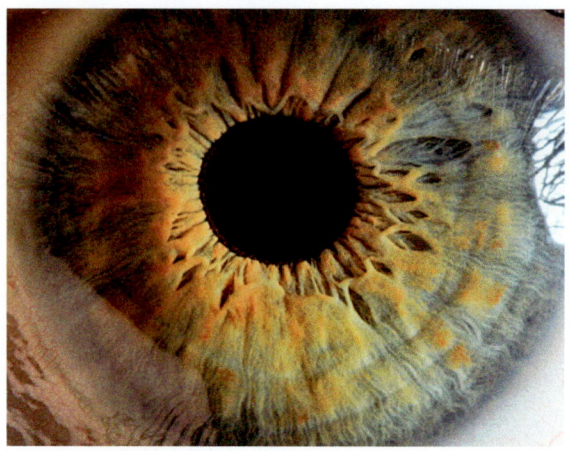

1 Iris und Pupille

Durch den Wimpernschlag, das kurze, unbewusste Schließen der Augen, wird die Flüssigkeit aus den Tränendrüsen auf der Oberfläche des Auges, der *Horn- und Bindehaut*, verteilt. Dies dient der Reinigung, da Fremdkörper weggespült werden. Zudem verhindert die Tränenflüssigkeit das Austrocknen der Augenoberfläche.

Die Regenbogenhaut oder *Iris* gibt dem Auge die Farbe. Sie besteht zu einem großen Teil aus Muskeln, die die Menge des einfallenden Lichts regulieren. Die Bewegungen der ring- und strahlenförmig angeordneten Muskeln in der Iris bestimmen die Größe der *Pupille*. Durch dieses Sehloch gelangen die Lichtstrahlen in das Augeninnere. Bei hellem Sonnenschein ist die Pupille winzig klein. Wenn es dunkel wird, lässt eine große Pupille viel Licht durch. Die Anpassungsfähigkeit an unterschiedliche Lichtverhältnisse wird als *Adaptation* bezeichnet.

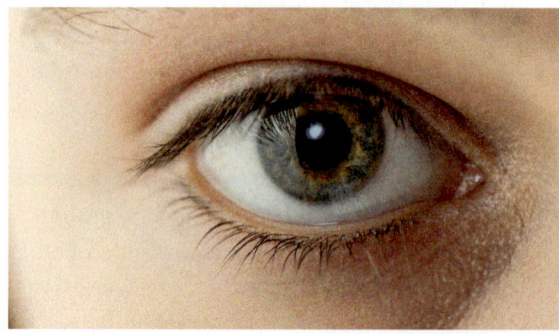

2 Äußerer Bau des Auges

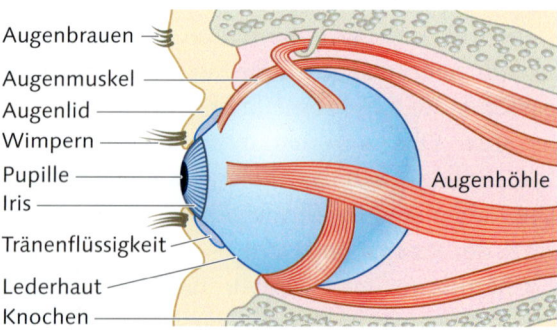

Augenbrauen
Augenmuskel
Augenlid
Wimpern
Pupille
Iris
Tränenflüssigkeit
Lederhaut
Knochen
Augenhöhle

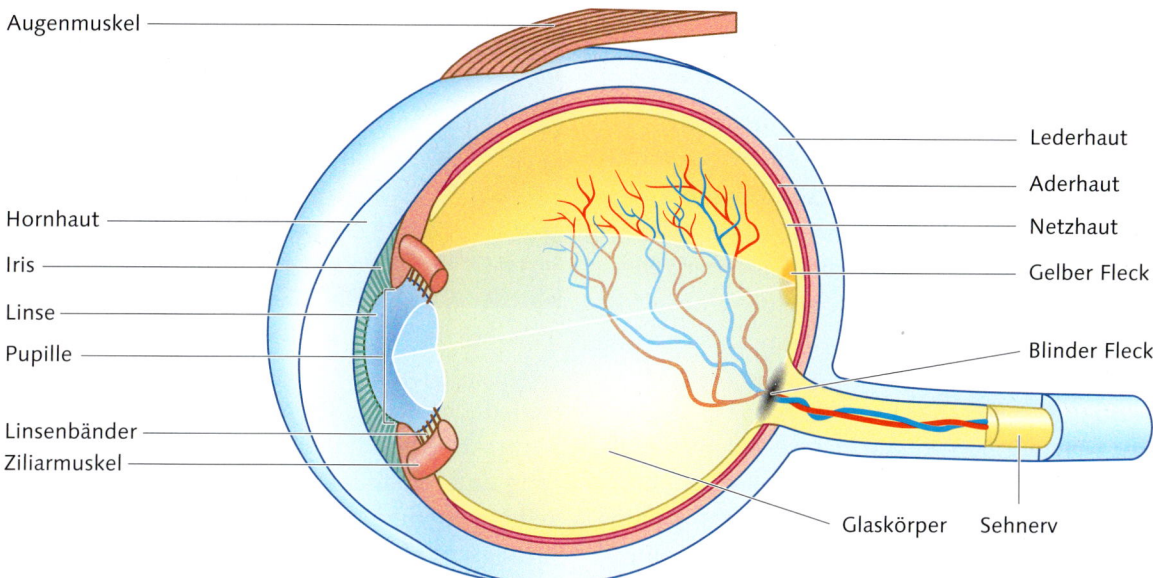

Augenmuskel

Hornhaut

Iris

Linse

Pupille

Linsenbänder

Ziliarmuskel

Lederhaut

Aderhaut

Netzhaut

Gelber Fleck

Blinder Fleck

Glaskörper   Sehnerv

3 Äußerer und innerer Bau des Auges

Innerer Bau des Auges

Der Augapfel besteht aus drei Schichten. Die zähe Lederhaut bildet die äußerste Schicht und dient dem Schutz. Als weißer Bereich ist sie auch von außen sichtbar. Vorne am Auge geht sie in die vorgewölbte *Hornhaut* über. Nach innen folgt die Aderhaut. In ihr befinden sich sehr viele Blutgefäße, die das Augeninnere mit Sauerstoff und Nährstoffen versorgen. Die innerste Schicht ist die *Netzhaut,* die wiederum aus mehreren Lagen besteht. In der Netzhaut befinden sich verschiedene *Sehsinneszellen,* die die Lichtreize aufnehmen. Nervenzellen, die Informationen zum Gehirn weiterleiten, bilden alle zusammen den Sehnerv. An der Stelle, an der der Sehnerv das Auge verlässt, befinden sich keine Sehsinneszellen. Dies ist der *Blinde Fleck.*

Zentral in der Augenmitte liegt der Ort des schärfsten Sehens. Hier stehen sehr viele Sehsinneszellen dicht zusammengepackt. Dies ist der *Gelbe Fleck.*

Der Weg des Lichts

Treffen Lichtstrahlen auf das Auge, so durchqueren sie zunächst die Hornhaut und gelangen dann durch die Pupille zur Linse. Die Linse ist elastisch, durchsichtig und farblos.

Über *Linsenbänder* ist sie mit dem ringförmigen *Ziliarmuskel* verbunden. Durch die Kontraktion dieses Muskels wölbt sich die Linse, durch Entspannung wird sie abgeflacht. Dadurch kann man Dinge in der Nähe und Ferne scharf sehen.

Von der Linse erreichen die Lichtstrahlen durch den Glaskörper die Netzhaut. Der Glaskörper ist eine durchsichtige, gallertartige Flüssigkeit, die das Augeninnere ausfüllt und dem Auge seine Form gibt.

In Kürze

Viele der von außen sichtbaren Bereiche des Auges dienen seinem Schutz. Die Pupille und die Linse dienen der Anpassung an verschiedene Lichtverhältnisse sowie das Sehen in der Nähe und der Ferne. In der Netzhaut werden von Sehsinneszellen Lichtreize aufgenommen.

Aufgaben

1 □ Nenne die Schutzeinrichtungen des Auges und ihre Funktion.

2 ☑ Beschreibe den Weg des Lichts von einer Lichtquelle bis zur Netzhaut mit Hilfe einer Zeichnung.

3 ☑ Beschreibe die drei Schichten des Auges und ihre Funktion.

Die Netzhaut

Im Dunkel der Nacht zieht ein roter Schweif nach oben und zerplatzt in Hunderte verschiedenfarbige Blitze. Fasziniert beobachten wir das Spektakel in den schönsten Farben. Der Mensch ist in der Lage, Farben zu sehen. Dies ist eine nützliche Fähigkeit, um die Umwelt wahrzunehmen.

1 Feuerwerk

Aufbau der Netzhaut

Die Netzhaut nimmt die Lichtreize auf und wandelt diese in elektrische Impulse um. Im Gehirn entsteht dann die Wahrnehmung einer farbigen Umwelt. Die Netzhaut ist aus mehreren Schichten aufgebaut. An die Aderhaut schließt die *Pigmentschicht* an. Ihre schwarze Färbung verhindert Lichtreflexe, die die Reizaufnahme verfälschen könnten. In der Pigmentschicht stecken die Spitzen der Sehsinneszellen.

Man unterscheidet zwei Arten: die kurzen, dicken *Zapfen* und die länglich, schlanken *Stäbchen*. Zapfen und Stäbchen nehmen Licht auf und wandeln die Lichtreize in elektrische Signale um. Deren Weiterleitung erfolgt über die *Schaltzellen* zu den *Nervenzellen* und dann zum Gehirn. In diesen Schichten der Netzhaut werden die elektrischen Signale unterschiedlich verschaltet, dadurch können wir kontrastreiche Bilder wahrnehmen. Die netzartig untereinander verbundenen Nervenzellen vereinigen sich zum Sehnerv, der am Blinden Fleck aus dem Auge austritt.

Aufnahme und Verarbeitung von Licht

Die Sehsinneszellen enthalten das *Sehpurpur*. Wird dieser lichtempfindliche Farbstoff belichtet, verändert er seine Form. Dies bewirkt, dass die Zellen ein Signal, einen elektrischen Impuls, abgeben. Über die Schalt- und Nervenzellen wird dieser zum Gehirn weitergeleitet. Nach der Veränderung der Form wird das Sehpurpur wieder in seine ursprüngliche Form zurückgeführt und kann auf weitere Lichtreize reagieren. Die Formveränderung und Rückführung des Farbstoffs dauern nur wenige Sekundenbruchteile.

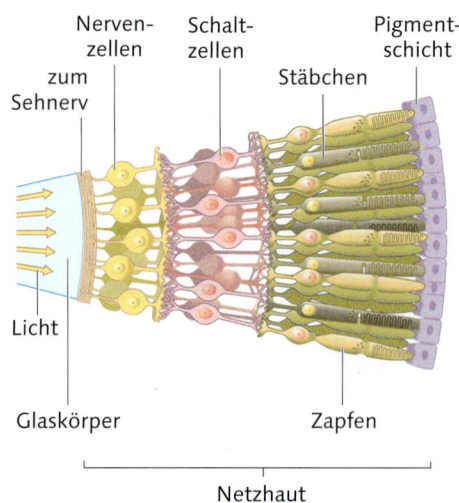

2 Bau der Netzhaut

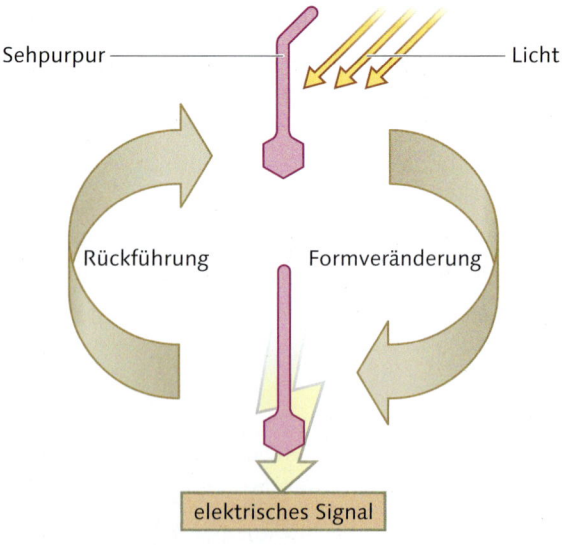

3 Vorgänge in den Sehsinneszellen

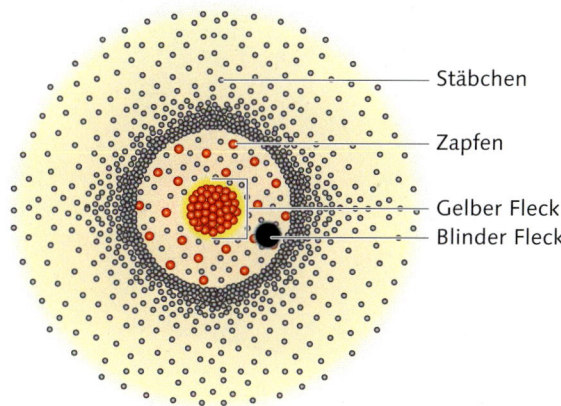

4 Verteilung der Sehsinneszellen in der Netzhaut

Stäbchen

Zapfen

Gelber Fleck
Blinder Fleck

Sehsinneszellen – Zapfen

Die ungefähr 6 Millionen Zapfen befinden sich überwiegend gegenüber der Pupille in der Mitte der Netzhaut. Besonders dicht gepackt sind diese im Gelben Fleck, dem Ort des schärfsten Sehens. Bei Tages- oder hellem Kunstlicht sieht man vor allem mit den Zapfen. Diese ermöglichen das Farbensehen. Das für den Menschen sichtbare Licht umfasst die Farben Violett bis Rot. Es gibt drei verschiedene Zapfentypen, die jeweils auf Licht der Wellenlängen Blauviolett, Grün oder Rot ansprechen. Dies ermöglicht die Wahrnehmung unterschiedlicher Farben.

Sehsinneszellen – Stäbchen

Die etwa 125 Millionen Stäbchen sind vor allem in den Randbereichen der Netzhaut ringförmig angeordnet. Sie ermöglichen das Schwarz-Weiß-Sehen und die Wahrnehmung von Helligkeitsunterschieden. In der Dämmerung oder bei schwachem Licht arbeiten nur noch die Stäbchen. Farben können dann nicht mehr eindeutig erkannt werden.

Farbensehen

Farbeindrücke entstehen durch unterschiedlich stark erregte Zapfen. Der Eindruck weiß ent-

steht, wenn alle drei Zapfentypen gleich stark erregt werden. Werden nur rot- und grünempfindliche Zapfen erregt, entsteht der Farbeindruck gelb. Jede Farbe, die man sieht, entsteht durch ein typisches Mischungsverhältnis unterschiedlich stark erregter Zapfen. Durch die Verarbeitung der Impulse im Gehirn kann der Mensch sehr viele Farben und selbst geringe Farbunterschiede wahrnehmen.

Farbenblindheit

Menschen, bei denen bestimmte Zapfentypen nicht vollständig oder gar nicht erregt werden, können Farben nicht voneinander unterscheiden. Eine vererbte, recht häufige Farbfehlsichtigkeit ist die Rot-Grün-Sehschwäche. Die betroffenen Menschen können Rot- und Grüntöne nicht richtig unterscheiden. Im Testbild würden diese keine Zahl erkennen. Im Straßenverkehr kann dies zu erheblichen Beeinträchtigungen führen.

In Kürze

Die Netzhaut besteht aus mehreren Schichten. Lichtreize werden durch Stäbchen und Zapfen aufgenommen und in elektrische Signale umgewandelt. Diese werden im Gehirn verarbeitet. Farbeindrücke werden durch drei verschiedene Zapfentypen, die auf Licht unterschiedlicher Wellenlänge ansprechen, ermöglicht. Die Stäbchen sind für das Schwarz-Weiß-Sehen und für Helligkeitsunterschiede verantwortlich.

Aufgaben

1 ☐ Beschreibe den Aufbau der Netzhaut.
2 ☐ Erläutere die Reizumwandlung in den Sehsinneszellen.
3 ☑ Vergleiche Stäbchen und Zapfen.
4 ◾ »Nachts sind alle Katzen grau!« Stimmt diese Redensart? Begründe.
5 ◾ Benenne anhand von Bild 4 die Zapfentypen, die bei der Farbe Türkis erregt werden.

Wie wir sehen

Lesen im Park entspannt. Der Blick wandert vom Buch in die Ferne und wieder zurück. Es gelingt uns aber nicht, zu lesen und gleichzeitig die Parkbäume scharf zu sehen. Unsere Augen müssen sich anpassen, um verschieden weit entfernte Gegenstände zu erkennen.

Licht ist die Voraussetzung für das Sehen

Wir können nur sehen, wenn ausreichend Licht vorhanden ist. Die Stäbchen der Netzhaut kommen mit einer geringen Lichtmenge aus. Daher sehen wir bei schwachem Licht alles nur in Schwarz-Weiß. Die Zapfen benötigen mehr Licht. Wenn es hell genug ist, sehen wir die Welt farbig.

Das Abbild auf der Netzhaut

Auf der Wiese sehen wir eine Blume. Die Lichtstrahlen der Sonne werden von der Blume auch in Richtung der Augen reflektiert. Hier müssen sie die enge Pupille durchqueren. Dadurch treffen von oben kommende Strahlen auf den unteren Bereich der Netzhaut. Strahlen von unten erregen Sehzellen im oberen Bereich. Könnte man die Netzhaut von hinten betrachten, so würde man ein Abbild der Blume erkennen. Das Abbild ist *verkleinert, seitenverkehrt* und *auf dem Kopf stehend*. Erst durch die Verarbeitung im Gehirn erscheint uns die Welt so, wie wir sie wahrnehmen.

1 Die Schrift sehen wir scharf, die Bäume nicht.

Scharf sehen

Um ein Objekt scharf zu sehen, muss jeder Punkt des Gegenstands auf einen Zapfen im Gelben Fleck treffen. Dazu müssen die Lichtstrahlen im Auge entsprechend abgelenkt oder gebrochen werden. Dies geschieht mit Hilfe der Linse.

Unterschiedliche Entfernungen

Ähnlich wie ein Fotoapparat können sich auch unsere Augen nicht gleichzeitig auf nahe und weit entfernte Objekte scharf stellen. Die Einstellung der Linse auf die Entfernung wird als *Akkommodation* bezeichnet. Dazu müssen Lichtstrahlen unterschiedlich stark gebrochen werden. Je näher sich ein Gegenstand vor dem Auge befindet, umso stärker muss der Lichtstrahl abgelenkt werden. Bei weit entfernten

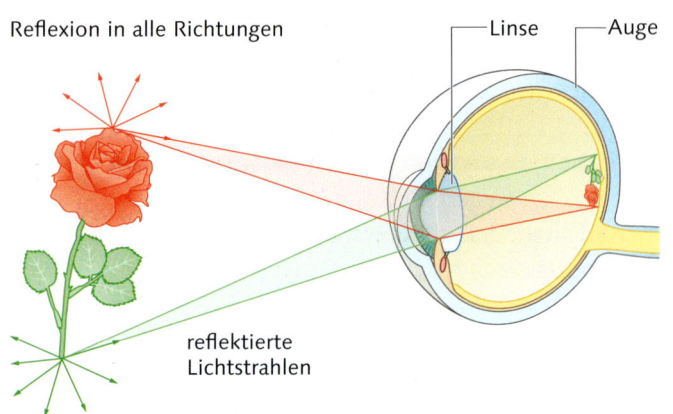

2 Entstehung eines Abbilds auf der Netzhaut

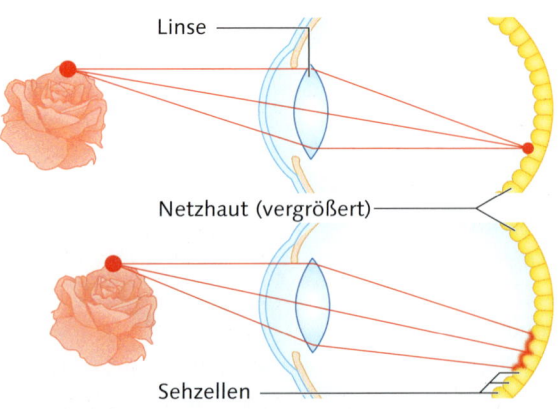

3 Scharfes Sehen durch Lichtbrechung

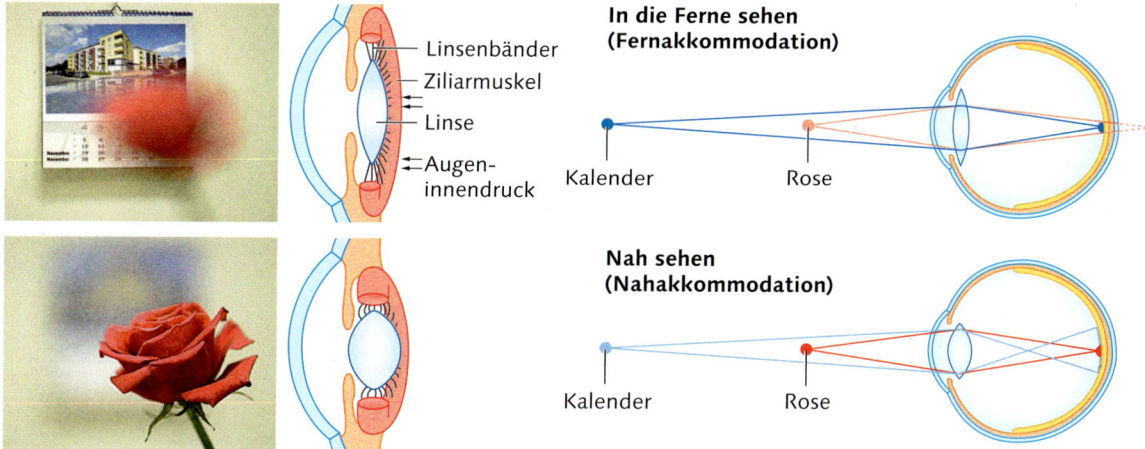

	In die Ferne sehen (Fernakkommodation)

Linsenbänder
Ziliarmuskel
Linse
Augen-innendruck

Kalender   Rose

Nah sehen (Nahakkommodation)

Kalender   Rose

4 Nah- und Fernsehen

Gegenständen genügt eine schwache Licht-brechung. Die unterschiedliche Ablenkung der Lichtstrahlen gelingt durch die Dicken-veränderung der elastischen Linse. Die Steue-rung erfolgt über den Ziliarmuskel, der über Linsenbänder mit der Linse verbunden ist.

Der Blick in die Ferne

Beim Blick in die Ferne ist der Ziliarmuskel entspannt und dünn, die Linsenbänder sind angespannt. Der Druck im Augeninnern flacht die Linse ab: sie besitzt eine geringe Brechkraft. Man kann weit entfernte Objekte deutlich, nahe aber nur unscharf sehen.

Der Blick in die Nähe

Blickt man auf einen nahe gelegenen Gegen-stand, so empfindet man dies als anstrengend. Das liegt daran, dass der Ziliarmuskel jetzt angespannt ist und deswegen an Dicke zu-nimmt. Dadurch entspannen sich die Linsen-bänder. Die nun gewölbte Linse besitzt eine höhere Brechkraft. Nahe Objekte sehen wir scharf, entfernte unscharf.

Entfernungen sehen

Unsere beiden Augen sind nach vorne ge-richtet. Das rechte Auge liefert ein etwas ande-res Bild als das linke. Jedes Auge besitzt ein eigenes Sehfeld, das sich im mittleren Bereich überschneidet. Erst durch die Verarbeitung im Gehirn entsteht ein einziges Bild. Es liefert

uns Informationen darüber, wie die Dinge im Raum angeordnet sind. Mit Hilfe des *räumlichen Sehens* können wir Entfernungen abschätzen.

In Kürze

Auf der Netzhaut entsteht ein verkleinertes, auf dem Kopf stehendes und seitenverkehrtes Abbild. Durch die Akkommodation sehen wir nahe und ferne Gegenstände scharf.

Aufgaben

1 ☐ Beschreibe das Abbild auf der Netzhaut.
2 ☐ Beschreibe die Vorgänge der Akkommo-dation im Auge.
3 ◪ Erkläre, wie das räumliche Sehen entsteht.

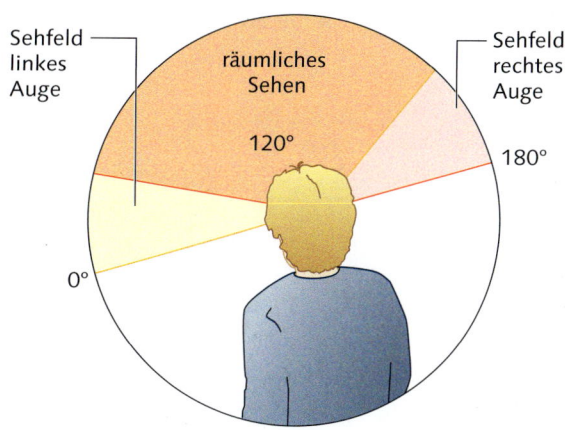

Sehfeld linkes Auge

räumliches Sehen

Sehfeld rechtes Auge

120°

180°

0°

5 Räumliches Sehen

Sinnesorgan Auge

1 Vergleich Auge – Fotoapparat

Das Auge wird häufig mit einem Fotoapparat verglichen. Tatsächlich gibt es Gemeinsamkeiten, aber auch Unterschiede.

a ☐ Vergleiche die beiden Abbildungen. Nenne jeweils zwei Gemeinsamkeiten und zwei Unterschiede im Aufbau von Fotoapparat und Auge.

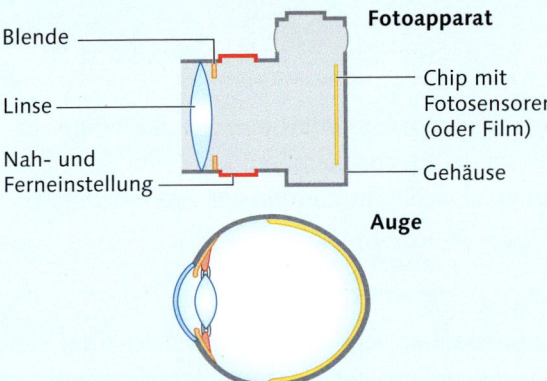

Fotoapparat

Blende

Linse

Nah- und Ferneinstellung

Chip mit Fotosensoren (oder Film)

Gehäuse

Auge

1 Fotoapparat und Auge im Vergleich

b ☑ Ein wesentlicher Unterschied zwischen Auge und Fotoapparat ist der Vorgang des Scharfstellens. Da bei einem Fotoapparat eine Glaslinse mit einer festen Wölbung verwendet wird, kann diese nicht verändert werden. Beschreibe mit Hilfe von Bild 1, wie bei einem Fotoapparat im Vergleich zum Auge scharf gestellt wird. Verfasse dazu einen Text aus 4–6 Sätzen, in dem du die Fachbegriffe verwendest. Beginne mit der Beschreibung, wann etwas scharf abgebildet wird.

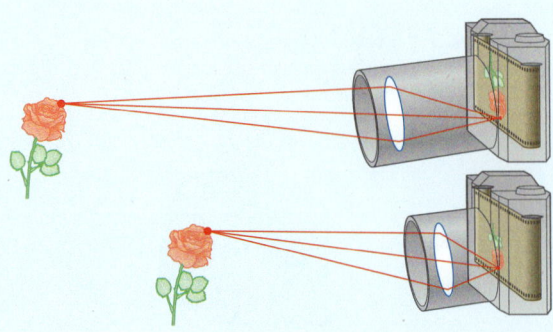

2 Scharfstellen mit einem Fotoapparat

2 Gesichtsfeld

Zwei Schüler überlegen sich, wie sie das Gesichtsfeld ausmessen könnten. Dazu entwerfen sie folgenden Versuchsaufbau:

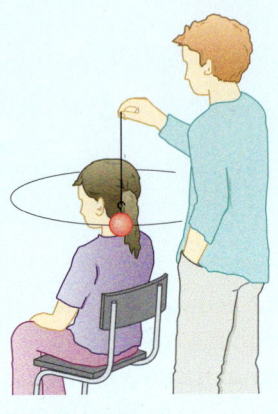

3 Wie groß ist das Gesichtsfeld?

a ☐ Formuliere eine Fragestellung und eine Hypothese für diesen Versuch.

b ☐ Beschreibe Aufbau und Durchführung des Versuchs.

Die Schüler sind mit ihren Ergebnissen nicht zufrieden und fragen bei einem Augenarzt nach, wie er das Gesichtsfeld bestimmt. Der Arzt zeigt ihnen sein Kugelperimeter. Dabei werden schwache Lichtpunkte auf einen Schirm projiziert.

c ☑ Nenne mindestens drei Gründe, warum der Arzt mit dem Gerät genauere Ergebnisse erhält.

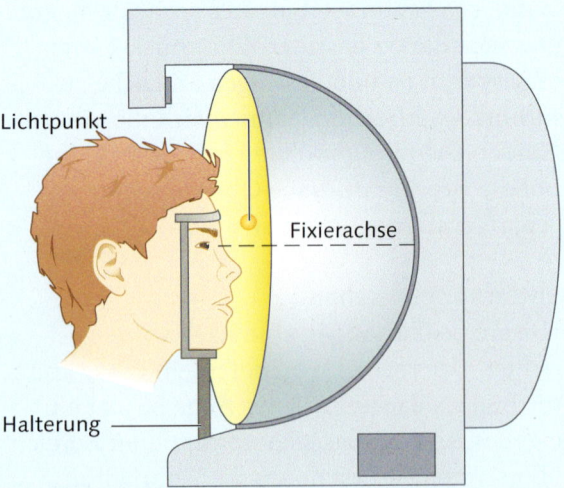

Lichtpunkt

Fixierachse

Halterung

4 Perimeter

Brille als Sehhilfe

Laut einer Umfrage aus dem Jahr 2014 benötigt in Deutschland etwa jeder zweite Mensch, der älter als 16 Jahre ist, eine Sehhilfe. Aber auch bei Jüngeren gibt es viele Brillenträger. Schon bei Kleinkindern ist es wichtig, deren Sehtüchtigkeit zu überprüfen, um Entwicklungsstörungen zu vermeiden.

1 Eine Brille verhilft zu einem klaren Durchblick!

Kurz- und Weitsichtigkeit

Eine häufige Ursache von Fehlsichtigkeit ist ein zu langer oder ein zu kurzer Augapfel. Die von einem Gegenstand reflektierten Lichtstrahlen treffen sich dann kurz vor oder knapp hinter der Netzhaut. Bei der *Kurzsichtigkeit* ist der Augapfel zu lang. Die Lichtstrahlen entfernt liegender Gegenstände treffen sich vor der Netzhaut. Das Bild wird unscharf wahrgenommen. Eine Brille mit *Streulinsen* kann die Folgen dieser Fehlsichtigkeit beheben. Genau umgekehrt verhält es sich bei der *Weitsichtigkeit*.

Wie Brillen »funktionieren«

Linsen können den Strahlengang des Lichts zielgerichtet verändern. Diese Eigenschaft macht man sich zunutze, um Fehlsichtigkeiten zu beheben. Brillengläser sind besonders geschliffene Linsen, die den Strahlengang so brechen, dass sich die Lichtstrahlen in einem Punkt auf der Netzhaut treffen.

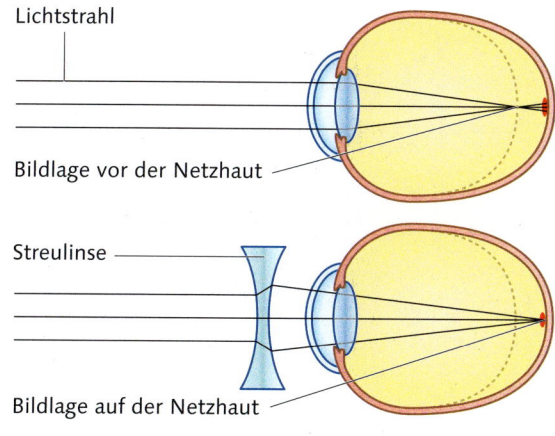

Lichtstrahl

Bildlage vor der Netzhaut

Streulinse

Bildlage auf der Netzhaut

2 Kurzsichtigkeit und ihre Korrektur

Wenn die Arme zu kurz werden

Mit zunehmendem Alter lässt die Elastizität der Augenlinse nach. Dadurch werden die von nahe gelegenen Gegenständen ausgehenden Lichtstrahlen so gebrochen, dass sie sich erst hinter der Netzhaut treffen. Menschen mit *Altersweitsichtigkeit* halten beim Lesen den Text möglichst weit von sich weg.

Wenn der Punkt zum Komma wird

Wer in der Ferne und in der Nähe unscharf sieht, leidet meist an *Astigmatismus*. Verantwortlich für diesen Sehfehler ist eine unregelmäßige Oberflächenkrümmung der Augenlinse. Dadurch werden die einfallenden Lichtstrahlen nicht in einem Punkt auf der Netzhaut gebündelt, sondern als Linie abgebildet. Punkte werden als unscharfe Linien wahrgenommen. Mit besonderen Linsen kann man auch diese Fehlsichtigkeit korrigieren.

In Kürze

Brillen korrigieren fehlerhafte Strahlengänge des Lichts durch besonders geschliffene Linsen. Durch sie können die Folgen von Fehlsichtigkeiten wie Kurz- und Weitsichtigkeit oder Astigmatismus ausgeglichen werden.

Aufgaben

1 ◨ Erläutere, um welche Form der Fehlsichtigkeit es sich in Bild 1 handelt.

2 ◨ Erkläre, wie es zur Altersweitsichtigkeit kommt.

3 ◼ Erkläre mit Hilfe einer Skizze entsprechend Bild 2 die Weitsichtigkeit und deren Korrektur.

Auge

A Untersuchen eines Schweineauges

Material Schweineaugen, Petrischale, Einmalhandschuhe, Lupe, Pinzette, Skalpell oder Rasierklinge, Zeitungspapier, Pergamentpapier oder dünne Plastikfolie, Kerze, Streichhölzer

Durchführung 1
- Befühle das Schweineauge.
- Nimm das Auge vorsichtig zwischen Zeigefinger und Daumen, sodass die Pupille nach unten gerichtet ist.
- Schneide in die nun oben liegende Augenrückwand eine etwa 10 mm × 10 mm große Öffnung. Achte darauf, dass du nicht in den Glaskörper schneidest.
- Entferne mit der Pinzette vorsichtig das ausgeschnittene Stück der Augenrückwand.
- Lege Pergamentpapier oder Folie über das Loch und halte das präparierte Auge mit der Pupille in Richtung der brennenden Kerze.

Auswertung 1
1 Beschreibe, wie sich das Auge anfühlt.
2 Benenne die von außen erkennbaren Teile.
3 Beschreibe, was du an dem geöffneten Fenster beobachten kannst, wenn du das präparierte Auge in Richtung der brennenden Kerze hältst. Erkläre deine Beobachtung.
4 Erkläre, welchem Teil des Auges das über dem Loch liegende Pergamentpapier entspricht.

Durchführung 2
- Trenne wie in Bild 2 dargestellt das Auge in zwei Hälften.
- Untersuche nur die vordere Hälfte des Auges. Benutze dazu auch die Lupe.

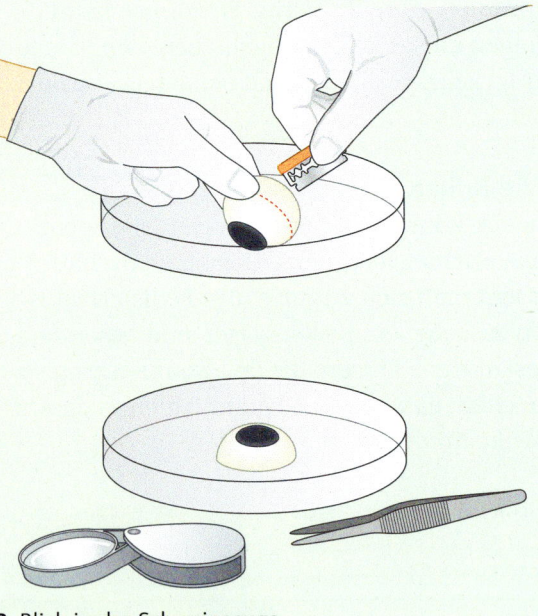

2 Blick in das Schweineauge

Auswertung 2
1 Benenne die nun sichtbaren Teile des Auges.
2 Entferne die Linse mit Hilfe der Pinzette aus dem Auge. Beschreibe die Form der Linse.
3 Lege die Linse auf die Schrift einer Zeitung. Was kannst du feststellen? Beschreibe.

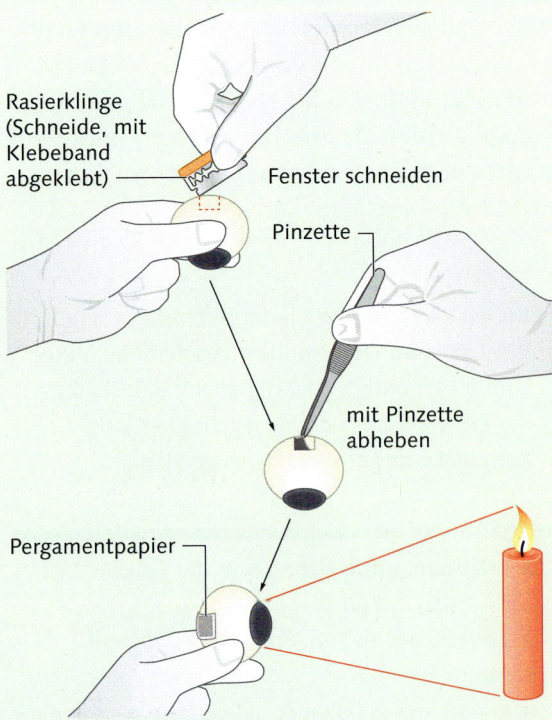

Rasierklinge (Schneide, mit Klebeband abgeklebt)

Fenster schneiden

Pinzette

mit Pinzette abheben

Pergamentpapier

1 Blick durch ein Schweineauge

3 Testbild zum Nachweis des Blinden Flecks

B Wo versteckt sich die Maus?

Material Bild 3

Durchführung
- Halte das Buch in Armlänge vor beide Augen.
- Schließe das rechte Auge und blicke mit dem geöffneten Auge auf die Katze.
- Bewege das Buch, auf die Katze schauend, langsam zu dir heran. Beobachte genau. Ab einem bestimmten Abstand verschwindet die Maus.

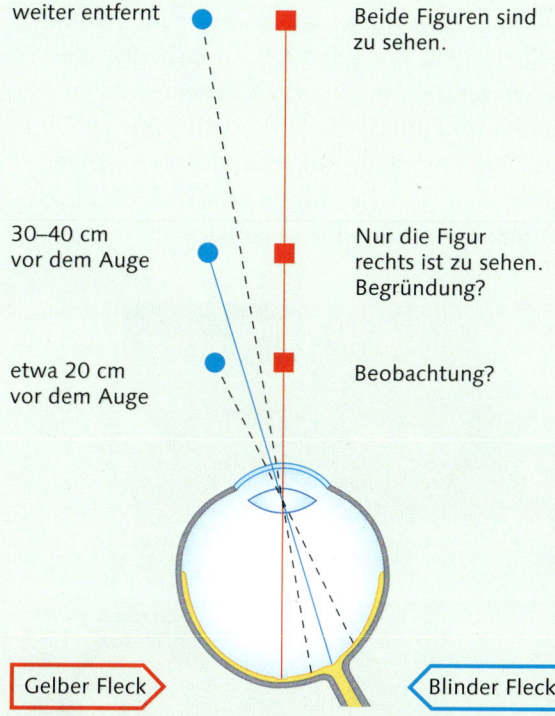

weiter entfernt   Beide Figuren sind zu sehen.

30–40 cm vor dem Auge   Nur die Figur rechts ist zu sehen. Begründung?

etwa 20 cm vor dem Auge   Beobachtung?

Gelber Fleck   Blinder Fleck

4 Strahlengang im Auge

Auswertung Versuche mit Hilfe von Bild 4 zu erklären, wo sich die Maus »versteckt« hat.

C Zwei Augen zum Sehen

Material Blatt DIN-A4-Papier

Durchführung Rolle das Papier auf der langen Seite zu einer Röhre auf. Schließe das rechte Auge und halte die Röhre wie ein Fernrohr vor das rechte Auge. Halte die linke Hand ca. 20 cm vor das Auge neben die Röhre. Das linke Auge bleibt während des Versuchs ständig geöffnet. Öffne jetzt auch das rechte Auge. Protokolliere deine Beobachtung.

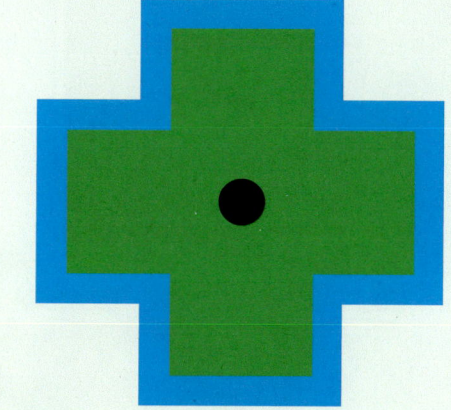

Auswertung Erkläre deine Beobachtung.

D Farbensehen

Material Bild 5, weißes Blatt Papier

Durchführung Fokussiere den schwarzen Punkt 30 Sekunden lang. Dann blicke auf das Blatt Papier und warte kurz. Protokolliere.

5 Farbige Nachbilder

Auswertung Begründe deine Beobachtungen mit Hilfe der unterschiedlichen Zapfentypen.

Sinnesorgane benötigen Schutz

Lars und Samira sind im Skiurlaub. Bei strahlendem Sonnenschein fahren sie mit der Gondel nach oben. Haben sie an alles gedacht? Beim Aussteigen merken sie, dass sie ihre Sonnenbrillen vergessen haben. Ohne diese können sie heute nicht lange Ski fahren.

Gefahren für die Netzhaut

Bei starker Sonneneinstrahlung werden die Augen geblendet. Man kneift unwillkürlich die Augenlider zusammen. Beim Skifahren ist dies sehr gefährlich, da der Schnee die Sonnenstrahlung reflektiert und dadurch verstärkt. Es kommt zu einer Überbeanspruchung der Sehsinneszellen. Dies kann bis zur *Schneeblindheit* führen. Durch die starke UV-Strahlung entsteht oft eine sonnenbrandähnliche Entzündung der Netzhaut. Auch Laserpointer können zur Verletzung der Netzhaut führen. Die starke Bündelung der energiereichen Lichtstrahlen ermöglicht hohe Strahlungsstär-ken. Bei nicht sachgemäßer Anwendung können die Sehsinneszellen verletzt werden. Besonders gefährlich ist dies am Gelben Fleck.

1 Gut geschützt

Gefahren für die Augen im Alltag

Bakterien, Viren, Allergene oder Staub können eine *Bindehautentzündung* verursachen, die man an geröteten Augen erkennt. Zum Beispiel entzünden sich durch Bakterien im Augenlid Talg- oder Schweißdrüsen und es entsteht ein Gerstenkorn. Beim Umgang mit Chemikalien muss man immer eine Schutzbrille tragen. Das gilt auch für Arbeiten, bei denen Stein-, Metall- und Staubteilchen entstehen und durch die Luft geschleudert werden. Vor dem Schminken und Abschminken sollte man sich die Hände waschen, damit keine Bakterien ins Auge gelangen.

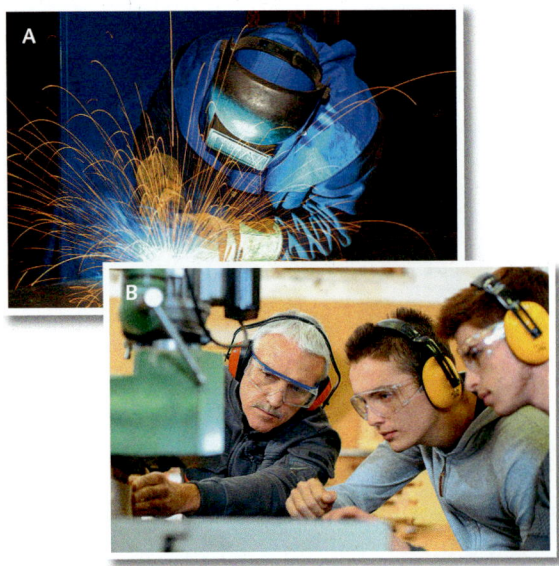

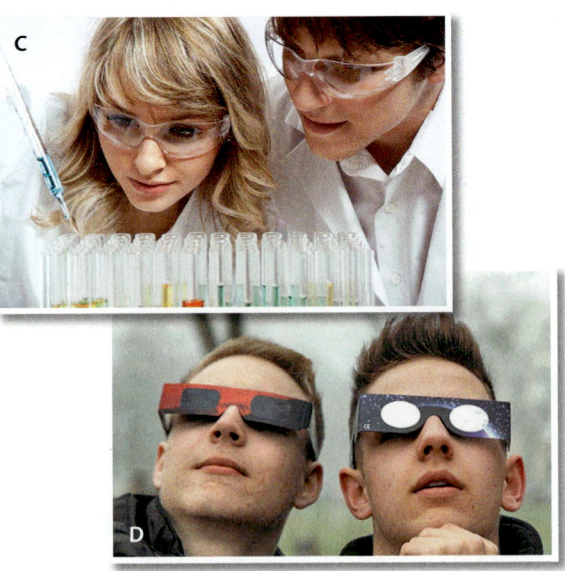

2 Gefahrenquellen für die Augen

Gefahren für das Ohr – Lärm

Lärm ist Schall, durch den sich die Menschen belästigt fühlen. Was für den einen angenehm ist, kann von einem anderen als störender Lärm empfunden werden. Die Lautstärke kann man messen. Der Wert wird in Dezibel, kurz dB(A), angegeben. Eine Erhöhung um 10 Dezibel bedeutet eine Verdopplung der Lautstärke. Ab einem Schallpegel von 70 dB(A) kann es zu ernsthaften gesundheitlichen Schädigungen kommen, wenn man dem Lärm für längere Zeit ungeschützt ausgesetzt ist. Je lauter ein Geräusch ist, desto stärker werden die Hörsinneszellen beansprucht. Durch dauerhafte Belastung, zum Beispiel laute Musik über den Kopfhörer, werden die Hörsinneszellen zerstört. Die Folgen sind Schwerhörigkeit oder Taubheit.

… Hörsturz und Tinnitus

Schwerhörigkeit kann auch andere Ursachen haben. Durchblutungsstörungen im Innenohr können zu einem Hörsturz führen. Man hört plötzlich deutlich schlechter oder so, als hätte man Watte in den Ohren. Häufig ist damit ein Tinnitus verbunden. Die Betroffenen hören

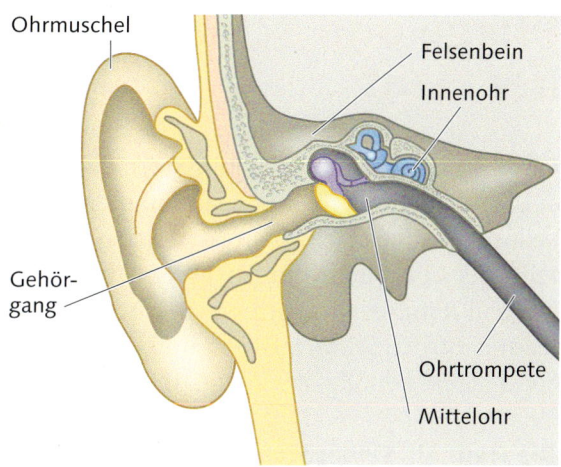

4 Aufbau des Ohrs

Geräusche oder Töne, ohne dass eine Geräuschquelle vorhanden ist. Oft sind Lärm, Stress oder Entzündungen die Ursachen. Bei den meisten Menschen verschwinden die Ohrgeräusche wieder. Sollte dies nicht der Fall sein, sollte man einen Spezialisten, den Hals-Nasen-Ohrenarzt, aufsuchen.

… Erkrankungen des Hörorgans

Eine weitere Gefahr für das Ohr geht von einer Mittelohrentzündung aus. Diese tritt häufig im Zusammenhang mit Erkältungskrankheiten auf. Dabei gelangen Erreger durch die Ohrtrompete ins Mittelohr. Sie verursachen eine Entzündung, die sich zu einer Mittelohrvereiterung entwickeln kann. Der Eiter drückt auf das Trommelfell und kann es zum Platzen bringen.

In Kürze

Die Sinnesorgane sind im Alltag vielen Gefahren ausgesetzt. Bei Verletzungen und Erkrankungen muss ein Facharzt aufgesucht werden. Intensive Lichtstrahlen können das Auge schädigen. Andauernder Lärm schädigt die Hörsinneszellen.

Aufgaben

1 ☐ Nenne Maßnahmen zum Schutz von Auge und Ohr.

2 ■ Doppelte Lautstärke bedeutet auch doppelte Dezibel. Nimm Stellung zu dieser Behauptung.

Schall-Intensität
Eine Erhöhung der Lautstärke um 10 dB(A) wird als Verdoppelung wahrgenommen

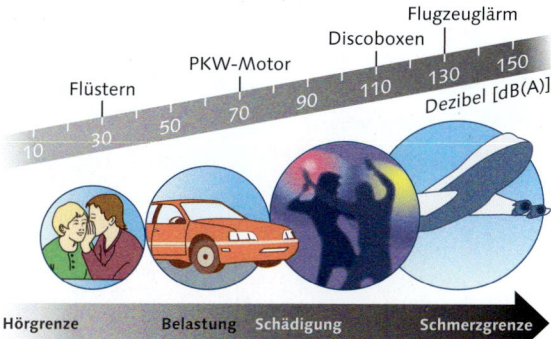

3 Lautstärke verschiedener Geräuschquellen (Dezibel)

Pflege und Schutz der Haut

Die Werbung macht uns häufig weis, dass Models immer strahlend schön sind und eine makellose Haut besitzen. Dem ist nicht so. Mit Hilfe der Computertechnik werden Unreinheiten und Rötungen retuschiert. Damit unsere Haut natürlich schön aussieht und lange gesund bleibt, benötigt sie Pflege und Schutz.

1 Makellos für die Werbung

Die Haut als Sinnesorgan

Die Haut ist mit rund zwei Quadratmetern das größte Sinnesorgan des Menschen. In ihr sind Drucksensoren eingebettet, die Berührungen spüren lassen. Thermorezeptoren dienen dazu, Temperaturunterschiede zu messen. Kleinste Verletzungen werden durch Schmerzrezeptoren direkt an das Gehirn gemeldet. Daneben enthält die Haut Drüsen, die durch Absonderung von Schweiß zur Kühlung beitragen. Haarwurzeln am Körper besitzen Talgdrüsen. Diese produzieren Fett, das die Haut schützt und elastisch macht.

Entstehung von Unreinheiten

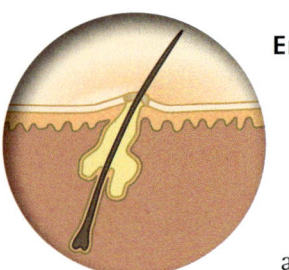

In der Pubertät verändert sich die Haut. Sie erzeugt durch die Hormonumstellung sehr viel Talg. Zudem erneuert sie sich schneller und schuppt stärker ab. Wenn die Talgdrüsen dadurch verstopfen, werden daraus Mitesser. Das sind kleine dunkle Punkte, die meist im Gesicht oder auf dem Rücken sichtbar werden. Gelangen Bakterien in einen Mitesser, kann sich dieser entzünden und es entsteht Eiter. Es bildet sich ein Pickel.

Hautpflege – nicht nur etwas für Mädchen

Die Haut und deren Pflege sind je nach Hauttyp eines Menschen unterschiedlich. Es gibt fettige, trockene und Mischhaut. Zur Reinigung dienen milde Waschgele und ein klärendes Gesichtswasser mit entsprechenden Wirkstoffen. Beratung erhält man im Drogeriemarkt. Jungs vernachlässigen oft ihre Haut. Aber auch ihre Haut benötigt Pflege. Nach einer Rasur ist eine spezielle Creme besser geeignet als Rasierwasser.

2 Pickel sollte man nicht selbst »operieren«.

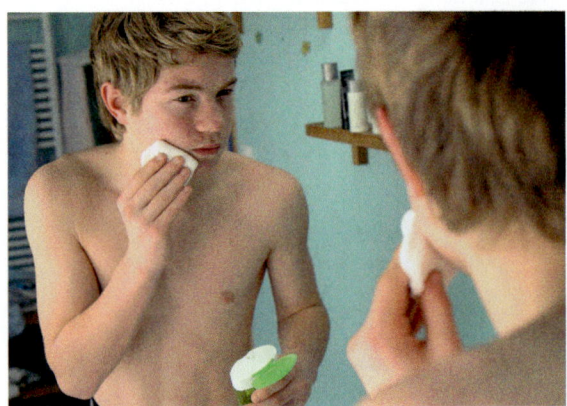

3 Auch Jungs müssen ihre Haut pflegen.

UV-Strahlen

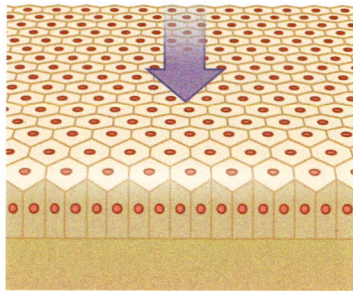

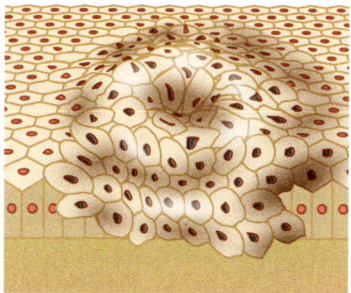

UV-Strahlen verändern die Erbinformationen der Zellen.

Zellen teilen sich unkontrolliert.

Zellen wuchern in untere
Schichten ein.

4 Entstehung von Hautkrebs

UV-Strahlen können zu Hautkrebs führen

UV-Strahlen sind Bestandteile des Lichts und sehr energiereich. Die Sonne ist ein natürlicher UV-Strahler, in Solarien wird dieses Licht künstlich erzeugt. Diese Strahlen dringen in die obersten Hautschichten ein. Spezielle Zellen, die *Melanocyten,* bilden zum Schutz das dunkle Pigment *Melanin.* Dieses schützt die Haut begrenzt vor den UV-Strahlen. Setzt man sich ihnen zu intensiv aus, können sie die Erbinformation in den Hautzellen verändern. Diese beginnen unkontrolliert zu wachsen und zerstören gesundes Gewebe. Es entsteht ein Krebsgeschwür. Verändern sich die Melanocyten, spricht man von *Melanomen.* Um die Haut der Jugendlichen zu schützen, sind Solarien erst ab 18 Jahren zugelassen.

Erkennung und Behandlung

Es ist nicht leicht, ein verändertes Muttermal zu erkennen. Bei einer Selbstuntersuchung sollte man die ABCD-Regel beachten: Ist ein Muttermal **a**symmetrisch, nicht klar **b**egrenzt, zeigt es verschiedene Farbtöne (**co**lour) und besitzt es einen Durchmesser von über 5 Millimetern, sollte ein *Dermatologe,* ein Hautarzt, aufgesucht werden. Dieser entscheidet, ob ein kleiner Eingriff notwendig ist, um das Muttermal zu entfernen.

Schutz vor UV-Strahlen

Setzt man sich der Sonne direkt aus, muss man sich eincremen. Sonnenmilch enthält UV-reflektierende und -filternde Bestandteile. Damit die Haut gesund bräunt, sollte man stufenweise von Tag zu Tag die Sonnenzeit erhöhen, jedoch nie mehr als 60 Minuten. Nach dem Baden sollte man nachcremen und zur Mittagsstunde Schatten suchen.

In Kürze

Die Haut ist ein wichtiges Sinnesorgan und muss geschützt werden. Besonders in der Pubertät bedarf sie der Pflege, um der Entstehung von Unreinheiten vorzubeugen. Intensiven Schutz benötigt die Haut vor UV-Strahlen, die zu Hautkrebs führen können.

Aufgaben

1 ☐ Beschreibe, wie du dich im Sommer vor der UV-Strahlung schützen kannst.

2 ■ Erkläre, wie Pickel entstehen.

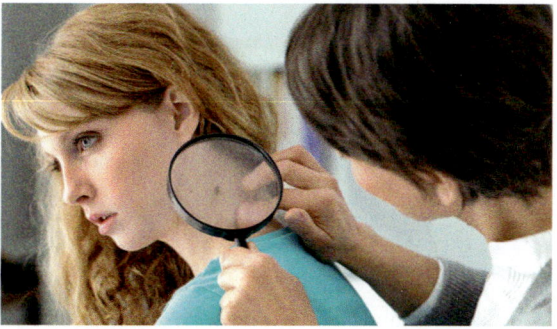

5 Eine Dermatologin untersucht die Muttermale.

Sinnesorgane

1 Menschliche Wahrnehmung

GELB BLAU
ORANGE GRÜN
ROT SCHWARZ
LILA ORANGE
BLAU GELB
GRÜN ROT
SCHWARZ LILA

2 Optische Täuschungen

Welcher Lärm stört Sie besonders?

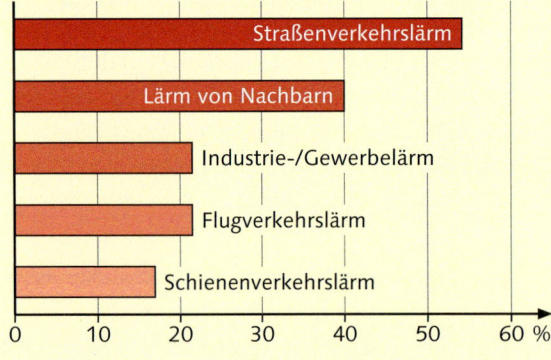

Straßenverkehrslärm
Lärm von Nachbarn
Industrie-/Gewerbelärm
Flugverkehrslärm
Schienenverkehrslärm

0   10   20   30   40   50   60 %

3 Ergebnisse einer Umfrage in Deutschland zu Lärm

Quelle: Umweltbundesamt

Für Feste von Nachbarn und Alltagsbelästigungen im Mietshaus gelten die Regelungen des zivilen Nachbarschaftsrechts. Danach kann der Lärmgeplagte auf der Grundlage des § 1004 des Bürgerlichen Gesetzbuches (BGB) eine Unterlassung der jeweiligen Belästigung verlangen, wenn diese ihn »wesentlich beeinträchtigt«

4 Auf gute Nachbarschaft!

Landesanstalt für Umwelt, Messung und Naturschutz, BW

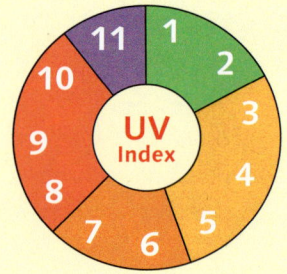

UV Index

11 1
2
10
3
9
4
8
5
7 6

1–2
Kopfbedeckung, Sonnenbrille

3–5
Kopfbedeckung, Sonnenbrille
Hautschutz mit Lichtschutzfaktor 15+

6–7
Kopfbedeckung, Sonnenbrille
Hautschutz mit Lichtschutzfaktor 30+
Körper mit Kleidung bedecken, Sonne meiden

8–10
Kopfbedeckung, Sonnenbrille
Hautschutz mit Lichtschutzfaktor 50+
Körper mit Kleidung bedecken, Sonne meiden

11
soviel Schutz wie möglich,
Gang ins Freie vermeiden

5 UV-Schutz ist wichtig!

So sieht es im Cockpit durch Blendung mit einem Laserpointer aus. 2013 gab es über 500 derartige Angriffe auf Piloten – nicht gezählt die Attacken auf Lokomotivführer und Autofahrer. In Deutschland sind Bestrebungen im Gange, den Besitz von Laserpointern gesetzlich zu regeln.

6 Gefährdungen durch Laserpointer

Sinnesorgane sind gefährdet

1 Lärmschutz in Beruf und Freizeit

In vielen Betrieben, aber auch in der Freizeit sind Menschen Lärm ausgesetzt. Teilweise ist es so laut, dass Gehörschäden drohen. Am Arbeitsplatz ist die zulässige Lärmbelastung gesetzlich geregelt. Der Tages-Lärmexpositionspegel listet auf, wie lange man an einem 8-Stunden-Arbeitstag einem bestimmten Schallpegel ausgesetzt werden darf. Ab 85 dB(A) besteht die Pflicht, einen geeigneten Gehörschutz zu tragen. In ihrer Freizeit dagegen müssen die Menschen selbstverantwortlich handeln, um Gesundheitsschäden zu vermeiden.

Schallquelle	Schallpegel in dB(A)
Gespräch	55
Pkw	70
Disco	80–85
Kopfhörer	90–100
Kreissäge	95–100
Drucklufthammer	90–105
Rockkonzert	100–115
Schmerzschwelle	120–130
Düsenflugzeug	130
Knallkörper	150

1 Schalldruckpegel verschiedener Schallquellen

Schalldruckpegel und tägliche Einwirkzeiten zur Einhaltung eines Tages-Lärmexpositionspegels

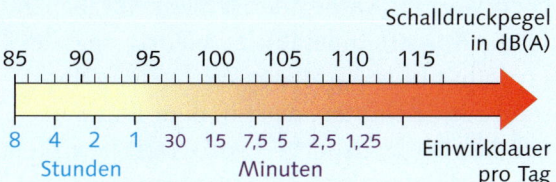

2 Tägliche Lärmbelästigungsdauer am Arbeitsplatz

a ☑ Beschreibe die Lärmbelastung auf einer Baustelle. Nutze dazu Bild 1.

b ☑ Nenne Freizeitaktivitäten, die eine Gefährdung für das Gehör darstellen können.

c ☑ Einflugschneisen eines Flughafens bedeuten eine Belastung für die Anwohner. Erkläre.

2 Kontaktlinsen

Kontaktlinsen liegen am Auge auf der Tränenflüssigkeit auf. Diese schützt die Binde- und Hornhaut vor Austrocknung sowie vor Infektionen und entfernt Fremdkörper aus dem Auge. Kontaktlinsen können daher den Fluss der Tränenflüssigkeit einschränken und die Sauerstoffversorgung der Binde- und Hornhaut beeinträchtigen. Hygienemaßnahmen sind für Kontaktlinsenträger wichtig, um Infektionen zu vermeiden. Die Reinigung und Desinfektion der Linsen nach dem Tragen gehören zur sorgfältigen Pflege. Vor dem Einsetzen und Herausnehmen sollte man sich gründlich die Hände waschen. Vor allem durch das längere ununterbrochene Tragen von Kontaktlinsen werden häufig Entzündungen hervorgerufen. Der Schmerz ist zu Beginn einer Entzündung oft kaum spürbar, deshalb kommen viele Patienten fast immer zu spät zum Augenarzt. Eine fortgeschrittene Binde- oder Hornhautentzündung kann schmerzhaft sein und zu Hornhautschäden führen, die das Sehvermögen beeinträchtigen.

a ☑ Nenne Hygienemaßnahmen, die im Umgang mit Kontaktlinsen nötig sind.

b ☑ Nenne mögliche Gefahren, die durch das Tragen von Kontaktlinsen entstehen können.

c ☑ Recherchiere die möglichen Folgen einer Binde- oder Hornhautentzündung.

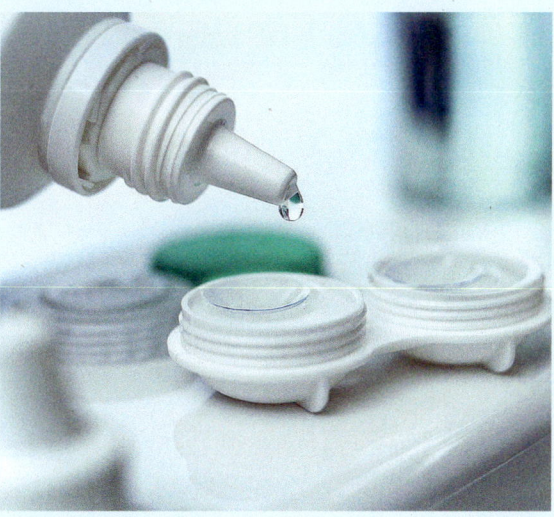

3 Hygiene ist wichtig!

Hormonelle Steuerung

Kennst du dieses Gefühl? Du wartest auf die große Pause, weil du Hunger hast. Dauert es dann noch einige Zeit, bis du etwas isst, fängt dein Magen an zu rumoren. Dein Blutzuckerspiegel ist zu niedrig.

Hormone sind Botenstoffe

Viele Vorgänge im menschlichen Körper, zum Beispiel die Blutzuckerregulierung, der Stoffwechsel oder die Entwicklung der Geschlechtsmerkmale, werden durch Hormone gesteuert. Hormone sind Botenstoffe, die mit dem Blut transportiert werden und spezielle Funktionen erfüllen. Geregelt werden die Vorgänge meist vom *Hypothalamus*, einem Bereich im Gehirn. Von dort wird ein Signal an die Hirnanhangdrüse, die *Hypophyse*, gesendet. Sie steuert die Tätigkeit anderer Hormondrüsen mit ihren Hormonen.

Hormone wirken nur an bestimmten Orten

Mit dem Blut gelangen Hormone zu den Zellen, bei denen sie wirken sollen. Diese Zielzellen besitzen *Rezeptoren,* die die Hormone nach dem Schlüssel-Schloss-Prinzip erkennen.

1 Hungergefühl in der großen Pause

Hormondrüsen des Menschen

Der menschliche Körper verfügt über mehrere Hormondrüsen, die jeweils unterschiedliche Hormone ausschütten. Die Bauchspeicheldrüse reguliert den Blutzuckerspiegel. Die Stoffwechselregulierung wird von der Schilddrüse gesteuert und die Ausschüttung der Sexualhormone von Hoden oder Eierstöcken. In den Nebennieren wird das Hormon Adrenalin produziert.

Hormoneller Regelkreis

Die Produktion der Hormone in den Hormondrüsen wird über *Regelkreise* gesteuert. Beim Regelkreis zur Steuerung der Körpertemperatur zum Beispiel gibt der Hypothalamus als oberste Steuerzentrale vor, wie hoch die Körpertemperatur des Menschen sein sollte. Dieser *Sollwert* wird ständig mit dem tatsächlichen Wert im Körper, dem *Istwert,* verglichen. Ist die Körpertemperatur zu niedrig, regt der Hypothalamus die Hypophyse an, ein Hormon auszuschütten, das mit dem Blut zur Schilddrüse transportiert wird. Dort bewirkt es die Produktion der Schilddrüsenhormone. Sie regen den Stoffwechsel an, sodass dem Körper mehr Energie bereitgestellt wird und die Körpertemperatur steigt. Die ausgeschütteten Schilddrüsenhormone wirken auf die Hypophyse und den Hypothalamus zurück, die die Hormonproduktion daraufhin wieder einstellen. Auch der Blutzuckerspiegel wird über einen Regelkreis gesteuert.

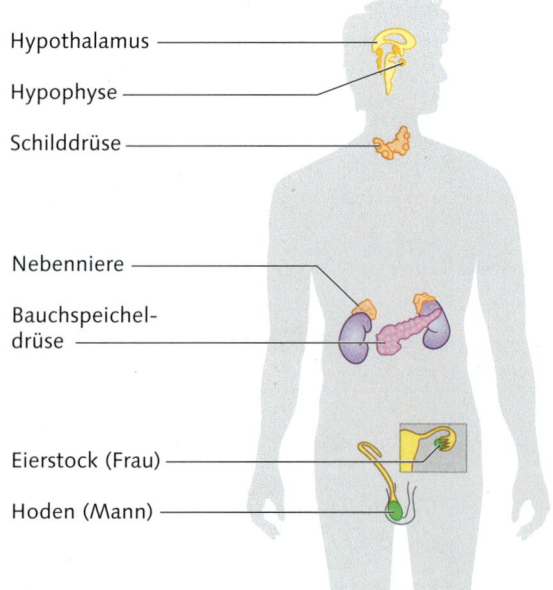

Hypothalamus

Hypophyse

Schilddrüse

Nebenniere

Bauchspeicheldrüse

Eierstock (Frau)

Hoden (Mann)

2 Hormondrüsen des Menschen

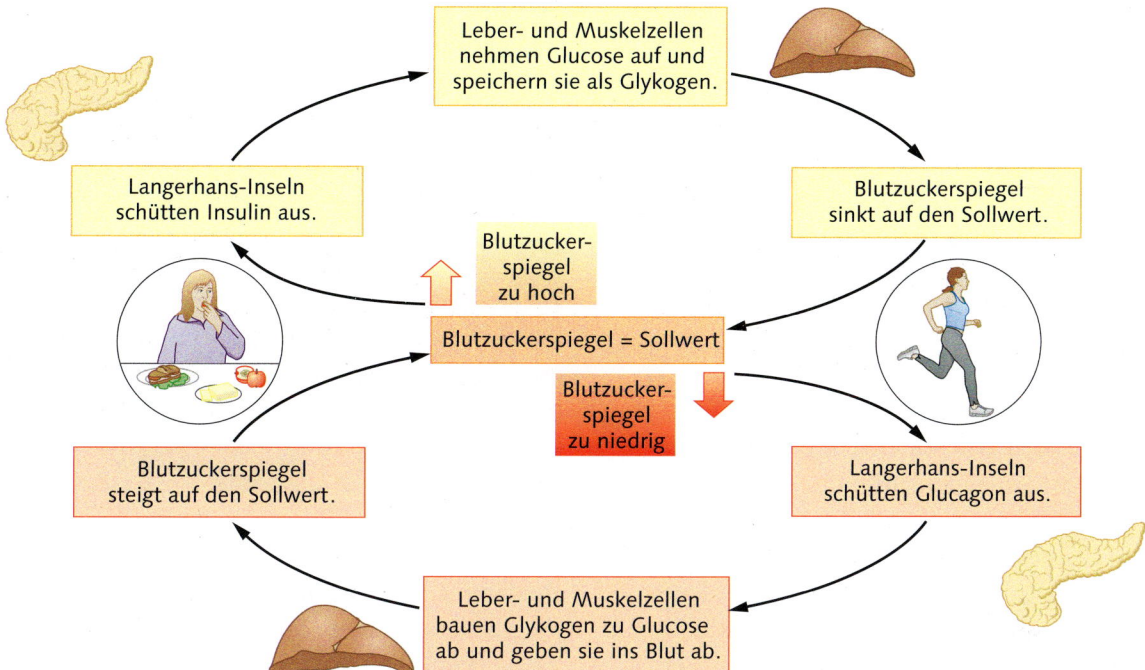

3 Regelkreis zur Regulation des Blutzuckerspiegels

Hormone regulieren den Blutzuckerspiegel

In einem Liter Blut eines gesunden Menschen ist etwa ein Gramm Glucose gelöst. Es ist wichtig, diesen Wert konstant zu halten. Eine Veränderung wird sofort erkannt und der Körper reagiert durch entsprechende Hormonproduktion in den Langerhans-Inseln, einem speziellen Bereich der Bauchspeicheldrüse. Sie schütten je nach Blutzuckerwert entweder *Insulin* oder *Glucagon* aus.

Insulin senkt den Blutzuckerspiegel

Nach kohlenhydratreicher Nahrungsaufnahme befindet sich mehr gelöste Glucose im Blut, als benötigt wird. Dieses Überangebot wird über das Hormon Insulin reguliert. Aufgabe des Insulins ist es, die überschüssige Glucose als Glykogen in der Leber und in Muskelzellen zu speichern. Der Blutzuckerspiegel wird auf den Normalwert gesenkt.

Glucagon erhöht den Blutzuckerspiegel

Die Zellen im menschlichen Körper sind ständig im Einsatz und setzen Energie um. Diese Energie beziehen sie aus der im Blut gelösten Glucose. Nimmt man keine Nahrung auf, um die umgesetzte Glucose aus dem Blut zu ersetzen, wird vom Körper eine Unterzuckerung festgestellt. Daraufhin wird das Hormon Glucagon ausgeschüttet, um gespeichertes Glykogen in Muskel- und Leberzellen zu Glucose abzubauen und diese in das Blut abzugeben. Der Blutzuckerspiegel steigt. Bei geistiger oder körperlicher Anstrengung wird dieser Prozess beschleunigt. Die Hormone Insulin und Glucagon arbeiten nach dem *Gegenspielerprinzip*. Während Insulin die Glucosekonzentration im Blut senkt, kann Glucagon diese nicht gleichzeitig erhöhen.

In Kürze

Hormone sind Botenstoffe, die unterschiedliche Vorgänge steuern. Bei der Blutzuckerregulierung arbeiten die Hormone nach dem Gegenspielerprinzip: Insulin senkt einen erhöhten Blutzuckerspiegel, Glucagon dagegen erhöht einen zu niedrigen Blutzuckerspiegel.

Aufgaben

1 ☐ Beschreibe die Funktionsweise der Hormone.

2 ◪ Erläutere das Gegenspielerprinzip am Beispiel von Insulin und Glucagon.

Die Zuckerkrankheit – Diabetes mellitus

Es klingelt zur großen Pause. Die meisten Schüler nehmen ihr Pausenbrot und gehen auf den Schulhof. Marie muss sich, bevor sie isst, erst eine Spritze setzen. Für sie ist das nichts Besonderes, weil sie zuckerkrank ist.

Honigsüßer Durchfluss

Zuckerkrank bedeutet, dass der Körper den Blutzuckerspiegel nicht mehr eigenständig regulieren kann. Dann befindet sich meist zu viel Glucose im Blut. Ein Teil davon wird über den Urin ausgeschieden. Daher leitet sich auch der Name *Diabetes mellitus* ab, was nichts anderes heißt als »honigsüßer Durchfluss«.

Symptome der Zuckerkrankheit

Typische Symptome für die Zuckerkrankheit sind übermäßiger Hunger und Durst, Müdigkeit oder Schwäche und häufiger Harndrang. Ein dauerhaft zu hoher Blutzuckergehalt kann die Organe und Gefäße im menschlichen Körper schädigen. Im Auge können sich Teile der Netzhaut ablösen, sodass der Mensch erblindet. Wegen schlechter Durchblutung kann es zu Nierenschäden kommen. Wunden verheilen meist nur schwer. Grundsätzlich unterscheidet man nach dem Mechanismus der Krankheitsentstehung zwei Formen des Diabetes: Typ 1 und Typ 2.

1 Ein an Diabetes Typ 1 erkranktes Mädchen

Bestimmung des Blutzuckerspiegels

Es gibt verschiedene Möglichkeiten, um eine Zuckerkrankheit festzustellen. Mit einem Glucoseteststäbchen wird der Zuckergehalt im Urin nachgewiesen. Mit einem Blutzuckermessgerät lässt sich der aktuelle Blutzuckerwert feststellen. Diabetiker verwenden das Blutzuckermessgerät, um ihren Blutzuckerspiegel mehrmals täglich zu überprüfen.

Diabetes mellitus Typ 1

Bei Menschen, die an Diabetes mellitus Typ 1 erkrankt sind, werden Zellen der Langerhans-Inseln von Zellen des Immunsystems zerstört. In der Folge wird die Insulinproduktion eingeschränkt oder findet gar nicht mehr statt. Diese Erkrankung kann zwar behandelt, aber noch nicht geheilt werden. Betroffene müssen daher lebenslang Insulin spritzen.

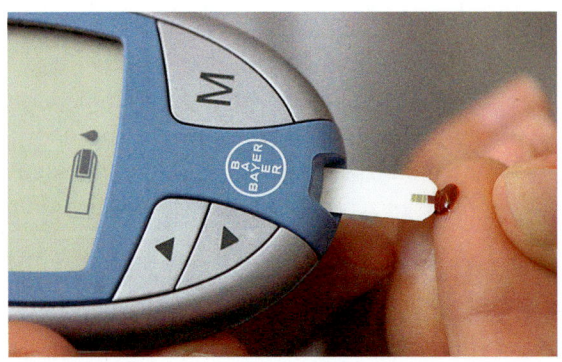

2 Messung des Blutzuckergehalts

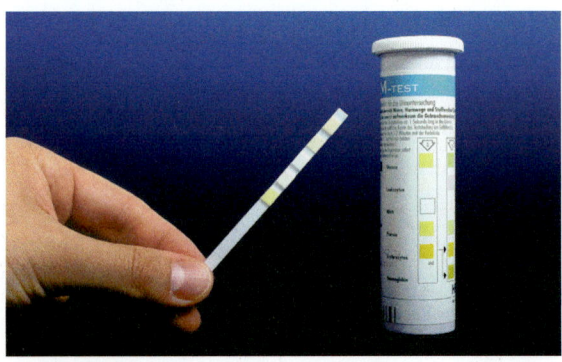

3 Glucoseteststäbchen

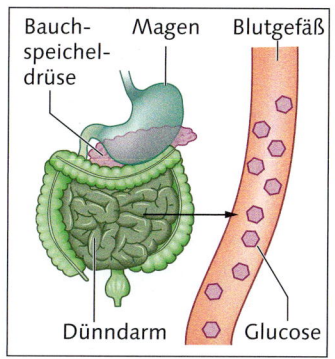
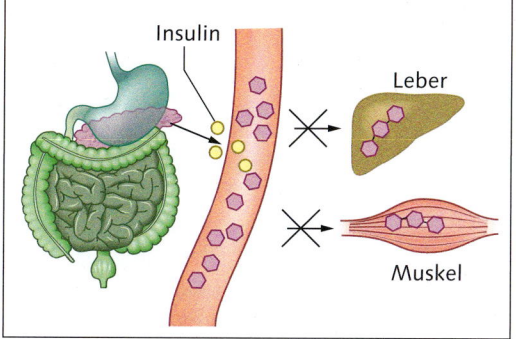
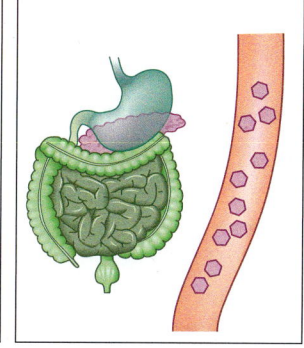

1. Nach der Nahrungsaufnahme wird Glucose aus dem Dünndarm ins Blut aufgenommen. Der Blutzuckerspiegel steigt.

2. Die Bauchspeicheldrüse produziert zu wenig oder kein Insulin. Glucose kann deshalb in Leber- und Muskelzellen nicht ausreichend in einen Speicherstoff umgebaut werden.

3. Der Blutzuckerspiegel ist dauerhaft erhöht.

4 Gestörter Glucosestoffwechsel bei Diabetes mellitus Typ 1

Diabetes mellitus Typ 2

Beim Typ-2-Diabetiker entwickelt und verändert sich die Krankheit mit der Zeit. Zunächst produzieren die Zellen der Bauchspeicheldrüse noch genügend Insulin. Nach einiger Zeit reagieren die Muskel- und Leberzellen jedoch nicht, da einige Insulinrezeptoren verändert sind. Deshalb wird überschüssige Glucose nur zum Teil in Speicherstoffe umgebaut. Der Blutzuckerspiegel bleibt ständig erhöht. Um dies auszugleichen, produzieren die Langerhans-Zellen ständig Insulin. Ihre andauernde Aktivität kann jedoch zur Erschöpfung führen, sodass sie schließlich kein Insulin mehr herstellen können. Als Folge davon muss letztlich auch hier Insulin gespritzt werden.

Bewegung hilft bei Diabetes mellitus Typ 2

Die Veranlagung zu Diabetes wird vererbt. Beim Typ-2-Diabetiker kann die Entwicklung der Krankheit jedoch verzögert werden. Sind zu Beginn der Krankheit nur wenige Insulinrezeptoren der Leberzellen verändert, hilft Bewegung, die überschüssige Glucose aus dem Blut in den Muskelzellen abzubauen. Vermehrte und regelmäßige Bewegung führt außerdem zur Gewichtsabnahme. Da Übergewicht einer der Gründe ist, der die Insulinunempfindlichkeit fördert, ist Abnehmen ein wesentlicher Teil der Therapie. Unterstützend ist der dauerhafte Verzicht auf zuckerreiche Nahrungs- und Genussmittel, die heimlichen »Dickmacher«. Hierbei gilt es, den Verzicht in kleinen Schritten so lange zu üben, bis eine ausgewogene Ernährung selbstverständlich geworden ist.

Altersdiabetes im Jugendalter

Früher trat Diabetes mellitus Typ 2 vor allem bei älteren Menschen auf. Deshalb sprach man auch von *Altersdiabetes*. Heute sind aufgrund von Bewegungsmangel und einseitiger kohlenhydratreicher Ernährung auch viele Kinder und Jugendliche betroffen.

In Kürze

Diabetes ist eine Störung der körpereigenen Blutzuckerregulierung. Man unterscheidet zwischen Typ 1 und Typ 2. Gesunde Ernährung und regelmäßige Bewegung helfen, Diabetes mellitus Typ 2 vorzubeugen und zu therapieren.

Aufgaben

1 ☐ Beschreibe Symptome und Folgen von Diabetes.

2 ☑ Erkläre den Unterschied zwischen Diabetes Typ 1 und Typ 2.

3 ☑ Begründe, warum ein Übermaß an kohlenhydratreichen Lebensmitteln und Getränken sowie Bewegungsmangel schon bei Kindern zur Entstehung von Typ-2-Diabetes führen können.

Hormone und Stoffwechselkrankheiten

1 Hormoneller Regelkreis der Schilddrüsenhormone

Zur Hormonproduktion benötigt die Schilddrüse Iodid. Iodid ist ein Mineralstoff, der sich unter anderem in der Erde befindet und den die Menschen nur über die Nahrung aufnehmen können. Ein dauerhafter Iodidmangel führt zu einer Unterfunktion der Schilddrüse. Das bedeutet, dass nicht mehr ausreichend Hormone produziert werden können. Dann kann es zu einer Kropfbildung kommen. Ein Kropf ist eine Vergrößerung der Schilddrüse. Diese reagiert auf den Iodidmangel, indem sie wächst. So entstehen mehr Drüsenzellen, die vermehrt Hormone produzieren. Äußerlich kann man einen Kropf als eine Verdickung des Halses erkennen. Heute gibt es

bestimmte mit Iodid angereicherte Nahrungsmittel, wie iodiertes Speisesalz oder auch iodiertes Trinkwasser, mit denen sich die körpereigene Iodidversorgung verbessern lässt. Da im Meerwasser viel Iodid enthalten ist, ist auch Meeresfisch sehr iodidreich.

a ☐ Beschreibe den in Bild 1 gezeigten Regelkreis.

b ☑ Stelle den hormonellen Regelkreis bei einer Unterfunktion der Schilddrüse dar.

c ☑ Stelle Vermutungen auf, warum ein Kropf früher häufiger auftrat als heute.

d ☑ Früher konnte man feststellen, dass die Menschen im Norden Deutschlands weniger häufig an Kropfbildung erkrankten als die im Süden. Finde eine mögliche Ursache.

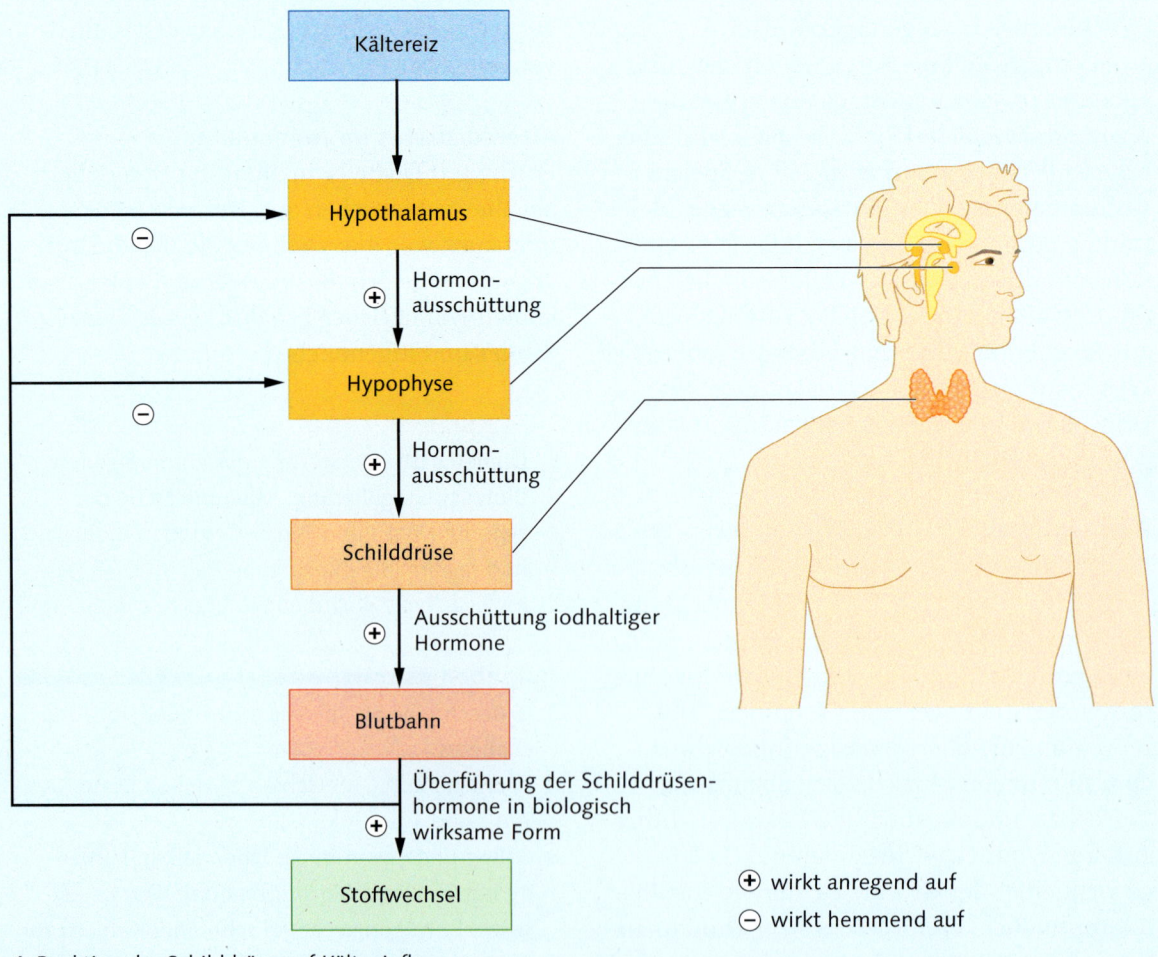

1 Reaktion der Schilddrüse auf Kälteeinfluss

2 Adrenalin sichert das Überleben

Bestimmte Reize, wie eine Prüfungssituation oder eine gefährliche Situation, bewirken unter anderem eine vermehrte Ausschüttung des Hormons Adrenalin. Es wird von den Nebennieren gebildet und versetzt den Körper sehr schnell in hohe Leistungsbereitschaft.

a ☐ Nenne Situationen, die heute als stressig empfunden werden und somit zu einer vermehrten Adrenalinausschüttung führen.

b ■ Werte die Tabelle 2 aus.

Früher waren Lebensweise und Lebensstandard der Menschen anders als heute. Sie jagten mit primitiven Waffen wilde Tiere, um für sich und die Familie Nahrung zu beschaffen. Dadurch waren die Menschen vielen Gefahren ausgesetzt. Sie mussten in der Lage sein, die Gefahren schnell zu erkennen und entsprechend zu reagieren.

c ■ Beschreibe, welche Rolle Adrenalin spielte, wenn sich die Menschen beispielsweise vor einem wilden Tier schützen mussten. Nutze dazu auch die Informationen in der Tabelle unten.

d ■ Stelle Vermutungen an, welche Funktion das Hormon Adrenalin für den Menschen hat.

3 Glucose-Toleranztest bei Diabetes mellitus

Eine Methode zur Diagnose von Diabetes mellitus ist der Glucose-Toleranztest. Dieser Test wird auch Zuckerbelastungstest genannt und dient dem Nachweis einer gestörten Glucoseverwertung. Dabei wird der Blutzuckergehalt zu verschiedenen Zeitpunkten gemessen. Die erste Messung erfolgt vor dem Frühstück. Anschließend werden dem Körper 100 Gramm Glucose zugeführt. Der Blutzuckerspiegel wird dann wiederholt im Abstand von je 30 Minuten gemessen. Bild 3 zeigt ein Diagramm, in dem die Werte von Diabetikern und von gesunden Menschen dargestellt sind.

a ☐ Übertrage das Diagramm aus Bild 3 in dein Heft.

b ◪ Vergleiche die dargestellten Kurvenverläufe.

c ◪ Überlege, welche Kurve einer gesunden Testperson und welche einem Diabetiker zuzuordnen ist. Beschrifte die Kurven.

d ■ Beschreibe die Blutzuckerkurve von Diabetikern, die sich nach der Einnahme von Glucose viel bewegen, im Vergleich zu der Kurve im Diagramm. Zeichne eine mögliche Kurve in einer weiteren Farbe in das Diagramm ein.

	Normalzustand	Zustand nach erhöhtem Adrenalin-ausstoß
Herzfrequenz in Schlägen pro Minute	60–70	über 100
Atemfrequenz in Atemzügen pro Minute		
Jugendlicher	12–15	18–22
Erwachsener	16–19	24–28
Blutdruck	120 zu 80	über 160 zu 90
Glucosespiegel in Gramm pro Liter Blut	100	140–160

2 Körperfunktionen vor und nach Adrenalinausstoß

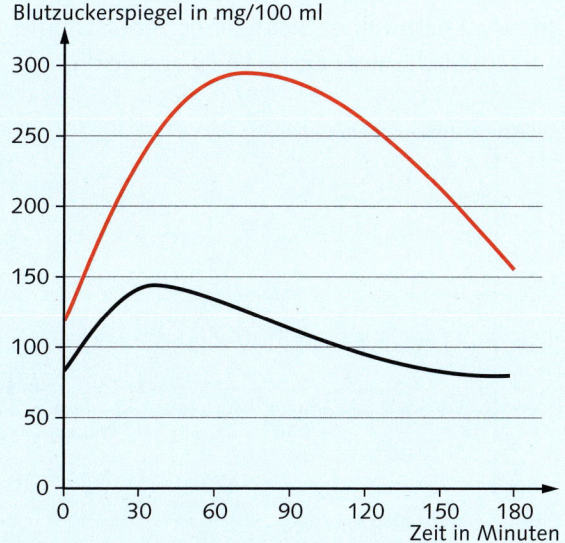

Blutzuckerspiegel in mg/100 ml

3 Ergebnisse von zwei Glucose-Toleranztests

Stress kann krank machen

Emma fühlt sich schon seit längerer Zeit nicht mehr richtig wohl in der Klasse. Wenn sie in den Klassenraum kommt, verstummen die meisten Mädchen oder tuscheln. Sie versteht das nicht: »Reden die etwa über mich?« Diese Situation stresst sie so sehr, dass sie morgens oft Bauchschmerzen hat und am liebsten zu Hause bleiben möchte. In der Schule kann sie sich nicht mehr richtig auf den Unterricht konzentrieren.

1 Mobbing ist belastend.

Reize können Stress verursachen

Stressreize, *Stressoren* genannt, wirken auf zwei verschiedene Arten auf den Menschen ein. Lärm, Streit mit Eltern oder Freunden sowie das Gedränge im Schulbus sind Reize, die von außen aufgenommen werden. Leistungsdruck und Versagensängste vor der nächsten Prüfung, aber auch Kummer sind Gefühle, die wir empfinden. Sie entwickeln sich in uns und können Stress auslösen.

Stress – die zwei Seiten einer Medaille

Kurz vor Prüfungen sind viele Menschen nervös, das Herz schlägt spürbar schneller und die Atemfrequenz ist erhöht. Der Körper bereitet sich auf eine höhere Leistungsanforderung vor. Man nennt diese Reaktionen Stress. Seine ursprüngliche Bedeutung ist so alt wie die Menschheit selbst. Er diente dazu, den Körper in gefährlichen Situationen zu Hochleistung zu animieren und dadurch das Überleben sicherzustellen. Diese Gefahren gibt es heute sehr selten, aber Stress hilft, schwierige Situationen besser zu bewältigen. Man spricht von einer positiven Stressreaktion. Da Stress anstrengend ist, muss sich der Körper nach der Anspannung wieder erholen. Auch dauernde psychische Belastungen können Stress auslösen. Ohne Entspannungsphasen führt dies zu ungesunder, ständig erhöhter Leistungsbereitschaft, zu Dauerstress.

Stresssymptome

Dauerstress kann zur Schwächung des Immunsystems, zur Schädigung des Herz-Kreislauf-Systems und zur totalen Erschöpfung des Körpers beitragen. Leider werden die Sympto-

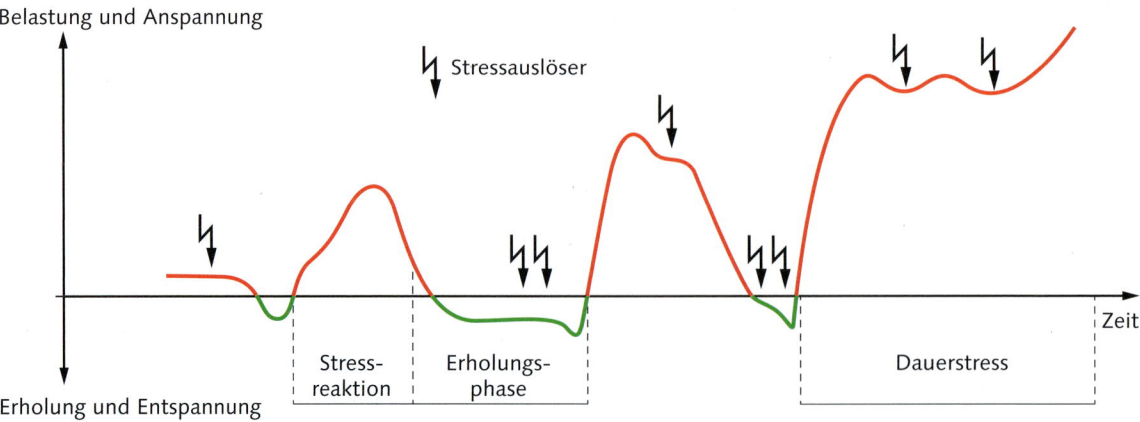

2 Ohne Erholung ist man dauergestresst.

3 Stressoren, die auf uns einwirken

me wie Antriebslosigkeit, Magenschmerzen und generelles Unwohlsein oft nicht ernst genommen, man glaubt, alles sei halb so schlimm. Nicht selten wird mit Alkohol, Nikotin oder Tabletten versucht, die Belastung und Erschöpfung zu verdrängen.

Auch die Psyche kann krank werden

»Das bricht mir das Herz«, »das schlägt mir auf den Magen«, »das bereitet mir Kopfzerbrechen« – mit solchen Redewendungen drückt man Gefühle wie Wut, Ärger, Trauer, Sorge oder Verzweiflung aus. Körper und Geist bilden eine Einheit. Erkrankt die Psyche, so hat dies Auswirkungen auf den Körper. Der Fachbegriff *psychosomatische Erkrankung* verdeutlicht dies, da er aus dem griechischen Wort »Psyche« für Geist und »Soma« für Körper zusammengesetzt ist.

Ursachen einer psychosomatischen Erkrankung

Unser körperliches Befinden wird stark davon geprägt, worüber wir nachdenken, was um uns herum geschieht und wie wir uns fühlen. Psychische Belastungen können eine Erkrankung auslösen. Häufig sind allgemeines Unwohlsein, Kopf- und Bauchschmerzen, Nervosität, Antriebslosigkeit und dauernde Erschöpfung erste Anzeichen einer psychoso-

matischen Erkrankung. Um die Ursachen schwerer psychischer Probleme herauszufinden, hilft eine Therapie. In Gesprächen wird versucht, Klarheit über die persönliche Situation und die Belastungen des Patienten zu gewinnen. Dies kann dann der Ausgangspunkt sein, belastendes Verhalten zu verändern. So können zum Beispiel angstmachende Situationen wie die Angst vor Menschenansammlungen oder vor Spinnen durch die stufenweise Gewöhnung therapiert werden.

In Kürze

Stressreize, die auf uns einwirken, nennt man Stressoren. Stress dient dazu, unsere Leistungsbereitschaft zu steigern. Dauerstress kann krank machen. Daraus können sich psychosomatische Erkrankungen entwickeln. In schweren Fällen hilft nur eine Therapie.

Aufgaben

1 ☐ Nenne anhand von Bild 3 mögliche Ursachen einer psychosomatischen Erkrankung.

2 ◪ Stress – sinnvoll aber auch gefährlich! Erläutere mit Hilfe von Bild 2.

Stress bewältigen

»Ich muss für morgen das Referat fertig haben!« Steffen muss dafür eine Gliederung erstellen, alle wichtigen Bilder aus den Seiten kopieren, ein Handout für die Mitschüler anfertigen und die Quellen für die Lehrkraft notieren. Purer Stress! Steffen weiß nicht, wie er das vor dem Fußballspiel am Abend schaffen soll. Aber den Sport braucht er, um sich abzureagieren.

1 Stress wirkt sich auf die Psyche aus.

Stress wird unterschiedlich wahrgenommen

Äußere Einflüsse, zum Beispiel Zeitdruck oder Überforderung sowie Ängste vor einer Prüfung, wirken auf jeden Menschen ein. Wie stark belastend sie wirken, ist unterschiedlich. Stress wird also von jedem Menschen anders empfunden.

Stress kann reduziert werden

Man muss Bewältigungsstrategien erlernen, um Stress zu vermeiden oder ihn zu reduzieren. Zu diesen Maßnahmen gehört das Überdenken der eigenen Einstellung. Wer eine positive Grundhaltung hat und sich sagt: »Ich schaffe das!«, geht Arbeiten leichter an als derjenige, der sich denkt »Das schaffe ich sowieso nicht.« Zudem ist es hilfreich, den Arbeitstag

oder auch die -woche zu planen, um sich einen Überblick über anstehende Arbeiten zu verschaffen und diese sinnvoll einzuteilen. Manche Arbeiten müssen sofort erledigt werden, andere können durchaus warten. Sie haben eine geringere Priorität. Bemerkt man früh, dass man eine Arbeit alleine nicht erledigen kann, sollte man Hilfe suchen und diese auch annehmen.

Ausgleich schaffen

Gestresste Menschen benötigen als Ausgleich Erholungsphasen. Oft hilft es, Freunde zu treffen, gemeinsam Spaß zu haben oder über aktuelle Probleme zu reden. Sport oder ein Hobby unterstützen dabei, Anspannungen zu lösen und die Gedanken in neue Bahnen zu lenken. Ein gutes Buch lesen kann einen in eine andere Welt entführen. Ganz gezielt können Entspannungstechniken wie autogenes Training oder Meditation erlernt werden, um die körperliche Stressreaktion zu steuern. Am wichtigsten ist es, sich gezielt Freiräume zu schaffen und diese Freizeit einzuhalten.

In Kürze

Stressoren wirken auf jeden Menschen unterschiedlich stark ein. Stress kann durch gezielte Strategien verringert werden. Einen Ausgleich findet man unter anderem im Sport, bei Kontakt mit Freunden und effektiver Entspannung.

Aufgabe

1 ◪ Erläutere anhand von Bild 2 Maßnahmen zum Ausgleich gegen Stress.

2 Stress benötigt Ausgleich.

Stressabbau

Die beste Möglichkeit der Stressbewältigung besteht darin, dem aufkommenden Stress möglichst frühzeitig entgegenzuwirken und dadurch erst gar nicht entstehen zu lassen. Es gibt eine Reihe von einfachen Übungen, die dir helfen, zum Beispiel nach einem anstrengenden Schultag, Stress abzubauen.

A Stress wegatmen

Die Atmung ist ein Gradmesser für Stress. Je gestresster man ist, desto oberflächlicher atmet man.

Material   Stuhl für alle Übungen

Durchführung Übung 1   Setze dich aufrecht mit geradem Rücken auf den Stuhl. Blicke während der Übung auf einen vor dir stehenden Gegenstand. Die linke Hand liegt auf der Brust, die rechte auf dem Unterbauch. Atme durch die Nase tief in den Unterbauch ein und über den Mund aus. Zähle bei jedem Atemzug langsam bis 4. Halte die Lippen beim Ausatmen nur ganz wenig geöffnet. Achte darauf, dass das Ausatmen deutlich länger als das Einatmen dauert. Warte nach dem Ausatmen, bis das Einatmen wieder von alleine einsetzt. Die Übung sollte etwa 5 Minuten dauern.

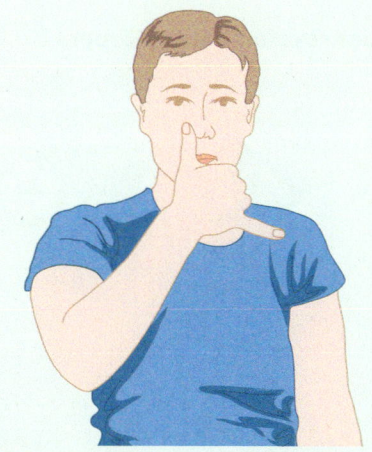

2 Zum emotionalen Gleichgewicht finden

Durchführung Übung 2   Setze dich auf den Stuhl. Schließe mit dem Daumen der rechten Hand das rechte Nasenloch. Atme durch das freie Nasenloch tief ein. Drücke nun das andere Nasenloch zu und atme langsam tief aus. Warte nach dem Ausatmen, bis das Einatmen von selbst wieder einsetzt. Führe diese Atemübung, wobei linkes und rechtes Nasenloch abwechselnd zugehalten werden, etwa 10 Minuten lang durch. Mit geschlossenen Augen konzentrierst du dich besser.

B Stress wegdrücken

Durchführung   Auf einem Stuhl sitzend liegen die Hände geöffnet auf den Oberschenkeln. Drücke nun die Hände mit aller Kraft zur Faust. Zähle langsam bis 10 und löse dann die Spannung. Presse nun die Lippen fest zusammen und lockere sie nach 10 Sekunden. Drücke jetzt die beiden Füße mit aller Kraft 10 Sekunden lang gegen den Boden. Dabei spannst du die gesamte Beinmuskulatur stark an. Verfahre mit den Bauchmuskeln ebenso. Zähle jeweils bis 10 und löse dann die Spannung. Wiederhole die Übung mehrere Male. Bei jedem Entspannen spürst du, wie der Stress allmählich von dir weicht.

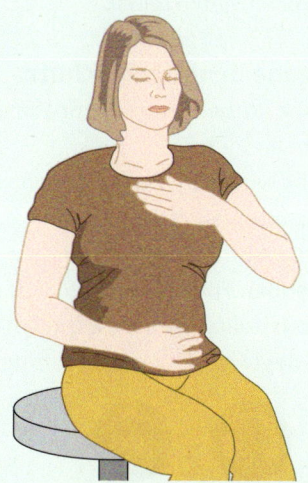

1 Tiefes Ein- und Ausatmen baut Stress ab.

Informationssysteme

1 Informationssysteme des Körpers

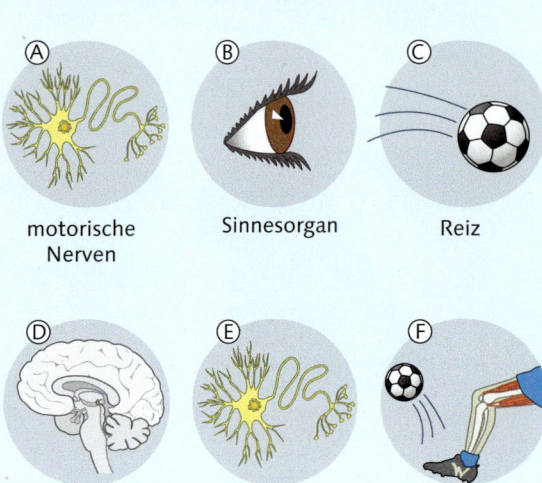

Ⓐ motorische Nerven
Ⓑ Sinnesorgan
Ⓒ Reiz
Ⓓ Gehirn
Ⓔ sensorische Nerven
Ⓕ Muskeln → Reaktion

1 Ein Fußballer reagiert.

a ☐ Beim Fußballspielen sind schnelle Reaktionen sehr wichtig. Bringe A–F in Bild 1 in die richtige Reihenfolge. Beschreibe dieses Reiz-Reaktions-Schema.

b ☐ Beschreibe die Aufgaben der verschiedenen Informationssysteme des Körpers.

c ☐ Benenne die in Bild 2 dargestellten Teile des Nervensystems.

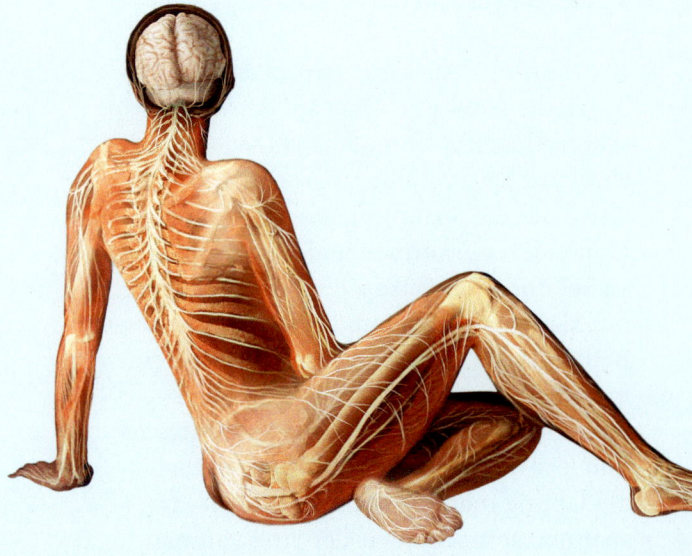

2 Das Nervensystem des Menschen

2 Sinnesorgan Auge

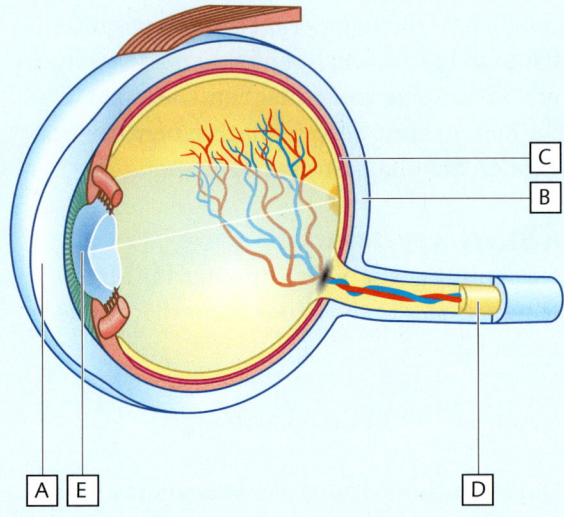

3 Der Augapfel

a ☐ Benenne A–E in Bild 3.
b ☐ Nenne natürliche Schutzeinrichtungen des Auges.
c ☐ Beschreibe den Strahlengang des Lichts beim Sehvorgang.
d ☐ Beschreibe den Aufbau der Netzhaut.
e ☐ Beschreibe die Vorgänge in den Sehsinneszellen, wenn Licht auf sie trifft.
f ☐ Erkläre zwei Formen der Fehlsichtigkeit anhand einer Skizze.
g ☑ Erkläre die Funktionen der beiden unterschiedlichen Sehsinneszellen.

3 Sinnesorgane benötigen Schutz
a ☐ Beschreibe vorbeugende Maßnahmen gegen Schneeblindheit.
b ☑ Hautkrebs wird durch UV-Strahlen verursacht. Erkläre seine Entstehung.
c ☑ Erkläre die ABCD-Regel.
d ■ Die folgenden Hinweisschilder sind an vielen Arbeitsstellen vom Gesetzgeber vorgeschrieben. Begründe deren Bedeutung.

4 Sicherheitshinweise

4 Diabetes oder Zuckerkrankheit

a ☐ Benenne die Hormone, die für die Regulation des Blutzuckerspiegels verantwortlich sind.

b ☐ Bei Diabetes regelt ein bestimmtes Hormon den Zuckerhaushalt in unserem Körper nicht mehr oder nur unzureichend. Benenne das Hormon und dessen genauen Bildungsort.

c ☑ Vervollständige Bild 5 in deinem Heft.

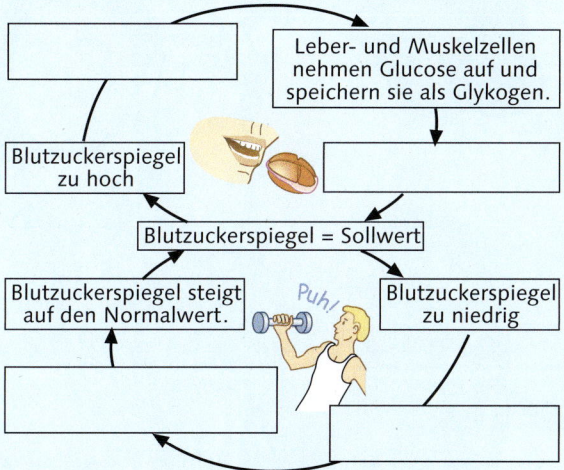

5 Regulation des Blutzuckerspiegels

5 Stress

a ☐ Nenne unterschiedliche Stressreize.

b ☐ Erläutere die Bedeutung der Stressreaktion.

c ■ Im Englischen gibt es die Wortkreation Work-Life-Balance. Begründe anhand von Bild 6 dessen Bedeutung.

6 Work-Life-Balance

Informationssysteme

- Im Körper werden ständig Informationen weitergegeben. Zu den Informationssystemen zählen neben dem Nerven- und Hormonsystem die Erbinformation und das Immunsystem.

- Das Nervensystem gliedert sich räumlich in das zentrale Nervensystem und das periphere Nervensystem.

- Vom Reiz bis zur Reaktion arbeiten Sinnesorgane, Nerven, Gehirn und Erfolgsorgane zusammen.

- Das Auge nimmt Lichtreize auf und wandelt diese in den Sinneszellen in elektrische Impulse um. Über Nervenzellen werden sie zum Gehirn geleitet und dort verarbeitet.

- Die Sinnesorgane müssen vor schädigenden Umwelteinflüssen geschützt werden, um gesund zu bleiben.

- Die Regulation des Blutzuckerspiegels erfolgt durch die Hormone Insulin und Glucagon. Sie arbeiten nach dem Gegenspielerprinzip.

- Die Stressreaktionen dienen dazu, die Leistungsbereitschaft zu steigern. Stress ohne Erholungsphasen kann krank machen.

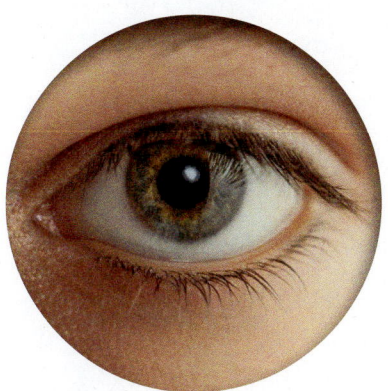

Gesundheit und Krankheit

Gesund leben – gesund sein

Leichtathletikweltmeisterschaft der Senioren – 100-Meter-Sprint – der Sieger in der Klasse der über 70-Jährigen erreicht die Bestzeit von 13,35 Sekunden. Eine tolle Leistung! Viele Menschen wünschen sich, bis ins hohe Alter gesund zu bleiben.

1 Fit und aktiv bis ins hohe Alter

Gesundheit hat viele Gesichter

Gesundheit ist mehr als die Abwesenheit von Krankheit. Die Weltgesundheitsorganisation WHO definiert sie als einen Zustand des körperlichen, geistigen und sozialen Wohlergehens und nicht nur als das Fehlen von Krankheit oder Gebrechen.

Das Gesundheitsempfinden hängt maßgeblich von der Umwelt ab, in der man lebt. Aber auch das eigene Verhalten, Gewohnheiten und soziale Bindungen können sich positiv oder negativ auf die Gesundheit auswirken. Ob man sich gesund fühlt, hängt nicht zuletzt von der persönlichen Einschätzung ab.

Krank sein – eine Störung

Krankheit ist eine Störung unserer Lebensvorgänge, die körperlich, aber auch geistig bedingt sein kann. Dabei ist die Leistungsfähigkeit unseres Körpers vermindert. Dies macht sich an Krankheitssymptomen wie Fieber oder Schmerzen bemerkbar. Angeborene körperliche oder geistige Beeinträchtigungen sind dagegen nicht mit Krankheit gleichzusetzen.

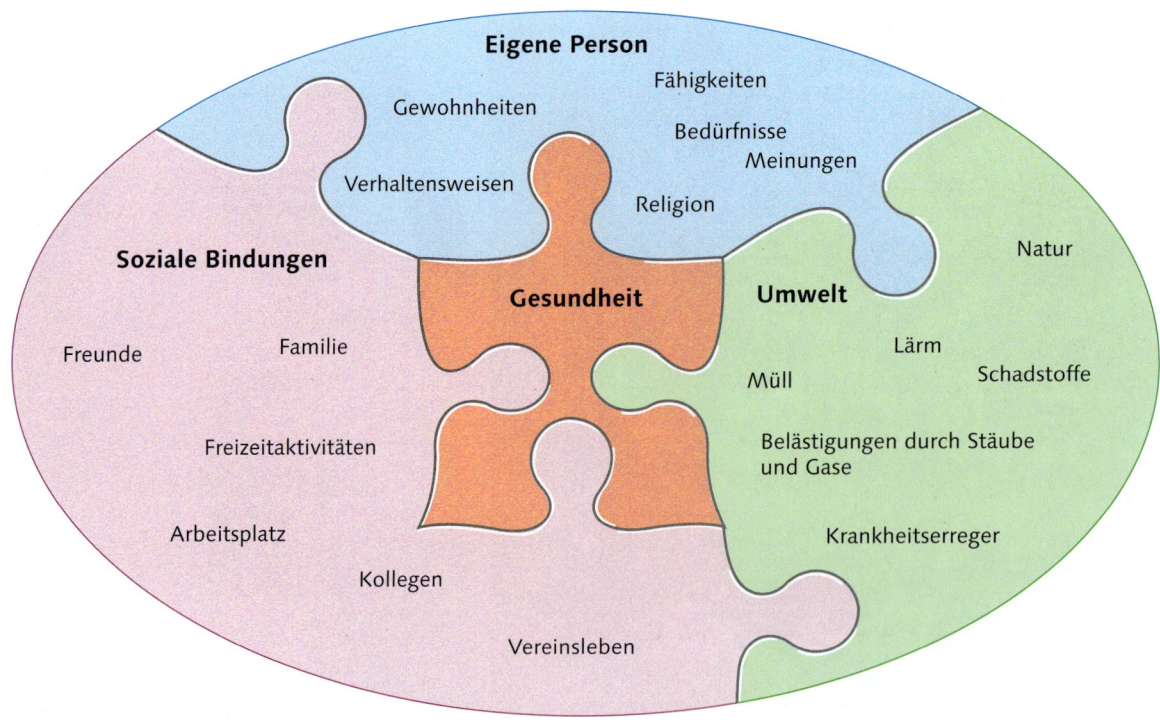

2 Gesundheit wird von vielen Faktoren beeinflusst.

![Tafelbild mit dem Titel "Welche Faktoren beeinflussen unsere Gesundheit?" und angehefteten Karten: soziale Kontakte, Erholungsphasen, ausgewogene Ernährung, Körperpflege und Hygiene, Bewegung, Kenntnisse über sich selbst, Bewegungsmangel, Suchtverhalten, Dauerstress, mangelnde Körperpflege und Hygiene, hektisches Leben, schlechte Ernährungsgewohnheiten]

3 Gesundheitsfaktoren und Risikofaktoren

Für die Gesundheit kann man einiges tun

Eine ausgewogene Ernährung, viel Bewegung und ausreichend Schlaf sind Verhaltensweisen, die sich positiv auf die Gesundheit auswirken. Daneben gibt es noch weitere Möglichkeiten, wie man selbst seine Gesundheit stärken und fördern kann. Man bezeichnet diese Verhaltensweisen als *Gesundheitsfaktoren*. Ungesunde Verhaltensweisen, wie falsche Ernährungsgewohnheiten, Bewegungsmangel und Suchtverhalten, stellen dagegen *Risikofaktoren* dar. Oft schwächen sie das Immunsystem, sodass Krankheitserreger leichter eine Krankheit auslösen können.

Aktive Vorsorge schützt

Oft helfen schon kleine Maßnahmen, den eigenen Körper gesund zu erhalten.

Durch regelmäßige Zahnarztbesuche oder Schutzimpfungen beispielsweise kann man bestimmten Krankheiten vorbeugen. Jeder Mensch hat großen Einfluss auf seine Gesundheit.

In Kürze

Gesundheit ist ein Zustand des körperlichen, geistigen und sozialen Wohlergehens und nicht nur das Fehlen von Krankheit. Gesundheitsfaktoren fördern die Gesundheit.

Aufgaben

1 ☐ Nenne Risiko- und Gesundheitsfaktoren, die in deinem Leben eine Rolle spielen.
2 ☐ Beschreibe Maßnahmen, die der Gesunderhaltung des Körpers dienen.

4 Gesundheitsfaktoren:
A Bewegung; B gesunde Ernährung; C Händewaschen

Rund um die Gesundheit

A Erstelle ein Bewegungsprotokoll

Eine Ursache für viele Krankheiten ist der Mangel an Bewegung. Daher ist es gesundheitsfördernd, wenn du dich viel bewegst. Ein Bewegungsprotokoll zeigt dir, wie aktiv du bist.

Material Tabelle, Stift, Uhr, Schrittzähler

Durchführung Erstelle eine Tabelle, in der du Uhrzeit, Dauer und deine ausgeübten Tätigkeiten sowie die Bewegungsart festhältst. Mit einem Schrittzähler kannst du zusätzlich deine Laufstrecke feststellen.

Bewegungsprotokoll von: _____			
Uhrzeit	Dauer	Tätigkeit	Bewegungsart
06:30	14 min	Waschen	Stehen
06:45	20 min	Frühstück	Sitzen

1 Bewegungsprotokoll

Auswertung Rechne für jede Bewegungsart die Zeitumfänge aus und vergleiche diese mit deinen Mitschülern. Vergleicht zudem eure zurückgelegten Laufstrecken.

2 Bewegung macht Spaß!

B Testet eure Fitness

Körperliche Leistung erfordert eine bessere Versorgung der Muskeln und Organe mit Sauerstoff. Um dies zu erreichen, pumpt das Herz das Blut schneller durch die Blutgefäße. Ein gut trainiertes Herz benötigt nach einer Anstrengung weniger Zeit, um wieder auf den Ruhepuls zurückzukehren, da es eine größere Blutmenge pro Herzschlag pumpen kann.

Material Tabelle, Stift, Uhr

Durchführung Messt die Pulsfrequenz vor dem Start. Die Testperson hüpft eine Minute auf der Stelle. Messt erneut direkt nach der Belastung. Wiederholt die Messung 2 Minuten später.

Messung der Pulsfrequenz bei: _____				
Pulsmessung				
vorher	nachher	Differenz	nach 2 Minuten	Absenkung

3 Fitnesstest

Auswertung Berechnet jeweils die Differenz der Werte sowie die Absenkung des Pulsschlags nach 2 Minuten. Vergleicht die Werte aller Testpersonen. Je größer die Absenkung der Pulsfrequenz nach 2 Minuten, desto fitter ist die Testperson.

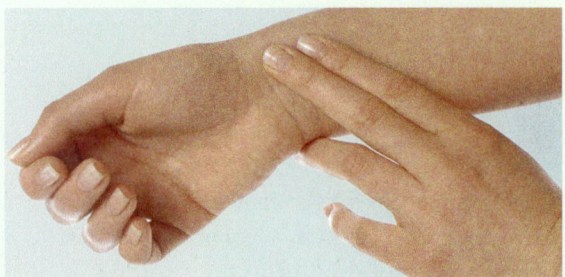

4 Pulsmessung

C Überprüfe dein Ernährungsverhalten

Eine ausgewogene, vitamin- und nähr-stoffreiche Ernährung ist ein wichtiger Ge-sundheitsfaktor. Sie wird in hohem Maße vom Essverhalten beeinflusst.

Durchführung Notiere in einer Tabelle für einen Tag die Häufigkeit und die Zusam-mensetzung deiner Mahlzeiten. Orientiere dich an Bild 5.

Speiseplan von: _____ am: _____	
Frühstück	2 Brote (ca. 100 g), Butter, Honig
Mittagessen	1 Paar Würstchen, Kartoffeln und Salat Schokopudding
Abendessen	Fleischsalat, Gurke 2 Brote
Zwischendurch	Schokoriegel, Gummibärchen Apfel
Trinken	Kakao 0,3 l, Wasser 2 × 0,5 l

5 Beispiele für einen Speiseplan

Auswertung Überprüfe dein Essverhalten anhand der unten stehenden Regeln für gesunde Ernährung.
Beurteile und begründe, ob du dich gesund ernährst.

Regeln zur gesunden Ernährung

- Ernähre dich abwechslungsreich.
- Iss weniger, dafür aber häufiger.
- Achte auf ausreichende Eiweißversorgung.
- Beschränke dich bei den Fetten.
- Iss möglichst jeden Tag Obst, Gemüse und Vollkornprodukte.
- Greife selten zu Süßigkeiten.
- Trinke ausreichend viel, aber meide stark zuckerhaltige und alkoholische Getränke.

---

6 Regeln zur gesunden Ernährung

D Führt eine Gesundheitsumfrage durch

Wann ist man gesund und wann krank? Eine Umfrage zum Thema »Was bedeutet Gesund-heit?« kann hier für mehr Klarheit sorgen.

Material Fragebogen, Stift, eventuell Auf-zeichnungsgerät

Durchführung

- Legt zunächst fest, wen ihr befragen wollt. Das können Menschen sein, die im Medizinbereich arbeiten. Ihr könnt aber auch Kinder und Jugendliche zu dem Thema befragen. Familienmitglieder und ältere Menschen solltet ihr ebenfalls mit-einbeziehen, um aussagekräftige Ergebnisse zu erhalten.
- Legt fest, wo ihr die Menschen befragen wollt. Die Adressen der Fachleute findet ihr im Telefonbuch oder im Internet. Bei einer Umfrage in der Fußgängerzone erreicht ihr sicher viele Personen.
- Erstellt einen Fragenkatalog für die Be-fragung. Ihr könntet zum Beispiel mit Bild 7 in das Gespräch einsteigen.

Auswertung Fertigt eine Zusammenfassung eurer Ergebnisse an. Besprecht die Ergeb-nisse der Umfrage in der Klasse.

7 Rollstuhl-Basketball

Infektionskrankheiten

Im November 2002 traten in China die ersten Fälle der besonders schwer verlaufenden Lungenerkrankung SARS auf. Bereits nach wenigen Monaten waren weltweit über einhundert Tote zu beklagen. Besonders stark betroffen war das dicht besiedelte Hongkong. Um sich nicht anzustecken, trugen viele Kinder Atemschutzmasken im Unterricht.

Krankheitserreger sind überall

Krankheiten, die durch sehr kleine Erreger ausgelöst werden, nennt man *Infektionskrankheiten*. Bakterien oder andere einzellige Lebewesen, Pilze und Viren können Erreger von Infektionskrankheiten sein. Sie schweben in der Luft, befinden sich auf Lebensmitteln und auf der Kleidung. Außerdem können sie auf den Händen sein, wenn man diese nicht regelmäßig wäscht. Auch im Boden und im Wasser kommen Krankheitserreger vor.

Infektionskrankheiten sind ansteckend

Krankheiten, die man wie aus heiterem Himmel bekommt, sind in der Regel Infektionskrankheiten. Meist hat man sich an einem Erkrankten angesteckt, der die Erreger durch Husten oder Niesen verbreitet hat. Man nennt dies *Tröpfcheninfektion*. Aber auch beim Essen und Trinken kann man sich anstecken.

1 Schutz vor der Infektionskrankheit SARS

Wie man sich anstecken kann

Die Haut schützt vor Krankheitserregern. Mit der Atemluft oder der Nahrung und insbesondere über Wunden können sie aber in unseren Körper gelangen. Augen und Ohren sind ebenfalls Stellen, durch die manche Erreger eindringen.

Häufig sind auch Insekten oder Zecken gefährliche Krankheitsüberträger. Mit ihrem Stechapparat durchdringen sie die menschliche Haut. Dabei können sie Krankheitserreger auf den Menschen übertragen, die sie vorher von Erkrankten beim Blutsaugen aufgenommen haben. Auch Bisse von Hunden und Katzen können gefährlich werden. Zwischen ihren Zähnen leben zahllose Bakterien, die Krankheiten auslösen können, wenn sie durch den Biss in unseren Körper gelangen.

2 Krankheitserreger sind allgegenwärtig.

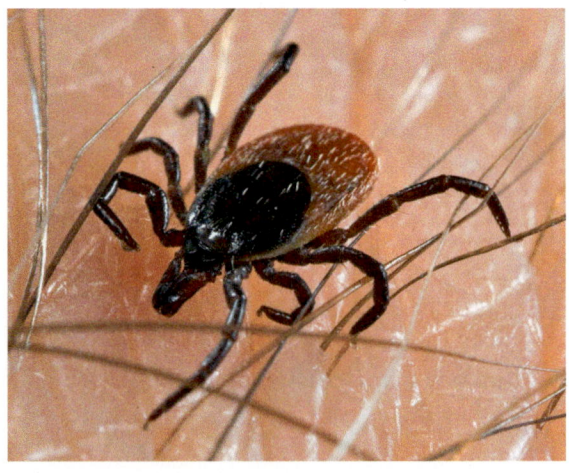

3 Zecke vor dem Blutsaugen

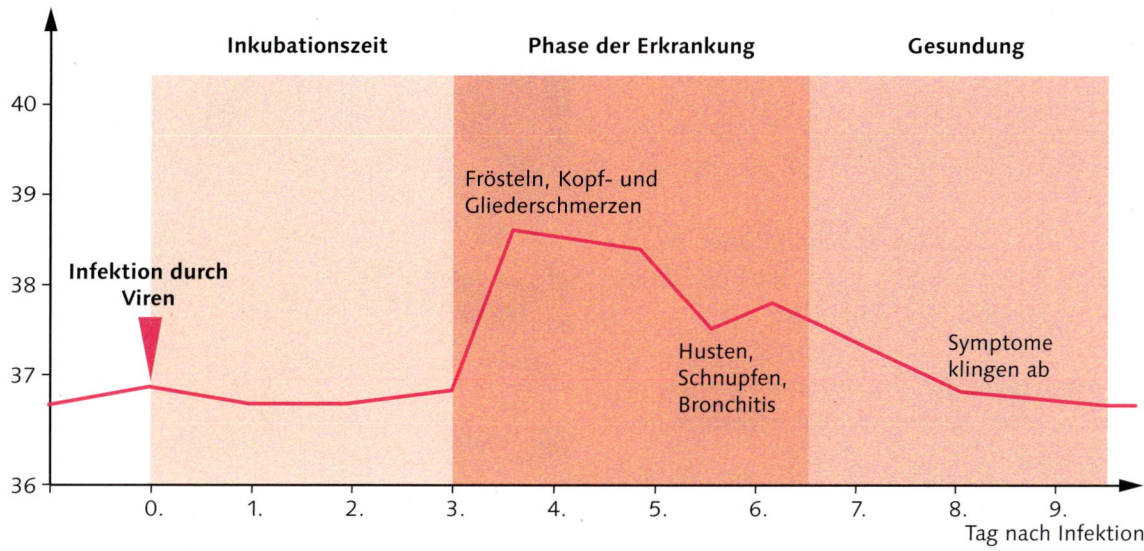

Körpertemperatur in °C

Inkubationszeit   Phase der Erkrankung   Gesundung

40

39   Frösteln, Kopf- und
              Gliederschmerzen

38   Infektion durch
      Viren   Symptome
37   Husten,   klingen ab
                            Schnupfen,
                            Bronchitis

36
      0.   1.   2.   3.   4.   5.   6.   7.   8.   9.
                                              Tag nach Infektion

4 Verlauf eines grippalen Infekts, einer durch Viren verursachten Erkältung

Verlauf einer Infektionskrankheit

Am Beginn jeder Infektionskrankheit steht das Eindringen der Krankheitserreger in den Körper, die *Infektion*. Daran schließt sich die *Inkubationszeit* an. So nennt man den Zeitraum zwischen der Infektion und dem Ausbruch der Krankheit. Während dieser Zeit vermehren sich die Erreger explosionsartig. Je nach Krankheit kann sie nur wenige Stunden betragen, aber auch Jahre dauern.

Die typischen Kennzeichen der Erkrankung nennt man *Symptome*. Bei einem grippalen Infekt gehören Husten, Niesen, Fieber und Gliederschmerzen dazu. Verursacht werden die Symptome durch die Erreger selbst oder durch Giftstoffe, die sie produzieren. Erst wenn der Körper die Vermehrung der Erreger verhindern kann, setzt die *Gesundung* ein.

Infektionskrankheiten und ihre Erreger

Die bekannteste Infektionskrankheit ist die *Virusgrippe*. An ihr sterben allein in Deutschland jährlich mehrere Tausend Menschen. Verursacht wird sie durch unterschiedliche *Viren*. Deshalb unterscheidet man verschiedene Grippeerkrankungen. Der *grippale Infekt* ist eine Erkältung. Er verläuft wesentlich harmloser als die echte Grippe.

Cholera, Tuberkulose oder *Borreliose* sind Krankheiten, die von Bakterien verursacht werden. Bei der Cholera dauert die Inkubationszeit meist nur wenige Stunden. Die *Malaria* fordert weltweit die meisten Opfer. Hervorgerufen wird sie durch einen Einzeller, der durch den Stich der Anophelesmücke übertragen wird.

Mykosen sind durch Pilze verursachte Infektionskrankheiten wie Fuß- und Nagelpilz.

In Kürze

Infektionskrankheiten sind ansteckende Krankheiten. Sie werden durch Bakterien, Einzeller, Pilze oder Viren verursacht. Bei der Erkrankung unterscheidet man die Phasen Infektion, Inkubationszeit, Erkrankung und Gesundung.

Aufgaben

1 ☐ Beschreibe die Stadien einer Infektionskrankheit.

2 ◪ Erkläre, weshalb Infektionskrankheiten erst einige Zeit nach der Infektion ausbrechen.

3 ◪ Erläutere, weshalb es nicht *die* Grippe gibt.

4 ◼ Begründe, wieso man nicht in die Hand, sondern in die Beuge des Ellenbogens niesen soll.

Bakterien als Krankheitserreger

Es war ein schönes, gelungenes Straßenfest. Die Musik war super und es gab jede Menge zu essen und zu trinken. Aber in der Nacht fanden viele Gäste keinen Schlaf. Ihnen wurde plötzlich übel, sie hatten starke Bauchschmerzen. Fast alle bekamen Durchfall.

Lebensmittelvergiftung durch Bakterien

In den warmen Sommermonaten kommt es immer wieder vor, dass Menschen an der *Salmonellose* erkranken. Salmonellen sind Bakterien, die auf der Haut geschlachteter Hühnchen, aber auch an und in rohen Eiern vorkommen. In eiweißreichen Speisen, wie in Fleisch- oder Wurstsalat, können sie sich schon bei Zimmertemperatur explosionsartig vermehren.

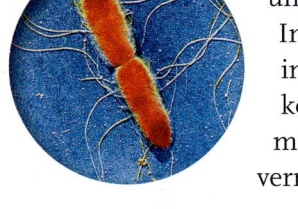

Bau von Bakterien

Bakterien bestehen nur aus einer einzigen Zelle. Sie sind meist kleiner als ein tausendstel Millimeter. Kennzeichnend ist, dass sie keinen Zellkern haben. Die Erbsubstanz liegt frei im flüssigen Zellinnern, dem *Zellplasma*. Die Zelle ist von einer *Zellmembran* und einer *Zellwand* umhüllt. Manche Bakterien besitzen *Geißeln*, mit denen sie sich fortbewegen.

1 Ein Fest mit Folgen

Vermehrung von Bakterien

Unter günstigen Lebensbedingungen, bei Feuchtigkeit, Wärme und Nahrung vermehren sich Bakterien etwa alle 20 Minuten durch Zellteilung. Vorher verdoppelt sich die Erbsubstanz. Anschließend trennen sich die Zellhälften durch Querteilung. Bakterien vermehren sich zu Zellverbänden, den *Bakterienkolonien*. Diese bestehen aus unzähligen Einzelbakterien, die dicht an dicht nebeneinanderliegen. Diese Kolonien kann man mit bloßem Auge erkennen.

Es gibt verschiedene Bakterienformen

Nach ihrer Form unterscheidet man zwischen den stäbchenförmigen *Bazillen*, den kugeligen *Kokken*, den kommaförmigen *Vibrionen* und den korkenzieherförmigen *Spirillen*.

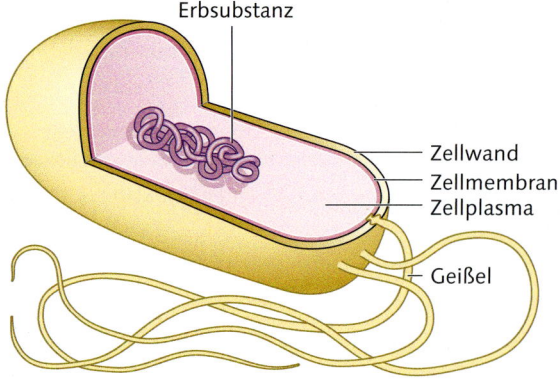

2 Bau eines Bakteriums

Erbsubstanz
Zellwand
Zellmembran
Zellplasma
Geißel

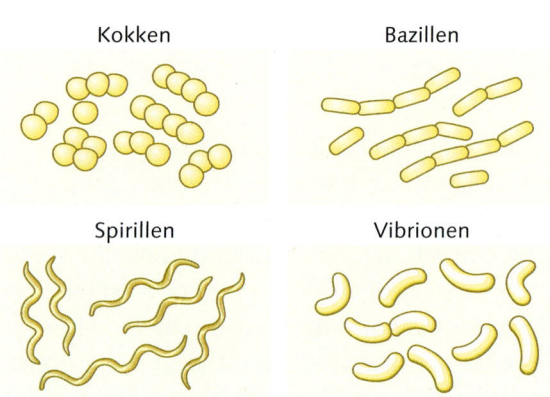

Kokken Bazillen
Spirillen Vibrionen

3 Verschiedene Bakterienformen

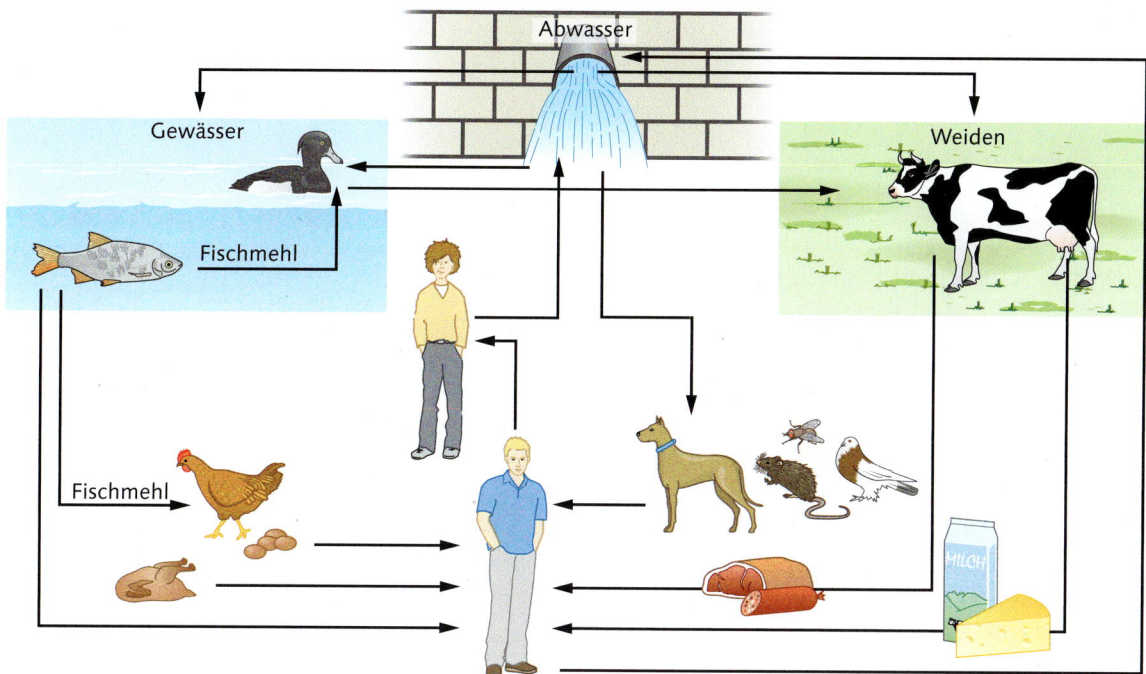

4 Mögliche Infektionswege der Salmonellose

Wie Bakterien krank machen

Neben der Salmonellose werden auch *Keuchhusten, Scharlach* oder *Lungenentzündung* von Bakterien verursacht, indem sie in die Körperzellen eindringen. Die Bakterien zerstören die Zellen oder sie geben Giftstoffe ab. Diese *Toxine* stören den Stoffwechsel der Körperzellen und bringen sie ebenfalls zum Absterben. Das Toxin der Salmonellen bewirkt, dass die Darmzellen kaum noch Wasser aus dem Darminhalt entnehmen können. Durchfall und Erbrechen sind die Folgen. Dadurch verliert der Körper in kurzer Zeit sehr viel Flüssigkeit.

Es gibt auch nützliche Bakterien

Viele Bakterien sind für uns so nützlich, dass wir ohne sie nicht leben könnten. So befinden sich auf unserer Haut zahllose ungefährliche Bakterien. Als »Platzhalter« verhindern sie, dass sich gefährliche Krankheitserreger ansiedeln können.

Die Wand von Pflanzenzellen können wir selbst nicht verdauen. In unserem Darm leben aber Bakterien, die die Zellwände zersetzen. Nur so gelangen wir an die wertvollen Nähr-stoffe und Vitamine, die in der pflanzlichen Nahrung enthalten sind.

Als Zersetzer von toten Tieren und ab-gestorbenen Pflanzen halten Bakterien den Kreislauf der Stoffe aufrecht. Sie sorgen dadurch für den Erhalt der Bodenfruchtbar-keit.

In Kürze

Bakterien bestehen nur aus einer einzigen kern-losen Zelle. Als Krankheitserreger schädigen sie den Körper durch Toxine oder sie zerstören die befallenen Zellen. Bakterien spielen in der Natur als Zersetzer eine wichtige Rolle. Für die Verdauung pflanzlicher Nahrung sind sie in unserem Körper unverzichtbar.

Aufgaben

1 ☑ In Bild 2 ist ein Bakterium dargestellt. Erläutere, zu welcher Gruppe von Bakterien es gehört.

2 ☑ Erläutere mit Hilfe von Bild 4, wie man sich mit Salmonellen anstecken kann.

3 ■ Bakterien vermehren sich durch Zellteilung. Begründe, weshalb sich vor der Teilung die Erbsubstanz verdoppelt.

Viren als Krankheitserreger

Thomas muss schon seit mehreren Tagen das Bett hüten. Hohes Fieber, Schüttelfrost, Übelkeit und ständiges Husten machen ihm schwer zu schaffen. Er hat sich in den nasskalten Dezembertagen mit einer echten Grippe, einer *Influenza,* angesteckt. So erklärte es ihm der Arzt bei einem Hausbesuch. Er hat ihm zwei Wochen absolute Bettruhe verordnet.

1 Thomas ist krank.

Viren sind einfach gebaut

Viren bestehen nur aus zwei Bestandteilen: einer Eiweißhülle und der Erbsubstanz. Die Eiweißhülle umgibt die Erbsubstanz schützend. Manche Viren tragen an ihrer Oberfläche Ausstülpungen, die wie Noppen oder Stacheln aussehen. Alle anderen Bestandteile wie Zellkern, Zellwand oder Zellplasma fehlen.

Viren sind sehr klein

Viren sind unvorstellbar klein, etwa 1000-mal kleiner als die winzigen Bakterien. Ihre Größe beträgt etwa 15–400 Nanometer. Ein Nanometer ist der millionste Teil eines Millimeters. Auf einem Punkt mit einem Durchmesser von einem Millimeter haben etwa 50 000 Viren Platz. Man kann sie erst mit Hilfe eines Elektronenmikroskops sichtbar machen. Diese Mikroskope können etwa 100 000-fach vergrößern.

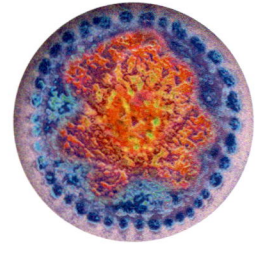

2 Grippevirus im Elektronenmikroskop

Viren sind keine Lebewesen

Viren können sich nicht bewegen, haben keinen eigenen Stoffwechsel, sind nicht reizbar, wachsen nicht und können sich nicht selbstständig vermehren. Somit sind sie keine Lebewesen. Aber dennoch befasst sich die Biologie mit ihnen, weil sie auch Merkmale von Lebewesen haben: Sie besitzen eine Erbsubstanz und eine Hülle aus Eiweiß. Zudem sind sie Erreger von Krankheiten, die für Menschen, Pflanzen und Tiere gefährlich werden können.

Nach ihrem Aussehen unterscheidet man zwischen faden- oder kugelförmigen Viren, aber auch solchen, die an Satelliten oder an Raumfähren erinnern. Trotz ihrer unterschiedlichen äußeren Form haben alle Viren das gleiche einfache Bauprinzip.

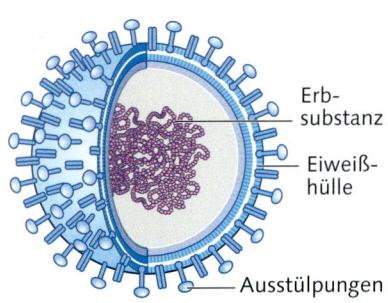

Erbsubstanz

Eiweißhülle

Ausstülpungen

3 Bau eines Virus

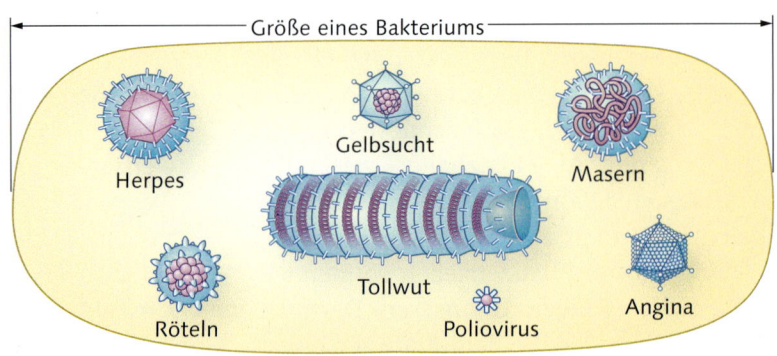

Größe eines Bakteriums

Herpes

Gelbsucht

Masern

Röteln

Tollwut

Poliovirus

Angina

4 Viren und von ihnen verursachte Krankheiten

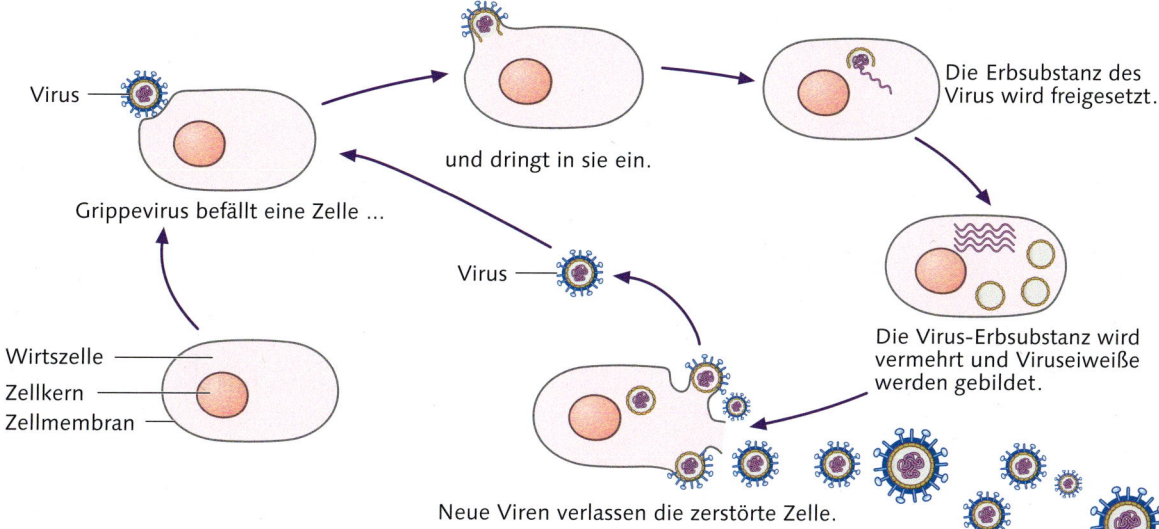

Virus

Grippevirus befällt eine Zelle ...

und dringt in sie ein.

Die Erbsubstanz des Virus wird freigesetzt.

Virus

Wirtszelle
Zellkern
Zellmembran

Die Virus-Erbsubstanz wird vermehrt und Viruseiweiße werden gebildet.

Neue Viren verlassen die zerstörte Zelle.

5 Vermehrungszyklus von Grippeviren

Viren brauchen Wirtszellen

Viren können sich nicht selbst vermehren. Für ihre Vermehrung benötigen sie lebende Zellen, die ihnen die notwendigen Baustoffe für die neuen Eiweißhüllen sowie die Erbsubstanz liefern. Solche Zellen bezeichnet man als *Wirtszellen*. Jeder Virustyp befällt jeweils nur ganz bestimmte Wirtszellen. Viren sind *wirtsspezifisch*. So befallen Grippeviren die Schleimhautzellen, zum Beispiel in der Nase. Die Kinderlähmung auslösenden Polioviren befallen die Nervenzellen des Rückenmarks.

Viren lassen sich vermehren

Trifft das Virus auf die passende Zelle, so dringt es in die Wirtszelle ein. Die Virushülle gibt die Erbsubstanz frei. Diese programmiert die befallene Zelle so, dass sie ihren eigenen Stoffwechsel ganz in den Dienst des Virus stellt. Sie produziert nun Eiweiß und Erbsubstanz für das Virus. Diese Bausteine fügen sich zu neuen Viren zusammen. Ist die Wirtszelle prall mit Viren gefüllt, platzt sie. Die Viren werden frei und befallen weitere Wirtszellen. Durch ihre Vermehrung zerstören Viren die befallenen Zellen. Dadurch bewirken sie die für Virusinfektionen typischen Krankheitssymptome.

In Kürze

Viren haben keinen eigenen Stoffwechsel. Sie bestehen aus einer Eiweißhülle und der Erbsubstanz. Zur Vermehrung brauchen sie jeweils bestimmte Wirtszellen, die sie dabei zerstören. Viren sind keine Lebewesen.

Aufgaben

1 ☑ Beschreibe mit Hilfe von Bild 5, wie Viren »vermehrt werden«.
2 ☑ Eine Grippe kündigt sich meist durch ein Kribbeln in der Nase an. Suche nach einer Erklärung.
3 ■ Viren sind keine Lebewesen. Begründe.

Wir experimentieren mit Bakterien

Wegen ihrer Winzigkeit kann man einzelne Bakterien nicht erkennen. Auf Nährböden bilden sich sehr schnell Bakterienkolonien. Diese kann man mit bloßem Auge sehen.

> Vorsicht beim Umgang mit Bakterien:
> – Schutzhandschuhe verwenden
> – Verschließe die Petrischalen nach dem Beimpfen fest mit Deckel und Klebeband.
> – Entsorge die Petrischalen fachgerecht.

A Herstellen der Nährböden

Material 3 sterile Petrischalen, Zellstoff, Alufolie, Nährgelatine, Erlenmeyerkolben, Glasstab, Heizplatte oder Gasbrenner, Dreifuß, destilliertes Wasser

Durchführung Rühre im Erlenmeyerkolben die Nährgelatine in destilliertem Wasser an. Koche die Lösung für etwa 30 Minuten. Verschließe dann den Kolben mit Zellstoff sowie einer Haube aus Alufolie. Lass die Lösung abkühlen. Flamme den Rand des Kolbens ab, bevor du die Petrischalen zu etwa einem Drittel befüllst. Verschließe sie mit den Deckeln. Drehe sie nach dem Festwerden der Nährböden um.

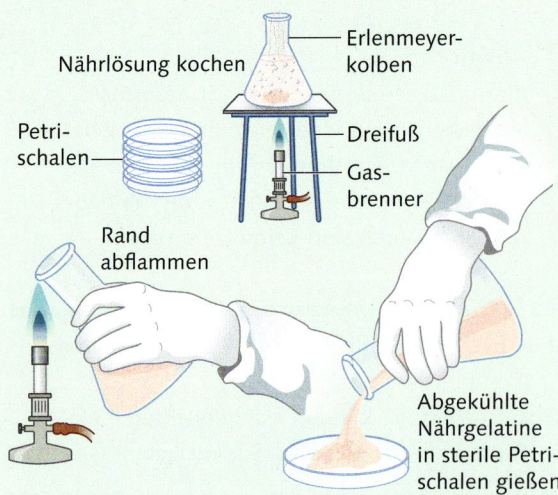

Nährlösung kochen — Erlenmeyer-kolben
Petri-schalen — Dreifuß
— Gas-brenner
Rand abflammen
Abgekühlte Nährgelatine in sterile Petri-schalen gießen

1 Herstellen von Nährböden

B Bakterien auf der Haut

Material 2 mit Nährböden gefüllte Petrischalen, Klebeband, Folienstift, Seife

Durchführung Berühre mit den Fingern der ungewaschenen Hand den Nährboden. Verschließe die Petrischale mit dem Deckel und einem Klebeband. Beschrifte den Deckel mit »ungewaschen«. Wasche nun deine Hände mit Seife und wiederhole den Versuch. Beschrifte jetzt die zweite Petrischale mit »gewaschen«. Lagere die beiden Petrischalen 3 Tage an einem warmen Ort. Übernimm das unten abgebildete Auswertungsprotokoll in dein Heft. Kontrolliere täglich die beiden Petrischalen und trage deine Beobachtungsergebnisse in das Protokoll ein.

Auswertung

1 Fasse die Ergebnisse in einem kurzen Versuchsbericht zusammen.

Beobachtungsprotokoll		
Datum	Hände gewaschen	Hände ungewaschen

2 Beispiel für ein Auswertungsprotokoll

C Bakterien im Alltag

Material Material wie oben, Wattestäbchen

Durchführung Führe die gleichen Versuche durch, indem du mit Wattestäbchen kräftig über eine Türklinke oder die Tastatur deines Computers streichst. Berühre mit den Wattestäbchen jeweils den Nährboden einer Petrischale. Beschrifte sie. Bringe sie an einen warmen Ort.

Auswertung Werte die Ergebnisse mit Hilfe des Beobachtungsprotokolls aus.

Infektionskrankheiten

1 Vermehrung von Bakterien und Viren

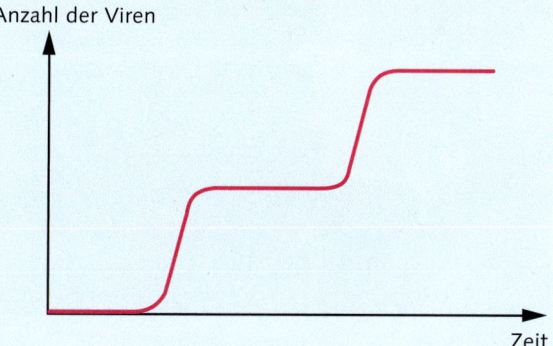

1 Vermehrung von Viren

Bild 1 zeigt die Vermehrungskurve von Viren.

- **a** ☐ Beschreibe den Verlauf der Vermehrungskurve.
- **b** ■ Suche nach einer Begründung für diesen Kurvenverlauf.
- **c** ■ Begründe, weshalb die Vermehrungskurve von Bakterien anders aussehen muss.

2 Phasen einer Infektionskrankheit

Im Bild 2 ist der typische Verlauf der Fieberkurve einer Infektionskrankheit zu sehen.

- **a** ☐ Kopiere die Kurve. Trage in die Kopie durch senkrechte Striche die einzelnen Phasen einer Infektionskrankheit ein und benenne sie.
- **b** ◪ Begründe deine Aufteilung.
- **c** ■ Erläutere, ob es sich hier um einen grippalen Infekt oder um eine Grippe handelt.

3 Malaria

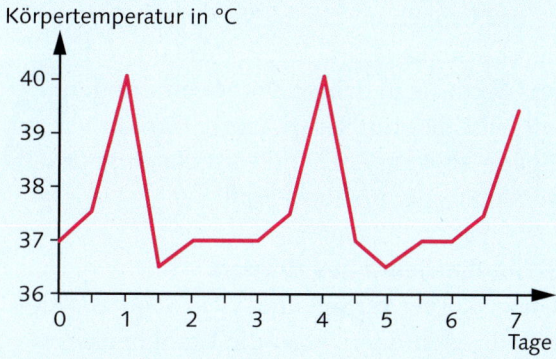

3 Fieberverlauf eines an Malaria erkrankten Menschen

Die Überträger der Malaria sind Stechmücken, die die Erreger beim Blutsaugen von Erkrankten auf Gesunde übertragen. Die einzelligen Erreger vermehren sich in den roten Blutkörperchen so stark, dass diese platzen. Die neuen Erreger befallen weitere Blutkörperchen. Nach 1–2 Tagen zerfallen auch diese wieder. Das äußert sich jeweils in Fieberanfällen. Nur wo die Anophelesmücken vorkommen, gibt es auch die Malaria.

- **a** ◪ Wechsel- und Sumpffieber sind andere Bezeichnungen für Malaria. Erkläre.
- **b** ■ Die Vermehrungskurve des Malariaerregers verläuft ähnlich wie die der Viren. Begründe.
- **c** ■ Wissenschaftler beobachten in den letzten Jahren eine globale Erwärmung. Kann sich die Malaria dadurch auch bei uns ausbreiten? Nimm dazu Stellung.

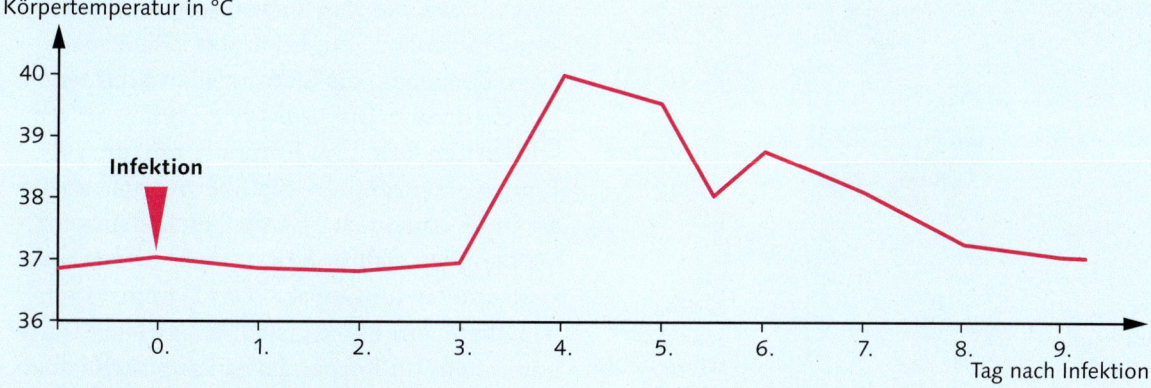

2 Mögliche Fieberkurve bei einer Infektionskrankheit

Die körpereigene Abwehr

Krankheitserreger befinden sich überall in deiner Umgebung. Beim Niesen werden sie durch winzige Tröpfchen in der Luft verbreitet. Wenn sie in deinen Körper eindringen, wirst du aber nur selten krank. Das körpereigene Abwehrsystem erkennt die eingedrungenen Erreger und bekämpft sie.

Schutzbarrieren des Körpers

Unser Körper verfügt über viele Schutzbarrieren, die verhindern, dass die Krankheitserreger eindringen können. Die Haut ist die größte Barriere. Außerdem ist ihre Oberfläche durch den produzierten Schweiß sehr schwach sauer, sodass sich Erreger auf ihr nicht vermehren können. Man sagt, dass sie von einem Säureschutzmantel überzogen ist. Nur über Verletzungen können Erreger sie

1 Verbreitung der Krankheitserreger

durchdringen. Die Schleimhäute im Mund, in der Nase und im Genitalbereich bilden Sekrete, die Krankheitserreger binden. Außerdem sind diese Schleimhäute bereits mit ungefährlichen Bakterien besiedelt, sodass sich normalerweise keine Krankheitserreger ansiedeln können. Erreger, die in Nase oder Lunge eingedrungen sind, werden durch Niesen, verstärkte Produktion von Nasenschleim oder Husten hinaustransportiert. Die Tränenflüssigkeit der Augen schwemmt Fremdkörper aus und enthält Enzyme, die Erreger bekämpfen. Im Magen befindet sich verdünnte Salzsäure, die solche Erreger, die mit der Nahrung aufgenommen werden, abtötet. Mit dem Urin werden Keime aus der Harnröhre ausgespült.

Bestandteile des Immunsystems

Falls Krankheitserreger diese Schutzbarrieren überwinden, werden sie von weißen Blutzellen, den Leukozyten, bekämpft. Alle Leukozyten entstehen aus Stammzellen im roten Knochenmark. Die Leukozyten reifen an verschiedenen Orten im Körper heran, die zum *Lymphsystem* gehören. Sie übernehmen später die unterschiedlichen Aufgaben der Abwehr. Sie befinden sich in Blut, *Lymphe* und *Lymphknoten* sowie im Gewebe. Das Lymphsystem ist neben dem Blutkreislauf ein zweites Transportsystem im Körper. Es ist hauptsächlich an der Abwehr von Krankheitserregern beteiligt.

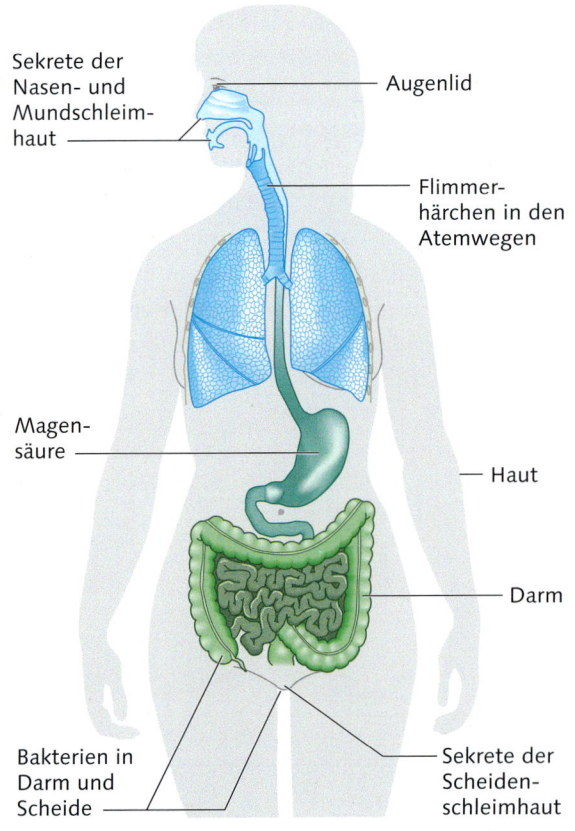

Sekrete der Nasen- und Mundschleimhaut

Augenlid

Flimmerhärchen in den Atemwegen

Magensäure

Haut

Darm

Bakterien in Darm und Scheide

Sekrete der Scheidenschleimhaut

2 Schutzbarrieren des Körpers

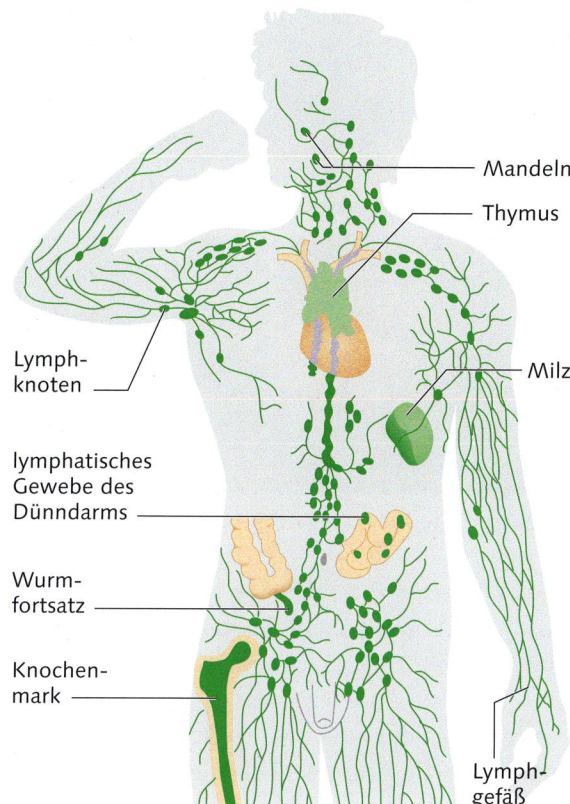

3 Organe des Immunsystems

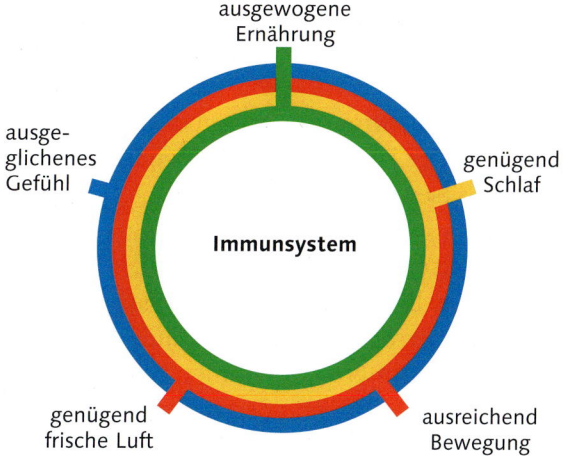

4 Wie kann man das Immunsystem stärken?

Die *Lymphgefäße* beginnen zwischen den Körperzellen und sammeln die Abfallprodukte des Stoffwechsels und überschüssiges Wasser aus dem Gewebe. Über verzweigte Gefäße wird die Lymphe in der Nähe des Schlüsselbeins ins Blut geleitet.

Organe des Lymphsystems

Neben den Lymphgefäßen gehören auch die *lymphatischen Organe,* wie Lymphknoten, Knochenmark, Milz, Mandeln, Thymusdrüse und der Wurmfortsatz des Blinddarms, zum Lymphsystem. In diesen Organen reifen die verschiedenen Typen von Leukozyten heran. Nach einer Reifephase sind sie auf zahlreiche Aufgaben der Abwehr spezialisiert.

Bei Entzündungen und Infektionen sammeln sich in den Lymphknoten viele Leukozyten. Dabei schwellen die Lymphknoten an und werden druckempfindlich. Man kann sie dann ertasten. Außerdem reinigen sie die Lymphe am Zusammenfluss mehrerer Lymphgefäße.

Stärkung des Immunsystems

Jeder kann zur Stärkung seines Immunsystems beitragen. Die Grundlage eines starken Immunsystems ist eine ausgewogene Ernährung mit ausreichend Vitaminen und Mineralstoffen. Genügend Schlaf, Sonne und viel Bewegung an der frischen Luft stärken das Immunsystem ebenfalls. Sport, besonders Ausdauertraining, wirkt unterstützend. Zu viel Stress, einseitige Ernährung, die Aufnahme von Umweltgiften aus der Umgebung, Alkohol- und Tabakkonsum schwächen das Immunsystem dagegen.

In Kürze

Der Körper ist durch verschiedene Schutzbarrieren vor dem Eindringen von Krankheitserregern geschützt. Gelangen trotzdem Fremdstoffe in den Körper, werden diese von Leukozyten bekämpft. Sie befinden sich im Lymphsystem, das den Körper als zweites Transportsystem durchzieht. Das Immunsystem kann durch eine gesunde Lebensweise gestärkt werden.

Aufgaben

1 ☐ Beschreibe die Funktion der Schutzbarrieren des Körpers gegen Krankheitserreger.

2 ☑ Erkläre, weshalb du während einer Erkältung unter deinen Ohren die Lymphknoten ertasten kannst.

3 ☑ Formuliert Ratschläge zur Stärkung eures Immunsystems.

Die Immunreaktion

Während der Immunreaktion bekämpfen verschiedene Leukozyten die eingedrungenen Krankheitserreger.

Unspezifische Abwehr
Die Fresszellen unter den Leukozyten machen Krankheitserreger unschädlich, indem sie diese in ihr Zellinneres aufnehmen und auflösen. Da sie ihre Gestalt verändern können, wandern sie aus der Blutbahn ins Gewebe zwischen die Zellen und können so Fremdkörper aufnehmen oder auch abgestorbene und verletzte Körperzellen beseitigen. Spezielle Fresszellen, die *Makrophagen,* präsentieren die Bruchstücke der Erregeroberfläche, die *Antigene,* an ihrer Außenseite. Auf diese Weise zeigen sie anderen Leukozyten, den *Helferzellen,* welcher Erreger in den Körper eingedrungen ist. Damit beginnt die spezifische Abwehr.

Spezifische Abwehr
Die *Helferzellen* sind ein Teil der spezifischen Abwehr. Sie aktivieren die *Killer- und Plasmazellen,* die sich daraufhin durch Zellteilung vermehren. *Killerzellen* spüren Zellen auf, die von Viren befallen sind. Diese Zellen werden von ihnen abgetötet. Dadurch können sich die Viren nicht mehr vermehren. Makrophagen vernichten die abgetöteten Zellen.

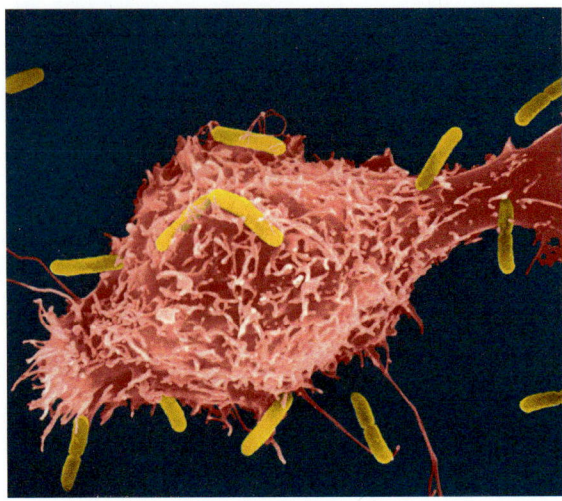

1 Makrophage – ein besonderer Leukozyt

Die aktivierten Plasmazellen vermehren sich durch Zellteilung ebenfalls stark und produzieren Antikörper. Diese sind wie ein Ypsilon geformt. Ihre Enden passen genau auf die Antigene an der Oberfläche dieses einen Erregers. Da die Antigene bei jedem Erreger anders sind, gibt es viele unterschiedliche Plasmazellen. Ihre Antikörper passen auf das jeweilige Antigen wie ein Schlüssel zu seinem Schloss. Sie verbinden sich mit den Antigenen und verklumpen so die Erreger. Diese Erregerklumpen werden von den Makrophagen vernichtet.

Bildung von Gedächtniszellen
Einige der aktivierten Killer- und Plasmazellen bleiben als *Gedächtniszellen* oft jahrelang erhalten. Sie sind im gesamten Körper verteilt und werden bei erneutem Kontakt mit dem gleichen Erreger sehr schnell aktiv. In diesem Fall können beispielsweise die Plasmazellen sofort Antikörper produzieren. Dadurch ist der Körper gegen den Erreger *immun*.

Beenden der Immunreaktion
Neben den Helferzellen gibt es auch *Unterdrückerzellen.* Sie hemmen die Killer- und Plasmazellen, nachdem alle Erreger vernichtet wurden. Außerdem kontrollieren sie die Immunabwehr, sodass nicht zu viele Antikörper produziert werden.

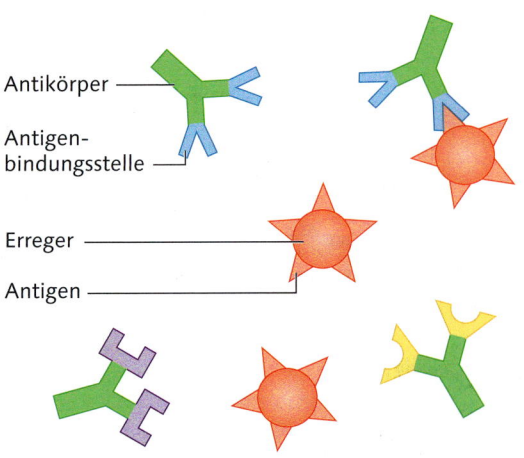

Antikörper

Antigen-
bindungsstelle

Erreger

Antigen

2 Schlüssel-Schloss-Prinzip der Antikörper

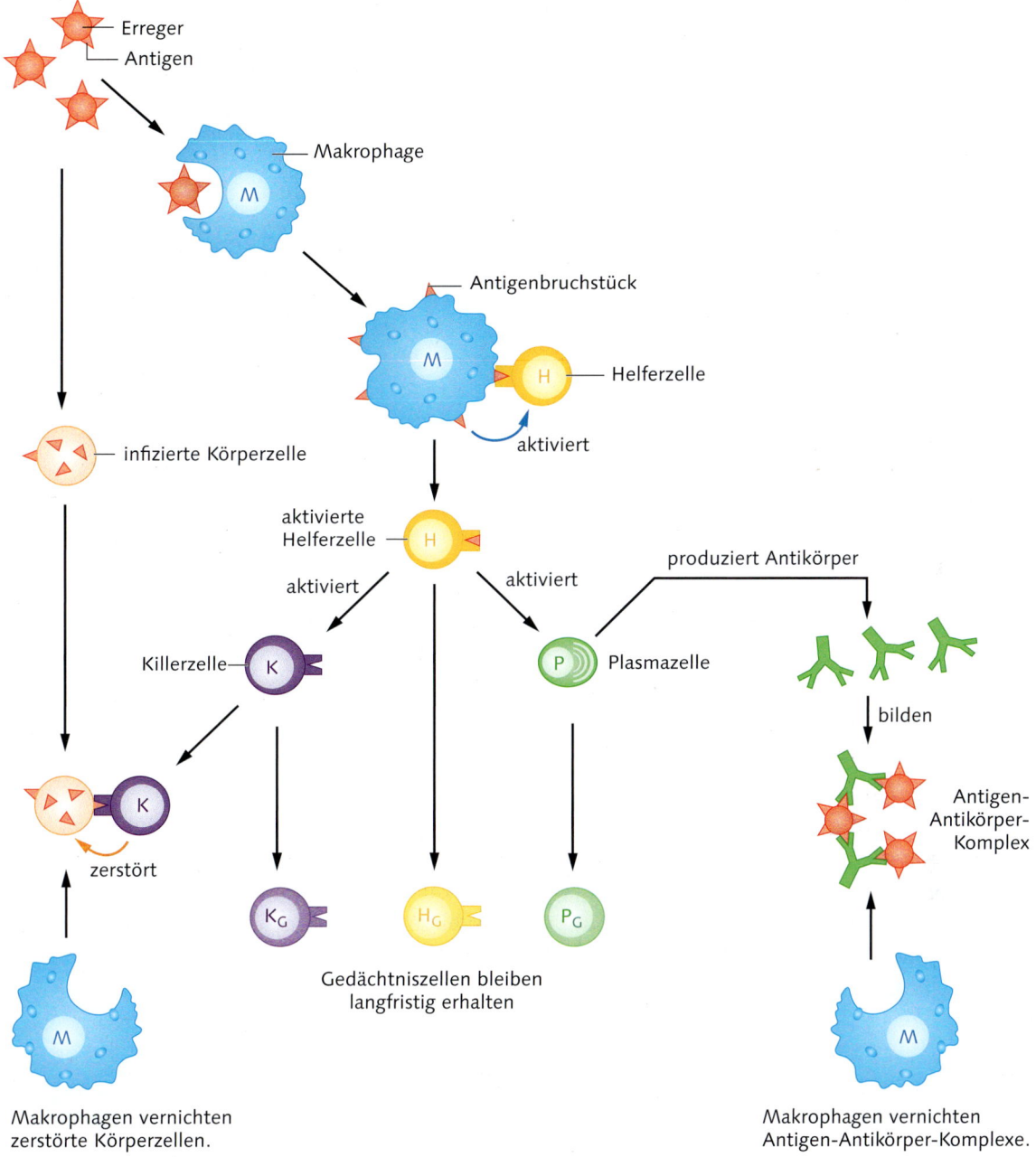

Erreger
Antigen
Makrophage
Antigenbruchstück
Helferzelle
aktiviert
infizierte Körperzelle
aktivierte Helferzelle
aktiviert
aktiviert
produziert Antikörper
Killerzelle — K
Plasmazelle
bilden
zerstört
K_G
H_G
P_G
Antigen-Antikörper-Komplex
Gedächtniszellen bleiben langfristig erhalten
Makrophagen vernichten zerstörte Körperzellen.
Makrophagen vernichten Antigen-Antikörper-Komplexe.

3 Ablauf einer Immunreaktion

In Kürze

Während der unspezifischen Abwehr vernichten Fresszellen sämtliche Formen von Krankheitserregern. Makrophagen geben die Information über die Antigene der Erreger an die spezifische Abwehr weiter. Dabei vernichten spezielle Killer- und Plasmazellen die Krankheitserreger. Durch die Bildung von Gedächtniszellen wird der Körper immun.

Aufgaben

1 ☐ Liste in einer Tabelle die Zelltypen des Immunsystems auf und ordne ihnen ihre entsprechenden Funktionen zu.

2 ◪ Beschreibe, welche Folgen sich bei der Immunreaktion ergeben, wenn die Makrophagen funktionsuntüchtig sind.

3 ◼ Begründe, weshalb Erwachsene selten an Kinderkrankheiten erkranken.

Impfen kann Leben retten

Justin wird mit seinen Eltern im nächsten Jahr Urlaub in Süddeutschland machen. Sie wollen viel wandern und die Natur genießen. Der Hausarzt rät der Familie, sich frühzeitig gegen Hirnhautentzündung impfen zu lassen. Süddeutschland ist ein Gebiet, in dem die Erreger der Hirnhautentzündung häufig durch Zecken übertragen werden. Die Symptome gleichen einer Sommergrippe und können zu Lähmungen oder sogar zum Tod führen.

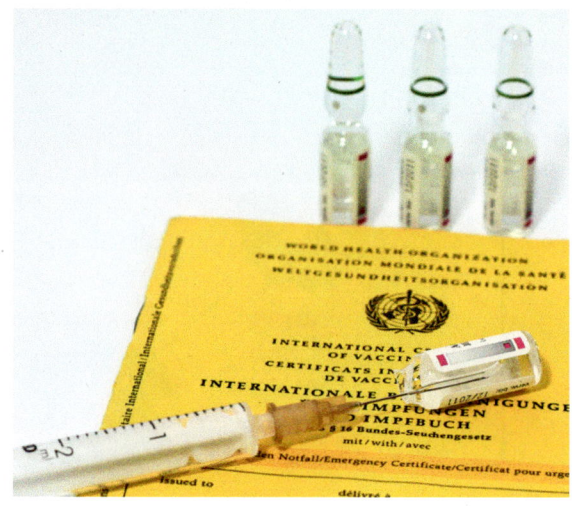

1 Impfen schützt vor Krankheiten.

Die Schutzimpfung

Eine *Schutzimpfung* ist bei vielen Krankheiten äußerst wirkungsvoll. Die *Impfstoffe* enthalten abgeschwächte oder abgetötete Erreger oder Bruchstücke ihrer Oberfläche mit den Antigenen des Erregers. Diese Impfstoffe können in der Regel keine Krankheit mehr auslösen. Trotzdem beginnt im Körper die Immunreaktion und die Impfstoffe werden bekämpft. Dabei werden Gedächtniszellen gebildet, die meist mehrere Jahre, in einigen Fällen sogar ein Leben lang in den Lymphknoten gespeichert werden. Bei manchen Krankheiten werden die Gedächtniszellen nach einiger Zeit abgebaut. Manche Impfungen muss man deshalb nach einigen Jahren wieder auffrischen.

Wenn die Erreger, gegen die ein Mensch geimpft ist, bei einer Infektion in den Körper eindringen, teilen sich die durch die Impfung entstandenen Gedächtniszellen sehr schnell. Auf diese Weise produzieren sie sofort Antikörper, sodass die Erreger frühzeitig bekämpft werden. Der Mensch erkrankt gar nicht oder nur sehr schwach. Er ist gegen die Krankheit immun. Da das Immunsystem bei dieser Art der Impfung selbst aktiv die Erreger bekämpft, nennt man diese Impfung auch *aktive Immunisierung*. Die gebildeten Gedächtniszellen sind aber gegen Erreger wirkungslos, die die Struktur ihrer Antigene verändert haben.

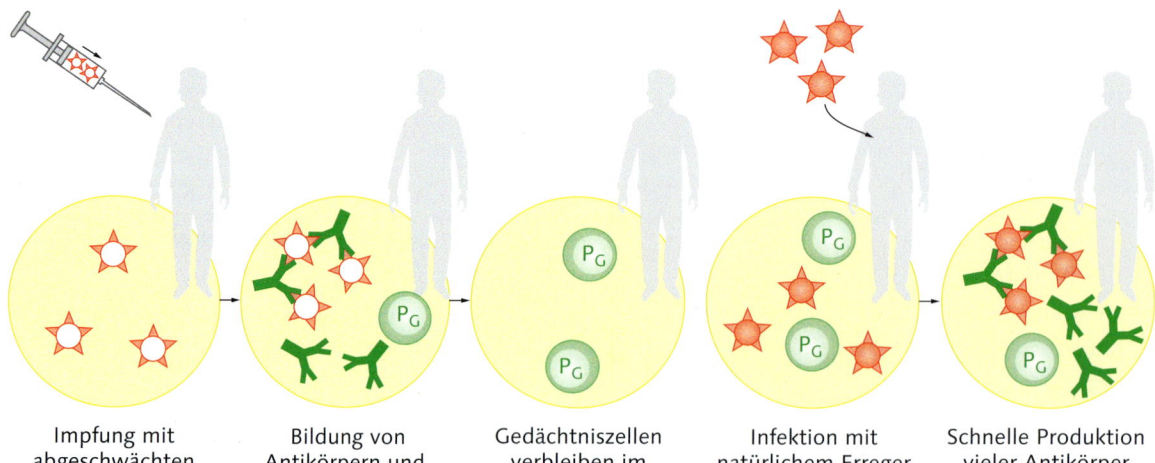

| Impfung mit abgeschwächten Erregern | Bildung von Antikörpern und Gedächtniszellen | Gedächtniszellen verbleiben im Körper | Infektion mit natürlichem Erreger | Schnelle Produktion vieler Antikörper |

2 Aktive Immunisierung (Schutzimpfung)

Die Heilimpfung

Im Gegensatz zur aktiven Immunisierung soll die *Heilimpfung* bei einer bereits erfolgten Infektion zur Genesung beitragen. Dazu impft man passende Antikörper, die den jeweiligen Erreger direkt unschädlich machen. Da das eigene Immunsystem aber selbst eher passiv bleibt, nennt man diese Art der Impfung *passive Immunisierung.*

Gewinnung des Impfstoffs

Um für die passive Immunisierung Antikörper zu gewinnen, infiziert man Tiere mit abgeschwächten oder abgetöteten Erregern. Die Tierkörper bilden im Verlauf der Immunreaktion Antikörper gegen die Erreger. Nachdem die Tiere einmal immun sind, kann man die Impfung wiederholen. Dadurch steigert man die Anzahl der Antikörper im Blut der Tiere. Dann entnimmt man das Blut und gewinnt daraus die Antikörper, die zu dem Impfstoff weiterverarbeitet werden. Heute stellt man Antikörper zur passiven Immunisierung auch mit Hilfe der Gentechnik her.

Schnelle Hilfe bei Rötelninfektion

Für Schwangere ist eine Infektion mit Röteln sehr gefährlich. Die Entwicklung des Kindes kann gestört werden. Damit es nicht zu Fehlbildungen kommt, wird beim Verdacht einer Infektion sofort mit Antikörpern geimpft.

Nachteile der passiven Immunisierung

Nach einer Heilung durch die passive Immunisierung ist der Mensch nicht gegen eine Zweitinfektion geschützt. Sein Immunsystem ist passiv geblieben und hat somit keine Gedächtniszellen gebildet. Deshalb sollte nach einer überstandenen Infektion eine aktive Immunisierung erfolgen.

Patienten können außerdem Allergien gegen Tiereiweiße im Serum bilden, die schwere schockartige Reaktionen hervorrufen.

In Kürze

Bei der aktiven Immunisierung impft man einen Gesunden vorbeugend mit ungefährlichen Krankheitserregern. Der Körper bildet im Verlauf der Immunreaktion Gedächtniszellen, die bei einer neuen Infektion schnell Antikörper bilden.
Bei der passiven Immunisierung werden dem Patienten Antikörper geimpft. Sie bekämpfen die Erreger. Man gewinnt sie häufig aus Tieren, die man zuvor aktiv immunisiert hat.

Aufgaben

1 ☐ Überprüfe deinen Impfausweis und benenne die Krankheiten, gegen die du geimpft bist.

2 ☐ Beschreibe die Unterschiede zwischen aktiver und passiver Immunisierung.

3 ◩ Erläutere, weshalb die Schutzimpfung keinen Schutz gegen wandelbare Viren bildet.

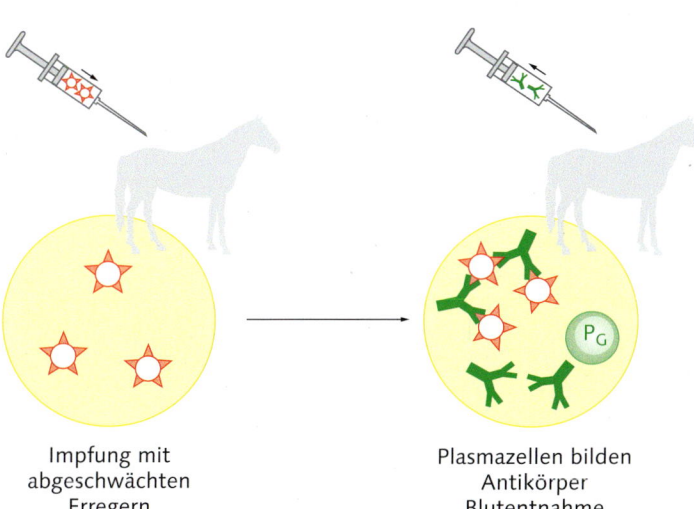

Impfung mit abgeschwächten Erregern

Plasmazellen bilden Antikörper Blutentnahme

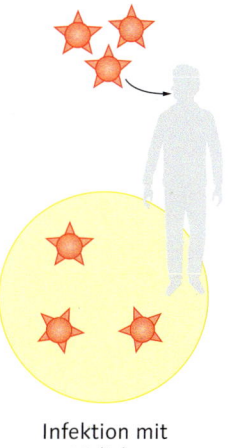

Infektion mit natürlichem Erreger

3 Passive Immunisierung (Heilimpfung)

Immunsystem und Impfung

1 Die Immunreaktion

Während eines Krankheitsverlaufs können Ärzte die Anzahl der Antikörper im Blut ermitteln. Dazu wird das Blut in einem Labor untersucht. Die Antikörperkonzentration gibt dem Arzt Auskunft über den Verlauf der Krankheit. Die Kurve in Bild 1 stellt im ersten Teil die Antikörperkonzentration bei einem Erstkontakt mit einem Grippeerreger dar. Der zweite Teil der Kurve zeigt die Konzentration der Antikörper bei einer erneuten Ansteckung mit dem gleichen Erreger.

- **a** ☐ Beschreibe den in Bild 1 dargestellten Verlauf der Antikörperkonzentration beim ersten Kontakt mit dem Antigen.
- **b** ☑ Erkläre den Verlauf der Antikörperkonzentration im zweiten Teil der Kurve.
- **c** ☑ Zeichne eine entsprechende Kurve für eine passive Immunisierung beim Erstkontakt.
- **d** ◼ Grippeviren verändern die Antigene auf ihrer Oberfläche häufig. Begründe, weshalb die durch eine überstandene Grippe erworbene Immunität nicht vor einer weiteren Grippeerkrankung im nächsten Jahr schützt.

2 Die Aufgabe der Fresszellen

Makrophagen findet man nicht nur in der Blutbahn und dem Lymphsystem, sondern auch im Gewebe. Sie bekämpfen Krankheitserreger durch Phagozytose. Dieser Begriff stammt aus dem Altgriechischen. Hier steht »phagein« für fressen und »cytos« für Zelle. Der Vorgang ist in Bild 2 dargestellt.

- **a** ☐ Beschreibe den Vorgang der Phagozytose mit Hilfe von Bild 2.
- **b** ☐ Nenne eine besondere Eigenschaft, die Makrophagen besitzen, damit sie Krankheitserreger vernichten können.

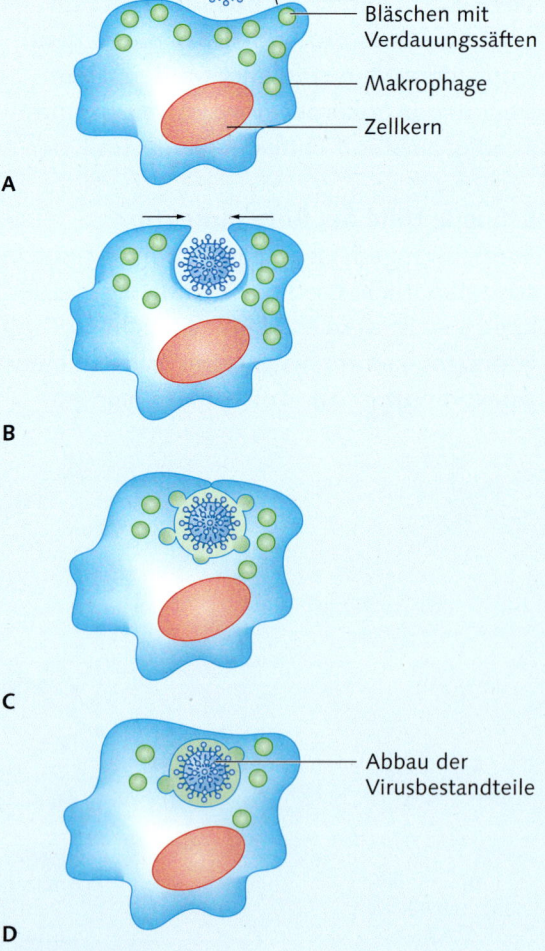

Konzentration der Antikörper gegen Antigen A

hoch — erster Kontakt mit Antigen A — zweiter Kontakt mit Antigen A

niedrig

0 7 14 21 28 35 42 49 56 Tage

1 Antikörperkonzentration während eines Krankheitsverlaufs

2 Phagozytose

A — Virus / Bläschen mit Verdauungssäften / Makrophage / Zellkern

B

C

D — Abbau der Virusbestandteile

3 Die Pest – der Schwarze Tod

Die Pest war im Mittelalter eine weitverbreitete Krankheit, die in Epidemien auftrat und dabei oft viele Zehntausend Menschen das Leben kostete. Erst 1894 wurden die Pesterreger entdeckt. Es sind Bakterien, die auf Ratten leben. Diese Nager fanden unter den damals katastrophalen hygienischen Verhältnissen ideale Lebensbedingungen. Die Ansteckung erfolgte über den Rattenfloh. Er übertrug die gefährlichen Bakterien beim Blutsaugen auf den Menschen. Hohes Fieber, Kreislaufversagen und Atemnot führten oft schon nach wenigen Tagen zum Tod. Wegen der schwarzen Flecken am Körper nannte man die Pest auch den Schwarzen Tod. Die meisten Opfer fand sie unter den armen, schlecht ernährten Menschen, die auf engem Raum miteinander lebten. Auch heute ist die Pest noch nicht ausgerottet. In Indien kam es noch 1994 zu einer großen Pestepidemie. Zwischen 2005 und 2010 trat sie immer wieder in Afrika auf.

a ☐ Nenne Krankheitssymptome der Pest.

b ◪ Suche mit Hilfe des Textes und von Bild 3 mögliche Übertragungswege der Pest.

c ◼ Begründe, weshalb früher besonders viele arme Menschen an der Pest starben.

3 Die Pest im Mittelalter – der Schwarze Tod

4 Impfung gegen Kinderkrankheiten

Kinderlähmung ist eine hoch ansteckende Krankheit, die durch Viren ausgelöst wird. In den meisten Fällen verläuft sie recht harmlos, doch in einem Prozent der Fälle nimmt sie einen sehr schweren Verlauf mit bleibenden Lähmungen. Die Krankheit kann auch zum Tod führen. Kinderlähmung ist zwar mit Medikamenten behandelbar, Schutz vor dieser Krankheit bietet aber nur die Impfung. Obwohl es noch hin und wieder kleinere lokale Epidemien gab, ist in Deutschland die Anzahl der an Kinderlähmung Erkrankten in den letzten Jahrzehnten sehr stark zurückgegangen. Deshalb ließen viele Eltern ihre Kinder in den letzten Jahren nicht mehr impfen.

Jahr	Erkrankte
1960	4236
1961	4661
1962	234
1963	234
1964	44
1965	45
1966	15
1970	367
1980	8
1990	–
2000	1
2010	–

4 Krankheitsfälle der Kinderlähmung in Deutschland

a ☐ Stelle die Daten der Tabelle in einem geeigneten Diagramm dar.

b ◼ Werte das Diagramm aus.

c ◼ Begründe, weshalb Ärzte bei uns die vorherrschende Impfmüdigkeit gegen Kinderlähmung beklagen.

Robert Koch

Leben und Werk

Robert Koch wurde als Sohn eines Bergarbeiters in Clausthal im Harz geboren. Nach dem Medizinstudium arbeitete er zunächst im Hamburger Stadtkrankenhaus. Er meldete sich freiwillig als Arzt im Deutsch-Französischen Krieg (1870/71). Nach seinen Kriegserfahrungen erforschte er als Mikrobiologe Bakterien als Erreger von Krankheiten. Nach vielfältigen und langwierigen Forschungen konnte er als Erster den Milzbranderreger und dessen Vermehrung vollständig beschreiben.

1905 erhielt er den Nobelpreis für Medizin für die Entdeckung des Tuberkuloseerregers. Ihm gelang der Nachweis, dass die Krankheit durch ein bestimmtes Bakterium verursacht wird. Trotz weiterer Forschungen gelang es Robert Koch nicht, ein Heilmittel für die Krankheit zu entwickeln: Sein Präparat Tuberkulin entpuppte sich als wirkungslos im Kampf gegen die Infektion – eine der wenigen Niederlagen Kochs.

Auf vielen Auslandsreisen erforschte er weitere Krankheitserreger wie den der Cholera, der Schlafkrankheit oder der Malaria.

Als Direktor des Hygienischen Instituts Berlin und Leiter des Instituts für Infektionskrankheiten legte Robert Koch den Grundstein für die Bekämpfung und Eindämmung von verheerenden Infektionskrankheiten.

1 Robert Koch (1843–1910)

Untersuchungen des Milzbranderregers

Während seiner gesamten Forschung war Robert Koch immer auf dem neuesten Stand der Technik und entwickelte viele Forschungsmethoden. Aus Beobachtungen während seiner Tätigkeit im Feldlazarett stammte sein Interesse für den Erreger des Milzbrands.

Mit Hilfe von eigens entwickelten festen, durchsichtigen Nährböden für Bakterien konnte er den Milzbranderreger aus Gewebeproben erkrankter Tiere isolieren. Nach Hunderten Versuchen gelang es ihm, den Erreger mit dem Mikroskop sichtbar zu machen. Er stellte die Vermutungen auf, dass die Erreger zu jedem Zeitpunkt der Krankheit im Blut vorhanden seien und weitere Lebewesen durch Übertragung des Erregers erkranken müssten. Um seine Vermutungen zu beweisen, infizierte er Mäuse zum einen mit Spritzen und auch durch Tröpfcheninfektion. Da die Mäuse durch beide Übertragungen erkrankten, konnte er beweisen, dass die gefundenen stäbchenförmigen Bakterien die Erreger des Milzbrands sind.

2 Robert Koch auf Expedition in Neuguinea

Edward Jenner

Leben und Werk

Edward Jenner kam am 17. Mai 1749 in dem kleinen Dorf Berkeley in England zur Welt. In London ließ er sich zunächst zum Chirurgen ausbilden und erlangte später den Doktortitel. 1773 kehrte Jenner in seinen Geburtsort zurück und praktizierte dort als Landarzt.

Zu dieser Zeit waren die Pocken noch eine weitverbreitete Seuche, an der über 150 Millionen Europäer starben. Seit 1721 wurden in vielen europäischen Ländern die Menschen mit dem Pockenvirus geimpft, was aber zu einer noch stärkeren Verbreitung der Pocken führte. Als Landarzt machte er eine folgenreiche Beobachtung: Er erkannte den Zusammenhang zwischen den relativ harmlosen Kuhpocken und den Menschenpocken und konnte aufgrund von Untersuchungen und Experimenten eine sichere Impfmöglichkeit ableiten.

Belohnt wurde seine Arbeit durch die Eröffnung des Jenner-Instituts, einer Impfanstalt für Arme, im Jahr 1803.

1 Edward Jenner (1749–1823)

Jenner und die Kuhpocken

Edward Jenner hatte in seiner Landarztpraxis häufig beobachtet, dass sich viele Bauern und Kuhmägde mit den Kuhpocken infizierten. Diese Krankheit verlief meistens harmlos. Diejenigen, die an den Kuhpocken bereits einmal erkrankt waren, infizierten sich nie mit den gefährlichen Menschenpocken.

Im Mai 1796 impfte Jenner einen gesunden Waisenjungen mit etwas Eiter aus der Pustel einer Milchmagd, die an den harmlosen Kuhpocken erkrankt war. Nachdem der Junge die normalen Symptome der Kuhpocken überstanden hatte, infizierte Jenner ihn mit den Menschenpocken. Der Junge blieb gesund. Er war durch die Infektion mit Kuhpocken gegen die Menschenpocken immun geworden.

Jenner verschickte daraufhin viele Eiterproben als Impfstoff nach ganz Europa. Allerdings erkrankten viele der Geimpften nach einigen Jahren doch an Pocken. Die einmalige Impfung machte nicht dauerhaft immun. Dies zeigte sich vor allem nach dem Deutsch-Französischen Krieg, als die heimkehrenden Soldaten die Pocken wieder nach Deutschland einschleppten. Von nun an wurden alle Kinder zweimal gegen Pocken geimpft. Seit 1980 sind die Pocken weltweit ausgerottet.

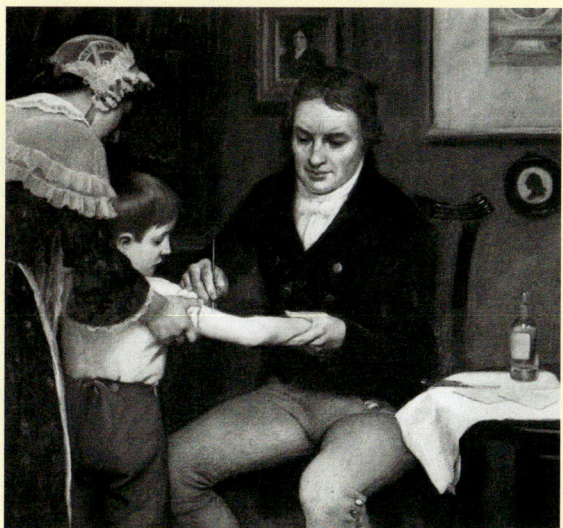

2 Pockenimpfung damals

Bedeutung der Impfung

Im Dezember 2013 wurde von Ebola-Erkrankungen in Westafrika berichtet. Bis Ende 2014 waren über 20 000 Menschen mit dem Virus infiziert und etwa 11 000 Tote zu beklagen. Ein Medikament gegen das Ebola-Virus gibt es nicht. Deshalb versuchte man einen Impfstoff zu entwickeln, um Ebola vorbeugend zu bekämpfen. Im Juli 2015 war es so weit, man hatte einen wirksamen Impfstoff gefunden. Seitdem werden nur mehr vereinzelt Ansteckungen gemeldet.

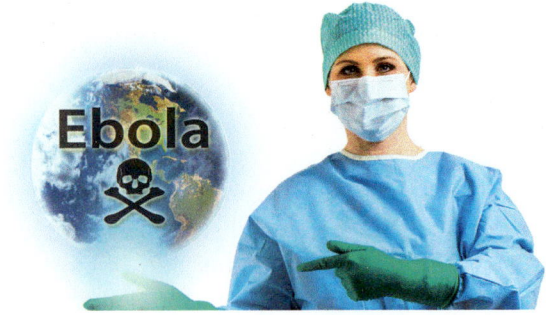

1 Weltweiter Kampf gegen die Seuche Ebola

Impfen – eine Erfolgsgeschichte

Am 8. Mai 1980 verkündete die Weltgesundheitsorganisation (WHO), dass die Welt frei von Pockenviren ist. Die Pocken sind die bisher einzige »besiegte« Infektionskrankheit. Diphterie, Kinderlähmung, Masern und Typhus sind zwar noch nicht ausgerottet, aber die Zahl der Erkrankungen ist in Europa deutlich zurückgegangen. »Schluckimpfung ist süß – Kinderlähmung ist grausam«, mit dieser Aussage warb man 1962 für die Einführung der sogenannten Schluckimpfung gegen Kinderlähmung in Deutschland. Das Ergebnis dieser Kampagne war sehr erfolgreich. In den Folgejahren hoffte man sogar, dass Kinderlähmung die zweite Krankheit sein wird, die von der Erde verschwindet. Dieses Ziel wurde nicht erreicht. Dennoch sind die erzielten Ergebnisse sehr beeindruckend.

Jahr	Erkrankungen
1975	49243
2000	2971
2005	1998
2010	1352
2015	66

2 Erkrankungen an Kinderlähmung weltweit

Impfen - Schutz oder Risiko?

Impfungen schützen vor vielen Infektionskrankheiten. Obwohl abgeschwächte Erreger verwendet werden, besteht ein geringes Restrisiko, dass die Krankheit ausbricht oder dass es zu Nebenwirkungen kommt. Die bisherigen Impfungen haben in den vergangenen Jahrzehnten ihre positive Wirkung auf die Gesundheit der Bevölkerung bewiesen.

Gefahr durch Impfmüdigkeit

Die Impfbereitschaft in Deutschland ist hoch. Dennoch gibt es Impflücken bei einigen Krankheiten. Im Rahmen der Vorsorgeuntersuchungen sind bei uns fast alle Kinder geimpft. Nicht so gut sieht es aber bei den Auffrischungsimpfungen aus. Ursachen dafür sind Bequemlichkeit sowie die Erfolge der Impfungen selbst, da man bei uns mit vielen Infektionskrankheiten nicht mehr konfrontiert wird. Deshalb sehen viele keine Notwendigkeit, sich impfen zu lassen.

In Kürze
Weltweite Impfkampagnen bewirkten, dass viele Infektionskrankheiten zurückgedrängt wurden. Dieser Erfolg wird durch die sich ausbreitende Impfmüdigkeit wieder in Frage gestellt.

Aufgaben
1 ◪ Erläutere, weshalb sich in den Industrieländern heute Impfmüdigkeit breitmacht.
2 ■ Durch fehlende Impfbereitschaft gefährdet man nicht nur sich, sondern auch andere. Begründe.

Impfung

Tetanus, Diphtherie, Keuchhusten, Hirnhautentzündung, Kinderlähmung	Kombiimpfung	1. Impfung	2 Monate
		2. Impfung	3 Monate
		3. Impfung	4 Monate
		4. Impfung	11–14 Monate
Masern, Mumps, Röteln, Windpocken	Kombiimpfung	1. Impfung	11–14 Monate
		2. Impfung	15–23 Monate
HPV	Einzelimpfung	1. Impfung	12–17 Jahre
		2. Impfung	12–17 Jahre
		3. Impfung	12–17 Jahre

1 Auszug aus dem Impfkalender der ständigen Impfkommission (STIKO)

In Deutschland leben rund 60 000 Menschen, die vor Jahrzehnten an der Kinderlähmung erkrankt waren. Etwa die Hälfte von ihnen leidet unter Krankheitssymptomen wie abnormer Müdigkeit oder neuen Lähmungen, ohne zu wissen, dass das eine heimtückische Spätfolge der Kinderlähmung ist. Durch die Krankheit sind im Körper Nervenzellen, die für die Bewegung verantwortlich sind, abgestorben. Die verbliebenen Neuronen müssen nun ein Vielfaches der Arbeit im Körper leisten. Verschleißerscheinungen sind die Folge. Gesundheitsexperten rufen dazu auf, die Schutzimpfung nicht zu vernachlässigen.

2 Meldung aus dem Internet

Kombiimpfungen

Mit Kombiimpfungen werden Kinder mit nur einer Impfung gegen mehrere Krankheiten geimpft. Dadurch sinkt das Risiko von Nebenwirkungen wie Fieber, Abgeschlagenheit oder Entzündungen der Einstichstellen.

Zweites Kind nach Masern gestorben

Zwei weitere Kinder in lebensbedrohlichem Zustand

Ein 13 Monate alter Junge wurde Opfer des Masernausbruchs im Jahr 2014, so der Berufsverband der Kinder- und Jugendärzte. Er habe sich bei seiner jungen Mutter angesteckt und später eine schwere Maserngehirnentzündung (SSPE) bekommen.

Ein Sprecher einer privaten Gesundheitsorganisation sagte, die Durchimpfungsrate bei der Erstimpfung läge bei 95 Prozent, die der Zweitimpfung nur noch bei 75 Prozent. Deshalb bleibe die Impfpflicht ein Thema. Im letzten Frühjahr waren bei der Masernepidemie in NRW 1700 Menschen erkrankt. 17 Kinder starben seit 2003 an den Spätfolgen. Seit Jahresbeginn 2007 sind es 50 Erkrankte.

4 Nach einem Zeitungsartikel

Anteil der Befragten in Prozent

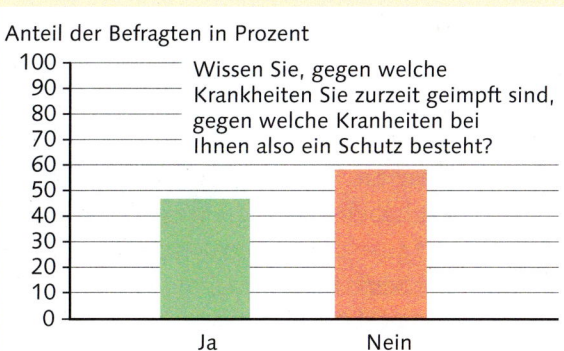

Wissen Sie, gegen welche Krankheiten Sie zurzeit geimpft sind, gegen welche Krankheiten bei Ihnen also ein Schutz besteht?

3 Umfrageergebnisse

Anteil der Befragten in Prozent

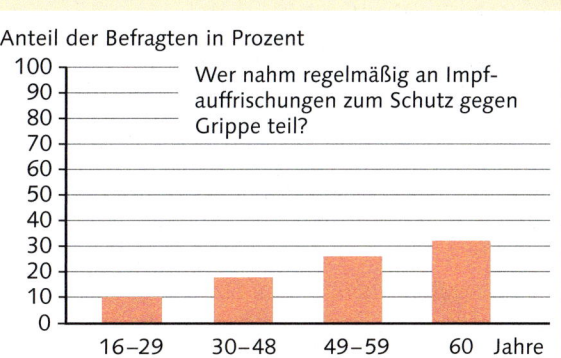

Wer nahm regelmäßig an Impfauffrischungen zum Schutz gegen Grippe teil?

Vermeidung von Infektionskrankheiten

In Japan gehören Mund- oder Hygienemasken schon immer zum Alltagsbild. Um sich, aber auch andere vor Bakterien und Viren zu schützen, gehört das Tragen der Schutzmasken zum guten Ton in dem Inselstaat. Mit dem Ausbruch der Schweinegrippe 2009 hat sich dieser Trend noch deutlich verstärkt.

Bester Schutz durch Hygiene

Unter Hygiene versteht man alle Maßnahmen und Verhaltensweisen, die Infektion mit Krankheitserregern zu vermindern. Eine der einfachsten, aber wirkungsvollsten Hygienemaßnahmen ist gründliches Händewaschen mit Seife. Dabei dürfen die Fingerzwischenräume nicht vergessen werden. Zur persönlichen Körperhygiene gehört auch das regelmäßige Duschen mit hautfreundlichen Pflegemitteln und das Haarewaschen. Zudem sollte jeder sein eigenes Handtuch benutzen. Die Zähne sollten zweimal am Tag geputzt und die Zahnzwischenräume mit Zahnseide gereinigt werden. Das Wechseln der Unterwäsche gehört ebenfalls zur täglichen Hygiene. Beim Kochen ist wiederholtes Händewaschen unbedingt angezeigt, insbesondere wenn man Geflügel zubereitet. Obst und Gemüse müssen vor dem Verzehr gewaschen werden.

1 In Japan ist die Auswahl an Mundmasken riesig.

Alltagsregeln bei Fernreisen

Der Urlaub in tropischen Ländern kann besondere Gesundheitsrisiken bergen. So darf man niemals Leitungswasser, sondern nur »sicheres« Wasser aus industriell verschlossenen Flaschen trinken. Da Eiswürfel für Drinks in der Regel aus Leitungswasser hergestellt werden, sollte man auch auf sie verzichten. Getränke darf man niemals direkt aus der Dose trinken. Beim Umfüllen in ein Glas kann man sehen, ob der Inhalt noch genießbar ist. Auch bei Salaten ist Vorsicht geboten, wenn sie mit Leitungswasser gewaschen oder zubereitet wurden. Die Faustregel »Cook it, boil it, peel it – or forget it!« sollte man beim Essen immer beachten. Schlafen unter einem Moskitonetz schützt vor krankheitsübertragenden Insekten. Vorsicht bei streunenden Hunden! Sie könnten Tollwut haben oder Flöhe und Läuse übertragen. Der beste Infektionsschutz sind Impfungen. Deshalb muss man rechtzeitig vor Reiseantritt für den empfohlenen Impfschutz sorgen.

2 Händewaschen – wichtiger als die tägliche Dusche

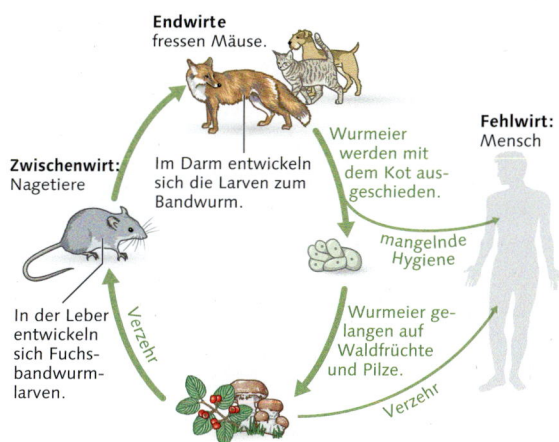

Endwirte
fressen Mäuse.

Zwischenwirt:
Nagetiere

Im Darm entwickeln
sich die Larven zum
Bandwurm.

Wurmeier
werden mit
dem Kot aus-
geschieden.

Fehlwirt:
Mensch

mangelnde
Hygiene

Wurmeier ge-
langen auf
Waldfrüchte
und Pilze.

Verzehr

In der Leber
entwickeln
sich Fuchs-
bandwurm-
larven.

Verzehr

3 Entwicklung des Fuchsbandwurms

Parasiten können Krankheiten auslösen

Parasiten sind Lebewesen, die andere Lebewesen, den Wirt, zum eigenen Nutzen schädigen, manchmal auch töten. Ein Beispiel ist der Fuchsbandwurm. Er lebt im Darm von Füchsen. Gelangen Wurmeier über Waldfrüchte oder Fallobst in den menschlichen Körper, so entwickeln sich aus ihnen Larven, die die Leber zerstören. Unbehandelt führt der Fuchsbandwurmbefall zum Tod. Hauptrisikogebiet in Deutschland ist die Schwäbische Alb.

Zecken ernähren sich vom Blut anderer Lebewesen. Beim Blutsaugen können sie Bakterien oder Viren auf den Menschen übertragen. Viren verursachen die Frühsommerhirnhautentzündung, kurz FSME, Bakterien die Borreliose. Diese führt zu schmerzhaften Gelenkentzündungen oder zu Schädigungen des Nervensystems. In Risikogebieten wie in Baden-Württemberg ist eine Impfung gegen FSME sinnvoll. Der Schutz durch die Impfung hält etwa fünf Jahre vor. Gegen Borreliose gibt es keine Impfung. Sie kann durch Antibiotika gut behandelt werden. Eine frühzeitige Therapie möglichst kurz nach dem Zeckenbiss kann Folgeschäden vermeiden.

Tipps zur Vermeidung von Zeckenbissen

- Zecken warten im Unterholz, im hohen Gras auf Wiesen und am Wegesrand auf »Beute«. Solche Orte sollte man möglichst meiden.
- Geschlossene Kleidung mit langen Hosen und Ärmeln verhindert, dass die Zecken auf die Haut gelangen. Auf heller Kleidung kann man die Blutsauger frühzeitig erkennen.
- Beim Pilzesuchen sollte man Stiefel anziehen.
- Zecken- und insektenabweisende Sprays können, auf Haut und Kleidung aufgetragen, Zecken abhalten.
- Nach dem Aufenthalt in der Natur muss man den Körper und die Kleidung nach Zecken absuchen. Der Bauch- und Brustbereich, die Kniekehlen sowie der Schritt werden von den Zecken häufig aufgesucht.
- Saugende Zecken mit Pinzette oder Zeckenkarte hautnah, langsam aus der Haut ziehen.

Pilze als Krankheitserreger

Pilze können sich an allen Körperstellen ausbreiten. Die bekanntesten Pilzerkrankungen sind Fuß- und Nagelpilz. Sie zersetzen die befallenen Gewebe, können aber auch innere Organe angreifen. Besonders groß ist die Ansteckungsgefahr in Schwimmbädern. Dort sollte man außerhalb des Wassers immer Badeschuhe tragen. In schlecht gelüfteten und feuchten Wohnungen breiten sich oft Pilze aus, besonders an Tapeten. Sie können Erkrankungen der Atemorgane hervorrufen.

In Kürze

Hygiene schützt vor Infektionskrankheiten. Das gilt besonders in tropischen Ländern. Parasiten wie Fuchsbandwurm, Zecken oder Pilze können Krankheiten verursachen.

Aufgaben

1 □ Nenne Beispiele für die persönliche Hygiene.

2 ◩ Erkläre mit Hilfe von Bild 3, wie sich der Mensch mit Fuchsbandwürmern infizieren kann.

3 ■ Erläutere den Rat: »Cook it, boil it, peel it – or forget it!«.

HIV und Aids

Aids ist die bekannteste, nicht heilbare Infektionskrankheit, an der sich weltweit immer mehr Menschen anstecken. 1994 waren es noch etwa 17 Millionen, 2013 über 35 Millionen Infizierte. Seit Beginn der Seuche sind bereits über 30 Millionen Menschen an ihr gestorben. Die rote Schleife ist ein Zeichen für den weltweiten Kampf gegen Aids.

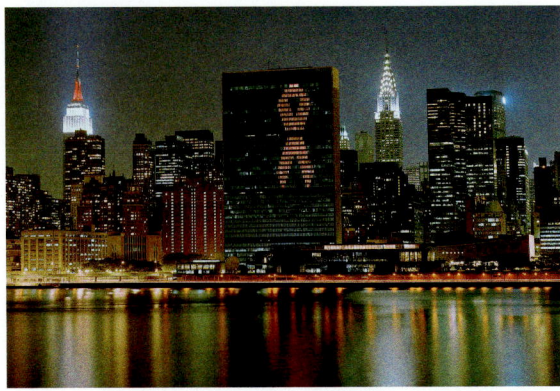

1 Aids-Schleife am UNO-Hauptgebäude in New York

Unterschied: HIV-positiv und aidskrank

Aids ist ein Kunstwort, das sich aus den Anfangsbuchstaben der englischen Wörter *acquired immune deficiency syndrome* zusammensetzt. Auf Deutsch heißt das »erworbene Immunschwächekrankheit«. Die Krankheit zerstört das Immunsystem des Körpers. Auslöser ist das HI-Virus, kurz HIV (*human* [menschlich], *immunodeficiency virus*). Man kann jahrelang mit HI-Viren infiziert, also HIV-positiv sein, ohne dass man es merkt. Von aidskrank spricht man erst, wenn die Krankheit ausgebrochen ist.

Weltweite Bedrohung durch Aids

Trotz aller Maßnahmen breitet sich Aids immer noch sehr stark aus. Weltweit kommen in jeder Minute 9 Neuinfizierte hinzu. Allein in Deutschland werden täglich etwa 8 Menschen mit HIV infiziert.

Das HI-Virus

Das kugelförmige HI-Virus besteht aus einer Hülle mit vielen Fortsätzen, den *Spikes*. Daran schließen sich zwei Eiweißhüllen an. Die innerste der beiden umgibt die Erbsubstanz.

Angriff auf die Helferzellen

Auf eine Infektion mit HI-Viren reagiert das Immunsystem, indem es spezifische Antikörper gegen die HI-Viren bildet. Die besondere Wirkung dieser Viren beruht aber darauf, dass sie Helferzellen befallen und deren Erbinformation so umprogrammieren, dass sie nun nur noch HI-Viren produzieren. Dadurch gehen die Helferzellen zugrunde. Bei einem gesunden Menschen befinden sich in einem Mikroliter Blut rund 1000 Helferzellen, bei einem Aidskranken sind es weniger als 200.

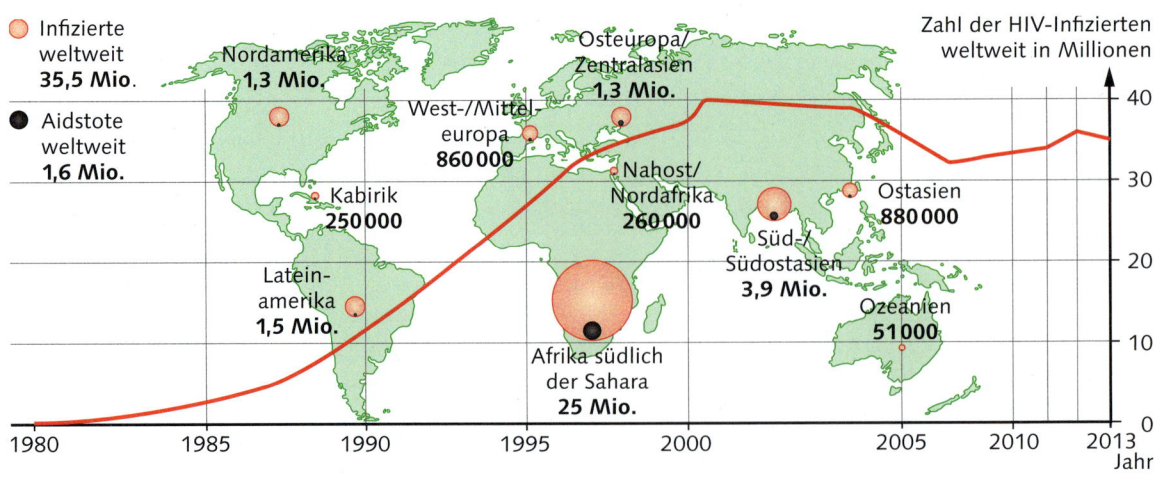

2 HIV und Aids – die weltweiten Seuchen

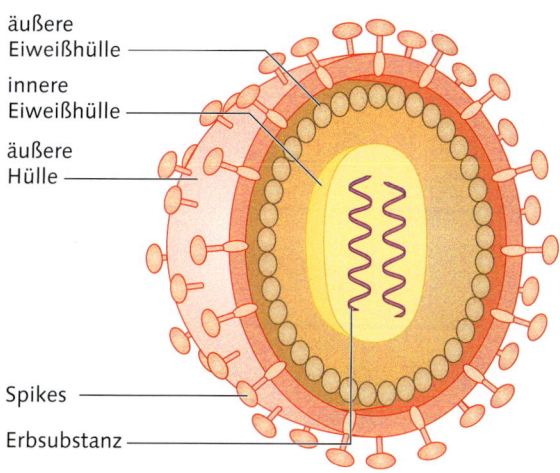

äußere
Eiweißhülle

innere
Eiweißhülle

äußere
Hülle

Spikes

Erbsubstanz

3 Bau des HI-Virus

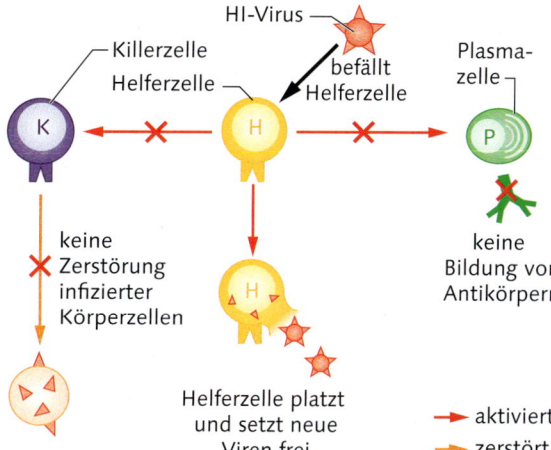

HI-Virus

Killerzelle

Helferzelle

befällt
Helferzelle

Plasma-
zelle

keine
Zerstörung
infizierter
Körperzellen

keine
Bildung von
Antikörpern

Helferzelle platzt
und setzt neue
Viren frei

aktiviert

zerstört

4 Folge der HIV-Infektion

Das Immunsystem bricht zusammen

Durch das allmähliche Ausschalten der Helferzellen werden weder die für die Immunreaktion wichtigen Plasmazellen noch die Killerzellen aktiviert. Allmählich nimmt die Zahl der Helferzellen so weit ab, dass die körpereigene Abwehr keine Krankheitserreger mehr bekämpfen kann. Aidskranke können deshalb bereits an meist harmlosen Infektionskrankheiten sterben.

Infektion mit HI-Viren

HI-Viren kommen nur in vier Körperflüssigkeiten in so hoher Konzentration vor, dass eine Infektion möglich wird. Neben Blut sind Sperma, Scheidenflüssigkeit und Muttermilch von HIV-positiven Menschen infektiös. Allerdings müssen diese Körperflüssigkeiten in den Körper von noch nicht infizierten Personen gelangen. Die intakte Haut stellt eine sichere Barriere dar und schützt im Gegensatz zu den Schleim-häuten vor einer Ansteckung. Kommt eine infektiöse Flüssigkeit in Kontakt mit einer Schleimhaut, kann es zur Übertragung der Viren und zu einer Infektion kommen. Dies ist beim ungeschützten Geschlechtsverkehr möglich. Auch bei offenen Wunden und der Übertragung von infektiösem Blut ist eine Ansteckung möglich. Durch Blutkonserven können in Deutschland keine HI-Viren übertragen werden, da diese streng kontrolliert werden.

Krankheitsverlauf bei Aids

Aids verläuft in mehreren Phasen. Einige Zeit nach der Infektion treten Fieber, Gliederschmerzen oder Schluckbeschwerden auf, die aber meist rasch wieder verschwinden. Die Infizierten fühlen sich wieder gesund. Das kann einige Monate oder viele Jahre andauern. Während dieser Zeit sind sie aber HIV-positiv und können andere Menschen anstecken. Später treten immer wieder und immer häufiger Krankheitssymptome auf, bis schließlich das Immunsystem vollkommen zusammengebrochen ist. Aids ist bis heute nicht heilbar.

In Kürze

Aids wird durch HI-Viren verursacht. Sie befallen die Helferzellen, wodurch die körpereigene Abwehr zunächst geschwächt und schließlich zerstört wird. Die Ansteckung erfolgt hauptsächlich über Blut, Sperma oder Vaginalflüssigkeit. Aids ist bis heute tödlich.

Aufgaben

1 ☑ Erkläre, weshalb folgende Handlungen nicht zu einer HIV-Infektion führen können: Besuch einer öffentlichen Toilette, gemeinsamer Gebrauch eines Nassrasierers, Küssen, Petting, gemeinsam in einer Sauna sitzen.

2 ■ Werte die in Bild 2 dargestellte Grafik aus.

3 ■ Begründe, weshalb ein aidskranker Mensch nicht direkt an der Krankheit Aids, sondern an anderen Krankheiten stirbt.

Schutz vor HIV

Eine HIV-Infektion sieht man niemandem an. Durch Medikamente kann man den Ausbruch der Krankheit heute lange verzögern, aber nicht verhindern. Es gibt noch immer kein Medikament, das eine HIV-Infektion heilt. Dennoch kann man sich vor den HI-Viren schützen.

Wissen ist der beste Schutz

Da die Infektion mit HI-Viren nahezu ausschließlich über Körperflüssigkeiten erfolgt, lässt sich eine Ansteckung relativ leicht vermeiden. Eigentlich gibt es nur zwei »Gefahrenquellen«: den ungeschützten Geschlechtsverkehr sowie den direkten Kontakt mit blutenden Wunden. Einweghandschuhe gehören deshalb zur Grundausstattung eines jeden Erste-Hilfe-Koffers.

Die allermeisten Tätigkeiten des Alltags sind ungefährlich, wenn man die allgemeinen Hygieneregeln beachtet. Händeschütteln, Umarmen, Husten und Niesen stellen keine Ansteckungsgefahr dar. Auch beim Küssen braucht man keine Angst zu haben, da im Speichel, wenn überhaupt, zu wenige Viren enthalten sind.

1 Vor Aids kann man sich gut schützen.

Safer Sex – Schutz durch Wissen

Hauptansteckungsquelle bei Aids ist ungeschützter Geschlechtsverkehr. Schon vor dem »ersten Mal« aber auch später sollten Menschen darüber reden, wie sie sich schützen wollen. Der Gebrauch von Kondomen bietet einen sehr hohen Schutz vor der Ansteckung mit HI-Viren, aber auch mit den Erregern von Geschlechtskrankheiten. »Safer Sex« heißt frei übersetzt *sicherer Geschlechtsverkehr* und meint die konsequente Verwendung von Kondomen. Doch Sexualität ist nicht immer zwingend mit Geschlechtsverkehr verbunden. Zungenküsse und Petting bergen nur geringe Ansteckungsrisiken.

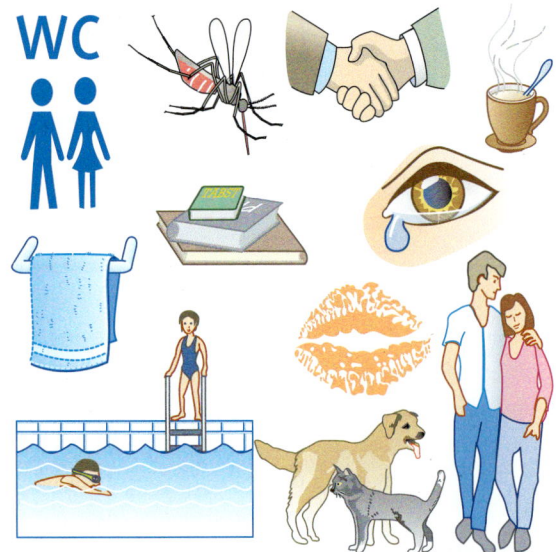

2 Hier droht keine Gefahr einer Aidsansteckung.

Adressen, die weiterhelfen
- www.aidshilfe.de
- Bundeszentrale für gesundheitliche Aufklärung: www.bzga.de
- anonyme Telefonberatung: 030 690087-0

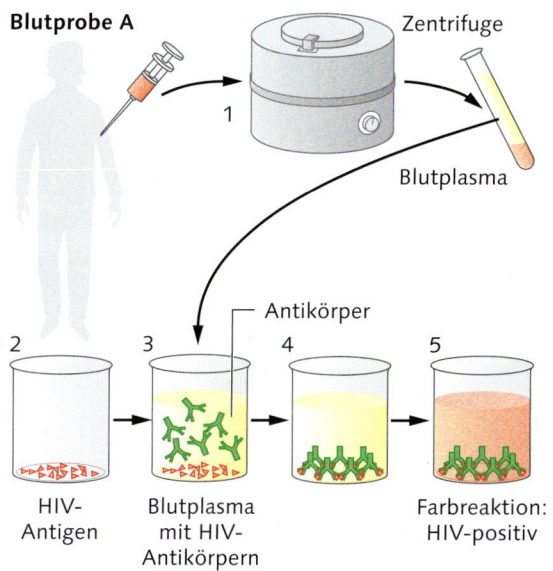

Blutprobe A

Zentrifuge 1

Blutplasma

Antikörper

| 2 | 3 | 4 | 5 |

HIV-Antigen — Blutplasma mit HIV-Antikörpern — — Farbreaktion: HIV-positiv

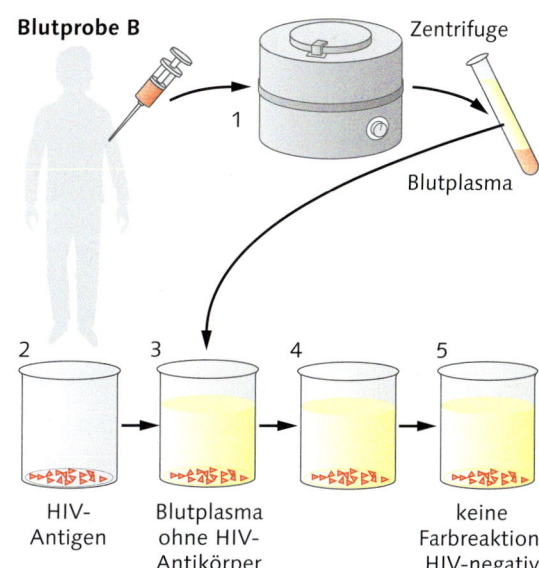

Blutprobe B

Zentrifuge 1

Blutplasma

| 2 | 3 | 4 | 5 |

HIV-Antigen — Blutplasma ohne HIV-Antikörper — — keine Farbreaktion: HIV-negativ

3 So funktioniert der HIV-Antikörper-Test.

Wie weist man HIV im Körper nach?

Mit einem Test kann man die Antikörper, die der menschliche Körper gegen HI-Viren bildet, nachweisen. Die häufig gebrauchte Bezeichnung Aidstest ist falsch. Die richtige Bezeichnung ist: HIV-Antikörper-Test. Erst etwa neun Wochen nach einer möglichen Infektion kann man diesen durchführen. Dabei entnimmt man der Testperson eine Blutprobe. Durch Zentrifugieren wird das Blutplasma abgetrennt, in das nun Antigene von HI-Viren gegeben werden. Hat sich die Testperson mit HI-Viren infiziert, dann enthält deren Blutplasma HIV-Antikörper. Diese verbinden sich mit den vorher zugegebenen Antigenen. Mit einer Farbreaktion lassen sich die gebundenen Antikörper nachweisen. Durch einen zweiten Test muss das Ergebnis bestätigt werden, bevor man den Befund dem Patienten mitteilt.

Der Schnelltest

Seit mehreren Jahren bieten die regionalen Aidshilfen Schnelltests für verschiedene sexuell übertragbare Krankheiten an. Binnen weniger Minuten kann man sich hier auch auf HIV testen lassen. Dieser Schnelltest funktioniert nach dem gleichen Prinzip wie die langwierigen Testverfahren. Er ist genauso sicher und zuverlässig, aber relativ teuer. Deswegen muss

man hier als Testperson immer etwas zuzahlen. Ein positives Ergebnis muss wie bei jedem Test mit Hilfe eines weiteren Tests bestätigt werden. Vor und nach dem Test findet ein Beratungsgespräch statt.

In Kürze

Der beste Schutz vor Aids ist das Vermeiden von Infektionsrisiken, zum Beispiel durch die Verwendung eines Kondoms beim Geschlechtsverkehr. Eine Ansteckung weist man mit dem HIV-Antikörper-Test nach.

Aufgaben

1 ☑ Begründe, weshalb in jedem Erste-Hilfe-Koffer Einweghandschuhe enthalten sein müssen.

2 ☑ Erkläre, wie ein HIV-Antikörper-Test funktioniert.

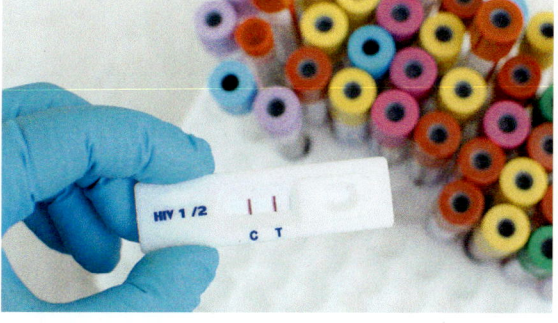

4 Positives Ergebnis bei einem Schnelltest

Gesundheit und Krankheit

1 Gesund sein

Gesundheit bedeutet nicht immer die Abwesenheit von Krankheit.

a ☐ Stelle dar, was man unter »gesund sein« versteht.

b ☑ Erläutere am Beispiel eines Gesundheits- und eines Risikofaktors, wie sie sich jeweils auf die Gesundheit auswirken.

c ☑ »Jeder ist für seine Gesundheit selbst verantwortlich.« Nimm zu dieser Aussage kritisch Stellung.

d ☑ Erläutere, was man unter psychischen Belastungen versteht.

2 Infektionskrankheiten

Infektionskrankheiten werden durch unterschiedliche Gruppen von Erregern verursacht.

a ☐ Nenne die wichtigsten Erregergruppen mit je einem Beispiel für eine Infektionskrankheit.

b ☑ Nenne Beispiele, wie man sich anstecken kann. Erkläre dabei auch den Begriff »Tröpfcheninfektion«.

c ☑ Masern sind eine Infektionskrankheit. Erkläre, was damit über diese Krankheit ausgesagt wird.

d ☑ Erkläre mit Hilfe von Bild 1 den Verlauf einer Infektionskrankheit. Benenne dabei auch die mit Buchstaben gekennzeichneten Bereiche.

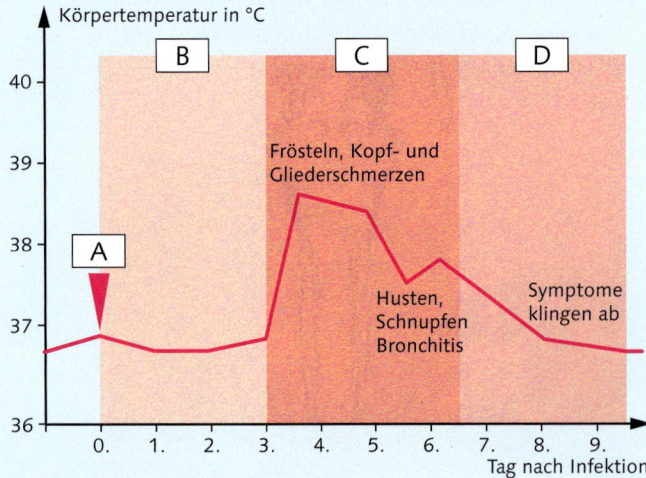

1 Verlauf einer Infektionskrankheit

3 Krankheitserreger

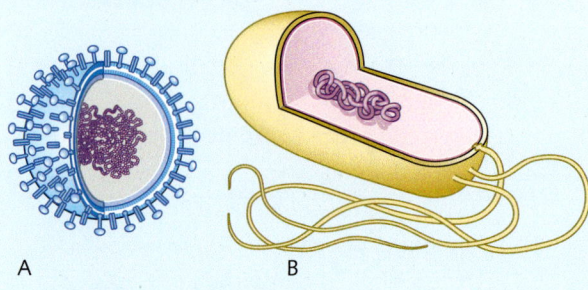

2 Beispiele für Krankheitserreger

a ☑ Benenne die in Bild 2 dargestellten Krankheitserreger. Begründe deine Zuordnung.

b ☑ Erkläre, weshalb Bild 2 eine falsche Vorstellung über die beiden Erreger vermittelt.

c ☑ Erläutere, worin sich die beiden Erreger in ihrer Wirkung als Krankheitserreger unterscheiden.

d ☑ Stelle mit Hilfe eines Diagramms die Vermehrung eines Bakteriums unter optimalen Bedingungen innerhalb von drei Stunden dar.

4 Die körpereigene Abwehr

Die Wirkungen der einzelnen Teile des körpereigenen Abwehrsystems sind genau aufeinander abgestimmt.

a ☐ Nenne zwei Schutzbarrieren, die das Eindringen von Krankheitserregern in den Körper verhindern.

b ☑ In den Körper eingedrungene Erreger werden von den lymphatischen Organen bekämpft. Nenne drei lymphatische Organe.

c ☑ Erkläre, weshalb Lymphknoten bei einer Infektion anschwellen sowie druck- und meist auch schmerzempfindlich werden.

d ☑ Fresszellen sind ein Teil der Körperabwehr. Beschreibe die Aufgaben, die sie bei der spezifischen Abwehr spielen.

e ☑ Erkläre die Funktion, die die Gedächtniszellen im Rahmen der körpereigenen Abwehr haben.

f ☐ Eine gesunde Lebensweise kann das Immunsystem stärken. Nenne drei Beispiele.

5 Impfungen

Impfungen bieten einen guten Schutz vor vielen Infektionskrankheiten.

a ☐ Bisher wurde eine Krankheit mit Hilfe der Impfung weltweit besiegt. Nenne sie.

b ◩ Beschreibe mit Hilfe eines Flussdiagramms den Ablauf der aktiven Immunisierung. Ordne dazu die Textbausteine von Bild 3.

c ■ Begründe, weshalb nach einer passiven auch eine aktive Immunisierung erfolgen sollte.

Vorbeugende Impfung eines Gesunden mit abgeschwächten Erregern	Infektion mit natürlichen Erregern durch Tröpfcheninfektion
Der Körper bildet Antikörper und Gedächtniszellen gegen Erreger.	Schnelle Produktion von Antikörpern gegen die Erreger – keine Erkrankung

Gedächtniszellen gegen Erreger verbleiben im Körper des Geimpften.

3 Aktive Immunisierung oder Schutzimpfung

6 HIV und Aids

a ☐ Nenne die Körperflüssigkeiten, in denen HI-Viren vorkommen können.

b ◩ Beschreibe den Aufbau des HI-Virus in Bild 4.

c ◩ Nenne mögliche Risiken für eine Infektion mit HIV. Erläutere, wie man sich schützen kann.

d ■ Begründe, weshalb im Blut eines Aidskranken deutlich weniger Helferzellen sind als bei einem gesunden Menschen. Nenne die Folgen.

4 Bau des HI-Virus

Gesundheit und Krankheit

- Gesundheit ist ein Zustand des körperlichen, geistigen und sozialen Wohlergehens.

- Krankheiten, die durch Krankheitserreger übertragen werden, bezeichnet man als Infektionskrankheiten. Sie verlaufen in den Phasen Ansteckung oder Infektion – Inkubationszeit – Erkrankung – Gesundung.

- Die Auslöser von Infektionskrankheiten können Bakterien, Viren, Pilze oder einzellige Erreger sein. Sie zerstören Körperzellen oder schädigen durch Toxine.

- Eingedrungene Krankheitserreger bekämpft das Immunsystem mit speziellen Zellen. Gedächtniszellen machen den Körper nach einer Infektion gegen diesen Erreger immun.

- Impfungen können vor vielen Infektionskrankheiten schützen. Bei der aktiven Immunisierung werden vorbeugend abgeschwächte Erreger auf den Menschen übertragen. Bereits Infizierten werden bei der passiven Immunisierung spezifische Antikörper geimpft.

- HI-Viren zerstören nach einer Infektion allmählich die Helferzellen. Das Immunsystem bricht zusammen.

Ökosystem Wald

Der Wald – ein Ökosystem

An einem sonnigen Herbsttag gehst du über eine Wiese in einen dunklen und feuchten Wald. Hier ist es merklich kühler, es herrschen andere Lebensbedingungen als beispielsweise auf der Wiese.

Lebensbedingungen im Wald

In der Natur leben alle Pflanzen und Tiere in einem für sie typischen *Lebensraum*. Dieser wird auch als *Biotop* bezeichnet. Biotope sind zum Beispiel ein Sandhügel oder eine mit Wasser gefüllte Kiesgrube. Jeder Lebensraum ist geprägt durch charakteristische *Umweltfaktoren*. Dazu zählen unter anderem die Bodenbeschaffenheit, die Lichtverhältnisse, die Luftfeuchtigkeit und die Temperatur. Alle diese Merkmale der unbelebten Natur bezeichnet man als *abiotische Faktoren*.

Lebensgemeinschaft Wald

In jedem Biotop gibt es eine Vielzahl charakteristischer Pflanzen und Tiere. Zwischen all diesen unterschiedlichen Lebewesen bestehen vielfältige *Wechselbeziehungen*. So sind viele

1 Waldrand

Pflanzen des Waldes auf die Bestäubung und Verbreitung ihrer Früchte durch Tiere angewiesen. Insekten ernähren sich teilweise von den Pflanzen, etwa von deren Nektar. Die Insekten wiederum dienen vielen anderen Tieren als Nahrung. So bilden alle Lebewesen in einem Lebensraum eine *Lebensgemeinschaft*, die *Biozönose*. Die Mitglieder einer Lebensgemeinschaft stellen füreinander ebenfalls Umweltfaktoren dar. Da es sich hierbei um die belebte Natur handelt, spricht man von *biotischen Faktoren*.

Abiotische Umweltfaktoren

Licht
Halbschatten

Temperatur
mittlere Temperatur

Luft- und Bodenfeuchtigkeit
mittlere Feuchtigkeit

Mineralstoffe im Boden
relativ hoher Mineralstoffbedarf

Biotische Umweltfaktoren

Bestäuber
Erdhummel

Samenverbreiter
Rote Waldameise

Fressfeinde
Käfer, Raupen, Milben

Konkurrent
Bingelkraut

2 Biotische und abiotische Faktoren wirken auf das Veilchen.

Ökosystem

Lebensraum (Biotop)

Lebensgemeinschaft (Biozönose)

3 Lebensraum, Lebensgemeinschaft, Ökosystem

Wald – ein Ökosystem

Die Pflanzen und Tiere einer Lebensgemeinschaft stehen nicht nur in Wechselbeziehung untereinander: Sie sind auch von abiotischen Faktoren abhängig. So brauchen beispielsweise Pflanzen für ihr Gedeihen genügend Wasser und ausreichend Licht. Sie kommen deshalb nur dort vor, wo diese Bedingungen gegeben sind. Genauso ist es bei den Tieren. Nur so können sie überleben. Lebensraum und Lebensgemeinschaft wirken also zusammen: Sie bilden ein *Ökosystem*. Wälder, Wiesen oder Seen sind solche Ökosysteme.

Vielfalt von Pflanzen und Tieren

Etwa 20 Prozent aller in Deutschland vorkommenden Tierarten sind auf den Wald als Lebensraum angewiesen. So leben hier etwa 5200 Insekten- und 100 Wirbeltierarten, davon 70 Vogelarten. Darunter sind auch vom Aussterben bedrohte Tiere. Für manche Waldbewohner wie Feldhase, Reh und Dachs dient der Wald vor allem als Rückzugsgebiet. Diese Tiere finden heute in der Kulturlandschaft immer weniger ungestörte Lebensmöglichkeiten.

In Kürze

Abiotische Faktoren bestimmen ein Biotop. Pflanzen und Tiere eines Biotops stellen eine Lebensgemeinschaft oder Biozönose dar. Sie bezeichnet man als biotische Umweltfaktoren. Biotische und abiotische Faktoren wirken zusammen im Ökosystem.

Aufgaben

1 ◻ Zwischen den abiotischen Faktoren und dem Pflanzenwuchs im Wald bestehen Zusammenhänge. Erläutere.
2 ◻ Zeige am Beispiel des Waldes Wechselbeziehungen zwischen Pflanzen und Tieren auf.
3 ◻ Beschreibe am Beispiel des Waldes den Zusammenhang zwischen Lebensraum, Lebensgemeinschaft und Ökosystem.

Beobachtungen im Wald

A Früchte und Samen sammeln und bestimmen

Material Bestimmungsbücher, Klemmbrett, Papier, Stifte, Butterbrottüten, evtl. Fotoapparat

Durchführung Ab dem Spätsommer könnt ihr an und unter Bäumen und Sträuchern Früchte und Samen zum Kennenlernen sammeln und fotografieren. Sammelt diese gemeinsam mit 1–2 Blättern der jeweiligen Pflanze in eine Butterbrottüte, auf der ihr den Fundort und das Datum notiert. Die gesammelten Blätter helfen euch bei der anschließenden Bestimmung. Bestimmt die Früchte und Samen mit Hilfe der Bestimmungsbücher. Haselnuss, Bucheckern und Holunder stellen eine wichtige Nahrung für Waldtiere dar. Sammelt daher von ihnen nur kleine Mengen.

Auswertung Fertigt Plakate an oder gestaltet mit den gesammelten Materialien eine Ausstellung in eurer Schule.

Vorsicht vor giftigen Pflanzen!
Blätter, Samen und Früchte einiger Pflanzen sind giftig. Daher darf man keinesfalls Pflanzenteile essen oder in den Mund nehmen. Nach dem Waldausflug gründlich die Hände waschen.

B Geräuschlandkarte

Material Papier, Stifte, Schreibunterlage, Sitzunterlage

Durchführung Setzt euch mit etwas Abstand zueinander auf den Waldboden und schließt die Augen. Benennt die Geräusche, die ihr hört. Beginnt nach und nach alle Geräusche auf dem Papier einzuzeichnen. Überlegt euch dazu Symbole.

Auswertung Vergleicht eure Geräuschlandkarten. Beschreibt, was euch auffällt.

C Borkenbilder

Material Papier, Zeichenkohle oder Wachsmalstifte, Kreppband

Durchführung Befestigt ein Blatt Papier mit Kreppband möglichst eng am Stamm eines Baumes. Reibt mit einer flach liegenden Zeichenkohle vorsichtig die Borkenstruktur durch. Fertigt einige unterschiedliche Borkenbilder an.

Auswertung Vergleicht die Abdrücke unterschiedlicher Baumarten miteinander.

1 Samen und Früchte

Hecken-kirsche
Berg-ahorn
Hasel
Rotbuche
Trauben-holunder
Schwarzer Holunder

2 Borken von Buche, Eiche, Vogelkirsche und Kiefer

D Abiotische Faktoren messen

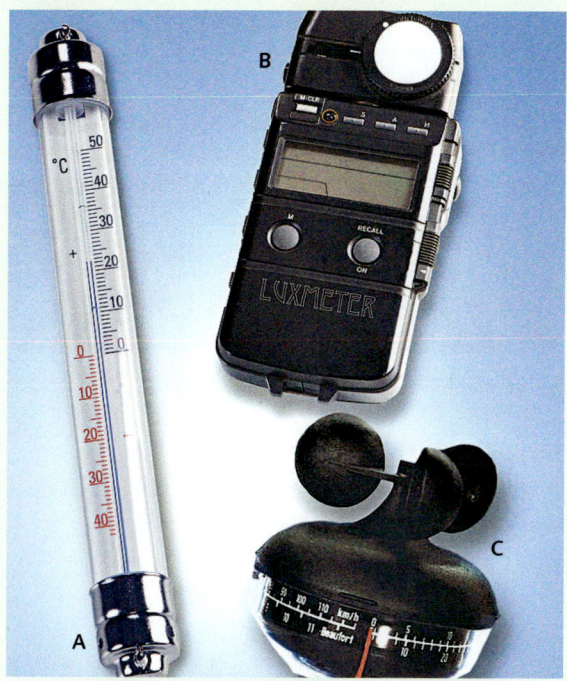

3 A Thermometer; B Luxmeter; C Anemometer

Um herauszufinden, wie sich die abiotischen Faktoren und damit die Lebensbedingungen an der Grenze zwischen Feld, Waldrand und Waldinnerem ändern, könnt ihr verschiedene Messungen an den drei Standorten machen und diese miteinander vergleichen.

Material Thermometer, Schalenanemometer, Luxmeter, Klemmbrett, Stifte

Durchführung Legt für jeden Standort einen Messpunkt fest, an dem ihr die Temperatur, die Windgeschwindigkeit und die Lichtverhältnisse messt. Mit einem Thermometer messt ihr die Temperatur. Ein Schalenanemometer misst die Windgeschwindigkeit in Metern pro Sekunde. Mit einem Luxmeter könnt ihr die Beleuchtungsstärke bestimmen. Protokolliert die Werte. Die Messungen könnt ihr an Tagen mit unterschiedlichem Wetter wiederholen. Stellt eure Ergebnisse in einer Tabelle dar.

Auswertung Vergleicht die drei Standorte.

E Leben am Baumstumpf

4 Baumstumpf voller Leben

Material Klemmbrett, Stift, Bestimmungsbuch, Pinsel, mehrere verschließbare Gläser

Durchführung Untersucht in Gruppen je einen Baumstumpf. Vielleicht findet ihr mehrere Baumstümpfe in unterschiedlichen Zersetzungsstadien oder von verschiedenen Baumarten. Versucht die Pflanzen auf dem Baumstumpf zu bestimmen. Sucht ihn sorgfältig von außen nach innen auf Tiere ab. Ihr könnt auch vorsichtig ein Stück morsches Holz herausbrechen. Sammelt Kleintiere mit einem Pinsel in ein verschließbares Glas. Versucht sie zu bestimmen und lasst sie dann wieder frei.

Auswertung
1 Tragt die Ergebnisse aus den einzelnen Gruppen zusammen.
2 Gebt an, wie viele verschiedene Tier- und Pflanzenarten ihr auf den Baumstümpfen festgestellt habt. Überlegt, wie sich eure Beobachtungen am sinnvollsten auswerten lassen.

Stockwerke des Waldes

In einem naturnahen Mischwald findest du die unterschiedlichsten Pflanzen und Tiere. Wenn du genau hinschaust, kannst du eine Gliederung erkennen. Man bezeichnet die dabei erkennbaren Bereiche auch als Stockwerke des Waldes.

Baumschicht

Ein Wald wird von den darin vorkommenden Baumarten geprägt. Laubbäume können bis zu 40 Meter hoch werden. Ihre Stämme und Kronen bilden die *Baumschicht*. Das Blätterdach nimmt das meiste Sonnenlicht auf. Aber auch die Niederschläge sammeln sich hier und werden langsam zum Boden geleitet. Dieser Bereich bietet vielen Lebewesen Lebensraum. Neben dem Eichhörnchen finden auch viele Vögel und Insektenarten günstige Lebensbedingungen. Kleiber und Buntspecht bevorzugen hierbei den Stammbereich. Buchfink, Pirol und Ringeltaube brüten im Geäst der Kronen und suchen dort Nahrung.

1 Der Wald ist gegliedert.

Strauchschicht

Viele Sträucher wachsen an Lichtungen und am Waldrand. Dazu gehören Himbeere, Brombeere, Hasel, Ilex und Holunder. Sie werden bis zu 2 Meter hoch und bilden die *Strauchschicht*. Kletterpflanzen wie Efeu und Waldrebe finden in ihr Halt. Sie bieten einen guten Windschutz und verhindern die Austrocknung des Bodens. Viele Vogelarten wie Grasmücken, Singdrosseln und Amseln bauen hier ihre Nester und finden Nahrung.

2 Stockwerke des Waldes

3 Vogelnest im Strauch

4 Wurzelteller eines umgestürzten Baumes

Krautschicht

Bis zu einem halben Meter über dem Boden findet man viele Gräser, Farne und Schachtelhalme sowie eine Reihe von Blütenpflanzen, zum Beispiel Aronstab, Waldweidenröschen, Springkraut und Heidelbeere. Im Frühling wachsen die Frühblüher wie Buschwindröschen und Krokus. Die *Krautschicht* ist die artenreichste Ebene des Waldes. Neben vielfältigen Pflanzen leben hier sehr viele Tiere. Insekten, Reptilien und bodenbrütende Vögel finden gute Lebensbedingungen.

Moosschicht

Am Waldboden bilden Moose, Flechten und die Fruchtkörper der Pilze die *Moosschicht*. Besonders die Moose sorgen als Wasserspei-

cher für ein feuchtes Klima. Milben, Käfer und Ameisen trifft man in diesem Bereich ebenso an wie Spinnen oder Schnecken.

Wurzelschicht

Der obere Teil der *Wurzelschicht* wird von der *Humusschicht* gebildet, die aus abgefallenem Laub entsteht. In ihr leben sehr viele Kleintiere wie Regenwürmer, Tausendfüßer, Fadenwürmer, Milben und Springschwänze. Sie zersetzen die Blätter zu mineralstoffreichem Humus. Das gesamte Erdreich ist von den Wurzeln der Pflanzen durchzogen. Sie nehmen das Wasser und die darin gelösten Mineralstoffe auf. Auch die Pilzgeflechte durchziehen den Boden. Kleintiere wie der Maulwurf und die Spitzmaus leben in ihren unterirdischen Höhlen.

In Kürze

Natürlich gewachsene Mischwälder sind in Stockwerke gegliedert. Von oben nach unten unterscheidet man: Baumschicht, Strauchschicht, Krautschicht, Moosschicht und Wurzelschicht. Sie sind alle artenreiche Lebensräume.

Aufgaben

1 ☐ Nenne Merkmale der unterschiedlichen Stockwerke des Waldes.

2 ■ Durch ihre Dichte beeinflusst die Baumschicht die Artenvielfalt des Waldes. Begründe.

5 Die Moosschicht

Blütenpflanzen im Wald

Heidekraut Der immergrüne Zwergstrauch wird auch Besenheide genannt, nicht nur wegen der besenartig wachsenden Zweige mit den rosafarbenen kleinen Blüten, sondern auch, weil die Zweige zum Besenbinden verwendet wurden. Die Pflanze benötigt viel Licht und ist sonst sehr anspruchslos.

Sauerklee Der Frühblüher mit den sauer schmeckenden Blättern benötigt nur sehr wenig Licht und wächst auch im tiefsten Schatten. Seine Blätter sind auch im Winter grün. Bei starkem Licht werden die Blätter nach unten geklappt, um vor zu großer Verdunstung zu schützen.

Aronstab Diese Kessel-Gleitfallenblume lockt Insekten mit ihrem Aasgeruch an. Die Insekten gleiten auf der glatten Innenwand des tütenförmigen Blütenblatts in den Kessel und bestäuben die Blüte. Wenn das Kronblatt erschlafft, gelangen die Insekten mit neuem Pollen ins Freie.

Springkraut Die großen zitronengelben Blüten sind jeweils von einem Laubblatt regenschirmartig geschützt. Die Schleuderfrüchte reißen bei Berührung auf und schleudern ihre Samen bis zu drei Meter weit. Deshalb nennt man es auch »Kräutchen Rühr-mich-nicht-an«.

Waldrebe Sie wächst lianenartig bis in die Wipfel von jungen Bäumen. Die weißen, unscheinbaren Blüten werden zu Sammelfrüchten. Jeder Griffel entwickelt sich zu einem langen Flugorgan eines Samens. Deshalb werden die Früchte auch als Teufelszwirn bezeichnet.

Waldweidenröschen Die weinroten Blüten stehen in einer kerzenförmigen Traube und bilden bis zu 100 000 Samen. Die Pflanze wächst an Waldrändern und auf Lichtungen und besiedelt als Pionierpflanze Kahlschläge. Sie ist ein »Leckerbissen« für Rehwild.

Vögel im Wald

Amsel Die schwarzen Männchen mit den leuchtend gelben Schnäbeln fallen überall auf. Die Weibchen sind braun und nur an der Kehle gefleckt. Ursprünglich lebten Amseln nur in Wäldern. Aber man hört ihren Gesang schon seit zwei Jahrhunderten auch in Städten, wo sie heimisch geworden sind.

Singdrossel Die braunen Vögel mit dem gefleckten Bauch sind in Wäldern, Parks und Gärten verbreitet. Ihr abwechslungsreicher Gesang wird oft wiederholt und wurde im Volksmund in Verse wie »Küss de Brut – küss de Brut« oder »Ich liebe dich – ich liebe dich« übertragen.

Pirol Die Männchen mit ihrem leuchtend gelben Gefieder erkennt man sofort. Die Weibchen sind eher gelbgrün gefärbt. Die scheuen Wipfelbewohner sind an ihrem melodischen Ruf »Pirol« öfter zu hören als zu sehen. Sie kehren im Mai aus dem Winterquartier zurück.

Kleiber Diese hervorragenden Kletterer laufen an Baumstämmen sowohl auf- als auch kopfüber abwärts. Man erkennt sie an der graublauen Oberseite und dem braunen Bauch. Die Ränder ihrer Bruthöhlen verkleben sie mit Lehm, sodass nur ein Kleiber hindurchpasst.

Buchfink Als einer der häufigsten Vögel kommt er überall dort vor, wo es Bäume gibt. Der Schnabel der Männchen ist im Frühjahr stahlblau gefärbt. Den Namen haben sie von ihrem Lockruf »pink, pink«, der als »fink, fink« verstanden wurde.

Mönchsgrasmücke Die graubraun gefärbten Männchen fallen durch ihre schwarze Kopfplatte auf, die an eine Mönchskappe erinnert. Alle Grasmückenarten brüten meist bodennah in Sträuchern und ernähren sich hauptsächlich von Insekten und Spinnen.

Der Wald im Jahresverlauf

Wenn du im Frühjahr und Herbst durch den Wald spazierst, erkennst du zwar, dass die Bäume an derselben Stelle stehen. Trotzdem sieht der Wald im Herbst ganz anders aus. Das Licht, die Farben und auch der Geruch haben sich stark verändert. Im Verlauf eines Jahres ändern sich die Lebensbedingungen im Wald.

Der Wald im Frühling

Im Frühling ist der Boden eines Mischwalds von besonders vielen Pflanzen bedeckt. Frühblüher wie Scharbockskraut und Buschwindröschen wachsen und blühen nur im Frühjahr, weil dann die Bäume noch kein Laub gebildet haben. Dadurch gelangt sehr viel Licht auf den Waldboden. Der Boden erwärmt sich dann stärker als die Luft darüber. Die Laubstreu kann bis zu 20 °C warm werden. Im Frühjahr regnet es außerdem relativ häufig, sodass die Pflanzen ausreichend Wasser erhalten.

1 Der Wald verändert sich im Jahresverlauf.

Der Wald im Sommer

Bis zum Sommer haben die Laubbäume ihre Blätter entfaltet. Dadurch verändern sich die Lichtverhältnisse stark. Die Blätter lassen nur noch wenig Sonnenlicht bis zum Waldboden durch. In einem Buchenwald gelangen im Sommer nur 10 Prozent des Sonnenlichts auf den Waldboden. Dann können dort nur noch Schattenpflanzen wie Sauerklee, Farne und

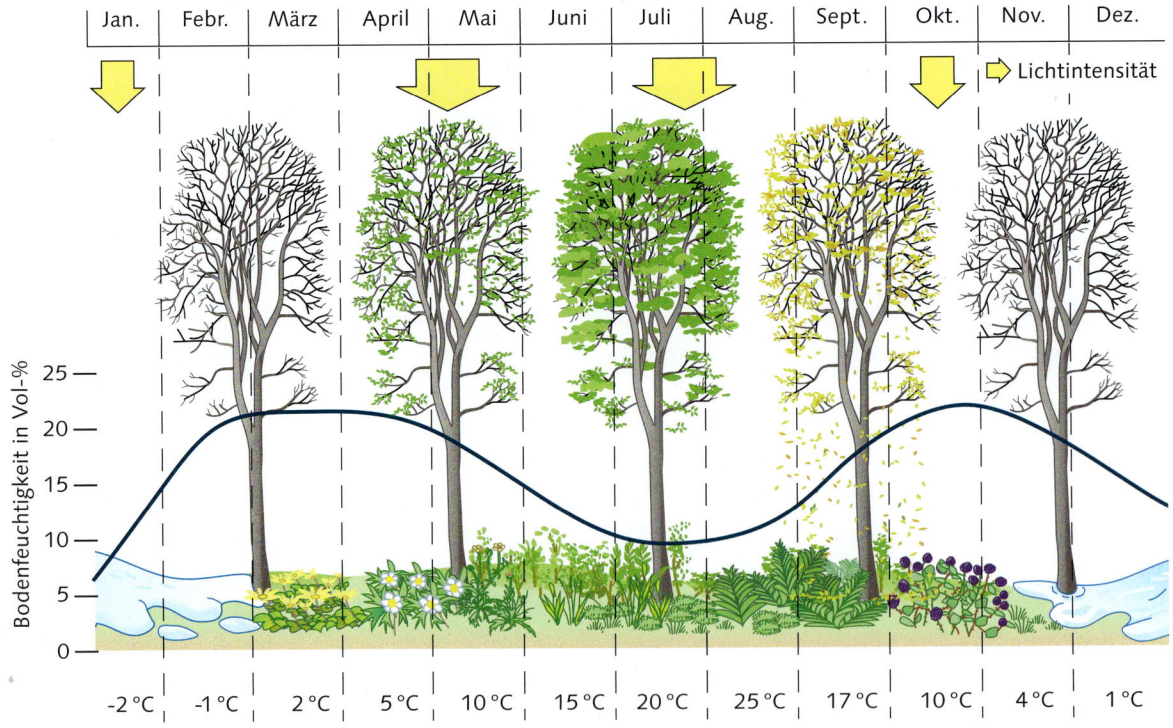

2 Der Wald im Jahresverlauf

3 Im Herbst färben sich die Blätter.

Moose wachsen. Im schattigen Wald ist es im Sommer zudem kühler. Der Wassergehalt des Bodens ist nicht mehr so hoch wie im Frühling, da die Baumkronen nur etwa 70 Prozent des Regenwassers zum Boden weiterleiten. Der Rest verdunstet auf den Blattoberflächen.

Der Wald im Herbst

Im Herbst reifen die Früchte der Bäume, Sträucher und Kräuter heran. Tiere finden nun ausreichend Nahrung und fressen sich für den Winter Fettreserven an. Durch weniger Licht und niedrige Temperaturen können die Blätter der Bäume weniger Fotosynthese betreiben. Deshalb wird das Chlorophyll der Blätter zerlegt und die Abbauprodukte werden im Stamm und in den Wurzeln für das nächste Frühjahr gespeichert. Rote und gelbe Farbstoffe, die vorher von den grünen überdeckt waren, färben das Blatt nun herbstlich. Das Laub wird am Boden von Kleinstlebewesen, Pilzen und Bakterien zu fruchtbarem Humus abgebaut. Dieser liefert den Pflanzen im nächsten Frühjahr ausreichend Mineralstoffe für ihr Wachstum.

Der Wald im Winter

Im Winter werden die Tage kürzer. Sowohl die Temperaturen als auch die Lichtintensität nehmen ab. Viele Lebewesen des Waldes legen eine Ruhepause ein und die Lebensfunktionen werden auf ein Minimum reduziert. Dies gilt auch für Bäume. Ein Baum verdunstet im Sommer über die Blätter viele Hundert Liter Wasser am Tag. Im Winter würde der Baum vertrocknen, da der Boden gefroren ist und der Baum kein Wasser über die Wurzeln aufnehmen kann. Außerdem ist es im Winter so kalt, dass auch das Wasser in den Blättern gefrieren würde. Dadurch würden die feinen Blattadern zerstört, da sich Wasser beim Gefrieren ausdehnt. Deshalb fallen die Laubblätter bereits im Herbst ab.

Zeigerpflanzen des Waldes

Jede Pflanze ist auf eine gewisse Menge an Feuchtigkeit im Boden, auf bestimmte Mineralstoffe und auf eine notwendige Lichtmenge angewiesen. Welche Bedingungen an einem Standort herrschen, kann man daher auch an den Pflanzen sehen, die dort wachsen. Diese *Zeigerpflanzen* zeigen Umweltbedingungen an. Wachsen zum Beispiel größere Mengen Brennnesseln, ist der Boden reich an Stickstoff. Heidelbeere und Heidekraut zeigen sauren Boden an. Das Wachstum von Moosen deutet auf einen vernässten Waldboden hin.

> **In Kürze**
>
> Licht, Temperatur, Wasserversorgung und Zusammensetzung des Bodens sind wichtige abiotische Faktoren, die Einfluss auf das Pflanzenwachstum haben. Viele dieser Faktoren ändern sich im Jahresverlauf in einem Laubwald. Dadurch wandelt sich der Wald regelmäßig.

Aufgaben

1 ☐ Stelle in einer vierspaltigen Tabelle dar, wie sich die abiotischen Faktoren im Laubwald im Verlauf eines Jahres verändern.

2 ☐ Beschreibe die Veränderungen des Waldes im Jahresverlauf.

3 ■ Stelle begründete Vermutungen an, ob es in den tropischen Regenwäldern Laubfall gibt.

Waldboden

Die Versuche auf dieser Seite eignen sich zur Untersuchung von Böden. Entnimm mit einer Gartenschaufel dazu vorab eine Bodenprobe im Wald sowie Bodenproben vom Schulgelände oder aus dem Garten. Führe die Versuche A und B mit allen Bodenproben durch und vergleiche die Ergebnisse der Bodenuntersuchungen.

A Bodenbeschaffenheit

Material unterschiedliche Bodenproben, Messzylinder, Wasser, Rührstab

Durchführung Schaue dir die Zusammensetzung der Bodenproben genau an. Rieche an ihnen. Reibe die Bodenproben zwischen Daumen und Zeigefinger. Versuche sie in den Handflächen zu Würsten zu rollen. Notiere deine Beobachtungen und benenne sie mit Hilfe der Tabelle unten. Fülle je die gleiche Menge der Bodenproben in verschiedene Messzylinder. Fülle sie mit Wasser auf, rühre gut durch und lass die Proben einen Tag stehen. Miss die Höhe der sich abgesetzten Bodenschichten und protokolliere deine Ergebnisse.

Auswertung Berechne die Anteile der einzelnen Bodenarten in deinen Bodenproben. Erstelle ein Kreisdiagramm mit den Anteilen der verschiedenen Bodenarten für jede Probe. Vergleiche die Ergebnisse miteinander.

B Wasserhaltefähigkeit

Material unterschiedliche Bodenproben, Stativ, Trichter, Watte, Messzylinder, Wasser

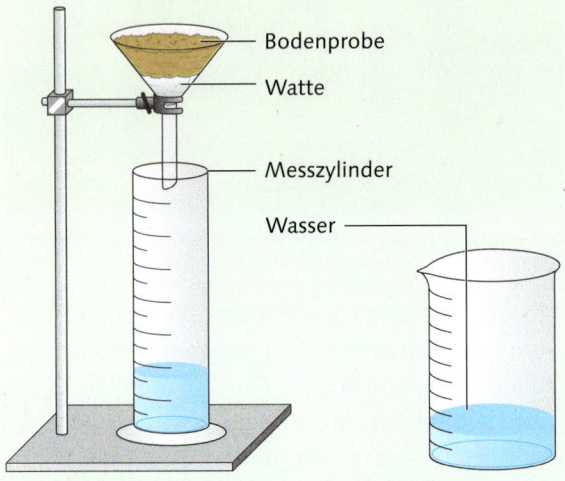

Bodenprobe
Watte
Messzylinder
Wasser

1 Versuchsaufbau

Durchführung Baue den Versuch wie in Bild 2 dargestellt auf. Verwende frische Bodenproben. Gieße 100 ml Wasser vorsichtig in den Trichter und warte, bis kein Wasser mehr abläuft. Lies die ausgetropfte Wassermenge ab und notiere die Werte.

Auswertung Errechne die Wasserhaltefähigkeit des Bodens nach folgendem Beispiel: 100 ml Wasser entsprechen 100 Prozent. Wenn davon 81 ml Wasser in den Messzylinder tropfen, dann beträgt die Wasserhaltefähigkeit dieser Bodenprobe: 100 ml – 81 ml = 19 ml. Dies entspricht 19 Prozent.

Bodenart	Ton	Lehm	Sand
Aussehen	glatte, glänzende Schmierfläche	sehr fein, Einzelkörner sind sichtbar	sehr körnig und rau, sichtbare Einzelkörner, deutlich fühlbar
Eigenschaften	gute Formbarkeit und zu Würsten ausrollbar, beschmutzt die Finger stark	etwas formbar, jedoch nicht gut ausrollbar, schnell zerbröselnd, leichte Beschmutzung der Finger	keine Formbarkeit, zerrieselt und beschmutzt die Finger nicht

2 Bodenarten und ihre Eigenschaften

C Auf der Suche nach Kleinstlebewesen

Verschaffe dir einen Einblick in die Tierwelt des Waldbodens. Entnimm auf einer Fläche von 20 × 20 cm schichtweise die Laubstreu und etwas lockeren Waldboden. Gib die Proben getrennt in Plastikbeutel.

Material   Laubstreu mit Waldboden, Schaufel, Plastikbeutel, Lampe, schwarzer Karton, Trichter, Sieb, Schuhkarton, Becherglas, Pinsel, Becherlupe, Zeichenmaterial, Bestimmungsbücher

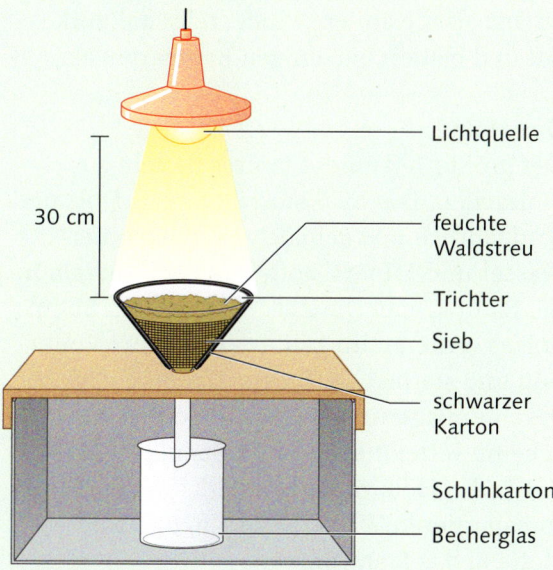

3 Versuchsaufbau

Durchführung   Baue den Versuch entsprechend Bild 3 auf. Gib je eine kleine Portion einer Bodenschicht hinein und beleuchte sie 30 Minuten.

Auswertung

1 Betrachte und bestimme die im Becherglas gefundenen Tiere mit der Becherlupe. Nutze Bestimmungsbücher.
2 Wähle ein Tier aus und fertige eine Zeichnung an.
3 Stelle Vermutungen über die Nahrung der Tiere an.
4 In den unterschiedlichen Bodenproben findest du verschiedene Tierarten. Erkläre.

D Mikroorganismen des Waldbodens

Material   Waldboden, Löffel, Becherglas, Wasser, Pipette, Mikroskop, Objektträger, Deckglas, Zeichenmaterial, Bestimmungsbücher

Durchführung   Gib drei Esslöffel des Waldbodens in ein Becherglas und fülle es mit 50 ml Wasser auf. Rühre kräftig und lass das Gemisch 5 Minuten stehen. Entnimm mit einer Pipette etwas Flüssigkeit. Achte darauf, dass du nicht zu viele Bodenteilchen mit aufnimmst. Fertige einige Frischpräparate an und mikroskopiere sie.

Auswertung   Betrachte die in den Frischpräparaten gefundenen Mikroorganismen und versuche, sie zu bestimmen. Benutze Bestimmungsbücher und nimm Bild 4 zu Hilfe. Wähle ein Lebewesen aus und fertige eine mikroskopische Zeichnung an.

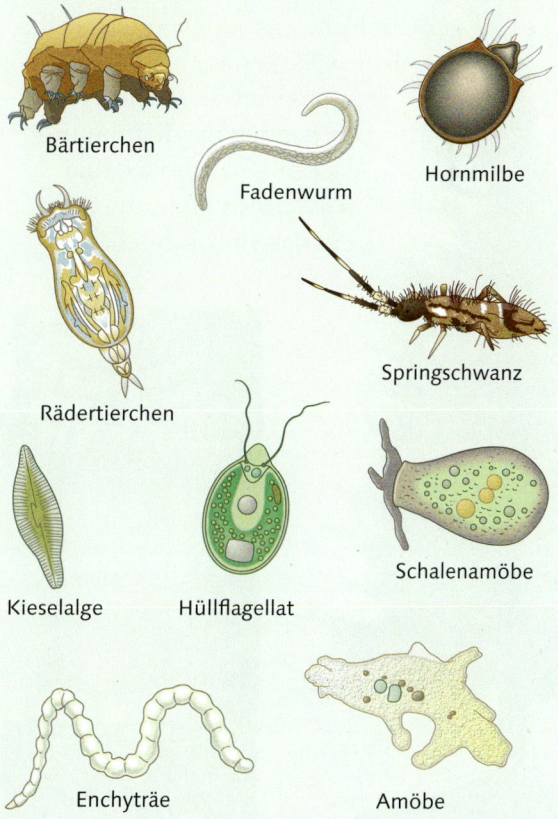

4 Einige Mikroorganismen des Waldbodens

Wie Bäume wachsen

Im Frühjahr kannst du unweit einer großen Fichte einen Keimling wachsen sehen. Er hat sich aus einem Samen einer Fichte entwickelt und kann bis zu 40 Meter hoch werden. Sein Umfang kann dann bis zu 150 Zentimeter betragen. Wie bei jedem Baum besteht der Stamm vorwiegend aus Holz.

Die Rinde umhüllt den Stamm

Den äußeren Teil der Rinde nennt man *Borke.* Sie schützt den Baum vor Verletzungen, Insekten- und Pilzbefall sowie vor zu hoher Verdunstung bei starker Sonneneinstrahlung. Der innere Teil der Rinde, der *Bast,* transportiert die in den Blättern hergestellten Fotosyntheseprodukte stammabwärts in die Wurzeln. Bast stirbt schnell ab und wird zu Kork.

Der Stamm wächst in die Breite

Unter dem Bast befindet sich eine sehr dünne Zellschicht, das *Kambium.* Hier findet das Dickenwachstum des Baumes statt. In jedem Frühjahr beginnt das Kambium nach außen hin Bast und nach innen Holz zu bilden. Da das Holz schneller

1 Keimling einer Fichte

wächst als die äußere Rinde, reißt die Borke auf und blättert bei einigen Baumarten ab.

Das Holz

Der größte Teil eines Stamms besteht aus Holzzellen. Das *Splintholz* ist junges Holz und wird jährlich neu gebildet. Es transportiert Wasser und Mineralstoffe von den Wurzeln in die Baumkrone. Die Zellen des älteren Splintholzes verlieren im Laufe der Zeit ihre Funktion und sterben ab. Dieses *Kernholz,* das durch Einlagerung von Stoffen dunkler erscheint, verleiht dem Baum Stabilität. Quer durch das Holz verlaufen Markstrahlen. Sie transportieren Wasser, Mineral- und Nährstoffe in das Stamminnere.

Borke

Bast

Kambium

Jahresring Spätholz

Kernholz

Jahresring Frühholz

Splintholz

2 Bau eines Baumstamms

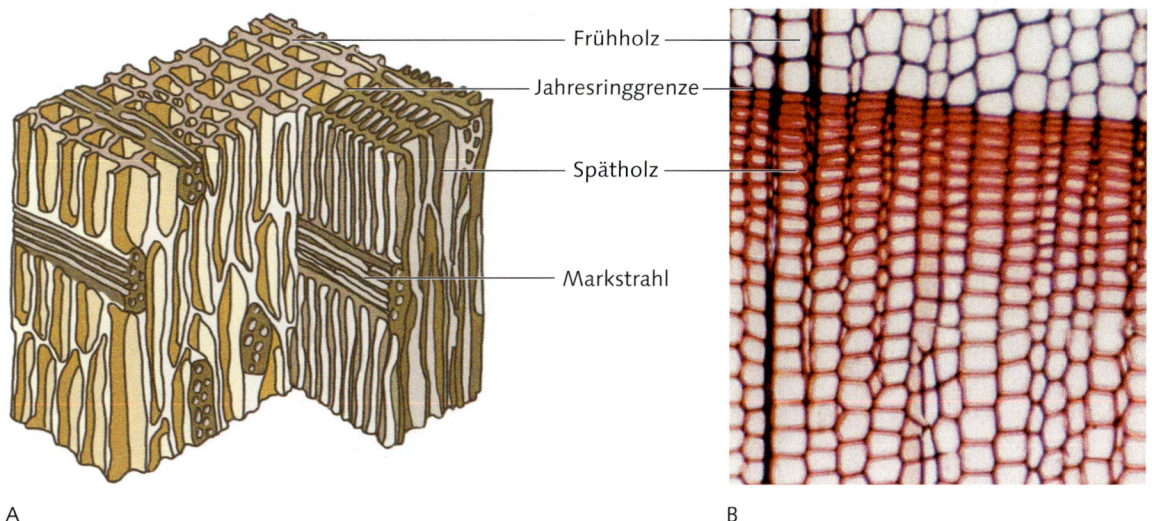

Frühholz

Jahresringgrenze

Spätholz

Markstrahl

A   B

3 Holzstruktur: A Schema des zellulären Aufbaus; B Jahresringgrenze im Mikroskopbild

Jahresringe – näher betrachtet

Das Kambium produziert im Frühjahr große, dünnwandige Zellen. Dieses *Frühholz* bildet den hellen Teil eines Jahresrings. Es versorgt den Baum in seiner Hauptwachstumsphase mit Wasser und Mineralstoffen. Ab dem Spätsommer bildet das Kambium das dunklere *Spätholz*. Es besitzt kleinere, dickwandige Zellen und dient der Festigung. Im Hochsommer stellen die Bäume ihr Dickenwachstum ein. Früh- und Spätholz zusammen ergeben gemeinsam einen Jahresring. Dieser Vorgang wiederholt sich jedes Jahr. Das Alter eines Baumes lässt sich anhand der Anzahl seiner Jahresringe feststellen. Außerdem geben die Jahresringe Rückschlüsse auf die jährlichen Wachstumsbedingungen. Bei genauer Betrachtung lassen sich Verletzungen des Baumes, feuchte und trockene Jahre oder auch Insektenbefall feststellen.

Der Stamm wächst in die Höhe

Das Längenwachstum des Baumes findet an der Sprossspitze statt. Hier befindet sich ein besonderes Bildungsgewebe, in dem neue Zellen gebildet werden. Durch Aufnahme von Wasser strecken sich die Zellen und werden allmählich größer.

In Kürze

Die Borke schützt den Baum vor äußeren Einflüssen. Im Kambium findet das Dickenwachstum statt. Splintholz und Bast transportieren Stoffe. Das Kernholz gibt dem Baum Stabilität. An ihrer Spitze wachsen Bäume in die Höhe.

Aufgaben

1 ☐ Ordne jedem Bereich des Baumstamms seine Funktion zu.

2 ◪ Beschreibe die Entwicklung der Kiefer aus Bild 4.

3 ◼ Nenne und begründe die Folgen einer Kambiumverletzung für den Baum.

1949   1977

1941

1979

2008

1982   1980

4 Aus dem Tagebuch einer Kiefer

Untersuchung eines Ökosystems

In der Umgebung der Schule gibt es bestimmt einen Wald oder einen waldähnlichen Park, bei dem es sich lohnt, dass ihr ihn genauer untersucht. Euer besonderes Augenmerk sollt ihr dabei auf den Waldrand legen. Bei der Untersuchung eines Ökosystems bietet es sich an, nach folgenden Schritten vorzugehen:

1 Überblick verschaffen Während einer ersten Exkursion verschafft ihr euch einen Überblick über das Ökosystem selbst und die angrenzenden Gebiete. Entwerft dazu einen Überblicksbogen. Ein Beispiel könnt ihr in Bild 2 sehen. Besorgt euch eine Karte der Region, in der das Ökosystem liegt. Der Kartenmaßstab sollte nicht größer als 1 : 25 000 sein. Mit Hilfe des Maßstabs könnt ihr die Fläche berechnen, die das Ökosystem bedeckt. Denkt daran, Fotos von Pflanzen und Tieren aufzunehmen.

1 Waldrand

2 Abiotische Faktoren erfassen Um die Lebensbedingungen für Pflanzen und Tiere zu erkennen, werden abiotische Faktoren gemessen. Welche Faktoren ausschlaggebend sind, ist von Lebensraum zu Lebensraum unterschiedlich. In einem Wald, einer Hecke und auf einer Wiese spielen Bodenbeschaffenheit, Luftfeuchtigkeit, Lichtintensität und Windgeschwindigkeit eine wichtige Rolle. Die Temperatur misst man sowohl am Boden als auch in einem Meter Höhe. Bei Gewässern sind neben der Temperatur der Sauerstoff-, Nitrat- und Phosphatgehalt sowie die Sichttiefe und eventuell die Fließgeschwindigkeit von Bedeutung.

3 Pflanzen bestimmen Mit Hilfe von Bestimmungsbüchern könnt ihr die Namen der meisten im Ökosystem vorkommenden Pflanzen ermitteln. Um von wenigen Pflanzen eine Aussage über das gesamte Ökosystem treffen zu können, muss man die Gegebenheiten des Ökosystems berücksichtigen und entsprechende Untersuchungsflächen festlegen:

A Wenn das Ökosystem hinsichtlich der abiotischen Faktoren weitgehend einheitlich ist: Untersucht eine quadratische Fläche. Ihre Größe hängt von der Art des Ökosystems ab. Auf einer Wiese reicht ein Quadrat von einem Meter Kantenlänge, im Wald sollte die Fläche mindestens 10 × 10 Meter groß sein. Um die Untersuchungsfläche abzugrenzen,

---

Name des Ökosystems:

Art des Ökosystems
☐ Wald   ☐ Wiese   ☐ Hecke   ☐ …
☐ Fließgewässer   ☐ stehendes Gewässer
☐ natürlich   ☐ künstlich

Größe
Länge: Breite: Fläche:

Umgebung
Im Norden:
Im Osten:
Im Süden:
Im Westen:

Untergrund / Bodenbeschaffenheit
☐ Kies / Steine   ☐ Erde   ☐ …
Anteil, der von Pflanzen bedeckt ist: %

Nutzung:

2 Überblicksbogen

wird das Quadrat zum Beispiel mit Hilfe einer Schnur markiert.

Teilt euch in mehrere Gruppen auf, um die unterschiedlichen Bereiche des Ökosystems zu erfassen. Bestimmt möglichst viele der unterschiedlichen Pflanzen innerhalb des Quadrats und schätzt ihre jeweilige Häufigkeit ab. Auf einer maßstabsgetreuen Skizze auf kariertem Papier wird eingetragen, wo die Pflanzen jeweils wachsen. Verwendet für die verschiedenen Pflanzen unterschiedliche Farben.

B Wenn das Ökosystem große Unterschiede aufweist oder in ein anderes Ökosystem übergeht, zum Beispiel Seeufer oder Waldrand: Spannt ein mehrere Meter langes Seil vom Wald durch den Waldrand bis zur angrenzenden Wiese. Legt einen Meterstab mit 2 Metern Länge quer über das Seil und bestimmt alle Pflanzen, die der Meterstab berührt. Dieser Schritt wird je nach Länge des Seiles alle 1 bis 2 Meter wiederholt. Auch bei dieser Methode hilft die Erstellung einer maßstabsgetreuen Skizze bei der Auswertung. Tragt die Lage jeder ermittelten Pflanze ein. Verwendet für die unterschiedlichen Pflanzen jeweils bestimmte Farben.

Macht Fotos, die zeigen, was ihr gerade untersucht, bestimmt oder notiert.

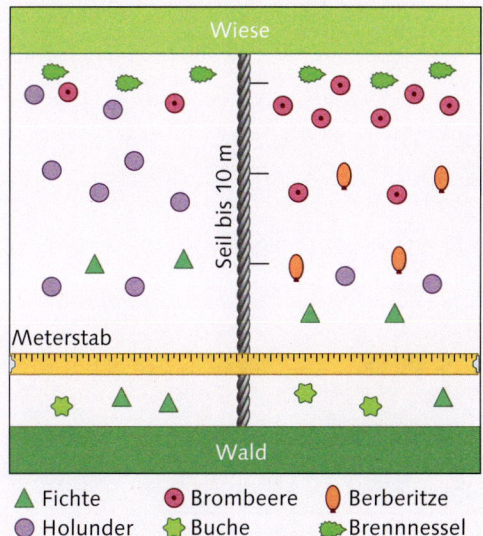

3 Untersuchung eines Waldrandes

▲ Fichte ● Brombeere ● Berberitze
● Holunder ✦ Buche ✿ Brennnessel

4 Schülerinnen untersuchen ein Gewässer.

4 Bestandsaufnahme von Tieren Die genaue Bestimmung von Tieren ist nicht immer einfach. Versucht die gefundenen Tiere in größere Tiergruppen einzuordnen, zum Beispiel »Laufkäfer« oder »Spinnentier«. Beschreibt den genauen Fundort der Tiere. Gebt die Häufigkeit der gefundenen Tiere an: selten, regelmäßig, häufig oder massenhaft. Macht Fotos von den aufgespürten Tieren. Die Bilder könnt ihr später beim Auswerten der Ergebnisse verwenden.

5 Untersuchungen auswerten Zurück im Klassenzimmer werden alle Ergebnisse der Untersuchungen und Bestimmungen zusammengetragen. Daraus könnt ihr Aussagen über das untersuchte Ökosystem ableiten. Für Gewässer kann zum Beispiel die Wasserqualität, beim Waldrand die Lichtintensität im Vergleich zu den angrenzenden Ökosystemen bestimmt werden. Stellt die Messergebnisse in Form von Diagrammen dar, wählt aussagekräftige Fotos aus.

6 Präsentieren Die Ergebnisse der Untersuchungen könnt ihr auf Plakaten zusammenfassen. Jedes Plakat sollte sich mit einem bestimmten Aspekt des Ökosystems befassen. In einer Ausstellung könnt ihr sie in der Schule präsentieren. Elternabende, Schülerzeitung oder die Internetseite eurer Schule bieten weitere Möglichkeiten, eure Arbeiten einem größeren Kreis vorzustellen.

Wald

1 Bedingungen im Sommerwald

Die abiotischen Umweltfaktoren wirken sich unterschiedlich stark auf die Lebewesen im Wald aus. Bild 1 zeigt die Bedingungen in einem naturnahen Mischwald im Sommer.

a ☐ Beschreibe die Lichtverhältnisse in den einzelnen Stockwerken des Waldes.

b ☐ Leite aus Bild 1 ab, wie sich die Windverhältnisse vom freien Feld zum Waldinnern verändern.

c ☐ Begründe, wodurch die unterschiedlichen Temperaturverhältnisse an den drei Messstellen zustande kommen.

d ☐ Erläutere, welcher Zusammenhang zwischen Niederschlagsmenge und Verdunstungsrate besteht.

e ☐ Stelle Vermutungen zu den Messwerten auf einer kleinen Waldlichtung an. Begründe diese.

2 Baumreihen einer Pappelmonokultur

f ☐ Beschreibe das Aussehen der Pappelmonokultur in Bild 2.

g ☐ Überlege, welche abiotischen Faktoren sich in der abgebildeten Monokultur von denen des naturnahen Mischwalds in Bild 1 unterscheiden. Begründe deine Überlegungen.

Höhe in m

Lufttemperatur

Niederschlagsmenge

Verdunstungsrate

Windverhältnisse

Lichtanteil im Wald

| 80–100 % |
| 60–79 % |
| 40–59 % |
| 20–39 % |
| 0–19 % |

Messstelle: im Waldinnern   am Waldrand   auf freiem Feld

1 Bedingungen in einem naturnahen Mischwald im Sommer

2 Wald vor Wild

Rehe und Hirsche fressen bevorzugt Knospen von Waldbäumen. Somit ist das Verbeißen, also das Abfressen von Knospen und Jungtrieben, ein natürliches Verhalten dieser Tiere.

In vielen Wäldern hat ihre Anzahl so stark zugenommen, dass es zu massiven Verbissschäden kommt. Bevorzugt werden junge Bäume in Aufforstungen. Bei diesen jungen Pflanzen sorgt nur ein Trieb, der Leittrieb für das Längenwachstum. Wird dessen Knospe gefressen, dann kann der Steckling in diesem Jahr nicht mehr wachsen.

a ☑ Erläutere, was man unter dem Motto »Wald vor Wild« versteht.

b ☑ Erkläre, weshalb die Winterfütterung von Rehen für die Waldentwicklung schädlich ist.

c ☐ Stelle die Daten der Tabelle 3 in einem Kurvendiagramm mit unterschiedlichen Farben dar. Bild 4 kann als Vorlage dienen.

d ☑ Werte das Diagramm aus.

e ☑ 30-jährige Tannen sind etwa 20 Meter hoch. In Gebieten mit hoher Wilddichte sind sie deutlich niedriger. Erkläre.

Strahlungs- stärke Licht	Höhenwachstum in cm bei niedriger Wilddichte	Höhenwachstum in cm bei hoher Wilddichte
1	10	10
2	45	28
3	51	32
4	55	35
5	57	35
6	60	35

3 Höhenwachstum bei Bäumen und Wildverbiss

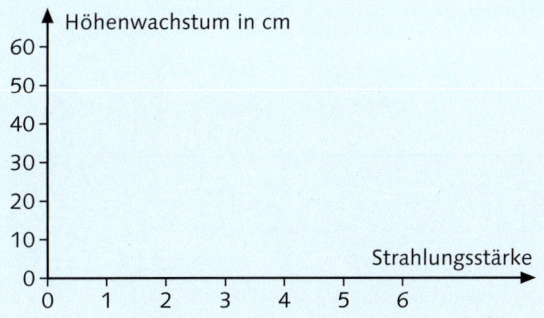

4 Höhenwachstum von Jungpflanzen und Wilddichte

3 Moose sind Wasserspeicher

Moose können zwischen dem Stängel und den Blättern sowie in den einzelnen Zellen große Mengen Wasser speichern. Hierdurch kann die Masse der Pflanzen bis auf das Sechsfache ansteigen. Im nachfolgenden Versuch wurde dies mit zuvor getrocknetem Moos untersucht.

5 Wasserspeicherung von Moos

	vorher	nachher
Masse des Mooses	40 g	210 g
Wassermenge im Becherglas	600 ml	430 ml

6 Wasserspeicherfähigkeit von Moosen

a ☑ Formuliere zu dem Versuch eine Anleitung.

b ☑ Vergleiche die Messwerte und berechne die Wasserspeicherfähigkeit der Moospflanze anhand der aufgenommenen Wassermenge.

c ☑ Vergleiche die Versuchsergebnisse in Bild 7. Interpretiere das Ergebnis. Erläutere, welchen Vorteil Moose für den Waldboden haben.

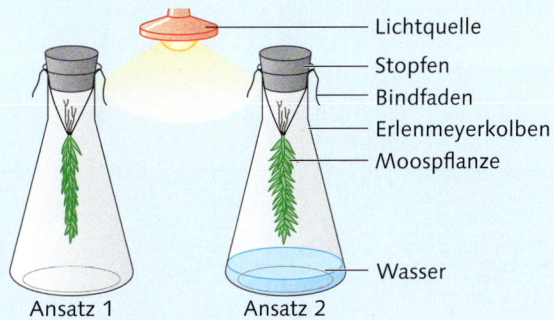

7 Versuch mit Moosen

Pilze des Waldes

Vielleicht hast du im Garten, in Parkanlagen oder im Wald schon einmal Pilze gesehen, die im Kreis angeordnet waren. Dieses Phänomen wird als Hexenring bezeichnet. Früher glaubte man, dass sich dort Hexen versammelt hätten und dieser Ort besonders magisch sei.

Merkmale der Pilze

Pilze bilden neben Tieren und Pflanzen eine eigene Gruppe. Sie lassen sich weder den Tieren noch den Pflanzen zuordnen. Ihre Zellen besitzen Vakuolen und Zellwände. Sie enthalten jedoch kein Chlorophyll, um sich mit Hilfe der Fotosynthese selbst zu versorgen. Der Großteil eines Pilzes wächst unterirdisch in kleinen Fäden, den *Hyphen*. Sie bilden ein weitverzweigtes Geflecht, das *Myzel,* und sind das eigentliche Lebewesen Pilz. Pilze nehmen über das Myzel Wasser und energiereiche Nährstoffe aus der Umgebung auf.

Die oberirdischen Fruchtkörper bestehen aus dicht verknäuelten Hyphenfäden und die-

1 Ein interessanter Anblick: Pilze im Hexenring

nen lediglich der Fortpflanzung. Oft zeigt der Fruchtkörper einen zweiteiligen Aufbau aus *Hut* und *Stiel*.

Pilze vermehren sich durch Sporen

Die meisten Pilzarten vermehren sich ungeschlechtlich über winzige Sporen, die in den Fruchtkörpern gebildet werden. Die Sporen werden durch den Wind verbreitet. Nach ihrer Landung keimen sie und bilden Hyphenfäden aus. Wenn sich zwei Hyphenfäden treffen, entsteht eine Verschmelzungszelle. Aus ihr entwickelt sich ein neues Myzel, aus dem neue Fruchtkörper entstehen. Das Myzel wächst kreisförmig innerhalb eines Jahres etwa 30 Zentimeter. So bilden sich die Hexenringe.

2 Bau und Entwicklung eines Blätterpilzes

Pilze sind vielgestaltig

Pilze werden anhand der Fruchtkörper in verschiedene Gruppen eingeteilt. *Röhrenpilze* wie Steinpilze besitzen auf der Hutunterseite eine schwammartige Schicht. Auf der Hutunterseite der *Blätterpilze* zeigen sich senkrecht stehende blattartige Lamellen. Der Fliegenpilz ist ein typischer Blätterpilz. Morcheln gehören zu den *Schlauchpilzen*. Sie erhielten ihren Namen wegen ihrer schlauchähnlichen Fortpflanzungsorgane. *Bauchpilze* wie Bovisten sind rundlich und besitzen kurze Stiele.

Lebensweise der Pilze

Da Pilze keine Chloroplasten besitzen, können sie ihre benötigten Nährstoffe nicht durch Fotosynthese herstellen. Die meisten Pilze sind deshalb Fäulnisbewohner und ernähren sich von totem organischen Material. Manche Pilze wie der Steinpilz und der Fliegenpilz, leben in einer *Symbiose* mit Bäumen. Das ist eine Lebensgemeinschaft zu beiderseitigem Nutzen. Die Pilzhyphen ummanteln die Baumwurzeln, durchdringen sie und gelangen so an Nährstoffe. Im Gegenzug liefert der Pilz dem Baum Wasser und Mineralstoffe. Man bezeichnet das Pilz-Wurzel-Geflecht als *Mykorrhiza*. Manche

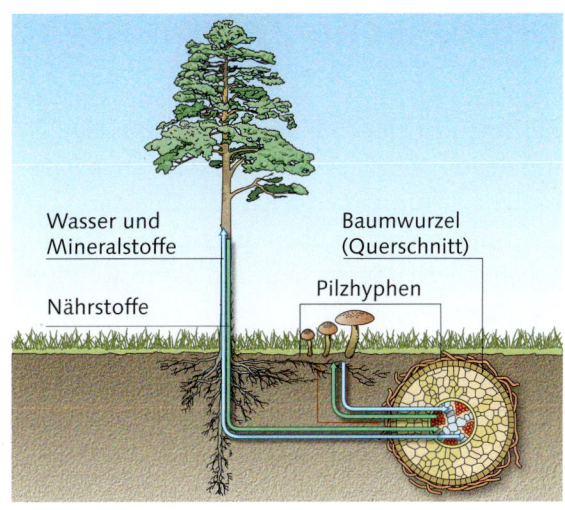

4 Manche Pflanzen leben in Symbiose mit Pilzen.

niedere Pilze wie der Mehltau und der Zunderschwamm sind *Parasiten*. Sie entziehen ihrem Wirt Nährstoffe, indem sie mit ihren Hyphen in seine Leitungsbahnen eindringen. Im Gegensatz zur Symbiose hat der Wirt keinen Nutzen von dem Parasiten, sondern wird durch ihn geschädigt. Allerdings ist der Parasit auch vom Wirt abhängig. Wenn der Wirt stirbt, kann auch der Parasit nicht überleben.

Ökologische Bedeutung

Gemeinsam mit Bakterien zählen Pilze zu den Destruenten. Sie zersetzen pflanzliche und tierische Stoffe zu Mineralstoffen, die den Pflanzen als Dünger dienen und zur Humusbildung beitragen.

In Kürze

Pilze bilden unterirdisch ein Myzel. Die Fruchtkörper dienen der Fortpflanzung und bilden Sporen aus. Pilze halten durch den Abbau organischer Stoffe den Stoffkreislauf in der Natur aufrecht.

Aufgaben

1 ◪ Beschreibe die Fortpflanzung der Pilze.
2 ◼ Begründe, weshalb Mykorrhizen in nährstoffarmen Böden sowohl für Pilze als auch für Bäume vorteilhaft sind.

3 Fruchtkörper verschiedener Pilze:
A Steinpilz; B Fliegenpilz; C Morchel; D Bovist

Biologische Zeichnungen anfertigen

Zeichnen ist eine biologische Arbeitsweise, mit der du beispielsweise den Bau eines Flugsamens dokumentieren kannst. Genaues Zeichnen musst du üben. Betrachten, Beobachten oder Untersuchen sind dafür wichtige Voraussetzungen.

Es gibt verschiedene Arten biologischer Zeichnungen. Die originalgetreue Zeichnung stellt das Objekt beinahe fotografisch dar. Die Pause hebt besonders die Oberflächenbeschaffenheit eines Objekts hervor. Eine Skizze dient dem Festhalten wichtiger Merkmale. Das Schema stellt das »Typische« des Objekts dar.

1 Biologische Objekte zeichnen

1 Arbeitsmaterial zurechtlegen Für deine Zeichnung benötigst du einen Bogen weißes, unliniertes Papier, einen weichen Bleistift und einen guten Radierer. Deine Zeichenunterlage muss fest und frei von Unebenheiten sein.

2 Zeichenblatt einrichten Schreibe zunächst deinen Namen, das Datum, den Namen des Untersuchungsobjekts oder den untersuchten Teil des Objekts oben auf dein Zeichenblatt. Falls du ein Mikroskop oder eine Lupe verwendet hast, notiere auch die gewählte Vergrößerung.

3 Überblick verschaffen Überlege zunächst, was du zeichnen möchtest. Betrachte oder beobachte das Objekt sehr genau. Möchtest du ein bestimmtes Detail zeichnen, wähle eine geeignete Stelle deines Objekts aus. Nutze Hilfsmittel, zum Beispiel ein Mikroskop oder eine Lupe, um wichtige Details deutlich erkennen zu können.

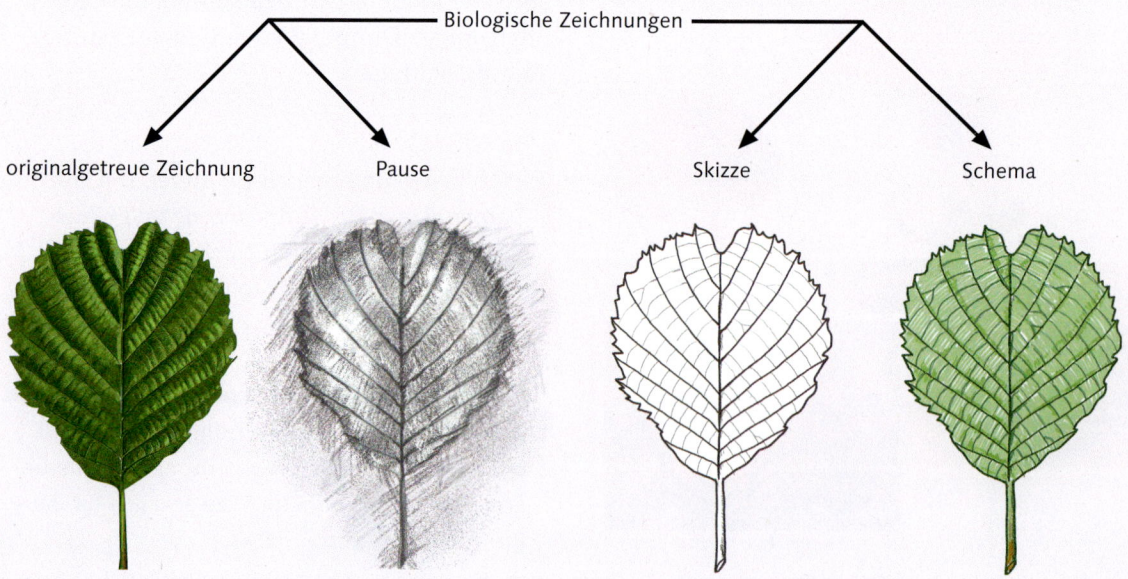

Biologische Zeichnungen

originalgetreue Zeichnung — Pause — Skizze — Schema

2 Beispiele biologischer Zeichnungen

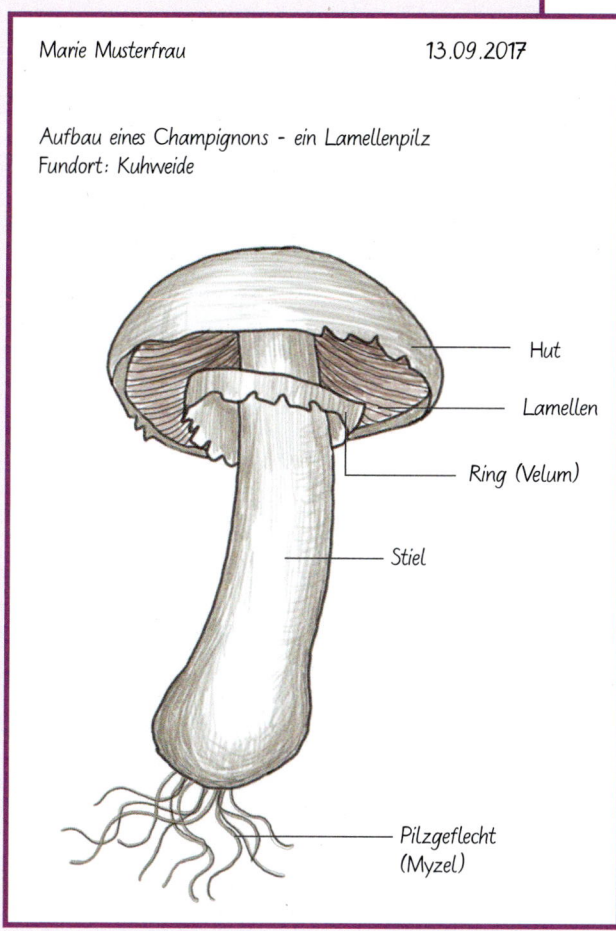

Marie Musterfrau   13.09.2017

Aufbau eines Champignons - ein Lamellenpilz
Fundort: Kuhweide

— Hut

— Lamellen

— Ring (Velum)

— Stiel

— Pilzgeflecht
  (Myzel)

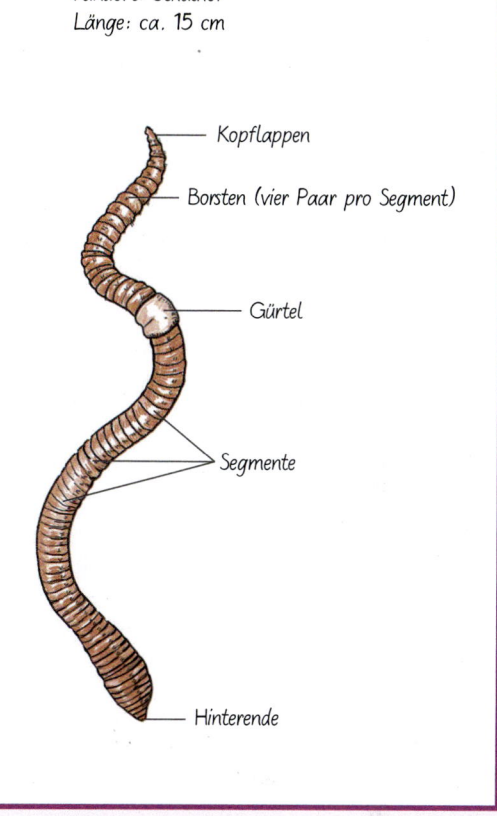

Erik Mustermann   13.09.2017

Aufbau eines Regenwurms
Fundort: Schulhof
Länge: ca. 15 cm

— Kopflappen

— Borsten (vier Paar pro Segment)

— Gürtel

— Segmente

— Hinterende

3 Biologische Zeichnungen:
A Lamellenpilz; B Regenwurm

4 Zeichnung erstellen   Zeichne dein Objekt nun mittig auf das vorbereitete Papier. Die Erstellung einer Zeichnung folgt besonderen Regeln. Diese musst du unbedingt beachten.

Darauf musst du beim Zeichnen achten:
- Zeichne klare Linien.
- Die Zeichnung sollte mindestens so groß wie deine Handfläche sein.
- Übe nur wenig Druck auf den Bleistift aus.
- Achte darauf, bei Detailskizzen genau zu zeichnen.
- Zeichne zunächst mit Bleistift. Falls du eine farbige Zeichnung erstellen möchtest, ergänze die Farben später mit Buntstiften.

4 Regeln zur Erstellung einer Zeichnung

5 Zeichnung beschriften   Informiere dich in Biologiebüchern, Lexika oder dem Internet, wie die einzelnen Details deiner Zeichnung heißen. Ziehe mit Bleistift und Lineal Bezugslinien. Schreibe die Fachbegriffe mit sauberer Handschrift an die Linien. Achte dabei auf die Vollständigkeit deiner Beschriftung.

Aufgaben ▬▬▬▬▬▬▬▬▬▬▬▬

1 ☐ Sammle Blätter von verschiedenen Bäumen des Schulgeländes. Fertige von ihnen Pausen an.

2 ◪ Skizziere mit Hilfe einer Lupe eine Spinne. Setze sie nach dem Zeichnen wieder am Fundort aus.

3 ◪ Vergleiche deine Skizze aus Aufgabe 2 mit denen deiner Mitschüler. Erstellt gemeinsam ein Schema für den Bau einer Spinne.

Der Buntspecht

Ein lautes Trommeln hallt durch den Wald. Du hast aber Mühe, den Verursacher auszumachen. Schließlich entdeckst du den Buntspecht, der hoch oben in einer alten Buche mit dem Schnabel gegen das Holz hämmert.

Körperbau und Lebensweise
Die Federn des Buntspechts sind teils schwarz, teils weiß gefärbt. Die Unterseite des Schwanzes leuchtet auffällig rot. Buntspechte haben einen meißelartigen *Hackschnabel,* den sie zum Zimmern und Bohren im Holz benutzen. Beim Hämmern sind der Schädel und das Gehirn Erschütterungen ausgesetzt. Diese werden von starken Muskeln abgefangen. Buntspechte sind geschickte Kletterer. Spitze, gekrümmte Krallen verankern ihren *Kletterfuß* in der Borke der Bäume. Die zugespitzten Schwanzfedern bilden einen kräftigen *Stützschwanz.*

Auf Nahrungsfang im Holz
Der Buntspecht ernährt sich vorwiegend von Insekten und deren Larven, die unter der Borke im Holz leben. Mit seinem Schnabel klopft er den Baum ab. Am Klang erkennt er, ob Beute zu erwarten ist. Mit kräftigen Schlägen entfernt er die Borke und schiebt seine lange, klebrige Zunge in die Fraßgänge der Insekten.

1 Buntspechtmännchen an der Bruthöhle

Die tief in den Kopf reichende Zunge kann durch Zusammenziehen eines Muskels weit aus dem Schnabel gestreckt werden. Die verhornte Zungenspitze trägt Borsten und wirkt wie eine Harpune. Auf diese Weise vertilgen Buntspechte unzählige Schadinsekten.

Nestbau und Fortpflanzung
Der Buntspecht hackt und bohrt geräumige Höhlen in die Stämme alter und geschwächter Bäume. Darin übernachtet er und hier zieht er auch seine Jungen auf. Eine solche Bruthöhle hat eine Tiefe von etwa 30 Zentimetern. Das Weibchen legt dort bis zu acht Eier hinein, die sowohl vom Männchen als auch vom Weibchen bebrütet werden. Nach etwa zwölf Tagen schlüpfen die nackten und blinden Jungen. Nach weiteren 23 Tagen werden sie flügge und verlassen die Bruthöhle.

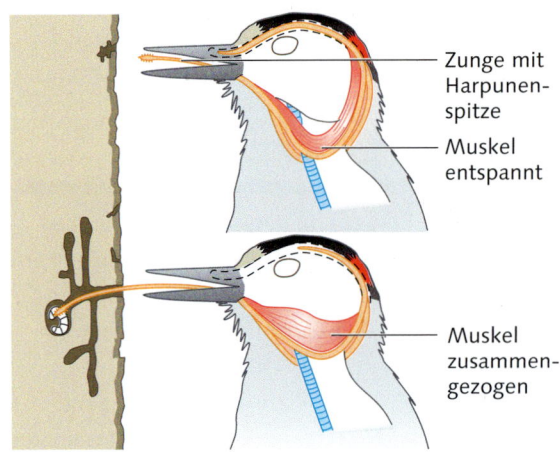

Zunge mit Harpunenspitze
Muskel entspannt
Muskel zusammengezogen

2 Funktion der Zunge des Buntspechts

In Kürze
Mit seinem Hackschnabel, dem Stützschwanz und den Kletterfüßen kann der Buntspecht hervorragend auf Bäumen leben. Er ernährt sich vorwiegend von Insekten, die er durch Klopfen im Holz aufspürt.

Aufgaben
1 ☐ Nenne Gründe, weshalb der Buntspecht eine wichtige Funktion im Wald erfüllt.
2 ■ Begründe, weshalb der Specht beim Hämmern keine »Kopfschmerzen« bekommt.

Ökologische Nische

Du beobachtest in einem waldnahen Garten einen Buntspecht und einen Grünspecht, wie sie sich lautstark bemerkbar machen. Sie bewohnen denselben Lebensraum, stören sich jedoch gegenseitig nicht. Wie ist das möglich?

Vermeiden von Nahrungskonkurrenz

In einem Wald leben oft mehrere Spechtarten auf relativ engem Raum. Neben Aussehen und Körperbau unterscheiden sie sich auch in ihren Fressgewohnheiten. So sucht der Buntspecht meist an den Ästen der Baumkrone nach Nahrung. Dort schlägt er Löcher in die Rinde und holt mit seiner langen, harpunenartigen Zunge Käferlarven heraus. Der Grünspecht dagegen ist häufig am Boden anzutreffen, wo er aus Ameisenhaufen und morschen Baumstümpfen mit seiner klebrigen, löffelartigen Zunge Ameisen und deren Larven absammelt. Die beiden Spechtarten konkurrieren also nicht um die gleiche Nahrung. So ist es möglich, dass sie im gleichen Gebiet leben können, ohne einander zu stören.

Jede Art hat ihre Nische

Man sagt, die Bewohner teilen sich ihren Lebensraum auf. Sie haben beispielsweise unterschiedliche Nahrungsvorlieben, unterschiedliche Brutplätze oder kommen zu unterschiedlichen Zeiten im Jahr vor. Die Gesamtheit aller Beziehungen einer Art zu ihrer Umwelt bezeichnet man als deren *ökologische*

1 Grünspecht und Buntspecht

Nische. Da jede Art eine charakteristische Nische ausbildet, verringert sich die Konkurrenz untereinander. Dies ermöglicht das Vorkommen ähnlicher Lebewesen im selben Lebensraum.

In Kürze
Zwei Arten, die den gleichen Lebensraum besiedeln, unterscheiden sich in einigen charakteristischen Beziehungen zu biotischen und abiotischen Umweltfaktoren voneinander. Die Gesamtheit dieser Beziehungen einer Art zu ihrer Umwelt ist ihre ökologische Nische.

Aufgaben
1 ◪ Beschreibe mit Hilfe von Bild 2, was man unter einer ökologischen Nische versteht.
2 ◼ Begründe, inwiefern die Zungenform das Nahrungsspektrum bedingt.

2 Nahrungsspektren: A Buntspecht; B Grünspecht

Die Rote Waldameise

Am Waldrand entdeckst du einen Hügel aus Nadeln, kleinen Zweigen und Erde: einen Bau der Roten Waldameise. Erst beim Näherkommen siehst du, dass der Hügel »lebt«.

Nest im Ameisenhügel

Der bis zu einem Meter hohe Ameisenhügel macht nur einen Teil der Nestanlage der Großen Roten Waldameise aus. Meist reicht das Nest bis tief in den Boden. Es dient einem ganzen Ameisenvolk über viele Jahre als Wohnung, Winterquartier und Brutraum.

Leben im Ameisenstaat

Ameisen sind Insekten und gehören wie Bienen zu den Hautflüglern. Ein Ameisenstaat besteht aus bis zu 2 Millionen Tieren, überwiegend *Arbeiterinnen*. Das sind Weibchen mit verkümmerten Geschlechtsorganen. Zwischen ihnen herrscht Arbeitsteilung: Sie bauen Gänge und Kammern, füttern die Königin, entfernen Kot, betreuen Eier, versorgen Larven und tragen Puppen in Nestkammern mit der für sie passenden Temperatur. Ist es im Nest zu warm, öffnen die Arbeiterinnen

1 Ameisenhügel

Lüftungsschächte am Hügel. Bei Regen oder Kälte schließen sie die Öffnungen.

Alle Ameisen eines Staates stammen von mehreren *Königinnen* ab. Vom Frühjahr bis tief in den Herbst legen diese täglich jeweils bis zu 300 Eier. Aus den Eiern schlüpfen Larven, die sich nach mehreren Häutungen verpuppen. Aus den Puppen schlüpfen dann ab April die Jungameisen. Im Frühsommer sind auch geflügelte Geschlechtstiere darunter. Sie schwärmen an warmen Tagen aus. Die Männchen begatten die Weibchen während dieses *Hochzeitsflugs*. Bald darauf werfen die Weibchen ihre Flügel ab, suchen einen geeigneten Nistplatz und bilden als Königinnen neue Staaten.

Arbeiterin

Puppen

Larven

Eier

Männchen

Königin

2 Nestanlage der Roten Waldameise

3 Ameisen transportieren gemeinsam eine Raupe.

Kiefern-spanner   Forleule   Nonne   Kiefern-spinner

Kiefern-buschhorn-blattwespe

Eichen-wickler

4 Beutetiere der Roten Waldameise

Vielfältige Nahrung

Die Arbeiterinnen schaffen die Nahrung für das Ameisenvolk herbei. Ihre häufigste Beute sind Schmetterlingsraupen. Diese werden von mehreren Ameisen mit den Kieferzangen angegriffen. Ein großes Ameisenvolk trägt an einem Sommertag bis zu 100 000 Insekten ein. Die zweite wichtige Nahrungsquelle der Waldameisen ist zucker- und eiweißhaltiger Honigtau. Das sind Ausscheidungen von Rinden- und Blattläusen. Die Ameisen beklopfen die Läuse mit ihren Fühlern, worauf diese Honigtau ausscheiden. Im Kropf tragen ihn die Arbeiterinnen in ihren Bau. Im Gegenzug verteidigen die Ameisen die Blattläuse vor Fressfeinden. Daneben ernähren sich Ameisen von den öligen Samenanhängseln einiger Kräuter. Beim Transport der Samen tragen sie zur Verbreitung dieser Pflanzen bei.

Schutz vor Feinden

Ameisen wehren Angriffe auf ihr Nest gemeinsam ab. Sie verbeißen sich in den Körper des Angreifers und verspritzen aus dem Hinterleib Ameisensäure. Gegen die meisten Insekten und gegen kleine Säugetiere ist diese Verteidigung wirksam. Dagegen werden Vögel von Ameisensäure nicht abgewehrt. Die Rote Waldameise steht auf der *Roten Liste* der gefährdeten Arten, daher schützen Förster ihre Hügel oft durch Drahtgitter vor Wildschweinen.

Ökologische Bedeutung

Ameisen sind Schädlingsbekämpfer. Sie fressen Forstschädlinge wie Kiefernspinner, Forleule oder Nonne. So bleiben meist grüne Inseln belaubter Bäume um die Nester der Waldameisen erhalten, selbst wenn ringsum der ganze Wald von den Schädlingen kahl gefressen wurde. Die Ameisen können die Massenentwicklung der Schädlinge zwar nicht verhindern, aber erheblich einschränken. Außerdem lockern sie durch ihre Nestanlagen den Waldboden und verbreiten in Mitteleuropa die Samen von etwa 80 Pflanzenarten.

In Kürze

Die Rote Waldameise bildet Staaten. Diese werden von weiblichen Geschlechtstieren, den Königinnen, gegründet. Den größten Anteil des Volkes bilden die Arbeiterinnen, die vielfältige Aufgaben erfüllen.

Aufgaben

1 ☑ Für die Lebensgemeinschaften der Wälder sind Ameisen von großer Bedeutung. Erkläre.

2 ■ »Emsen« ist ein altes deutsches Wort für Ameisen. Zähle einige Wörter auf, in denen es enthalten ist. Welche Eigenschaft weist der Mensch den Ameisen damit zu? Nimm hierzu Stellung.

Nahrungsbeziehungen im Wald

Zwei Eichenwicklerraupen fressen an einem Eichenblatt. Langsam schneiden sie Löcher in das frische Grün. Ein unbedeutendes Ereignis, denkst du? Obwohl diese Tiere sehr klein sind, sind sie im Ökosystem Wald von großer Bedeutung.

Nahrungsketten

In einem Wald gibt es vielfältige Nahrungsbeziehungen. Eine Eiche beispielsweise produziert bei der Fotosynthese organische Stoffe. Man bezeichnet die Pflanze daher als *Produzenten*. Die Blätter der Eiche werden von einer Raupe gefressen. Die Raupe ist *Konsument*

1 Eichenwicklerraupe auf einem Eichenblatt

1. Ordnung. Die Raupe wiederum dient dem Dompfaff als Nahrung für seine Jungen. Er ist *Konsument 2. Ordnung.* Zugleich ist er aber auch Beute für den Habicht, den *Konsumenten 3. Ordnung.* Da der Habicht keinen natürlichen Fressfeind hat, bezeichnet man ihn als *Endkonsumenten* in dieser Nahrungskette. In der Regel bestehen Nahrungsketten aus höchstens fünf Gliedern.

Nahrungsnetze

In der Natur sind die Nahrungsbeziehungen nie kettenförmig, da viele Tiere nicht nur eine, sondern verschiedene Nahrungsquellen haben. So fressen sowohl die Raupen des Eichenwicklers als auch die Maikäfer von den Eichenblättern.

Nicht nur der Dompfaff macht Jagd auf die Raupen und den Maikäfer, sondern auch die Kohlmeise. So sind viele Nahrungsketten zu *Nahrungsnetzen* verknüpft.

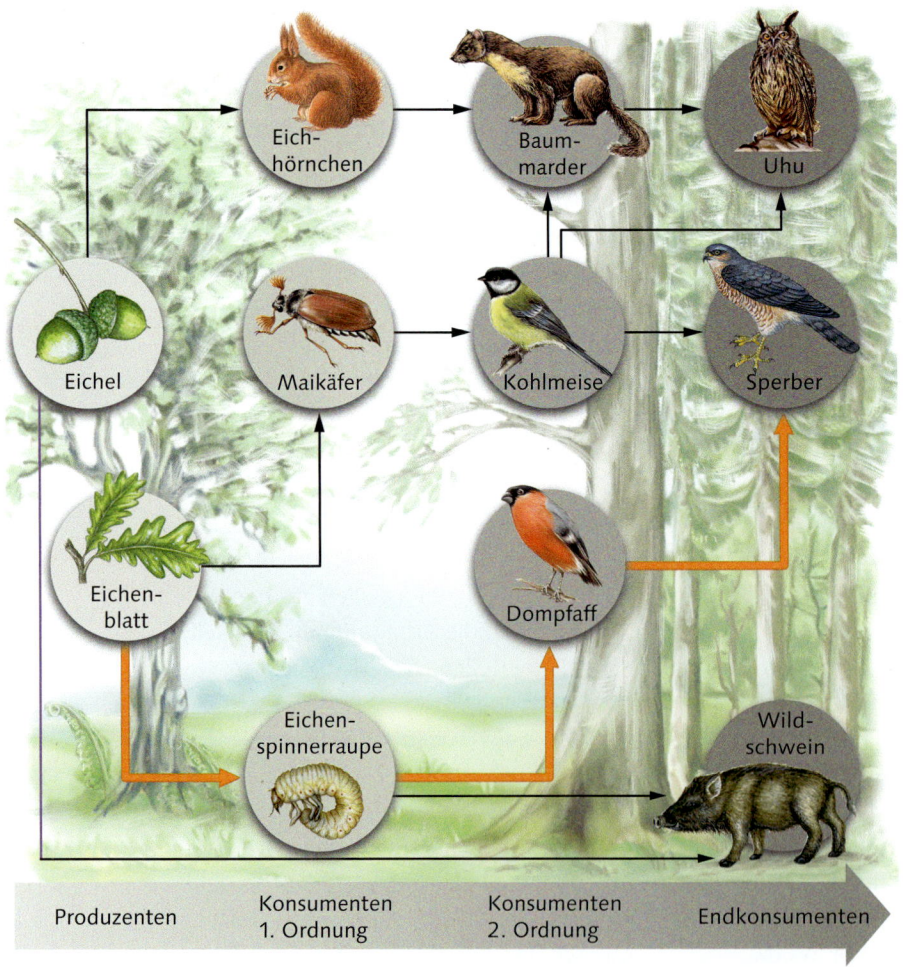

Eichhörnchen — Baummarder — Uhu — Eichel — Maikäfer — Kohlmeise — Sperber — Eichenblatt — Dompfaff — Eichenspinnerraupe — Wildschwein

| Produzenten | Konsumenten 1. Ordnung | Konsumenten 2. Ordnung | Endkonsumenten |

2 Nahrungsketten und Nahrungsnetz im Wald

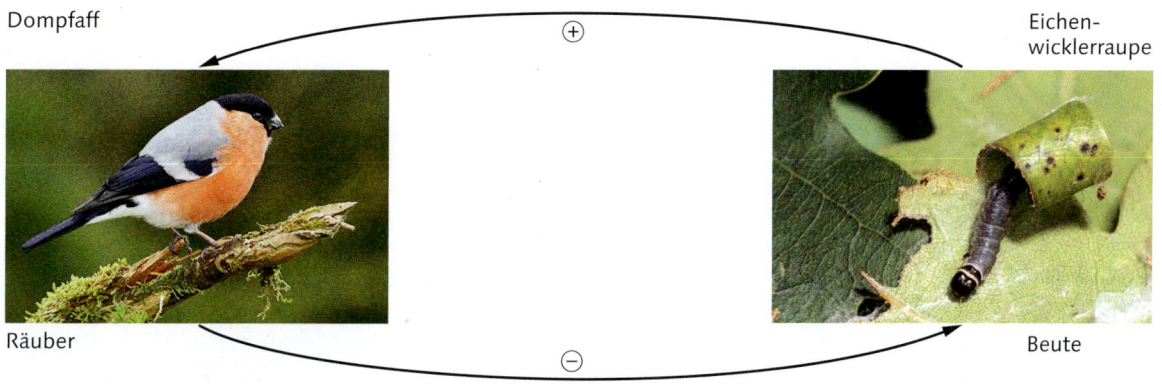

Dompfaff

Eichen-wicklerraupe

⊕ je mehr, desto mehr

⊖ je mehr, desto weniger

Räuber

Beute

Das bedeutet: ⊕ je mehr, desto mehr / je weniger, desto weniger   ⊖ je mehr, desto weniger / je weniger, desto mehr

3 Beispiel für ein vereinfachtes Räuber-Beute-Schema

Räuber-Beute-Beziehungen

Im Wald herrscht ein ständiges Fressen und Gefressenwerden. Dadurch reguliert sich die Anzahl der Tiere. In einem Jahr, in dem es wenige Raupen gibt, kann beispielsweise ein Dompfaffpaar nur wenige Jungen aufziehen. Das hat zur Folge, dass im nächsten Jahr mehr Raupen überleben, weil es weniger Dompfaffen gibt. Mehr Raupen aber bedeutet, dass jetzt mehr junge Vögel ernährt werden können und es wieder mehr Dompfaffen gibt. Die Beziehung zwischen Räuber und Beute ist also stetigen Schwankungen unterworfen. Allerdings darf diese Beziehung nicht isoliert betrachtet werden. Da die Tiere noch andere Nahrung aufnehmen, hat auch das weitere Nahrungsangebot Einfluss auf ihre Anzahl.

Beeinflussung der Wechselwirkungen

Wenn in einem besonders feuchten und kalten Frühjahr der gesamte Nachwuchs der Dompfaffen stirbt, hat dies auch Auswirkungen auf weitere Glieder des Nahrungsnetzes. So können sich beispielsweise die Raupen des Eichenwicklers besonders stark vermehren, sodass die Eichen des Waldes bald kahl gefressen sein können und teilweise absterben. Dadurch haben auch Maikäfer weniger Nahrung. Durch die geringe Anzahl an Dompfaffen wird das Nahrungsangebot für die Habichte knapp. Sie können kaum ihre Jungen großziehen.

Menschliche Eingriffe

Aus unterschiedlichen Gründen greift der Mensch in die Nahrungsketten und Nahrungsnetze der Wälder ein. So vernichtet er beispielsweise Forstschädlinge mit Insektenvernichtungsmitteln, wodurch jedoch auch zahlreiche nützliche Insektenarten zugrunde gehen. Darüber hinaus werden viele natürlich gewachsene Wälder abgeholzt, um gewinnträchtige Holzplantagen anzulegen. Wichtige Endverbraucher wie Wolf und Luchs hat der Mensch nahezu ausgerottet, wodurch das Rotwild keine natürlichen Feinde mehr hat.

In Kürze

Pflanzen bezeichnet man als Produzenten. Pflanzenfresser nennt man Konsumenten 1. Ordnung. Fleischfresser sind – je nach Stellung in der Nahrungskette – Konsumenten 2., 3. oder 4. Ordnung.
Ein Nahrungsnetz besteht aus vielfach miteinander verknüpften Nahrungsketten.

Aufgaben

1 ☑ Begründe, weshalb Pflanzen als Produzenten bezeichnet werden.

2 ☑ Stelle mit folgenden Lebewesen drei getrennte Nahrungsketten zusammen: Ameisen, Moos, Fuchs, Meiseneier, Eiche, Hase, Hirschkäfer, Eichhörnchen, Bussard, Baummarder. Versuche die drei Nahrungsketten zu einem Nahrungsnetz zu verbinden.

Nationalpark Schwarzwald

Seit dem 1.1.2014 sind zwei große Gebiete im Norden des Schwarzwalds zum ersten Nationalpark Baden-Württembergs erklärt worden. Hier wird die Natur mit ihren Wäldern, Bergen, Seen und Mooren besonders bewahrt. Viele seltene Pflanzen und Tiere finden natürliche Lebensbedingungen. Auch der Luchs lebt wieder im Schwarzwald.

Nationalpark Schwarzwald

Das Gebiet des Nationalparks ist zweigeteilt. Diese Teilung ist ein Kompromiss, unter anderem, um große Umwege für den Verkehr zu vermeiden. Außerdem gibt es Gemeinden, deren Bewohner nicht mitten im Nationalpark leben wollten. Nicht nur Anwohner, auch viele Förster und die Holzwirtschaft haben Bedenken gegen die Einrichtung des Nationalparks geäußert. Zum einen befürchtet man eine

1 Der Luchs im Schwarzwald

2 Karte des Nationalparks Nordschwarzwald mit der Zoneneinteilung

starke Vermehrung des Borkenkäfers, der die umliegenden bewirtschafteten Wälder befallen könnte. Zum anderen hat man Angst vor wirtschaftlichen Einbußen durch die fehlende Menge an Holz.

Einteilung des Nationalparks

Der Nationalpark befindet sich noch in der Entwicklung. Dazu ist er in drei Zonen eingeteilt. In den *Kernzonen* darf der Mensch nicht in die Natur eingreifen. Sie wird sich selbst überlassen. Nur Wege und Besuchereinrichtungen werden von Rangern gepflegt.

In den *Entwicklungszonen* kann man noch viele Spuren des menschlichen Wirtschaftens sehen. Sie werden darauf vorbereitet, spätestens 2044 in Kernzonen überzugehen.

25 Prozent des Nationalparks bleiben *Managementzonen*. Hier wird der Mensch immer in die Natur eingreifen und sie pflegen. Dazu gehören vor allem die *Feuchtheiden*, auch Grinden genannt, und die Randzonen. Sie sollen die Wälder zum Beispiel vor Borkenkäfern und anderen Schädlingen schützen.

Ziele des Nationalparks

Zum Leitbild des Nationalparks gehören der Schutz von natürlichen Prozessen und der

3 Hutzenbacher See

4 Der Auerhahn im Schwarzwald

biologischen Vielfalt, die Verantwortung für die benachbarten Wälder, das Erforschen der Entwicklungen in und um den Nationalpark herum und die Begeisterung der Menschen für Natur und deren Artenvielfalt zu wecken.

Verschiedene Lebensräume

Einige Lebensräume des Nationalparks müssen weiterhin gepflegt werden. Dazu zählen die Grinden, die jahrhundertelang beweidet wurden. Hier hat sich eine Heidelandschaft entwickelt, in der seltene Tierarten heimisch sind. In anderen Lebensräumen müssen menschliche Einflüsse der Vergangenheit wie die Entwässerung der Moore durch besondere Pflege ausgeglichen werden. Im größten Teil des Nationalparks darf sich die Natur frei entwickeln. Der Wald wird sich selbst überlassen

5 Grinden – beweidete Feuchtwiesen

und Urwälder entstehen, die Raum für eine große Artenvielfalt bieten. Viele Lebensräume werden nur noch beobachtet. Dazu gehört das Erforschen der natürlichen Entwicklung von Seen. Die Auswertung von Wasserdaten zeigt, wie sich Veränderungen von Wald und Klima auf Seen auswirken.

Lebensraum für seltene Tierarten

Der natürliche Wald bietet mit seinen unterschiedlich alten Bäumen, viel Totholz, Baumhöhlen und Wurzeltellern Lebensraum für viele seltene Arten wie den Dreizehenspecht oder die kleinste Eulenart, den Sperlingskauz. Der Auerhahn, dessen Bestände wieder wachsen, findet im Nationalpark den idealen Lebensraum mit Lichtungen, dichtem Unterholz und kahlen, hohen Bäumen. Selbst scheue Luchse sind wieder eingewandert.

Erlebnispfade im Naturpark

Auf besonderen Wegen können Besucher den Wald erkunden, seine Entwicklung verfolgen und sich ausführlich informieren. Auf dem Luchspfad kann man die Streifzüge eines Luchses nachempfinden. Der Wildnispfad und der Lotharpfad zeigen die Schäden, die der Orkan Lothar im Dezember 1999 hinterlassen hat. Auf dem Weg wurde der Wald nicht aufgeräumt. Man klettert über umgestürzte Bäume und auf Felsen, um zu sehen, wie sich die Natur langsam erholt.

Eine Conceptmap erstellen

Biologische Zusammenhänge wie die abiotischen und biotischen Umweltfaktoren im Wald sind meist sehr vielschichtig und auf einen Blick nur schwer zu erfassen. Mit einer Conceptmap kannst du sie gut nachvollziehbar und übersichtlich darstellen. Die Beziehungen der einzelnen Begriffe untereinander werden durch beschriftete Pfeile verdeutlicht. Für die Erstellung einer Conceptmap solltest du die Themeninhalte verstanden haben. Du kannst nach den folgenden Schritten vorgehen:

1 Informationen für eine Conceptmap zusammentragen

1 Benötigte Materialien Du benötigst zur Erstellung der Conceptmap Notizzettel, einen Papierbogen, Bleistift und Radiergummi.

2 Informationen sammeln und Schlüsselbegriffe notieren Bei neuen Themen musst du dir die Inhalte zunächst erschließen. Lies dazu die Sachtexte sorgfältig und markiere Schlüsselbegriffe. Schreibe im nächsten Schritt je einen Schlüsselbegriff auf einen Notizzettel.

3 Schlüsselbegriffe anordnen Überlege, wie die Schlüsselbegriffe miteinander in Beziehung stehen. Ordne die Notizzettel entsprechend an. So erhältst du eine grobe Anordnung für die Conceptmap.

4 Vollständigkeit kontrollieren Überprüfe nun, ob du alle Schlüsselbegriffe zum Thema aufgeschrieben hast. Ergänze falls notwendig auf weiteren Notizzetteln. Ordne auch diese an den passenden Stellen in der Grobanordnung deiner Conceptmap ein.

5 Conceptmap erstellen Schreibe das Thema etwas größer oben in die Mitte auf den Papierbogen. Umrande es mit einem Kasten. Stelle von hier aus den thematischen Zusammenhang sinnvoll dar. Nimm die Anordnung deiner Notizzettel zu Hilfe. Schreibe auch die Schlüsselbegriffe in Kästen.

Art der Beziehung	Beschriftungsbeispiele
Ursache–Wirkung	bewirkt, löst aus, beeinflusst, stimuliert, ruft hervor, führt zu, prägt, steuert
Bedingung	wenn …, dann, setzt voraus, bildet die Grundlage, ist Voraussetzung
Mittel	indem, mit Hilfe von, unter Beteiligung von
Zweck	damit, dass, für, um … zu
Vergleich	ist größer als, ist genauso groß wie, in ähnlicher Weise, konkurrierend mit
Teil–Ganzes	ist Teil von, besteht aus, unterteilt in, verzweigt sich in, spaltet sich auf in
Eigenschaft, Definition	hat, ist gekennzeichnet durch, wird charakterisiert durch
Beispiel	z. B., beispielsweise, erkennbar an, wie etwa, wie
Folge	führt zu, sodass, daraus folgt, infolgedessen, aus diesem Grund

2 Tabelle mit den wichtigsten Beschriftungen für Beziehungspfeile

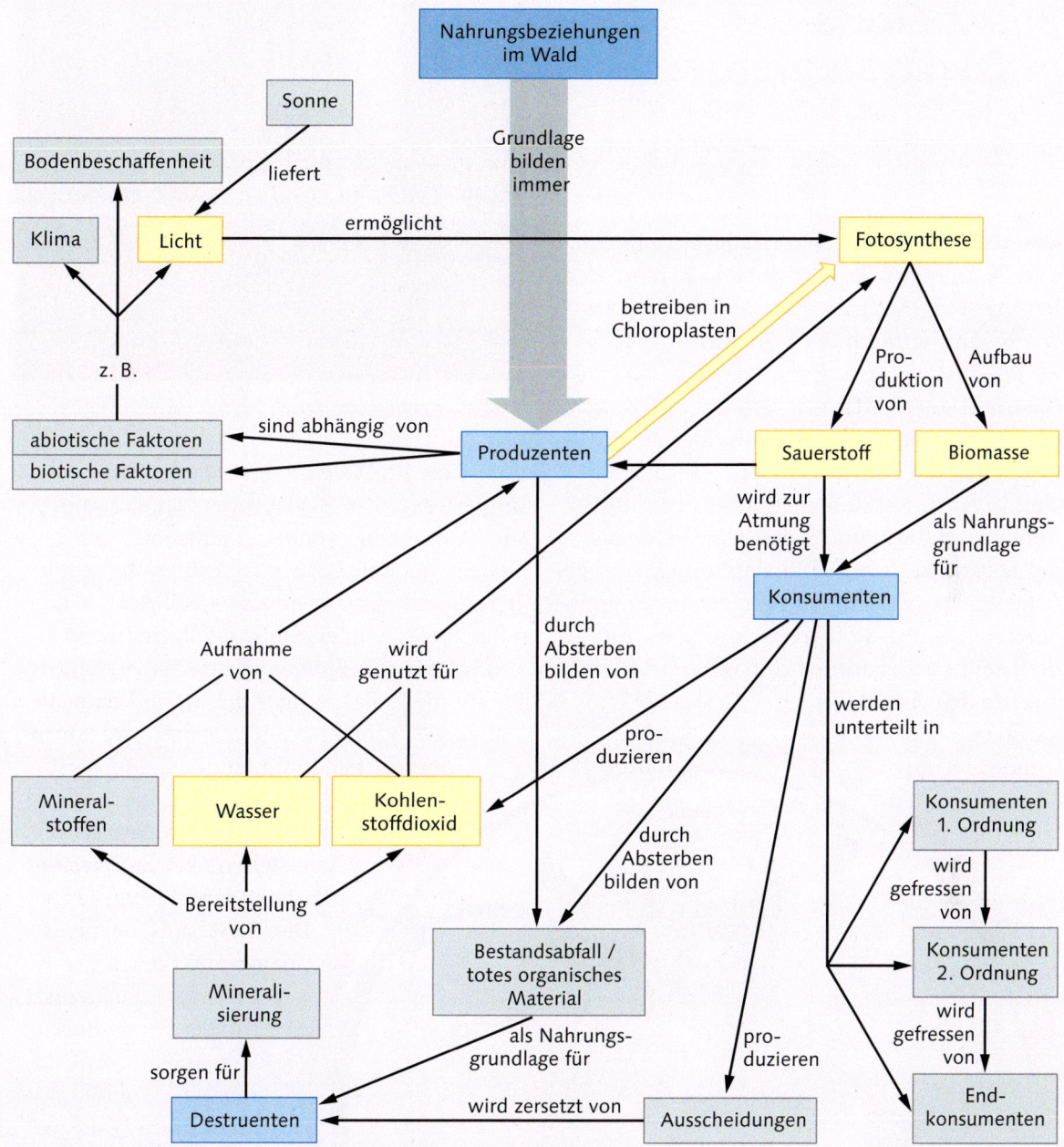

3 Conceptmap zum Thema »Nahrungsbeziehungen im Wald«

6 Beziehungspfeile ergänzen Zeichne Pfeile vom Thema aus und lass sie auf die umrandeten Schlüsselbegriffe zulaufen. Beschrifte die Pfeile. Die Wörter in Tabelle 2 können dir dabei helfen.

7 Querverbindungen einfügen Kontrolliere nun sorgfältig, ob sich in deiner Conceptmap weit auseinanderliegende Schlüsselbegriffe aufeinander beziehen. Verknüpfe diese durch Querverbindungen. Zur besseren Übersicht

achte sorgfältig darauf, dass sich möglichst wenige Pfeile überschneiden.

8 Mit dem Entwurf vergleichen Überprüfe, ob alle Begriffe deiner Grobanordnung vorhanden sind. Ergänze deine Conceptmap, wenn nötig.

Aufgabe ■

1 ☐ Erstellt eine Conceptmap zum Thema »Nutzung und Gefährdung des Waldes«.

Energiefluss in Ökosystemen

In einem Mischwald kannst du im Sommer nur selten Sonnenstrahlen am Boden sehen. Umso magischer erscheint ein solcher Moment. Das Licht, das nicht bis zum Boden durchkommt, wird meist von den Blättern der Bäume »eingefangen«. Sie wandeln Sonnenenergie in chemische Energie um.

1 Sonnenstrahlen im Wald

Kreislauf der Stoffe

Die Pflanzen im Wald nehmen über die Spaltöffnungen der Blätter das Element Kohlenstoff in Form von Kohlenstoffdioxid auf. Aus Kohlenstoffdioxid und Wasser bilden sie bei der Fotosynthese mit Hilfe der Sonnenenergie Glucose. Diese dient den Pflanzen als Energielieferant für ihre Stoffwechselprozesse. Außerdem wird sie zusammen mit Mineralstoffen zum Aufbau von Baustoffen verwendet.

Alle Tiere im Wald sind auf diese Stoffe angewiesen: Der Borkenkäfer, der sich vom Holz der Fichte ernährt, genauso wie der Specht, der den Borkenkäfer unter der Rinde herauspickt. Sie bauen einen Teil der von den Pflanzen erzeugten Stoffe als Baustoffe in ihren Körper ein. Einen anderen Teil benötigen sie für die Zellatmung. Auch wenn Pflanzen ständig Stoffe herstellen, die die Tiere konsumieren, gehen ihnen nie die Rohstoffe aus und es häufen sich keine Abfallstoffe an. Denn Pflanzen und Tiere stehen über Stoffkreisläufe in Verbindung.

Den Sauerstoff, der als Nebenprodukt bei der Fotosynthese freigesetzt wird, benötigen Borkenkäfer, Specht sowie alle anderen Tiere und Pflanzen im Wald zur Atmung. Dabei scheiden sie Kohlenstoffdioxid aus, das die Pflanzen aufnehmen und daraus wieder Glucose herstellen.

Auch die in toten Tieren und abgestorbenen Pflanzen enthaltenen Baustoffe gelangen wieder in den Kreislauf: Destruenten zersetzen diese Stoffe in Kohlenstoffdioxid, Wasser und Mineralstoffe.

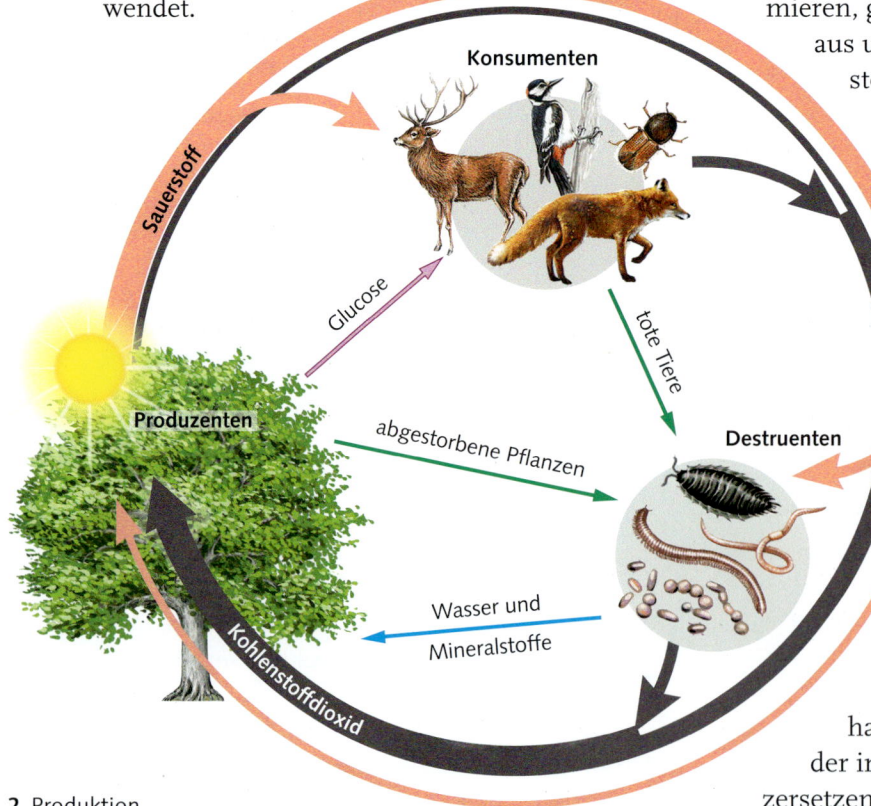

Sauerstoff

Konsumenten

Glucose

tote Tiere

Produzenten

abgestorbene Pflanzen

Destruenten

Wasser und Mineralstoffe

Kohlenstoffdioxid

2 Produktion und Weitergabe energiereicher Stoffe im Wald

Endkonsumenten
(Fleischfresser)

Konsumenten
2. Ordnung
(Fleischfresser)

Konsumenten
1. Ordnung
(Pflanzenfresser)

Produzenten
(Pflanzen)

Wärme

Wärme

Wärme

Wärme

Abnahme der Biomasse

Abnahme der Energie

Abnahme der Individuenzahl

3 Nahrungspyramide

Einbahnstraße der Energie

Damit die Stoffkreisläufe nicht zum Stillstand kommen, ist Energie notwendig. Diese Energie stammt aus dem Sonnenlicht. Bei der Fotosynthese wird sie in Form energiereicher Stoffe wie Glucose und Stärke gespeichert. Einen Teil davon nehmen die Konsumenten auf. Wenn die Destruenten die Körper von toten Lebewesen in ihre Ausgangsstoffe zersetzen, wird die darin enthaltene Energie als Wärme frei und verlässt den Stoffkreislauf. Energie durchläuft Nahrungsketten also immer nur in einer Richtung. Die Energie der Sonne hält die Lebensvorgänge in einem Ökosystem in Gang.

Nahrungspyramide

Aufgrund ihrer Ernährungsweise ordnet man Lebewesen der Nahrungspyramide zu. Die erste Stufe bilden die Pflanzen als Produzenten. Die einzelnen Stufen der Konsumenten schließen sich an. Auf der obersten Stufe stehen die Endkonsumenten.

Die Masse, die die Lebewesen in einer Stufe bezogen auf eine bestimmte Fläche im Wald haben, bezeichnet man als *Biomasse*. Sie nimmt mit der darin enthaltenen Energie von Stufe zu Stufe ab, da auf dem Weg über Produzenten und Konsumenten jeweils nur ein Teil der Nahrung für den Aufbau neuer Biomasse verwendet wird. Ein großer Teil wird für die Atmung genutzt und dabei schließlich in Wärme umgewandelt und abgegeben. Für die Endverbraucher stehen am Gipfel der Nahrungspyramide also nur begrenzte Nahrungs- und Energiemengen zur Verfügung.

In Kürze

Pflanzen erzeugen mit Hilfe von Sonnenlicht energiereiche Stoffe. Tiere setzen diese Stoffe um. Destruenten zersetzen sie erneut in ihre Ausgangsstoffe. Kohlenstoff und Sauerstoff bleiben im Stoffkreislauf erhalten, die Energie wird hingegen freigesetzt.

Aufgaben

1 ☑ Beschreibe den Kreislauf von Kohlenstoffdioxid und Sauerstoff mit Hilfe von Bild 2.

2 ■ Begründe aus energetischer Sicht, weshalb große Beutegreifer wie der Luchs in Wäldern sehr selten vorkommen.

3 ■ Diskutiert in der Gruppe, ob eine fleischreiche Ernährung ökologisch sinnvoll ist.

Der Wald – ein Ökosystem

1 Räuber-Beute-Schema

In einem Waldgebiet wurden zehn Jahre lang die Zahl der Buntspechte je Hektar sowie die Zahl der vom Borkenkäfer befallenen Bäume bestimmt. In der Tabelle 1 sind die Ergebnisse dieser Untersuchung zusammengefasst:

Untersuchungsjahr	Befallene Bäume	Spechte je Hektar
U 1	2000	0,40
U 2	3200	0,35
U 3	3000	0,50
U 4	2500	0,78
U 5	1000	0,65
U 6	1200	0,67
U 7	5000	1,08
U 8	4000	1,10
U 9	4500	0,90
U 10	10300	1,35

1 Zahl der »Käferbäume« und Spechte im Vergleich

a ☐ Stelle die ermittelten Werte in Form eines Verlaufsdiagramms dar. Die Vorlage in Bild 2 soll als Muster dienen. Verwende unterschiedliche Farben.

b ☑ Beschreibe und begründe die beiden Kurvenverläufe.

c ☑ Erläutere, welcher Zusammenhang zwischen der Anzahl der »Käferbäume« und der Anzahl der Spechte besteht.

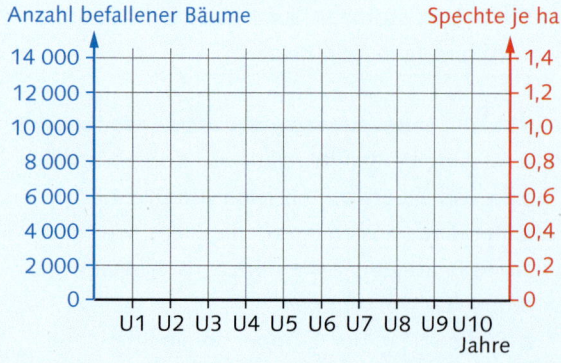

2 Borkenkäferbefall und Anzahl der Spechte

2 Nahrungspyramide

3 Ernährungsebenen in einer Nahrungspyramide

a ☐ Benenne die Ernährungsebenen mit den Begriffen für die Nahrungskettenglieder.

b ☑ Beschreibe, wie sich die Anzahl der Lebewesen in den Ebenen von unten nach oben verändert. Begründe dein Ergebnis.

c ■ Begründe, weshalb reine Fleischfresser auf die Existenz von Pflanzen angewiesen sind.

d ☑ Suche nach einer Erklärung, weshalb Tiere, die oben in der Nahrungspyramide stehen, meist ein großes Jagdrevier haben müssen.

3 Ökologische Nische

4 Waldkauz und Kohlmeise sind Waldbewohner, die im selben Stockwerk leben.

a ☐ Stelle dar, wie die beiden Tiere eine gegenseitige Konkurrenz vermeiden.

b ☑ Erläutere die Aussage: »Verschiedene Arten mit gleichen Ansprüchen können nicht dieselbe ökologische Nische beanspruchen.«

4 Nahrungsbeziehungen

Luchs

Wanderfalke

Kreuzspinne

Blaumeise

Waldmaus

Eichenwicklerraupe

Rehbock

Eicheln

Eichenblätter

4 Lebewesen im Ökosystem Wald

a ☐ Zähle möglichst viele einzelne Nahrungsketten in Bild 4 auf.

b ☐ Schreibe die Namen der Lebewesen wahllos
auf ein DIN-A4-Blatt. Füge sechs weitere
Pflanzen und Tiere des Ökosystems Wald
hinzu. Verbinde sie biologisch sinnvoll durch
Striche so miteinander, dass ein möglichst
engmaschiges Nahrungsnetz entsteht.

c ☑ In einem Nationalpark der USA wurden vor
etwa 100 Jahren die letzten Wölfe ausgerottet.
Daraufhin wuchsen in dem Gebiet deutlich
weniger Nadel- und Laubbäume. Suche nach
einer Erklärung hierfür. Trage dazu in dein
Nahrungsnetz oben auch Wolf und Hirsch
ein. Seit 1995 erholen sich die Wälder im
Nationalpark wieder. Welche Ursachen könnten dafür verantwortlich sein? Verwende
bei deinen Erläuterungen auch den Begriff
»Nahrungskette«.

5 Energienutzung aus der Nahrung

Von der mit der Nahrung aufgenommenen Energie
können Lebewesen unterschiedlich viel nutzen.

Genutzte Energie	für die Atmung	für den Aufbau von Körper-substanz	Ausschei-dung über Kot
Erdkröte	35%	45%	20%
Ratte	80%	2%	18%

5 Energienutzung aus der Nahrung

a ☑ Vergleiche die Energienutzung für Atmung
und Wachstum von Erdkröte und Ratte
miteinander. Berichte über das Ergebnis.

b ■ Suche nach einer Begründung für die unterschiedliche Energienutzung der beiden Tiere.
Beachte dabei die Unterschiede der Tiere,
zum Beispiel Größe, Verhalten und ihre
Stellung in der Nahrungspyramide.

6 Regulation innerhalb einer Art

☑ In einem abgegrenzten Lebensraum regelt sich
die Anzahl der Tiere auch innerhalb einer Art.
Erläutere dies mit Hilfe der folgenden Darstellung:

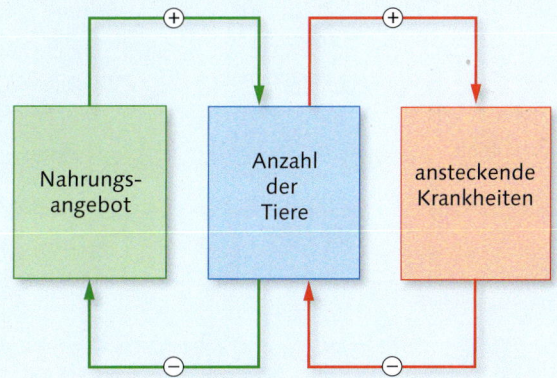

⊕ je mehr, desto mehr / je weniger, desto weniger

⊖ je mehr, desto weniger / je weniger, desto mehr

Bedeutung der Wälder

Der Wald liefert uns den wichtigen Rohstoff Holz. Wenn du dich im Raum umsiehst, findest du bestimmt viele Holzprodukte. Aber der Wald bietet viel mehr: Er ist für viele Tiere und Pflanzen sowie für nahezu alle Bereiche unseres Lebens von Bedeutung.

Wälder beeinflussen die Erdatmosphäre

Grüne Pflanzen bilden als Nebenprodukt der Fotosynthese Sauerstoff. Eine Buche produziert pro Jahr etwa 4600 Kilogramm Sauerstoff. Davon könnte ein Erwachsener mehr als 13 Jahre lang leben. Gleichzeitig entziehen Bäume der Atmosphäre Kohlenstoffdioxid. Dieses Gas entsteht bei der Atmung, aber auch vermehrt durch Verbrennungsprozesse, beispielsweise bei Autos oder Fabriken. Es wirkt in großen Mengen klimaschädlich. Die Wälder dienen als *Kohlenstoffspeicher* und tragen so zur Milderung des Klimawandels bei.

Der Wald dient als Wasserspeicher

Im Waldboden können bei heftigen Niederschlägen auf einem Quadratmeter Boden bis zu 200 Liter Wasser versickern. Das Wasser

1 Der Wald hat vielfältige Funktionen.

wird anschließend durch Verdunstung langsam wieder abgegeben. Der Wald trägt so zum Hochwasserschutz in gefährdeten Gebieten bei. Beim Versickern wird das Wasser zudem von Schadstoffen gereinigt.

Schutz von Mensch und Umwelt

Die Bäume festigen durch ihre Wurzeln den Boden und schützen ihn vor Abtragungen durch Wind und Regen. Staub- und Rußteilchen bleiben an den Blättern hängen. Blätter wirken auch als Wasserfilter. Bäume verringern außerdem die Lärmbelastung und verhindern die Entstehung von Schneelawinen.

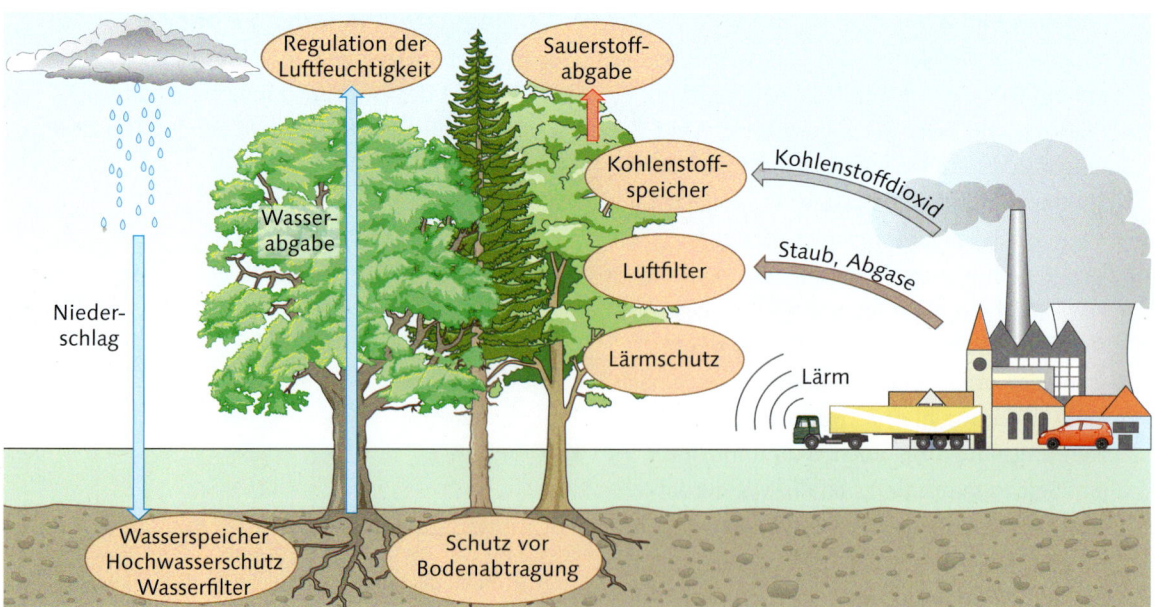

2 Schutzfunktionen des Waldes

3 Der Wald als Lebensraum

Lebensraum für Pflanzen und Tiere

Weltweit beherbergen Wälder den Großteil der an Land lebenden Pflanzen- und Tierarten. Jede von ihnen hat ihren Platz im Ökosystem Wald und trägt zu dessen Stabilität bei. Diese *biologische Vielfalt* ist ein wichtiges Naturerbe und muss geschützt werden.

Wirtschaftliche Bedeutung

Ungefähr 40 Millionen Kubikmeter Holz werden pro Jahr in den Wäldern Deutschlands geerntet. Holz ist ein unverzichtbarer Rohstoff, der durch das Nachpflanzen der Bäume umweltfreundlich erzeugt wird. Er dient als Baustoff für alltägliche Gegenstände, Möbel und Häuser. Zerkleinertes Holz kann zu Papier weiterverarbeitet werden.

Gleichzeitig ist Holz ein wichtiger Brennstoff, der eine umweltfreundliche Alternative zu fossilen Brennstoffen wie Erdöl, Erdgas oder Kohle darstellt. Holzspäne werden zu Pellets gepresst, die ebenfalls als Brennstoff verwendet werden. Das Abfallprodukt der Sägewerke wird somit sinnvoll verwertet.

Zudem nutzt der Mensch die biologische Vielfalt der Pflanzen, Tiere und Pilze in vielerlei Hinsicht. Viele Medikamente werden zum Beispiel durch die Erforschung von Pflanzen und Tieren gewonnen.

Ort der Erholung und Entdeckungen

Viele Menschen kommen in den Wald, um dort die Ruhe und die reine Luft zu genießen. Durch das Verdunsten von Wasser liegt die Temperatur im Wald an heißen Sommertagen um bis zu 4 °C niedriger als in der Umgebung und verschafft Spaziergängern eine Abkühlung. Der Wald bietet den Menschen aber noch mehr. Mit Fernglas, Lupe und Bestimmungsbuch können sie sich auf eine Entdeckungsreise in den Wald begeben.

In Kürze

Die Wälder liefern den Rohstoff Holz. Sie übernehmen Schutzfunktionen für Mensch und Umwelt. Viele Tier-, Pflanzen- und Pilzarten haben hier ihren Lebensraum.

Aufgaben

1 ◪ Erläutere die Schutzfunktion der Wälder anhand von Bild 2.
2 ☐ Sieh dich in deinem Zimmer, der Küche und dem Wohnzimmer um. Notiere alle Holzprodukte.
3 ☐ Erstelle eine Conceptmap zur Bedeutung des Waldes.

4 Holz – Rohstoff und Energieträger

Wald in Gefahr

Die Klasse 8c fährt am Ausflugstag zum Mummelsee im Nordschwarzwald. Dabei fällt auf, dass die meisten Bäume großer Waldflächen wie umgeknickte Streichhölzer am Boden liegen. Der Förster erklärt, dass das die Folgen eines Sturms sind. Aber warum können nicht alle Bäume solchen Belastungen standhalten?

1 Baumschäden im Wald

Patient Wald

Einmal im Jahr wird der Zustand der deutschen Wälder überprüft. Anzeichen für einen kranken Baum können Verfärbungen oder Verlust der Nadeln oder Blätter sein. Waldschäden können biotische oder abiotische Ursachen haben, die zum Teil durch den Menschen hervorgerufen werden.

Insekten richten große Schäden an

Insekten wie der Buchdrucker sind eine ernst zu nehmende Gefahr für viele Wälder. Klimaerwärmung, lange Trockenperioden oder Stürme begünstigen in Fichtenwäldern die Vermehrung des Buchdruckers. Die erwachsenen Tiere fressen Gänge unter die Rinde. Dort werden die Eier abgelegt und die sich daraus entwickelnden Larven fressen sich weiter unter der Rinde durch. Dabei entsteht das typische Muster, das dem Käfer den Namen gab.

Verbiss junger Triebe

Die natürlichen Feinde der Wildtiere wie Bär, Luchs und Wolf sind fast ausgerottet. Hasen, Rehe oder Damwild können sich stark vermehren und fressen die Triebe oder die Rinde junger Bäume. Dieser Wildverbiss verhindert die natürliche Verjüngung des Waldes. Nur durch die Jagd lassen sich die Wildbestände noch regulieren.

Extreme Wetterereignisse

Vor allem wenn Bäume bereits durch Wildverbiss oder Insektenfraß geschwächt sind, können Stürme große Waldflächen zerstören. Vom Menschen geschaffene Fichtenmonokulturen sind besonders anfällig. Auch Trockenperioden bedeuten Stress für die Bäume.

Schädigungsgrad	Ohne Schadmerkmal	Schwach geschädigt	Mittelstark geschädigt	Stark geschädigt	Abgestorben
Schadstufe	0	1	2	3	4
Nadel-/ Blattverlust	0–10 %	11–25 %	26–60 %	60–99 %	tot (100 %)
Erscheinungsbild					

2 Baumschäden teilt man in Schadstufen ein.

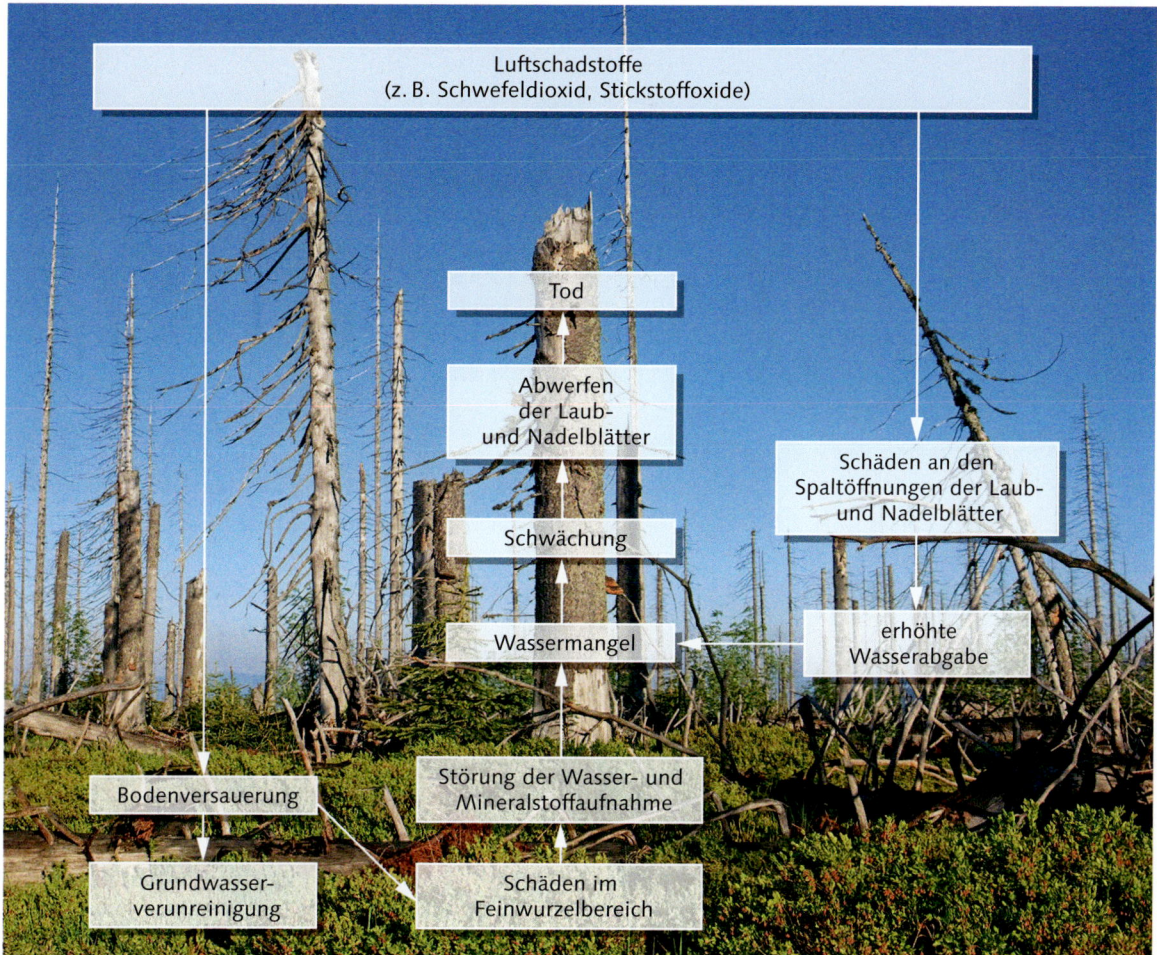

Luftschadstoffe
(z. B. Schwefeldioxid, Stickstoffoxide)

Tod

Abwerfen
der Laub-
und Nadelblätter

Schäden an den
Spaltöffnungen der Laub-
und Nadelblätter

Schwächung

Wassermangel

erhöhte
Wasserabgabe

Bodenversauerung

Störung der Wasser- und
Mineralstoffaufnahme

Grundwasser-
verunreinigung

Schäden im
Feinwurzelbereich

3 Luftschadstoffe schädigen Bäume dauerhaft.

Luftschadstoffe schädigen die Bäume

Luftschadstoffe aus Industrie, Verkehr, Haushalt oder Landwirtschaft haben einen beträchtlichen Anteil an der Zerstörung von Waldgebieten. Schwefeldioxid und Stickstoffoxide beispielsweise bilden mit Wasserdampf *sauren Regen*. Die Säure greift die Spaltöffnungen der Blätter und Nadeln an. Sie können sich daraufhin nicht mehr schließen. Der Baum verdunstet ohne diesen Schließmechanismus zu viel Wasser und wirft daher die Laubblätter zum Schutz ab.

Die Schadstoffe werden mit dem Niederschlag in den Boden geschwemmt. In der Folge werden die Pilze geschädigt, die den Baum normalerweise bei der Mineralstoffversorgung unterstützen. Derart geschädigte Bäume sind wiederum weniger widerstands-

fähig gegenüber Frost, Sturm, Hitze und dem Befall von Schadinsekten.

In Kürze

Waldschäden können biotische oder abiotische Ursachen haben, die teilweise vom Menschen hervorgerufen werden. Insektenfraß und Wildverbiss schwächen die Bäume. Luftschadstoffe greifen Spaltöffnungen und die Pilze im Wurzelgeflecht der Bäume an. Geschädigte Bäume sind anfälliger für Stürme und Frost.

Aufgaben

1 ☐ Nenne Merkmale eines kranken Baumes.

2 ◪ Erläutere die Bedeutung der Jagd für den Gesundheitszustand des Waldes.

3 ◪ Erkläre, weshalb ein kranker Baum die Blätter abwirft.

Ökosystem Wald

1 Der Wald als Lebensraum

1 Der Wald als Lebensraum

a ☐ Benenne die in Bild 1 dargestellten Stockwerke des Waldes. Gib für jedes Stockwerk Beispiele von Pflanzen an, die dort wachsen.

b ☐ Nenne biotische und abiotische Umweltfaktoren im Wald.

c ☐ Jeder Wald ist ein »Ökosystem« und besteht aus »Biotop« und »Biozönose«. Gib die Definitionen für die drei Begriffe wieder.

d ☑ Früher wurden von der Forstwirtschaft vor allem Fichtenmonokulturen angelegt, heute dagegen meist Mischkulturen. Erkläre.

2 Ökologische Nische

3 Zwei Vögel im gleichen Lebensraum

a ☐ Benenne die beiden Vögel in Bild 3.

b ☐ Nenne zwei Merkmale, die sie als Spechte kennzeichnen.

c ☑ Erläutere am Beispiel der beiden Vögel, was man in der Biologie allgemein unter einer »ökologischen Nische« versteht.

3 Nahrungsbeziehungen

a ☐ Erstelle aus der Nahrung der Konsumenten in Tabelle 2 mindestens drei Nahrungsketten und verbinde sie zu einem Nahrungsnetz.

b ☑ Erkläre die Rolle von Produzenten, Konsumenten und Destruenten im Wald.

c ■ Begründe, weshalb die Biomasse der Produzenten größer ist als die der Konsumenten.

Tierart	Nahrung
Wildschwein	Eicheln, Bucheckern, Pilze, Wurzelknollen, Früchte, Eidechsen, Schlangen, Frösche, Regenwürmer
Eichelhäher	Tannen- und Fichtensamen, Eicheln, Früchte, Beeren, Raupen
Buntspecht	Raupen, Würmer, Knospen, Fichten- und Tannensamen
Buchfink	Fichten- und Tannensamen, Beeren, Früchte, Würmer, Raupen
Waldmaus	Grassamen, Früchte, Bucheckern, Eicheln, Pilze, Wurzelknollen
Eichhörnchen	Bucheckern, Eicheln, Pilze, Haselnüsse, Vogeleier, Fichten- und Tannensamen, Früchte, Knospen
Baummarder	Mäuse, kleinere Vögel, Insekten, Obst, Nüsse, Bucheckern, Beeren, Eichhörnchen
Waldkauz	kleine Säugetiere von Maus- bis Rattengröße, Vögel bis zur Größe von Tauben, Eidechsen, größere Insekten, Regenwürmer
Habicht	Kleintiere von Maus- bis Hasengröße, Wiesel, kleinere und größere Vögel, Greifvögel (wie Specht, Waldkauz, Kleiber, Singdrossel)

2 Nahrungsspektrum verschiedener Waldtiere

4 Die Bedeutung des Waldes

Der Wald bietet nicht nur Lebensraum für viele Lebewesen, er wirkt auch auf unser Klima und hat vielfältigen Nutzen für den Menschen.

a ☐ Benenne die Funktionen des Waldes.

b ☐ Nenne Möglichkeiten der wirtschaftlichen Waldnutzung.

c ☑ Beschreibe die Wirkung der Wälder auf die Erdatmosphäre und den Boden.

d ☑ Beschreibe Möglichkeiten, wie du den Wald zur Erholung nutzen kannst.

5 Schädigung des Waldes

Jedes Jahr wird der Zustand der Wälder in Deutschland in einem Waldzustandsbericht beurteilt. Darin wird der Schädigungsgrad der Wälder dokumentiert. 2014 war nur noch jeder vierte Baum in Deutschland gesund.

a ☐ Nenne Ursachen für die Schädigung der Wälder.

b ☑ Beschreibe Ursachen und Wirkungen der Luftverschmutzung. Nutze dazu Bild 4.

c ■ »Der Mensch ist Verursacher der meisten Waldschäden.« Begründe diese Aussage.

d ■ Stelle Vermutungen an, wie sich der Klimawandel auf die Wälder auswirken könnte.

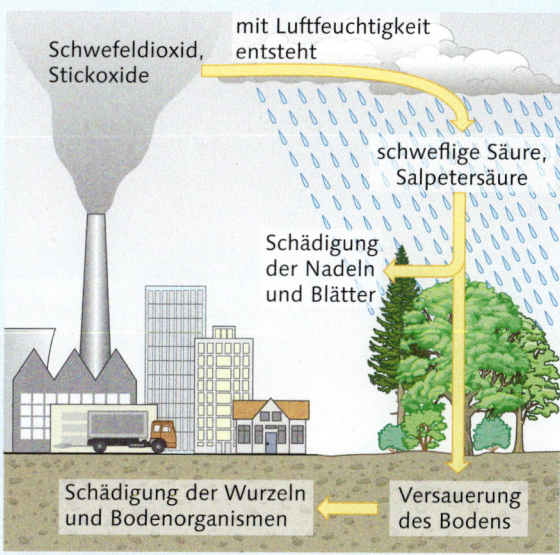

4 Ursachen und Folgen des sauren Regens

Ökosystem Wald

■ Unter einem Biotop versteht man den Lebensraum, der von den abiotischen Umweltfaktoren gebildet wird. Die Biozönose ist eine Lebensgemeinschaft aus Pflanzen und Tieren. Biotop und Biozönose bilden gemeinsam ein Ökosystem.

■ Naturnahe Laubmischwälder sind in Stockwerke gegliedert. Durch die Änderung der abiotischen Umweltaktoren verändern die Wälder ihr Aussehen im Jahresverlauf.

■ Unterschiedliche Lebewesen besetzen im Lebensraum Wald verschiedene ökologische Nischen. Darunter versteht man die Gesamtheit der biotischen und abiotischen Umweltfaktoren, die ein Lebewesen im Lebensraum benötigt. Dadurch können unterschiedliche Lebewesen denselben Lebensraum nutzen, ohne sich gegenseitig Konkurrenz zu machen.

■ Zwischen den Lebewesen bestehen vielfältige Nahrungsbeziehungen. Sie stehen durch Stoffkreisläufe in Verbindung.

■ Der Wald hat viele Funktionen und beeinflusst seine Umwelt. Durch Klimawandel, Umweltverschmutzung und zu starke Nutzung ist er bedroht.

Leben in Gewässern

Der See – ein Ökosystem

Endlich Sommerwetter! Du beschließt, an einen See zu fahren. Dort springst du gleich in das kühle Nass. Ufer, Untergrund und Wasser sind ganz anders als im Schwimmbad. Was für dich ein Ort für Freizeitspaß ist, bildet den Lebensraum für viele Tiere und Pflanzen.

1 Ausflugsziel See

Viele Faktoren bilden einen Lebensraum

Zu den charakteristischen Umweltfaktoren eines Sees zählen die Beschaffenheit des Seegrunds, die Temperatur und die Windverhältnisse. Sämtliche Faktoren der unbelebten Umwelt beeinflussen das Leben im See. Die Gesamtheit dieser abiotischen Faktoren prägen den Lebensraum, das Biotop.

Die Temperatur des Wassers

Nicht nur das vorherrschende Klima, sondern auch die Wassertiefe und der Untergrund bestimmen die Temperatur des Sees. Da viele Wasserbewohner wie Fische oder Insekten wechselwarm sind, hängt ihr Stoffwechsel von der Umgebungstemperatur ab. Mit steigender Temperatur atmen sie schneller. Bei Pflanzen erhöht sich die Fotosyntheserate.

Seen sind tief

Während die Temperatur in flachen Weihern weitgehend einheitlich ist, bilden sich aufgrund der Tiefe von Seen im Sommer mehrere Wasserschichten: die warme Oberflächenschicht und die kalte Tiefenschicht. Sie sind durch eine weitere Schicht getrennt. Daher ist der Stofftransport zwischen ihnen eingeschränkt.

Nicht jeder See hat klares Wasser

Schwebstoffe und Algen bestimmen die Sichttiefe des Sees. Wärme und Helligkeit lassen die Algen vor allem während der Sommermonate gedeihen. Ab einer bestimmten Tiefe ist es in einem See dunkel.

Der Sauerstoffgehalt im Wasser

Kaltes Wasser ist sauerstoffreicher als warmes Wasser, da sich in kaltem Wasser mehr Sauerstoff lösen kann. Im Wasser lebende Tiere nehmen ihn über ihre Kiemen auf und geben Kohlenstoffdioxid an das Wasser ab. In der lichtdurchfluteten Oberflächenschicht produzieren Algen sehr viel Sauerstoff, am dunklen Grund fehlt er dagegen meist.

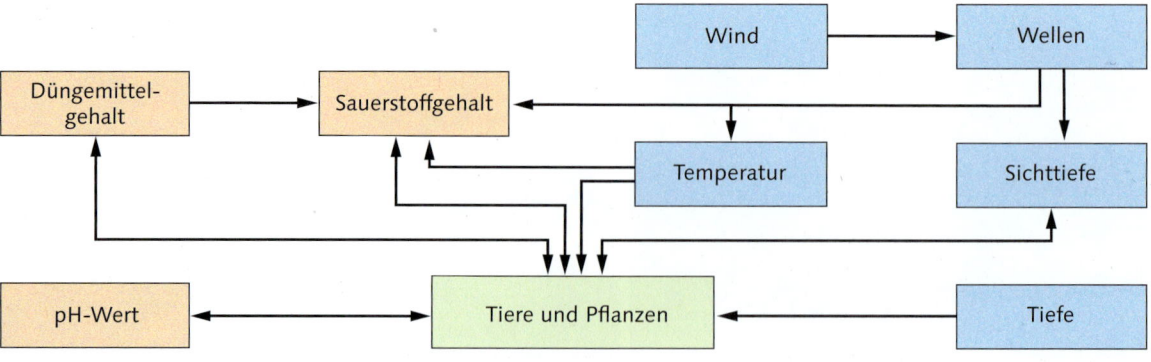

2 Zusammenwirken der Umweltfaktoren

Säure oder Lauge: der pH-Wert

Der pH-Wert gibt den Säuregehalt an. Er ist bei Säuren kleiner als 7. Steigt er über 7, so handelt es sich um das Gegenteil von Säuren, um Basen. Reines Wasser ist neutral, es hat einen pH-Wert von genau 7. Im See reagiert Kohlenstoffdioxid mit Wasser. Dadurch entsteht Kohlensäure. Sie bewirkt, dass der pH-Wert sinkt. Bei einer hohen Fotosyntheserate wird viel Kohlenstoffdioxid umgesetzt, der pH-Wert steigt an.

Mineralstoffe werden eingeschwemmt

Über Zuflüsse werden Mineralstoffe wie Phosphat oder Nitrat in den See geschwemmt. Der steigende Mineralstoffgehalt wirkt als Pflanzendünger. Dies führt zu einem verstärkten Wachstum von Algen.

Der See – eine Lebensgemeinschaft

Ein See wird von einer Vielzahl von Tieren und Pflanzen bewohnt. Mikroskopisch kleine Algen stehen am Anfang fast aller Nahrungsketten eines Sees. Am Seegrund werden tote Lebewesen von Bakterien und Pilzen abgebaut. Alle Bewohner eines Sees bilden eine Lebensgemeinschaft oder Biozönose. Die Lebewesen bezeichnet man als biotische Faktoren.

Ökosystem See

Biotop und Biozönose bilden das Ökosystem See. Pflanzen wachsen nur bei ausreichend Licht und Fische benötigen einen bestimmten Sauerstoffgehalt. Dieser ist von den Temperaturverhältnissen abhängig. Die biotischen und abiotischen Faktoren sind also stark miteinander vernetzt. Ein See ist aber kein abgeschlossenes System. Über seine Ufer, die Zu- und Abflüsse sowie über wandernde Tiere steht er ständig mit anderen Ökosystemen in Verbindung.

In Kürze

Das Biotop eines Sees wird durch viele abiotische Umweltfaktoren bestimmt. Diese haben Einfluss auf die Tiere und Pflanzen, die biotischen Umweltfaktoren. Zusammen bilden sie eine Biozönose und beeinflussen sich gegenseitig. Biotop und Biozönose ergeben zusammen das Ökosystem See.

Aufgaben

1 ☐ Stelle die Beziehungen zwischen den abiotischen Faktoren von Bild 2 in Einzelaussagen dar, zum Beispiel: »Der Wellengang ist abhängig vom Wind.«

2 ◨ Begründe folgende Aussage: »Ohne Algen gäbe es in einem See keine Fische.«

3 Biotop

4 Biozönose

Lebensbedingungen in einem See

A Messung der Temperatur

1 Temperaturmessung im Gewässer

Material Thermometer, wenn nötig mit einem Stein beschwert, 20 Meter lange Schnur mit 50-Zentimeter-Markierungen

Durchführung Führt die Messungen an einer möglichst tiefen Stelle durch. Oft führt ein langer Steg in den See, von dem aus ihr die Messungen vornehmen könnt. Messungen von einem Boot aus sind ideal. Lasst das Thermometer jeweils in 50-Zenti-meter-Abständen ins Wasser gleiten. Bei einem analogen Thermometer müsst ihr mindestens 2 Minuten warten, ein digitales zeigt den Wert schneller an. Zieht nun das Thermometer zügig wieder hoch und lest die Temperatur ab. Sammelt die Messergeb-nisse in einer Tabelle.

Auswertung

1 Erstellt aus den Messwerten ein Diagramm, das die Temperaturverhältnisse in dem See anschaulich wiedergibt.
2 Beschreibt die Temperaturverhältnisse in einem kurzen Text.

B Messung der Sichttiefe

2 Messung der Sichttiefe mit einer Secchi-Scheibe

Material weiße Scheibe (Secchi-Scheibe), 10 Meter lange Schnur mit 20-Zentimeter-Markierungen

Durchführung Lasst die Scheibe in das Wasser tauchen und blickt von oben darauf. Notiert den Wert für die Tiefe, in der die Umrisse der Scheibe gerade verschwinden. Wiederholt die Untersuchung an verschiedenen Stel-len und errechnet einen Mittel-wert.

3 Secchi-Scheibe

Auswertung

1 Formuliert die Beziehung zwischen Sicht-tiefe und Algengehalt des Wassers.
2 Beschreibt die Bedeutung der Sichttiefe für den Lebensraum der Algen.
3 Bestimmt die Wassergüte mit Hilfe der Tabelle in Bild 6.

C Messung des pH-Wertes

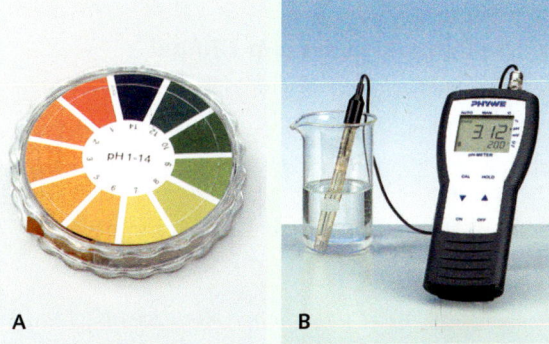

A pH-Teststreifen; B pH-Messgerät

4 A pH-Teststreifen; B pH-Messgerät

Material pH-Testset: Indikator oder elektronisches Messgerät

Durchführung Sucht unterschiedliche Stellen des Sees auf. Nach dem Eintauchen des Indikators wird durch den Farbvergleich der pH-Wert abgelesen. Ein elektronisches Messgerät zeigt den Wert unmittelbar an. Wiederholt die Messung jeweils dreimal.

Auswertung
1 Begründet, warum jede Messung wiederholt werden muss.
2 Notiert die Messwerte in einer Tabelle und errechnet jeweils den Mittelwert.
3 Bestimmt die Wassergüte mit Hilfe der unten stehenden Tabelle.

D Messung chemischer Größen

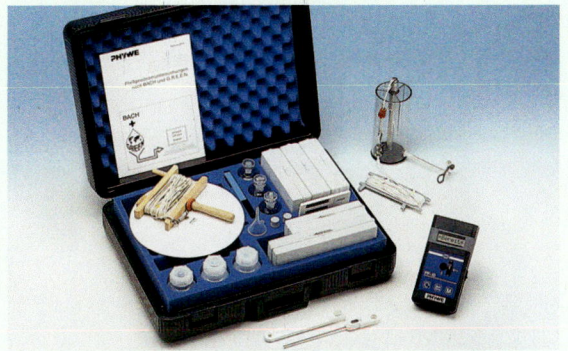

5 Chemisches Testset zur Gewässeruntersuchung

Material chemisches Testset für Sauerstoff, Nitrat, Phosphat oder elektronische Messgeräte

Durchführung Sucht wie bei der pH-Wertmessung unterschiedliche Stellen des Sees auf. Folgt den Anleitungen der Testsets beziehungsweise verwendet die Messgeräte. Wiederholt die Messung für jede chemische Größe mindestens dreimal.

Auswertung
1 Notiert auch hier die Messwerte in einer Tabelle und berechnet für jeden Untersuchungsort jeweils den Mittelwert.
2 Bestimmt die Wassergüte mit Hilfe der Tabelle.

Güteklasse	Sichttiefe cm	Wasser-temperatur °C	Sauerstoff, gelöst mg/l	Sauerstoff-sättigung %	pH-Wert	Nitrat mg/l	Phosphat mg/l
I	500	10–12	>8	100	7,0	0–1	0–0,05
I–II	300–500	12–14	7–8	85–100 (100–110)	7,5 6,0	1–1,5	0,05–0,1
II	100–300	14–16	6–7	70–85 (110–120)	8,0 5,5	1,5–2,5	0,1–0,3
II–III	50–100	16–18	5–6	50–70 (120–130)	8,5 5,0	2,5–5,0	0,3–0,5
III	30–50	18–22	3–5	25–50 (>130)	9,0 5,5	5–30	0,5–3,0
III–IV	20–30	22–24	2–3	10–25	9,5 5,0	30–50	3,0–5,0
IV	10–20	>24	<2	<10	10 <5	>100	>8,0

6 Chemische Größen und Wassergüte

Alle Lebewesen haben eine Umwelt

1 Ein Frosch und die große Welt

1 Unterschiedliche Systeme

Lebewesen besiedeln fast alle Regionen der Erde. Dabei finden sie sehr unterschiedliche Lebensbedingungen vor.

a ☐ Ordne den Abbildungen oben die Begriffe Organismus, Biozönose, Biosphäre und Ökosystem zu.

b ☑ Organismus, Biozönose, Biosphäre und Ökosystem können jeweils als ein System bezeichnet werden. Ordne die Systeme in einer sinnvollen Reihenfolge.

c ☑ Nenne das von dir verwendete Ordnungskriterium. Finde weitere mögliche Kriterien.

2 Ein Frosch in seinem Tümpel

Der Lebensraum des Teichfroschs ist ein Tümpel, in dem es keine Fische gibt. In eurem Schulteich haben sich die Goldfische sehr stark vermehrt. Ihr überlegt, ob ihr einige Goldfische in den Tümpel aussetzen sollt. Ihr recherchiert im Internet und stoßt auf folgenden Artikel:

In Gewässern mit natürlichen Kleinfischbeständen können sich Laubfrösche und andere Amphibien zumeist erfolgreich fortpflanzen. Entscheidend ist die Größe, die Struktur und die Vegetation des Gewässers sowie die Fischdichte.

a ☑ Erstellt Hypothesen, wie sich das Zufügen von Goldfischen auf die Teichfrösche auswirken könnte.

b ☑ Bei der weiteren Recherche findet ihr eine Untersuchung, die die Auswirkung von Fischbesatz auf das Vorkommen von Laubfröschen zeigt.
Wertet das Ergebnis dieser Untersuchung schriftlich aus.

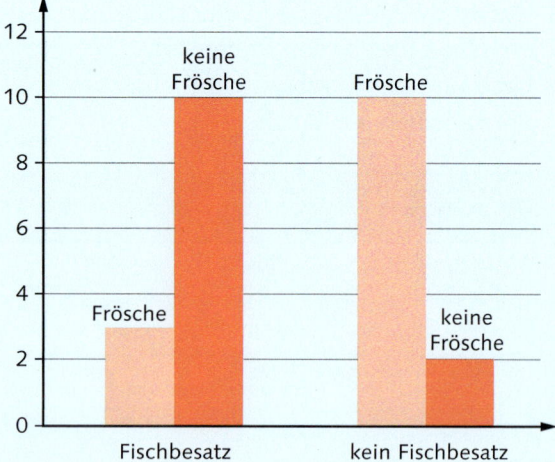

2 Fische und Frösche in Tümpeln

c ☑ Trefft eine Entscheidung, ob ihr einige Goldfische aus eurem Schulteich in den Tümpel aussetzt. Formuliert Argumente, die biologisch begründet sind.

3 Ein See im Sommer

Im Sommer lädt ein See zum Baden ein. Das Wasser fühlt sich angenehm warm an. Tauchst du ein Stück in die Tiefe, wird es spürbar kälter. Auch die Fische halten sich in unterschiedlichen Tiefen auf.

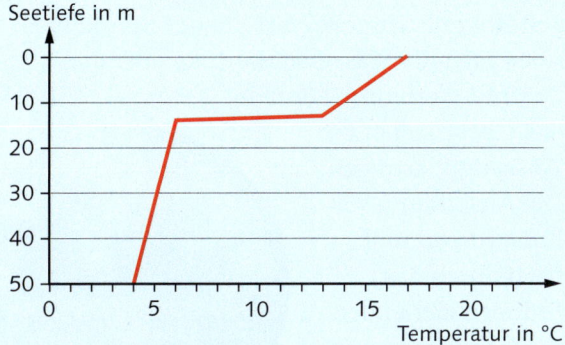

3 Temperaturschichtung während des Sommers

a ☐ Der Sauerstoffgehalt des Wassers hängt von seiner Temperatur ab. In den oberen Schichten produzieren Pflanzen Sauerstoff. Beschreibe die Verteilung des Sauerstoffs anhand des Diagramms in Bild 4.

b ☑ Beschreibe und erkläre die Temperaturschichtung eines Sees im Sommer anhand von Bild 3.

c ☑ Beschreibe, wie die Biologen vorgegangen sind, um die Werte der Bilder 3 und 4 zu messen.

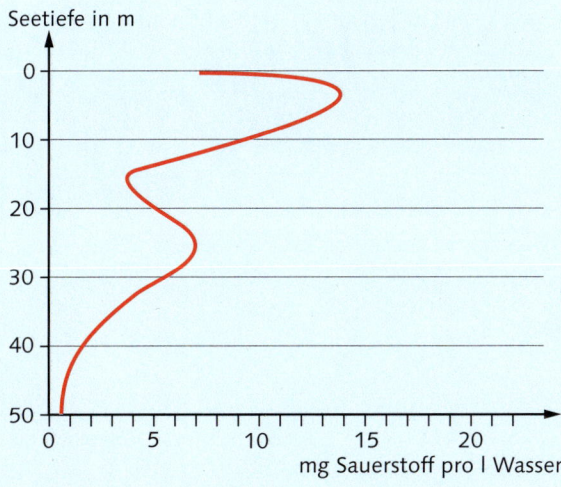

4 Sauerstoffgehalt während des Sommers in unterschiedlichen Tiefen

4 Ein Fisch im See

a ☑ Um den Sauerstoffbedarf von Fischen bei unterschiedlichen Temperaturen zu ermitteln, hatten die Biologen folgende Geräte zur Verfügung:
 – abgeschlossenes, temperaturisoliertes Aquarium
 – Heizung, Kühlung
 – Sauerstoffmessgerät
Fertige eine beschriftete Skizze an, die den Versuchsaufbau zeigt.

b ☑ Erstelle aus der folgenden Tabelle ein Diagramm, das die Abhängigkeit des Sauerstoffbedarfs von der Temperatur anschaulich zeigt. Wähle einen geeigneten Diagrammtyp und Maßstab.

Wassertemperatur in °C	Sauerstoffverbrauch in g/kg
5	1,5
8	2,3
10	2,9
12	3,7
15	5,0
18	6,7
20	7,9

5 Sauerstoffverbrauch von Fischen bei unterschiedlichen Temperaturen

c ■ In besonders heißen Sommern kann es zum Fischsterben kommen, weil die Fische ersticken. Begründe diese Aussage anhand der Diagramme in Bild 3 und 4.

6 Fischsterben

Pflanzen an und in einem See

Der See liegt ruhig in der Nachmittagssonne. Er sieht aus wie ein großer Spiegel mit grünem Rand. Unter Wasser erstreckt sich eine einzigartige Welt, von der wir vom Ufer aus nichts sehen.

Unterschiedliche Bedingungen

Da in einem See vom Ufer bis zur Mitte sehr unterschiedliche Bedingungen herrschen, teilt man ihn in verschiedene Zonen ein. *Feuchtpflanzen* leben am Wasser. Während ihre Wurzeln ständig im Wasser stehen, erhebt sich ihr Spross über die Wasseroberfläche. *Wasserpflanzen* leben im Wasser. Bisweilen ragen einzelne Pflanzenteile aus dem Wasser heraus.

Die *Bruchwaldzone* wird nur bei Hochwasser vollständig überflutet. Die meiste Zeit des Jahres stehen die hier vorkommenden Pflanzen im Trockenen. Typisch für diese Zone sind Erlen und Weiden.

Zwischen Land und Wasser

Die *Röhrichtzone* ist geprägt von hochwüchsigen Röhrichtarten wie Schilf oder Rohrkolben. Aber auch die Wasserschwertlilie oder die Sumpfdotterblume können das Überangebot an Wasser gut ertragen. Die Ausbildung von Erdsprossen und flach durch das Erdreich ziehenden Wurzeln geben den Pflanzen auch bei höherem Wellengang festen Halt. Die meisten Feuchtpflanzen besitzen in ihren Laubblättern und Stängeln *Durchlüftungsgewebe*. Dadurch werden der Sauerstoff und das Kohlenstoffdioxid im Pflanzenkörper verteilt.

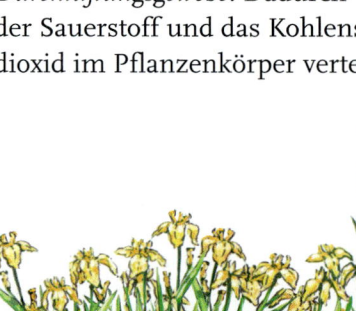

Weide

Erle

Sumpfdotterblume

Wasserschwertlilie

Rohrkolben

Bruchwaldzone

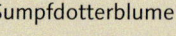
Feuchtpflanzen

Röhrichtzone

1 Pflanzen eines stehenden Gewässers

Nur die Blätter schwimmen

Seerose und Teichrose sind typische Pflanzen der *Schwimmblattzone.* Sie besiedeln den Uferbereich zwischen ein und drei Metern Wassertiefe. Der Spross und die Wurzeln sind im Seegrund verankert. Die Blätter schwimmen an langen, biegsamen Stielen. So gleichen die Pflanzen Wellenbewegungen und Wasserstandsänderungen aus. Die Spaltöffnungen liegen auf der Blattoberseite. So ist der Gasaustausch gewährleistet.

Unter Wasser

Das Hornblatt, die Wasserpest und das Tausendblatt sind Pflanzen der *Tauchblattzone.* Sie leben unter Wasser, nur der Blütenstand erhebt sich bei manchen Arten aus dem Wasser heraus. Die dünnen, zarten Blättchen nehmen Kohlenstoffdioxid und Mineralstoffe direkt aus dem Wasser auf. Sie besitzen keine Cuticula und keine Spaltöffnungen. Wasserleitungsgefäße und Wurzeln sind nur schwach ausgebildet. Bei guten Lichtverhältnissen können Tauchblattpflanzen in eine Wassertiefe von bis zu zehn Metern vordringen.

Auf der Wasseroberfläche

Schwimmpflanzen, wie der Froschbiss oder die Wasserlinse, schwimmen auf der Wasseroberfläche. Die Wurzeln dieser Pflanzen hängen frei ins Wasser. Sie dienen weniger der Wasserversorgung als der Aufnahme von Mineralstoffen. Wasserlinsen können sich sehr schnell vermehren und große Bereiche der Wasseroberfläche bedecken.

In Kürze

Das Seeufer ist in typische Zonen eingeteilt. Der Bruchwald bildet den Übergang zur Röhrichtzone. Ihr folgt die Schwimmblatt- und schließlich die Tauchblattzone. In jeder Zone leben typische Pflanzen. Sie weisen Angepasstheiten an den jeweiligen Lebensraum auf.

Aufgaben

1 ☐ Erstelle eine Tabelle, die die Zonen der Pflanzen an einem See, mindestens einen typischen Vertreter und Angepasstheiten an den Lebensraum enthält.

2 ◪ Bestimme mit Hilfe eines Bestimmungsbuchs die Pflanzen an einem Gewässer. Ordne sie den Feuchtpflanzen, Schwimmblatt- oder Tauchblattpflanzen zu und begründe die Zuordnung.

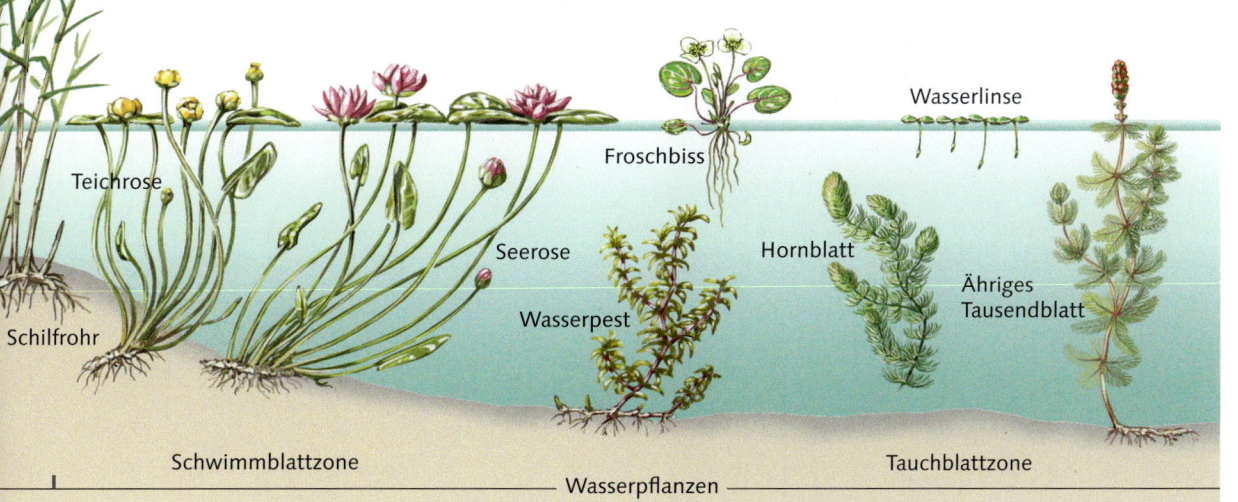

Teichrose · Schilfrohr · Seerose · Wasserpest · Froschbiss · Hornblatt · Wasserlinse · Ähriges Tausendblatt

Schwimmblattzone · Tauchblattzone · Wasserpflanzen

Kleinstlebewesen im Wasser

Mit Hilfe eines Planktonnetzes habt ihr eine Wasserprobe aus dem Schulteich entnommen und in ein Schraubglas gefüllt. Gegen das Licht gehalten, sieht man schon mit bloßem Auge, dass es hier vor Kleinstlebewesen nur so wimmelt. Aber erst mit Hilfe des Mikroskops zeigt sich das vielfältige Leben im Wassertropfen.

Den Wasserbewegungen ausgesetzt

Die Kleinstlebewesen werden meist als *Plankton* bezeichnet. Dieser Begriff leitet sich aus dem Griechischen ab und bedeutet »das Umhergetriebene«. Es handelt sich um Wasserbewohner, deren Fortbewegung weitgehend von Wasserströmungen abhängig ist. Sie bewegen sich kaum aktiv. Es gibt Süßwasserplankton und Meeresplankton. In unseren heimischen Gewässern ist das Plankton mikroskopisch klein. Meeresplankton kann dagegen sehr groß werden. Beispielsweise erreichen einige Quallen einen Durchmesser von mehreren Metern. Nach der Zugehörigkeit zum Tier- oder Pflanzenreich unterscheidet man pflanzliches und tierisches Plankton.

1 Mikroskopisches Bild einer Planktonprobe

Pflanzliches Plankton

Zum pflanzlichen Plankton, dem *Phytoplankton*, gehören ein- oder wenigzellige Lebewesen. Sie sind in der Lage, Fotosynthese zu betreiben. Die Grünalge *Chlamydomonas* besteht nur aus einer Zelle. Ihr Zellkörper ist zum größten Teil von einem becherförmigen Chloroplasten gefüllt. Mit dem winzigen Augenfleck können Helligkeitsveränderungen erkannt werden. Am vorderen Ende besitzt der pflanzliche Einzeller zwei Geißeln, mit deren Hilfe er sich in eine für die Fotosynthese günstige Position drehen kann. Die Vertreter des Phytoplanktons stehen im Ökosystem Gewässer als Produzenten am Anfang fast aller Nahrungsketten und sind damit von zentraler Bedeutung.

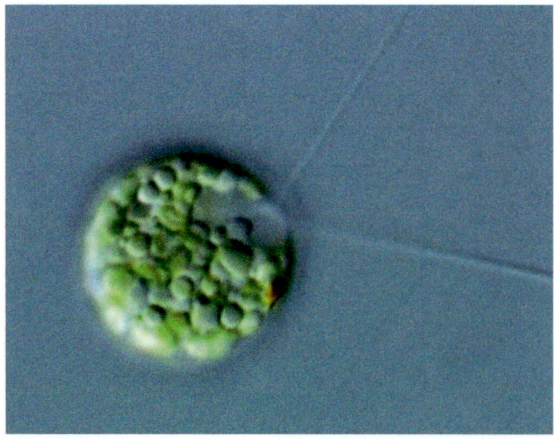

2 Einzellige Grünalge im Mikroskop

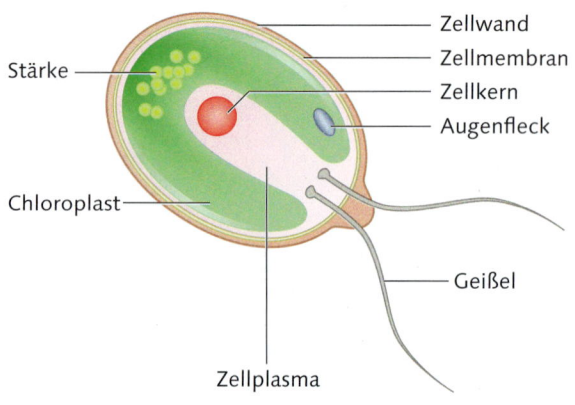

Stärke
Chloroplast
Zellplasma
Zellwand
Zellmembran
Zellkern
Augenfleck
Geißel

3 Einzellige Grünalge (Schema)

Tierisches Plankton

Zum tierischen Plankton, dem *Zooplankton,* gehören unterschiedliche Formen wie das einzellige Pantoffeltierchen, die Rädertierchen oder die Kleinkrebse. Sie ernähren sich von Bakterien, Phytoplankton oder anderem Zooplankton. Diese Tiere treiben oft passiv in der Wasserströmung mit. Sinken sie in tiefere Schichten, bewegen sie sich aktiv zum Licht nach oben.

Schraubend durch das Wasser

Pantoffeltierchen haben ihren Namen aufgrund ihrer Körperform. Sie sind von einem Wimpernsaum umgeben, der aus etwa 10 000 einzelnen Wimpern besteht, die koordiniert zusammenarbeiten. Die Wimpern krümmen sich und richten sich wieder auf. Dadurch entstehen Schlagwellen entlang des Körpers. Die Pantoffeltierchen drehen sich schraubend durch das Wasser.

»Hüpfend« durch das Wasser

Der Wasserfloh hat seinen Namen von seinen Bewegungen, die an einen Floh erinnern. Mit den beiden umgebildeten Fühlern schlägt er durch das Wasser. Dadurch treibt der Körper ein Stück vor- und aufwärts, in den Pausen sinkt das Tier ab.

Angepasstheiten an das Schweben

Da sich vor allem das Phytoplankton nicht oder nur über sehr kleine Strecken fortbewegen kann, besteht stets die Gefahr des Absinkens auf den Gewässergrund. Es gelangt dann schnell in Bereiche, in denen es für die Fotosynthese zu dunkel ist. Die Verwirbelungen des Wassers verhindern bis zu einem gewissen Grad das Absinken.

Viele Vertreter des Planktons haben deshalb eine flache Körperform oder lange Fortsätze ausgebildet. Diese Vergrößerung der Oberfläche wirkt dem Absinken entgegen. Einige Arten haben Luft oder Öl in ihre Zellen eingelagert. Dank dieser Einschlüsse können sie im Wasser schweben.

In Kürze

Als Plankton fasst man alle Lebewesen von Gewässern zusammen, deren Fortbewegung weitgehend von den Strömungen des Wassers abhängig ist. Man unterscheidet pflanzliches und tierisches Plankton.

Aufgaben

1 ☐ Vergleiche Phytoplankton und Zooplankton.
2 ☑ Die Koordination des Wimpernschlags bei den Pantoffeltierchen ist wichtig. Erkläre.
3 ☑ Zähle Gründe auf, warum man in reißenden Gebirgsbächen kaum Plankton findet.

Extra Schwimmend durch das Wasser

Im antarktischen Meer findet man riesige Schwärme garnelenartiger Leuchtkrebse, den Krill. Er ist nur zwei Zentimeter groß und bildet riesige Schwärme. Für viele Walarten ist er die wichtigste Nahrungsquelle. Mit Hilfe seiner fünf Beinpaare schwimmt der Krill mit 0,15 Metern pro Sekunde durch das Wasser. Ohne diese Schwimmbewegungen würde er auf den Meeresboden absinken. Den flinken Antrieb verschafft sich der Krill durch schnelle, schlagende Bewegungen des Schwanzstücks.

4 Krill (vergrößert)

Mikroskopieren von Wasserproben

A Leben im Heuaufguss

Material großes Becherglas, eine Handvoll
Heu, Teichwasser (oder Leitungswasser),
Glasplatte, Pipetten, Mikroskopier- und
Zeichenausrüstung

> Sicherheitsbestimmungen beachten!
> Kein verschimmeltes Heu verwenden.
> Heuaufguss bei Zimmertemperatur aufbewahren.

Durchführung

- Befülle das Becherglas mit Heu und Wasser.
  Decke das Gefäß mit der Glasplatte als Ver-
  dunstungsschutz ab.

- Nach einigen Tagen hat sich an der Wasser-
  oberfläche eine dünne Haut, die sogenannte
  Kahmhaut gebildet.
- Entnimm aus dem Heuaufguss etwas unter-
  halb der Kahmhaut mit Hilfe der Pipetten
  kleine Proben und mikroskopiere sie.
- Bestimme die Lebewesen anhand der
  Bestimmungsschlüssel.
- Erstelle von mindestens einem Lebewesen
  eine Zeichnung.

Auswertung Fertige eine Tabelle an, die
die Häufigkeit der unterschiedlichen
Lebewesen wiedergibt.

Bestimmungsschlüssel für Zooplankton (Auswahl)

①	– einzelliger Organismus	—> 2
	– mehrzelliger Organismus	—> 5
②	– ohne Geißeln oder Wimpern, Gestaltwechsel	—> Wechseltierchen (Amöben)
	– mit Geißeln, Wimpern oder langen Fortsätzen	—> 3
③	– mit Wimpern	—> Wimperntierchen
	– mit langen Fortsätzen oder Geißeln	—> 4
④	– lange, schmale, scheinbar starre Fortsätze, Gestalt kugelförmig	—> Sonnentierchen
	– mit Geißeln	—> Geißeltierchen
⑤	– Vorderende mit Wimpernkranz oder Wimpernplatte	—> Rädertierchen
	– Körper gepanzert, mehrere gegliederte Anhänge (Krebstiere)	—> 6
⑥	– Körper oval, gegliederte Ruderantennen, ein Schwanzstachel	—> Wasserflöhe
	– Körper länglich mit Ruderfüßen, mehrfach gegabelter Schwanz	—> Ruderfußkrebse

1 Bestimmungsschlüssel für Zooplankton

B Untersuchen von Planktonproben

Material   Planktonnetze unterschiedlicher Maschenweite (für Phytoplankton etwa 0,06 Millimeter, für Zooplankton etwa 0,1 Millimeter), an Seilen oder Stangen befestigt, Probenflaschen, Kühltasche, Mikroskopierausrüstung, Zeichenmaterial

Durchführung

- Befüllt die Probenflaschen mit etwas Wasser aus dem Gewässer.
- Werft das Planktonnetz aus. Zieht es langsam und gleichmäßig durch das Wasser.
- Überführt den Inhalt des Netzbechers in eine Probenflasche. Beschriftet die Probenflasche mit dem Entnahmeort.

- Wiederholt die Probenentnahme an unterschiedlichen Stellen des Gewässers. Achtet bei der Lagerung und beim Transport darauf, dass das Wasser in den Proben nicht zu warm wird, verwendet eine Kühltasche.
- Mit Mikroskop und Bestimmungsschlüssel werden die Lebewesen in den Proben bestimmt und gezeichnet.
- Wenn ihr fertig seid, setzt das Plankton vorsichtig wieder am Fundort aus.

Auswertung

1 Beschriftet die Zeichnungen und wählt die schönsten aus, um ein Plakat zu gestalten.
2 Wenn ihr das Gewässer gründlich untersucht und dabei auch Fotos gemacht habt, könnt ihr eine Ausstellung gestalten.

Bestimmungsschlüssel für Bakterien und Phytoplankton (Auswahl)

① – ohne Zellkern —> 2
   – mit Zellkern —> 3

② – grün oder gelb bis rot gefärbt —> Bakterien
   – bläulich gefärbt —> Cyanobakterien (Blaualgen)

③ – Farbe gelblich bis braun —> 4
   – andere Farbe —> 5

④ – meist mit zwei unterschiedlich langen Geißeln, einzeln oder kolonienbildend —> Goldalgen
   – umgeben mit strukturierter Schale, einzellig, meist unbegeißelt und häufig kolonienbildend —> Kieselalgen

⑤ – grün gefärbt, mit rotem Augenfleck und einer Geißel —> Schönaugengeißler
   – grün gefärbt, ohne oder mit zwei gleich langen Geißeln —> Grünalgen

Bakterien

Cyanobakterien

Goldalge

Kieselalgen

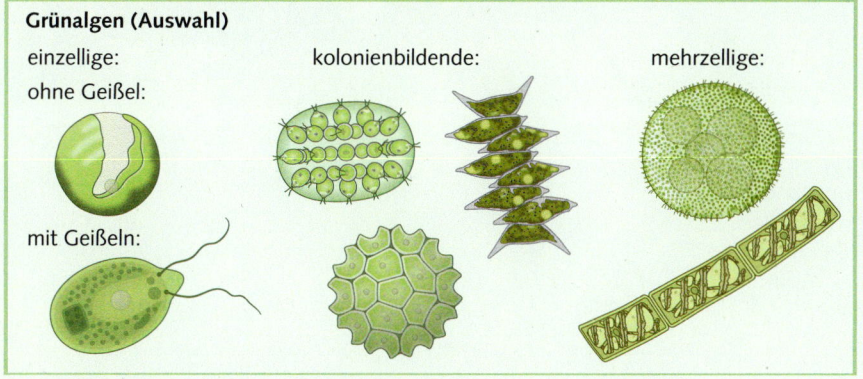

Grünalgen (Auswahl)

einzellige:
ohne Geißel:

mit Geißeln:

kolonienbildende:

mehrzellige:

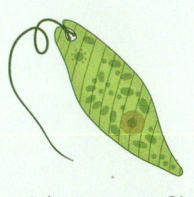

Schönaugengeißler

2 Bestimmungsschlüssel für Phytoplankton

Tiere in und an einem See

Die Vielfalt der Pflanzen an einem See lässt sich oft schon auf den ersten Blick erkennen. Bei den Tieren musst du genau beobachten, um sie zu entdecken.

Die Uferzone

Die Uferzone eines Sees oder anderer stehender Gewässer sind der bevorzugte Lebensraum vieler Singvögel. Bachstelze und Teichrohrsänger finden in den Bäumen und Sträuchern der Bruchwaldzone gut geschützte Nist- und Brutplätze. Die zahlreichen Insekten dienen ihnen als Nahrungsquelle. Hier leben neben verschiedenen Käfern auch Mücken und Eintagsfliegen. Der weiche Boden der Uferzone ist der geeignete Lebensraum für Regenwürmer.

An Land und im Wasser

Manche Tiere, zum Beispiel der Bisam, nutzen sowohl die Uferzone als auch das Wasser als Lebensraum. Der Bisam hat verschließbare, wasserdichte Ohren und ein dichtes, wasserabweisendes Fell. Dies sind Angepasstheiten, um sehr lange im Wasser nach pflanzlicher Nahrung suchen zu können. Zudem befinden sich zwischen seinen Zehen starre Schwimmborsten, wodurch er hervorragend schwimmen kann. Im weichen Uferbereich gräbt der Bisam seine unterirdischen Behausungen. Der Eingang liegt stets unter der Wasseroberfläche.

Auch Stockenten leben an Land und im Wasser. Ihre Zehen sind durch Schwimmhäute verbunden und wirken im Wasser wie Paddel. Das wasserabweisende Gefieder schützt sie vor Kälte und Nässe. Nur zum Brüten und Schlafen gehen die Stockenten an Land.

Auf und über dem Wasser

Wasserläufer besiedeln die Wasseroberfläche fast aller stehenden Gewässer. Ihr Körper ist mit wasserabweisenden Haaren besetzt.

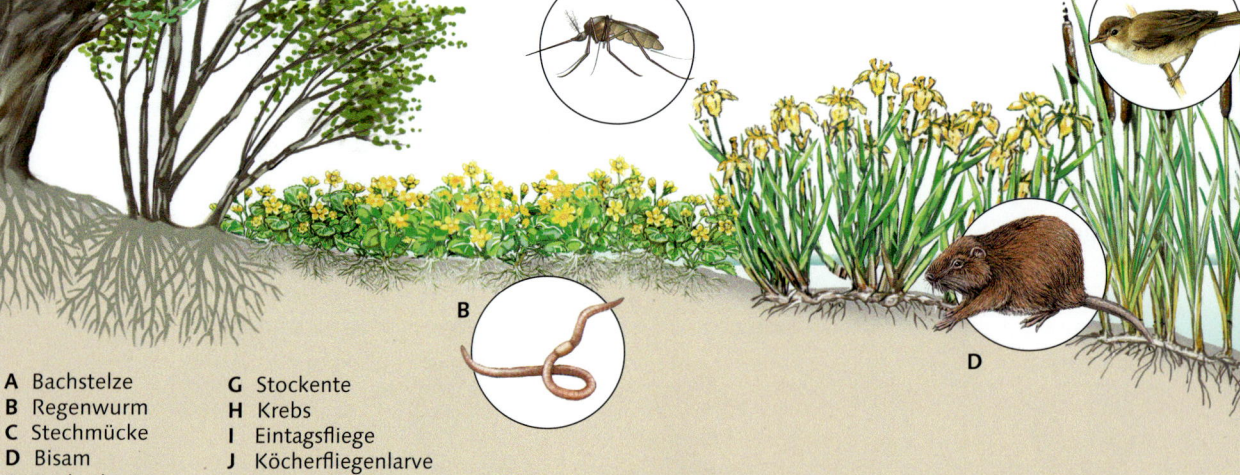

A Bachstelze		**G** Stockente	
B Regenwurm		**H** Krebs	
C Stechmücke		**I** Eintagsfliege	
D Bisam		**J** Köcherfliegenlarve	
E Teichrohrsänger		**K** Wasserläufer	
F Wasserspinne		**L** Karpfen	
		M Libelle	

Bruchwaldzone   Feuchtpflanzen   Röhrichtzone

1 Ausgewählte Tiere in und am See

Die Härchen an den Beinenden ermöglichen, sich mit Hilfe der Oberflächenspannung auf der Wasseroberfläche zu bewegen. Hier fressen sie ins Wasser gefallene Insekten. Das Weibchen legt die Eier an Wasserpflanzen ab.

Über dem Wasser jagen Libellen im schnellen Flug nach Eintagsfliegen und anderen Insekten. Auch sie nutzen die Wasserpflanzen in der Uferzone zur Eiablage. Die geschlüpften Larven bleiben bis zum Ende der vollständigen Entwicklung im Wasser und ernähren sich von Mückenlarven und Kleinkrebsen.

Unter der Wasseroberfläche

Neben den Fischen leben auch viele Insekten und deren Larven, Schnecken, Krebse und Egel unter Wasser. Die Wasserspinne legt sich einen Luftvorrat unter Wasser an. Dazu streckt sie ihre Hinterbeine aus dem Wasser und zieht sie schnell wieder zurück. In den feinen Haaren bleiben kleine Luftblasen hängen. Diese werden in einem unter Wasser gesponnenen Netz gesammelt. Hier wartet die Spinne auf ihre Beute. Berührt ein vorbeischwimmender Flohkrebs oder eine Wasserassel einen Signalfaden, wird die Beute blitzschnell gebissen und zum Verzehr in die Luftkammer geholt.

Köcherfliegenlarven sind Kiemenatmer und leben ausschließlich unter der Wasseroberfläche. Mit ihren Mundwerkzeugen schaben sie Algen von Steinen und Wasserpflanzen ab. Aber auch abgestorbenes Pflanzenmaterial dient als Nahrung. Ihr aus Spinnseide und kleinen Sandkörnern gebauter Köcher bietet ihnen Schutz und Versteck vor Fressfeinden. Die Masse des Köchers hilft ihnen, der Wasserströmung zu widerstehen. Auch die Moosblasen- und Tellerschnecken leben unter Wasser und ernähren sich von Wasserpflanzen und Algen.

In Kürze

Gewässer sind sehr artenreich und die »Kinderstube« für eine Vielzahl von Insekten, Amphibien und Vögeln. Hier steht ihnen und ihren Nachkommen ausreichend Nahrung zur Verfügung. Sie zeigen Angepasstheiten, die ihnen das Leben am oder im Gewässer ermöglichen.

Aufgaben

1 ☐ Erstelle eine Tabelle, in der du den Zonen eines Sees ein typisches Tier und seine Angepasstheiten an diesen Lebensraum zuordnest.

2 ◪ Beschreibe das Luftholen der Wasserspinne und erkläre die Notwendigkeit des Unterwassernetzes.

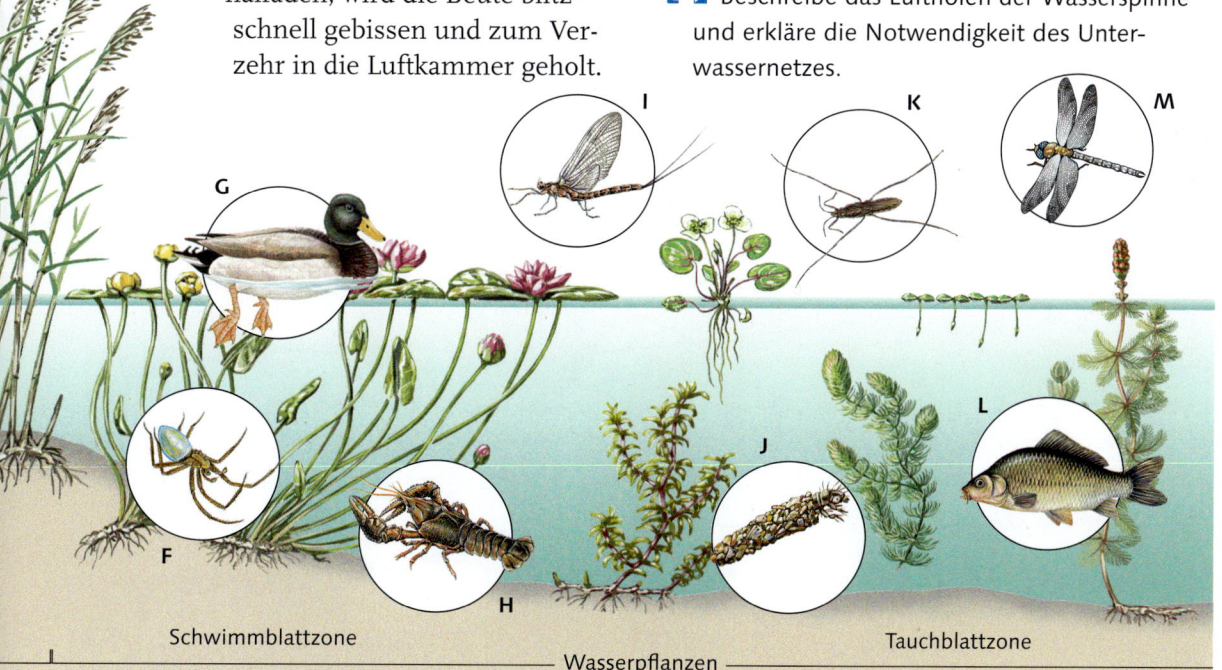

Schwimmblattzone

Wasserpflanzen

Tauchblattzone

Nahrungsbeziehungen im See

Hechte sind bei Fischzüchtern gefürchtet. Sie sind geschickte Jäger und fressen neben Fischen auch Frösche, Wasservögel und sogar kleine Säugetiere.

Nahrungskette und Nahrungsnetz

Auf dem Speiseplan der Hechte stehen unter anderem junge Barsche. Diese machen Jagd auf Kaulquappen, die wiederum Algen, abgestorbene Pflanzenteile und Einzeller fressen. Solche Nahrungsketten, wie die zwischen Algen, Kaulquappen, Barschen und Hechten, gibt es viele in einem See. Die meisten Tiere haben aber nicht nur eine, sondern mehrere Nahrungsquellen. So ernähren sich Kaulquappen nicht nur von Algen, sondern auch von Wasserflöhen. Wasserflöhe dienen ihrerseits nicht nur Kaulquappen, sondern auch Barschen, Stockenten, Wasserfröschen und Insektenlarven als Nahrung. Auf diese Weise sind die einzelnen Nahrungsketten zu Nahrungsnetzen verknüpft.

1 Hechte sind geschickte Jäger.

Produzenten und Konsumenten

Als Produzenten stellen die grünen Pflanzen und das Phytoplankton bei der Fotosynthese aus Kohlenstoffdioxid und Wasser mit Hilfe des Sonnenlichts energiereiche Glucose her. Dabei wird Sauerstoff frei. Die Tiere sind Konsumenten. Pflanzenfresser sind Konsumenten 1. Ordnung. Von ihnen ernähren sich die Fleischfresser, die Konsumenten 2. Ordnung. Das letzte Glied einer Nahrungskette bilden die Endkonsumenten. Die Destruenten zersetzen tote Pflanzen und Tiere. Dabei entstehen Mineralstoffe, Kohlenstoffdioxid und Wasser. Somit schließt sich der Stoffkreislauf.

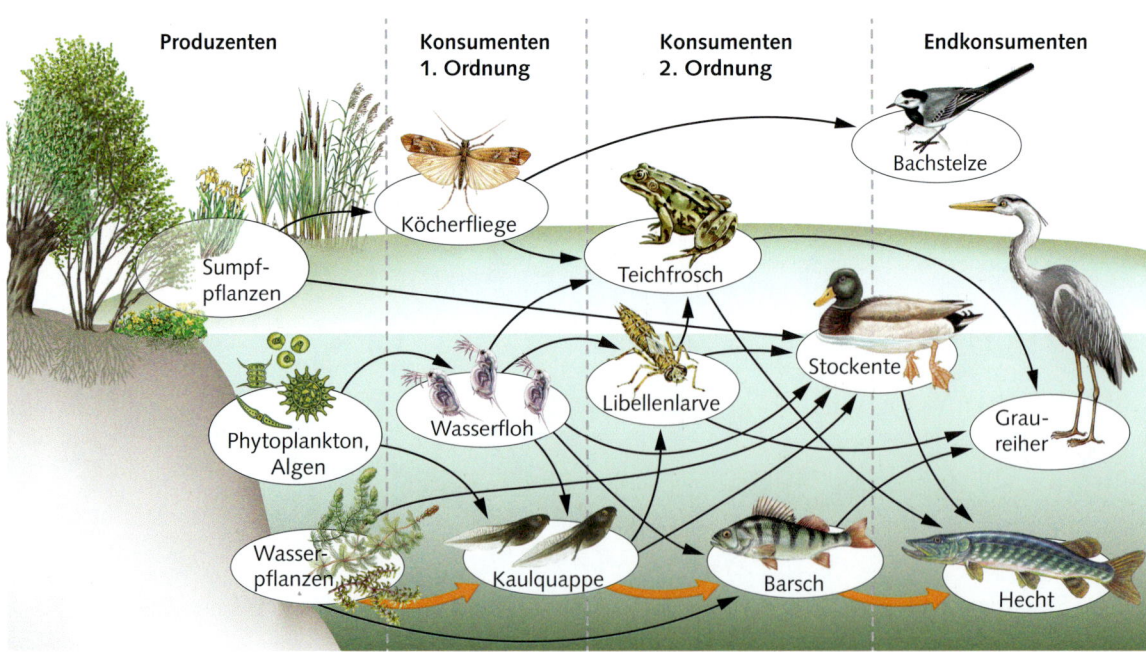

2 Nahrungsketten und Nahrungsnetz in einem See

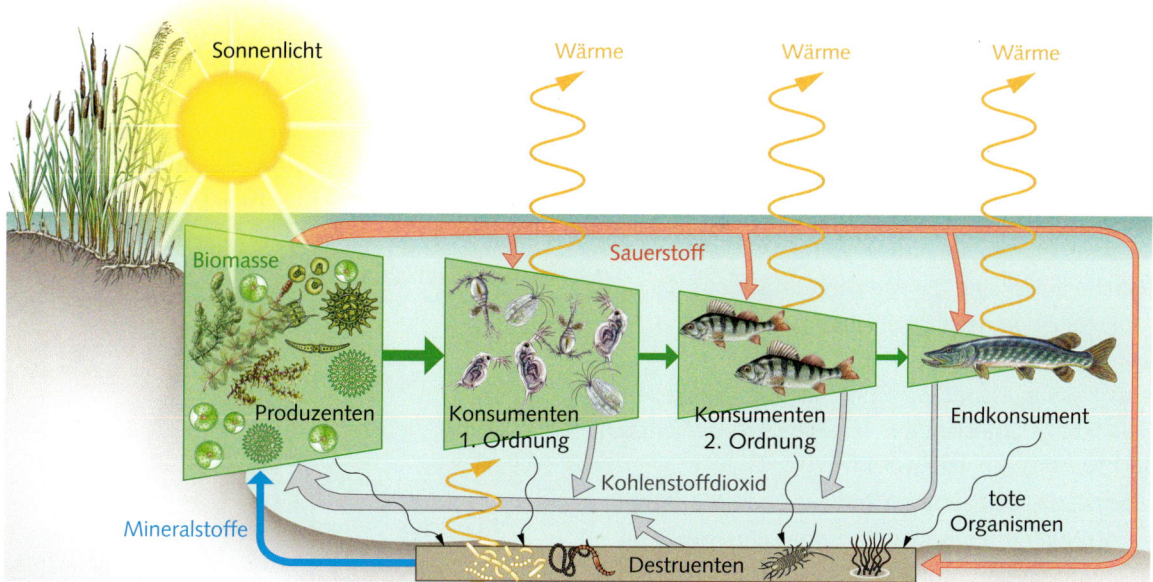

3 Nahrungspyramide und Stoffkreislauf in einem See

Räuber-Beute-Beziehungen

Die Anzahl der Räuber in einem See ist abhängig von der Anzahl der Beutetiere und umgekehrt. Mückenlarven beispielsweise sind oft Beutetiere für Barsche. Gibt es viele Mückenlarven, haben die Barsche und deren Nachwuchs viel zu fressen. Dadurch sinkt die Anzahl der Mücken, die sich fortpflanzen können, und damit auch die Zahl der Mückenlarven. Nun gibt es weniger Nahrung für die Barsche. Da jedes Tier mehrere Nahrungsquellen hat, ist diese Beziehung jedoch stark vereinfacht dargestellt.

1 Je mehr Beute, desto mehr Räuber.
2 Je mehr Räuber, desto weniger Beute.

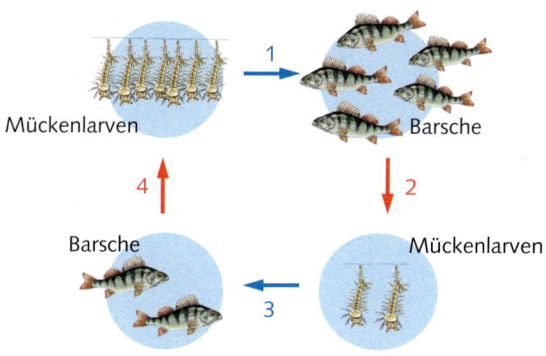

3 Je weniger Beute, desto weniger Räuber.
4 Je weniger Räuber, desto mehr Beute.

4 Räuber-Beute-Modell

Biomasse und Nahrungspyramide

Den größten Teil der mit der Nahrung aufgenommenen Energie benötigen Lebewesen für ihre Stoffwechselvorgänge. Nur ein kleiner Teil der Energie wird in der Körpersubstanz, der Biomasse, gespeichert. Dies trifft, von den Produzenten bis zu den Endkonsumenten, für jede Ernährungsstufe zu. Ordnet man die Biomassen nach ihrer Menge in einer Grafik an, so entsteht eine Pyramide. Den breiten Sockel bilden die Produzenten. Die Anzahl der Lebewesen nimmt von Stufe zu Stufe immer weiter ab. Gleichzeitig wird auch die Biomasse nach oben hin geringer.

In Kürze

Zwischen den Lebewesen in einem Gewässer bestehen Nahrungsbeziehungen in Form von Nahrungsketten und Nahrungsnetzen. Es entsteht ein Stoffkreislauf zwischen Produzenten, Konsumenten und Destruenten. Von den Produzenten bis zu den Endkonsumenten nimmt die Biomasse stetig ab.

Aufgaben

1 ☐ Nenne Beispiele für Konsumenten der 1. und 2. Ordnung in Bild 2.

2 ◪ Die Biomasse nimmt von den Produzenten zu den Endkonsumenten stetig ab. Begründe.

Ökologische Zusammenhänge in einem See

1 Licht, Dünger und Biomasse

Ein See wurde ein Jahr lang gründlich untersucht. Dabei konnten viele Messwerte gewonnen und dokumentiert werden. In der Tabelle unten sind die Messergebnisse aus der Untersuchung des Oberflächenwassers festgehalten.

a □ Erstelle ein Diagramm, das alle Werte der Tabelle übersichtlich, mit Hilfe von geeigneten Farben, veranschaulicht.

b □ Der See hat einen Zufluss, über den ständig Dünger in Form von Phosphat einschwemmt wird. In den Monaten Januar bis Mai steigt der Phosphatanteil kontinuierlich an. Beschreibe die Veränderungen der Phosphatkonzentration für den Rest des Jahres.

c ◪ Erkläre den Anstieg der Algenbiomasse in den Monaten April bis Juni. Beschreibe dazu den Zusammenhang zwischen Phosphatkonzentration und Algenbiomasse.

d ■ Erkläre die Zunahme des Zooplanktons in den Monaten April bis Juni sowie den Einbruch der Zooplanktonkonzentration im Monat Juli.

e ■ Übertrage das Diagramm von Bild 2 in dein Heft und zeichne eine Kurve, die die Algenbiomasse in 5 Metern Tiefe im Verlauf des Jahres zeigt. Gehe davon aus, dass im Januar die Algenbiomasse bei $0{,}1\,cm^3/m^3$ liegt.

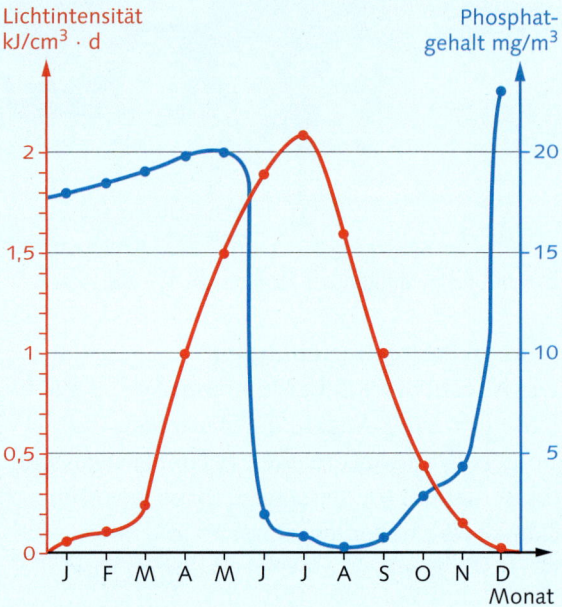

2 Lichtintensität und Phosphatgehalt in 5 Metern Tiefe

Gemessene Werte (Oberflächenwasser)	Lichtintensität $kJ/cm^2 \cdot d$	Phosphatgehalt (Dünger) mg/m^3	Algenbiomasse cm^3/m^3	Zooplanktonbiomasse cm^3/m^3
Januar	0,3	18,0	0,1	0,1
Februar	0,6	18,5	0,1	0,1
März	1,2	19,0	0,3	0,2
April	1,8	19,5	1,0	0,3
Mai	2,4	20,0	5,0	1,0
Juni	2,6	2,0	7,0	4,0
Juli	2,4	1,0	2,0	2,0
August	1,9	0	1,0	1,0
September	1,1	1,0	1,0	1,0
Oktober	0,6	3,0	0,7	0,5
November	0,3	6,0	0,5	0,5
Dezember	0,2	17,5	0,3	0,1

1 Überblick über die Messwerte des Oberflächenwassers in dem untersuchten See

2 Wasserpflanzen sind angepasst

Die Wasserpest ist eine Pflanze, die in vielen heimischen Gewässern vorkommt. Sie wurde Mitte des 19. Jahrhunderts aus Nordamerika bei uns eingeschleppt. Ihr großer Verbreitungsgrad weist darauf hin, dass die Pflanze gut an das Leben im Wasser angepasst ist.

3 Stängel der Wasserpest

a ☐ Beschreibe anhand von Bild 3, wie sich der Aufbau der Wasserpest von dem einer Landpflanze unterscheidet.

b ☑ Ordne einen der Stängelquerschnitte unten der Wasserpest zu und begründe deine Entscheidung.

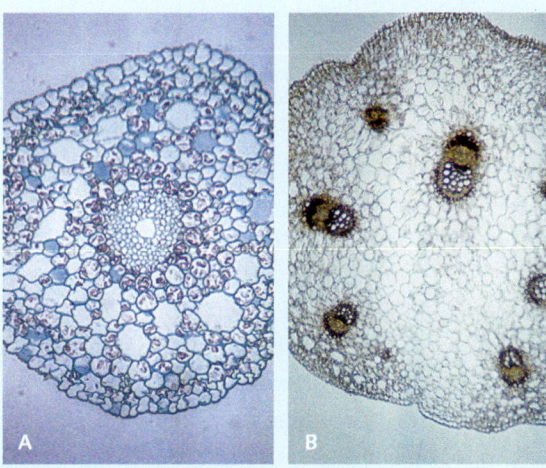

4 Stängelquerschnitte im Original

3 Planktonmodelle

Als Plankton bezeichnet man die Gesamtheit der Lebewesen, die im Wasser schweben. Mit Hilfe eines Modellversuchs soll herausgefunden werden, welchen Einfluss die Körperform auf die Absinkgeschwindigkeit besitzt. Ausgangspunkt des Versuchs ist eine kugelige Körperform.

a ☐ Formuliere die Fragestellung für das Experiment.

b ☑ Aus gleich großen Portionen von Knetmasse werden verschiedene Formen hergestellt. Begründe, warum es sich dabei um Modelle handelt, indem du Unterschiede zum Original nennst.

c ☑ Formuliere und begründe eine Hypothese, welche der Formen die geeignetste ist.

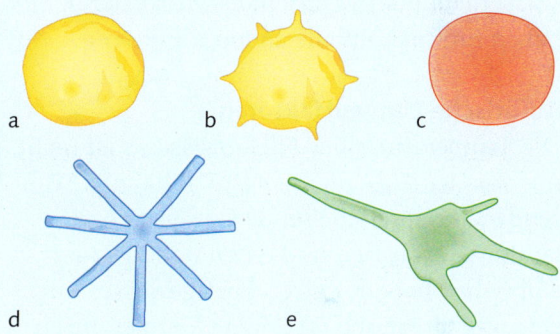

5 Verschiedene Planktonmodelle

Um das Experiment durchzuführen, stehen dir folgende Geräte und Materialien zur Verfügung:

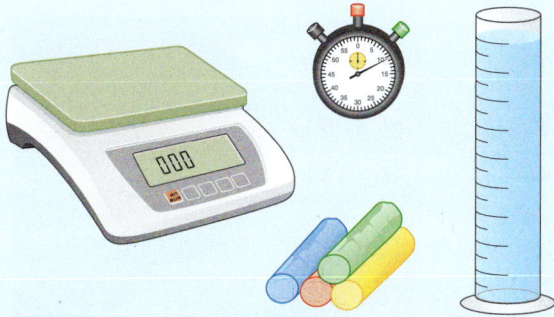

6 Versuchsmaterialien und Geräte

d ☑ Beschreibe einen möglichen Versuchsaufbau und die Versuchsdurchführung. Beachte dabei, welche Faktoren konstant gehalten werden und welche variieren müssen.

Das Fließgewässer – ein Ökosystem

Flüsse sind im Sommer ein beliebter Erholungsort. Du kannst am Ufer in der Sonne entspannen oder mit einem Kanu den Fluss entlangfahren und die Ruhe genießen.

Kennzeichen der Fließgewässer
Bäche, Flüsse und Kanäle gehören zu den Fließgewässern. Während Bäche und Flüsse natürlich entstanden sind, wurden Kanäle vom Menschen angelegt. Ein Fließgewässer ist ein Ökosystem, das durch eine Vielzahl abiotischer und biotischer Faktoren geprägt ist. Charakteristisch sind die ständige Strömung des Wassers und der wechselnde Wasserstand. Sie haben Einfluss auf alle anderen Faktoren.

Abiotische Umweltfaktoren
Die Temperatur eines Fließgewässers ist nicht nur von der Außentemperatur abhängig. Während sich schnell fließende Gewässer nur langsam erwärmen und einen hohen Sauerstoffgehalt haben, weisen Fließgewässer mit geringer Strömung oft höhere Temperaturen und einen geringen Sauerstoffgehalt auf. Kleinere Bäche haben eine weitgehend einheitliche Temperatur. In tiefen Flüssen bilden sich mehrere Temperaturschichten aus.

2 Flutender Hahnenfuß – typische Pflanze in einem Fließgewässer

1 Kanufahren auf dem Neckar in Tübingen

Tiere im Fließgewässer
Neben Würmern, Schnecken, Insekten und anderen Wirbellosen sind Fische die häufigsten Tiere in einem Fließgewässer. Forellen sind spindelförmig und können dadurch auch gegen starke Strömung anschwimmen. Brachsen sind dagegen seitlich abgeflacht und kommen in langsam fließenden Gewässern vor. Die Groppe mit ihrer flachen Bauchseite lebt überwiegend am Flussboden.

Pflanzen im Fließgewässer
Die hohe Fließgeschwindigkeit verhindert einen üppigen Pflanzenbewuchs. In stark strömenden Gewässern finden deshalb nur Wassermoos und wenige kleine Algen mit ihren Wurzeln und Haftorganen Halt auf Steinen. Erst mit abnehmender Strömung können sich insbesondere im Uferbereich weitere Pflanzen ansiedeln.

Leben am Fließgewässer
Auenlandschaften werden von den Flüssen maßgeblich beeinflusst. *Auen* sind an einen Fluss angrenzende Gebiete, die bei Hochwasser regelmäßig überflutet werden. Deshalb sind sie oft sehr feucht. Seltene Tiere, zum Beispiel viele Amphibien, finden hier einen Lebensraum. Auch für Insekten gibt es reichlich Nahrung und Fortpflanzungsplätze. Sie sind Nahrungsgrundlage hier lebender Wirbeltiere. Bäume wie Erlen und Weiden sowie eine Vielzahl von Gräsern und Kräutern wie Mäde-

3 Auenlandschaft

süß und Pestwurz kommen mit dem feuchten, sumpfigen Boden gut zurecht.

Nutzung durch den Menschen

Schon seit vielen Jahrhunderten fangen die Menschen Fische für ihre Ernährung. Außerdem nutzten sie die Wasserkraft von Fließgewässern zum Antrieb von Getreidemühlen und Hammerwerken. Heute werden Turbinen angetrieben, die elektrischen Strom erzeugen. Das Wasser verschiedener Flüsse dient der Trinkwassergewinnung für mehrere Millionen Menschen. Flussnahe Wiesen eignen sich hervorragend als Weideland für Nutztiere. Fließgewässer spielen für die Erholung und für den Sport eine immer größere Rolle. Motorboote und Ruderboote sind immer häufiger auf unseren Flüssen zu sehen.

Flüsse sind Verkehrswege

Seit jeher werden Fließgewässer auch zum Transport von Gütern genutzt. Deshalb legt man Kanäle als künstliche Wasserstraßen an. Um Flüsse für die Schifffahrt nutzbar zu machen, wurden sie häufig begradigt. Durch die Rodung der Auwälder und deren Trockenlegungen gewann man landwirtschaftlich nutzbare Flächen. Kanalisierte, begradigte Fließgewässer besitzen eine höhere Fließgeschwindigkeit als natürlich gewundene. Dadurch kommt es häufiger zu Überschwemmungen und sogar Hochwasserkatastrophen mit großen Schäden.

4 Nutzung der Flüsse durch den Menschen

In Kürze

Die Fließgeschwindigkeit und der wechselnde Wasserstand prägen ein Fließgewässer. Sie beeinflussen viele abiotische Faktoren und bestimmen die Pflanzen- und Tierwelt. Die Lebewesen zeigen viele Angepasstheiten an diese Bedingungen. Der Mensch nutzt und verändert Fließgewässer.

Aufgaben

1 ☐ Beschreibe abiotische Faktoren, die das Leben in einem Fließgewässer beeinflussen.

2 ◪ Beschreibe, wie sich im Laufe der Zeit die Nutzung der Fließgewässer durch den Menschen verändert hat.

Gewässerbewertung

An der Jagst kann man häufig Angler sehen. Je nachdem wo sie angeln, fangen sie unterschiedliche Fische. Welche Fischarten in einem Fluss leben, ist von der Wasserqualität und diese wiederum vom Gewässerumfeld abhängig. Ein Angler weiß genau, wo er fischen muss, um zum Beispiel Forellen zu fangen.

1 Angler am Fluss

Lebewesen geben Auskunft

Bachforellen benötigen zum Leben besonders klare und sauerstoffreiche Fließgewässer. Nimmt der Sauerstoffgehalt ab, verringert sich auch ihr Bestand. Ihr Vorkommen zeigt also an, dass das Wasser sauerstoffreich ist. Es gibt aber auch Lebewesen, die vor allem in verschmutztem Wasser leben und somit auf schlechte Wasserqualität hinweisen. Tier- und Pflanzenarten, die bestimmte Umweltbedingungen anzeigen, nennt man *Zeiger-* oder *Indikatororganismen*. Sie kommen nur dort vor, wo sie Lebensbedingungen vorfinden, die für sie vorteilhaft sind. Aus der Untersuchung der Lebewesen eines Gewässers lassen sich daher Rückschlüsse auf die Wasserqualität ziehen.

Zeigerorganismen und Qualität des Wassers

Auf der Grundlage chemischer und biologischer Merkmale wird der ökologische Zustand von Fließgewässern bewertet. Bei der Beurteilung der Qualität von Wasser nutzt man die im Wasser aufgefundenen Wirbellosen, die sogenannten *Saprobien,* als Indikatoren bei der Bestimmung des *Saprobienindex*. Sauerstoffreiche, an organischen Stoffen arme Gewässer zeichnen sich durch besonders klares Wasser aus. Hier leben neben den Steinfliegenlarven auch Flohkrebse, Köcherfliegenlarven und Eintagsfliegenlarven. Sie weisen auf unbelastete Gewässer hin.

Durch äußere Einflüsse wie zum Beispiel Abwassereinleitung kann die Wasserqualität aber auch sehr schlecht sein. Trübes, teilweise faulig riechendes Wasser ist ein Anzeichen dafür. Dieses Wasser enthält wenig Sauerstoff und ist reich an organischen Stoffen. Eine Reihe von Lebewesen sind aber auch an die hier herrschenden Bedingungen angepasst. Zeigerorganismen übermäßig verschmutzter Gewässer sind Zuckmückenlarven, Wasserasseln, Schlammröhrenwürmer und Egel.

2 Köcherfliegenlarve mit Köcher

3 Schlammröhrenwürmer

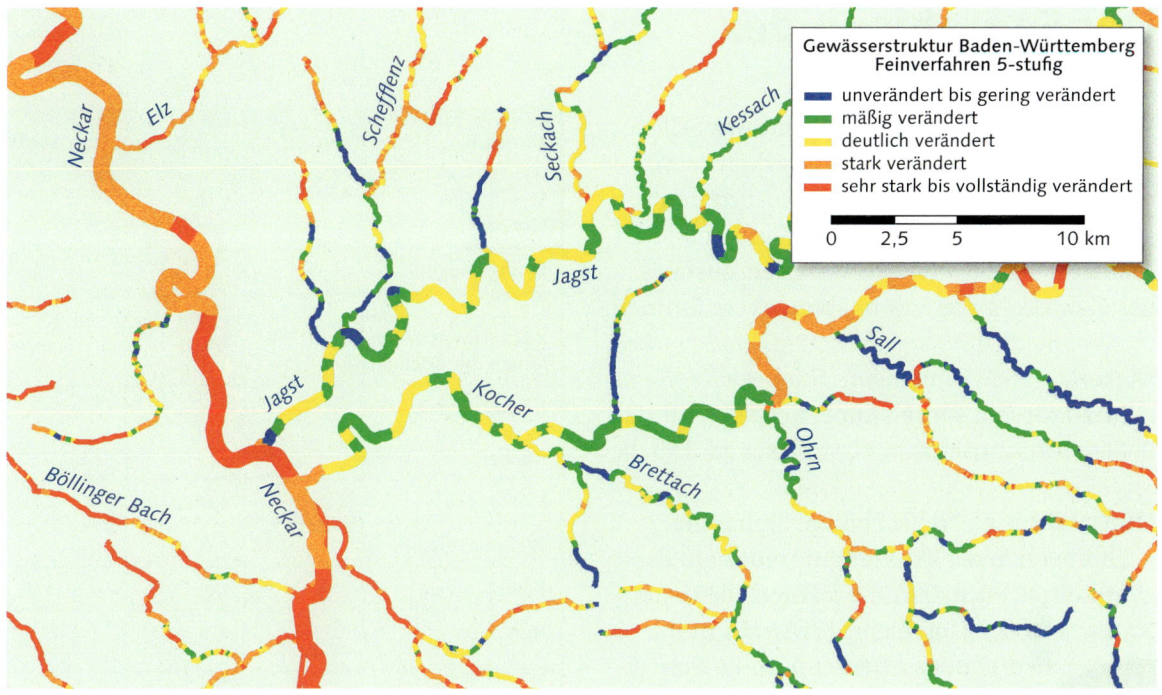

4 Gewässerstrukturgüte in Baden-Württemberg

Quelle: LUBW 2016

In the legend:

Gewässerstruktur Baden-Württemberg
Feinverfahren 5-stufig
- unverändert bis gering verändert
- mäßig verändert
- deutlich verändert
- stark verändert
- sehr stark bis vollständig verändert

0   2,5   5   10 km

Gewässerstruktur – das äußere Bild

In den letzten Jahren gelang es, die Wasserqualität vieler Fließgewässer zu verbessern. Das Gewässer selbst und seine unmittelbare Umgebung blieben meist unberücksichtigt. Das hat sich geändert, denn heute achtet man besonders auf die *Gewässerstruktur*. Sie beschreibt das Gewässer und seine nähere Umgebung. Als Struktur bezeichnet man bestimmte Eigenschaften des Gewässers wie des Uferbereichs oder des Flussverlaufs.

5 Gewässerstrukturen

Bewertung der Gewässerstruktur

Bei der Bestimmung der Gewässerstrukturgüte berücksichtigt man Parameter, die das Gewässer beschreiben: Kiesbänke, Tiefwasserbereich, Bewuchs oder Verbauung des Ufers, Flusslauf begradigt oder gewunden. Die Bewertung erfolgt mit einer mehrstufigen Skala: der beste Wert ist der Naturzustand, der schlechteste ein verbautes Gewässer. Die Gewässerstrukturgüte ist damit ein Maß für die ökologische Qualität des Lebensraums Gewässer und hilft bei Planungen von Maßnahmen, die ursprüngliche Lebensgemeinschaft wiederherzustellen.

In Kürze

Zeigerorganismen geben Auskunft über den ökologischen Zustand des Gewässers. Die Gewässerstruktur beschreibt das Gewässer und seine Umgebung.

Aufgaben

1 ◪ Erläutere den Begriff Zeigerorganismus.

2 ■ Begründe, weshalb man heute besonders auf die Gewässerstrukturgüte achtet.

Der Saprobienindex

Mikroorganismen und bestimmte Wirbellose, die in verschmutztem Wasser vorkommen, nennt man Saprobien. Aus dem Auftreten verschiedener Arten sowie ihrer Häufigkeit kann man als Maß für den ökologischen Zustand des Gewässers den Saprobienindex bestimmen.

Material Sieb mit langem Stiel, weiße Plastikdosen, Pinsel, Lupe, Schreibmaterial, Bestimmungsschlüssel, vorbereitete Tabelle

Durchführung Nehmt einige Steine im Uferbereich des Flusses auf und dreht diese um. Streift mit dem Pinsel die Lebewesen von der Unterseite des Steins in die mit etwas Wasser gefüllte Plastikdose. Fischt mit dem Sieb in diesem Flussbereich und gebt die gefangenen Lebewesen ebenfalls in eine Dose. Sucht euch zum Bestimmen der Lebewesen einen schattigen Ort. So kann sich das Wasser nicht zu sehr erwärmen und die gefangenen Lebewesen werden vor Helligkeit geschützt.

Auswertung Bestimmt mit Hilfe des Bestimmungsschlüssels in Bild 1 die gefundenen Wasserlebewesen und tragt deren Anzahl in die vorbereitete Tabelle ein. Addiert die Zahlen und übernehmt die Summe in das entsprechende Feld in der Tabelle. Berechnet nun für jedes Wasserlebewesen das Produkt aus der Anzahl und dem Individuenwert (Ind.-Wert) und tragt die Ergebnisse in die Tabelle ein. Addiert im Anschluss alle Produkte und haltet die Summe ebenfalls in der Tabelle fest. Nun dividiert ihr die Summe »Produkt« durch die Summe »Anzahl«. Das Ergebnis ergibt den Wert des Saprobienindex. Vergleicht mit anderen Gruppen. Setzt die gefangenen Lebewesen wieder am Fundort aus.

Zeigerorganismus/ Bioindikator	Anzahl	Ind.-Wert	Produkt
Steinfliegen- larven		1,0	
Eintagsfliegen- larven		1,5	
Köcherfliegen- larven mit Köcher		1,5	
Köcherfliegen- larven ohne Köcher		2,0	
Flohkrebse		2,0	
Wasserasseln		3,0	
Käfer/-larven		1,5	
Muscheln		2,0	
Schnecken		2,0	
Plattwürmer		2,5	
Egel		2,5	
Libellenlarven		1,5	
Schlammröhren- würmer		4,0	
Mückenlarven		3,5	
Schlammfliegen- larven		2,5	
Summe			

Summe »Produkt« : Summe »Anzahl« = Saprobienindex

Saprobienindex kleiner 1,5 – unbelastet

klares, sauberes Wasser, mineralstoffarm, sauerstoffreich, wenige Arten, geringer Pflanzenbewuchs

Saprobienindex zwischen 1,5 und 2,3 – belastet

Wasser leicht getrübt, gesteigerter Mineralstoffgehalt, hohe Artenvielfalt mit geringer Anzahl, viele Wasserpflanzen

Saprobienindex zwischen 2,3 und 3,5 – verschmutzt

Wasser trüb, stark mineralisch belastet, schwarze Steinunterseiten, wenige Tierarten in hoher Anzahl, häufig Fischsterben

Saprobienindex 3,5 bis 4 – übermäßig verschmutzt

Wasser ist milchig und riecht übel, enthält kaum Sauerstoff, überwiegend Fäulnisprozesse

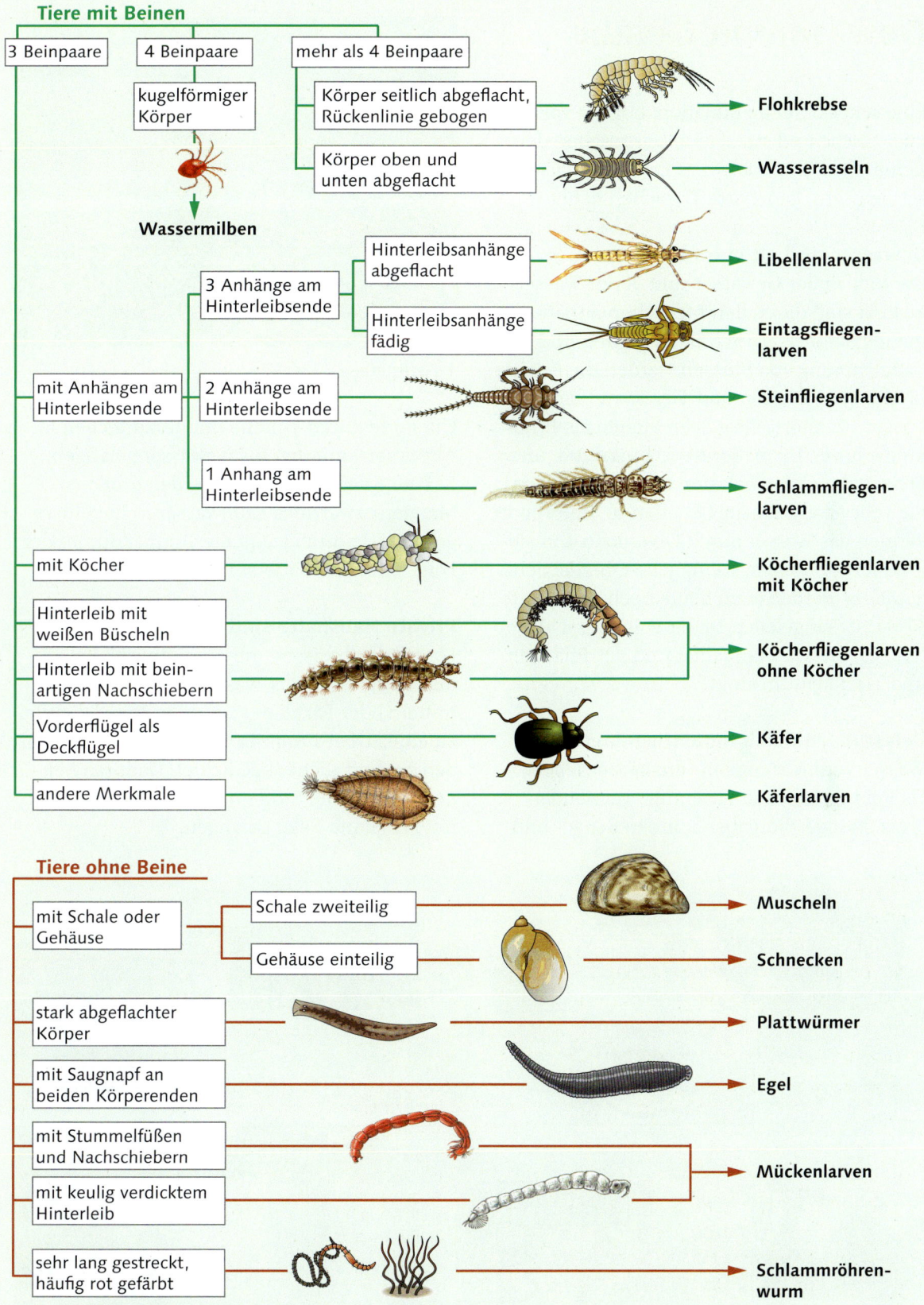

Tiere mit Beinen

3 Beinpaare

4 Beinpaare

mehr als 4 Beinpaare

kugelförmiger Körper

→ **Wassermilben**

Körper seitlich abgeflacht, Rückenlinie gebogen → **Flohkrebse**

Körper oben und unten abgeflacht → **Wasserasseln**

mit Anhängen am Hinterleibsende

3 Anhänge am Hinterleibsende

Hinterleibsanhänge abgeflacht → **Libellenlarven**

Hinterleibsanhänge fädig → **Eintagsfliegen-larven**

2 Anhänge am Hinterleibsende → **Steinfliegenlarven**

1 Anhang am Hinterleibsende → **Schlammfliegen-larven**

mit Köcher → **Köcherfliegenlarven mit Köcher**

Hinterleib mit weißen Büscheln

Hinterleib mit bein-artigen Nachschiebern → **Köcherfliegenlarven ohne Köcher**

Vorderflügel als Deckflügel → **Käfer**

andere Merkmale → **Käferlarven**

Tiere ohne Beine

mit Schale oder Gehäuse

Schale zweiteilig → **Muscheln**

Gehäuse einteilig → **Schnecken**

stark abgeflachter Körper → **Plattwürmer**

mit Saugnapf an beiden Körperenden → **Egel**

mit Stummelfüßen und Nachschiebern

mit keulig verdicktem Hinterleib → **Mückenlarven**

sehr lang gestreckt, häufig rot gefärbt → **Schlammröhren-wurm**

1 Bestimmungsschlüssel wirbelloser Tiere im Süßwasser

Gewässer in Gefahr

Eine schockierende Situation: ein See voller toter Fische und starker Fäulnisgestank, der sich breitmacht. Warum es zu diesem Fischsterben kam, kann viele Ursachen haben.

1 Fischsterben

Gewässer sind oft stark belastet

Die Vielfalt der Gewässer und deren Wasserqualität sind durch den Menschen zunehmend gefährdet. Durch Begradigung und Kanalisierung von Flüssen werden die Lebensräume von Pflanzen und Tieren an Fließgewässern zerstört. Viele Seen dienen als Erholungsräume. Lärm, Sonnenschutzmittel und Freizeitaktivitäten belasten die Gewässer und die Lebewesen, die dort existieren. Motorboote können das Wasser durch Ölverluste und Abgase verunreinigen. In manche Oberflächengewässer werden auch heute noch ungeklärte Abwässer eingeleitet. In der Folge verschlechtert sich die Wasserqualität und der Pflanzen- und Tierreichtum sinkt.

Belastungen durch Industrieanlagen

Wasser wird in einigen Industriebetrieben als Reinigungs- und Lösemittel verwendet. Trotz strenger Vorgaben können Schad- und Giftstoffe durch Unfälle und unzureichende Abwasserreinigung ins Gewässer gelangen. Bei der Stromerzeugung werden große Mengen erwärmtes Kühlwasser in die Flüsse geleitet. Dadurch steigt die Temperatur, in der Folge sinkt der Sauerstoffgehalt.

Private Haushalte sind mitverantwortlich

Haushaltsabwässer enthalten Phosphate und Nitrate, die aus Wasch- und Reinigungsmitteln oder Fäkalien stammen. Diese können zu einer Überdüngung führen. Ältere Müllhalden sind oft nicht abgedichtet. Dadurch können gefährliche Stoffe über das Grundwasser in Flüsse und Seen gelangen.

2 Mögliche Verursacher einer Gewässerbelastung

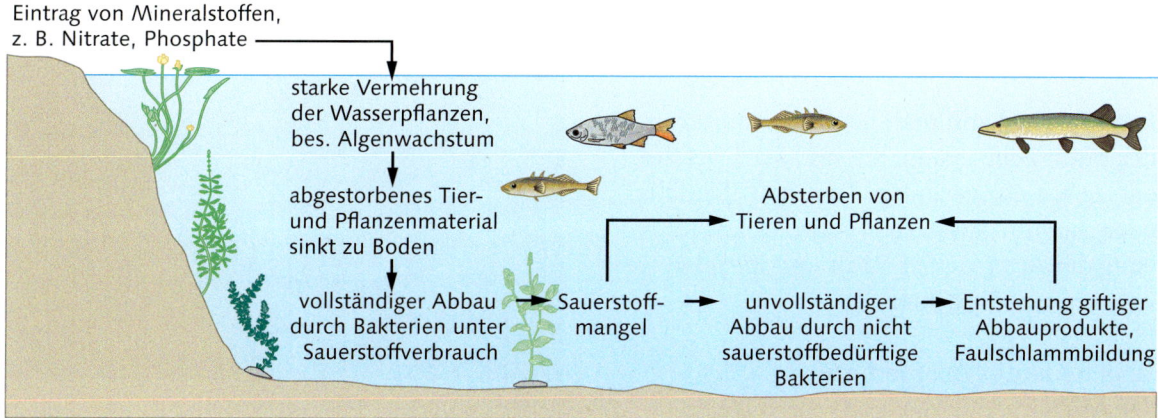

3 Umkippen eines Gewässers

Überdüngung ist schädlich

Landwirtschaftliche Flächen werden gedüngt. Gelangen diese Nitrate und Phosphate durch Ausschwemmung in einen See, kann dies zur Überdüngung des Gewässers führen. Dadurch vermehren sich Algen massenhaft, sodass das Wasser immer trüber wird. In der Folge sinkt die Fotosyntheserate und weniger Sauerstoff wird produziert. Abgestorbene Algen sammeln sich am Gewässergrund und werden von Bakterien zersetzt. Diese Zersetzungsprozesse verringern den Sauerstoffgehalt des Wassers. Fische, Pflanzen und alle Kleintiere sterben. Bakterien, die ohne Sauerstoff auskommen, zersetzen nun unter Faulschlamm-

bildung die Überreste. Die entstehenden Gase wie Schwefelwasserstoff und Ammoniak verbreiten Fäulnisgestank und sind für die Lebewesen giftig. Der See ist »umgekippt«.

In Kürze

Gewässer können durch Abwasser aus Industrie, Haushalten und Landwirtschaft belastet sein. Die Mineralstoffanreicherung führt zur Überdüngung. Das Gewässer kann »umkippen«.

Aufgaben

1 ☐ Nenne Folgen der Überdüngung.

2 ◪ Erläutere anhand von Bild 2 mögliche Ursachen der Gewässerbelastung.

Extra **Schilfrohr-Kläranlage**

Eine Schilfrohr-Klärung ist ein naturnahes Abwasserreinigungsverfahren. Im Zusammenspiel von Mikroorganismen, Boden und Pflanzen wird das Abwasser gereinigt. Nach mechanischer Vorklärung wird das Wasser durch ein abgedichtetes Schilfrohrbeet geleitet. Die Mikroorganismen im Boden und zwischen den Schilfrohrstängeln bauen unter Sauerstoffverbrauch im Wasser gelöste Nährstoffe ab. Das Schilfrohr sorgt durch die Wurzeln und ein spezielles Luftleitgewebe für eine gute Belüftung des Bodens und somit für optimale Lebensbedingungen für die Mikroorganismen. Die unterschiedlichen Bestandteile des Bodens wirken wie ein Filter und binden Schmutzstoffe.

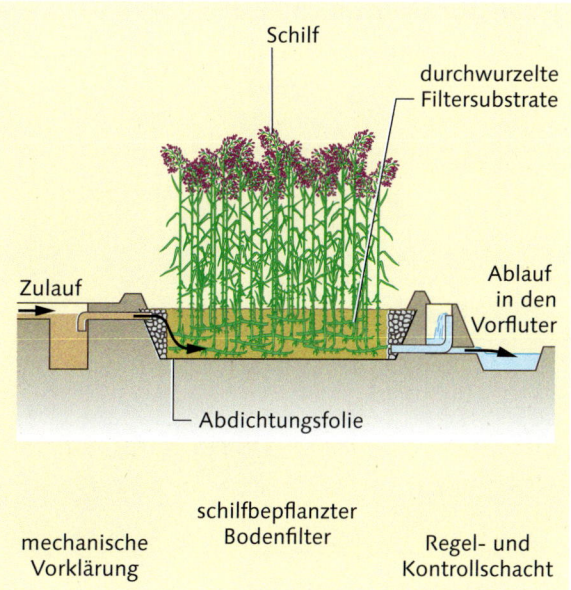

Artensterben

Laubfrösche kann man heute kaum noch in der Natur beobachten. Sie sind stark gefährdet, so wie einige andere Tierarten ebenfalls, oder gar vom Aussterben bedroht. Ein Rückgang der Artenvielfalt ist an und in vielen Gewässern zu beobachten.

Was bedeutet Aussterben?
Als Aussterben bezeichnet man das Verschwinden von Arten in bestimmten Lebensräumen. Ursachen dafür sind Umweltveränderungen, die für die Organismen lebensfeindlich sind.

Rote Liste und Gefährdungsstufen
Ob eine Tier- oder Pflanzenart in ihrem Lebensraum bedroht ist, wird in der Roten Liste festgehalten. Bedrohte Arten werden darin in vier Gefährdungsstufen eingeteilt: 3 bedeutet »gefährdet«, 2 steht für »stark gefährdet«, 1 für »vom Aussterben bedroht«, 0 für »ausgestorben oder verschollen«. Entscheidend für die Einstufung ist die Entwicklung der Anzahl der Tiere und Pflanzen über mehrere Jahre.

Zerstörung natürlicher Lebensräume
Die Lebensräume der Tiere und Pflanzen werden vor allem durch Eingriffe des

1 Der Laubfrosch ist stark gefährdet.

Menschen verändert. Viele Flächen gehen durch Siedlungs- und Straßenbau sowie durch landwirtschaftliche Nutzung verloren. Sie können nur noch von wenigen Arten besiedelt werden. Andere Lebensräume werden durch diese Umgestaltung zerteilt. Dies erschwert die Laichwanderungen, die Revierbildung und die Nahrungssuche einiger Tiere. Forstwirtschaft, Bergbau und Schifffahrt nutzen die Natur wirtschaftlich. Sie verändern Lebensräume durch Monokulturen, Abraumhalden und Kanäle nachhaltig.

Wenn die Nahrung verschwindet
Zu den häufigsten Gründen für das Verschwinden einzelner Arten zählen ein geringeres Nahrungsangebot oder der Ausfall der Nahrungsquellen. Ursachen können Pflanzen-

2 Veränderung der Lebensräume

3 Tiere und Pflanzen auf der Roten Liste in Baden-Württemberg (Gefährdungsstufen 3 – weiß, 2 – gelb, 1 – orange, 0 – rot): A Ringelnatter 3; B Mauereidechse 2; C Äsche 2; D Edelkrebs 2; E Gelbbauchunke 2; F Großes Windröschen 2; G Große Moosjungfer 1; H Stör 0

und Insektenschutzmittel aus der Landwirtschaft und die zunehmende Wasserverschmutzung sein. Dies führt zudem zur Anreicherung von Giftstoffen in Nahrungsketten. Endkonsumenten sind dadurch besonders gefährdet.

Einschleppung fremder Arten

Ein großes Problem für die heimische Tier- und Pflanzenwelt stellen eingeschleppte Arten dar, insbesondere wenn zwei Arten dieselbe ökologische Nische besetzen. Zum einen gibt es weniger Unterschlupf- und Nistmöglichkeiten. Zum anderen müssen die Nahrungsquellen geteilt werden und fremde, eingeschleppte Arten haben oft keine natürlichen Fressfeinde. Dadurch können sich die eingewanderten Tiere besonders gut entwickeln und fortpflanzen, was schließlich zum Verdrängen der heimischen Art führt. Eingeschleppte Pflanzen wachsen oft sehr schnell und entziehen den heimischen Arten somit die Lebensgrundlage.

Krankheiten und Ausbeutung

Krankheiten gefährden viele Tiere und Pflanzen. Besonders neue, veränderte Erreger oder Parasiten stellen eine Bedrohung dar. Darüber hinaus hat der Mensch viele Lebewesen durch intensive Jagd und übermäßigen Fischfang in ihrem Bestand gefährdet.

Artenschutz ist wichtig

Renaturierung von Gewässern, Planung von Straßen unter Berücksichtigung des Artenschutzes, Ausweisung von Schutzgebieten, das Aufstellen von Krötenzäunen oder Insektennisthilfen sind wichtige Maßnahmen für den Artenschutz. So bleibt die Vielfalt der Tier- und Pflanzenwelt zu erhalten.

In Kürze

Viele Tier- und Pflanzenarten sind stark gefährdet oder gar vom Aussterben bedroht. Ursachen können die Zerstörung des natürlichen Lebensraums, der Wegfall der Nahrungsgrundlage, Krankheiten oder die Konkurrenz zu eingeschleppten Arten sein.

Aufgaben

1 □ Nenne die Bedeutung der Gefährdungsstufen der Tiere und Pflanzen in Bild 3.

2 ◪ Erläutere die Veränderung der Lebensräume anhand von Bild 2.

Neubürger an und in Gewässern

Anton und Felix sind auf Entdeckungstour am See unterwegs. Plötzlich hören sie ein lautes »Böööörp«. Neugierig folgen sie den Lauten. Und da sehen sie ihn: Ein riesengroßer Frosch sitzt vor ihnen. »Den müssen wir fotografieren. Das glaubt uns sonst keiner!« Als sie die Aufnahmen zu Hause zeigen, sagt Antons Vater: »Ihr habt einen Ochsenfrosch entdeckt. Der lebt eigentlich nur in Nordamerika.«

Neubürger oder Neobiota

Als *Neobiota* bezeichnet man Pflanzen und Tiere, die sich in Gebieten ausgebreitet haben, in denen sie vorher nicht heimisch waren. Diese »Neubürger« wurden absichtlich oder unbeabsichtigt vom Menschen in die neuen Lebensräume gebracht. In Deutschland sind inzwischen mehr als 2500 Neubürger heimisch geworden. Da sie hier keine natürlichen Feinde oder Konkurrenten haben, können sie heimische Arten gefährden oder verdrängen.

Tierische Zuwanderer oder Neozoen

Der *Bisam* kam ursprünglich nur in Nordamerika vor. Vermutlich stammen alle bei uns lebenden Bisame von fünf Tieren ab, die man 1905 nahe Prag aussetzte. Durch ihre Bauten können sie große Schäden an Uferbefestigungen und Dämmen anrichten.

1 Ochsenfrosch

Kamberkrebse sind die bei uns am häufigsten vorkommende Krebsart. Die Tiere stammen ebenfalls aus Nordamerika. Sie wurden 1890 von Sportfischern eingesetzt, um die abnehmenden heimischen Krebsbestände zu ergänzen. Die amerikanischen Krebse sind allerdings Überträger der Krebspest, an der innerhalb weniger Jahre die meisten heimischen Krebse starben. Der Kamberkrebs ist gegen die Krankheit immun.

Wollhandkrabben lebten ursprünglich nur in China. Sie gelangten mit dem Ballastwasser von Frachtschiffen nach Europa. Da die Tiere massenhaft auftreten, richten sie große Schäden an. Sie fressen Süßwasserfische und untergraben Deiche und Uferbefestigungen.

Die aus Nordamerika stammende *Regenbogenforelle* verdrängt als Nahrungskonkurrent die heimische Bachforelle.

2 Der Bisam hat ein weiches kastanienbraunes Fell.

3 A Regenbogenforelle; B Bachforelle

4 Herkulesstaude aus Asien

Pflanzliche Neubürger oder Neophyten

Die *Herkulesstaude* oder der *Riesenbärenklau* stammt aus Asien und wurde als Park- und Gartenzierpflanze nach Deutschland gebracht. Die Auswilderung erfolgte durch Gartenabfälle, aber auch durch Imker, die die Pflanze gezielt als Bienenweide ansäten. Alle Teile der bis zu zwei Meter großen Pflanze enthalten ein Gift, das bei Hautkontakt zusammen mit Sonnenlicht zu schweren Verbrennungen führt.

Das ursprüngliche Verbreitungsgebiet des *Indischen* oder *Drüsigen Springkrauts* ist Nordindien. Die bis zu zwei Meter hohe Pflanze kam als Gartenzierpflanze nach Europa. Da sie sehr viele Samen bildet, die bis zu sieben Meter weit geschleudert werden, brach sie bald aus den Gärten aus. Heute ist sie insbesondere entlang von Gewässern zu finden. Wo sie sich ausgebreitet hat, können andere Pflanzen nicht wachsen, da das Springkraut ihnen das Licht wegnimmt.

Der *Staudenknöterich* stammt aus Japan. Anfänglich wurde er als rasch wachsender Sichtschutz in Gärten angepflanzt. Ausgewildert breitet er sich ungehindert an Gewässern aus. Hier bildet er ein undurchdringliches Dickicht, das andere Pflanzen verdrängt.

In Kürze

Neubürger oder Neobiota sind Tier- und Pflanzenarten, die sich in Gebieten ansiedeln, in denen sie ursprünglich nicht heimisch waren. Man unterscheidet tierische und pflanzliche Neubürger, also Neozoen und Neophyten. Für ihre Ausbreitung ist meist der Mensch verantwortlich.

Aufgaben

1 ☑ Fasse die hier vorgestellten Neubürger in einer Tabelle zusammen. Gib dabei ihre ursprüngliche Heimat an. Informiere dich im Atlas.

2 ☑ Neubürger verbreiten sich sehr schnell. Begründe.

3 ☑ Wissenschaftler beobachten in den letzten Jahren eine globale Erwärmung. Dies könnte zur vermehrten Ansiedlung von Neobiota führen. Suche nach Gründen.

4 ■ Der Ochsenfrosch frisst Fische und vor allem Amphibien. Begründe, weshalb seine Ausbreitung in Deutschland besonders für die heimischen Amphibien eine große Gefahr bedeutet.

Eine Mindmap erstellen

Ihr schreibt eine Klassenarbeit zum Thema »Kennzeichen eines Fließgewässers«. Um dir im Vorfeld einen Überblick über den Stoff zu verschaffen, eignet sich eine Mindmap. Mit einer Mindmap kann man Wissen sowohl mit Worten als auch mit Bildern sinnvoll gliedern und übersichtlich darstellen. Für eine Mindmap solltest du ausreichend Zeit einplanen. Bei der Erstellung kannst du nach den folgenden Schritten vorgehen:

1 Begriffe sammeln Zunächst musst du dir Gedanken über das Thema machen. Hier sind Stichwörter ausreichend. Notiere je ein Stichwort auf einen Notizzettel. Verwende dafür die Fachbezeichnungen.

2 Ordnen der Begriffe Nun musst du deine Notizzettel in Teilbereiche einordnen. Überlege, wie die Oberbegriffe für jeden Teilbereich heißen sollen. Erstelle zu jedem Oberbegriff einen neuen Notizzettel und nutze zur Kennzeichnung jeweils eine andere Stiftfarbe.

1 Eine Mindmap anfertigen

3 Vollständigkeit überprüfen Kontrolliere nun sorgfältig, ob deine Oberbegriffe für die einzelnen Teilbereiche vollständig sind. Hast du alle wesentlichen Inhalte des Themas berücksichtigt? Ergänze fehlende Begriffe, falls notwendig, auf weiteren Notizzetteln. Überprüfe, ob die Stichwörter richtig zugeordnet sind. Überlege, in welcher Reihenfolge du die einzelnen Oberbegriffe anordnest.

4 Material zurechtlegen Du benötigst zur Erstellung der Mindmap einen leeren Papierbogen, einen Bleistift, einen Radiergummi, verschiedenfarbige Stifte und, sofern du auch bildlich arbeiten möchtest, verschiedene Abbildungen.

2 Vorgehensweise beim Mindmapping:
A Sammeln; B Ordnen; C Erstellen

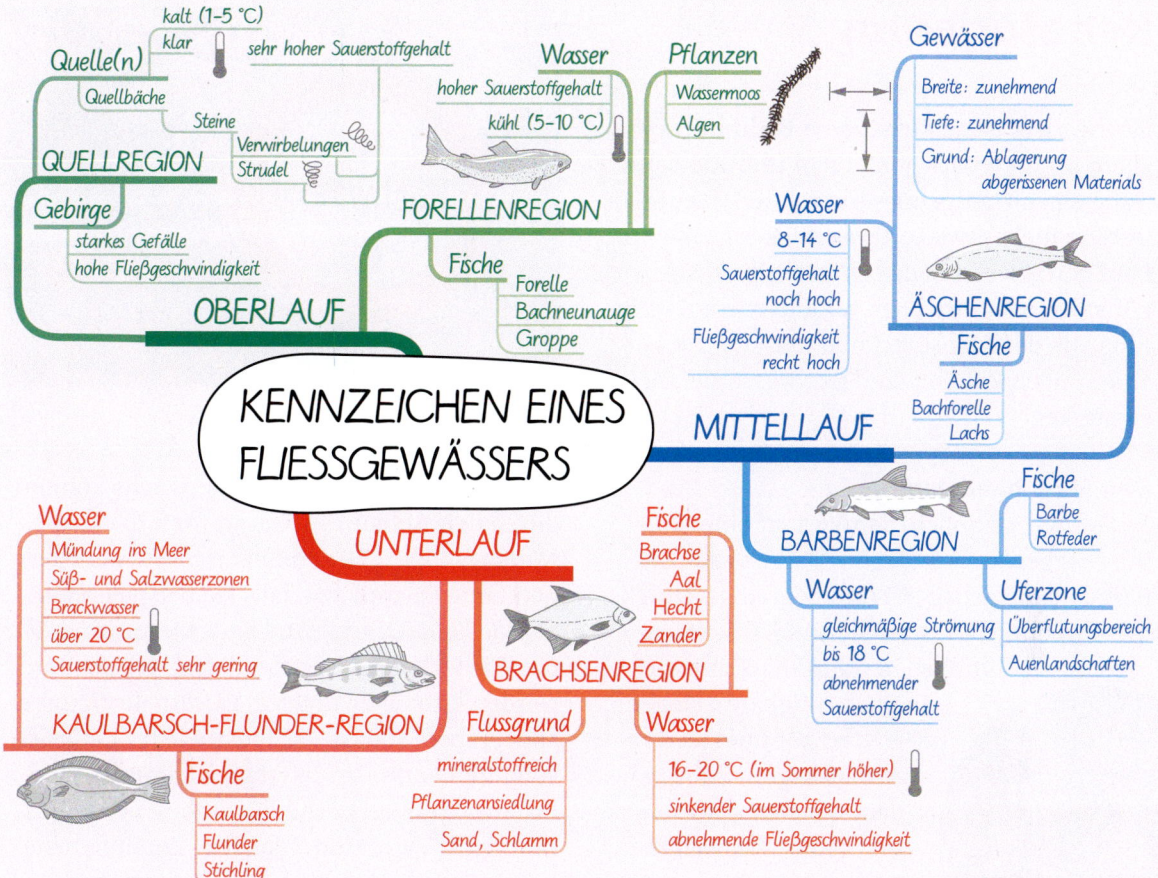

Im Mindmap-Bild sind folgende Beschriftungen zu erkennen:

QUELLREGION — Quelle(n): kalt (1–5 °C), klar, sehr hoher Sauerstoffgehalt; Quellbäche; Steine; Verwirbelungen, Strudel
OBERLAUF — Gebirge: starkes Gefälle, hohe Fließgeschwindigkeit

FORELLENREGION — Wasser: hoher Sauerstoffgehalt, kühl (5–10 °C); Pflanzen: Wassermoos, Algen; Fische: Forelle, Bachneunauge, Groppe

MITTELLAUF — Gewässer: Breite: zunehmend, Tiefe: zunehmend, Grund: Ablagerung abgerissenen Materials
ÄSCHENREGION — Wasser: 8–14 °C, Sauerstoffgehalt noch hoch, Fließgeschwindigkeit recht hoch; Fische: Äsche, Bachforelle, Lachs
BARBENREGION — Fische: Barbe, Rotfeder; Wasser: gleichmäßige Strömung, bis 18 °C, abnehmender Sauerstoffgehalt; Uferzone: Überflutungsbereich, Auenlandschaften

KENNZEICHEN EINES FLIESSGEWÄSSERS

UNTERLAUF — Wasser: Mündung ins Meer, Süß- und Salzwasserzonen, Brackwasser, über 20 °C, Sauerstoffgehalt sehr gering
KAULBARSCH-FLUNDER-REGION — Fische: Kaulbarsch, Flunder, Stichling
BRACHSENREGION — Fische: Brachse, Aal, Hecht, Zander; Flussgrund: mineralstoffreich, Pflanzenansiedlung, Sand, Schlamm; Wasser: 16–20 °C (im Sommer höher), sinkender Sauerstoffgehalt, abnehmende Fließgeschwindigkeit

3 Mindmap zum Thema »Kennzeichen eines Fließgewässers«

---

5 Mindmap erstellen Lege den leeren Papierbogen im Querformat vor dich. Notiere in der Mitte das Thema. Vom Thema abzweigend werden die einzelnen Oberbegriffe als Hauptäste im Uhrzeigersinn angeordnet. Von jedem Hauptast zweigen die Unterbegriffe ab. Diese Abzweigungen werden als Nebenäste bezeichnet. Achte auf die Mindmap-Regeln in Bild 4.

6 Vergleichen mit den Vorüberlegungen Kontrolliere nun deine Mindmap noch einmal. Hast du alle Inhalte der Thematik aufgenommen? Ergänze, falls dir neue Stichwörter einfallen.

7 Mindmap mit Abbildungen versehen Sofern du deine Mindmap bildlich gestalten willst, ergänze Abbildungen, Skizzen und weitere Symbole, die beim Lernen der Thematik hilfreich sind.

Mindmap-Regeln

- Möglichst waagerechte Äste zur besseren Lesbarkeit verwenden.
- Oberbegriffe auf den Hauptästen platzsparend um die Mitte anordnen.
- Saubere Handschrift einhalten.
- Thema und Hauptäste in Blockbuchstaben schreiben.
- Nebenäste, Nebennebenäste … in Druckbuchstaben schreiben.
- Verschiedene Farben verwenden.
- Bilder einfügen.

4 Regeln zur Erstellung einer Mindmap

Aufgaben

1 ☐ Schildere den Nutzen einer Mindmap.

2 ◩ Erstellt gemeinsam eine Mindmap zum Thema »Nahe gelegenes Gewässer«.

Renaturierung

Hochwasser ist seit jeher eine Bedrohung vor allem für die Menschen, die in unmittelbarer Nähe eines Fließgewässers wohnen. Heute werden mehr etwa 30 Prozent aller größeren Fließgewässer in Baden-Württemberg als künstlich oder erheblich verändert eingestuft. Eingriffe des Menschen und klimatische Veränderungen können die Hochwassergefahr verstärken.

1 Hochwassergefahr am Fließgewässer

Den Fluss bändigen

Früher war es üblich, den Verlauf eines Gewässers genau festzulegen. Dazu wurde das Flussbett ausgebaggert und begradigt. Durch die Abrodung der Auwälder und Trockenlegungen gewann man landwirtschaftlich nutzbare Flächen. Die Ufer konnten jetzt regelmäßig gemäht werden. Oft ermöglichten erst solche Maßnahmen, dass ein Fluss für den Schiffsverkehr genutzt werden konnte. Begradigte Fließgewässer besitzen eine höhere Fließgeschwindigkeit als natürlich gewundene. Das Regenwasser fließt schneller ab und kann sich in den Unterläufen der Flüsse zu großen Mengen ansammeln, die die Flüsse über die Ufer treten lassen. Durch die Gleichförmigkeit der Ufer und des Gewässers ist die biologische Vielfalt von Tieren und Pflanzen gering.

Ziele der Renaturierung

Die Renaturierung ist die Rückverwandlung eines Fließgewässers in einen naturnahen Zustand. Dazu werden Bedingungen geschaffen, aus denen heraus das Gewässer den Landschaftsraum wieder selbst gestalten kann. In Flussschlingen wechseln sich schnell und langsam fließende sowie tiefe und flache Gewässerbereiche ab. Dies schafft vielfältige Lebensräume für Wassertiere und -pflanzen.

Fischarten wie der Aal oder der Lachs können durch den Abbau von Stauwehren flussaufwärts wandern. Für einige Fischarten entstehen neue Laichplätze, falls sie beispielsweise auf kiesigen Untergrund angewiesen sind. Für die Wiederherstellung der Auenlandschaften werden künstlich angelegte Uferbefestigungen abgegraben, sodass der Fluss wieder natürlich verlaufen kann. Im Uferbereich entstehen Flachwasserzonen und dadurch neue Lebensräume für Tiere und Pflanzen. Zudem entstehen natürliche Überschwemmungsgebiete, die Hochwasserwellen bremsen und so zum Hochwasserschutz beitragen. Aufgrund des abwechslungsreichen Flusslaufs mit Strudeln und Verwirbelungen löst sich viel Sauerstoff in dem Gewässer. Die Wasserqualität steigt.

2 Renaturierungsmaßnahme

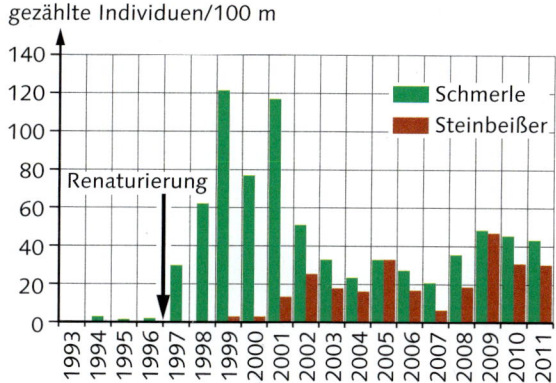

gezählte Individuen/100 m

3 Fischvorkommen vor und nach der Renaturierung

Vorbereitung der Renaturierung

Für Renaturierungsmaßnahmen werden große Flächen benötigt. Sie gehen für die landwirtschaftliche Nutzung verloren. Nach der Berechnung des Gefälles versucht man, ehemalige Rinnen und Flussverläufe zu finden. Mit Hilfe von Computersimulationen werden Gestaltungsmöglichkeiten erstellt. Durch umfangreiche Tiefbaumaßnahmen werden Uferbefestigungen beseitigt, das Flussbett aufgefüllt und verbreitert sowie neue Gräben gezogen. Es entstehen Fluss- und Bachverläufe, die als Ausgangsposition dienen. Dann »gräbt« sich das Gewässer sein eigenes Bett. Vor allem bei Hochwasser werden die Ufer von der Kraft des fließenden Wassers geformt. Renaturierte Flächen werden nicht bepflanzt, man überlässt sie sich selbst. Allmählich besiedeln Pflanzen und Tiere die Lebensräume. Manche Arten werden verdrängt, andere wandern ein. Bis ein naturnaher Zustand erreicht ist, vergeht viel Zeit.

In Kürze
Gewässer werden durch Renaturierung in einen naturnahen Zustand überführt. Dadurch bieten sie vielen Tieren und Pflanzen einen Lebensraum und dienen dem Hochwasserschutz.

Aufgaben
1 □ Nenne die Ziele der Renaturierung.

2 ◪ Diskutiert über Maßnahmen zur möglichen Renaturierung eines Gewässers in der Nähe der Schule. Verteilt dazu unterschiedliche Rollen.

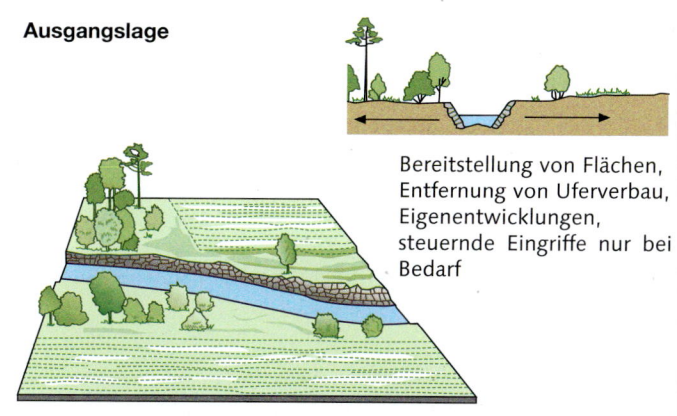

Ausgangslage

Bereitstellung von Flächen, Entfernung von Uferverbau, Eigenentwicklungen, steuernde Eingriffe nur bei Bedarf

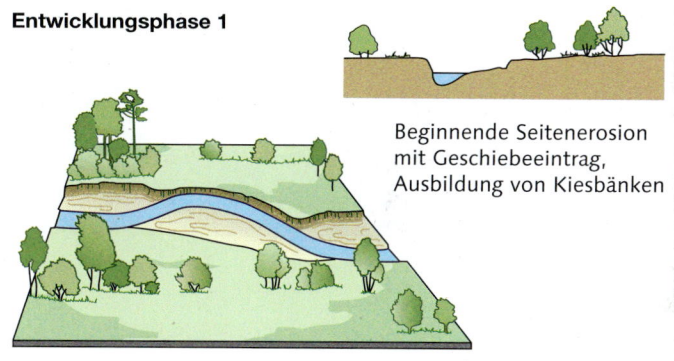

Entwicklungsphase 1

Beginnende Seitenerosion mit Geschiebeeintrag, Ausbildung von Kiesbänken

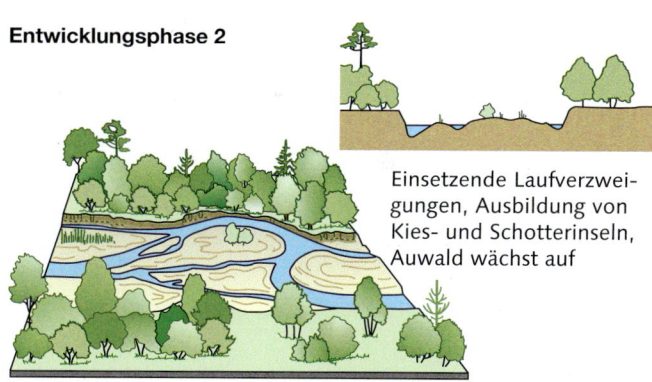

Entwicklungsphase 2

Einsetzende Laufverzweigungen, Ausbildung von Kies- und Schotterinseln, Auwald wächst auf

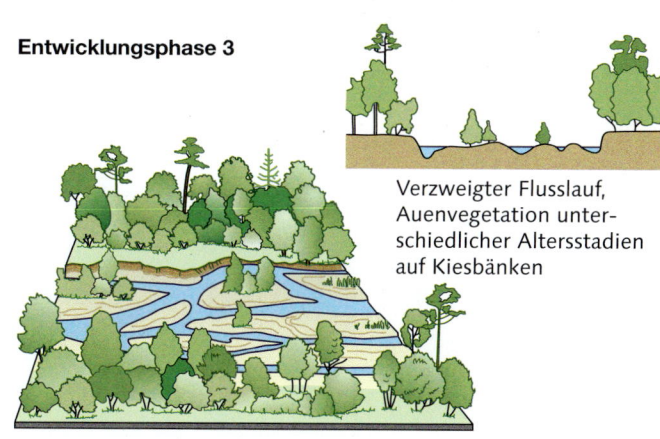

Entwicklungsphase 3

Verzweigter Flusslauf, Auenvegetation unterschiedlicher Altersstadien auf Kiesbänken

4 Entwicklung der Landschaft nach der Renaturierung

Leben in Gewässern

1 Unterschiedliche Gewässer

1 Gewässertypen

a ☐ Ordne die Gewässer in Bild 1 jeweils einem Gewässertyp zu.

b ☐ Nenne je ein weiteres Beispiel für die beiden Gewässertypen.

c ☐ Jedes Gewässer ist ein Ökosystem und besteht aus Biotop und Biozönose. Gib die Definitionen für die drei Begriffe wieder.

d ☑ Beschreibe Unterschiede zwischen den beiden Ökosystemen in Bild 1, indem du die abiotischen Faktoren vergleichst.

2 Lebensgemeinschaft Gewässer

a ☐ Ordne die Pflanzen in Bild 2 jeweils einer Zone zu. Nenne für jede Zone ein weiteres Beispiel.

b ☐ Benenne die Tiere in Bild 2.

c ☑ Erläutere an je einem Beispiel, wie eine Pflanze und ein Tier an das Leben im Wasser angepasst sind.

d ☑ Algen und Seerosen sind Pflanzen, die in einem See vorkommen. Vergleiche Seerosen und Algen unter folgenden Aspekten: Zahl der Individuen im Jahresverlauf, Stoffwechselaktivität, Vorkommen im See.

e ■ Stelle einen Zusammenhang zwischen den ökologischen Begriffen Angepasstheit, ökologische Nische und Zeigerorganismus her.

3 Stoffkreisläufe und Nahrungspyramide

Bild 3 zeigt einen Ausschnitt aus dem Energiefluss und den Stoffkreisläufen in einem See.

a ☐ Konsumenten 2. Ordnung und Endkonsumenten bilden die oberen Stufen der Nahrungspyramide. Ergänze die Glieder.

b ☐ Nenne die Aufgabe der Destruenten im Ökosystem.

c ☑ Begründe, warum Pflanzen und Grünalgen die unterste Stufe der Nahrungspyramide bilden.

2 Tiere und Pflanzen am und im Gewässer

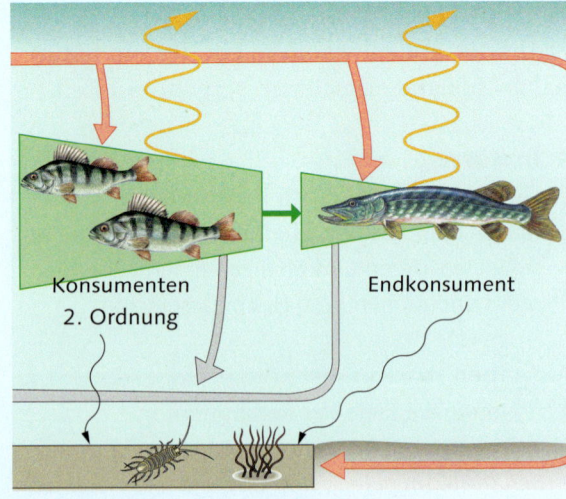

Konsumenten 2. Ordnung

Endkonsument

3 Ausschnitt aus einer Nahrungspyramide

4 Gewässer verändern sich

4 Eutrophierung

a ☐ Zeigerorganismen lassen Rückschlüsse auf die Wasserqualität eines Gewässers zu, da sie bestimmte Umweltbedingungen benötigen. Bewerte die Wasserqualität eines Gewässers, in dem du Zuckmückenlarven findest.

b ☑ Stelle anhand eines Flussdiagramms die Eutrophierung dar.

| Mineralstoffe | → | | → |

c ☑ Beschreibe, wie ein Gewässer nach der Renaturierung aussehen soll.

5 Neubürger am Gewässer

5 Neubürger oder Neobiota

a ☐ Benenne die Neubürger am Gewässer in Bild 5.

b ☑ Beschreibe vier Wege, wie Neobiota zu uns kommen.

c ■ Neobiota sind für ihre Umwelt häufig problematisch. Begründe.

Leben in Gewässern

- Unter Biotop versteht man den Lebensraum, der von den abiotischen Umweltfaktoren gebildet wird. Die Biozönose ist eine Lebensgemeinschaft aus Pflanzen und Tieren. Biotop und Biozönose bilden gemeinsam ein Ökosystem.

- Pflanzen und Tiere an oder in Gewässern sind durch Bau und Lebensweise an den Lebensraum angepasst.

- Zwischen den unterschiedlichen Lebewesen eines Gewässers bestehen vielfältige Nahrungsbeziehungen. Einfache Nahrungsketten lassen sich zu Nahrungsnetzen verknüpfen. Dabei durchlaufen Stoffe Kreisläufe zwischen Produzenten, Konsumenten und Destruenten. Motor dieser Kreisläufe ist das Sonnenlicht. Mit jeder Ernährungsstufe nimmt die Biomasse ab.

- Gewässer unterliegen einer ständigen Veränderung. Der Mensch hat großen Einfluss auf ihr Erscheinungsbild. Verschmutzungen und Zerstörungen des natürlichen Lebensraums gefährden das Leben von Pflanzen und Tieren. Eingeschleppte Arten treten in Konkurrenz mit heimischen Arten. Durch Renaturierung entstehen naturnahe Lebensräume.

Mensch und Umwelt

Lebensraum Stadt

Im ersten Moment könnte man meinen, dass Städte nur aus Häusern und Straßen bestehen. Man denkt nicht, dass auch Städte Lebensräume für viele Pflanzen und Tiere sind. Aber unsere Städte bestehen aus Ökosystemen, die vom Menschen gestaltet sind.

Aufbau einer Stadt

Die Innenstadt ist meist durch eine geschlossene Bebauung gekennzeichnet. Man findet hier viele versiegelte Flächen. Tiere und Pflanzen trifft man meist in Hinterhöfen, in kleinen Grünanlagen oder als Straßenbepflanzung an. Die Uferbereiche von Flüssen oder Bächen sind häufig durch Beton gesichert. Je weiter man sich vom Zentrum entfernt, desto mehr sieht man eine aufgelockerte Bebauung mit Rasenflächen, Blumenbeeten und Freiflächen zwischen den Häusern. Man findet hier auch Grünanlagen, Parks, kleine Seen und Friedhöfe. Die Randzonen der Städte sind durch eine lockere Bebauung mit Feldern, Wiesen und Gewässern gekennzeichnet. Zwischen Gewerbegebieten, Schrebergartenanlagen, Wohnsiedlungen und Einkaufszentren finden viele Lebewesen gute Lebensbedingungen mit kühler, feuchter Frischluft.

1 Ökosystem Stadt – vom Menschen geschaffen

Lebensbedingungen in der Stadt

Die Belastung der Luft durch Abgase, Staub und Ruß ist in den Städten größer als auf dem Land, da der Luftaustausch geringer ist. Die Temperatur in Städten ist höher als im Umland, weil Bauwerke und der Asphalt sich durch die Sonneneinstrahlung stärker aufheizen als begrünte Flächen. Nachts geben sie die Wärme langsam wieder ab. Im Winter werden Städte durch beheizte Gebäude und Abgase erwärmt. Diese bilden über der Stadt eine Dunstglocke, die die Wärmeabstrahlung verhindert. Das Regenwasser kann durch die versiegelten Flächen nicht im Boden versickern und muss über ein Abwassersystem abgeleitet werden. Dies führt zu Wassermangel bei Straßenpflanzen.

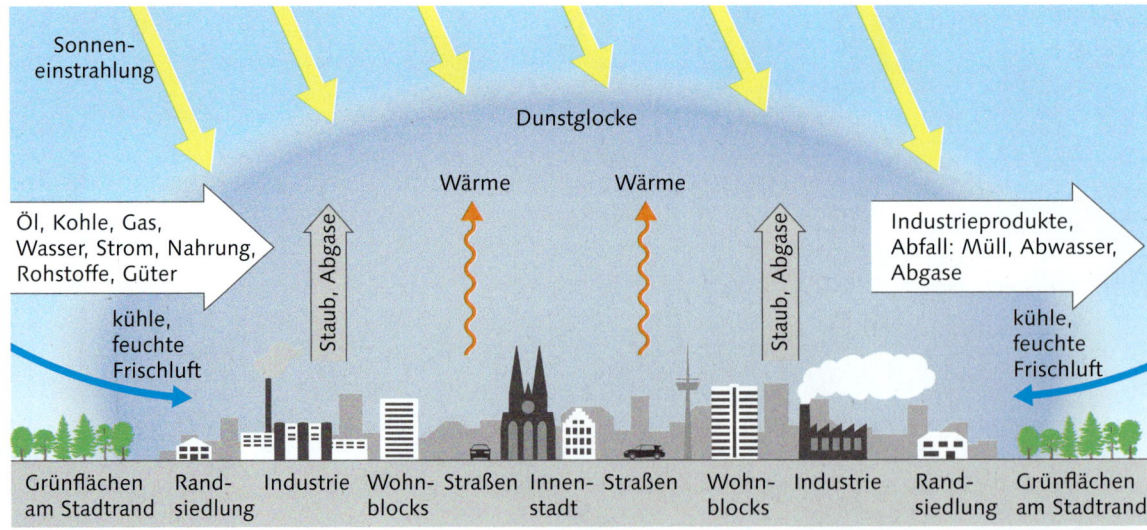

2 Lebensbedingungen in einer Stadt

Bäume beeinflussen das Stadtklima

Straßenbäume in Städten sind nicht nur Lebensraum für viele Tierarten, sie wirken sich auch positiv auf das Klima aus. Die Blätter der Bäume spenden Schatten und filtern den Staub aus der Luft. Über die Blätter wird Wasser verdunstet. Dadurch wird die Luft abgekühlt und die Luftfeuchtigkeit erhöht.

Tiere in der Stadt

Viele Tiere haben in der Stadt ökologische Nischen gefunden. Man nennt sie deshalb *Kulturfolger*. Ratten leben in Abwasserkanälen und ernähren sich von Abfällen. In Grünanlagen und Parks finden Füchse, Wildkaninchen und Igel einen Lebensraum mit viel Nahrung und wenigen Feinden. Fledermäuse schlafen tagsüber in Kirchtürmen und jagen nachts Insekten. In Städten leben viele Vögel. Tauben finden ein reiches Nahrungsangebot und werden wie Enten und Schwäne zusätzlich gefüttert. Das führt zu einer Massenvermehrung mit problematischen Folgen, da sie Krankheiten übertragen können und Gebäude durch Kot verschmutzen. Amseln waren ursprünglich scheue Waldvögel, die inzwischen an die Lebensbedingungen in Städten angepasst sind. Felsenbewohner wie Mauersegler, Mehlschwalben und Turmfalken nutzen hohe Gebäude und Kirchtürme als Nistplätze.

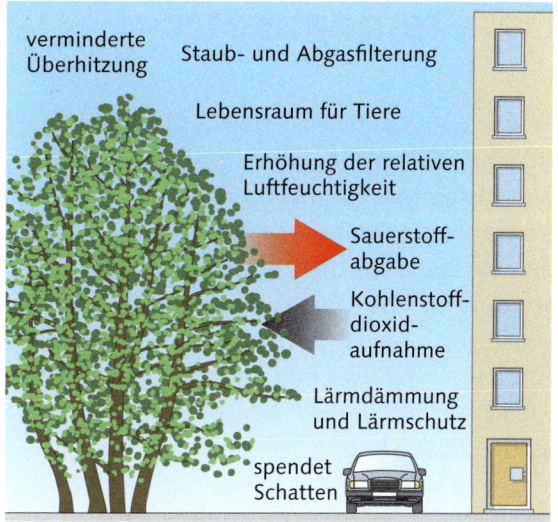

3 Bäume verbessern das Stadtklima.

In Kürze

Die Stadt besteht aus Ökosystemen, die vom Menschen gestaltet sind. Es gibt unterschiedlich stark bebaute Bereiche. Pflanzen in der Stadt verbessern das Klima. Viele Tiere haben in der Stadt ökologische Nischen besetzt.

Aufgaben

1 ☐ Beschreibe mit Hilfe von Bild 3 die Beeinflussung des Stadtklimas durch Straßenbäume.

2 ◪ Erläutere, warum sich Fuchs und Amseln als Kulturfolger in der Stadt ausgebreitet haben.

4 A Fuchs; B Steinmarder; C Taube; D Turmfalke; E Fledermaus; F Haussperling; G Ratte

Der Treibhauseffekt

Es ist ein eiskalter Wintertag. Am blauen Himmel ist keine Wolke zu sehen. Für einen Geburtstag willst du in einer Gärtnerei Blumen besorgen. Als du das dortige Gewächshaus betrittst, spürst du eine angenehme Wärme. Ein Verkäufer der Gärtnerei erklärt dir, dass die Temperatur nicht nur durch eine Heizung erzeugt wird, sondern auch etwas mit dem Glasdach des Gewächshauses zu tun hat.

1 Die Sonne erwärmt Gewächshäuser auch im Winter.

Der natürliche Treibhauseffekt

Das Glasdach eines Gewächshauses ist für Sonnenstrahlen durchlässig. Der Boden erwärmt sich dadurch und gibt Wärmestrahlung ab, die jedoch nicht durch das Glasdach nach außen tritt. Deshalb steigt die Temperatur im Gewächshaus an. Bei unserer Erde sind es Gase, die wie das Glasdach wirken. Sie gehören zur *Erdatmosphäre*. Die Erdoberfläche wird durch Sonneneinstrahlung erwärmt und gibt diese als Wärme wieder ab. Gase der Atmosphäre verhindern, dass die gesamte Wärmestrahlung ins Weltall abgestrahlt wird. Ein Teil davon wird zurückgeworfen, wodurch sich die Erdoberfläche weiter erwärmt. Erst dieser *natürliche Treibhauseffekt* ermöglicht das

Leben auf der Erde. Ohne ihn läge die Temperatur in Bodennähe bei −18 °C. Zu den *Treibhausgasen* gehören Wasserdampf, Kohlenstoffdioxid und andere Gase, die auch natürlich in der Atmosphäre enthalten sind.

Menschen beeinflussen den Treibhauseffekt

Seit Beginn der Industrialisierung hat sich die Zusammensetzung der Atmosphäre verändert und der Anteil der Treibhausgase und Staubpartikel deutlich erhöht. Der natürliche Treibhauseffekt wird verstärkt. Seither steigt die globale Temperatur. Man bezeichnet diese zusätzliche, durch Menschen verursachte Erwärmung als *anthropogenen Treibhauseffekt*.

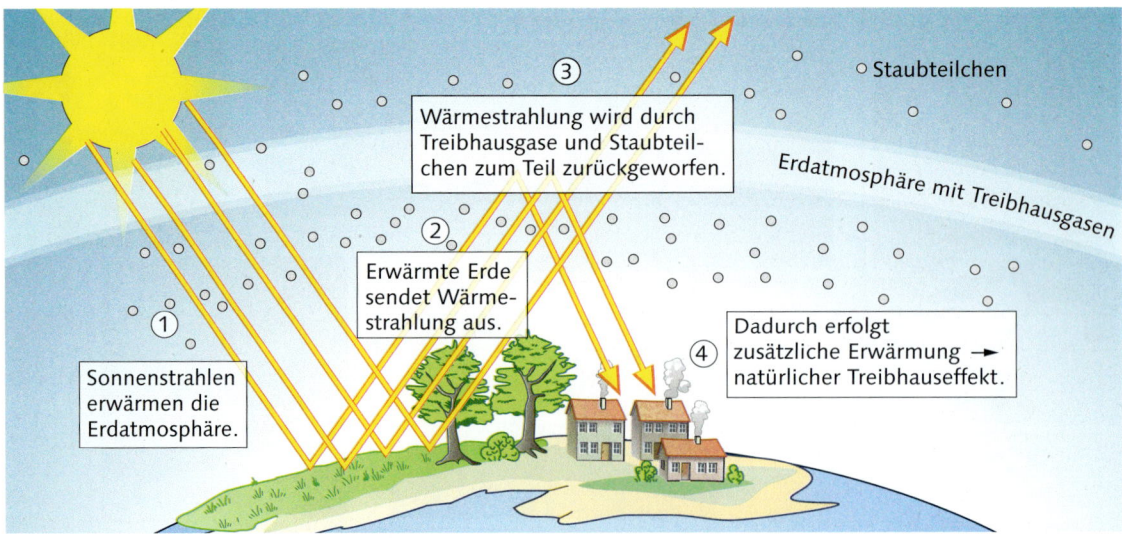

2 Durch den Treibhauseffekt steigt die Temperatur auf der Erde.

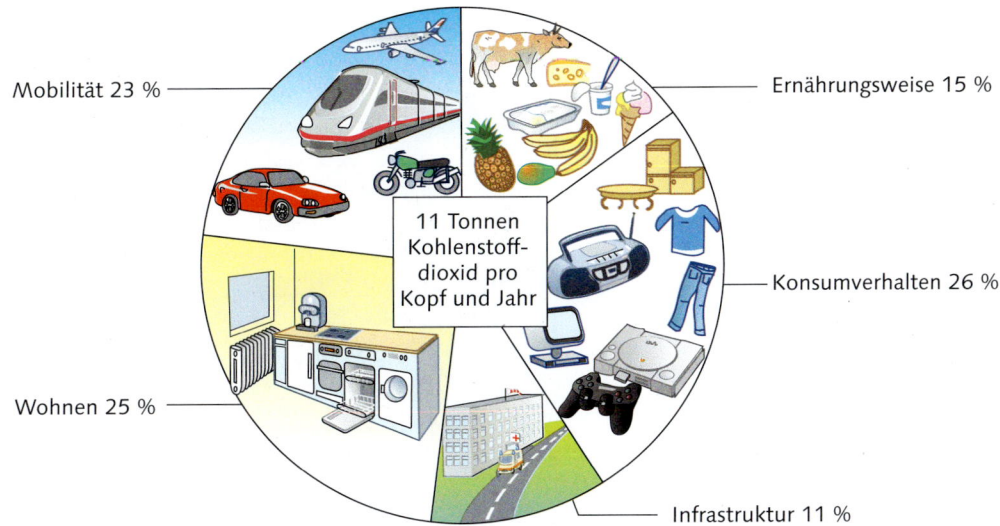

Mobilität 23 %

Ernährungsweise 15 %

11 Tonnen
Kohlenstoff-
dioxid pro
Kopf und Jahr

Konsumverhalten 26 %

Wohnen 25 %

Infrastruktur 11 %

3 Kohlenstoffdioxid entsteht in nahezu allen Lebensbereichen.

Die Bedeutung des Kohlenstoffdioxids

Kohlenstoffdioxid entsteht in großen Mengen bei der Verbrennung fossiler Stoffe wie Erdöl, Erdgas oder Kohle. Auch andere Gase wie Methan oder Stickoxide sind anthropogene Treibhausgase. Sie entstehen bei der Viehhaltung, auf Mülldeponien oder beim Einsatz von Düngemitteln. Durch die Lebensweise trägt jeder Einzelne zum Ausstoß von Treibhausgasen bei. So werden in Deutschland pro Kopf durchschnittlich 11 Tonnen Kohlenstoffdioxid pro Jahr freigesetzt. Klimaverträglich wären jedoch nur 2,5 Tonnen.

Wälder – Kohlenstoffspeicher und -quelle

Wälder nehmen große Mengen Kohlenstoffdioxid auf und speichern es durch die Fotosynthese in Form von Biomasse. Sie können jedoch nicht den gesamten Anteil des derzeit durch industrielle Prozesse erzeugten Kohlenstoffdioxids auffangen. Wenn der Abbau der Biomasse überwiegt, werden Wälder sogar zu einer Kohlenstoffdioxidquelle. Dies ist zum Beispiel bei Waldbränden oder wenn mehr Holz geerntet wird als nachwächst der Fall.

Vorhersage durch Klimamodelle?

Das *Klima* eines bestimmten Ortes ist die Gesamtheit seiner meteorologischen Erscheinungen wie zum Beispiel Temperatur, Niederschlag oder Wind über einen längeren Zeitraum.

Wie sich in Zukunft der hohe Kohlenstoffdioxidanteil der Atmosphäre auf das weltweite Klima auswirken könnte, versuchen Wissenschaftler durch Computersimulationen einzuschätzen. Ihren Überlegungen zufolge kommt es in Zukunft mit hoher Wahrscheinlichkeit zu einer drastischen Temperaturerhöhung. Solche *Klimamodelle* versuchen, möglichst präzise Vorhersagen zu berechnen.

In Kürze

Sonnenstrahlung erwärmt die Erdoberfläche. Durch die Gase der Erdatmosphäre wird die von der Erde abgestrahlte Wärme zum Teil zurückgeworfen. Dadurch erwärmt sich die Erdoberfläche weiter. Dieser natürliche Treibhauseffekt wird vom Menschen verstärkt.

Aufgaben

1 ☐ Nenne Möglichkeiten, den eigenen Lebensstil klimafreundlicher zu gestalten. Nimm dazu Bild 3 zu Hilfe.

2 ◪ Ohne den natürlichen Treibhauseffekt wäre das Leben auf der Erde nicht möglich. Erläutere.

Anzeichen des Klimawandels

Die Medien berichten in den letzten Jahren immer öfter von Naturkatastrophen wie starken Stürmen, langen Hitzeperioden oder Überschwemmungen. Wissenschaftler führen die Häufung solch extremer Wetterereignisse in den letzten Jahren auf den globalen Klimawandel zurück.

Weltweit wird es immer wärmer

Klimaforscher beobachten eine deutliche Erderwärmung. Weltweit ist die Durchschnittstemperatur in den letzten 100 Jahren um etwa 0,7 °C gestiegen. Die Klimaforscher halten sogar einen weltweiten Temperaturanstieg von 4 °C bis zum Ende des Jahrhunderts für möglich.

Das Eis schmilzt

Die Alpengletscher haben in nur 150 Jahren rund ein Drittel ihrer Flächen verloren. Seit dem Jahr 2000 nehmen die Abschmelzraten drastisch zu. Durch das schmelzende Wasser ist der Meeresspiegel bereits gestiegen. Bis zum Jahr 2100 befürchtet man einen Anstieg von über einem Meter. Dann sind flache Inseln und tief liegende Küstengebiete bedroht.

1 Extreme Wetterereignisse – auch in Deutschland

Ökosysteme in der Falle

Durch den Temperaturanstieg können aufeinander abgestimmte Beziehungen in Ökosystemen aus dem Gleichgewicht geraten. Schadinsekten wie Borkenkäfer vermehren sich durch milde Winter und lange Trockenperioden im Sommer besonders stark. Vor allem wegen Dürre geschwächte Wälder sind durch solche Massenvermehrungen stark gefährdet. Anderen Tier- und Pflanzenarten werden dadurch die Lebensgrundlagen genommen. Sie sind vom Aussterben bedroht.

Für manche Tier- und Pflanzenarten bringt eine Klimaveränderung auch Vorteile, da die Temperaturerhöhung ihre Lebensbedingungen verbessert. Für Pflanzen in Europa verlängert sich beispielsweise die Vegetationsperiode.

In Kürze

Im letzten Jahrhundert ist weltweit ein deutlicher Temperaturanstieg zu verzeichnen. Anzeichen für den Klimawandel sind extreme Wetterereignisse, Abschmelzen von Eisflächen oder der Anstieg des Meeresspiegels. Durch den Temperaturanstieg geraten Ökosysteme aus dem Gleichgewicht.

Aufgaben

1 ☐ Beschreibe die »Gesichter« in Bild 2.
2 ◪ Erkläre, weshalb Ökosysteme durch den Klimawandel aus dem Gleichgewicht geraten können.

2 Der Klimawandel hat viele Gesichter.

Klimawandel – Trägt der Mensch die Schuld?

Klimaschwankungen gab es schon immer

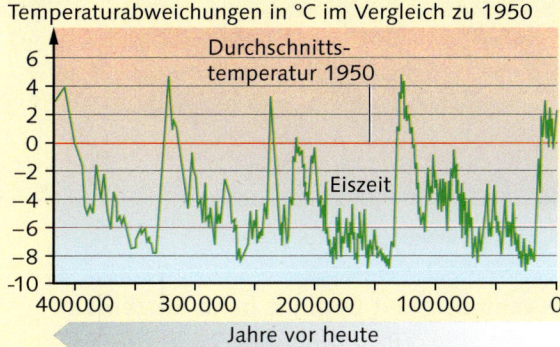

Temperaturabweichungen in °C im Vergleich zu 1950

1 Temperaturschwankungen in der Erdgeschichte

»Die Klimageschichte unseres Planeten ist eine Geschichte der natürlichen Klimaschwankungen. Die letzte Kaltzeit endete vor 11 000 Jahren, es begann eine neue Warmzeit. Wir leben also in einer Warmzeit des quartären Eiszeitalters. Erst wenn kein Eis mehr auf der Erdoberfläche auftritt, hat dieses Eiszeitalter sein Ende gefunden.«

ESA Deutschland, www.esa.int [gekürzt]

»Der ganze Streit, ob die Temperatur rauf- oder runtergeht, ist absurd. Natürlich geht sie hoch – und zwar schon kurz nach 1800, vor der industriellen Revolution. Die Ursache ist das Abklingen der kleinen Eiszeit und nicht, weil wir mehr CO_2 in die Luft befördern.«

Zitat R. Bryson,
amerikanischer Geo- und Meteorologe, 2007

2 Menschengemachter Klimawandel – ein Märchen?!

Der menschliche Einfluss auf das Klima

»Der größte Teil des beobachteten Anstiegs der mittleren globalen Temperatur seit Mitte des 20. Jahrhunderts ist sehr wahrscheinlich durch den beobachteten Anstieg der anthropogenen Treibhausgaskonzentrationen verursacht.«

Wissenschaftlicher Bericht des Weltklimarats, 2007

»Seit einigen Jahren ist die Klimaproblematik immer mehr in den Mittelpunkt des öffentlichen Interesses gerückt. Auch außerhalb der Wissenschaftsgemeinde laufen deshalb Diskussionen, unter anderem in Zeitungen, Zeitschriften und im Internet. Häufig stammen die Diskussionsteilnehmerinnen und -teilnehmer nicht aus der Klimawissenschaft, sondern aus anderen Fachgebieten, die teilweise auch konkrete Interessen vertreten (beispielsweise Vertreterinnen und Vertreter der Ölindustrie). Sie beteiligen sich meist nicht an der eigentlichen wissenschaftlichen Diskussion, da ihre Thesen einer Überprüfung durch die Fachwelt in der Regel nicht standhalten.«

Umweltbundesamt, 2016

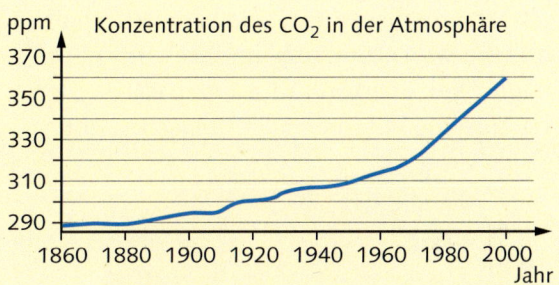

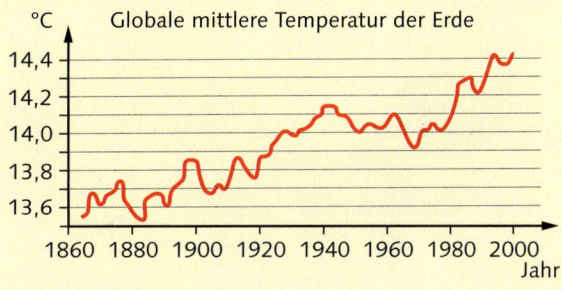

3 Kohlenstoffdioxidkonzentration und Temperatur

Nachhaltigkeit und Umweltschutz

Saftige Wiesen, Wälder voller Leben oder ein Eisbär in der Arktis – eine intakte Umwelt soll auch noch für deine Enkel und die ihnen nachfolgenden Generationen erhalten bleiben.

Was bedeutet Nachhaltigkeit?

»Nachhaltige Entwicklung ist eine Entwicklung, die den Bedürfnissen der heutigen Generation entspricht, ohne die Möglichkeiten künftiger Generationen zu gefährden, ihre eigenen Bedürfnisse zu befriedigen und ihren Lebensstil zu wählen.« Diese Definition der Weltkommission für Umwelt und Entwicklung von 1987 bedeutet, dass der Naturschutz und die Interessen der Wirtschaft und der Menschen in Einklang gebracht werden. So wird durch nachhaltiges Handeln zwar Holz in Wäldern abgebaut, sodass man den Rohstoff Holz erhält, aber nur so viel, dass dem Ökosystem Wald kein dauerhafter Schaden zugefügt wird.

Die Umwelt schützen

Zu den wichtigsten Bereichen des Umweltschutzes zählen Klima-, Wald- und Gewässerschutz. So müssen auch die Landwirtschaft und die Wassernutzung auf ihre Umweltverträglichkeit überprüft und angepasst werden. Dazu ist die Mitarbeit aller Menschen nötig.

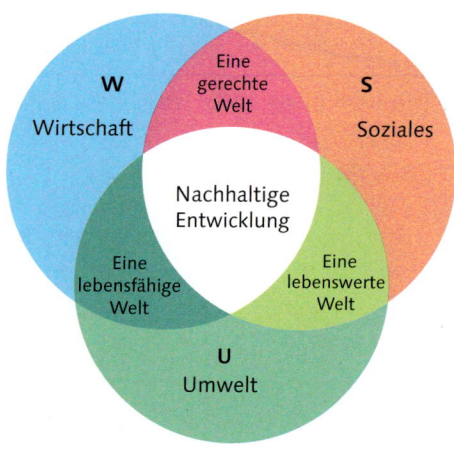

2 Prinzip der Nachhaltigkeit

Wieso habt ihr denn nicht schon viel früher auf die Umwelt achtgegeben?

1 Der Wald der Zukunft?!

Nachhaltigkeit beginnt beim Einzelnen

Nachhaltigkeit ist nicht nur Sache der Politik, sondern beginnt in unserem Alltag. Jeder Einzelne sollte sein Verhalten anpassen, zum Beispiel kurze Wege mit dem Fahrrad statt dem Auto fahren oder das Fenster schließen, wenn die Heizung läuft. Das Ladekabel eines Handys sollte man nach dem Laden aus der Steckdose ziehen, da auch Strom verbraucht wird, wenn kein Gerät angeschlossen ist.

Erhaltung der Artenvielfalt

Die Lebensgrundlage für den Menschen ist ein leistungsfähiger Naturhaushalt, zur Sicherung der notwendigen Ressourcen. Durch intensive wirtschaftliche Nutzung von Landschaften, Straßenbau, Rohstoffabbau, Veränderung und Verschmutzung von Gewässern sowie Überdüngung werden natürliche Ökosysteme beeinflusst und die Artenvielfalt verringert sich. Im Sinne der Nachhaltigkeit ist es wichtig, die Artenvielfalt und die Vielfalt der Ökosysteme zu erhalten.

In Kürze

Das Prinzip der Nachhaltigkeit schreibt vor, dass der Mensch die Umwelt für eigene Interessen nur so intensiv nutzt, dass sie dauerhaft erhalten bleibt.

Aufgabe

1 ☐ Recherchiere im Internet fünf Siegel für Nachhaltigkeit und nenne je ein Verwendungsbeispiel.

Eingriffe in Ökosysteme

1 Das Prinzip der Nachhaltigkeit

Hans Carl von Carlowitz (1645–1714), Oberberghauptmann am kursächsischen Hof in Freiberg, gilt als Begründer des Prinzips der Nachhaltigkeit. Angesichts einer drohenden Rohstoffkrise formulierte von Carlowitz 1713 in seinem Werk »Sylvicultura oeconomica« erstmals, dass immer nur so viel Holz geschlagen werden sollte, wie durch planmäßige Aufforstung, durch Säen und Pflanzen nachwachsen konnte.

Lexikon der Nachhaltigkeit

Die biologische Vielfalt der Erde wird unter dem Begriff Biodiversität zusammengefasst. Damit sind alle Lebewesen sowie die Vielfalt der Lebensräume auf der Erde mitsamt ihren ökologischen Prozessen gemeint. Der Mensch nutzt die Biodiversität vor allem in den Bereichen Ernährung, Medizin und Technik. Zum Beispiel werden viele Pflanzenwirkstoffe als Arzneimittel verwendet. Gleichzeitig schützt Artenvielfalt vor der Ausbreitung von Krankheitserregern. Ein weltweites Abkommen soll die Biodiversität schützen. Seine drei Ziele sind die Erhaltung der biologischer Vielfalt und deren nachhaltige Nutzung. Außerdem sollen die Vorteile und wirtschaftlichen Gewinne dieser Nutzung allen Menschen zugute kommen.

a ☐ Beschreibe, wie ein Förster die Bewirtschaftung seines Waldes planen muss, wenn sie nachhaltig sein soll.
b ☐ Beschreibe den Begriff Biodiversität am Beispiel des Ökosystems Wald.
c ☑ Erläutere, weshalb es wichtig ist, dass sich möglichst viele Staaten an das Abkommen halten.
d ☑ Recherchiere Beispiele, bei denen der Mensch in den Bereichen Lebensmittel, Medizin und Technik von einer großen Biodiversität profitiert.
e ◼ Erkläre den Zusammenhang zwischen dem Prinzip der Nachhaltigkeit und dem Erhalt der Biodiversität.

2 Einwanderung von Lebewesen

Pflanzen- und Tierarten, die sich in einem Gebiet ausbreiten, in dem sie von Natur aus nicht heimisch waren, sondern sich durch menschlichen Einfluss angesiedelt haben, nennt man Neobiota. Diese Arten werden im Naturschutz als invasiv bezeichnet, weil sie unerwünschte Auswirkungen auf heimische Arten, Lebensgemeinschaften oder Biotope haben. Sie schädigen die Natur in unterschiedlicher Weise. In England und Italien hat das amerikanische Grauhörnchen das europäische Eichhörnchen verdrängt. Es ist nicht nur größer und aggressiver, sondern hat auch den Erreger der Eichhörnchenpocken eingeschleppt, an denen die einheimischen Tiere sterben. Der Riesenbärenklau gefährdet Menschen durch Gifte und hat keine einheimischen Fressfeinde. Der Höckerflohkrebs frisst im Bodensee die heimischen Flohkrebse.

a ☑ Nenne allgemeine Begriffe für die unterschiedlichen Möglichkeiten der schädigenden Auswirkungen von Neobiota.
b ☑ Stelle einen Zusammenhang zwischen den Begriffen invasive Neobiota und Invasion her.
c ☑ Stelle Vermutungen an über die Möglichkeiten, wie Neobiota einwandern.

2 Unerwünschte Neobiota

Stoffkreisläufe

Die Lebewesen auf der Erde benötigen wichtige Elemente wie Kohlenstoff, Sauerstoff und Stickstoff. Diese Elemente befinden sich in ständigen Kreisläufen. Alle Lebewesen sind über verschiedene Stoffkreisläufe miteinander verbunden.

Der Kohlenstoffkreislauf

Bei der Fotosynthese wird Kohlenstoffdioxid von den Pflanzen aus der Luft aufgenommen. Als Produzenten nutzen sie den darin enthaltenen Kohlenstoff für den Aufbau von Biomasse. Dabei wird Sauerstoff an die Umgebung abgegeben und Sonnenenergie in Form von Glucose gespeichert.

Die Einbindung von Kohlenstoff in pflanzliche Biomasse wird als Kohlenstofffixierung bezeichnet. Menschen und Tiere, die Konsumenten, verwerten die organischen Stoffe mit dem bereitgestellten Sauerstoff, um bei der Zellatmung Energie für die Lebensprozesse freizusetzen. Dabei entsteht Kohlenstoffdioxid. Die Produzenten nehmen diesen wieder auf, um neue Biomasse aufzubauen. Es entsteht ein Kreislauf.

Bedeutung der Kohlenstoffspeicher

Land- und Wasserpflanzen betreiben Fotosynthese und speichern dabei Kohlenstoff in ihrer

1 Stoffkreisläufe ermöglichen das Leben auf der Erde.

Biomasse. Fossile Energieträger sind Kohlenstoffspeicher. Sie sind aus toten Lebewesen entstanden. Durch Verbrennungsprozesse in Industrie, Heizungen und Autos wird der enthaltene Kohlenstoff in Kohlenstoffdioxid umgesetzt und an die Atmosphäre abgegeben. Pflanzen können das zusätzliche Kohlenstoffdioxid nicht völlig binden. Der Kohlenstoffdioxidgehalt der Atmosphäre steigt. Deshalb ist es unter dem Aspekt der Nachhaltigkeit wichtig, die fossilen Brennstoffe als Kohlenstoffspeicher zu erhalten.

Nachhaltige Energieversorgung

Die moderne Gesellschaft benötigt viel Energie in Form von Strom oder Kraftstoffen. Beides wurde bisher hauptsächlich durch Ver-

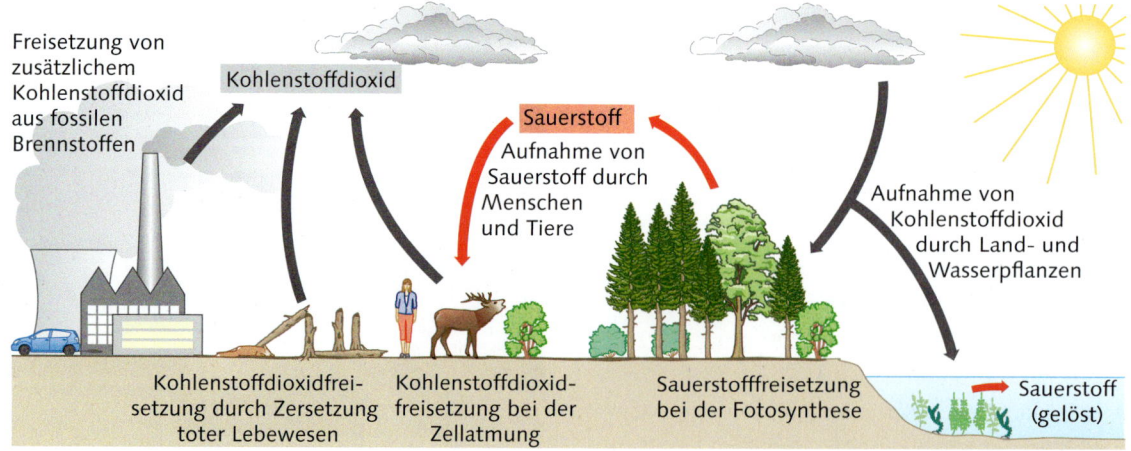

Freisetzung von zusätzlichem Kohlenstoffdioxid aus fossilen Brennstoffen

Kohlenstoffdioxid

Sauerstoff

Aufnahme von Sauerstoff durch Menschen und Tiere

Aufnahme von Kohlenstoffdioxid durch Land- und Wasserpflanzen

Kohlenstoffdioxidfreisetzung durch Zersetzung toter Lebewesen

Kohlenstoffdioxidfreisetzung bei der Zellatmung

Sauerstofffreisetzung bei der Fotosynthese

Sauerstoff (gelöst)

2 Kohlenstoffkreislauf

3 Elektroautos

brennung von fossilen Energieträgern und in Atomkraftwerken nutzbar gemacht. Im Sinne der Nachhaltigkeit soll aber gesichert sein, dass der Energiebedarf der gegenwärtigen und aller folgenden Generationen gedeckt ist. Deshalb ist es sinnvoll, den Energiebedarf zum einen zu reduzieren und zum anderen aus erneuerbaren Energiequellen zu decken. Beispiele dafür sind Sonnen- oder Windenergie, die Wasserkraft, die Erdwärme und nachwachsende Rohstoffe. Man kann zum Beispiel durch den Einsatz von LED-Lampen Energie einsparen oder Elektroautos fahren, die mit Strom aus erneuerbarer Energie angetrieben werden.

Stickstoffkreislauf

Alle Lebewesen benötigen nicht nur Sauerstoff und Kohlenstoff, sondern auch Stickstoff. Er ist zum Beispiel Baustein für Proteine, den Baustoffen aller Lebewesen. Die Luft besteht zu 78 Prozent aus gasförmigem Stickstoff.

Viele Pflanzen, die Hülsenfrüchte bilden, wie zum Beispiel Weiß-Klee, Sojabohnen und Lupinen, können mit Knöllchenbakterien in ihren Wurzeln eine Symbiose bilden. Diese und andere Bodenbakterien können den Stickstoff binden, indem sie ihn in Ammonium oder Nitrat umwandeln. Alle anderen Pflanzen nehmen den Stickstoff, der im Nitrat gebunden ist, mit dem Wasser über die Wurzeln aus dem Boden auf und nutzen ihn in ihrem

Stoffwechsel. Tiere nehmen den Stickstoff über die Nahrung auf. Wenn Lebewesen sterben, werden ihre Körper durch Destruenten abgebaut. Dadurch gelangt der Stickstoff wieder in den Boden. Durch Bodenbakterien wird er wieder zu Nitrat oder gasförmigem Stickstoff umgewandelt. Als Nitrat kann Stickstoff erneut von Pflanzen aufgenommen werden.

In Kürze

Bei der Fotosynthese wird Sonnenenergie umgewandelt und mit Hilfe von Kohlenstoff in Biomasse gespeichert. Dabei wird Sauerstoff freigesetzt. Menschen, Tiere und Pflanzen verwerten die organischen Verbindungen bei der Zellatmung mit Hilfe von Sauerstoff, um Energie freizusetzen. Stickstoff wird von Pflanzen aufgenommen, an Konsumenten weitergegeben und gelangt über Destruenten und Bakterien wieder in den Boden.

Aufgaben

1 ☑ Erkläre anhand des Kohlenstoffkreislaufs die Notwendigkeit, fossile Brennstoffe durch erneuerbare Energiequellen zu ersetzen.

2 ☑ Begründe, warum Zimmerpflanzen mit Nitrat gedüngt werden müssen.

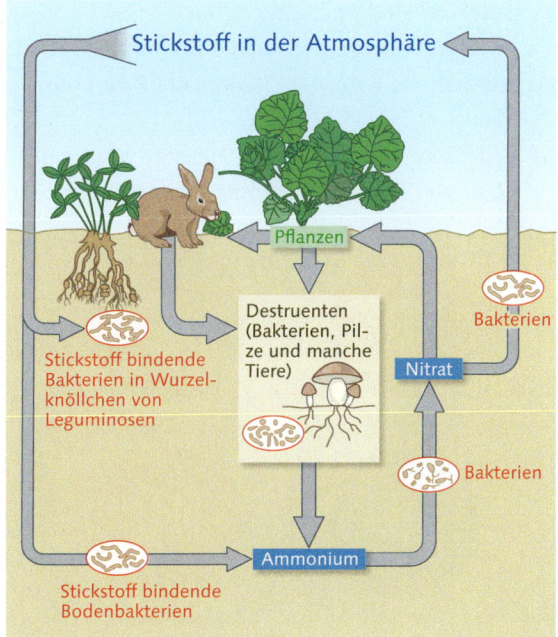

4 Stickstoffkreislauf

Mensch und Umwelt

1 Die Stadt als Lebensraum

1 Innenstadt von Freiburg

a ☐ Beschreibe die unterschiedliche Bebauung einer Stadt.

b ☐ Nenne jeweils Möglichkeiten für Pflanzen und Tiere, die unterschiedlichen Stadtbereiche zu besiedeln.

c ☑ Vergleiche die in Bild 2 dargestellten abiotischen Faktoren einer Innenstadt mit denen eines städtischen Randbereichs.

d ☑ Erläutere den Begriff Kulturfolger am Beispiel der Fledermäuse.

e ☑ Begründe, weshalb sich Enten und Schwäne ebenso wie Ratten in Städten stark vermehren.

f ☑ Erläutere Probleme, die die starke Vermehrung von Tauben in Städten mit sich bringt.

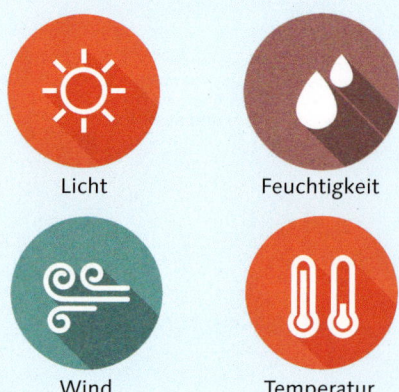

Licht	Feuchtigkeit
Wind	Temperatur

2 Abiotische Umweltfaktoren

2 Stoffkreisläufe

3 Plastikprodukte im Vergleich mit Holzprodukten

a ☐ Skizziere den Kohlenstoffkreislauf.

b ☑ Erkläre, welchen Einfluss fossile Brennstoffe auf den Kohlenstoffkreislauf haben.

c ☑ Begründe, warum Bauern im Abstand von wenigen Jahren Klee oder andere Pflanzen mit Knöllchenbakterien an ihren Wurzeln auf ihren Feldern anbauen.

d ■ Begründe, warum Papiertüten mehr zum Klimaschutz beitragen als Kunststofftüten.

3 Treibhauseffekt

a ☐ Nenne mindestens zwei Treibhausgase und beschreibe ihre Wirkung in der Atmosphäre.

b ☐ Nenne zwei Prozesse, die den Kohlenstoffdioxidgehalt der Atmosphäre erhöhen.

c ☐ Beschreibe den natürlichen Treibhauseffekt.

d ☑ Vergleiche den Prozess des natürlichen Treibhauseffekts mit den Vorgängen in einem Gewächshaus.

e ☑ Beschreibe möglichst viele Prozesse, durch die der Mensch den natürlichen Treibhauseffekt verstärkt.

f ☑ Begründe, warum bei der Bereitstellung von elektrischer Energie die Energieträger Kohle, Erdöl und Erdgas immer stärker durch regenerative Energieträger ersetzt werden sollten.

4 Nachhaltigkeit

In der Agenda 21 wurde ein Leitbild für die Entwicklung der Menschheit im 21. Jahrhundert festgelegt. Gemeinsames Ziel ist die Schonung der Umwelt und die gerechte Verteilung der Lebenschancen aller derzeit und zukünftig lebenden Menschen auf der Erde.

a ☐ Nenne die drei Grundbereiche, die das Prinzip der Nachhaltigkeit miteinander verknüpfen.

b ☐ Nenne Möglichkeiten, wie du persönlich nachhaltig handeln kannst.

c ☐ Beschreibe Hilfen, durch die du dein Konsumverhalten nachhaltig ausrichten kannst.

d ☑ Erläutere den Zusammenhang zwischen dem Erhalt von Ökosystemen und Artenvielfalt.

5 Klimawandel

Schwere Gewitter mit Starkregen und orkanartigen Böen, entwurzelte Bäume und umgestürzte Laternen, abgebrochene Festivals und evakuierte Zeltlager – diese Ereignisse prägen inzwischen den mitteleuropäischen Sommer ebenso wie Hitzewellen und Dürre.

a ☐ Nenne die meteorologischen Erscheinungen, durch die das Klima geprägt wird.

b ☑ »Der Mensch ist Verursacher des Klimawandels.« Begründe diese Aussage.

c ☑ Nicht nur die Küstengebiete sind durch abschmelzende Gletscher und den damit ansteigenden Meeresspiegel bedroht. Auch in den Alpen ereignen sich immer wieder Klimakatastrophen. Erläutere.

4 Ein durch Unwetter verwüstetes Zeltlager

Mensch und Umwelt

- Der Mensch gestaltet Ökosysteme und beeinflusst sie. Pflanzen und Tiere besetzen neue ökologische Nischen, die vom Menschen geschaffen werden. Sie sind an die besonderen Bedingungen angepasst.

- Das Klima wird vom Menschen vor allem durch die Verbrennung fossiler Energieträger beeinflusst. Durch einen Anstieg der CO_2-Konzentration in der Atmosphäre wird der natürliche Treibhauseffekt verstärkt. Regenerative Energiequellen stehen dauerhaft zur Verfügung und belasten das Klima nicht durch Treibhausgase.

- Das Prinzip der Nachhaltigkeit bringt den Umweltschutz und die Interessen der Wirtschaft und der Menschen in Einklang. Dadurch soll die Natur für nachfolgende Generationen erhalten bleiben und der Klimawandel eingeschränkt und möglichst aufgehalten werden.

- Pflanzen wandeln mit Hilfe der Fotosynthese Sonnenenergie in chemische Energie um und speichern sie in Biomasse. Dabei wird Kohlenstoff gebunden. Durch die Zellatmung nutzen Lebewesen diese Energie. Dabei wird Sauerstoff verbraucht und Kohlenstoffdioxid frei.

Partnerschaft und Verantwortung

Liebe und Partnerschaft

Für Sarah und Tobias war es Liebe auf den ersten Blick. Sie treffen sich so gut wie jeden Tag. Sarah ist fest davon überzeugt, den »Mann fürs Leben« gefunden zu haben. Für Tobias steht fest: »Sarah und ich, wir bleiben für immer zusammen.«

Verliebt sein

Oft ist es nur ein Blick, eine Geste, ein Lächeln oder die Art wie ein Mensch sich bewegt, die das Gefühl des Verliebtseins auslösen. Es kommt meist ganz plötzlich. Du fühlst dich wie verzaubert, im siebten Himmel, auf rosaroten Wolken. Du denkst nur noch an diese eine Person, deinen Schwarm. In jedem, der so »verknallt« ist, werden vom Gehirn Hormone freigesetzt, die sowohl Glücksgefühle hervorrufen als auch anfälliger für Enttäuschung und Verletztsein machen.

Verliebtsein ist der Anfang jeder Liebe

»Auf jemanden stehen« oder »verknallt sein« sind Umschreibungen für das Verliebtsein. Aber dies ist noch keine Liebe, sondern eine Vorstufe zur Liebe, die zunächst vor allem durch Gefühle bestimmt ist. Die Erwartungen sind sehr hoch, sowohl bei Mädchen als auch bei Jungen. Es tut sehr weh, in jemanden verliebt zu sein, der die Liebe nicht oder nicht

1 Verliebt – und die Welt erscheint rosarot

mehr erwidert. Liebeskummer ist meist schwer zu verkraften.

Die besondere Chance des Verliebtseins

Wer verliebt ist, hat den Wunsch, den anderen Menschen näher kennenzulernen. Nicht nur seine Ansichten, sondern auch das, was zunächst verborgen ist: den Körper sowie das Verhalten und die Gefühlsäußerungen in bestimmten Situationen. Erst nach einer Kennenlernphase merken zwei Menschen, ob sie zueinander passen: Entweder das Gefühl des Verliebtseins erweitert sich zur Liebe und die beiden entschließen sich, den Schritt in Richtung Beziehung zu wagen. Oder man trennt sich wieder, weil man erkannt hat, dass man nicht zueinander passt.

Liebe – was ist das?

Liebe ist mehr als nur ein starkes Gefühl. Wenn sie echt ist, ist immer der Verstand beteiligt. Sie setzt höchstes Vertrauen voraus und die Bereitschaft, den anderen so anzunehmen und zu lieben, wie er ist – mit allen seinen Stärken, aber auch mit seinen Schwächen.

Liebe ist Geben und Nehmen. Wenn sich zwei lieben, lernen sie miteinander Freude und Leid zu teilen. Sie nehmen in vielen Situationen aufeinander Rücksicht und respektieren sich gegenseitig. Sie erwarten voneinander Ehrlichkeit und Treue.

2 Sich richtig kennenzulernen ist schwer.

3 Zärtlichkeiten erfordern Vertrauen.

4 Gemeinsame Aktivitäten stärken die Bindung.

Sich körperlich nahe sein

Um ihre Liebe zu spüren, sehnen sich die Partner nach zärtlichen Gesten und Berührungen. Die Haut wird dabei zu einer empfindsamen »Liebesantenne«. Zärtlichkeit gelingt, wenn die Liebenden sie spielerisch gestalten und dabei auf die Wünsche des Partners Rücksicht nehmen. Das heißt, dass beide Partner sich gegenseitig mitteilen müssen, was ihnen gefällt oder was ihnen nicht gefällt. Vielen Jugendlichen fällt es anfangs schwer, über die eigenen Gefühle zu reden, es ist ihnen oft peinlich. Ein offenes Gespräch hilft jedoch, sich gegenseitig besser zu verstehen und aufeinander einzugehen. So kann auch der Geschlechtsverkehr zu einem beglückenden und lustvollen Erlebnis werden, wenn beide Partner dies wirklich wollen.

Echte Liebe strebt nach Partnerschaft

Die meisten Paare wollen ihre Liebesbeziehung partnerschaftlich gestalten und sich als gleichwertige und gleichberechtigte Partner anerkennen. Sie entscheiden und handeln gemeinsam. Beide sehen ihre Rechte und Pflichten und sie wissen um ihre gegenseitige Verantwortung. Damit eine partnerschaftliche Beziehung auf Dauer funktionieren kann, müssen beide Partner miteinander im Gespräch bleiben und offen für Veränderungen sein. Wichtig dabei ist, sich als Paar zu sehen, aber auch eine eigenständige Person zu bleiben.

In Kürze

Verliebtsein ist eine Vorstufe der Liebe. Bei näherem Kennenlernen kann daraus Liebe wachsen. Die meisten Paare möchten heute ihr Zusammenleben nach dem Leitbild der Partnerschaft gestalten.

Aufgaben

1 ☐ Vergleiche Verliebtsein und Liebe.

2 ☐ Beschreibe Situationen, in denen ein Partner Verantwortung für den anderen übernimmt.

3 ◩ Stelle mit Hilfe von Bild 5 weitere Vermutungen an, welche Regeln für eine erfolgreiche Beziehung gelten sollten.

liebe ist...

... auf einer Ebene zu diskutieren.

liebe ist...

... wenn du nichts an ihm ändern möchtest.

5 Was Liebe sein kann

Menschliche Sexualität

»Sexualität ist ein Ausdruck der Liebe!« Auf diese Behauptung seines Lehrers meldet sich Leon und meint: »Liebe und Sexualität sind doch zwei ganz verschiedene Dinge. Ich kann einen Menschen lieben, ohne mit ihm ins Bett zu gehen. Und ich kann mit jemandem Sex haben, ohne ihn zu lieben.« Hat Leon recht?

1 Körperliche Nähe spüren

»Sexualität« – was ist das?

Unter dem Begriff »Sexualität« versteht man im weiteren Sinn alle Gefühle, Bedürfnisse und Verhaltensweisen, die mit dem Geschlechtstrieb und seiner Befriedigung in Zusammenhang stehen.

Im engeren Sinn versteht man unter Sexualität das Vorhandensein geschlechtlich verschiedener Keimzellen. Männer produzieren männliche Keimzellen, die Spermien, Frauen produzieren weibliche Keimzellen, die Eizellen. Wenn eine männliche und eine weibliche Keimzelle miteinander verschmelzen, werden väterliche und mütterliche Erbinformationen miteinander kombiniert. So entstehen Nachkommen, die sich von anderen Menschen durch neue Merkmalskombinationen unterscheiden.

Sexualität hat mehrere Funktionen

Aus biologischer Sicht dient die Sexualität in erster Linie der Fortpflanzung und Arterhaltung. Zum anderen kann sie beim Menschen aber auch dazu beitragen, die Bindung in einer Partnerschaft zu festigen: In ihrer Sexualität möchten Menschen glücklich werden, Geborgenheit und Anerkennung finden, gemeinsam Freude erleben und Liebe zum Ausdruck bringen. Darüber hinaus dient die Sexualität zwischen zwei Menschen dem Lustempfinden. Sex ist eine einzigartige sinnliche Erlebnismöglichkeit. Sexuelles Verhalten, aber auch sexuelle Reize sind immer mit Kommunikation verbunden. Sie lösen nicht nur bewusst, sondern auch unbewusst Reaktionen aus. Bei jeder Art des sexuellen Verhaltens wird unbeabsichtigt eine Erwartungshaltung geweckt. Das heißt, »nur Sex« ohne Beziehung gibt es nicht. Aber auch der Kleidungsstil kann als eine gewisse Bereitschaft verstanden werden. Sexuelle Reize und Handlungen können dadurch missverstanden werden.

2 Sexualität ist vielfältig.

3 Das Spiel mit sexuellen Reizen in der Werbung

Sexualität als Werbefänger

»Sex sells« ist ein Slogan aus der Werbebranche. Produkte werden mit Hilfe von sexuellen Reizen beworben, um Lust zu wecken. Die Unternehmer erhoffen sich dadurch einen höheren Absatz und einen größeren Bekanntheitsgrad ihrer Marke. Produkte, aber auch Personen, die mit erotischen Reizen werben, bleiben nachweislich länger im Kurzzeitgedächtnis, da sie emotional anregend wirken. Dies trifft allerdings nicht auf alle Altersgruppen oder Kulturkreise zu. Ältere Menschen oder Personen in anderen Ländern können sexuelle Werbung anstößig finden.

Pornos stellen Sexualität falsch dar

Medien mit sexuellen Inhalten sind heute über das Internet zugänglich. Sie sind jedoch nicht für Jugendliche unter 18 Jahren erlaubt. Sexuelle Handlungen werden in Pornos über-

zogen dargestellt und haben mit normalem Sex wenig gemein. Sie konzentrieren sich nur auf den Sexualakt, ignorieren aber das Zwischenmenschliche. Kuscheln oder das Vorspiel zum Sex sind ebenso wichtig für ein erfülltes Sexualleben. So erzeugen Pornos falsche Vorstellungen.

Worauf es ankommt

In jeder sexuellen Beziehung können wir menschenwürdig und verantwortlich miteinander umgehen. Dazu brauchen wir Werte und Maßstäbe, an denen wir uns orientieren können: Respekt vor dem anderen, Mitgefühl, Rücksichtnahme, Liebe, freie Entscheidung und Hilfsbereitschaft sind Beispiele dafür. Entscheidend ist, was beide Partner wollen und beiden guttut.

4 Pornografische Inhalte sind erst ab 18 erlaubt.

In Kürze

Sexualität beim Menschen hat mehrere Funktionen: Sie dient der Fortpflanzung, der Partnerbindung, dem Erleben von Lust und der Kommunikation. Erfüllter Sex bedarf eines verantwortungsvollen Umgangs miteinander.

Aufgaben

1 ☐ Nenne die Funktionen der Sexualität.
2 ☐ Beschreibe, wie die Werbung in Bild 3 wirkt.
3 ☑ Begründe, weshalb pornografische Bilder falsche Vorstellungen vermitteln.
4 ☑ Nimm Stellung zur Meinung von Leon im Einstiegstext.

Sexualität ist vielfältig

Keven und Malte kennen sich seit dem Kindergarten. Malte hat seinem besten Freund vor zwei Monaten gesagt, dass er glaubt, auf Jungs zu stehen. Keven war erst mal überrascht, aber für ihn hat sich deswegen nichts geändert. Im Gegenteil: »Jetzt habe ich beim Weggehen weniger Konkurrenz bei den Mädels«, erzählt Keven grinsend.

Sexuelle Orientierung

Unter der *sexuellen Orientierung* versteht man das Interesse an einem bestimmten Geschlecht. Am häufigsten verbreitet ist die *Heterosexualität*. Zwei Menschen unterschiedlichen Geschlechts, die sich gegenseitig anziehend finden, bezeichnet man als heterosexuell. Diejenigen, die das gleiche Geschlecht anziehend finden, nennt man *homosexuell*.

Homosexualität ist natürlich

Etwa 5 bis 6 Prozent der menschlichen Bevölkerung sind homosexuell. Laut neuesten Studien entsteht die sexuelle Orientierung bereits in der Embryonalphase im Mutterleib. Sie ist nicht festgelegt und kann sich während der gesamten Lebenszeit mehr oder weniger stark verändern. Trotzdem kann sich niemand entscheiden, welches Geschlecht er oder sie anziehend findet. Homosexuelle Männer bezeichnen sich selbst als schwul, homosexuelle Frauen sich als lesbisch. Sie sind genau wie Heterosexuelle auf der Suche nach dem Partner fürs Leben.

Neil Patrick Harris und Ehemann David Burtka haben sich gefunden. Allerdings ist die Partnersuche nicht unbedingt einfach, weil man schwulen und lesbischen Menschen ihre sexuelle Orientierung nicht ansehen kann.

1 Keven und Malte sind beste Freunde.

Homo- oder heterosexuell?

Viele junge Menschen erleben ihre ersten sexuellen Kontakte wie Küsse oder intime Berührungen mit dem jeweils eigenen Geschlecht. Das sagt jedoch nichts über die spätere sexuelle Orientierung eines Menschen aus. Die meisten werden sich ihrer Homosexualität erst bewusst, wenn sie sich zum ersten oder zweiten Mal in eine Person ihres eigenen Geschlechts verlieben. Auch dann fällt es vielen Homosexuellen nicht leicht, sich zu ihrer Orientierung zu bekennen. Sie haben Angst, abgelehnt zu werden. Viele glauben gerade im Freundes- und Familienkreis nicht über ihre homosexuelle Neigung reden zu können. So haben sie meist erst spät ihr »Coming-out«.

Transgender – andere Geschlechterrollen

Menschen nehmen während ihrer Entwicklung eine Geschlechterrolle ein. Für die meisten gibt es männlich oder weiblich. Diese Rol-

2 Gefühle für das eigene Geschlecht

len kennen sie von ihren Eltern. Erst in der Pubertät festigt sich ein eigenes Verständnis für die Geschlechterrolle. Es gibt allerdings auch Menschen, die eine Geschlechterrolle einnehmen, die nicht zu ihrem äußerlichen Erscheinungsbild passt. Diese fasst man unter dem Oberbegriff *Transgender* zusammen.

Beispiele für Transgender

Transsexuelle empfinden, dass ihr körperliches Geschlecht nicht zu ihrer geschlechtlichen Identität passt. Damit sie dementsprechend leben können, gehört dazu die Rollenübernahme des anderen Geschlechts: von der Lebensweise, über das Aussehen, der Kleidung, aber auch die Angleichung an das empfundene Geschlecht durch eine Operation. Eindrückliches Beispiel ist Balian Buschbaum, der als Yvonne zur Welt kam und heute als Mann lebt. Personen, die zeitweise oder dauerhaft ihre Kleidung beziehungsweise ihr äußeres

3 Yvonne wurde mit falschen Geschlechtsmerkmalen geboren.

4 Balian ist im richtigen Körper angekommen.

5 Chris Kolonko – Travestie als Entertainment

Erscheinungsbild dem anderen Geschlecht anpassen, nennt man *Transvestiten*. Die Gründe können das Empfinden erotischer Reize oder eine Interpretation des eigenen Geschlechts sein. Als *Travestie* bezeichnet man die Kunst, sich zu verkleiden, um andere zu unterhalten. So werden die Grenzen der Geschlechterrollen verwischt.

Einen Platz finden

Schwule, Lesben und Transgender sehen sich häufig mit Benachteiligungen und Vorurteilen konfrontiert, da sie von den üblichen Rollenmodellen abweichen. Sie benötigen deshalb Toleranz und Verständnis, um sich selbst zu akzeptieren und den eigenen Platz in der Gesellschaft zu finden.

In Kürze

Die sexuelle Orientierung ist natürlich bedingt. Menschen, die Gefühle für das eigene Geschlecht haben, nennt man homosexuell. Personen, die ihre Geschlechterrolle verlassen, bezeichnet man als Transgender.

Aufgaben

1 ☑ Erläutere die Bergriffe hetero-, homo- und transsexuell.
2 ☑ Stelle Vermutungen an, was man unter bisexuell versteht.
3 ■ Die Aussage »Das ist mal voll schwul!« kann kränkend für einige Menschen sein. Erläutere.

Selbstbewusst anders

Diesen Menschen kennt man. Vielleicht nicht als einen der engagiertesten Schwulen der heutigen Zeit, aber als Magneto oder Gandalf. Sir Ian McKellen zeigt, dass homosexuell und erfolgreich zu sein, sich nicht gegenseitig ausschließen. Er kämpft seit Jahren für die Gleichberechtigung von Homosexuellen.

Aus der Geschichte

Angefangen hat alles 1969 bei einer Razzia in einer Bar in der Christopher Street in New York. Homosexuelle wehrten sich erstmals gegen polizeiliche Kontrollen und Willkür. Zum Gedenken und um für Gleichberechtigung und Akzeptanz zu demonstrieren, veranstalten Homo-, Bi-, Transsexuelle und deren Freunde den *CSD,* den Christopher Street Day. Die Regenbogenflagge ist das Symbol für Akzeptanz und Toleranz von Vielfältigkeit. Der Einfachheit halber bezeichnet man diese Bewegung kurz als *LBGT:* Die Abkürzung kommt aus dem Englischen und fasst alle lesbischen, bisexuellen, schwulen (englisch: gay) und transgender Menschen unter einem Oberbegriff zusammen.

Anders sein benötigt Unterstützung

Jugendliche, die merken, dass sie Gefühle für das eigene Geschlecht besitzen, haben oft Angst, sich ihrer Umwelt mitzuteilen. Sie fürchten sich davor, zurückgewiesen zu werden. Die Angst vor Ablehnung geht sogar so weit, dass die Rate der Selbsttötungsversuche unter LBGT-Jugendlichen um die Hälfte höher ist als bei Heterosexuellen. Nur weil man eine andere sexuelle Orientierung als seine Freunde hat, heißt das nicht, dass man weniger Wert ist. Eine wichtige Voraussetzung, um ein stabiles Selbstbewusstsein zu entwickeln, ist die Unterstützung durch verständnisvolle Verwandte und vertrauensvolle Freunde.

1 Sir Ian McKellen beim CSD

Zusammenleben braucht Toleranz

Tolerant sein bedeutet, eine Person so anzunehmen, wie sie ist. Alle Jugendlichen möchten so von ihrer Umwelt akzeptiert werden, wie sie sind. Das gilt auch für die Gruppe der LBGT. Der erste Flirt, das erste Verlieben, die Partnerfindung, aber auch eine normale Partnerschaft sind für alle Menschen in gleichem Maße wichtige Ziele.

In Kürze

Jugendliche, auch LBGT, möchten so akzeptiert werden, wie sie sind. Sie benötigen Unterstützung, um Selbstbewusstsein zu entwickeln. Die Toleranz der Umwelt ist dabei eine wichtige Voraussetzung.

Aufgaben

1 ☐ Stelle Vermutungen an, weshalb viele Jugendliche Angst haben, über ihre homosexuellen Gefühle zu sprechen.
2 ☐ Nicht heterosexuelle Menschen sehen sich häufig Anfeindungen ausgesetzt. Begründe, weshalb dies falsch ist.

Homosexualität in der Gesellschaft

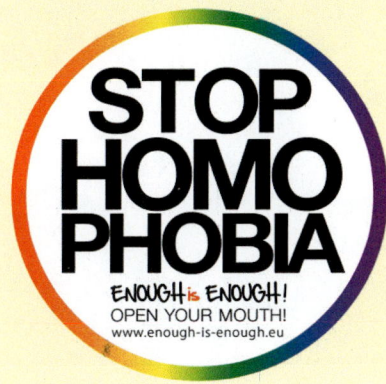

1 Aktion gegen Homophobie

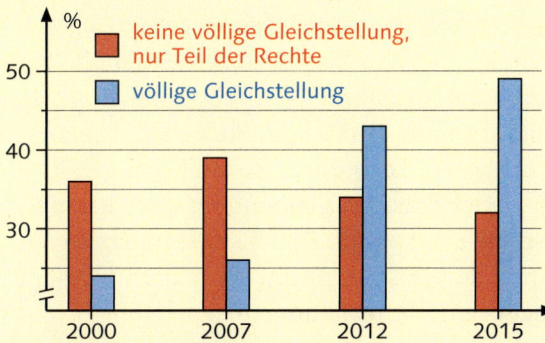

2 Umfrage in Deutschland zur gleichgeschlechtlichen
Partnerschaft   *nach faz.net 2015*

Legende:
- keine völlige Gleichstellung, nur Teil der Rechte
- völlige Gleichstellung

I am what I am
I am my own special creation
So come take a look
Give me the hook or the ovation
It is my world
That I want to have a little pride in
My world
And it is not a place I have to hide in
Life is not worth a damn
Till you can say
I am what I am

3 Mit dem Song »I am what I am« wurde Gloria Gaynor
zum Idol der Schwulenbewegung.

Das sogenannte Gesetz gegen Homosexuellen-
Propaganda stellt positive Äußerungen über Homosexualität in Anwesenheit von Minderjähri-
gen oder über Medien wie das Internet unter
Strafe. Bei Zuwiderhandlungen drohen hohe
Geldbußen. Das Gesetz schließt auch Ausländer
mit ein, die nach Russland reisen, um auf Kund-
gebungen Homosexuelle zu unterstützen, kon-
kret also an Schwulen- und Lesben-Paraden am
Christopher Street Day oder Demonstrationen
[…] teilzunehmen.

4 Kommentar zum Propagandagesetz in Russland

Sollte die Gesellschaft Homosexualität akzeptieren?

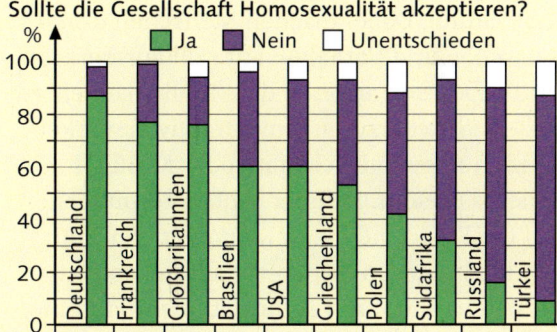

Legende: Ja | Nein | Unentschieden

5 Akzeptanz von Homosexualität
in verschiedenen Ländern   *nach statista.com 2014*

1933–45: Schwule werden in Konzentrationsla-
gern inhaftiert. Sie müssen den »Rosa Winkel«
als Erkennungsmerkmal tragen und unter anderem die Zwangskastration als »Behandlung ihrer
Krankheit« über sich ergehen lassen.
1992: Homosexualität wird von der Liste der
Krankheiten gestrichen.
1994: In Deutschland wird der Paragraph 175
aufgehoben. Er stellte sexuelle Handlungen zwischen Personen männlichen Geschlechts unter
Strafe.
2001: Deutschland erlässt ein Gesetz, das die
Eintragung von homosexuellen Paaren als Le-
benspartnerschaft ermöglicht.
2006: Deutschland erlässt ein Gesetz, dass niemand aufgrund seiner geschlechtlichen Identität
diskriminiert werden darf.
2015: Der Oberste Gerichtshof der Vereinigten
Staaten erklärt die gleichgeschlechtliche Ehe in
allen Bundestaaten für zulässig.

6 Geschichtliche Veränderungen

Partner gesucht

Simon ist total aufgeregt. Endlich hat er sie angesprochen, Julia aus der Nachbarklasse. Sie haben sich zum ersten Date getroffen und albern nur herum. Simon stellt bald einen Selfierekord auf, um den Tag festzuhalten. Verdammt sexy sieht sie aus! Ihre roten Haare, ihre grünen Augen und dieses Lächeln. So ein Mädchen gibt es nur einmal auf der Welt. Simon ist sich absolut sicher: Julia ist seine Traumfrau.

1 Selfie beim ersten Date

Werbung in eigener Sache

Jede Partnersuche beginnt mit einer Selbstdarstellung. Dabei machen Menschen durch Aussehen und Verhalten auf sich aufmerksam und geben den anderen die Möglichkeit einer ersten Einschätzung. Um attraktiv zu wirken, werden Elemente des Frau- oder Mannschemas betont. Männer achten besonders auf die Figur und die Bewegungen der Frau. Frauen hingegen ziehen vor allem aus dem Gesicht des Mannes Informationen. Für eine erste Beurteilung der Attraktivität des anderen braucht es meist nur etwa 5 bis 8 Sekunden. Der so entstehende Eindruck kann Empfindungen wie Sympathie oder Ablehnung, Respekt oder Unsicherheit hervorrufen.

Erste Flirtversuche

Wer Interesse am anderen hat und dies auch zeigen möchte, muss Kontakt aufnehmen, um herauszufinden, ob das Interesse auf Gegenseitigkeit beruht. Dies geschieht anfänglich durch die Aufnahme von Blickkontakt und die Blickabwendung oder das Anlächeln beziehungsweise Rotwerden. Zum Flirten gehört aber auch, dass man die interessante Person, den Flirt, anspricht. Dabei spielt man sich durch den Austausch von Worten und Gesten gegenseitig Informationen zu.

Unterschiedliche Flirtsignale

Männer machen sich groß, indem sie sich aufrichten und die Hände in die Taschen stecken. Ihre Körperhaltung ist gespannt, sie wenden sich ihrem Flirt zu und nehmen Blickkontakt auf. Meist nehmen Frauen beim Flirten die aktive Rolle ein. Wenn sie den Mann in seinem Verhalten bestärken möchten, zeigen sie das mit verschiedenen Signalen an. Das

2 Weibliche Reize: Lippen, Haare, Augen

3 Männliche Reize: markantes Gesicht, Muskeln

4 Flirtsignale

gegenüber die eigenen Gefühle erwidert. Eine Zurückweisung ist schmerzhaft. Homosexuelle Jugendliche haben es noch ein bisschen schwerer: Sie können sich nie sicher sein, ob ihr Schwarm auch homosexuell ist. Zusätzlich haben sie mengenmäßig nicht die gleiche Auswahl wie ihre heterosexuellen Freunde.

Die größte Hürde ist die erste Berührung

Auch dabei gibt es geschlechtsspezifische Unterschiede. Männer suchen meist möglichst schnell Körperkontakt. Viele Frauen dagegen meiden ihn so lange wie möglich. Beim Flirt bevorzugen es Frauen, selbst den körperlichen Kontakt aufzunehmen: Sie legen dem Mann die Hand auf den Arm oder berühren ihn am Rücken. Viele Männer sind dabei zu ungeduldig und erreichen durch verfrühte Berührungen, dass sich die Frau zurückzieht.

Heben der Augenbrauen, intensive Blickkontakte, Lächeln, das Freilegen des Halses durch einen Hairflip oder das Zwirbeln der Haare mit den Fingern sind häufige Flirtsignale. Sie zeigen ein gesteigertes Interesse an. Flirten ist aber nicht einfach. Manche Signale kann man nur schwer deuten. Ein Lächeln kann eine Aufforderung zum Flirt oder auch nur Verlegenheit bedeuten, ein Augenzwinkern Interesse oder ein Staubkorn im Auge. Allgemein ist Flirten nur dann erfolgreich, wenn beide Flirtpartner aufrichtiges Interesse an ihrer Person verspüren.

Wenn es ernst wird

Frauen suchen einen Partner eher wohl überlegt aus. Sie sind sehr kritisch und lassen sich Zeit, um ihr Gegenüber gut kennenzulernen und einschätzen zu können. Männer sind sehr viel direkter. Bei der Partnersuche zählen anfänglich Aussehen und Humor. Daher verlieben sich eher Männer auf den ersten Blick als Frauen.

Probleme bei der Partnersuche

Alle Jugendliche haben Hemmungen, ihrem Schwarm ihre wahren Gefühle mitzuteilen. Schließlich weiß man nicht, ob der Mensch

In Kürze

Alle Menschen wollen für die Partnerwahl attraktiv sein. Flirten ist eine Möglichkeit, auf sich selbst aufmerksam zu machen. Männer und Frauen unterscheiden sich bei der Partnersuche.

Aufgaben

1 ☐ Beschreibe Merkmale, die deiner Meinung nach zur Attraktivität eines Menschen beitragen.

2 ☐ Nenne Beispiele, wie man flirten könnte.

5 Berührungen setzen Vertrauen voraus.

Der weibliche Zyklus

Seit drei Monaten, in annähernd regelmäßigen Abständen, hat Malia Krämpfe im Unterbauch. Sie weiß mittlerweile, dass sie bald ihre Tage haben wird. »Wenn nur nicht immer diese Krämpfe wären.«

Hormone regulieren den Ablauf

Hormone des Gehirns und der Eierstöcke regulieren den weiblichen Zyklus. Bei der Frau werden ab der Pubertät verschiedene Hormone ausgeschüttet, die zur Reifung einer Eizelle führen und gleichzeitig den Körper auf eine mögliche Schwangerschaft vorbereiten. Die Monatsblutung, auch Menstruation genannt, ist Teil dieses Zyklus.

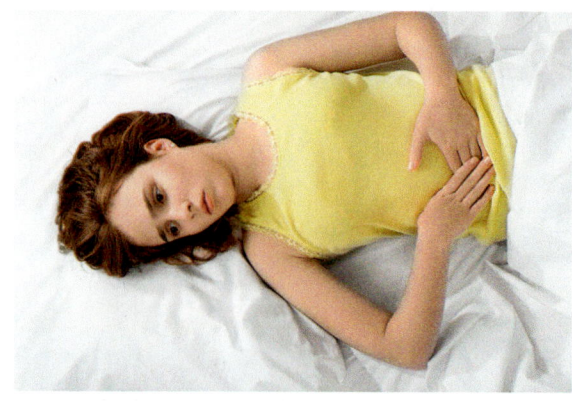

1 Bauchschmerzen während der »Tage«

Follikelphase

Unter dem Einfluss von *FSH*, dem *follikelstimulierenden Hormon*, reift ein Eibläschen, ein sogenannter *Follikel*, heran, der eine Eizelle enthält. Der Follikel setzt *Östrogene* frei, die zum Aufbau der Gebärmutterschleimhaut dienen.

Ist die Konzentration von Östrogenhormonen im Blut hoch genug, wird LH, das *luteinisierende Hormon*, ausgeschüttet. Es bewirkt zum einen den Eisprung. Andererseits fördert es die Bildung des *Gelbkörpers* aus dem zurückgebliebenen Follikel.

Gelbkörperphase

Die hohe Konzentration an Östrogen hemmt im Gehirn eine weitere Ausschüttung von FSH. Der Gelbkörper gibt das Hormon *Progesteron* ab, das die Gebärmutterschleimhaut auf die Aufnahme einer befruchteten Eizelle vorbereitet. Kommt es nicht zur Befruchtung, wird der Gelbkörper abgebaut. Das Ausbleiben von Progesteron verursacht den Abbau der Gebärmutterschleimhaut. Diese wird mit der unbefruchteten Eizelle ausgeschieden. Es kommt zur Regelblutung. Währenddessen reift in einem der Eierstöcke bereits der nächste Follikel

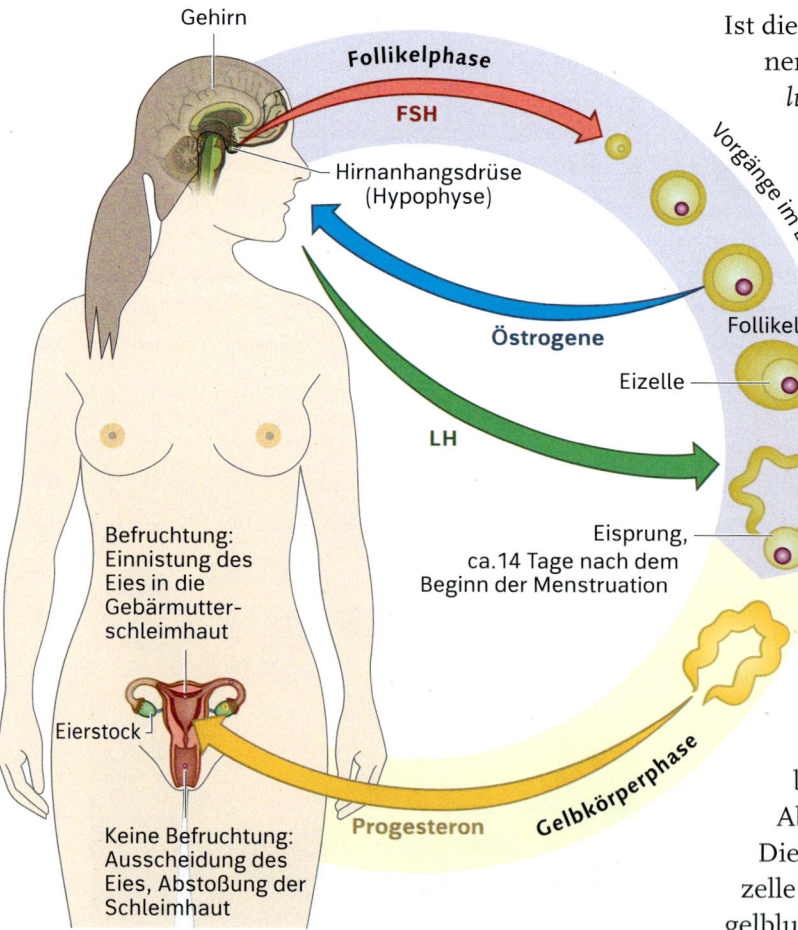

2 Die Rolle der Hormone beim weiblichen Zyklus

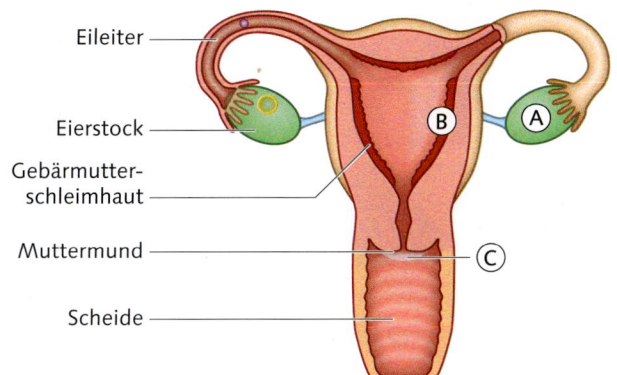

Eileiter

Eierstock

Gebärmutter-
schleimhaut

Muttermund

Scheide

(A) Eisprung und Eireifung
    werden unterdrückt.

(B) Verminderter Aufbau der
    Gebärmutterschleimhaut

(C) Schleimpfropf am Eingang der
    Gebärmutter verhindert das
    Eindringen von Spermien.

3 Wirkung von Hormonen in Antibabypillen

heran, da bereits wieder FSH ausgeschüttet
wird. Ein neuer Zyklus beginnt.

Funktionsweise der Pille

Es gibt unterschiedliche Antibabypillen, die
alle eine Gemeinsamkeit aufweisen: Sie enthalten Hormone, greifen in den weiblichen
Zyklus und damit in den Hormonhaushalt der
Frau ein. In den sogenannten Kombinations-
präparaten sind unterschiedliche Hormone,
unter anderem Östrogen, in verschiedenen
Dosierungen enthalten. Die Hormone verhindern eine Follikelreifung und täuschen eine
Schwangerschaft vor. Normalerweise wird
21 Tage lang, ungefähr zur gleichen Tageszeit,
eine Antibabypille geschluckt. Dann wird
sieben Tage pausiert, in der die Regelblutung
einsetzt. Danach beginnt die Pilleneinnahme
von Neuem.

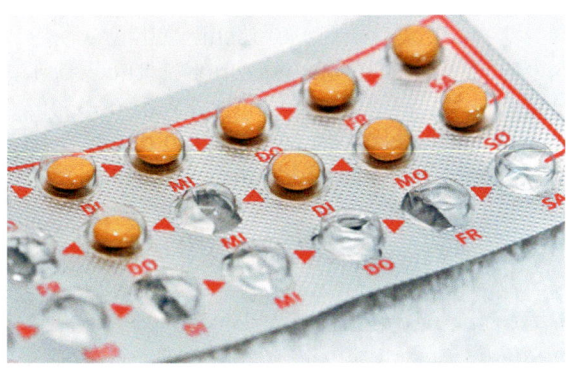

4 Vergessen? Keine ausreichende Wirksamkeit!

Positive und negative Nebenwirkungen

Die Pille kann neben der Mäßigung von
Regelschmerzen auch negative Auswirkungen
haben. Das Zusammenspiel der Hormone ist
empfindlich. Es kann zu Migräne, depressiven
Verstimmungen, Gewichtszunahme oder der
Bildung von Blutgerinnseln und damit verbundenen Erkrankungen des Herz-Kreislauf-
Systems kommen. Deshalb wird die Pille
nur nach genauer Untersuchung von einem
Frauenarzt verschrieben. Die Antibabypille
wird in einem Drei-Monatszyklus verschrieben. Zweimal im Jahr sollte man zur Kontrolle
zum Frauenarzt gehen.

In Kürze

Hormone regulieren die Reifung von Eizellen in
den Eierstöcken. Ein Teil dieser Hormone wird
in der Antibabypille verwendet, um eine
Schwangerschaft zu verhindern.

Aufgaben

1 ☐ Nenne die Hormone, die an der Regulation
der Eizellreifung beteiligt sind.
2 ☑ Erläutere, welche Wirkung das Östrogen in
der Antibabypille auf den Zyklus einer Frau hat.
3 ☑ Die Hormone der Antibabypille haben unterschiedliche Wirkungen. Erkläre mit Bild 3.
4 ■ Malia bekommt den Tipp, die Pille zu nehmen, um ihre Krämpfe zu reduzieren. Bewerte
die Empfehlung kritisch.

Von der befruchteten Eizelle bis zur Geburt

Es ist ein kleines Wunder: Im Körper der Frau entwickelt sich in etwa 40 Wochen ein neuer Mensch. Von der Befruchtung bis zur Geburt lässt sich diese Entwicklung in verschiedene Abschnitte gliedern.

Am Anfang steht die Befruchtung

Mit jedem Eisprung gelangt normalerweise eine reife Eizelle in den Eileiter. Auf dem Weg zur Gebärmutter kann die Eizelle bis zu 24 Stunden lang befruchtet werden. Dazu muss ein Spermium in die Eizelle eindringen. Ist dies geschehen, verschmelzen die Kerne der Eizelle und des Spermiums zur *Zygote,* der befruchteten Eizelle. Sie stellt die erste Zelle eines jeden Lebewesens dar.

1 Bald Papa und Mama

Zellen teilen sich – die Keimphase

Kurz nach der Befruchtung beginnen die ersten Zellteilungen. Aus der Zygote werden zunächst zwei, dann vier, dann acht Zellen. Nach weiteren Zellteilungen ist ein vielzelliger Keim, der *Maulbeerkeim,* entstanden. Er wird zur Gebärmutter transportiert. Aus dem Maulbeerkeim entwickelt sich eine hohle Zellkugel, der *Bläschenkeim.* Er nistet sich schließlich in die Gebärmutterschleimhaut ein. Die äußeren Zellen bilden mit denen der Mutter die Plazenta, die inneren Zellen werden sich zum späteren Embryo entwickeln.

Erste Zellunterschiede – die Embryonalphase

Mit der Einnistung beginnt die Embryonalphase. Der Keim wird jetzt *Embryo* genannt. Die inneren Zellen beginnen sich zu organisieren. Erst jetzt bekommt jede Zelle eine spezielle Aufgabe. Die ersten Nervenzellen beginnen das Gehirn zu bilden, während andere zu Muskelzellen werden und das spätere Herz formen. Mit wieder anderen Zellen bilden sie das spätere Herz-Kreislauf-System. Diese Spezialisierung der Zellen nennt man *Zelldifferenzierung.*

Am Ende des 1. Monats ist der Embryo erst einige Millimeter groß. Er hat einen Herzschlauch, der das Blut bewegt. Arme und

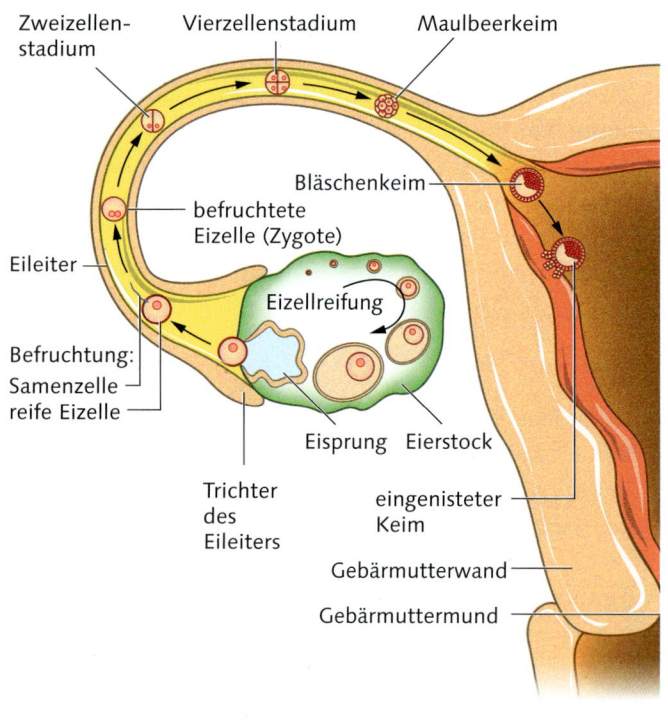

Zweizellenstadium · Vierzellenstadium · Maulbeerkeim · Bläschenkeim · befruchtete Eizelle (Zygote) · Eileiter · Eizellreifung · Befruchtung: Samenzelle reife Eizelle · Eisprung · Eierstock · Trichter des Eileiters · eingenisteter Keim · Gebärmutterwand · Gebärmuttermund

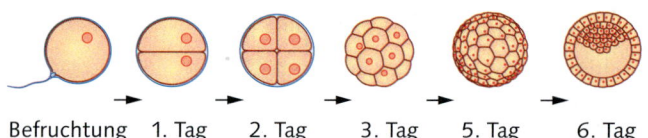

Befruchtung · 1. Tag · 2. Tag · 3. Tag · 5. Tag · 6. Tag

2 Von der Befruchtung der Eizelle bis zur Einnistung

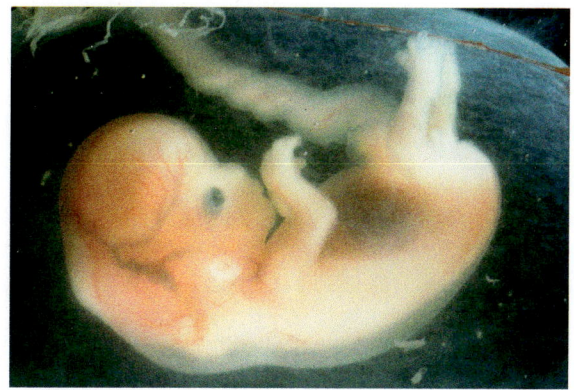

3 Embryo, 6 Wochen alt

fünften Monat sind bis auf den Tastsinn alle Sinne funktionsfähig. Der Fetus kann hören. Ein Rhythmus von Schlaf- und Wachphase stellt sich ein. Im Ultraschall kann man erkennen, dass er am Daumen lutscht. Der Fetus ist nun so weit entwickelt, dass er im Fall einer verfrühten Geburt lebensfähig ist. In der Regel wird das Kind nach etwa 40 Wochen geboren.

Beine kann man als Knospen erkennen. Alle lebenswichtigen Organe sind bereits angelegt. Im zweiten Monat beginnt die Entwicklung des Vorderhirns. Augenlider, Nase, Lippen und Kinn sind zu erkennen.

Ein Mensch wächst heran – die Fetalphase

Ab dem dritten Schwangerschaftsmonat spricht man vom *Fetus*. Seine Zellen teilen sich ständig und er wächst jetzt besonders schnell. Der Fetus beginnt sich zu bewegen und zeigt verschiedenste Reaktionen. Zum Beispiel schluckt er Fruchtwasser. Im vierten Monat beginnt der Knochenaufbau. Arme und Beine sind nun voll ausgebildet. Jetzt kann die Mutter die Bewegungen des Kindes spüren. Das Gesicht hat bereits individuelle Züge. Im

In Kürze

Die Entwicklung von der befruchteten Eizelle bis zur Geburt gliedert sich in Keim-, Embryonal- und Fetalphase. Zellen übernehmen spezielle Aufgaben, sie differenzieren sich. Bereits in den ersten zwei Schwangerschaftsmonaten beginnt die Entwicklung von Herz und Gehirn. Nach etwa 40 Wochen ist die Entwicklung im mütterlichen Körper abgeschlossen.

Aufgabe

1 ☐ Erstelle anhand des Textes und mit Hilfe der Tabelle in Bild 4 eine Übersicht über die Entwicklungsschritte vom Embryo zum Fetus.

2 ◪ Eineiige Zwillinge entstehen aus einer befruchteten Eizelle. Sie können nur bis zum 12. Tag entstehen. Erläutere.

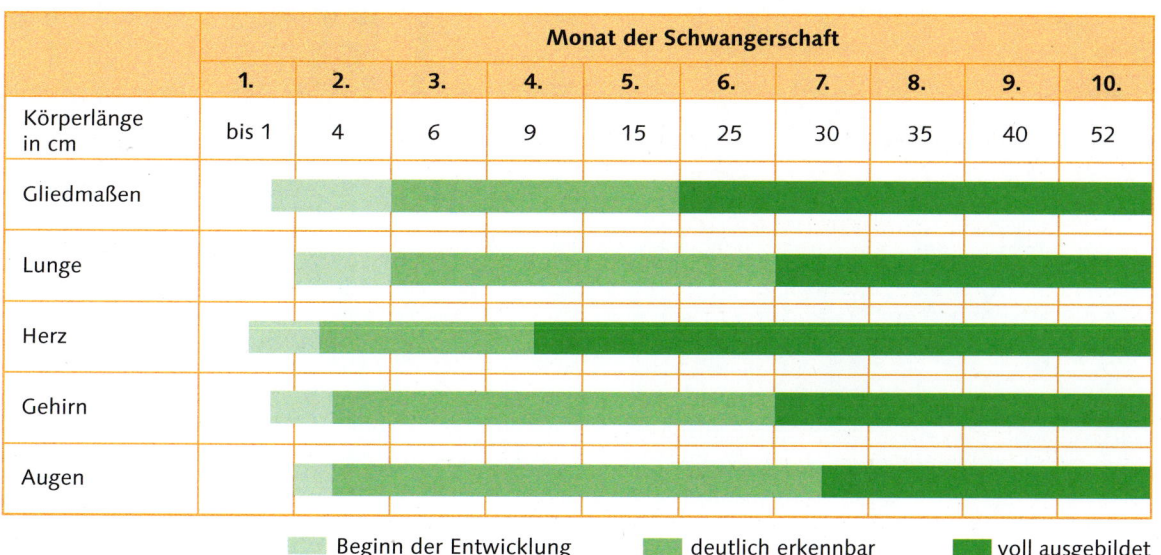

	Monat der Schwangerschaft									
	1.	**2.**	**3.**	**4.**	**5.**	**6.**	**7.**	**8.**	**9.**	**10.**
Körperlänge in cm	bis 1	4	6	9	15	25	30	35	40	52
Gliedmaßen										
Lunge										
Herz										
Gehirn										
Augen										

☐ Beginn der Entwicklung ☐ deutlich erkennbar ☐ voll ausgebildet

4 Entwicklung der Organe

Einflüsse auf das Kind im Mutterleib

Ein Kind ist im Mutterleib bestens geschützt. Dennoch macht sich eine werdende Mutter Gedanken über die gesunde Entwicklung ihres Kindes.

Die Brücke zwischen Mutter und Kind

Die *Plazenta* ist ein Organ zur Versorgung des Kindes. Sie besteht vorwiegend aus Blutgefäßen, die sowohl von der Mutter als auch vom Kind stammen. Hier liegen sie so nah beieinander, dass ein Stoffaustausch möglich wird. Dennoch bleiben die beiden Blutgefäßsysteme voneinander getrennt. Aus dem mütterlichen Blut gelangen Sauerstoff, Wasser, Nährstoffbausteine, Vitamine, Hormone und Antikörper in das kindliche Blut. Umgekehrt werden Stoffwechselendprodukte wie Harnstoff und Kohlenstoffdioxid in das mütterliche Blut abgegeben. Da nicht alle Stoffe die Plazenta passieren können, spricht man von der *Plazentaschranke*. Sie kann jedoch nicht verhindern, dass einige schädliche Stoffe und Viren die Schranke überwinden. Diese können beim Fetus schwere Schäden hervorrufen.

1 Schwangerschaft – eine besondere Zeit

Lebensführung der Mutter

Eine gesunde Lebensführung tut Mutter und Kind gleichermaßen gut. Dazu zählen sowohl Bewegung an der frischen Luft als auch ausreichend Schlaf, wenig Stress und eine ausgewogene Ernährung. Auch die Vorfreude auf das Kind kann hilfreich sein. Da es in der Schwangerschaft leicht zu Verstopfung kommen kann, sollten sich werdende Mütter ballaststoffreich ernähren. Für Frauen, die vegetarisch oder vegan leben, gelten besondere Regeln. Sie müssen Vitamin B_{12} über Nahrungsergänzungsmittel einnehmen. Es ist normalerweise in tierischen Lebensmitteln enthalten und für das Wachstum des Fetus unentbehrlich.

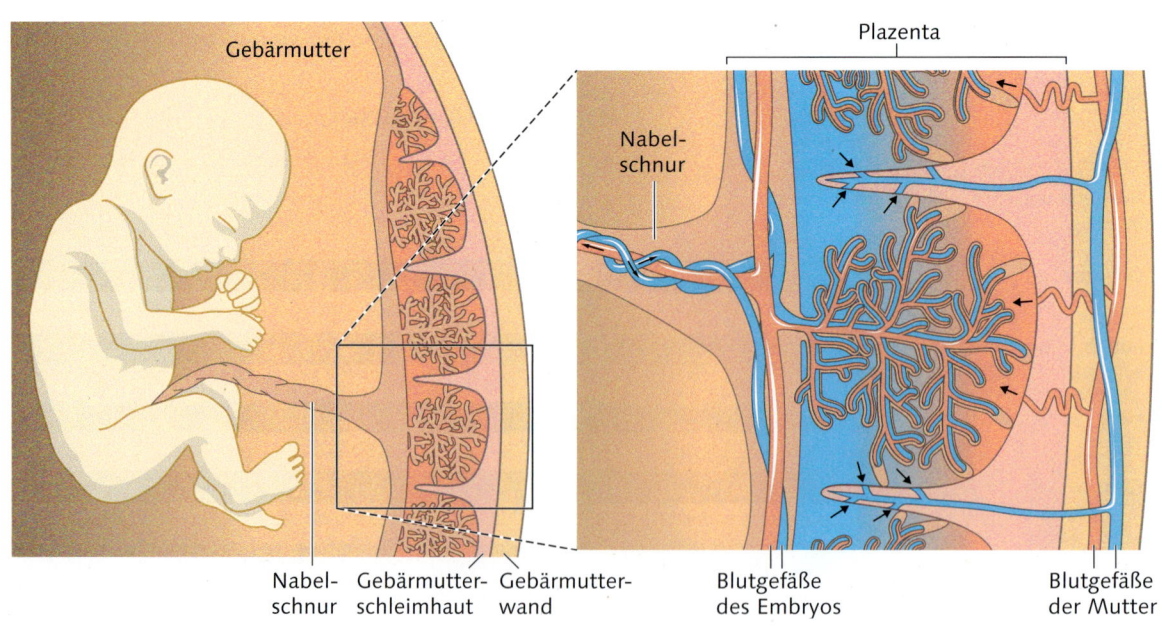

2 Die Versorgung des Embryos über die Plazenta

Gifte passieren die Plazentaschranke

Gifte wie Alkohol und Nikotin passieren die Plazentaschranke problemlos. Alkohol hat im ersten Schwangerschaftsdrittel eine besonders starke Auswirkung, weil in dieser Zeit die kindlichen Organe gebildet werden. Da Alkohol ein Zellgift ist, kann Alkoholkonsum zu schweren Schädigungen und Missbildungen führen. Rauchen erhöht die Wahrscheinlichkeit einer Frühgeburt. Nikotin kann zur Verengung der Blutgefäße und somit zu Durchblutungsstörungen führen. Dadurch wird der Fetus nicht mehr ausreichend mit Sauerstoff versorgt.

Vorsicht mit Medikamenten

Medikamente, wie Kopfschmerztabletten, Beruhigungsmittel oder auch Nasensprays, enthalten Wirkstoffe, die die Plazentaschranke durchdringen. Auf diesem Weg können sie die Entwicklung des Kindes beeinflussen. Die Folgen wiegen besonders schwer, wenn Medikamente in der Phase der Organbildung

4 Die werdende Mutter lässt es sich gut gehen.

eingenommen werden. Dann kann es zum Beispiel zur unvollständigen Ausbildung der Gliedmaßen kommen.

Röteln – eine besondere Gefahr

Eine Frau, die schwanger werden möchte, sollte rechtzeitig sicherstellen, dass sie gegen Röteln geimpft ist. Denn bei einer Infektion des Kindes während der Organbildungsphase kann es zu Herzfehlern, Augenfehlbildungen oder Taubheit kommen.

Auch die Umwelt hat Einfluss

Mit dem Einatmen von Schadstoffen wie beim Passivrauchen gelangen giftige Stoffe in den Körper der Mutter und können den Fetus gefährden. Durch die Bauchdecke und das Fruchtwasser kann der Nachwuchs Geräusche von außen gedämpft wahrnehmen. Der regelmäßige Herzschlag der Mutter und die Stimmen der Eltern wirken beruhigend. Andauernder Lärm erzeugt dagegen sowohl für die Mutter als auch für das Kind Stress.

3 Einflüsse auf das Kind im Mutterleib

In Kürze

Über die Plazenta wird das Kind im Mutterleib versorgt. Eine gesunde Lebensführung der Mutter ist wichtig für eine gesunde Entwicklung des Kindes.

Aufgaben

1 ☐ Nenne die Stoffe, die über die Plazenta zwischen Mutter und Kind ausgetauscht werden.

2 ☐ Beschreibe, wie eine werdende Mutter die gesunde Entwicklung des Kindes fördern kann.

Die Geburt

Endlich ist es so weit: Die Geburt des Kindes kündigt sich an. Die Schwangere ist zuvor darauf vorbereitet worden. Sie weiß, dass der Geburtsvorgang in drei Phasen verläuft.

Die Geburt kündigt sich an

Auf den Beginn der Geburt können sowohl eine Blutung als auch das Einsetzen der *Wehen* hinweisen. Von Wehen spricht man, wenn sich die Muskeln der Gebärmutter zusammenziehen. Die Blutung, die etwa so stark ist wie eine normale Monatsblutung, weist auf einen sich öffnenden Muttermund hin. Auch das Platzen der Fruchtblase, der *Blasensprung,* kann den Geburtsbeginn ankündigen. Mit Hilfe des Herztonwehenschreibers zeichnet die Hebamme während der Geburt die Länge und Stärke der Wehen und die Herztöne des Kindes auf.

Eröffnungsphase

In der *Eröffnungsphase* sind die Wehen zunächst noch schwächer und von längeren Ruhephasen unterbrochen. Wenn die Wehen intensiver werden, verkürzt sich der Gebärmutterhals. Nach und nach weitet sich der Muttermund. Es kann mehrere Stunden dauern, ehe sich der Muttermund vollständig geöffnet hat und sich der Kopf in den Geburtskanal schiebt. Atem- und Entspannungsübungen können nun sehr hilfreich sein.

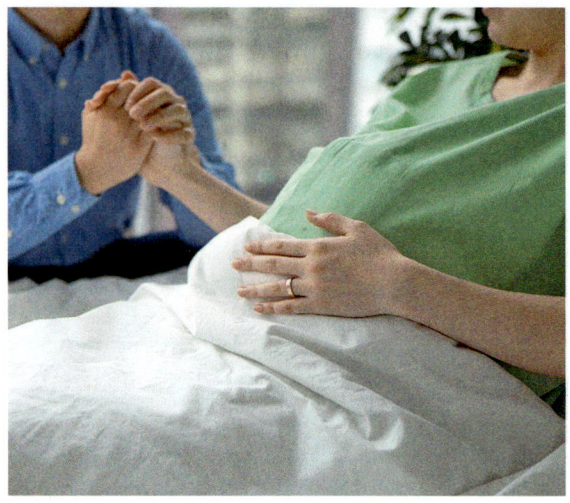

1 Der Geburtstermin naht.

Austreibungsphase

Mit der *Austreibungsphase* beginnt die eigentliche Geburt. Die Wehen werden nun stärker. Mit jeder Wehe wird das Kind weiter durch den geöffneten Geburtskanal geschoben. Die Mutter drückt aktiv, bis der Kopf des Kindes erscheint. Die Geburt des Kopfes ist der schwierigste Teil. Danach folgt der Rest des Körpers oft durch eine einzige Wehe: Das Kind ist auf die Welt gekommen. Sofort macht es seinen ersten Atemzug. Kurz nach der Geburt wird die Nabelschnur durchtrennt. Nach dem »Abnabeln« gilt das Kind als geboren. Mit den letzten Wehen wird auch das übrige Fruchtwasser nach außen gepresst.

Die Austreibungsphase kann von Frau zu Frau und von Geburt zu Geburt ganz unterschiedlich lang sein.

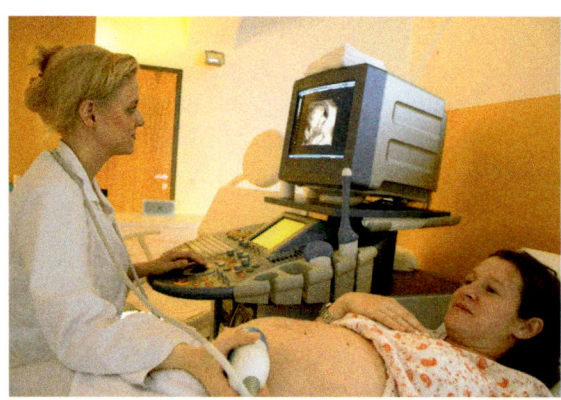

2 Ultraschalluntersuchung

3 Geburt in der Badewanne

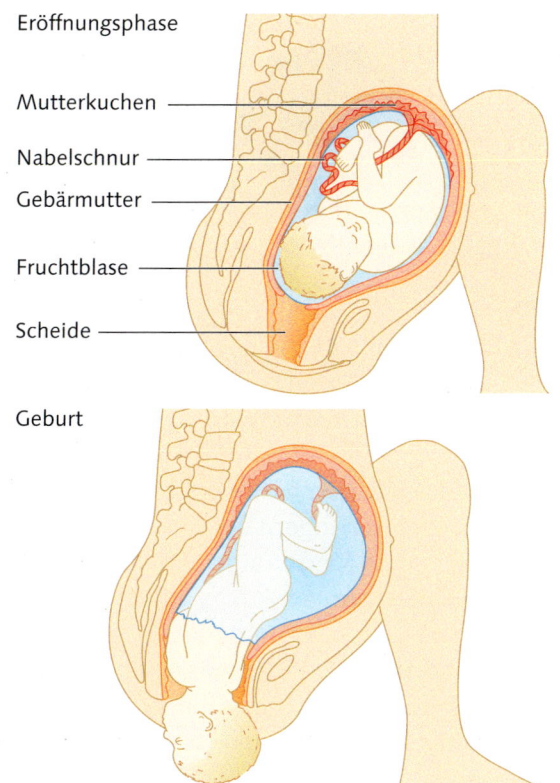

Eröffnungsphase

Mutterkuchen

Nabelschnur

Gebärmutter

Fruchtblase

Scheide

Austreibungsphase

Geburt

Nachgeburt

4 Phasen einer Geburt

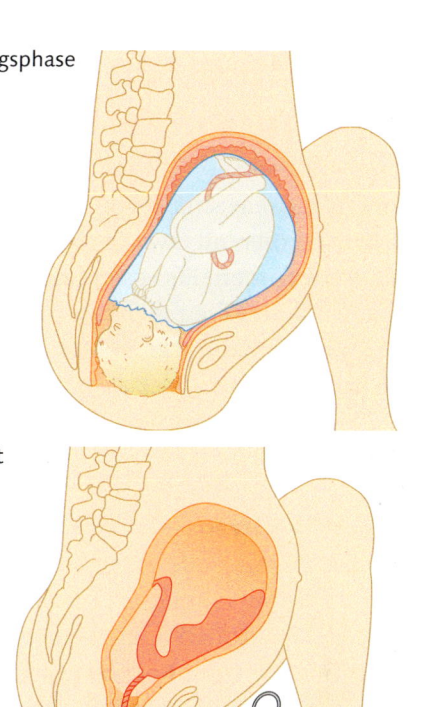

Nachgeburtsphase

Nach der Geburt des Kindes zieht sich die Gebärmutter noch einmal zusammen. Dabei löst sich die Plazenta und wird zusammen mit dem Rest der Nabelschnur ausgestoßen. Dies wird als *Nachgeburt* bezeichnet. Die Plazenta wird auf Vollständigkeit untersucht. In der Gebärmutter darf kein Rest zurückbleiben. Sie könnte sich sonst nicht richtig zurückbilden. Entzündungen wären die Folge.

5 Die Freude über das Neugeborene ist groß.

In Kürze

Die Geburt vollzieht sich in drei Phasen: Eröffnungs-, Austreibungsphase und Nachgeburt.

Aufgaben

1 ☐ Beschreibe die drei Phasen der Geburt.
2 ☐ Stelle Vermutungen an, was sich für das Neugeborene in Bezug auf Atmung, Ernährung und Wahrnehmung ändert, wenn es den Körper der Mutter verlassen hat.

Extra Kaiserschnitt

Kann das Kind nicht auf natürliche Weise auf die Welt kommen, wird ein Kaiserschnitt durchgeführt. Dabei werden unter Narkose der Bauch und die Gebärmutter geöffnet. Das Kind wird zusammen mit Fruchthülle und Plazenta herausgenommen. Anstelle der Vollnarkose gibt es die Möglichkeit, eine Narkoseform zu wählen, bei der die Frau vom Bauch abwärts schmerzunempfindlich ist. So kann sie die Geburt bewusst miterleben.

Möglichkeiten der Empfängnisverhütung

Valerie und Lukas sind schon länger ein Paar. Sie unternehmen oft etwas miteinander, gehen schwimmen, Eis essen und am Wochenende mit Freunden tanzen. Dabei kamen sie sich beim letzten Mal sehr nah und der Wunsch, miteinander zu schlafen, entstand. Sie informieren sich über mögliche Verhütungsmittel.

1 Sie möchten miteinander schlafen.

Kondome schützen

Kondome zählen zu den mechanischen Verhütungsmitteln. Sie verhindern, dass Spermien in die Scheide gelangen können. Kondome schützen beim Geschlechtsverkehr nicht nur vor einer ungewollten Schwangerschaft, sondern auch vor der Übertragung von Krankheitserregern wie dem HI- oder Hepatitis-Virus. Richtig angewandt sind Kondome sehr sichere Verhütungsmittel.

Anwendung eines Kondoms

Beim Kauf von Kondomen muss man auf das Prüfsiegel achten. Die Verpackung muss vorsichtig geöffnet werden. Das Kondom wird vor dem Geschlechtsverkehr über den steifen Penis abgerollt. Dabei hält man den oberen Teil, das Reservoir, zusammengedrückt. In diesem sammelt sich die Samenflüssigkeit. Beim Herausziehen des Penis aus der Scheide sollte der Mann das Kondom festhalten, damit es nicht abrutscht.

Verhüten mit der Pille

Die Antibabypille, kurz Pille, ist ein hormonelles Verhütungsmittel. Sie wird täglich eingenommen, während der Monatsblutung wird pausiert. Die Pille besitzt eine sehr hohe Verhütungssicherheit, eventuell können auch die Menstruationsschmerzen schwächer auftreten. Durchfall und Erbrechen verringern den Schutz, sodass zusätzlich andere Verhütungsmethoden angewendet werden müssen.

Der Vaginalring

Der Vaginalring besteht aus Silikon, das mit Hormonen angereichert ist. Der Ring wird am ersten Zyklustag in die Scheide eingesetzt. Dort gibt er drei Wochen lang Hormone ab, die über die Scheidenschleimhaut direkt aufgenommen werden. Der Vorteil gegenüber der Pille ist, dass weder Erbrechen noch Durchfall die Wirksamkeit einschränken. Zum Geschlechtsakt kann der Ring vorübergehend bis zu drei Stunden entfernt werden. Nach drei Wochen wird er entsorgt, die Regelblutung setzt daraufhin ein.

Das Hormonpflaster

Ein Hormonpflaster kann am Po, an der Außenseite der Oberarme oder am Bauch aufgeklebt werden. Es wird am 8. und 15. Zyklustag gewechselt. In der vierten, pflasterfreien Woche kommt es dann zur Menstruationsblutung. Das Pflaster enthält wie die Pille eine Kombination weiblicher Hormone.

Wirkungsweise von Hormonpräparaten

Alle Hormonpräparate sind rezeptpflichtig und müssen von einem Arzt verschrieben werden. Die in den Präparaten enthaltenen Hormone schützen vor einer Schwangerschaft. Zum einen verhindern sie, dass ein Eisprung stattfindet. Zum anderen wirken sie der Verflüssigung des Gebärmutterschleims entgegen, sodass Spermien nicht in die Gebärmutter gelangen. Da die Gebärmutterschleimhaut auch nicht richtig aufgebaut wird, kann sich kein befruchtetes Ei einnisten. Hormone greifen in den natürlichen Hormonhaushalt der Frau ein und können unterschiedliche Nebenwirkungen, vor allem in Verbindung mit Rauchen, hervorrufen.

Die »Pille danach«

Die »Pille danach« ist eigentlich keine Verhütungsmethode. Sie enthält Hormone, die dafür sorgen, dass der Eisprung verzögert wird und Spermien zugrunde gehen, bevor eine Befruchtung stattfinden kann. Diese Pille kann wegen der hohen Menge an Hormonen massive Nebenwirkungen haben. Deshalb wird sie nur im absoluten Notfall angewendet, beispielsweise nach einem erzwungenen Geschlechtsverkehr. Sie muss spätestens 72 Stunden danach verabreicht werden, um zu wirken.

Natürliche Verhütungsmethoden

Bei den natürlichen Methoden wird versucht, den Zeitpunkt des Eisprungs zu ermitteln. Dazu zählt etwa die Temperaturmessung oder die Hormonbestimmung im Urin der Frau. So können Paare, die einen Kinderwunsch haben, die fruchtbaren Tage der Frau feststellen. Zur Verhütung einer Schwangerschaft ist diese Methode nicht geeignet.

Coitus interruptus – Vorsicht!

Eine gänzlich ungeeignete Methode, eine Schwangerschaft zu verhindern, ist der Coitus

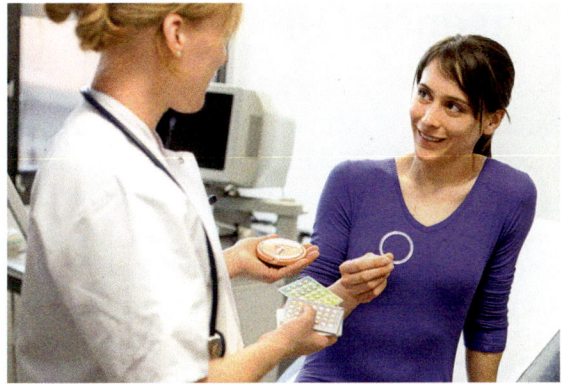

2 Beratung für das richtige Verhütungsmittel

interruptus, der unterbrochene Geschlechtsverkehr. Dabei zieht der Mann den Penis kurz vor dem Samenerguss aus der Scheide. Da es meist aber schon vor dem Erguss zum Austritt von Samenflüssigkeit kommt, ist das sogenannte »Aufpassen« nicht sicher.

Ärzte beraten dich

Mädchen können selbstständig zum Frauenarzt gehen. Man kann allein, aber auch mit dem Freund oder einer Freundin gehen. Bei der Untersuchung stellt die Frauenärztin zunächst fest, ob man gesund ist. Vor dem ersten Geschlechtsverkehr kann diese Untersuchung von außen mit Hilfe eines Ultraschallgeräts vorgenommen werden. Der Arzt für die Jungen ist der Urologe. Bei einem Arztbesuch kann man auch Fragen zu Liebe, Partnerschaft und Sexualität stellen.

In Kürze

Eine Schwangerschaft kann durch unterschiedliche Methoden verhütet werden. Das Kondom bietet als einziges Verhütungsmittel auch Schutz vor sexuell übertragbaren Krankheiten. Als sehr sicher gilt die Pille. Beratung bieten Ärzte an.

Aufgaben

1 ☐ Begründe, warum die Pille verschreibungspflichtig ist.
2 ☐ Sammelt Fragen, die in einem Beratungsgespräch bei einer Frauenärztin oder einem Urologen gestellt werden könnten.

Präsentieren

Du interessierst dich für ein Thema und möchtest deine Mitschüler darüber informieren. Die dazu recherchierten Informationen kannst du in einer Präsentation vortragen. Um eine Präsentation zu erstellen und zu halten, kannst du folgendermaßen vorgehen:

1 Fragen zum Thema überlegen Überlege, was dich und deine Zuhörer am Thema interessieren könnte. Formuliere Fragen, die in deiner Präsentation beantwortet werden sollen.

2 Informationen sammeln und bearbeiten Suche nach Informationen, die dir helfen, Antworten auf deine Fragen zu finden. Begriffe und Fachwörter solltest du erklären können.

3 Informationen ordnen Sortiere deine Informationen. Gliedere deine Präsentation, indem du Zwischenüberschriften formulierst.

4 Präsentation erstellen Wähle ein geeignetes Medium aus, zum Beispiel ein Plakat, Folien für den Overheadprojektor oder digitale Folien. Formuliere eine Einleitung und einen Schluss. Erstelle alle Präsentationsmaterialien. Dazu

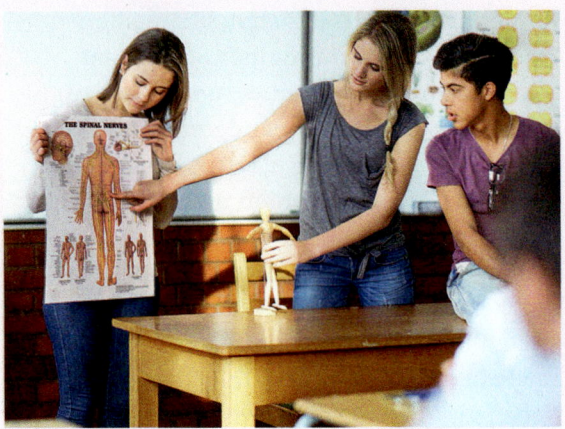

1 Gut vorbereitet präsentieren

gehören auch eine Gliederung zum Inhalt und Angaben zu den verwendeten Quellen. Die Folien sollten möglichst anschaulich sein. Sie können durch Anschauungsmaterial wie Fotos oder Zeichnungen ergänzt werden. Als Gedankenstützen für dich kannst du dir Stichpunkte auf Karteikarten schreiben.

5 Präsentation vorbereiten Übe deine Präsentation allein, vor Freunden oder vor deiner Familie. Bitte die Zuhörer um Rückmeldung. Überarbeite deine Präsentation gegebenenfalls

Tipps für eine Präsentation mit Overheadfolien:
- Richte die Folien im Hochformat ein.
- Erstelle pro Inhaltspunkt eine Folie.
- Der Inhaltspunkt bildet die Überschrift.
- Schreibe wenig auf eine Folie.
- Wähle eine gut lesbare Schriftgröße.
- Verwende Abbildungen.
- Gib an, woher Informationen und Abbildungen stammen (Quellen).
- Lege dir die Folien in der richtigen Reihenfolge zurecht.
- Gib deinen Zuhörern Zeit, die Folie zu erfassen, ehe du zum Inhaltspunkt frei, aber nicht auswendig gelernt sprichst.
- Halte das für die Präsentation benötigte Material bereit, damit du auf Fragen eingehen kannst.

Tipps für eine Präsentation mit digitalen Folien:
- Wähle ein Layout für alle Folien.
- Entscheide dich für eine Animation.
- Die Schrift sollte gut lesbar sein (mindestens Schriftgröße 16).
- Die Farbe der Schrift muss sich vom gewählten Hintergrund deutlich abheben.
- Reduziere den Text auf das Wesentliche.
- Bilder und Zeichnungen unterstützen die Vorstellung der Zuhörer.
- Gib an, woher Informationen und Abbildungen stammen (Quellen). Veröffentlichst du deine Präsentation (beispielsweise auf der Schulwebsite), müssen weitere Regeln beachtet werden.
- Kontrolliere zum Schluss noch einmal die Rechtschreibung.

anhand der Rückmeldung. Überlege dir, wie du die Aufmerksamkeit deiner Zuhörer aufrechterhalten kannst. Vielleicht möchtest du deinen Mitschülern ein Handout mit einer Übersicht über die Präsentation übergeben, auf dem sie sich Notizen machen können. Bevor du die Präsentation hältst, musst du den Raum herrichten. Können die Zuhörer von ihrem Platz aus der Präsentation ungehindert folgen? Sind die technischen Voraussetzungen wie Stromversorgung und Funktionsbereitschaft der Geräte gegeben?

6 Präsentation vortragen Trage deine Präsentation vor. Lies möglichst wenig ab. Bitte deine Mitschüler, ihre Fragen an dich zu sammeln und am Schluss zu stellen.

7 Fragen beantworten und Rückmeldung entgegennehmen Nach deiner Präsentation sollten die Zuhörer die Gelegenheit haben, Fragen zu stellen. Notiere die Verbesserungsvorschläge und berücksichtige die Punkte bei der nächsten Präsentation.

Verhütungsmittel

Ein Überblick

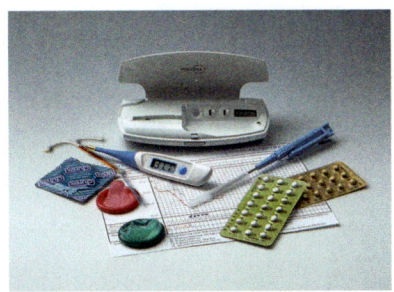

A

B

Gliederung

1. Verhütungsmittel im Überblick

2. Anwendung des Kondoms

3. Sicherheit

4. Vor- und Nachteile des Kondoms

Handhabung eines Kondoms

1. Schritt

2. Schritt

3. Schritt

4. Schritt

C

D

Sicherheit

Der **Pearl-Index** gibt an, wie sicher ein Verhütungsmittel ist. Er berechnet sich aus der Anzahl der ungewollten Schwangerschaften von 100 Frauen innerhalb eines Jahres unter Anwendung einer bestimmten Verhütungsmethode. Dabei gilt: Je kleiner der Pearl-Index, desto sicherer die Methode.
Pearl-Index von: Pille: 0,1–0,9
Kondom: 2–12
ungeschützter Verkehr: >80

E ## Vor- und Nachteile des Kondoms

Vorteile	Nachteile
• einfache Handhabung, leicht erhältlich	• Benutzung des Kondoms oft als störende Unterbrechung empfunden
• bei richtiger Anwendung relativ sicherer Schutz vor Schwangerschaft	• selten: Reizungen an der Eichel oder in der Scheide
• zusätzlicher Schutz vor sexuell übertragbaren Krankheiten	• Sicherheit gilt nur bei richtiger Anwendung, Lagerung und passender Kondomgröße
• kein Eingriff in den Hormonhaushalt ⟶ keine Nebenwirkungen	

2 Beispielfolien:
A Einleitungsfolie
B Gliederung der Präsentation
C Folie mit Zeichnung
D Folie mit Text und Fotos
E Folie mit Tabelle

Sexuell übertragbare Krankheiten

Im Urlaub lernt Alex eine junge Frau kennen, mit der er auch Sex hat. Nach seiner Rückkehr sucht er wegen Übelkeit, Muskelschmerzen und Fieber einen Arzt auf. Dieser stellt fest, dass sich Alex mit Hepatitisviren der Gruppe B infiziert hat. Er ist an Hepatitis B erkrankt, einer sexuell übertragbaren Krankheit.

1 Beim Sex kann sich jeder anstecken – überall.

Sexuell übertragbare Krankheiten
Sexuell übertragbare Krankheiten werden vor allem durch sexuelle Kontakte übertragen. Erreger dieser Krankheiten können Viren, Bakterien oder Pilze sein. Neben den »klassischen« sexuell übertragbaren Krankheiten wie Syphilis und Tripper sind heute vor allem Aids, Hepatitis B, HPV, Herpes genitalis und Pilzinfektionen von Bedeutung.

Infektion mit Viren – HPV
Humane Papillomviren (HPV) bilden eine Gruppe von Viren, die in mehr als 100 Typen eingeteilt werden. Einige dieser Typen können bei ungeschützten Sexualkontakten Schleimhäute im Genital- und Analbereich infizieren. Es kommt zur Bildung von sogenannten Feigwarzen. Daneben gibt es andere HPV-Typen, die bösartige Veränderungen, insbesondere den Gebärmutterhalskrebs bei Frauen, hervorrufen können. Um sich vor einer Ansteckung

zu schützen, kann man sich beim Arzt informieren und sich gegen die gefährlichsten HPV-Typen impfen lassen.

… – Hepatitis B
Die Viren werden beim ungeschützten Geschlechtsverkehr übertragen. Sie lösen meist keine oder nur schwache Krankheitssymptome aus. Dazu zählen grippeähnliche Symptome, aber vor allem die Schädigung der Leberzellen, was sich in einer Gelbfärbung der Augen zeigt. Bei vielen Menschen heilt die Krankheit aus, sie kann jedoch in etwa 10 Prozent aller Fälle zu ernsten Schäden in der Leber und deren Zerfall führen.

… – Herpesviren
Der Lippenherpes ist weit verbreitet. Man schätzt, dass etwa 90 Prozent aller Erwachsenen mit dem Virus infiziert sind. Bei erkrankten Personen bilden sich juckende, schmerzende Bläschen mit einem wässrigen Inhalt. Diese Bläschen sind mit Viren ge-

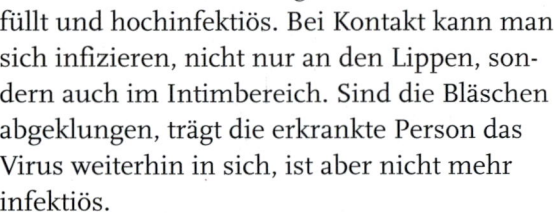

füllt und hochinfektiös. Bei Kontakt kann man sich infizieren, nicht nur an den Lippen, sondern auch im Intimbereich. Sind die Bläschen abgeklungen, trägt die erkrankte Person das Virus weiterhin in sich, ist aber nicht mehr infektiös.

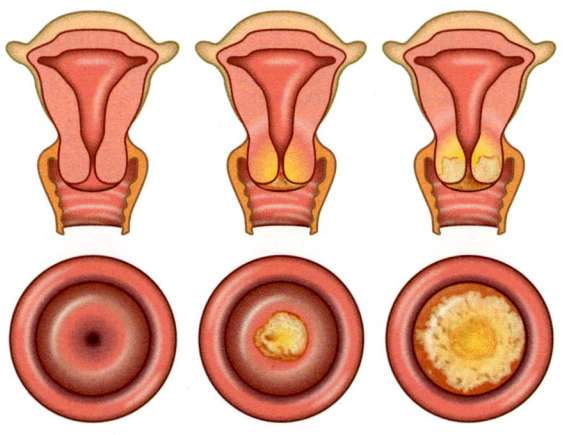

2 Entstehung von Gebärmutterhalskrebs

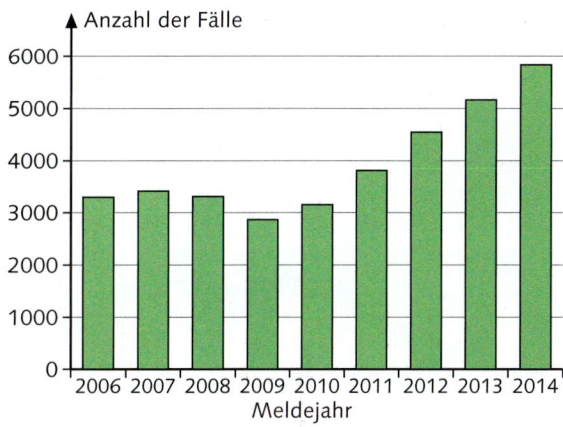

Anzahl der Fälle

6000	
5000	
4000	
3000	
2000	
1000	
0	2006 2007 2008 2009 2010 2011 2012 2013 2014

Meldejahr

3 Neuinfektionen an Syphilis

Infektion mit Bakterien – Syphilis

Auslöser der Syphilis sind Bakterien. Sie führen zu schmerzlosen, nässenden Geschwüren am Penis oder der Scheide. Diese enthalten die Bakterien, die die Schleimhäute im Intimbereich, aber auch die des Mundes infizieren können. An den kleinen Knötchen kann die Syphilis erkannt und mit Antibiotika behandelt werden. Unbehandelt greifen die Bakterien im Endstadium das Nervensystem an.

… – Gonorrhö

Gonorrhö wird umgangssprachlich auch Tripper genannt. Die Bakterien können alle Schleimhäute befallen. Sie verursachen bei der Hälfte aller Infizierten ein Brennen beim Wasserlassen und einen eitrigen Ausfluss aus Scheide oder Penis. Diese Bakterien werden mit Antibiotika bekämpft. Ohne entsprechende Behandlung können sie zur Unfruchtbarkeit führen.

Infektion mit Pilzen

Die häufigsten Erreger für Pilzerkrankungen der Geschlechtsorgane sind bestimmte Hefepilze. Sie können beim Geschlechtsverkehr oder der Benutzung öffentlicher Toiletten übertragen werden. Bei einer Infektion entzünden sich bei Frauen die Scheide, bei Männern

Eichel und Vorhaut. Es kommt meist zu brennenden Schmerzen oder Juckreiz.

Vorsichtsmaßnahmen

Viele junge Erwachsene rasieren sich im Intimbereich. Dabei entstehen kleinste Hautschnitte, *Fissuren,* die nicht schmerzhaft sind und daher unbemerkt bleiben. Sie sind allerdings Eintrittspforten für Mikroorganismen. Nach einer Intimrasur sollte man bis zu sechs Stunden keinen Sex haben, da diese Stellen nicht durch ein Kondom abgedeckt werden.

Pille oder Kondom?

Die Pille schützt zwar zuverlässig vor einer ungewollten Schwangerschaft, aber nicht vor sexuell übertragbaren Krankheiten. Deshalb sollte man sie nur in einer festen, auf gegenseitigem Vertrauen basierten Beziehung zur Verhütung nutzen. Wer erste sexuelle Erfahrungen macht oder Sex mit wechselnden Geschlechtspartnern hat, sollte ein Kondom verwenden. Vor allem bei Männern, die mit Männern Sex haben, ist das Kondom das geeignete Mittel, um sich vor sexuell übertragbaren Krankheiten zu schützen.

In Kürze

Sexuell übertragbare Krankheiten können durch Viren, Bakterien oder Pilze ausgelöst werden. Sie sind ansteckend und müssen ärztlich behandelt werden, auch um eine Ansteckung anderer zu vermeiden. Nur Kondome schützen relativ sicher vor einer Infektion.

Aufgaben ■■■■■■■■

1 ☐ Beschreibe, was man unter »sexuell übertragbaren Krankheiten« versteht.

2 ☐ Informiere dich im Internet über sexuell übertragbare Krankheiten wie Syphilis, Herpes oder Gonorrhö.
Schreibe einen kurzen Text, indem du die wichtigsten Informationen zusammenfasst.

Partnerschaft und Verantwortung

1 Liebe und Partnerschaft

a ☐ Die meisten Beziehungen beginnen mit einem Flirt. Beschreibe anhand von Bild 1, was man darunter versteht.

b ☐ Nenne Beispiele für partnerschaftliches Verhalten.

c ☑ Vergleiche »Verliebt sein« und »Lieben«.

d ☑ Manche Menschen haben Sex ohne emotionale Bindung. Erläutere mögliche Folgen.

1 Flirten

2 Sexualität

a ☐ Beschreibe, was man unter Sexualität allgemein versteht.

b ☐ Nenne verschiedene Funktionen der Sexualität speziell beim Menschen.

c ☑ Nenne die Bedeutung der Regenbogenflagge in Bild 2.

d ☑ Erkläre den Begriff Transgender.

2 Regenbogenflagge

e ■ Für die sexuelle Entwicklung von Jugendlichen ist es wichtig, dass sie Vertrauen zur Familie und zum Freundeskreis haben. Begründe.

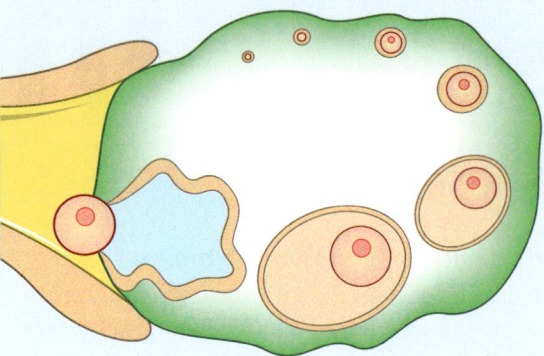

3 Vorgänge im Eierstock

3 Schwangerschaft und Geburt

a ☐ Beschreibe die Vorgänge in Bild 3.

b ☐ Nenne Bedingungen, damit es zu einer Schwangerschaft kommen kann.

c ☐ Beschreibe, wie sich der Alltag einer werdenden Mutter verändert.

d ☐ Beschreibe die Entwicklung des Fetus im Mutterleib.

e ☑ Erkläre den Begriff Zelldifferenzierung.

f ■ Begründe, weshalb Alkohol und Nikotin den Fetus nachhaltig schädigen können.

4 Ein Kind im Mutterleib ist schutzbedürftig.

4 Möglichkeiten der Verhütung

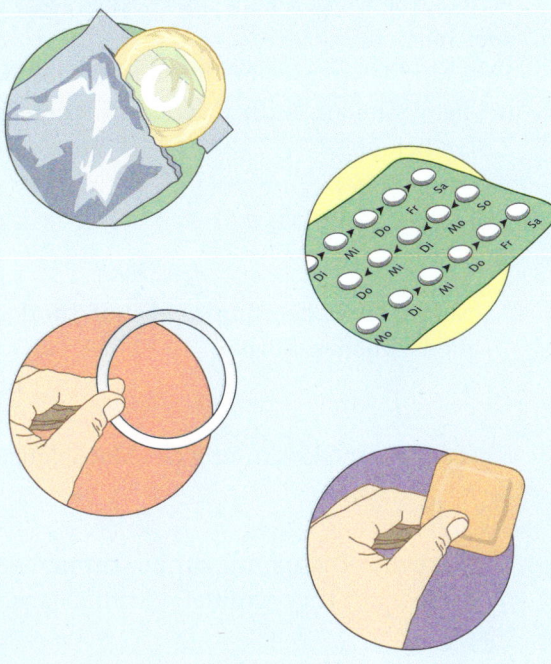

5 Verschiedene Verhütungsmittel

a ☐ Benenne die Verhütungsmittel in Bild 5.
b ☐ Nenne Einflüsse, die die Wirksamkeit der Pille herabsetzen.
c ☑ Das Kondom zählt zu den sicheren Verhütungsmitteln. Nimm dazu Stellung.
d ☑ Vergleiche Vor- und Nachteile von hormonellen Verhütungsmitteln und dem Kondom.

5 Sexuell übertragbare Krankheiten

a ☐ Bei sexuellen Kontakten können Krankheitserreger übertragen werden. Nenne drei sexuell übertragbare Krankheiten und deren Erreger.
b ☐ Nenne Maßnahmen, die vor der Infektion mit sexuell übertragbaren Krankheiten schützen.
c ☑ Nicht alle sexuell übertragbaren Krankheiten können mit Antibiotika behandelt werden. Begründe.
d ■ Wer sich mit einer sexuell übertragbaren Krankheit infiziert hat, hat eine besondere Verantwortung. Nimm dazu Stellung.

Partnerschaft und Verantwortung

- Verantwortung ist die Grundlage für jede partnerschaftliche Beziehung. Die Sexualität dient beim Menschen neben der Fortpflanzung auch dem Lustgewinn. Sie kann dazu beitragen, die Bindung in einer Partnerschaft zu festigen.

- Je nach sexueller Orientierung unterscheidet man unter anderem zwischen Hetero- und Homosexualität. Jede Art menschlicher Sexualität sollte verantwortlich und einvernehmlich gestaltet werden.

- Der weibliche Zyklus wird durch Sexualhormone gesteuert. Diese werden auch in Hormonpräparaten zur Schwangerschaftsverhütung eingesetzt.

- Das heranwachsende Kind im Mutterleib ist von Anfang an schutzbedürftig. Stoffe wie Alkohol, Nikotin, Drogen und manche Medikamente, aber auch Lärm und Stress können das Kind nachhaltig schädigen.

- Bei ungeschützten sexuellen Kontakten können Infektionskrankheiten übertragen werden. Kondome schützen vor einer Ansteckung.

- Schwangerschaftsverhütung gehört zum verantwortlichen Handeln beider Partner, wenn noch kein Kinderwunsch besteht.

Arbeitsaufträge richtig verstehen

Im Unterricht oder in Klassenarbeiten bearbeitest du immer wieder Aufgaben. Daher ist es wichtig, genau zu verstehen, was mit den Arbeitsanweisungen oder Arbeitsaufträgen gemeint ist. Die Lösung der Aufgaben gelingt dann viel leichter.

Nennen

Hier sollst du etwas stichwortartig auflisten oder aufzählen. Verwende wenn möglich Fachbegriffe.

Lösung: Fette liefern dem Körper Energie. Im Fettgewebe werden Fette als Energiereserve gespeichert.
Fette sind Lösungsmittel für fettlösliche Vitamine. Fette sind am Aufbau von Hormonen und Zellen beteiligt.

Nenne die Bedeutung von Fetten für den menschlichen Körper.

Zeichnen und Skizzieren

Hier sollst du eine anschauliche und genaue Zeichnung oder eine übersichtliche Skizze anfertigen.

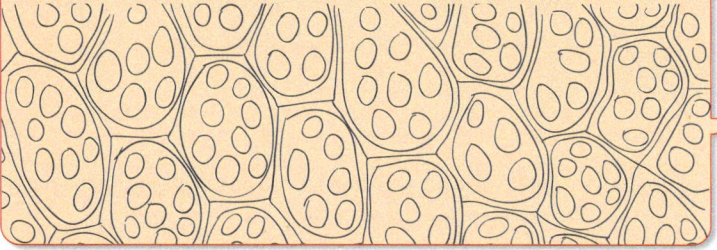

Fertige eine Zeichnung des Moosblättchens an

Werte das Diagramm zur Zusammensetzung ve schiedener Lebensmittel schriftlich aus.

Stelle die Vorgänge der Zellatmung dar.

Auswerten

Aus Informationsquellen, zum Beispiel Diagrammen oder Texten, sollst du Daten und Ergebnisse in einen Zusammenhang stellen und daraus Schlussfolgerungen ziehen.

Lösung: Chips, Schokolade,Hartkäse, Frischkäse, Salami, Schinken und Pommes frites enthalten viele versteckte Fette. Im Gegensatz zu vielen pflanzlichen Lebensmitteln liefern Linsen sehr viele Eiweiße. Möhren und Äpfel enthalten besonders viel Wasser und stillen an einem warmen Sommertag den Durst.

Vergleichen

Hier sollst du Gemeinsamkeiten, aber auch Unterschiede herausarbeiten. Eine Tabelle hilft dir, dies anschaulich zu gestalten.

Lösung:

Gemeinsamkeiten	• beides Plankton • sind von der Strömung abhängig. • besitzen oft eine flache Körperform, Fortsätze oder Einlagerungen, die das Schweben ermöglichen.
Unterschiede	Phytoplankton sind Pflanzen, sie können Fotosynthese betreiben. Zooplankton sind Tiere, sie müssen für die Ernährung Stoffe aufnehmen.

Darstellen

Sachverhalte, Zusammenhänge, Methoden, Ergebnisse sollst du klar gegliedert und anschaulich wiedergeben.

Lösung: Ein Plakat, eine Mindmap, ein Flussdiagramm oder eine Tabelle ermöglichen es dir, die Inhalte durch verschiedene Beispiele mit Bildern oder Diagrammen anschaulich und strukturiert zu präsentieren.

Beschreiben

Sachverhalte und Zusammenhänge oder Strukturen sollst du in eigenen Worten wiedergeben. Verwende Fachbegriffe und Fachsprache.

Lösung: Eine ausgewogene Ernährung, viel Bewegung und ausreichend Schlaf wirken sich positiv auf die Gesundheit aus. Ausreichende Erholungsphasen, Körperhygiene, aber auch Schutzimpfungen und regelmäßige Zahnarztbesuche sind zudem wichtige Maßnahmen.

Beschreibe Maßnahmen, die der Gesunderhaltung des Körpers dienen.

Für die Lebensgemeinschaft der Wälder sind Ameisen von großer Bedeutung. Erkläre.

Erläutere, wie sich im Laufe der Zeit die Nutzung der Fließgewässer durch den Menschen verändert hat.

Bakterien vermehren sich durch Zellteilung. Begründe, weshalb sich vor der Teilung die Erbsubstanz verdoppelt.

Bewerte die Redewendung: Gut gekaut ist halb verdaut.

Vergleiche Phytoplankton und Zooplankton.

Erklären

Hier sollst du Zusammenhänge, Abläufe, Strukturen oder Ursachen eines Sachverhalts aussagekräftig ausdrücken.

Lösung: Ein Ameisenvolk vertilgt eine Vielzahl von Insekten. Damit können sie Massenvermehrungen von Schädlingen erheblich einschränken. Durch die Nestanlagen lockern sie den Waldboden. Außerdem tragen sie zur Verbreitung von einigen Blütenpflanzen bei, indem sie deren Samen in den Bau transportieren.

Erläutern

Hier sollst du Zusammenhänge, Abläufe, Strukturen oder Ursachen eines Sachverhalts aussagekräftig ausdrücken und durch zusätzliche Informationen oder Beispiele veranschaulichen.

Lösung: Früher nutzte man die Wasserkraft zum Antrieb zahlreicher Mühlen, Hammer- und Sägewerke. Mit Flößen und Kähnen transportierte man auf größeren Flüssen Güter. Die natürlich vorkommenden Fische dienten der Ernährung.
Heute ist die Nutzung der Flüsse viel intensiver. Große Wasserkraftwerke dienen z.B. der Stromerzeugung und mit großen Schiffen werden immer mehr Güter auf den Wasserstraßen transportiert. Zahlreiche Erholungsgebiete mit Sport- und Freizeitmöglichkeiten säumen unsere Fließgewässer. Der Mensch hat sie durch die Nutzung stark verändert.

Begründen

Ein Sachverhalt soll von dir auf Gesetzmäßigkeiten, Regeln und Ursachen zurückgeführt und Zusammenhänge aufgezeigt werden.

Lösung: Die Erbsubstanz stellt das Steuerungszentrum der Bakterienzelle dar. Damit beide neuen Zellen das gleiche Steuerungszentrum auch nach der Zellteilung haben, muss sich erst die Erbsubstanz verdoppeln.

Bewerten

Du sollst zu einem Sachverhalt aufgrund von Fachwissen, aber auch aus persönlicher Einschätzung eine Aussage machen.

Lösung: Je besser man seine Nahrung kaut, desto besser wird sie zerkleinert, sodass die Verdauungsenzyme schneller wirken können. Außerdem wird sie gut mit Speichel durchmischt und die Amylase im Speichel kann bereits beim Kauen die Stärke in Zweifachzucker zerlegen.

Lösungen

Zellen und ihre Lebensvorgänge (S. 34, 35)

1 Die Zelle

a
A: Vakuole
B: Zellkern
C: Chloroplast
D: Zellmembran
E: Zellwand

b Es muss sich um eine Pflanzenzelle handeln.
Begründung: Als typische Pflanzenbestandteile sind Chloroplasten zur Fotosynthese, eine stabile Zellwand und große Vakuolen erkennbar.

c

Zellbestandteil	Aufgabe
Zellwand	Stabilisierung, äußere Begrenzung der Zelle
Zellmembran	Begrenzung der Zelle, Umhüllung des Plasmas
Zellkern	Träger der Erbinformation, Steuerung der Vorgänge in der Zelle
Chloroplasten	Aufnahme der Sonnenenergie mit Chlorophyll, Herstellung von energiereichen Stoffen und Sauerstoff, Orte der Fotosynthese

2 Mikroskopierregeln

– Das Präparat auf einen sauberen Objektträger legen; mit einem Wassertropfen und einem Deckglas abdecken.
– Den Objekttisch nach unten fahren.
– Das Präparat über den durchleuchteten Bereich des Objekttischs legen.
– Mit der kleinsten Vergrößerung beginnen.
– Den Objekttisch unter seitlicher Kontrolle bis fast zum Objektiv fahren.
– Das Objektiv darf das Objekt nicht berühren.
– Das Bild zunächst mit dem Grobtrieb, dann mit dem Feintrieb scharf stellen.
– Die interessanteste Stelle in die Mitte des Bildes schieben.
– Die nächste Vergrößerung (das größere Objektiv) einstellen.
– Das Bild mit den erkennbaren Strukturen zeichnen.

3 Vergrößern

Man muss ein Okular mit einer 10-fachen Vergrößerung und ein Objektiv mit einer 40-fachen Vergrößerung benutzen. Die Gesamtvergrößerung errechnet sich durch Multiplikation beider Werte.

4 Bausteine der Organismen

a
A: Organismus
B: Organ
C: Gewebe
D: Zelle

b Zellen bilden Gewebe, Gewebe bilden Organe und Organe bilden Organsysteme.

c Die einzelnen Pflanzenzellen wie Schließzellen oder Epidermiszellen gehören zu den Zellen. Palisaden- und Schwammgewebe sind Gewebe und das Blatt ist ein Organ. Der Baum ist ein Organsystem.

5 Laubblatt

a
1: Cuticula
2: Palisadengewebe
3: Leitbündel
4: Schwammgewebe
5: Spaltöffnung mit Schließzellen

b

Bestandteil des Blattes	Funktion
Cuticula	Schutz
Palisadengewebe	Fotosynthese
Schwammgewebe	Gasaustausch innen
Leitbündel	Stofftransport
Spaltöffnung mit Schließzellen	Gasaustausch nach außen

6 Fotosynthese und Zellatmung

a Fotosynthese:
Wasser und Kohlenstoffdioxid und Lichtenergie
→ Glucose und Sauerstoff

Zellatmung:
Glucose und Sauerstoff
→ Wasser und Kohlenstoffdioxid und Energie

b Die Fotosynthese findet in den Chloroplasten statt, die Zellatmung in den Mitochondrien.

c Bei der Fotosynthese wird Sonnenenergie in Form von Glucose gebunden. Alle Lebewesen setzen aus Glucose Energie frei, die sie für ihre Lebensvorgänge benötigen. Bei der Fotosynthese wird auch Sauerstoff freigesetzt, den die Lebewesen zur Atmung benötigen.

d Lebewesen nehmen die energiereiche Glucose über die Nahrung auf. Mit Hilfe von Sauerstoff, der über die Atemwege aufgenommen wird und mit dem Blut zu den Zellen gelangt, wird in den Mitochondrien Energie freigesetzt. Dabei entsteht Kohlenstoffdioxid und Wasser. Pflanzen nehmen diese Stoffe auf und stellen daraus mit Hilfe der Fotosynthese Glucose und Sauerstoff her. Damit schließt sich der Kreis. Die Ausgangsstoffe der Fotosynthese sind die Endprodukte der Zellatmung und umgekehrt.

Körperbau und Bewegung (S. 54, 55)

1 Knochen

a Es handelt sich um einen Röhrenknochen.

b

A: Nerven
B: Blutgefäße
C: Knochenmark
D: Knochenrinde
E: Knochenhaut

c In der Knochenrinde liegen die Knochenbälkchen dicht an dicht nebeneinander, sodass man die einzelnen Bälkchen nicht mehr erkennen kann.

d In Bild 1 kann man sehen, dass Blutgefäße und Nerven am Knochen Kontakt haben. Die Blutgefäße versorgen den Knochen mit allen notwendigen Stoffen, damit er wachsen und sich erneuern kann. Die Nerven machen ihn empfindlich und melden dem Gehirn, wenn er stark belastet wird oder bricht.

2 Wirbelsäule und Bandscheiben

a Von vorne gesehen ist die Wirbelsäule nahezu gerade. Betrachtet man sie aber von der Seite, zeigt sie vier leichte Krümmungen, jeweils abwechselnd eine nach vorne und eine nach hinten. Diese Krümmungen verleihen der Wirbelsäule große Stabilität. Sie kann Stöße abfedern und dämpfen, die beim Gehen, Laufen oder Springen auf den Körper einwirken.

b Die Knochen von Kindern und Jugendlichen wachsen noch. Das gilt insbesondere für die aus vielen Knochen sich zusammensetzende Wirbelsäule. Sie nimmt während dieser Zeit ihre Form an. Durch einseitige Belastung, z. B. durch ständig schlechte Körperhaltung während der Wachstumsphase, kann sich die typische Form der Wirbelsäule nicht ausbilden. Sie nimmt eine Form an, durch die die Belastungen, die auf sie einwirken, nicht mehr optimal abgefedert werden können. Es kann auch zu dauernd einseitiger Belastung der Bandscheiben kommen, die dann an manchen Stellen gegen das Rückenmark drücken. Die Folgen sind meist sehr schmerzhafte Rückenschmerzen an den entsprechenden Stellen.

c Zwischen zwei Wirbeln liegt je eine Bandscheibe, die verhindert, dass zwei Wirbel aufeinanderreiben. Die Bandscheiben bestehen aus Knorpel und machen sie elastisch. Sie federn Belastungen ab, die beim Gehen, Laufen oder Springen entstehen. Sie wirken Stoßdämpfern vergleichbar.

d Die Bandscheiben bestehen aus Knorpel, der viel Wasser enthält. Während der Tätigkeiten des Tages wird ein Teil des Wassers ausgepresst. Dadurch werden die Bandscheiben gering schmäler. Für alle Bandscheiben zusammen kann sich das bis auf etwa zwei Zentimeter summieren.

3 Skelett

a Die Gesamtheit aller Knochen bezeichnet man als Skelett.

b Man kann das Skelett in drei Abschnitte untergliedern:
– Schädelskelett: Schutz des Gehirns
– Rumpfskelett: Schutz der inneren Organe
– Gliedmaßenskelett: Beweglichkeit

c

A: Oberarmknochen
B: Speiche
C: Elle
D: Becken
E: Oberschenkelknochen
F: Wadenbein
G: Schienbein

d Der Unterkiefer ist als einziger Knochen des Schädelskeletts beweglich. Er ist für das Kauen und zusammen mit der Zunge für die Sprachbildung verantwortlich.

e Die miteinander verwachsenen Knochen des Beckengürtels bilden eine nach vorne offene Schüssel. Diese trägt die Last des Oberkörpers und des Schädels, die durch den aufrechten Gang beim Menschen nach unten drückt. Neben der tragenden und stützenden Funktion hat der Beckengürtel auch eine schützende für die inneren Organe.

4 Beweglichkeit

a

A: Gelenkkopf
B: Gelenkband
C: Gelenkkapsel
D: Gelenkknorpel
E: Gelenkpfanne

b Bild 4 zeigt ein Kugelgelenk. Aufgrund seines Aufbaus sowie der Form von Gelenkkopf und Gelenkpfanne ermöglichen Kugelgelenke viele Bewegungsrichtungen. Beispiele sind Hüft- und Schultergelenk.

c Die beiden sich gegenüberliegenden Knorpelschichten mindern die Reibung zwischen den beiden Knochen im Gelenk. Diese Schicht ist relativ weich und elastisch. Sie bewirkt, dass die Bewegungen geschmeidig ablaufen.

d Mit dem Alter vermindert sich bei manchen Menschen die Produktion der Gelenkschmiere im Gelenkspalt. Hinzu kommt, dass der Knorpel an den Knochenenden abgebaut wird.

e Der moderne Mensch muss weniger körperlich anstrengende Arbeiten als früher verrichten. Dadurch verringert sich seine körperliche Leistungsfähigkeit. Regelmäßiges Training stärkt Herz und Lunge, fördert den Muskelaufbau und dadurch die Leistungsfähigkeit und verbessert das Selbstbewusstsein. Auf diese Weise wird auch die geistige Leistungsfähigkeit gefördert.

5 Muskeln

a Muskeln bestehen aus vielen dünnen Muskelfasern, die wiederum zu Muskelfaserbündeln zusammengefasst sind. Mehrere Muskelfaserbündel bilden einen Muskel. Dieser wird von der Muskelhaut umschlossen. Über Sehnen ist der Muskel mit den Knochen verwachsen.

b

A: Beuger
B: Strecker

c Muskeln können sich nur zusammenziehen, aber nicht selbstständig strecken.
Die Spielerin spannt den Beuger, sodass sich die Muskelfasern zusammenziehen. Da die Sehnen des Beugers über das Ellenbogengelenk am Unterarm angewachsen sind, wird der Arm gebeugt, das heißt, die Hand mit dem Ball kommt näher ans Gesicht der Spielerin. Auf der Rückseite ihres Oberarms liegt jetzt der gedehnte Strecker. Durch plötzliches Zusammenziehen dieses Muskels wird nun der Unterarm sehr schnell nach vorne »geschleudert« und mit ihm der Ball, der hoffentlich im Korb landet. Durch das Zusammenziehen des Streckers wird der Beuger gedehnt. Beuger und Strecker arbeiten in entgegengesetzter Richtung, es sind Gegenspieler.

Ernährung (S. 86, 87)

1 Stoffwechsel

a Der Stoffwechsel umfasst alle chemischen Vorgänge, die dem Aufbau und dem Erhalt von Körpersubstanz und der Energiegewinnung dienen.

b Kohlenhydrate sind Betriebsstoffe und dienen der Energiegewinnung.
Fette sind Betriebsstoffe und dienen der Energiegewinnung.
Proteine sind Baustoffe und dienen dem Aufbau von Körpersubstanz.

c Man muss den Gesamtumsatz berechnen, indem man den Grundumsatz und den Leistungsumsatz des Körpers addiert. Den Grundumsatz kann man einer Tabelle entnehmen. Den Leistungsumsatz berechnet man über die verschiedenen körperlichen Aktivitäten am Tag und deren Zeitumfang.

d Individuelle Lösung, z. B. Fahrrad fahren, Fußballtraining, im Unterricht sitzen.

e Kohlenhydrate liefern dem Körper Energie, die die Sportler für die Bewegung des Körpers benötigen. Durch die intensive Bewegung benötigen Sportler mehr Energie, die sie aus kohlenhydratreicher Kost erhalten.

f Wasser ist ein Baustein für die Zellen. Zellen sind mit Wasser gefüllt.
Wasser ist ein Lösungsmittel für viele Stoffe. Viele Salze und Nährstoffbestandteile sind im Wasser des Körpers gelöst. Mit Hilfe von Wasser können viele Stoffe vom Körper aufgenommen und auch ausgeschieden werden.
Wasser ist ein Transportmittel im Körper. Blut besteht aus Wasser und transportiert die gelösten Salze und Stoffe durch den gesamten Körper.
Wasser ist durch die Verdunstung des Schweißes an der Regulation der Körpertemperatur beteiligt.

2 Vitamine, Mineralstoffe, Ballaststoffe

a Gemüse sollte nach Möglichkeit bei der Zubereitung nur gedünstet werden.

b Der Körper benötigt Vitamin D zum Knochen- und Zahnaufbau. Da der Körper eines Erwachsenen nicht mehr wächst und somit weder Knochen noch Zähne neu bilden muss, verringert sich der Vitamin-D-Bedarf sehr stark.

c Der Körper benötigt viele Mineralstoffe für die Funktion von Muskeln und Nerven. Wenn ein Mineralstoffmangel vorliegt, können die Muskeln nicht mehr richtig arbeiten, sodass man Muskelkrämpfe bekommt. Die Müdigkeit wird dadurch hervorgerufen, dass die Nerven nicht mehr richtig funktionieren können. Da viele Mineralstoffe am Knochenaufbau beteiligt sind, können bei Mangel von Calcium und Magnesium die Knochen nicht aushärten.

d Der Darm von Babys hat noch nicht seine volle Tätigkeit aufgenommen. Die Milch wird nur langsam verdaut. Daher wirkt es sich negativ aus, wenn Ballaststoffe die Darmtätigkeit anregen und die Bewegung des Darms beschleunigen.

3 Verdauung

a

A: Speicheldrüse	G: Bauchspeicheldrüse
B: Mundhöhle	H: Dünndarm
C: Zunge	I: Dickdarm
D: Speiseröhre	J: Mastdarm
E: Magen	K: After
F: Gallenblase	

b
Eiweiße: Magen, Dünndarm
Fette: Dünndarm

c Dargestellt ist das Prinzip der Oberflächenvergrößerung. Die Innenseite des Dünndarms ist gefaltet, jede Falte besitzt noch weitere Ausstülpungen, die Zotten. Dadurch vergrößert sich die Kontaktfläche zwischen Nahrungsbrei und Darmwand. Die zerlegten Nährstoffe, Vitamine und Mineralstoffe können vollständig in das Blut aufgenommen werden.

d Maltase ist ein Enzym, das den Zweifachzucker Maltose in zwei Glucosebausteine zerlegt. Die Maltase besitzt dafür ein aktives Zentrum, das so geformt ist, dass die Maltose genau hineinpasst. Die Maltase ist das Schloss, in das die Maltose wie ein Schlüssel hineinpasst.

4 Der Ernährungskreis

a
Getreide, Kartoffeln und Reis: Vollkornbrot, Müsli, Nudeln, Pommes frites
Gemüse: Paprika, Tomaten, Kohlsorten, Möhren
Obst: Apfel, Banane, Kirschen
Milch und Milchprodukte: Käse, Joghurt, Milchshake
Fleisch, Fisch und Eier: Rindfleisch, Chickenwings, Lachs, Sushi
Fette und Öle: Butter, Olivenöl, Margarine, Süßigkeiten

b
Getreide, Kartoffeln und Reis: Kohlenhydrate
Gemüse: Vitamine, Mineralstoffe, Kohlenhydrate
Obst: Vitamine, Mineralstoffe, Kohlenhydrate
Milch und Milchprodukte: Proteine
Fleisch, Fisch und Eier: Proteine
Fette und Öle: Fette

c Zu einer gesunden Ernährung gehören:
– abwechslungsreiche Kost
– vollwertige Lebensmittel
– Lebensmittel, die wenig Fett enthalten
– wenig Salz
– viel Gemüse, Obst und Getreideprodukte

d Durch zuckerhaltige Limonaden führt man dem Körper viel Zucker und somit viele Kalorien zu. Überschüssige Kalorien verwandelt der Körper in Fettreserven. Dies kann zu krank machendem Übergewicht führen. Milch und Säfte enthalten dagegen viele wichtige Vitamine und Mineralstoffe, die der Körper benötigt.

Bau und Funktion der Atmungsorgane (S. 114, 115)

1 Der Weg der Atemluft

a Über Mund und Nase gelangt die Atemluft in den Körper. Ohne Sauerstoff erlischt das Leben sehr schnell. Es ist deshalb lebensnotwendig, dass immer genügend Sauerstoff mit der Atemluft aufgenommen werden kann. Durch die Nasen- und insbesondere durch die Mundatmung wird dies gewährleistet.

b Im Bereich der Nase sind die Pfeile deutlich dicker gezeichnet, weil der Hauptteil der Atmung hier erfolgt. Der Weg durch die Nase ist länger als durch den Mund. Auf diesem längeren Weg wird die Atemluft durch die Nasenschleimhaut angefeuchtet und erwärmt. Zudem bleiben Staub und ein Teil der Krankheitserreger an der feuchten Schleimhaut hängen.
Bei der Mundatmung wird die Luft kaum erwärmt und unzureichend gereinigt. Durch den Mund atmet man in der Regel in Stresssituationen, wenn in kurzer Zeit möglichst viel Luft aufgenommen werden muss: körperliche Anstrengung, Schrecksituation, Angstzustände. Auch wenn die oberen Atemwege z. B. durch Schnupfen, verstopft sind, atmet man durch den Mund.

c In der Luftröhre und in den Bronchien befinden sich Flimmerhärchen, die Staub und Schleim zum Kehlkopf transportieren, damit diese abgehustet werden können.

2 Blut und seine Bestandteile

a Eine wichtige Aufgabe des Blutes ist der Transport von Vitaminen, Salzen, zerlegten Nährstoffen, Hormonen und Enzymen sowie Sauerstoff und Kohlenstoffdioxid. Außerdem transportiert es Abfallstoffe und reguliert die Körpertemperatur. Zudem ist das Blut an der Gerinnung sowie der Abwehr von körperfremden Stoffen beteiligt.

b Im Bild sind die drei verschiedenen festen Bestandteile des Blutes zu erkennen.

Die roten Blutkörperchen, die Erythrozyten, sind am häufigsten zu erkennen. Es sind scheibenförmig eingedellte Zellen ohne Kern. Ihre Aufgabe ist der Transport von Sauerstoff. Das in den Erythrozyten enthaltene Hämoglobin bindet den Sauerstoff.

Die weißen Blutkörperchen oder Leukozyten haben keine feste Form. Sie sind größer als die roten Blutkörperchen. Im Gegensatz zu diesen haben sie einen Zellkern. Die weißen Blutkörperchen sind Teil des körpereigenen Abwehrsystems. Sie bekämpfen körperfremde Stoffe wie Krankheitserreger. Da sie die Blutbahn verlassen können, erreichen sie auch Keime, die sich im Gewebe befinden.

Die Blutplättchen oder Thrombozyten sind Bruchstücke von Knochenmarkszellen. Sie sind für die Gerinnung des Blutes wichtig. Wird eine Blutbahn verletzt, so verändern sie ihre Form. Sie werden kugelig und bilden Scheinfüßchen aus. Mit ihnen verhaken sie sich gegenseitig. An sie lagern sich weitere Blutplättchen an. Auf diese Weise entsteht ein erster Blutpfropf, der kleine Blutungen stoppen kann.

3 Gasaustausch in der Lunge

a Die Atemluft setzt sich hauptsächlich aus den Gasen Sauerstoff, Kohlenstoffdioxid sowie Stickstoff zusammen.

b Ein- und Ausatemluft unterscheiden sich hauptsächlich im Gehalt von Sauerstoff und Kohlenstoffdioxid. Der Gehalt an Stickstoff bleibt mit jeweils 78 Prozent unverändert. Der Sauerstoffgehalt beträgt bei der Einatemluft 21 Prozent, bei der Ausatemluft 17 Prozent. Der Unterschied von 4 Prozent ist die Menge Sauerstoff, die der Körper zum Aufrechterhalten der Stoffwechselvorgänge benötigt. Umgekehrt werden 5 Prozent gegenüber 1 Prozent Kohlenstoffdioxid wieder ausgeatmet. Dieses Kohlenstoffdioxid entsteht als Abfallprodukt bei den Stoffwechselvorgängen in den Zellen, wobei hauptsächlich aus Glucose Energie freigesetzt wird.

c Damit der Gasaustausch optimal erfolgen kann, müssen die Wände der Kapillaren und der Lungenbläschen sehr dünn sein. Zudem müssen sehr viele Lungenbläschen und Kapillaren, also eine möglichst große Austauschoberfläche, zur Verfügung stehen. Als weitere Voraussetzung muss ein möglichst großes Konzentrationsgefälle bestehen. Das bedeutet, dass in der eingeatmeten Luft mehr Sauerstoffmoleküle enthalten sein müssen als im Blut. Entsprechendes gilt für die Konzentration der Kohlenstoffdioxidmoleküle. Je größer das jeweilige Konzentrationsgefälle ist, desto schneller diffundieren die beiden Gase ins Blut bzw. aus dem Blut in die Lungenbläschen.

d Eine Staublunge entsteht durch das regelmäßige Einatmen von stark staubbelasteter Luft. Diese Feinstäube setzen sich in den Lungenbläschen fest und verdicken allmählich die Innenseite der hauchdünnen Alveolenwände. Dadurch wird der Übertritt des Sauerstoffs ins Blut erschwert. Ist ein Lungenbläschen vollständig mit Staub gefüllt, kann hier kein Sauerstoff ins Blut diffundieren. Da in der Regel sehr viele Lungenbläschen im Laufe der Zeit befallen werden, verringert sich die Austauschoberfläche immer mehr. Die Betroffenen leiden unter zunehmender Atemnot und Reizhusten. Zunächst bekommen sie bei Belastung weniger Sauerstoff, schließlich kommt es auch im Ruhezustand zu Atemnot.

Der beste Schutz vor der Entwicklung einer Staublunge besteht darin, die Entstehung entsprechender Stäube beim Arbeiten zu verhindern. Das geschieht heute mit Arbeitsgeräten, die eine Absaugvorrichtung haben, sodass der Staub erst gar nicht in den Arbeitsraum oder in die unmittelbare Umgebung des Arbeiters gelangt. Durch Entlüftungsanlagen können Arbeitsräume nahezu staubfrei gehalten werden. Durch Nassbearbeitung wird der entstehende Staub sofort mit Wasser gebunden. Schutzkleidung, vor allem Atemmasken und bei besonders großer Staubbelastung Atemgeräte mit ständiger Frischluftzufuhr sind Möglichkeiten, sich vor der Entstehung einer Staublunge zu schützen.

4 Bau des Herzens

a Im Bild ist die linke Herzhälfte rot dargestellt. Die linke und rechte Körperseite wird in Blickrichtung des eigenen Körpers gesehen, nicht vom Betrachter aus.

b

A: Kopfvene
B: Taschenklappen
C: rechter Vorhof
D: rechte Herzkammer
E: Körpervene
F: Herzscheidewand
G: Körperarterie
H: Lungenarterie
I: Lungenvene
J: linker Vorhof
K: Segelklappen
L: linke Herzkammer

c Arterien führen das Blut vom Herzen weg. Die Wände bestehen aus Ringmuskeln und sind elastisch. In den Venen fließt das Blut zum Herzen hin. Die Wände sind ebenfalls elastisch, eine Muskelschicht fehlt.

d Ein Loch in der Herzscheidewand bewirkt, dass sich sauerstoffarmes und sauerstoffreiches Blut vermischen. Somit gelangt sauerstoffärmeres Blut in den Körper und zu den Organen. Weniger Sauerstoff bedeutet eine geringere Energiefreisetzung. Die Betroffenen sind weniger leistungsfähig und weniger belastbar.

5 Blutkreislauf

a Das sauerstoffreiche Blut der linken Herzkammer gelangt über die Körperarterie oder Aorta in den Körper. Hier verzweigt sich das Gefäß in immer dünner werdende Äderchen. Diese führen ins Gehirn, zu den Muskeln und zu allen übrigen Organen. Hier erfolgen der Gasaustausch und die Abgabe der verdauten Nährstoffe. Das jetzt sauerstoffarme Blut fließt über die Venen zurück zum Herzen, und zwar über den rechten Vorhof in die rechte Herzkammer. Damit ist der Körperkreislauf geschlossen.

Von der rechten Herzkammer wird das Blut im kleineren Lungenkreislauf über die Lungenarterie in die Lunge gepumpt. Eine Segelklappe verhindert das Zurückströmen des Blutes. In der Lunge erfolgt erneut ein Gasaustausch. Das jetzt sauerstoffreiche Blut gelangt über die Lungenvene in die linke Herzvorkammer und von hier in die linke Herzkammer.

b Den Körperkreislauf nennt man auch den großen Blutkreislauf, weil er – mit Ausnahme der Lunge – alle Organe des Körpers mit sauerstoffreichem Blut versorgt und das sauerstoffarme, kohlenstoffdioxidreiche Blut von den Organen zurück zum Herzen transportiert. Von hier gelangt es über den kleinen Blutkreislauf zur Lunge, gibt dort CO_2 ab und nimmt aus den Lungenbläschen Sauerstoff auf. Das jetzt wieder sauerstoffreiche Blut strömt zurück zum Herzen. Die beiden Kreisläufe ergänzen sich in idealer Weise.

Körperkreislauf → großer Blutkreislauf
Lungenkreislauf → kleiner Blutkreislauf

c Der Körper braucht Sauerstoff, um in den Zellen vor allem aus Glucose Energie freizusetzen. Bei diesem Vorgang entsteht Kohlenstoffdioxid, der als »Abfallstoff« ausgeatmet wird. Die freigesetzte Energie wird für alle Körpervorgänge sowie für die Aufrechterhaltung der Körpertemperatur genutzt. Insbesondere das Gehirn hat einen hohen Energiebedarf.

6 Gefahren für die Atmungsorgane

a Neben vielen anderen Giftstoffen sind im Tabakrauch vor allem Nikotin und Teer enthalten. Nikotin ist ein Nervengift, das die Blutgefäße verengt. Es ist ein Suchtstoff, der abhängig macht.
Der zähflüssige Teer verklebt die Flimmerhärchen auf den Schleimhäuten der Atmungsorgane. Dadurch können sie ihre Reinigungsaufgabe nicht mehr erfüllen, sodass Schadstoffe und Krankheitserreger nahezu ungehindert in den Körper gelangen.

b Raucht man regelmäßig Zigaretten, dann reichert sich in der Lunge Teer an. Die zähflüssige Substanz verklebt die Flimmerhärchen auf den Schleimhäuten der Lunge und insbesondere der Bronchien. Da die Flimmerhärchen im Laufe der Zeit nur mehr vermindert arbeiten und schließlich absterben, wird der Schleim nicht mehr abtransportiert. Er sammelt sich an und wird besonders am Morgen nach dem Aufstehen abgehustet.

c Jugendliche befinden sich auf dem Weg zum Erwachsenwerden. Sie sind neugierig auf diese neue Welt und wollen alles ausprobieren, was Erwachsene auch tun. Für viele ist Rauchen gleichbedeutend mit Erwachsensein. Häufig wird auch in der Clique geraucht. Hier ist Rauchen eine Art Ritual, mit dem man zeigt, dass man dazugehört. Dabei kann aus dem Gelegenheitsraucher sehr schnell und unbewusst ein Gewohnheitsraucher werden.

d Auch die nikotinfreien Ersatzstoffe werden beim Shisharauchen in gesundheitsschädliche Stoffe umgewandelt. Zudem inhaliert man den abgekühlten und milden Rauch sehr lange und tief. Dadurch wirken die eingeatmeten Stoffe länger und intensiver in der Lunge.

Informationssysteme (S. 150, 151)

1 Informationssysteme des Körpers
a
1: C Reiz (Fußball)
2: B Sinnesorgan (Auge)
3: E sensorische Nerven
4: D Gehirn
5: A motorische Nerven
6: Muskeln → Reaktion

Der Reiz wird im Sinnesorgan aufgenommen, hier der Lichtreiz des heraneilenden Balls. Dieses wird in den Sinneszellen in elektrische Impulse umgewandelt, die über die sensorischen Nerven zum Gehirn geleitet werden. Dort wird die ankommende Information verarbeitet und ein Befehl in Form eines elektrischen Impulses entsteht. Dieser gelangt über die motorischen Nerven zum Erfolgsorgan, hier dem Beinmuskel, und löst eine Reaktion aus.

b Es gibt das Nervensystem und das Hormonsystem. Informationen, die schnell weitergeleitet werden müssen, werden in Form von elektrischen Impulsen über Nervenzellen weitergeleitet. Informationen, die meist langfristig in Erscheinung treten sollen, werden durch Hormone über das Blut im Körper verteilt.

c Das Bild zeigt das zentrale Nervensystem: Gehirn und Rückenmark.

2 Sinnesorgan Auge
a
A: Hornhaut
B: Lederhaut
C: Netzhaut
D: Sehnerv
E: Linse

b Zu den natürlichen Schutzeinrichtungen zählen das Augenlid, die Wimpern und die Tränenflüssigkeit.

c Jeder Lichtstrahl wird durch die Linse gespiegelt und verkleinert. Der Lichtstrahl trifft schlussendlich auf die Netzhaut.

d Zum Glaskörper führen Nervenzellen, die sich zum Sehnerv vereinigen. Dahinter folgt eine Schicht aus Schaltzellen. Daran schließen sich die Zapfen und Stäbchen an. Die letzte Schicht ist die Pigmentschicht mit der Aderhaut.

e In den Sehsinneszellen ist ein Farbstoff enthalten, das sogenannte Sehpurpur. Trifft Licht auf eine Sinneszelle, zerfällt dieser Stoff und es entsteht ein elektrischer Impuls. Der Farbstoff baut sich rasch wieder neu auf.

f Bei kurzsichtigen Menschen ist der Augapfel länger als gewöhnlich. Der Brennpunkt des Lichts entsteht vor der Netzhaut.
Bei weitsichtigen Menschen verhält es sich genau umgekehrt.

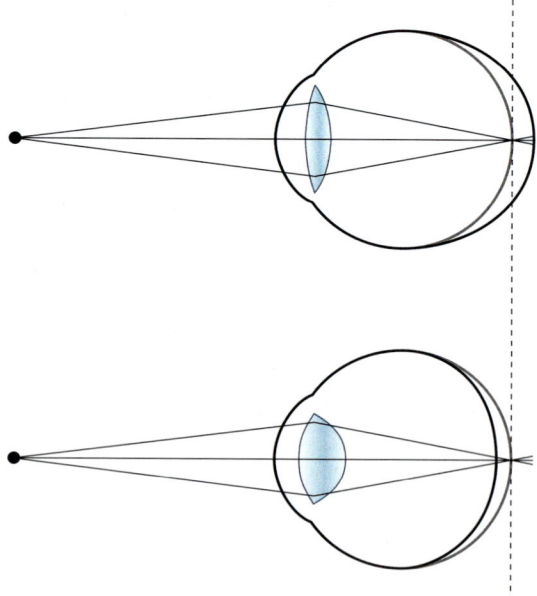

g Stäbchen dienen zum Unterscheiden von Hell und Dunkel, die Zapfen zum Unterscheiden von Farben.

3 Sinnesorgane benötigen Schutz

a Vor Schneeblindheit schützt man sich, indem man eine Ski- oder Sonnenbrille trägt.

b UV-Strahlen dringen in die Haut ein und verändern die Erbinformation bestimmter Zellen. Diese beginnen sich unkontrolliert zu teilen und anliegendes Gewebe zu schädigen.

c
A bedeutet Asymmetrie: Ist ein Muttermal auffällig unregelmäßig und nicht kreisrund, muss es genauer begutachtet werden.
B bedeutet *border*, also Grenze: Ein unauffälliges Merkmal sollte klare Grenzen haben und nicht ausgefranst sein.
C bedeutet *colour*, die Farbe: Muttermale sollten einheitlich gefärbt sein.
D beschreibt den Durchmesser: Ein Muttermal hat selten einen Durchmesser über 5 mm.
Sollten mehrere der genannten Punkte nicht der Norm entsprechen, sollte man das Muttermal von einem Hautarzt begutachten lassen.

d Der Arbeitgeber muss seine Angestellten vor Verletzungen der Sinnesorgane schützen. In Betrieben, in denen an schwerem Gerät oder sehr laut gearbeitet wird (Baustelle usw.), muss ein Gehörschutz getragen werden. Bei Arbeiten, die für die Augen gefährlich werden können (Fräsen, Spenglern usw.), müssen die Augen geschützt werden.

4 Diabetes oder Zuckerkrankheit

a Für die Regulation des Blutzuckerspiegels sind die beiden Hormone Insulin und Glucagon verantwortlich.

b Das betreffende Hormon ist das Insulin. Es wird in einem speziellen Bereich der Bauchspeicheldrüse, den Langerhans-Inseln, gebildet.

c
Kasten rechts oben: Blutzuckerspiegel sinkt auf den Sollwert.
Kasten rechts unten: Langerhans-Inseln schütten Glucagon aus.
Kasten links oben: Langerhans-Inseln schütten Insulin aus.
Kasten links unten: Leber- und Muskelzellen bauen gespeicherte Stärke zu Glucose ab und geben sie an das Blut weiter.

5 Stress

a Stressreize können von außen auf uns einwirken, wie Gedränge im Bus o. Ä. Innere Stressreize sind Gefühle wie Angst oder Kummer.

b Stress verhilft dem Körper zu einer höheren Leistungsbereitschaft. Durch eine schnellere Atmung und einen erhöhten Herzschlag kann mehr Energie in den Zellen freigesetzt werden.

c Zwischen Arbeit und Freizeit muss ein gesunderhaltender Ausgleich geschaffen werden. »work lifebalance« bedeutet, dass neben der Arbeit das eigene Leben mit Freizeit nicht zu kurz kommen darf und gleichmäßig, wie in Bild 5 gezeigt, verteilt sein sollte.

Gesundheit und Krankheit (S. 184, 185)

1 Gesund sein

a Gesundsein beschreibt den Zustand des körperlichen, geistigen und sozialen Wohlergehens. Dieses Empfinden hängt zudem von der Umgebung ab, in der man lebt. Das eigene Verhalten, die Gewohnheiten sowie die sozialen Bindungen können sich positiv, aber auch negativ auf die Gesundheit auswirken.

b
Gesundheitsfaktor Erholungsphasen:
Regelmäßige Erholungsphasen verhindern, dass der Körper überbelastet oder durch Stress gefährdet wird. Sie schaffen einen körperlichen und seelischen Ausgleich zu den Belastungen des Alltags. In Verbindung mit dem Faktor Bewegung fördert er zusätzlich die Gesundheit.
Risikofaktor Bewegungsmangel:
Bewegungsmangel hat eine ungünstige Auswirkung auf den Körper. Er führt in der Regel zu Übergewicht und damit zu einem erhöhten Energiebedarf. Bewegungsmangel schwächt auf Dauer die Muskulatur und mündet oft in Zusammenhang mit dem erhöhten Energiebedarf in einen Teufelskreis, der zu noch weniger Bewegung führt. Der Risikofaktor falsche Ernährung steigert die negativen Symptome des Bewegungsmangels zusätzlich.

c Die Verantwortung für die eigene Gesundheit zu übernehmen bedeutet, dafür etwas zu tun. Durch Beachtung der Gesundheitsfaktoren und Vermeidung möglichst vieler Risikofaktoren kann man viele Erkrankungen verhüten. Dennoch besteht die Möglichkeit, krank zu werden. Als Nichtraucher mindert man zwar das Risiko, an Lungenkrebs zu erkranken, aber auch ohne zu rauchen kann man Lungenkrebs bekommen. Wer sich um seinen Körper und um seine Seele sorgt, handelt gesundheitsbewusst. Hierfür muss man selbst aktiv werden.

d Psychische Belastungen nennt man alle Einflüsse, die den Geist, die Seele, also die Psyche des Menschen, negativ beeinflussen. Sie haben mit Denken, Empfinden, Erinnern, Erleben, Verhalten oder Wahrnehmen zu tun. Beispiele für derartige Belastungen sind Lärm, schulischer Stress, Selbstüberforderung, Zeitdruck oder Liebeskummer.

2 Infektionskrankheiten

a
Bakterien: Cholera, Tuberkulose, Borreliose
Viren: Virusgrippe, Herpes, Röteln, Masern
Pilze: Fuß- und Nagelpilz

b Mit der Atemluft oder der Nahrung sowie über Wunden können die Erreger in den Körper gelangen. Manche dringen auch über Augen und Ohren ein. Durch Husten und Niesen verbreiten Erkrankte die krank machenden Keime in die Luft. Sie befinden sich dann auf den ausgeschleuderten winzig kleinen Flüssigkeitströpfchen, die eingeatmet werden. Diese Ansteckung nennt man Tröpfcheninfektion.
Mit ihrem Stechapparat können manche Insekten und Zecken Krankheitserreger auf den Menschen übertragen. Auch Bisse von Hunden, Katzen oder anderen Tieren können gefährlich werden, da zwischen ihren Zähnen zahllose Bakterien leben, die so in unseren Körper gelangen.

c Die Masern sind eine ansteckende Krankheit. Sie wird durch bestimmte Erreger ausgelöst. Meist hat man sich an einem bereits Erkrankten angesteckt. Die Krankheit selbst verläuft in bestimmten Phasen.

d Beim Verlauf einer Infektionskrankheit kann man verschiedene Phasen unterscheiden. Am Beginn steht das Eindringen der Erreger in den Körper, die Infektion (A). Daran schließt sich die Inkubationszeit (B) an, das ist die Zeit zwischen Infektion und Ausbruch der Krankheit. In dieser Phase vermehren sich die Krankheitserreger. Die eigentliche Erkrankung (C) macht sich durch jeweils bestimmte Symptome, Krankheitsmerkmale, kenntlich. Fieber, Husten oder Erbrechen sind Beispiele für Krankheitssymptome.
In der letzten Phase, der Gesundungsphase (D), klingen die Symptome allmählich wieder ab.

3 Krankheitserreger

a A stellt ein Virus dar. Man erkennt es an dem einfachen Bau. Das Virus besteht nur aus einer Eiweißhülle, die die Erbsubstanz einschließt.

B zeigt ein Bakterium. Die Körperhülle besteht aus zwei Schichten: der Zellmembran und der Zellwand. Manche Bakterien besitzen Geißeln.

b In Bild 2 sind Viren und Bakterien gleich groß abgebildet. In Wirklichkeit sind Viren bis 1000-mal kleiner als Bakterien.

c Bakterien geben durch ihren Stoffwechsel Giftstoffe ab. Diese sogenannten Toxine stören den Stoffwechsel der Körperzellen, sodass diese ihre Aufgaben nicht mehr erfüllen können, und bringen sie schließlich zum Absterben. Viren haben keinen eigenen Stoffwechsel. Für ihre Vermehrung nutzen sie den Stoffwechsel der befallenen Zellen, die ihnen die notwendigen Stoffe zum Bau der Eiweißhülle und der Erbsubstanz liefern. Die befallenen Zellen werden zerstört. Die Polioviren befallen zum Beispiel Nervenzellen.

d Bakterien verdoppeln sich in etwa all 20 Minuten.

Vermehrung von Bakterien

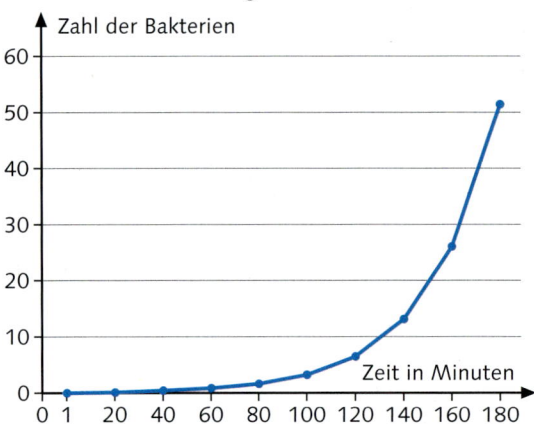

4 Die körpereigene Abwehr

a Die Haut und die Schleimhäute in Mund und Nase verhindern das Eindringen von Krankheitserregern in den Körper.

b Lymphknoten, Knochenmark, Milz, Mandeln und die Thymusdrüse gehören zu den lymphatischen Organen.

c Bei einer Infektion sammeln sich in den Lymphknoten viele Leukozyten. Dabei schwellen die Knoten an. Sie werden druck- und schmerzempfindlich.

d Die Fresszellen geben Erregerinformationen an die Helferzellen weiter, fressen abgetötete Zellen sowie die durch Antikörper miteinander verklumpten Erreger.

e Einige der aktivierten Helferzellen werden zu Gedächtniszellen. Sie sind im gesamten Körper verteilt. Kommt es zu einer erneuten Infektion mit dem gleichen Erreger, so bilden sie sofort die entsprechenden Antikörper zur Bekämpfung der Erreger. Der Körper ist immun gegen diese Erreger.

f Genügend Schlaf, ausreichend Bewegung in frischer Luft, gesunde Ernährung sind Beispiele für eine gesunde Lebensweise.

5 Impfungen

a Die einzige mit einer Impfung besiegte Krankheit sind die Pocken.

b

> Vorbeugende Impfung eines Gesunden mit abgeschwächten Erregern

> Der Körper bildet Antikörper und Gedächtniszellen gegen den Erreger

> Gedächtniszellen gegen Erreger verbleiben im Körper des Geimpften

> Infektion mit natürlichen Erregern durch Tröpfcheninfektion

> Schnelle Produktion von Antikörpern gegen die Erreger – keine Erkrankung

c Bei der passiven Immunisierung bildet der Körper des Geimpften keine Gedächtniszellen. Sein Immunsystem bleibt passiv. Bei einer erneuten Infektion mit dem gleichen Erreger ist er ungeschützt. Durch eine rechtzeitige aktive Immunisierung kann der Körper selbst die entsprechenden Antikörper und Gedächtniszellen bilden.

6 HIV und Aids

a HI-Viren kommen in den Körperflüssigkeiten Blut, Sperma und Vaginalflüssigkeit sowie in der Muttermilch und in den Schleimhäuten vor.

b Das kugelförmige HI-Virus besteht aus der Erbsubstanz, die von einer inneren und einer äußeren Eiweißhülle umgeben ist. Eine weitere Hülle grenzt das Virus nach außen ab. Diese trägt viele kleine Fortsätze, die Spikes.

c Die HI-Viren befallen die Helferzellen und programmieren deren Erbinformation so um, dass die befallenen Zellen HI-Viren produzieren und die Helferzelle zugrunde geht. Die neu gebildeten HI-Viren befallen nun weitere Helferzellen, sodass deren Zahl im Laufe der Zeit so weit zurückgeht, dass das Immunsystem zusammenbricht und die körpereigene Abwehr keine Krankheitserreger mehr bekämpfen kann. Aidskranke können deshalb an meist harmlosen Infektionskrankheiten sterben.

d Die beiden Hauptansteckungsquellen bei Aids sind ungeschützter Geschlechtsverkehr und direkter Kontakt mit blutenden Wunden. Durch Verwendung von Kondomen beziehungsweise von Einweghandschuhen bei einer möglichen Wundversorgung kann man sich vor einer Infektion gut schützen. Fast alle Tätigkeiten des Alltags bergen keine Gefahr, wenn man die Hygieneregeln beachtet.

Ökosystem Wald (S. 228, 229)

1 Der Wald als Lebensraum

a
– Baumschicht: Fichte, Tanne, Lärche, Kiefer, Buche, Eiche, Ahorn, Birke, Erle, Eberesche
– Strauchschicht: Haselstrauch, Weißdorn, Ilex, Heckenrose, Heckenkirsche, Holunder, Schlehe
– Krautschicht: Waldmeister, Aronstab, Springkraut, Waldweidenröschen, Heidelbeere, Himbeere, Brombeere, Maiglöckchen, Buschwindröschen, Scharbockskraut, Farne
– Moosschicht: Moose, Flechten, Fruchtkörper der Pilze

b
– Abiotische Faktoren: Licht, Temperatur, Luft- und Bodenfeuchtigkeit, Mineralstoffe im Boden
– Biotische Faktoren: Bestäuber, Samenverbreiter, Fressfeinde, Konkurrenten

c
– Biotop: ein bestimmter Lebensraum einer in diesem Gebiet vorkommenden Lebensgemeinschaft; bildet die Gesamtheit aller abiotischen Faktoren.
– Biozönose: eine Gemeinschaft verschiedener Lebewesen in einem abgrenzbaren Lebensraum; bildet die Gemeinschaft aller biotischen Faktoren.
– Ökosystem: bildet die Einheit aus Biotop und Biozönose; alle abiotischen und biotischen Faktoren stehen in Wechselbeziehungen zueinander.

d
– Warme, trockene Sommer schwächen die Fichten in einer Monokultur.
– Schädlinge wie der Fichtenborkenkäfer können sich rasch ausbreiten und es gibt keine Fressfeinde dieses Schädlings.
– Als Flachwurzler sind Fichten stark windwurfgefährdet.

2 Ökologische Nische

a In Bild 3 ist links ein Grünsprecht und rechts ein Buntspecht zu sehen.
b Ein meißelartiger Hackschnabel, der aus spitzen Schwanzfedern bestehende Stützschwanz und Kletterfüße kennzeichnen die beiden Vögel als Spechte.
c Beide Spechtarten bewohnen denselben Lebensraum, ohne sich gegenseitig Konkurrenz zu machen. Die Ursache hierfür liegt in ihrem unterschiedlichen Fressverhalten. Der Buntspecht sucht seine Nahrung, meist Käferlarven, unter der Rinde von Bäumen. Der Grünsprecht ernährt sich vornehmlich von Insekten wie Ameisen, die er am Boden findet. Die beiden Vogelarten teilen sich ihren Lebensraum auf, sie gehen sich bei der Nahrungssuche sozusagen aus dem Weg. Die Gesamtheit der Beziehungen einer Art zu ihrer Umwelt bezeichnet man als ökologische Nische.

3 Nahrungsbeziehungen

a Individuelle Lösungen. Hier drei Beispiele:
Eicheln → Eichelhäher → Waldkauz → Habicht

Fichtensamen → Eichhörnchen → Waldkauz → Habicht

Früchte → Buchfink → Baummarder → Habicht

b
Produzenten: Sie speichern Sonnenenergie in Form von energiereicher Glucose.
Konsumenten: Sie ernähren sich von Pflanzen oder Tieren, die energiereiche Stoffe gespeichert haben. Diese Stoffe setzen sie um und gewinnen daraus Energie oder Baustoffe.
Destruenten: Sie zersetzen die Körper von abgestorbenen Lebewesen in ihre Ausgangsstoffe und setzen die darin gespeicherte Energie um. Die Ausgangsstoffe stehen dem Stoffkreislauf nun wieder zur Verfügung.
c Die Biomasse mit der darin enthaltenen Energie nimmt in der Nahrungspyramide von Stufe zu Stufe ab, da auf dem Weg vom Produzenten zum Konsumenten jeweils nur ein Teil der Nahrung für den Aufbau neuer Biomasse verwendet wird. Der größte Teil der energiereichen Stoffe wird in Bewegung und Wärme umgesetzt.

4 Die Bedeutung des Waldes

a
– Wälder regulieren die Luftfeuchtigkeit.
– Wälder produzieren Sauerstoff.
– Durch die Fotosynthese wird Kohlenstoff gespeichert.
– Wälder filtern die Luft von Staub und Abgasen.
– Wälder schützen vor Lärm.
– Durch die Wurzeln wird der Boden nicht so schnell abgetragen.
– Wälder speichern Wasser, dienen so als Hochwasserschutz und Wasserfilter.
b Rohstofflieferant für Baustoffe, Brennstoffe, Papier, Möbel, Medikamente
c Die Pflanzen des Waldes produzieren Sauerstoff, der in der Erdatmosphäre allen Lebewesen zugänglich ist. Außerdem speichern sie Kohlenstoff, da sie bei der Fotosynthese Kohlenstoffdioxid in Glucose umwandeln. Da Kohlenstoffdioxid in der Erdatmosphäre den Treibhauseffekt verstärkt, tragen Wälder so zur Milderung des Klimawandels bei.
d Man kann auf Spaziergängen die frische Luft und die Ruhe genießen. Im Sommer verschafft der Wald eine leichte Abkühlung. Man kann im Wald immer neue Dinge wie Tiere, Pflanzen oder andere spannende Lebewesen entdecken.

5 Schädigung des Waldes

a Insekten können den Wald stark schädigen.
Wildtiere fressen die Triebe und die Rinde junger Bäume, die dadurch nicht mehr wachsen können. Extreme Wetterereignisse wie ein Orkan oder große Trockenheit können viele Wälder beschädigen. Luftschadstoffe bilden mit Wasser sauren Regen, der die Spaltöffnungen der Blätter verätzt, durch Bodenversauerung die Wurzeln schädigt und auch Pilze schädigt, die den Baum bei der Mineralstoffaufnahme unterstützen.
b Durch Abgase der Fabriken und Autos entstehen Schwefeldioxid und Stickoxide. Diese reagieren mit der Luftfeuchtigkeit zu saurem Regen. Der saure Regen schädigt die Spaltöffnungen der Blätter durch Verätzung, durch Bodenversauerung die Wurzeln und auch die Pilze, die den Baum bei der Mineralstoffaufnahme unterstützen.
c Die meisten Waldschäden werden durch den sauren Regen hervorgerufen, da durch die direkten Folgen alle Bäume geschwächt werden und somit auch anfälliger für Frost, Sturm, Hitze und den Befall mit Schadinsekten werden.
d Durch den Klimawandel könnte es zu häufigeren extremen Wetterereignissen kommen, z. B. zu Überschwemmungen und Orkanen. Diese schädigen durch Abtragung und Überwässerung des Bodens oder starken Windwurf die Wälder.

Leben in Gewässern (S. 266, 267)

1 Unterschiedliche Gewässer

a

Obere Abbildung: stehendes Gewässer, See oder Weiher, je nachdem, wie tief das Gewässer ist
Untere Abbildung: Fließgewässer, Fluss

b

Stehendes Gewässer: Teich, Tümpel
Fließgewässer: Rinnsal, Bach, Strom

c

– Biotop: ein Lebensraum, der von den abiotischen Faktoren, dem unbelebten Teil der Natur, gebildet wird.
– Biozönose: Lebensgemeinschaft von Pflanzen und Tieren
– Ökosystem: Zusammenwirken von Biotop und Biozönose

d

– Die Temperatur im Sommer ist in einem Fließgewässer gleichmäßig verteilt, in einem See bildet sich eine Temperaturschichtung aus.
– Biozönose: Ein Fluss hat eine bestimmte Fließgeschwindigkeit, der See ist ein stehendes Gewässer.
– Der Sauerstoffgehalt ist in einem schnell fließenden Fluss höher als in der Tiefenschicht eines Sees.
– Besitzt der Fluss eine hohe Fließgeschwindigkeit, so besteht der Gewässergrund aus großen Steinen, bei einem See ist der Gewässergrund meist sandig oder schlammig.

2 Lebensgemeinschaft Gewässer

a v. l. n. r.: Schilfrohr, Seerose, Wasserpest, Hornblatt
Feuchtpflanze: Rohrkolben
Schwimmblattpflanze: Teichrose
Tauchblattpflanze: Tausendblatt
b v. l. n. r.: Teichrohrsänger, Wasserkrebs (Ruderfußkrebs), Wasserspinne, Wasserläufer
c
– Rohrkolben: Ausbildung eines Erdsprosses zur Verankerung im schlammigen Grund; Durchlüftungsgewebe in den Stängeln zur Sauerstoffversorgung der unterirdischen Pflanzenteile
– Wasserläufer: Härchen an den Beinen, sodass er auf der Wasseroberfläche laufen kann
d

	Zahl der Individuen im Jahresverlauf	Stoffwechsel-aktivität	Vor-kommen im See
See-rosen	weitgehend gleichbleibend	schwankend, je nach Wasser-temperatur und Lichteinfall	nur am Ufer
Algen	starke Schwan-kungen: im Früh-jahr und Sommer sehr viele; im Herbst und Winter wenige	schwankend je nach Wasser-temperatur und Lichteinfall	in der gesamten Frei-wasser-zone

e Lebewesen sind durch bestimmte Baumerkmale an das Leben in einem bestimmten Lebensraum angepasst. Sie besetzen eine ökologische Nische. Sind die Angepasstheiten für einen speziellen abiotischen Faktor typisch, so dienen sie dem Menschen als Zeigerorganismus.

3 Stoffkreisläufe und Nahrungspyramide

a Konsumenten 2. Ordnung und Endkonsumenten stehen an der Spitze der Nahrungspyramide. Ergänze die fehlenden Glieder. Die fehlenden Glieder sind: Produzenten und Konsumenten 1. Ordnung.
b Die Destruenten bauen die Ausscheidungen der Konsumenten sowie tote Lebewesen ab. Steht ausreichend Sauerstoff zur Verfügung, so entstehen neben CO_2 Mineralstoffe, die von den Pflanzen aufgenommen werden können.
c Pflanzen sind die einzigen Lebewesen, die mit Hilfe der Fotosynthese die Energie des Sonnenlichts in Nährstoffen speichern können.

4 Gewässer verändern sich

a Das Gewässer, in dem Zuckmückenlarven leben, enthält wenig Sauerstoff und ist reich an organischen Stoffen.
b

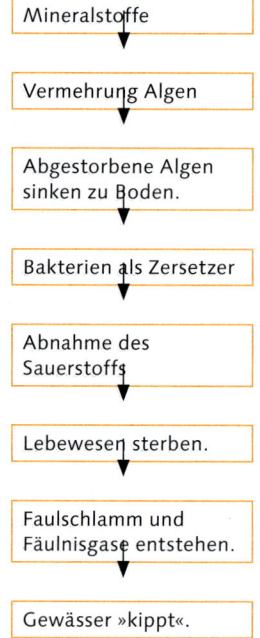

Mineralstoffe
↓
Vermehrung Algen
↓
Abgestorbene Algen sinken zu Boden.
↓
Bakterien als Zersetzer
↓
Abnahme des Sauerstoffs
↓
Lebewesen sterben.
↓
Faulschlamm und Fäulnisgase entstehen.
↓
Gewässer »kippt«.

c Das Gewässer muss in einen naturnahen Zustand umgewandelt werden, damit sich Tiere und Pflanzen neu ansiedeln können. Bei Hochwasser kann sich das Wasser besser verteilen und versickern.

5 Neubürger am Gewässer

a Folgende Neubürger erkennt man auf den Bildern: Indisches Springkraut, Ochsenfrosch und Bisamratte.
b
1. Die Tiere wurden mitgebracht und später bei uns ausgesetzt oder in Gewässer von Sportfischern eingesetzt.
2. Ausgesetzte Tiere aus Terrarien und Aquarien
3. Ballastwasser von Frachtschiffen transportiert Tiere aus anderen Kontinenten zu uns.
4. Park- und Gartenpflanzen, die auswildern
c Da Neobiota hier keine natürlichen Feinde oder Konkurrenten haben, können sie unsere heimischen Arten gefährden oder verdrängen.
Dort, wo das Indische Springkraut wächst, können andere Pflanzen nicht wachsen, da es ihnen das Licht wegnimmt.

Die Agakröte frisst nicht nur Käfer, wie in den Zuckerplantagen ihrer Heimat, sondern bei uns auch Honigbiene, Vögel, Reptilien.

Die amerikanischen Krebse übertrugen die Krebspest und rotteten so unsere einheimischen Krebsarten fast völlig aus.

Bisam und Wollhandkrabben richten große Schäden an Deichen und Uferbefestigungen an.

Die Regenbogenforelle aus Nordamerika verdrängt als Nahrungskonkurrent die heimische Bachforelle.

Mensch und Umwelt (S. 280, 281)

1 Die Stadt als Lebensraum

a
Innenstadt: geschlossene Bebauung mit vielen versiegelten Flächen und eng nebeneinanderstehenden, hohen Häusern
Randsiedlung: aufgelockerte Bebauung mit Rasenflächen, Blumenbeeten und Räumen zwischen den Häusern. Man findet hier auch Grünanlagen, Parks und Friedhöfe.
Stadtrand: lockere Bebauung mit Feldern, Wiesen und offenen Gewässern. Hier herrscht ein angenehmes Klima zwischen Gewerbegebieten, Schrebergartenanlagen, Wohnsiedlungen und Einkaufszentren.

b Abfall und Abwasser bieten Nahrung und Lebensraum für Ratten. Gärten und Parks bieten viel Nahrung und wenig Feinde für Füchse, Kaninchen und Igel. Kirchtürme bieten vielen Tieren einen Lebensraum. Pflanzen finden in Parks und Gärten ebenso wie in Pflasterritzen oder als Straßenbäume einen Lebensraum.

c
Sonne: Die Bauwerke und der Asphalt heizen sich durch die Sonnenstrahlung stärker auf als naturbelassene Flächen. Nachts geben sie die Wärme langsam wieder ab. In den weniger besiedelten Randbereichen nehmen Pflanzen die Sonnenstrahlung auf, sodass sich der Boden nicht so stark erwärmt.
Regen: In Innenstädten kann der Regen nicht in die stark versiegelte Fläche einsickern und muss deshalb durch die Kanalisation abgeleitet werden. Im unversiegelten Boden der Randbereiche kann der Regen versickern.
Wind: In Innenstädten weht weniger Wind als im Randbereich der Städte. Dadurch steigt die Belastung der Luft durch Abgase, Staub und Smog.
Temperatur: Städte sind durch Abgase und beheizte Wohnungen wärmer als weniger bebaute Flächen.

d Fledermäuse sind Lebewesen, die in der Stadt eine ökologische Nische besiedeln können. Deshalb nennt man sie Kulturfolger. Sie finden reichlich Nahrung in Form von Insekten und Nistmöglichkeiten in Kirchtürmen.

e Enten und Schwäne finden in Städten ein reiches Nahrungsangebot. Außerdem fehlen natürliche Feinde und sie werden von Menschen zusätzlich gefüttert.

f Tauben finden ein reiches Nahrungsangebot und werden häufig zusätzlich gefüttert. Das führt zu einer Massenvermehrung mit problematischen Folgen. Die Tiere können Krankheiten übertragen und Gebäude durch Kot verschmutzen.

2 Stoffkreisläufe
a

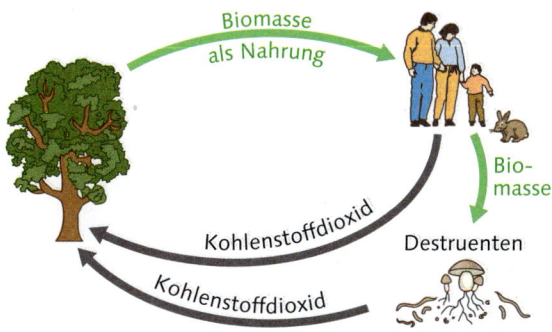

Der Kohlenstoffkreislauf

b Fossile Energieträger sind Kohlenstoffspeicher. Sie sind aus toten Lebewesen entstanden. Durch Verbrennungsprozesse in Industrie, Heizungen und Autos wird der enthaltene Kohlenstoff in Kohlenstoffdioxid umgesetzt und an die Atmosphäre abgegeben. Pflanzen können das zusätzliche Kohlenstoffdioxid nicht völlig binden. Der Kohlenstoffdioxidgehalt der Atmosphäre steigt.

c Knöllchenbakterien können Stickstoff aus der Luft im Boden als Ammonium oder Nitrat binden. Pflanzen nehmen den Stickstoff, der im Nitrat gebunden ist, mit dem Wasser über die Wurzeln aus dem Boden auf und nutzen ihn in ihrem Stoffwechsel. Durch das Anpflanzen von Klee wird das Nitrat im Boden angereichert, sodass nachfolgende Pflanzen besser wachsen können.

d Der Grundstoff für die Kunststoffherstellung ist Erdöl. Bei der Verrottung oder Verbrennung von Plastik wird der Kohlenstoff, der im Erdöl fixiert war, in die Atmosphäre freigesetzt, sodass der Treibhauseffekt verstärkt wird.

3 Treibhauseffekt

a Kohlenstoffdioxid, Wasser und Methan sind Treibhausgase. Sie bewirken in der Atmosphäre, dass die Wärmestrahlung, die die Erde ins Weltall zurückstrahlt, nicht vollständig abgegeben wird.

b Durch Verbrennung von fossilen Brennstoffen wird der Kohlenstoffdioxidgehalt der Atmosphäre erhöht.
Auch bei Waldbränden oder Vulkanausbrüchen erhöht sich der Kohlenstoffdioxidgehalt der Atmosphäre.

c Die Erdoberfläche wird durch die Sonnenstrahlung erwärmt. Sie gibt diese Energie als Wärme wieder ab. Die Gase der Atmosphäre verhindern, dass die gesamte Wärmestrahlung ins Weltall abgestrahlt wird. Ein Teil davon wird zurückgeworfen, wodurch sich die Erdoberfläche weiter erwärmt. Zu den Treibhausgasen der Atmosphäre gehören Wasserdampf, Kohlenstoffdioxid und andere Gase.

d Die Sonne scheint sowohl auf die Erde als auch auf das Gewächshaus. Die Lichtstrahlen treffen auf den Boden und werden dort in Wärmestrahlung umgewandelt. Diese Wärme wird abgestrahlt. In der Atmosphäre halten die Treibhausgase einen Teil der Wärmestrahlung auf der Erde. Im Gewächshaus wird die Wärmestrahlung vom Glasdach im Haus gehalten.

e Durch die Verbrennung von fossilen Energieträgern wird der Gehalt vom Treibhausgas Kohlenstoffdioxid in der Atmosphäre erhöht. Weitere Treibhausgase entstehen bei der Viehhaltung, auf Mülldeponien und beim Einsatz von Düngemitteln.

f Bei der Gewinnung elektrischer Energie aus Kohle, Erdöl und Erdgas wird der Anteil an Kohlenstoffdioxid in der Atmosphäre erhöht. Wenn man elektrische Energie aus regenerativen Energiequellen erzeugt, wird kein zusätzliches Kohlenstoffdioxid in die Atmosphäre abgegeben. Um den Treibhauseffekt nicht zu verstärken, sollte elektrische Energie deshalb verstärkt aus regenerativen Energiequellen erzeugt werden.

4 Nachhaltigkeit

a Das Prinzip der Nachhaltigkeit verknüpft die drei Grundbereiche »Umwelt«, »Wirtschaft« und »Soziales«.
b Möglichkeiten sind beispielsweise:
– Kurze Wege mit dem Fahrrad anstatt mit dem Auto fahren.
– Fenster beim Heizen schließen.
– Ladekabel aus der Steckdose ziehen, wenn sie nicht benötigt werden.
c Beim Einkaufen kann man nachhaltig produzierte Waren kaufen und so umweltfreundlicher konsumieren. Die Produkte tragen verschiedene Siegel, die jeweils einen anderen Anspruch an sie stellen.
d Durch die Erhaltung von möglichst vielfältigen Ökosystemen wird gleichzeitig die Artenvielfalt erhalten. Je natürlicher ein Ökosystem erhalten wird, desto mehr Tier- und Pflanzenarten können dort leben, da sich vielfältige ökologische Nischen bilden.

5 Klimawandel

a Das Klima eines bestimmten Ortes ist die Gesamtheit seiner meteorologischen Erscheinungen wie Temperatur, Niederschlag oder Wind über einen längeren Zeitraum.
b Durch die Lebensweise trägt jeder Einzelne zum Ausstoß von Treibhausgasen bei. So werden in Deutschland pro Kopf durchschnittlich 11 Tonnen Kohlenstoffdioxid pro Jahr freigesetzt. Klimaverträglich wären jedoch nur 2,5 Tonnen. Je stärker die Industrialisierung fortschreitet, desto stärker steigt der Anteil an Treibhausgasen in der Atmosphäre.
c In den Alpen können die Schmelzwasserflüsse sehr stark ansteigen, wenn sich die Temperaturen im Frühjahr zu schnell erwärmen. Dadurch können Schlamm und Geröll aus den Bergen mitgerissen werden. Dies ist eine große Gefahr für die Bergdörfer in den Tälern.

Partnerschaft und Verantwortung (S. 308, 309)

1 Liebe und Partnerschaft

a Ein Flirt beginnt mit der Aufnahme von Blickkontakt. Es geht darum, einen Menschen näher kennenzulernen. Dazu gehört auch die Blickabwendung oder das Anlächeln beziehungsweise das Rotwerden. Man spielt sich durch den Austausch von Worten und Gesten gegenseitig Informationen zu.
b Zum partnerschaftlichen Verhalten gehören: miteinander reden, gemeinsame Aktivitäten, Wünsche und Ziele.
c Verliebtsein ist die Vorstufe der Liebe. Während man sich sehr schnell verlieben, also »verknallt« sein kann, dauert es lange, bis man einen Menschen wirklich liebt.
d Sex ist eine Art, jemandem zu sagen, dass man an ihm/ihr interessiert ist. Dadurch werden Erwartungen geweckt, z. B. dass mehr daraus wird, nämlich eine Beziehung. Sex ohne emotionale Bindung ist also nicht möglich.

2 Sexualität

a Unter dem Begriff »Sexualität« versteht man im weiteren Sinn alle Gefühle, Bedürfnisse und Verhaltensweisen, die mit dem Geschlechtstrieb und seiner Befriedigung in Zusammenhang stehen.
b Funktionen können sein: Fortpflanzung und Arterhaltung, Festigung einer Partnerschaft, Liebe ausdrücken, Lustempfinden erfahren, Kommunikation mit Mitmenschen.
c Die Regenbogenflagge ist das Symbol für Akzeptanz und Toleranz von Vielfältigkeit.
d Es gibt Menschen, die eine Geschlechterrolle einnehmen, die nicht zu ihrem äußeren Erscheinungsbild passt. Diese fasst man unter dem Oberbegriff Transgender zusammen.
e Nur durch Vertrauen zu Familie und Freunden kann eine Basis geschaffen werden, in der sich Jugendliche selbstbewusst entwickeln können.

3 Schwangerschaft und Geburt

a Hier wird die Reifung einer Eizelle im Eierstock gezeigt: In einem Follikel bildet sich eine Eizelle, die zum Zeitpunkt des Eisprungs den Follikel verlässt und in den Eileiter transportiert wird. Der Follikel bildet sich zum Gelbkörper um.
b Es muss eine befruchtungsfähige Eizelle vorliegen, die von einem Spermium befruchtet wird.
c Eine schwangere Frau darf nicht schwer heben und keine anstrengenden Arbeiten verrichten. Sie darf nicht mehr alle Lebensmittel essen und muss auf Alkohol verzichten. Ab dem 4./5. Monat benötigt sie Umstandskleider in den entsprechenden Größen.
d Ab dem 3. Schwangerschaftsmonat wird das Ungeborene als Fetus bezeichnet.
3. Schwangerschaftsmonat: Zellen teilen sich ständig und der Fetus wächst jetzt besonders schnell. Er beginnt sich zu bewegen und zeigt verschiedenste Reaktionen.
4. Monat: Es beginnt der Knochenaufbau. Arme und Beine sind nun voll ausgebildet. Die Mutter kann die Bewegungen des Kindes spüren. Das Gesicht hat bereits individuelle Züge.
5. Monat: Bis auf den Tastsinn sind alle Sinne funktionsfähig. Der Fetus kann hören. Ein Rhythmus von Schlaf- und Wachphase stellt sich ein.
7. Monat: Im Ultraschall kann man erkennen, dass der Fetus am Daumen lutscht. Der Fetus ist nun so weit entwickelt, dass er im Fall einer verfrühten Geburt lebensfähig ist.
8.–9. Monat: Der Fetus wächst nur noch.
e Unter Zelldifferenzierung versteht man die Spezialisierung von Zellen. Die Zellen eines Embryos unterscheiden sich anfänglich nicht. Erst wenn diese zu verschiedenen Zellarten heranwachsen, bekommen sie verschiedene Aufgaben. Sie differenzieren sich.
f Alkohol und Nikotin durchdringen die Plazentaschranke und schädigen die Zellen des Fetus.

4 Möglichkeiten der Verhütung

a
Kondom
Pille
Nuva Ring
Hormonpflaster
b Erbrechen und Durchfall können die Wirksamkeit der Pille einschränken oder sogar verhindern.
c Das Kondom schützt nicht nur vor einer ungewollten Schwangerschaft, sondern auch vor sexuell übertragbaren Krankheiten wie HIV oder Syphilis.

d Hormonelle Verhütungsmittel dienen rein der Schwangerschaftsverhütung. Kondome verhindern die Übertragung von sexuellen Krankheiten. Hormonelle Mittel müssen regelmäßig angewendet werden, das Kondom nur beim Geschlechtsverkehr.

5 Sexuell übertragbare Krankheiten

a

Aids → HI-Viren
Hepatitis → Herpesviren
Herpes genitalis → Herpesviren
Syphilis → Bakterien
Tripper → Bakterien

b Gegen eine Infektion mit einer sexuell übertragbaren Krankheit hilft:
Kondome verwenden, Impfung bei Mädchen gegen HPV, Intimrasur nicht unmittelbar vor dem Geschlechtsverkehr.
c Antibiotika wirken nur bei bakteriellen Infektionen. Hepatitis oder Aids werden durch Viren hervorgerufen.
d Damit sich niemand anderes an der Krankheit ansteckt, kann man den Geschlechtspartner über die Krankheit informieren, ein Kondom verwenden, um eine Übertragung zu verhindern, und ärztlichen Rat einholen, um sich behandeln zu lassen.

Einstufung von Gefahrstoffen in diesem Buch nach der GHS-Verordnung

Gefahrenpiktogramm und Piktogrammcode		Mit dem Gefahrenpiktogramm gekennzeichnete Stoffe und Gemische	Signalwort
	GHS02	entzündbare, selbsterhitzungsfähige und gefährliche selbstzersetzliche Stoffe und Gemische, pyrophore Stoffe sowie Stoffe und Gemische, die bei Berührung mit Wasser entzündbare Gase entwickeln	Gefahr oder Achtung
	GHS05	Stoffe und Gemische, die korrosiv auf Metalle wirken	Achtung
	GHS07	gesundheitsschädliche Stoffe und Gemische	Achtung
		Stoffe und Gemische, die Haut- und/oder Augenreizungen verursachen und/oder allergische Hautreaktionen, Reizungen der Atemwege und/oder Schläfrigkeit und Benommenheit verursachen können	
	GHS08	Stoffe und Gemische, die bei Verschlucken und Eindringen in die Atemwege tödlich sein können und/oder eine Gefahr für die Gesundheit darstellen. Diese Stoffe und Gemische schädigen bestimmte Organe und/oder können Krebs erzeugen, die Fruchtbarkeit beeinträchtigen, das Kind im Mutterleib schädigen und/oder genetische Defekte und/oder beim Einatmen Allergien, asthmaartige Symptome oder Atembeschwerden verursachen.	Gefahr oder Achtung
	GHS09	Stoffe und Gemische, die sehr giftig oder giftig für Wasserorganismen sind	Achtung oder ———

Register

Bild- und Textquellen

Titelbild: Mauritius Images/United Archives/McPHOTO/Dirk Vorbusch
2016 Initiative ENOUGH is ENOUGH! OPEN YOUR MOUTH! c/o Aktions-
bündnis gegen Homophobie e.V. S.291/1; 3B Scientific, Hamburg 2011 S.42/2;
A1PIX/Your Photo Today S.152/u., S.256/1; Agentur Focus S.297/3, SPL/GERD
GUENTHER S.240/o., SPL/MICROFIELD SCIENTIFIC LTD S.240/M., SPL/
SUSUMU NISHINAGA S.97/5, SPL/TONY MCCONNELL S.96/2; akg-images
S.173/3; Andreas Marquarth S.43/3, S.48/1, S.48/3, S.48/2; Arco Images/H. Frei
S.246/o.; Balian Buschbaum S.289/4; Bildarchiv Boden-Landwirtschaft-Umwelt/
Dr. O. Ehrmann S.193/4; blickwinkel S.241/4, Frank Hecker Naturfotografie
S.259/E; Bulls Press S.285/5a, S.285/5b; BZgA Bundeszentrale für gesundheitliche
Aufklärung S.17/1; BzGA Bundeszentrale für gesundheitliche Aufklärung 2011
S.104/1, S.182/u.; CDC/James Gathany S.159/M.; Chris Kolonko S.289/5; Clip
Dealer S.115/u., schenkart studio S.302/o. l., Wavebreak Media LTD S.4/1, S.88;
Colourbox S.37/u., S.148/1, S.308/1; Jh.Kitada S.37/o.; Corbis S.124/1, Bettmann
Archiv S.175/2, cultura/Monty Rakusen S.273/1, Dr. Peter Siver/Visuals Unlimited,
Inc. S.240/u., fotografixx/Westend61 S.288/1, Image Source/Sverre Haugland
S.136/2, Inga Spence S.21/A, Jeff Kerr S.18/M., Minden Pictures/Michael Durham
S.271/G, Ocean S.299/4, Ocean/13/ballyscanlon S.117/u., Visuals Unlimited/
Carolina Biological S.17/C; Cornelsen Experimenta S.235/4a; Cornelsen/Andreas
Miehling S.49/4, S.49/5, S.49/6, S.100/1, S.100/3, S.100/4, S.101/5, S.101/6a,
S.101/6b, S.101/7, S.111/u., S.133/M., S.155/o.; Cornelsen/Thomas Gattermann
S.39/3; Cornelsen/Horst Theuerkauf S.27/o. r., S.27/o. l., S.205/5; Cornelsen
Verlag/S.111/2, S.179/u.; Cornelsen/Peter Wirtz S.43/4, S.94/1, S.79/1; Cornelsen/
Volker Döhring S.12/o., S.33/u., S.84/1, S.94/2, S.101/M., S.128/1, S.127/M.,
S.142/1, S.191/3, S.208/1, S.234/2, S.262/1, S.262/A, S.262/B, S.262/C, S.293/M.;
D.Harms/WILDLIFE S.27/A; ddp images S.280/1, ddp images/ monkey business
S.301/5; Dennis Kunkel S.11/5; Digitalstock S.120/1; doc-stock S.11/4, S.89/u.;
Fronline S.5/1, S.116, S.124/2, S.151/u., S.284/1; Adam Gault/Caia Image S.139/3;
Focus/SPL/STEVE GSCHMEISSNER S.123/u.; Forschungsanstalt für Waldöko-
logie und Forstwirtschaft Rheinland-Pfalz S.226/1, S.226/2; Fotolia S.103/u. 1.,
S.103/M., S.103/o. r., S.103/u. l., S.106/1, S.182/1, Tino Neitz S.179/1, cirquedesprit
S.155/C, Henry Schmitt S.113/u., Jacek Chabraszewski S.155/A, Marc Dietrich
S.152/o., yamix S.155/B, 2happy S.119/u., 2xSamara.com S.140/1, Antonioguillem
S.286/1, Aleksey Zakharov S, 147, S.195/5, Andrii Iurlov S.90/1, AlenKadr S.280/3,
Alexander Raths S.178/1, Alexander von Düren S.194/2, Alexey Ukhov S.186/M.,
Andrea Marzorati S.195/4, Antonioguillem S.293/4, Arochau S.51/u. r., artopti-
mum S.138/M. u. l., Asjack S.287/3b, S.292/3, auremar S.134/2b, bilderstoeckchen
S.8, blackday S.287/3d, blende40 S.76/1, Brigitte Meckle S.295/1, Bruce MacQueen
S.267/5b, Christian Jung S.78/3, ChristianSchwier S.218/1, Cogipix S.78/1, David
Freigner S.50/1, dianamcluckie S.296/1, Didecs S.86/u., didesign S.283/u., Ding-
Dong S.303/M., Dragan Trifunovic S.160/u., Dudarev Mikhail S.92/1, Edyta
Heckters S.302/u. l., eflstudioart S.10/1a, Elena Kharichkina S.292/2, elitravo
S.216/1, Erich Teister - etfoto S.194/3, Erwin Wodicka S.41/1, S.269/o., S.302/1,
etfoto S.277/u., Ezume images S.101/u., F_studio S.194/4, fotoknips S.17/B, fovito
S.57/o., S.105/4, frinz S.51/u. l., gamjai S.280/3, George Dolgikh S.17/E, Gina
Smith S.112/2, Giovanni Cancemi S.138/M. o. l., Gpoint Studio S.95/u., grafikplus-
foto S.134/1, gustavofrazao S.290/r., Horst Schmidt S.279/3, Igor Wink S.253/5a,
industrieblick S.51/u. r., Inga Nielsen S.6/1, S.186, S.197/Abb. 3, S.229/u., Iurii
Sokolov S.294/1, jenny222 S.250/o., jorisvo S.269/M., Jürgen Fälchle S.292/1,
K.-U. Häßler S.222/3, Kaarsten S.57/M., Kaesler Media S.95/5, Kalinovsky Dmitry
S.252/1, Kampagner S.138/M. u. r., Karin & Uwe Annas S.119/o., khwi S.288/o.,
komplex S.17/1, S.228/1, L.Klauser S.85/M., lassedesignen S.131/1, Lev Dolgachov
S.298/1, lightroom S.253/5b, Logan Bannatyne S.306/u., lorenato S.288/2, lujo-
photo S.193/5, M. Schoenfeld S.253/5c, S.268, S.281/1, M.R. Swadzba S.259/C,
Maksim Shebeko S.4/1, S.56, S.87/u., Marc Heiligenstein S.239/L. o., Marco2811
S.151/5, Maridav S.110/1, Mars S.264/M., Matthias Löbach S.178/u., meal.image
S.271/E, melosine1302 S.138/M. o. r., motorradcbr S.134/2a, nature.iscool.pl
S.267/5c, Nik Merkulov S.280/1, ninette_luz S.83/5, nt S.253/5d, Oleg Kozlov
S.271/C, Patrick Daxenbichler S.266/1b , S. 286/2c, Photodisc/CSV S.87/o.,
Photographee.eu S.70/1, S.147/M., Picture-Factory S.78/2, psdesign1 S.119/M.,
puhhha S.287/3a, R.Jakob S.259/H., RioPatuca Images S.147/3 u. r., Robert
Knetschke S.98/1, Sarah Jorand S.269/u., Schlierner S.17/A, Sebastian Freund
S.271/F, simonwhitehurst S.7/1, S.270/1, sirikornt S.280/3, skatzenberger S.75/
o. r., St.Op. S.176/1, Stephan Rech S.226/M., StudioLaMagica S.24/M., Anna
Subbotina S.283/M., S.287/3c, Tatiana Shepeleva S.307/u., Thomas Leiss S.251/4d,
tinadefortunata S.194/1, travelpeter S.251/4a, tulpahn S.280/2, VectorFrenzy
S.290/l., vladimirfloyd S.136/1, Volker Wierzba S.178/M., Volkmar Gorke S.178/1,
Voyagerix S.284/2, S.307/M., WavebreakmediaMicro S.93/u., weber.stricker
S.81/3, Yvoter S.194/5; Fotostudio Mahler S.61/1; Frank Hecker Naturfotografie
S.260/3a, S.260/3b, S.261/u.; Garden World Images/D. Jolliff S.272/1; Glow
Images S.137/u., ib S.75/u. r.; Goran Stimac S.190/2c, Heiko Potthoff S.26/1,
Imago S.81/M., S.207/D, S.213/M., S.217/3, S.289/3, ARCO IMAGES S.27/C,
S.213/3, blickwinkel S.158/Abb. 3, S.186/u., S.231/M., S.252/3, S.267/4, image-
broker S.27/F, S.186/o., S.210/1, imagebroker/bobrovsky S.300/2, imagebroker/

wothe S.300/3, Jochen Tack S.142/2, Werner Otto S.6/1, S.230, S.267/u.; Image-
Source/Kallista Images S.166/1; Interfoto S.126/1; Johansen Krause S.234/1;
Juniors/Arndt, S.E. S.194/6; Karly, Wissenschaftliche Bildagentur S.21/E; Krakowiak
S.27/D; laif/Berthold Steinhilber S.225/o., PhotoAlto/Frederic Cirou S.89/o., UPI
S.288/M.; mauritius images S.27/E, S.51/o., S.58/o., S.62/o., S.89/M., S.200/1,
S.203/1, S.211/1, AGE S.250/1, Action Plus S.251/4b, Alamy/Jochen Tack S.112/1,
age S.286/2a, Alamy S.259/A, Alamy S.261/o., Alamy S.175/M., S.175/1, S.190/2d,
S.191/4, S.193/3, S.225/3, S.225/4, S.274/2c, S.285/4, S.286/2b, S.306/1, Alamy/
David Gee S.176/M., Alamy/RioPatuca S.138/6, Andrea Marka S.156/u. r., a.col-
lectionRF/amanaimages S.196/1, Chris Seba S.232/1, Dirk von Mallinckrodt
S.190/2a, imagebroker S.293/5, imagebroker S.196/1, imagebroker S.261/4,
imagebroker.com S.24/1, S.57/u., S.158/2, S.226/1, imagebroker/Thomas Born
S.237/6, ib S.251/2, ib/Konrad Wothe S.220/1, ib S.228/3, ib/Anton Luhr S.261/M.
ib/Anton Luhr S.267/5a, ib/Michaela Walch S.274/2b, Image Source S.283/o.,
K.W.Gruber S.225/4, Markus Oblänler S.308/4, Micha Pawlitzki S.204/4, Novarc/
Lara Wernet S.7/1, S.282, S.309/u., Oxford Scientific S.297/1, Peter Lehner
S.238/M., Photo Researchers S.162/M., S.241/M., Photononstop/Philippe
TURPIN S.287/4, Phototake S.168/1, S.174/M., Photo Researchers S.231/u., Red
Cover S.225/4, RODRUN/Knöll S.217/5, Science Faction S.21/C, Science Photos
Library S.39/M., S.41/2, S.135/o., S.152/M., Science Source S.10/2, S.117/M.,
Stephanie Böhlhoff S.162/o., United Archives S.63/1, UpperCut S.251/4c, West-
end61/Uwe Umstätter S.117/o., Westend61/zerocreatives S.304/1; Max-Planck-
Institut für Entwicklungsbiologie / Jürgen Berger und Mahendra Sonawane
S.21/D; New Vision! GmbH, Bernhard A. Peter, Pattensen S.44/2., S.49/o.,
S.94/o., S.150/u. r.; Nigel Cattlin S.27/B; Okapia S.21/B, Anatomical Travelogue/
NAS S.150/2, Biophoto Associates S.18/o., BIOS/Patrick Kientz S.271/D, Christen
S.252/2, CNRJ S.160/M., Dr. Martin Woike S.195/2, FLPA/Paul Hobson S.271/A,
Harald Richter/McPhoto S.59/4, imagebroker/Lineair-Konrad Wothe S.195/3,
imagebroker/Michael Weber S.231/o., imagebroker/Rolf Nussbaumer S.195/6,
Jeffrey Telner S.142/3, Josef Ege S.206/1, Martyn f. Chillmaid S.60/1, NAS/M.I.
Walker S.241/o., NAS/Martin Shields S.254/M., Nigel Cattlin/Holt Studios S.9/o.,
Oliver Giel S.271/B, Roland Günter S.195/1, SAVE/Ingrid Birkhold S.190/2b, Scott
Camazine S.21/o.; PantherMedia/Andre Helbig S.266/1a, arinahabich S.207/C,
Karin Rollett-Vlcek S.258/1; Photoshot S.136/3; Phywe Systeme GmbH & Co. KG,
Göttingen S.34/u., S.235/4b, Göttingen S.235/5; picture-alliance S.118/1, S.259/1,
AA S.274/1, akg-images S.30/o., Arco Images S.277/o., blickwinkel S.17/D, blick-
winkel/Frank Hecker Naturfotografie S.10/1b, picture alliance/dpa S.154/o.,
S.259/H., S.274/2a, S.281/1, dpa/dpaweb S.264/2, dpa/Kyodo S.274/2d, Frank
Sommariva S.277/M., Karl-Josef Hildenbrand S.96/1, Klett GmbH S.249/4a,
S.249/4b, Image Source S.37/M., S.65/1, Presse-Bild-Poss S.264/1, Retna S.113/3,
Uli Gasper S.157/u., WILDLIFE S.214/1, S.215/3, S.249/3b; Pitopia/Peter Meurer
S.188/Abb. 1; Prof. Dr. Jürgen Tautz S.28/1; REUTERS/Bobby Yip S.158/Abb. 1;
Robert Harding World Imagery S.29/u.; Shutterstock S.118/2, alslutsky S.259/F,
Andrey Starostin S.207/A, Anna Demjanenko S.3/1, S.36, S.55/u., arek_malang
S.134/2c, Arina P Habich S.119/1, Bildagentur Zoonar GmbH S.217/4, cejen
S.222/3, Darren Baker S.72/1, David Pereiras S.147/3 L. o., David Tadevosian S.5/1,
S.152, S.185/u., dimitris_k S.197/M., Dusan Zidar S.207/B, Eric Isselee S.223/5,
formiktopus S.259/D, Fresnel S.147/3 M. r., HSNphotography S.75/o. l., Grisha
Bruev S.226/1, Inga Nielsen S.192/Abb. 1, Jarun Ontakrai S.183/Abb. 4, Juergen
Faelchle S.146/1, Kenta Studio S.118/3, lev radin S.290/1, LuckyImages S.122/1,
Leonardo da S.300/1, Mikhail Abramov S.75/u. 1., Miles Studio S.9/M., mjaud
S.46/1, Monkey Business Images S.51/1, MyetEck S.22/1, Nikola Spasenoski
S.291/3, Olga Besnard S.308/2, oliveromg S.51/u. M., Pek Kool S.42/1, Pla2na
S.225/4, Pressmaster S.147/3 o. l. M, Sasimoto S.68/1, SpeedKingz S.147/3 o. r.,
Stuart Monk S.147/3 o. M., Thanakorn Hongphan S.239/r., Ulrich Willmunder
S.138/o., Uryadnikov Sergey S.260/2, Vitalii Hulai S.223/5, Vyaseleva Elena
S.212/1; Topic Media S.102/1, S.134/2d, S.202/1, ib S.156/u. l.; United Nations
Photo S.180/1; Universität Ulm, Abteilung Anatomie und Zellbiologie S.97/1,
S.114/2; Wikipedia/C. Fischer S.249/3a; Wikipedia/public domain S.174/1,
S.174/2; wikipedia/public domain/CC 4.0 S.17/F; xxpool.de S.14/u.r., S.14/u.l.,
S.296/M; Your_Photo_Today S.3/u., S.9/u., S.35/u., S.80/1, S.137/5, S.302/u. r.,
S.303/2, All Medical S.45/1, PM/B-D-S S.285/3

Texte
S. 83.5 Gruner & Jahr/Dorothea Palte
S. 83.6 Süddeutsche Zeitung/Berit Uhlmann
S. 107.2 praxis + recht Nr. 1/2014, S. 2, DAK/Matthias Steiner: Organspendeausweis
S. 107.5 EKD/DBK/Martin Kruse und Karl Lehmann
S. 291.3 I am what I am, Text, (OT) Herman, Jerry, Copyright Morris-Edwin-H-Co.
Inc., Chappell & Co. GmbH & Co. KG, Hamburg
S. 291.4 Der Spiegel, ibid. http://www.spiegel.de/politik/ausland/russland-putin-
segnet-gesetz-gegen-homosexualitaet-ab-a-908624.html